Nong Khai

Loei

Udon Thani

Mukdahan

Khon Kaen

L'ISAN

Ubon
Ratchathani

Khorat

Chanthaburi

LE PLATEAU DE KHORAT
Pages 258–271

LA VALLÉE DU MÉKONG
Pages 272–293

**DE BANGKOK À
SURAT THANI**
Pages 314–331

LA RÉGION DE PATTAYA
Pages 302–313

DE THAÏLANDE

0   100 km

BANGKOK
Pages 66–145

ani

Narathiwat
a

GUIDES ◉ VOIR

THAÏLANDE

GUIDES ◉ VOIR

THAÏLANDE

Libre Expression®

Libre Expression

CE GUIDE VOIR A ÉTÉ ÉTABLI PAR
Philip Cornwel-Smith, Andrew Forbes, Tim Forsyth,
Rachel Harrison, David Henley, John Hoskin, Gavin Pattison,
Jonathan Rigg, Sarah Rooney, Ken Scott

DIRECTION
Isabelle Jeuge-Maynart

DIRECTION ÉDITORIALE
Catherine Marquet

ÉDITION
Hélène Gédouin

TRADUIT ET ADAPTÉ DE L'ANGLAIS PAR
Dominique Brotot

AVEC LA COLLABORATION DE
Catherine Blanchet-Laussucq

MISE EN PAGES (P.A.O.)
Christophe Moi

DK

Publié pour la première fois en Grande-Bretagne,
en 1997, sous le titre :
Eyewitness Travel Guides : Thailand.
© Dorling Kindersley Limited, London, 2001.
© Hachette Livre (Hachette Tourisme), 2001,
pour la traduction et l'édition française.
Cartographie © Dorling Kindersley, 2001.

© Éditions Libre Expression ltée, 2002,
pour l'édition française au Canada.

Aussi soigneusement qu'il ait été établi, ce guide
n'est pas à l'abri des changements de dernière heure.
Faites-nous part de vos remarques, informez-nous
de vos découvertes personnelles ; nous accordons
la plus grande attention au courrier de nos lecteurs.

Éditions Libre Expression
2016, rue Saint-Hubert
Montréal (Québec) H2L 3Z5

DÉPÔT LÉGAL : 4e trimestre 2002
ISBN: 2-7648-0016-9

SOMMAIRE

COMMENT UTILISER
CE GUIDE *6*

Lakshman et Sita,
personnages du Ramakien

PRÉSENTATION
DE LA THAÏLANDE

LA THAÏLANDE DANS
SON ENVIRONNEMENT *10*

UNE IMAGE
DE LA THAÏLANDE *16*

LA THAÏLANDE
AU JOUR LE JOUR *44*

HISTOIRE DE
LA THAÏLANDE *48*

BANGKOK

PRÉSENTATION
DE BANGKOK *68*

CENTRE HISTORIQUE *72*

CHINATOWN *90*

DUSIT *96*

Cho fas, Wat Tan Pao de Chiang Mai

◁ Les chedis du Wat Chong Klang se mirent dans le lac de Chong Kham à Mac Hong Son

Hat Maenam, une plage de Ko Samui dans le golfe de Thaïlande

LE QUARTIER
DES AFFAIRES *106*

THONBURI *118*

EN DEHORS
DU CENTRE *126*

ATLAS DES RUES *134*

LA PLAINE CENTRALE

PRÉSENTATION DE
LA PLAINE CENTRALE *148*

LE SUD DE LA PLAINE
CENTRALE *154*

LE NORD DE LA PLAINE
CENTRALE *176*

Potiron sculpté

LE NORD

PRÉSENTATION
DU NORD *194*

LA RÉGION DE
CHIANG MAI *202*

LE TRIANGLE D'OR *228*

L'ISAN

PRÉSENTATION
DE L'ISAN *252*

LE PLATEAU
DE KHORAT *258*

LA VALLÉE
DU MÉKONG *272*

LE GOLFE
DE THAÏLANDE

PRÉSENTATION
DU GOLFE
DE THAÏLANDE *296*

LA RÉGION
DE PATTAYA *302*

DE BANGKOK
À SURAT THANI *314*

LE SUD

PRÉSENTATION
DU SUD *334*

LA CÔTE NORD DE LA
MER D'ANDAMAN *342*

LA FRONTIÈRE
MALAISE *364*

LES BONNES
ADRESSES

HÉBERGEMENT *382*

OÙ MANGER EN
THAÏLANDE *406*

FAIRE DES ACHATS
EN THAÏLANDE *430*

SE DISTRAIRE
EN THAÏLANDE *440*

ACTIVITÉS CULTURELLES
ET DE PLEIN AIR *444*

RENSEIGNEMENTS
PRATIQUES

LA THAÏLANDE
MODE D'EMPLOI *450*

ALLER EN THAÏLANDE
ET S'Y DÉPLACER *466*

INDEX GÉNÉRAL *474*

REMERCIEMENTS *498*

LEXIQUE *500*

Sanctuaire
khmer de
Phimai

COMMENT UTILISER CE GUIDE

Ce guide a pour but de vous aider à profiter au mieux de votre séjour en Thaïlande. L'introduction, *Présentation de la Thaïlande*, situe le pays dans son contexte historique et culturel. Dans les cinq grands chapitres régionaux, et celui consacré à *Bangkok*, textes, plans et illustrations présen- tent en détail les principaux sites et monuments. Des sujets aussi variés que l'architecture, l'artisanat, le sport ou la faune y sont aussi abordés. *Les Bonnes adresses* conseillent hôtels et restaurants et les *Renseignements pratiques* vous faciliteront la vie quotidienne, des moyens de transport aux questions de sécurité.

BANGKOK

Nous avons divisé le centre de Bangkok en 5 quartiers. À chacun correspond un chapitre qui s'ouvre sur une liste des monuments présentés. Des numéros les situent clairement sur un plan. Ils correspondent à l'ordre dans lequel les monuments sont décrits en détail dans le corps du chapitre. Une section *En dehors du centre* complète la présentation de la ville.

Une carte de localisation indique la situation du quartier dans le centre-ville.

Un repère rouge signale toutes les pages concernant Bangkok.

Le quartier d'un coup d'oeil donne une liste par catégories des centres d'intérêt : *wats* et palais, musées, monuments, parcs, marchés, etc.

1 Plan général du quartier
Des numéros désignent sur ce plan les monuments et sites de chaque quartier. Ceux-ci apparaissent aussi sur le plan de l'atlas des rues (p. 138-145).

2 Plan du quartier pas à pas
Il offre une vue aérienne détaillée du quartier.

Des étoiles signalent les sites à ne pas manquer.

Le meilleur itinéraire de promenade apparaît en rouge.

3 Renseignements détaillés
Chaque site de Bangkok a sa rubrique et ses informations pratiques telles qu'adresses et heures d'ouverture. La légende des symboles utilisés se trouve en fin de volume sur le rabat de couverture.

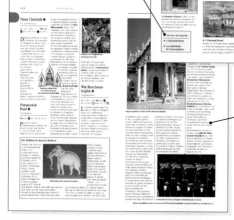

LE PLATEAU DE KHORAT

*Malgré son aridité actuelle, le plateau de Khorat conserve une grande richesse archéologique de l'époque où l'Empire khmer était à son apogée. Les raisons apparaissent aussi la richesse *romaine et son peuplement hospitalier, qui déploie pourtant des travaux* *moyens le plus bas de Thaïlande. La cuisine régionale est nourrissante et les tournenais fabriquent de ruisses soieries et vanneries.*

1 Introduction
Elle présente les principaux attraits touristiques de chacune des régions du guide et décrit ses paysages et ses caractéristiques en montrant l'empreinte de l'histoire.

LA THAÏLANDE RÉGION PAR RÉGION
Ce guide divise la Thaïlande (hors Bangkok) en dix régions et consacre à chacune un chapitre débutant par une *carte illustrée* où sont recensés les localités et les sites les plus intéressants.

Un repère de couleur correspond à chaque région. le premier rabat de couverture en donne la liste complète.

2 La carte illustrée
Elle offre une vue de toute la région et de son réseau routier. Des numéros situent les principaux centres d'intérêt. Des informations pour visiter la région en voiture, en bus ou en train sont fournies.

À la découverte du plateau de Khorat

3 Renseignements détaillés
Les localités et sites importants sont décrits individuellement dans l'ordre de la numérotation de la carte illustrée. Les notices présentent en détail ce qu'il y a d'intéressant à visiter.

Des encadrés approfondissent des sujets spécifiques.

Un mode d'emploi, vous aide à organiser votre visite.

4 Les principaux sites
Deux pleines pages, ou plus, leur sont réservées. La représentation des édifices historiques en dévoile l'intérieur. Des plans pas à pas des villes les plus intéressantes en détaillent les monuments.

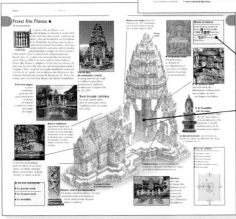

PRÉSENTATION DE LA THAÏLANDE

LA THAÏLANDE DANS SON ENVIRONNEMENT 10-15

UNE IMAGE DE LA THAÏLANDE 16-43

LA THAÏLANDE AU JOUR LE JOUR 44-47

HISTOIRE DE LA THAÏLANDE 48-65

La Thaïlande dans son environnement

Située au cœur de l'Asie du Sud-Est entre la mer de Chine et l'océan Indien, la Thaïlande occupe une superficie de 513 000 km², mais ses 60 millions d'habitants vivent en majorité dans la fertile Plaine centrale et dans la capitale, Bangkok. D'épaisses forêts croissent sur les montagnes du Nord et de la chaîne qui marque à l'ouest la frontière avec la Birmanie. Au Nord-Est s'étend un plateau aux sols pauvres que drainent des affluents du Mékong, le puissant fleuve qui sépare à l'est la Thaïlande du Laos puis traverse le Cambodge pour se jeter dans le golfe de Thaïlande. Nombre des plus belles plages bordent dans le Sud la longue péninsule qui rejoint la Malaisie.

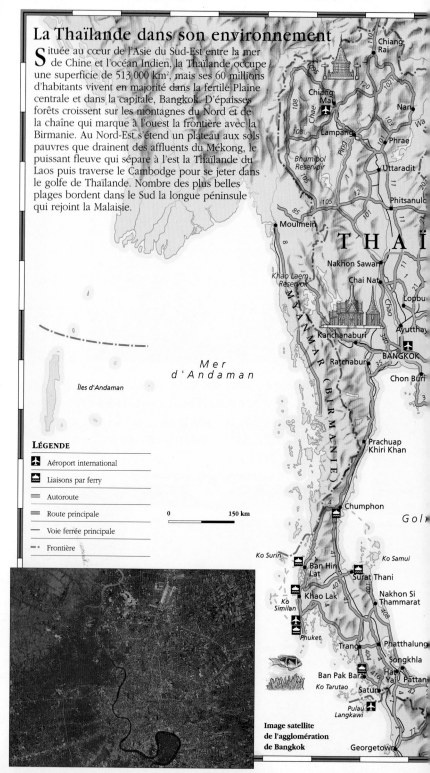

LÉGENDE

✈ Aéroport international

⛴ Liaisons par ferry

━━ Autoroute

━━ Route principale

━━ Voie ferrée principale

–·–·– Frontière

0   150 km

Mer d'Andaman

Îles d'Andaman

Chiang Rai

Chiang Mai

Nan

Lampang

Phrae

Chae

Bhumibol Reservoir

Uttaradit

Phitsanulok

Moulmein

Ping

Khao Laem Reservoir

T H A Ï

Nakhon Sawan

Chai Nat

Lopburi

M Y A N M A R (B I R M A N I E)

Kanchanaburi

Ayutthaya

BANGKOK

Ratchaburi

Chon Buri

Prachuap Khiri Khan

Chumphon

Gol

Ko Surin

Ban Hin Lat

Ko Samui

Surat Thani

Ko Similan

Khao Lak

Nakhon Si Thammarat

Phuket

Trang

Phatthalung

Songkhla

Ban Pak Bara

Hat Yai

Pattani

Ko Tarutao

Satun

Pulau Langkawi

Image satellite de l'agglomération de Bangkok

Georgetown

Falaises de calcaire et eau turquoise caractéristiques des îles Phi Phi dans la mer d'Andaman

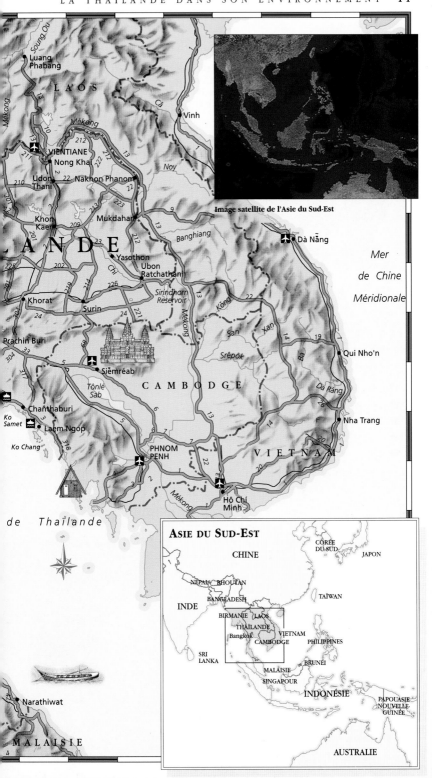

Image satellite de l'Asie du Sud-Est

Luang
Phabang

L A O S

Mékong

Vinh

VIENTIANE
Nong Khai

Udon
Thani   Nakhon Phanom

Khon
Kaen

Mukdahan

A N D E   Yasothon

Ubon
Ratchathani

Khorat

Surin   Sirindhorn
Reservoir

Prachin Buri

Siêmréab

C A M B O D G E

Tônlé
Sâp

Chanthaburi

Ko
Samet   Laem Ngop

Ko Chang

PHNOM
PENH

de Thaïlande

Dà Nẵng

Mer

de Chine

Méridionale

Qui Nho'n

Nha Trang

V I E T N A M

Hô Chí
Minh

Narathiwat

M A L A I S I E

ASIE DU SUD-EST

CHINE

CORÉE
DU SUD   JAPON

NÉPAL BHOUTAN

BANGLADESH   TAÏWAN

INDE

BIRMANIE LAOS

THAÏLANDE
Bangkok   VIETNAM

CAMBODGE   PHILIPPINES

SRI
LANKA   BRUNÉI

MALAISIE
SINGAPOUR

INDONÉSIE   PAPOUASIE
NOUVELLE-
GUINÉE

AUSTRALIE

Le nord de la Thaïlande

Hormis dans quelques régions frontalières isolées, un bon réseau routier dessert le Nord montagneux, le plateau du Nord-Est et la Plaine centrale. Le train relie Bangkok à Chiang Mai et aux localités les plus importantes de la Plaine centrale et du Nord-Est. Bangkok et Chiang Mai possèdent un aéroport international. De nombreuses autres villes importantes sont également desservies par des vols intérieurs.

LÉGENDE DES RÉGIONS

- Région de Chiang Mai
- Triangle d'or
- Nord de la Plaine centrale
- Sud de la Plaine centrale
- Plateau de Khorat
- Vallée du Mékong
- Bangkok

Bangkok

La capitale thaïlandaise est une des plus embouteillées du monde. Si vous devez vraiment vous y rendre en voiture, essayez au moins d'éviter les heures de pointe, les week-ends de vacances et la saison des pluies (de juin à octobre) et ses crues.

L'AGGLOMÉRATION DE BANGKOK

0   20 km

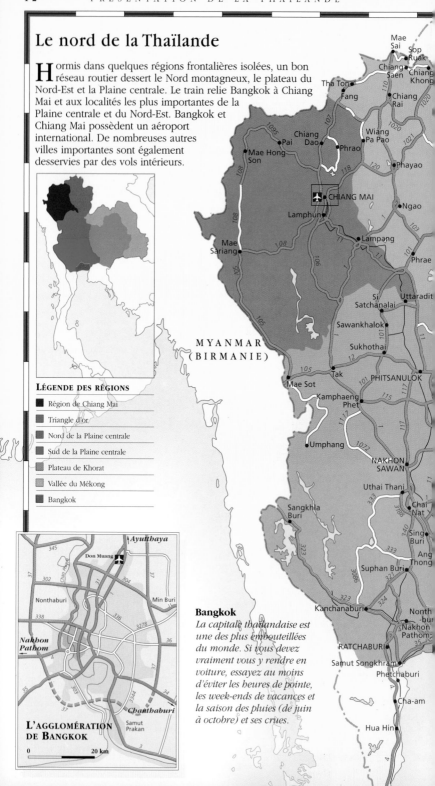

Chiang Mai
Routes et rail assurent d'excellentes liaisons entre la 2ᵉ ville du pays, Bangkok et le reste de la Thaïlande. Un boulevard périphérique donne accès à l'aéroport et aux principales artères conduisant au centre-ville.

CHIANG MAI ET SES ENVIRONS

Doi Saket

Chiang Rai

San Sai

DOI SUTHEP

Chiang Mai

0   10 km

Mae Sariang

Saraphi

Lamphun, Lampang,

San Kamphaeng

LAOS

Nong Bua

Nan

VIENTIANE

Chiang Khan

Nong Khai

Loei

Udon Thani

Ban Chiang

Nakhon Phanom

Renu Nakhon

Sakhon Nakhon

That Phanom

Phetchabun

KHON KAEN

Maha Sarakham

Kalasin

Roi Et

Selaphum

Mukdahan

Khemmarat

Chaiyaphum

Bua Yai

Yasothon

Suwannaphum

UBON RATCHATHANI

Khong Chiam

Phimai

Buri Ram

KHORAT
(Nakhon Ratchasima)

Surin

Phra Phutthabat

Saraburi

AYUTTHAYA

Prachin Buri

ang Pa-in

CAMBODGE

Chachoengsao

Aranyaprathet

CHON BURI

Ko Chang

Si Racha

attaya

attahip

Rayong

Ban Phe

Chanthaburi

Ko Samet

Laem Ngop

Trat

Ko Chang

LÉGENDE

Aéroport international

Ligne de ferry

Autoroute

Route principale

Route secondaire

Voie ferrée

Frontière

0   100 km

Le sud de la Thaïlande

Ses plages mirifiques et ses îles
paradisiaques constituent une des grandes
attractions touristiques de la Thaïlande. De
bonnes routes desservent les régions côtières
depuis la frontière cambodgienne à l'est
jusqu'à la Malaisie au sud, ainsi que le long de la
mer d'Adaman à l'ouest. Des cars climatisés
assurent des navettes régulières entre les
principales villes. Depuis Bangkok, le chemin de
fer offre des liaisons souvent directes avec la
plupart des localités du littoral occidental du
golfe de Thaïlande. Sur la côte orientale, le
train s'arrête à Sattahip. Des ferries
permettent de rejoindre les plus grandes îles
et il est possible d'acheter à Bangkok des
billets combinant les trajets en train, en car et
en bateau. Phuket est la seule ville à
posséder un aéroport international, mais
plusieurs autres, notamment celui de Ko
Samui, accueillent les lignes intérieures.

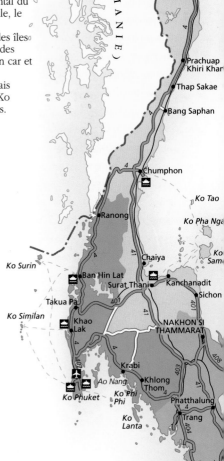

LÉGENDE DES RÉGIONS

- La région de Pattaya
- Bangkok
- De Bangkok à Surat Thani
- Côte nord de la mer d'Andaman
- La frontière malaise

LÉGENDE

- ✈ Aéroport international
- ⛴ Ligne de ferry
- ═ Autoroute
- ▬ Route principale
- ═ Route secondaire
- — Voie ferrée
- ‒·‒ Frontière

0 ————————— 100 km

CAMBODGE

Golfe de Thaïlande

VIETNAM

LES DISTANCES ENTRE LES VILLES

10 = Distance en miles
10 = distance en kilomètres

BANGKOK										
432 **695**	*CHIANG MAI*									
487 **785**	112 **180**	*CHIANG RAI*								
161 **260**	481 **775**	540 **870**	*KHORAT*							
484 **780**	916 **1475**	972 **1565**	646 **1040**	*NAKHON SI THAMMARAT*						
233 **375**	208 **335**	258 **415**	283 **455**	717 **1155**	*PHITSANULOK*					
534 **860**	969 **1560**	1022 **1645**	696 **1120**	209 **336**	770 **1240**	*PHUKET*				
590 **950**	1022 **1645**	1077 **1735**	751 **1210**	100 **161**	823 **1325**	307 **495**	*SONGKHLA*			
196 **315**	627 **1010**	683 **1100**	248 **400**	680 **1095**	428 **690**	730 **1175**	786 **1265**	*TRAT*		
391 **630**	581 **935**	630 **1015**	230 **370**	876 **1410**	373 **600**	696 **1120**	981 **1580**	556 **895**	*UBON RATCHATHANI*	
351 **565**	248 **400**	360 **580**	189 **305**	835 **1345**	270 **435**	885 **1425**	941 **1515**	546 **880**	248 **400**	*UDON THANI*

SONGKHLA

HAT YAI

Pattani

Yala

Narathiwat

Tak Bai

Sungai Ko-Lok

Betong

MALAISIE

UNE IMAGE DE LA THAÏLANDE

*L*a Thaïlande ne doit pas qu'à ses paysages tropicaux d'attirer chaque année des millions de visiteurs. Riche d'un long passé au carrefour des grandes civilisations asiatiques, elle a su préserver une personnalité affirmée tout en se lançant dans une rapide industrialisation. Tour à tour frénétique et sereine, spectaculaire et subtile, elle reste en permanence séduisante.

Habitant un fertile pays de mousson à mi-chemin entre l'Inde et la Chine, les deux civilisations qui ont façonné l'Asie du Sud-Est, les Thaïs possèdent depuis toujours l'art d'assimiler les influences extérieures sans jamais renoncer à leur originalité. Ainsi, bien qu'ils soient originaires du sud de la Chine, leur phonétique diffère grandement de celle de tous les dialectes chinois. De même, leur écriture dérive d'un ancien alphabet de l'Inde du Sud mais se révèle bien distincte. Membre aujourd'hui de l'Ansea, c'est avant tout un souci d'indépendance qui a marqué l'histoire politique d'un pays

Tuk-tuk

qui, contrairement à tous ses voisins, le Myanmar (Birmanie), le Laos, le Cambodge et la Malaisie, a su éviter la colonisation européenne. Cette identité obstinément défendue repose, depuis l'époque de Sukhothai (XIIIᵉ-XIVᵉ siècle) qui vit prospérer le premier grand État thaï, sur deux piliers fondamentaux : le bouddhisme theravada et la royauté. Les couleurs du drapeau moderne thaïlandais *(thong trai rong)* reflètent d'ailleurs cette réalité. Le rouge symbolise la nation, le blanc le bouddhisme et le bleu la monarchie. Malgré son nom, Prathet Thai (« Pays du peuple thaï »), la Thaïlande

Bateaux de pêche *koriae* en Thaïlande du Sud

◁ Jeunes hommes en procession dans le vieux Sukhothai pour la fête annuelle de Loy Krathong

n'est pas habitée uniquement par des Thaïs. Ceux-ci ne représentent en effet qu'environ 80 % d'une population de 60 millions d'individus. Si les tribus montagnardes forment les minorités ethniques les plus connues, c'est la communauté chinoise qui est la plus importante, et la mieux intégrée. Elle détient les principaux leviers de l'économie et cet ascendant a parfois suscité des mouvements xénophobes.

Le quartier des affaires de Bangkok, symbole de la modernisation du pays

En 1939, une vague de nationalisme a mené à l'abandon de l'ancien nom du pays, « Siam », sous la houlette du Premier ministre Phibun Songkram.

La Thaïlande se divise en quatre principales régions aux topographies contrastées et il existe de subtiles différences entre les peuples et les dialectes de la Plaine centrale, du Nord, du Nord-Est et du Sud.

Montagneux et boisé, le Nord est resté longtemps isolé, et des tribus montagnardes essaient d'y maintenir un mode de vie ancestral malgré la modernisation générale de la société et le développement du tourisme.

Dans le Sud, l'isthme de Kra, propose 2 500 km de côtes que séparent, entre le golfe de Thaïlande et la mer d'Andaman, des forêts pluviales et des plantations de caoutchoucs. L'Islam et la culture malaise y exercent une grande influence. Entre ces deux extrêmes, la Plaine centrale, berceau de la civilisation thaïe, étend son réseau de rivières et de canaux irriguant les rizières. Près de l'embouchure du Chao Phraya, la capitale, Bangkok, s'étale un peu plus chaque année.

C'est une des cités les plus polluées et les plus encombrées du monde, même si la splendeur que lui donnèrent les premiers rois de la dynastie régnante des Chakri reste visible.

Le nord-est du pays, occupé par le plateau de Khorat, l'Isan, est la région la plus pauvre, que borde à l'est le Mékong marquant la frontière avec le Laos.

Des communautés rurales traditionnelles, souvent de souche lao-thaïe, y survivent d'une agriculture de subsistance.

Pêcheur sur le Mékong à la frontière avec le Laos

DÉVELOPPEMENT ÉCONOMIQUE

L'agriculture est longtemps restée le pilier de l'économie thaïlandaise mais, depuis le milieu des années 80, une politique volontariste et un climat international favorable aux investissements étrangers ont déclenché une rapide

Vendeur de nouilles au marché flottant Damnoen Saduak près de Ratchaburi

industrialisation, entraînant pendant plusieurs années une croissance de plus de 10 %. Les matières premières viennent au premier rang des importations. Le riz garde une grande place dans les exportations, mais textiles, électronique, équipement mécanique, joaillerie et conserves de produits de la mer en représentent une part toujours plus importante.

Avec plus de 6 millions de visiteurs chaque année, le tourisme est devenu la première source de devises étrangères. L'infrastructure d'accueil s'est toutefois développée de manière inégale. Bangkok, Chiang Mai et les stations balnéaires attirent la majorité des étrangers, et des hôtels de luxe y proposent un confort digne des meilleurs établissements mondiaux, tandis que d'autres régions, tel le plateau de Khorat, restent peu fréquentées et sous-équipées.

Cette réussite économique n'a pas eu que des conséquences bénéfiques. Bangkok, où se sont concentrées les activités commerciales, a connu une croissance anarchique et, avec une population de 7 millions d'habitants en constante augmentation, demeure en permanence au bord de l'asphyxie. La répartition des richesses pose elle aussi problème. Si la pauvreté a reculé, l'écart des revenus entre les citadins et les paysans des régions les plus isolées s'est considérablement accru. L'éducation peine à suivre le rythme du développement économique. Former une génération en mesure d'entretenir la croissance au XXIᵉ siècle est un des défis majeurs auxquels fait face la Thaïlande.

L'environnement a subi de nombreux dommages au cours des cinquante dernières années. Ainsi, la couverture forestière est passée de 70 % de la superficie du pays à environ 20 % actuellement. Chasse et destruction des habitats naturels ont provoqué la disparition de plusieurs espèces

Musulman du sud de la Thaïlande

animales, et d'autres restent menacées malgré les mesures prises depuis les années 1970 pour préserver une faune et une flore exceptionnelles.

SOCIÉTÉ ET POLITIQUE

Malgré les tensions accompagnant la modernisation, la société thaïe reste relativement stable. Comme dans une grande partie de l'Asie, la famile

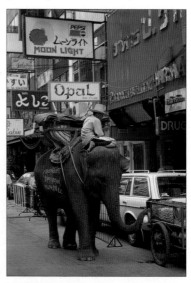

Les éléphants ne sont pas si rares à Bangkok

étendue y joue un rôle central. Les enfants habitent avec leurs parents et, souvent, dorment dans la même pièce jusqu'à leur mariage. Très peu de Thaïlandais vivent seuls. Bien qu'il n'existe pas de système de castes, une stricte hiérarchie sociale, dont le roi occupe le sommet, régit les rapports quotidiens. Le statut de chacun dépend de la richesse et des relations

Les statues du Bouddha se comptent par milliers en Thaïlande

de sa famille... Et de son sexe. Les femmes n'ont guère voix au chapitre dans la société malgré leur importance dans la vie économique, qu'elles travaillent aux champs ou dans des bureaux.

Le *wai*, salut traditionnel qui fait joindre les mains près du menton, est ainsi toujours à l'initiative du plus jeune ou de la personne de statut inférieur. D'autres règles de bienséance prédominent dans toutes les classes. Ainsi, même si les Thaïs manifestent une grande tolérance envers les cultures étrangères, ils éprouvent de la gêne devant des gens manifestant leurs émotions, la colère en particulier. Et ils risquent de s'offusquer en cas de manque de respect envers le roi ou la religion.

Guirlande de jasmin, un ornement très prisé

Le crime de lèse-majesté demeure d'ailleurs passible de prison. Constitutionnelle depuis 1932, la monarchie reste presque aussi révérée qu'à l'époque où les souverains étaient *chakravatin* (« maîtres de la vie »).

Accédant au trône en 1946, le roi actuel, Bhumibol Adulyadej (Rama IX), est le plus ancien souverain régnant du monde, et son influence dépasse largement ses prérogatives officielles purement protocolaires. Comme ses prédécesseurs, il s'est plié pendant sa jeunesse à la coutume de se retirer temporairement dans un monastère, une pratique encore très répandue dans l'ensemble de la population masculine. Car il n'existe pas de frontière stricte entre sacré et profane, et la communauté monastique bouddhiste (*sangha*), forte de quelque 250 000 membres, joue un rôle central dans la vie sociale. Les moines conduisent les nombreux rituels, grandes fêtes rythmant l'année ou simples bénédictions quotidiennes, et se transforment souvent dans les campagnes en maîtres d'école, une profession qui jouit d'une immense considération en Thaïlande. Il n'en va pas de même des politiciens. Il est vrai que le pays a connu dix-neuf coups d'État militaires (dont dix réussis) depuis 1932, et que la constitution en vigueur depuis 1991 limite

Femmes et enfants lisu pendant le Nouvel An thaï, en avril

Moines psalmodiant en pali, langue du bouddhisme theravada

ravada. Le *wat* offre donc le cadre naturel où admirer l'architecture recherchée, les innombrables images du Bouddha, les peintures murales, les sculptures sur bois, les reliefs en stuc, les décors de mosaïque et les panneaux laqués ou incrustés de nacre créés au fil des siècles par des artistes presque toujours anonymes.

La littérature et les formes de théâtre dansé classiques comme le *khon* et le *lakhon* ont pour principale source d'inspiration le Ramakien, version thaïe de l'épopée sacrée hindoue du Ramayana. Le grand poète du XIXe siècle Suthorn Phu a cependant laissé une œuvre originale. Qu'elle soit d'avant-garde ou attachée à offrir une nouvelle vision de thèmes bouddhiques traditionnels,

Danseurs de *lakhon* près d'un sanctuaire

singulièrement le pouvoir des électeurs en laissant au Premier ministre le soin de nommer les 270 membres du sénat votant avec les 360 députés élus. Une situation qui favorise passe-droits et maintien des privilèges. Les espoirs qu'avait suscités en 1992 la démission du général Suchinda, après la sanglante répression de manifestations pour la démocratie, restent encore à concrétiser.

ARTS ET CULTURE

Traditionnellement, les arts plastiques sont en Thaïlande presque exclusivement dédiés au bouddhisme the-

la peinture contemporaine jouit d'un engouement croissant. La musique populaire associe avec bonheur influences occidentales, rock et jazz en particulier, et thèmes classiques ou folkloriques thaïlandais. Des orchestres traditionnels, *piphat,* continuent d'accompagner les rencontres de boxe thaïe (*muay thaï*), le sport national.

Parmi les autres activités de loisir appréciées figurent le *takraw,* sorte de volley-ball où les joueurs peuvent utiliser les pieds, et les joutes de cerfs-volants.

De nombreuses festivités donnent lieu à des réjouissances exubérantes rythmées par le changement des saisons et le calendrier religieux, les Thaïs cherchant en permanence dans la vie son aspect *sanuk*, « amusant ».

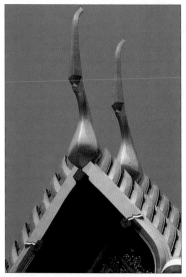
Cho fas ornant un toit du Grand Palais de Bangkok

Un pays de moussons

La première richesse des Thaïs

Le cycle climatique imposé par le régime des moussons détermine la croissance du riz qui, pour les Thaïs, assure depuis des siècles santé, richesse et bonheur. Les habitants du royaume se définissant en majorité comme *chao na*, riziculteurs, les moussons régissent en fait le cycle même de la vie, comme l'attestent de nombreuses croyances et pratiques. Avant la plantation, on honore la déesse du riz afin qu'elle favorise, pendant la saison pluvieuse, la « grossesse » de la semence qui contient un esprit *(kwan)*. Le mot « irrigation », *chon prathan*, se traduit littéralement par « don d'eau ».

La Plaine centrale, *inondée pendant la saison pluvieuse, offre d'excellentes conditions à la riziculture.*

Bottes de plants

La transplantation a lieu quand la saison pluvieuse a gorgé les sols d'eau.

Le Bouddha *prend dans certains wats du Nord une posture inhabituelle, les deux mains le long du corps pointées vers le sol, celle de l'« appel de la pluie ».*

Songkran, *le nouvel an lunaire, marque en avril la fin imminente de la saison fraîche et sèche. Il se célèbre avec force aspersions d'eau.*

LES SAISONS DES MOUSSONS

Le mot « mousson » vient de l'arabe *mawsim* (saison) et désigne des vents saisonniers de l'Asie du Sud. En Thaïlande, après les pluies apportées par la mousson du sud-ouest, viennent la saison chaude puis la saison sèche et tempérée liée à la mousson du nord-est.

La mousson du sud-ouest *souffle de l'océan Indien de juin à octobre. De violentes averses ont lieu presque tous les jours. La côte orientale reste plus sèche.*

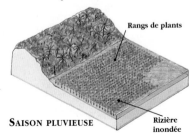

Rangs de plants

Inondation à Bangkok en fin de saison pluvieuse

SAISON PLUVIEUSE

Rizière inondée

Des machines ont remplacé les animaux dans de nombreuses exploitations, mais le travail dans les rizières demeure éprouvant.

La principale récolte de riz dans les basses terres a lieu au milieu de la saison fraîche. Elle mobilise familles et villages entiers et se fait encore souvent à la faucille.

Canaux d'irrigation

Les plants doivent être semi-immergés

Le battage a généralement lieu sur place dans les rizières. Une fois séparés de la balle, les grains sèchent au soleil.

TRANSPLANTATION

La plupart des variétés de riz exigent des terrains inondés pour se développer. Les grains sont souvent semés en pépinières, à l'irrigation plus facile à contrôler, puis les jeunes pousses replantées à la main dans les rizières.

La mousson du nord-est, venue d'Asie centrale, souffle de novembre à mars, créant un temps relativement frais et sec, bien qu'il pleuve souvent sur la côte est.

Entre les deux moussons, la terre se réchauffe, créant une zone de basse pression. Quand les hautes pressions de l'océan Indien la repoussent, le cycle recommence.

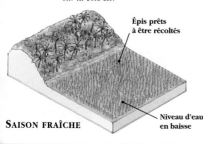

Épis prêts à être récoltés

SAISON FRAÎCHE

Niveau d'eau en baisse

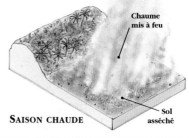

Chaume mis à feu

SAISON CHAUDE

Sol asséché

Paysages et faune de Thaïlande

Perruche verte

La Thaïlande s'étend du sud du tropique du Cancer jusqu'à environ 1 000 km de l'équateur. Une topographie variée et un climat clément lui valent une faune et une flore d'une grande diversité.

Une dense forêt de mousson pousse sur les reliefs calcaires du Nord. Elle devient plus aérée dans le Nord-Est et la Plaine centrale.

Forêts côtières et pluviales dominent dans le Sud et au bord du golfe de Thaïlande. La déforestation, l'industrie et le tourisme menacent toutefois de nombreux habitats naturels, et plusieurs espèces animales risquent l'extinction *(p. 209)*. Cette situation a entraîné la création de nombreux parcs nationaux. Le premier, Khao Yai *(p. 174-175)*, a ouvert en 1962.

Cocotiers sur l'île de Ko Samui dans le golfe de Thaïlande

FORÊT DE MOUSSON D'ALTITUDE
Elle se compose principalement de feuillus, à feuilles persistantes ou caduques, tels que lauriers, chênes et châtaigniers. Mousses, fougères et orchidées épiphytes, poussant sur d'autres plantes, abondent.

Chez l'atlas, la femelle est encore plus grande que le mâle.

Le serow, une race d'antilope, devient de plus en plus rare en Thaïlande du Nord.

La civette des palmiers, animal nocturne, vit aussi bien en forêt que près des humains.

FORÊT AÉRÉE
Les arbres les plus fréquents appartiennent à la famille des diptérocarpacées, indigène à l'Asie du Sud-Est. Des buissons serrés tapissent souvent le sol.

Le cerf sambar s'aperçoit dans la Plaine centrale et dans le Nord-Est.

Le gibbon, singe extrêmement agile, vit surtout à la limite sud du plateau du Nord-Est.

Le sanglier, très chassé dans le passé, se nourrit principalement d'herbe.

FLEURS DE THAÏLANDE

Les fleurs, en Thaïlande, reflètent par leur diversité celle des habitats. Le pays abrite en particulier quelque 1 300 espèces d'orchidées. Très recherchées, elles sont devenues rares dans la nature. D'autres fleurs servent en cuisine ou à des fins médicinales.

La mauve, proche de l'hibiscus, est répandue en Asie du Sud-Est.

Les népenthacées sont carnivores. Leur sève dissout les insectes capturés dans une urne.

Le lotus a une tige et un fruit comestibles. D'autres nénuphars ne servent qu'à la décoration.

Les orchidées (p. 210), prisées pour leur beauté, proviennent surtout du Nord.

MARÉCAGES

Rivières, canaux, lacs et étangs, l'eau est partout en Thaïlande, mais le défrichement n'a laissé subsister de forêts de marécages que dans le Sud.

FORÊT CÔTIÈRE

En transportant les graines d'arbres tels qu'amandier des Indes et pins, les courants marins ont créé dans toute l'Asie du Sud-Est des bandes de forêts caractéristiques. Tourisme et défrichage les menacent en Thaïlande.

L'entelle sombre, l'une des quatre espèces d'entelles de la Thaïlande, vit dans la péninsule.

La tortue verte, la seule tortue de mer nocturne herbivore, se nourrit d'algues.

Certains échassiers possèdent des pattes permettant de marcher sur la végétation flottante.

Les lézards, fréquents dans les îles, mangent parfois souris et petits oiseaux en plus des insectes.

Le tantale asiatique vient se reproduire dans les marais de Thaïlande. Sa face vire alors au rose.

Le roulroul habite la forêt côtière dans le Sud.

Le bouddhisme en Thaïlande

Le roi Bhumibol se retira un temps, comme la majorité des Thaïlandais, dans un monastère. Pour son peuple, bouddhisme et monarchie sont des pouvoirs unis.

Au moins 90 % de la population thaïlandaise pratique le bouddhisme theravada, dont la doctrine reste fidèle à une interprétation primitive des enseignements du Bouddha, contrairement à l'école mahayana du nord de l'Inde et de l'Himalaya. En se répandant en Asie du Sud-Est à partir du IIIᵉ siècle av. J.-C., il a toutefois intégré **Moine et drapeaux thaïs** dans la pratique de nombreuses influences hindoues, tantriques et mahayana, l'adoration d'images du Bouddha en particulier, tout en s'accommodant de croyances animistes. Pilier de la nation, avec la royauté, la religion et ses rituels colorés, notamment ceux d'acquisition de mérites *(p. 125)*, marquent tous les aspects de la vie quotidienne des Thaïlandais.

Siddhartha part en quête de l'illumination.

La plupart des garçons passent, généralement à l'adolescence, quelques mois dans un monastère. Ils y gagnent des mérites pour leur famille. Peu de Thaïlandaises deviennent nonnes.

Appliquer des feuilles d'or, vendues dans tous les temples, sur les images du Bouddha ou sur les décorations murales est une manière très répandue d'acquérir des mérites.

HISTOIRE DU BOUDDHA

Né en Inde au VIᵉ siècle av. J.-C., le prince Siddhartha Gautama renonça à ses richesses pour partir en quête de la vérité. Après avoir atteint l'illumination, il enseigna la voie menant à la cessation de la douleur. De nombreuses peintures évoquent ses vies antérieures *(jatakas)*.

Les familles pieuses demandent la bénédiction d'un moine aux moindres occasions : lorsqu'un enfant prend son nom, aux mariages, à l'achat d'une maison ou d'une voiture neuve ou simplement après avoir effectué un don au wat. Les enfants s'imprègnent des règles du bouddhisme dès le plus jeune âge.

La méditation se pratique aussi en marchant. Ici, le moine le plus âgé conduit la file qui fait le tour du temple dans le sens des aiguilles d'une montre. Méditer sur la nature de l'existence est une des principales voies à suivre pour arriver un jour à l'illumination comme le Bouddha (l'« Éveillé »).

Vishnu fait partie de la trinité brahmanique.

Enluminure thaïe (v. 1900)

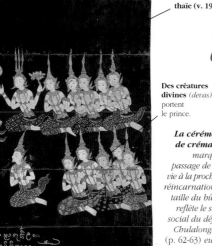

Un anneau de jasmin, dans une voiture ou un temple, symbolise la beauté des enseignements du Bouddha, puis, en fanant, l'impermanence de toute vie.

Des créatures divines *(devas)* portent le prince.

La cérémonie de crémation marque le passage de cette vie à la prochaine réincarnation. La taille du bûcher reflète le statut social du défunt. Chulalongkorn (p. 62-63) eut des funérailles particulièrement grandioses.

Incantations en langue pali

Les tatouages rituels, une vieille tradition hindoue, sont supposés agir comme talismans et protéger des forces hostiles.

LES PRINCIPES DE BASE DU BOUDDHISME

Pour les bouddhistes, l'existence humaine est une suite de réincarnations marquées par la *dukkha*, l'insatisfaction causée par le désir. Les actes accomplis pendant chacune de ces vies (tolérance et non-violence) influencent la suivante, un concept exprimé par le terme de *karma* et symbolisé par la « roue de la loi ». Le but ultime du dévot est d'échapper au cycle des renaissances en atteignant le *nirvana*, l'extinction de tout désir. Pour ce faire, sa pratique s'appuie sur trois piliers : la morale, la méditation et la sagesse. Il reste libre de se rendre au temple selon ses désirs.

La « roue de la loi » sur le drapeau thaï du bouddhisme

Le wat

Le *wat* réunit à l'intérieur d'une enceinte plusieurs
édifices et sert à la fois de monastère, de temple
et de centre communautaire. Il en existe environ
30 000 en Thaïlande, pour la plupart fondés par de
riches mécènes et entretenus par les fidèles qui
acquièrent ainsi des mérites *(p. 125)*. Chaque période
de l'histoire a apporté des modifications à
l'architecture des *wats*, et l'implantation et le style des
bâtiments peuvent grandement varier bien que leur
disposition et leurs
fonctions obéissent
à des règles
établies.

Le mondop,
*construction de plan
carré coiffée d'une
flèche, comme ici
au Wat Phra Kaeo
(p. 76-79), ou d'un toit
cruciforme, renferme
un objet de culte ou
des textes sacrés.*

Un banian, semblable à celui sous lequel
le Bouddha atteignit l'illumination *(p. 26-
27)*, pousse dans de nombreux *wats*.

Un mur ou un cloître, parfois orné
de statues du Bouddha ou de peintures
murales, peut entourer l'espace principal
du temple, le *phutthawat*.

Le *sanghawat*,
un enclos, renferme
les quartiers des moines
et leurs dortoirs.

La *sala kanparien*
accueille parfois
des lectures des
écritures sacrées.

De petites *salas* offrent
un abri aux pèlerins.

**Bassin
ornemental**

*__La__ **ho trai,** ou
bibliothèque, abrite les
écritures sacrées. Ces
édifices relativement
rares présentent des
tailles et des styles variés.
__La__ ho trai du Wat
Pakman de Bangkok est
typique d'un sanctuaire
de ville. En campagne,
elles reposent parfois sur
des pilotis ou sont
entourées d'eau pour
protéger les textes saints
des insectes.*

WATS IMPORTANTS

Les *wats* dont le nom
commence par Rat-, Racha- ou
Maha- ont été fondés par des
membres de la famille royale ou
contiennent des objets hautement
révérés (au nom souvent précédé de
« Phra »). La Thaïlande compte
environ 180 de ces grands temples
dont ce *wat* imaginaire offre une
image typique. Ceux de moindre
importance comprennent moins de
bâtiments et parfois pas de *wihan*.

Le **chedi** *abrite une relique telle qu'un cheveu ou un fragment d'os du Bouddha ou les cendres d'un roi. De nombreux* wats *furent fondés autour d'un* chedi *sacré.*

Le **wihan** *ressemble beaucoup au* bot *mais possède généralement une taille supérieure et n'est pas délimité par des* bai semas. *Il peut y en avoir plusieurs. Celui du Wat Rachabophit (p. 87) mêle plusieurs styles architecturaux.*

Des images du Bouddha dans le cloître marquent la séparation entre le monde profane et le *wat*.

Des *bai semas* (pierres de bornage) délimitent le sol consacré du *bot*.

Le **cho fa** *(« houppe d'air »), détail caractéristique de l'architecture thaïe, tiendrait sa forme d'une silhouette hautement stylisée de Garuda, oiseau de la mythologie hindoue.*

Entrée du *wat*

Le **bot** *(ou* ubosot*) est la chapelle des ordinations des moines. Il ressemble à un* wihan *mais est entouré de* bai semas. *Il fait habituellement face à l'est et contient souvent le principal bouddha du* wat *comme ici au Wat Suthat (p. 86-87) de Bangkok.*

Le **ho rakang** *abrite les gongs appelant les moines à la prière. Peu présentent un aspect aussi élaboré que celui du Wat Rakhang (p. 121).*

Architecture religieuse

L'état de conservation des sanctuaires religieux bâtis en Thaïlande sur une période de plus de onze siècles dépend des matériaux qui servirent à leur construction. Élevés en pierre, les temples khmers sont relativement complets lorsqu'ils ont connu une restauration. En revanche, il ne reste souvent que des fondations et des piliers des *wihans* et des *bots (p. 28-29)* des *wats* des ères de Sukhothai et d'Ayutthaya, bien que certains édifices tels que *chedis* et *mondops* aient subsisté. Il subsiste beaucoup de beaux monuments des époques du Lan Na et de Rattanakosin.

Fronton doré d'un *wihan*, Wat Saket (p. 83)

KHMER (DU IXᵉ AU XIIIᵉ SIÈCLE)

Les Khmers *(p. 254-255)* construisirent dans le Nord-Est des temples en pierre, ou *prasats,* qui possèdent pour la plupart des escaliers ou des ponts bordés de *nagas* (serpents) sculptés menant à un sanctuaire central, généralement dominé par un *prang* (tour) et décoré de reliefs illustrant des mythes hindous. Les deux plus importants sont le Prasat Hin Khao Phnom Rung *(p. 270-271)* et le Prasat Hin Phimai *(p. 266-267).*

Les *prangs* khmers symbolisaient le mont Meru, axe de l'univers.

Des déités hindoues et bouddhistes ornent linteaux et frontons.

La chambre intérieure du *prang* abritait un *lingam (p. 255)* ou un bouddha.

Sanctuaire central du Prasat Hin Khao Phnom Rung

***Naga* en antéfixe sur le *prang* du Prasat Hin Khao Phnom Rung**

SUKHOTHAI (DU MILIEU DU XIIIᵉ AU XVᵉ SIÈCLE)

Un art typiquement thaï se développa pour la première fois dans les cités de Sukhothai *(p. 184-187)* et Si Satchanalai *(p. 188-190).* Parmi des ruines khmères, le roi Si Intharathit *(p. 54)* et ses successeurs bâtirent des *wihans* et des *bots* pour accueillir des statues du Bouddha. Des *chedis* en forme de cloche d'inspiration sri lankaise *(p. 188)* les complétèrent. Dans de nouveaux temples comme le Wat Mahathat *(p. 186-187)* apparut le *chedi* en bouton de lotus.

***Chedi* en bouton de lotus**

Petits *chedis* entourant le principal.

Des niches (devant) contenaient des bouddhas en stuc.

Des *chedis* (derrière) montrent une influence khmère.

Une frise de moines en procession entoure la base.

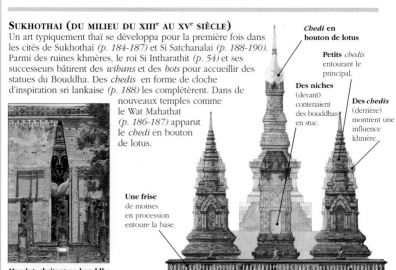

***Mondop* abritant un bouddha au Wat Si Chum (p. 185)**

Six (illustrés) des neuf *chedis* au cœur du Wat Mahathat

AYUTTHAYA (DU MILIEU DU XIVᵉ À LA FIN DU XVIIIᵉ SIÈCLE)

Les architectes d'Ayutthaya *(p. 166-167)* apportèrent de subtiles modifications à des éléments tels que les *prangs* khmers ou les *chedis* de style sri lankais pour construire des sanctuaires à la décoration élaborée. Peu de *bots* et de *wihans* survécurent au sac birman de 1767 *(p. 56)* à l'exception du Wat Na Phra Men *(p. 170)*.

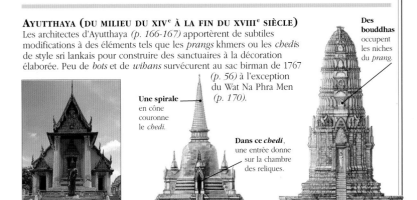

Des bouddhas occupent les niches du *prang*.

Une spirale en cône couronne le *chedi*.

Dans ce *chedi*, une entrée donne sur la chambre des reliques.

Wihan de l'ère d'Ayutthaya du Wat Na Phra Men

Chedi de style sri lankais du Wat Phra Si Sanphet *(p. 168-169)*

Prang en forme d'épi de maïs du Wat Ratchaburana *(p. 166)*

LAN NA (DU MILIEU DU XIIIᵉ AU XIXᵉ SIÈCLE)

Les édifices religieux construits pendant cette période dans le Nord *(p. 58-59)* s'inspirèrent de l'architecture de Dvaravati *(p. 52-53)* puis des styles sukhothai, indien et sri lankais. Malheureusement, il subsiste peu de monuments des XIVᵉ et XVᵉ siècles, l'âge d'or de l'art du Lan Na. Les *wats* des XVIIIᵉ et XIXᵉ siècles, dans des villes comme Chiang Mai *(p. 214-217)*, possèdent souvent de délicates sculptures sur bois, des *bang bong* dorés et des peintures murales.

Chedi de plan carré du Wat Chiang Man, Chiang Mai

Pignons sculptés et dorés

Ligne de toit basse

Hang bong, Wat Pan Tao, Chiang Mai　　**Wihan** du Lan Na du Wat Phra Sing à Chiang Mai

RATTANAKOSIN (DE LA FIN DU XVIIIᵉ SIÈCLE À AUJOURD'HUI)

Après le sac d'Ayutthaya, les Thaïs tentèrent de recréer leur passé perdu, et les premiers *bots* et *wihans* bâtis dans la nouvelle capitale, Bangkok, en particulier au Wat Phra Kaeo *(p. 78-79)*, ressemblaient à ceux détruits dans l'ancienne cité. Les édifices devinrent ensuite plus imposants et plus élaborés.

Au XIXᵉ siècle, ils incorporèrent des éléments occidentaux comme au Wat Benchamabophit *(p. 102-103)* et au Wat Rachabophit *(p. 87)*. Le style de Rattanakosin est aussi appelé style de Bangkok.

Des *hang bong* dorés mettent en valeur les couleurs des tuiles du toit.

Huit *bai semas* entourent le bot.

Vitrail de style occidental, Wat Benchamabophit

Bot rattanakosin du Wat Suhat *(p. 86-87)*

Les maisons thaïes traditionnelles

C'est dans les zones rurales que l'on trouve le plus souvent les maisons thaïes traditionnelles, bien qu'il en existe des versions plus imposantes dans les villes. Généralement élevées sur pilotis, pour se protéger des crues, et préservées des violentes pluies tropicales par des toits à forte pente, ces habitations répondent aux exigences du climat tropical. Les matériaux, bois, bambou et feuilles séchées, apportent fraîcheur et aération. Adultes et enfants dorment fréquemment tous ensemble dans la pièce la plus centrale, siège des esprits des ancêtres.

Maison dans une plantation

MAISONS DU NORD

Le Nord connaît des températures relativement fraîches, et les fenêtres y sont plus petites que dans le reste du pays. La cuisine et les aires de séjour communiquent pour tirer le meilleur parti de la chaleur disponible. L'inclinaison des murs extérieurs renforce la solidité de la charpente. Dans les zones les plus rurales, certaines maisons conservent des toits de chaume.

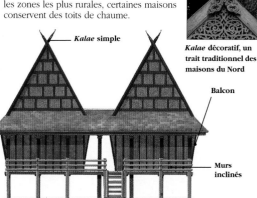

Kalae simple

Kalae décoratif, un trait traditionnel des maisons du Nord

Maisons traditionnelles du Nord bâties en teck

Des pilotis supportent la construction, qui comporte habituellement un balcon courant tout le long de la maison et des kalae *simples ou décoratifs.*

Balcon

Murs inclinés

MAISONS DE LA PLAINE CENTRALE

Dans la chaude Plaine centrale, la vie s'organise pendant la majeure partie de l'année autour de la grande aire ouverte, parfois commune à plusieurs habitations, qui constitue la particularité dominante de nombreuses maisons traditionnelles. Certaines possèdent aussi des balcons couverts sur les côtés. Les murs à panneaux de bois sont un ajout relativement récent.

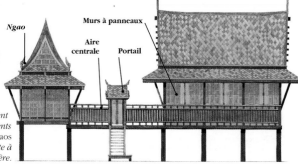

Ngao

Murs à panneaux

Aire centrale

Portail

Pignon à panneaux de bois

Les pignons possèdent souvent des éléments décoratifs appelés ngaos *dont l'origine remonte à l'architecture khmère.*

MAISONS SUR L'EAU

Les *khlongs* du Bangkok de jadis *(p. 121)* portaient de nombreuses habitations et boutiques flottantes, et on vit encore sur les rivières dans la Plaine centrale. Les maisons sur l'eau sont parfois amarrées à des poteaux, mais peuvent aussi simplement reposer sur des radeaux qui leur permettent de s'élever en période de crue.

Toit de chaume

Plancher souple

Poteau

Maisons flottantes, Sangkhla Buri *(p. 158)*

*Les **maisons** proches de la rive, bien que souvent amarrées, possèdent des planchers souples qui bougent avec l'eau.*

MAISONS ROYALES

Les demeures royales marient les styles architecturaux des temples et des habitations thaïes et les influences occidentales. Principal matériau de construction, le teck leur donne leur riche couleur rouge caractéristique. Frontons et encadrements ouvragés, parfois dotés d'ornements en bronze doré, décorent habituellement portes et fenêtres.

Cho fa

Tuiles en teck

Fenêtre du palais du prince de Lampang *(p. 133)*

*Le **pavillon rouge** du Musée national (p. 84-85), construit en teck comme son nom l'évoque, offre un exemple typique de maison royale.*

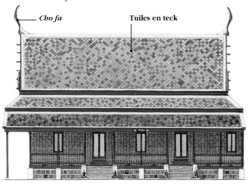

MAISONS D'ESPRITS

Suivre les enseignements du bouddhisme theravada *(p. 26-27)* n'empêche pas les Thaïlandais de croire aux esprits, en particulier à ceux des lieux sur lesquels ils bâtissent maisons ou édifices commerciaux. Se concilier leur bienveillance, ou au moins leur neutralité, impose avant toute nouvelle construction d'élever sur un pilier une maison d'esprits, ou *phra phum*, parfois extrêmement élaborée. Pour garantir que les occupants à qui elle est destinée la préféreront bien à celle des humains, cette demeure doit impérativement ne pas recevoir l'ombre du bâtiment principal. Des offrandes de nourriture, de fleurs et d'encens, quotidiennes de préférence, contribuent également à assurer aux seigneurs des lieux un séjour agréable.

Maison d'esprits

La cuisine thaïe : un art

Melon finement sculpté

J ustement réputé pour sa qualité et sa diversité, l'art culinaire thaï l'est aussi pour le raffinement de sa présentation. Une fleur taillée dans une carotte ou une ciboule sculptée ornent souvent les plats les plus simples, tandis qu'un grand dîner de cuisine « royale » dans un restaurant de luxe s'accompagne de somptueuses compositions de légumes et de fruits ciselés. Le riz demeure la base de l'alimentation, mais une vaste palette de viandes, de fruits de mer, de produits frais et d'aromates lui apporte d'innombrables et subtiles saveurs. Les Thaïlandais mangent n'importe où et à n'importe quelle heure, et toutes sortes d'établissements proposent à tout moment simples en-cas ou repas sophistiqués. Le repas pris en commun garde néanmoins une grande importance sociale, et la nourriture joue un rôle central dans toutes les fêtes, familiales ou communautaires.

La fête de la plantation du riz, dans le Nord, est l'occasion de la préparation et la dégustation de plats très variés.

Pétales de radis blanc autour d'un cœur en papaye

La cuisine royale thaïe, s'inspirant des spécialités jadis servies uniquement à la cour, se caractérise par des techniques sophistiquées de cuisson et une décoration raffinée. Elle utilise des ingrédients qui sont (ou étaient) chers, telle la glace.

La papaye a une chair ferme appréciée des sculpteurs.

Feuilles en concombre

Radis

*Le **kanthoke**, traditionnel en Thaïlande du Nord, réunit les convives autour d'une table circulaire pour partager des spécialités accompagnées de riz gluant.*

SCULPTURE SUR FRUITS ET LÉGUMES

Dans les restaurants, fruits et légumes ciselés ajoutent au raffinement de nombreux plats. Des ciboules se transforment en chrysanthèmes, des carottes et des piments deviennent des fleurs délicates et des tomates prennent comme par magie l'aspect de roses. Cet art était jadis réservé aux femmes de la cour royale. La plupart des Thaïs en possèdent aujourd'hui les rudiments, mais peu en l'habileté et l'expérience nécessaires à la maîtrise des techniques les plus sophistiquées. Les sculpteurs talentueux, capables de créer de magnifiques compositions, jouissent d'une grande estime.

Démonstration de sculpture sur légumes

Des écoles de cuisine permettent à de futurs chefs comme à des amateurs d'acquérir les bases de l'art culinaire thaï. Les plus célèbres se trouvent à Bangkok (p. 446).

Courge thaïe

Carotte

Potiron

La betterave, chère, est parfois remplacée par de la carotte teintée.

Le **miang kham**, *en-cas associant gingembre, noix de coco, citrons, oignons rouges, crevettes séchées et arachides, est ici présenté avec un souci du détail typique d'une culture pour laquelle un plat doit paraître aussi beau qu'il est bon.*

Le riz, base de l'alimentation, possède aussi en Thaïlande une signification spirituelle (p. 22-23). Des brahmanes font ici une offrande de riz dans un temple de Bangkok.

Les **luk chub**, *délicieux bonbons ressemblant à de minuscules légumes, sont de fabrication difficile et de coût élevé mais qui valent la peine d'être goûtés.*

Pétale en concombre

Un repas en commun, comme il s'en tient dans de nombreux wats le dimanche, a servi de sujet à cette peinture murale du XIXᵉ siècle. Bien que les Thaïs adorent se nourrir d'en-cas à toute heure, s'asseoir pour prendre un repas complet, parfois à l'extérieur (suan ahan) dans un pavillon ou un jardin, reste un acte social important, et les mariages et les funérailles apparaissent souvent comme de simples prétextes à manger et boire le plus possible.

Le Ramakien

Version thaïe du Ramayana indien, le Ramakien aurait pris forme après l'occupation d'Angkor par les Thaïs au XVe siècle. Vaste épopée sacrée, il relate les aventures de Rama, parangon de vertu et roi idéal, opposé au démon Tosakan, personnage tragique d'une grande dignité. Source d'inspiration de la peinture et du théâtre classique, le Ramakien a une influence majeure sur l'ensemble de la culture du pays. Tous les rois de la dynastie Chakri eurent Rama parmi leurs noms, et Ayutthaya (*p. 166-171*) fut baptisée d'après le royaume fictif d'Ayodhya.

Hun krabok (**marionnettes à baguettes**) **dans une scène du Ramakien**

Des armées de singes accompagnent Rama à Longka.

Les édifices et les chars sont de style thaï, bien que le récit se déroule en Inde et au Sri Lanka.

Rama, *excellent archer comme le montre ce bas-relief du Wat Pho (p. 88-89), gagna la main de Sita en bandant un arc qu'aucun autre prétendant ne put seulement soulever.*

L'HISTOIRE

Rama, héritier du trône d'Ayodhya et incarnation de Vishnu, doit aux intrigues de sa belle-mère d'être envoyé en exil pour quatorze ans. Sa femme, Sita, et son frère, Lakshman, l'accompagnent au plus profond de la forêt. Tosakan, le roi démon de Longka (Sri Lanka), enlève Sita et l'emmène sur son île dans l'espoir de la séduire et de l'épouser. Les frères le poursuivent, et Hanuman, le dieu singe blanc, leur propose de les aider. Ensemble, ils gagnent à leur cause deux rois singes, Sukrip et Chompupan, possédant chacun une puissante armée. Ils marchent ensemble vers le sud jusqu'à la côte. Les armées de singes construisent une chaussée de pierre au-dessus de la mer jusqu'à Longka qu'ils assiègent. De nombreuses batailles sont gagnées contre les démons de Tosakan qui, une fois tous ses champions défaits, combat Rama. Celui-ci le tue, couronne son allié, Piphek (un frère banni de Tosakan), roi de Longka, et rentre avec Sita régner sur Ayodhya.

Wat Phra Kaeo : Hanuman se sert de sa queue comme d'un pont

Rama triomphe de nombreux démons *pendant son exil dans la forêt. Certains reconnaissent sa nature divine, et sa bénédiction leur évite la punition de renaître sous une forme maléfique.*

Les pièces de théâtre d'ombres **nang yai** (p. 373), *basées sur le Ramakien, datent au moins du XVᵉ siècle. Devenue rare en Thaïlande, cette forme d'art reste plus pratiquée au Cambodge.*

La mer, rétrécie sans souci de perspective, permet de voir les deux pays de l'histoire.

Rama, sur son char, domine sa suite comme il convient à un roi.

PRINCIPAUX PERSONNAGES

Les nombreux épisodes du Ramakien mettent en scène des centaines de personnages, mais la trame de l'épopée repose sur les interactions entre cinq figures prééminentes décrites ci-dessous.

Rama, *avatar de Vishnu souvent représenté avec un visage vert, a pour but de vaincre la race des démons dont la puissance menace les dieux.*

Sita, *fille de l'épouse de Tosakan et incarnation de la déesse Lakshmi, reste fidèle à Rama pendant sa captivité.*

Lakshman, *frère cadet de Rama qu'il accompagne en exil dans la forêt, apparaît souvent doré.*

Hanuman, *le singe blanc fils du dieu du vent, est totalement dévoué à Rama mais trouve le temps de courtiser le beau sexe.*

PEINTURES MURALES DU WAT PHRA KAEO

Une série de 178 peintures murales datant de la fin du XVIIIᵉ siècle relate le Ramakien au Wat Phra kaeo (p. 76-79). Dans cette scène, Hanuman aide Rama à sauver Sita en édifiant par des moyens surnaturels une chaussée de pierre franchissant la mer jusqu'à Longka.

Hanuman trouve Sita *prisonnière du roi démon de Longka : Tosakan. Il lui donne la bague de Rama et lui annonce sa libération proche.*

Tosakan, *le roi démon de Longka dont le nom signifie « dix cous », s'appelle Ravanna dans le Ramayana.*

Théâtre et musique thaïs

L es deux principales formes d'art dramatique thaïes sont le *khon* et le *lakhon*. Joué à partir du xvᵉ siècle devant la cour royale, le *khon* relate des épisodes du Ramakien *(p. 36-37)*. Plus gracieux, le *lakhon*, jadis réservé lui aussi à la cour, utilise en outre des éléments des jakatas *(p. 26)*. Les interprètes de *khon* et de *lakhon* exécutent des mouvements de danse lents et stylisés sur la musique d'un *piphat*, orchestre pouvant comprenant plus de 20 musiciens.

Danseuse classique thaïe

Les élèves, *dont la formation commence à un jeune âge et inclue une série de mouvements appelée « alphabet de la danse »* (mae bot), *apprennent en imitant leur professeur.*

Les gestes restent gracieux, même pour lever une épée contre un ennemi.

Les somptueux costumes s'inspirent des tenues traditionnelles de la cour.

Masque blanc d'Hanuman *(p. 37)*

Ganesh, le dieu éléphant

Les masques de *khon* *sont traités comme des objets sacrés dotés de pouvoirs surnaturels.*

***Des interprètes de* khon *et de* lakhon** *dansent parfois près de sanctuaires à la demande de fidèles qui ont vu un vœu exaucé.*

UNE REPRÉSENTATION DE *KHON*

C'est dans les restaurants réservés aux touristes que les visiteurs ont le plus de chance d'assister à une représentation de *khon*, forme d'art mimée accessible aux étrangers. Les démons et les singes portent des masques, et les humains et les divinités des couronnes.

INSTRUMENTS DE LA MUSIQUE CLASSIQUE THAÏE

***Ranat* (xylophone)**

La musique classique thaïe date de l'époque de Sukhothai. Il n'existait à l'origine pas de notation et chaque musicien, qui adopte la personnalité de son instrument comme un acteur, apporte des variations sur la mélodie de base fixée par le compositeur. Contrairement au *piphat* qui accompagne pièces de théâtre et matchs de boxe *(p. 40)*, un orchestre *mahori* comprend des cordes.

Peinture d'un orchestre *mahori*

Les lames donnent des sons différents selon que le xylophone est plat ou courbe.

Le **likay,** *forme de théâtre dansé très populaire, est une version satirique de* lakhon. *La trame dérive d'anciennes légendes mais les acteurs improvisent plaisanteries et commentaires d'actualité.*

Les troupes de **khon** *et de* **lakhon** *ont aujourd'hui pour siège le département des Beaux-Arts de Bangkok.*

De longs doigtiers *accentuent les gracieux mouvements des mains dans le* lakhon *et les « danses des ongles » du Nord.*

Cette peinture murale *du Wat Benchamabophit de Bangkok montre une scène de* khon *où Erawan, éléphant d'Indra, descend sur terre.*

Le maquillage, jadis une épaisse couche blanche, accentue les expressions des acteurs qui ne portent pas de masque.

Les marionnettes à baguettes du hun krabok, *très rarement joué aujourd'hui, sont actionnées par des fils cachés sous le costume.*

Khong wong lek (petit cercle de gongs)

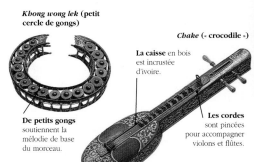

Chake (« crocodile »)

La caisse en bois est incrustée d'ivoire.

De petits gongs soutiennent la mélodie de base du morceau.

Les cordes sont pincées pour accompagner violons et flûtes.

Un orchestre piphat mon *joue à des funérailles.*

La boxe thaïlandaise

Le premier document évoquant la boxe thaïlandaise *(muay thai)* date de 1411, mais elle a probablement évolué à partir d'un art martial plus ancien, le *krabi-krabong*. En 1744, Nai Khanom Dtom devint le premier boxeur célèbre du pays en vainquant dix guerriers birmans. La fréquence des accidents entraîna l'interdiction du *muay thai* dans les années 20, interdiction levée en 1937 lorsqu'il se dota des règles modernes. Le rituel continue toutefois de jouer un grand rôle dans un sport qu'ont inspiré les récits de batailles du Ramakien *(p. 36-37)*.

Nai Khanom Dtom

Dans la salle règne une ambiance survoltée, les spectateurs pariant souvent de fortes sommes. Les places pour les rencontres entre boxeurs célèbres s'arrachent longtemps à l'avance.

Ce manuscrit représentant un combat date du début du XXᵉ siècle.

La tenue d'entraînement varie selon les camps.

Les pieds restent nus à l'entraînement mais des protections de chevilles sont autorisées au combat.

Phone Kingphet, premier champion du monde de boxe thaïe, se prépara à ses nombreuses rencontres à l'étranger dans le climat frais du parc national du Phu Kradung *(p. 276-277)*

Un orchestre piphat accompagne le match. La musique est douce pendant la cérémonie d'ouverture, mais elle prend un rythme plus soutenu au début du combat. Évoluant en force et en tempo avec l'intensité des échanges, elle ajoute à la tension de la rencontre.

TYPES DE COUPS

Chaque coup porté à l'adversaire, sauf à l'aine, donne droit à des points. Mordre et frapper avec la tête sont interdits. Un K.O. conclut parfois le match.

Le coup de coude asséné de haut en bas en plein saut demande un effort physique, mais donne un bel avantage.

Des amulettes (p. 74) *portées autour d'un ou des deux biceps procurent protection au boxeur pendant le combat. Elles consistent en un brassard contenant une icône de Bouddha ou une herbe porte-bonheur.*

Où voir de la boxe thaïe ?

À Bangkok, les matchs ont lieu à Lumphini *(p. 443)* les mar., ven. et sam. et à Ratchadamnoen *(p. 443)* les lun., mer., jeu. et dim. Le canal 9 de la télévision transmet ceux du jeu. Pour les autres villes, s'adresser aux salles.

Des bandelettes protègent les poings à l'entraînement. Jusqu'en 1937, on utilisait souvent au combat du chanvre garni de verre pilé.

Le wrai kru, *un salut rituel, ouvre le ram muay, cérémonial en l'honneur de l'esprit de la boxe et de l'entraîneur (kru) dont les boxeurs prennent souvent le nom en signe d'hommage.*

Avant le match, *le boxeur exécute une lente danse solennelle (ram muay) dont les mouvements diffèrent selon son camp, mais qui inclue généralement des balancements des bras censés attirer dans son corps la puissance de la terre, de l'air, du feu et de l'eau.*

BOXE THAÏE CONTRE BOXE ANGLAISE

En boxe thaïlandaise, ou *kick boxing*, les combattants ne portent pas que des coups avec les poings, mais aussi, entre autres, avec les pieds et les coudes. Les matchs comportent cinq reprises de trois minutes. Les boxeurs professionnels, qui commencent leur entraînement parfois dès 6 ans, se retirent vers 25 ans. Plusieurs ont remporté des titres de boxe anglaise.

Un coup de pied porté au cou, comme ici, peut mettre hors de combat un concurrent. Frapper avec la plante du pied au visage est considéré comme une grave insulte à l'adversaire.

Les coups de genoux *peuvent avoir un effet dévastateur, surtout quand le boxeur abaisse en même temps la tête de son adversaire.*

Les coudes, *comme les genoux, jouent un rôle décisif. Les coups de poing sont ceux qui se révèlent les plus faibles.*

Les fêtes en Thaïlande

Marques de dévotion religieuse ou célébrations du passage des saisons, les rites et festivités annuels font depuis toujours partie intégrante de la vie des Thaïlandais. Une inscription du XIIIe siècle indique d'ailleurs : « Qui veut se réjouir le fait, qui veut rire le fait. » Cette devise continue d'être appliquée lors des nombreuses fêtes ayant lieu chaque mois. Les plus importantes, tel Songkran, concernent toute la nation, prenant leur dimension la plus exubérante à Bangkok et dans les grandes villes, mais chaque région possède en outre ses réjouissances locales. Soumises au calendrier lunaire, les dates de beaucoup de manifestations varient d'une année sur l'autre.

**Phi Ta Kon, fête
à Dan Sai et Loei**

Parade pour la cérémonie du Labour royal, Bangkok

BANGKOK

Pour Songkran, le Nouvel An thaï célébré dans tout le pays du 12 au 14 avril *(p. 44)*, les festivités se déroulent à Bangkok, à Sanam Luang, où un bouddha révéré est baigné lors de rituels destinés à acquérir des mérites. Cette fête de purification prend partout un tour très ludique, tout le monde s'aspergeant généreusement d'eau. En mai, offrandes et processions aux chandelles autour des principaux temples commémorent la Visakha Bucha *(p. 45)*, la naissance, l'illumination et la mort de Bouddha tenues pour avoir eu lieu le même jour de l'année. En mai également, la cérémonie du Labour royal *(p. 44)* d'origine brahmanique, marque à Sanam Luang le début de la saison de plantation du riz. Les bœufs utilisés pour tracer les sillons prédisent la future récolte en choisissant entre plusieurs sortes de nourriture. Artistes de rue, attractions et processions aux chandelles rendent en novembre la fête de la Montagne d'Or *(p. 46)* particulièrement attrayante. En décembre, l'anniversaire du roi Bhumibol *(p. 47)* donne lieu, sur la Place royale, à un spectaculaire salut au drapeau.

PLAINE CENTRALE

En mars, de nombreux pèlerins se rassemblent au temple de la Sainte Empreinte du Pied dominant Saraburi pour la grande fête de Phra Phuttabat *(p. 44)*, que rythment représentations musicales et théâtrales. La nuit de la pleine lune de novembre, Loy Krathong, célébré dans tout le pays, prend son aspect le plus magique parmi les ruines du vieux Sukhothai *(p. 185)*. Lors de cette fête en l'honneur de Mae Kongkha, la déesse des cours d'eau, de petits bateaux en forme de lotus chargés d'offrandes emportent sur les rivières, les lacs et les canaux les péchés de l'année précédente. La Semaine du pont de la rivière Kwaï (fin novembre-début décembre) donne lieu à Kanchanaburi à des spectacles son et lumière et à des expositions historiques. Des trains d'époque sont remis en circulation.

NORD

Célèbre pour ses ombrelles peintes à la main, Bo Sang organise chaque année en janvier une fête des ombrelles, l'occasion pour les meilleurs artistes de rivaliser de talent et pour les beautés locales de participer à l'élection de « Miss Bo Sang ». En février, le festival des Fleurs de Chiang Mai pare la ville de couleurs. La manifestation comprend des défilés de chars, la réalisation de compositions flottantes, la vente de produits artisanaux et un concours de beauté. Fin mars ou début avril, Mae Hong Son s'anime pour la fête de Poi Sang Long,

**Artiste au travail pendant la foire
des ombrelles de Bo Sang**

Jeunes novices à la fête de Poi Sang Long, Mae Hong Son

célébration bouddhiste qui culmine avec une grande ordination collective de jeunes Shan. Les novices paradent en ville vêtus comme des princes, avant d'échanger leurs somptueux atours contre d'austères robes de moine en signe de renoncement aux biens de ce monde.

ISAN

Cette région est réputée pour ses festivités inconnues ailleurs. En mai, a lieu pendant deux jours à Yasothon la fête des Fusées (Bun Bang Fai), sans doute la plus excitante des célébrations régionales de Thaïlande. Ponctuée d'intenses réjouissances, elle a pour but d'assurer de bonnes pluies pendant la saison de culture du riz qui commence. À cette occasion, d'énormes fusées de fabrication artisanale sont mises à feu.
Dans la province de Loei, à Dan Sai et Loei, la fête des Phi Ta Khon *(p. 279)* fait revivre chaque année en juin une légende bouddhique.

Fêtard couvert de boue à Dan Sai

De jeunes gens, déguisés en fantômes aux masques grimaçants, accompagnent une statue du Bouddha dans les rues de la ville pour obtenir des mérites et appeler la pluie.
À Ubon Ratchathani, une fête des Bougies marque en juillet le « début de la retraite des pluies », ou Khao Phansa *(p. 45)*, célébré dans tout le pays. D'immenses sculptures en cire d'abeille sont offertes aux temples où elles brûleront pendant toute la saison pluvieuse. La « fin de la retraite des pluies », ou Ok Phansa, donne lieu en octobre à Nakhon Phanom, au bord du Mékong, à la fête des bateaux illuminés. Des radeaux portant des constructions en bambou éclairées par des lampes à huile partent à la dérive à la nuit tombée.

GOLFE DE THAÏLANDE

Importante station balnéaire, Pattaya organise pendant une semaine en avril un festival dont l'ambiance de carnaval marque des réjouissances modernes telles que corsos fleuris, concours de beauté et feux d'artifice. L'une des fêtes aquatiques les plus colorées de Thaïlande se déroule fin octobre au sud de Bangkok, à

Bang Phli. À l'occasion d'Ok Phansa, la fin du carême bouddhique ou « retraite des pluies », un bouddha traverse la ville sur une barge flottant sur le canal Khlong Samrong, au milieu d'une foule animée qui, depuis les rives, jette des milliers de boutons de lotus sur la statue, jusqu'à ce que l'offrande florale n'en laisse émerger que la tête. Les autres manifestations incluent des régates, des combats de boxe livrés sur des perches surplombant le canal et des représentations de *likay (p. 39)*.

Actes de mortification lors du festival végétarien de Phuket

SUD

Pendant la dernière semaine de septembre, la fête de Narathiwat rend hommage à la culture locale avec de la musique et des danses folkloriques, des concours de roucoulements de colombes et des régates de *korlae*, bateaux de pêche peints de couleurs vives *(p. 378)*. Peu de célébrations sont aussi spectaculaires que la festival végétarien de Phuket (fin septembre-début octobre, *p. 350*) qui marque le début du carême taoïste. Pendant neuf jours, les Chinois pieux ne mangent pas de viande et font des offrandes aux temples. Au milieu du crépitement des pétards, les processions donnent lieu à des actes de mortification.

LA THAÏLANDE AU JOUR LE JOUR

Ce sont les moussons et le rythme qu'elles imposent à la culture du riz, ainsi que le calendrier religieux, qui régissent les manifestations annuelles en Thaïlande. La plupart des célébrations religieuses sont bouddhistes et dépendent souvent du cycle lunaire.

Célébration de Loy Krathong, Sukhothai

Les fêtes peuvent aussi être liées à un changement climatique, la fin des pluies par exemple, ou une activité agricole en rapport. Au début de

la saison pluvieuse (p. 22-23), les riziculteurs repiquent les plants cultivés en pépinière. Commence ensuite la période où, traditionnellement, les jeunes gens se retirent dans un monastère pour quelques semaines. Les épis mûrissent pendant la saison fraîche puis, après la récolte, la vie ralentit dans les villages pendant la saison chaude. Presque chaque semaine de l'année donne lieu à des réjouissances quelque part dans le pays.

SAISON CHAUDE

Températures élevées et fort taux d'humidité rendent le climat peu agréable, en particulier en avril. Les champs sont déserts, les cours d'eau à leur plus bas niveau, et la violence de la lumière estompe les paysages. Compte tenu de la chaleur, rien d'étonnant à ce que les Thaïlandais célèbrent leur nouvel an, Songkran, en s'aspergeant mutuellement d'eau.

MARS

ASEAN Barred Ground Dove Fair (*1re sem.*), Yala. Concours de roucoulements de tourterelles qui attire des colombophiles de tous les pays de la région.
Fête de Phra Phutthabat (*1re ou 2e sem.*), Saraburi.

Temple de la Sainte Empreinte du Pied lors de Phra Phutthabat

Pèlerinage annuel au temple de la Sainte Empreinte du Pied (*p. 162*).
Bangkok International Jewellery Fair (*3e sem.*). De grands hôtels accueillent à Bangkok la plus importante foire aux bijoux de Thaïlande.
Poi Sang Long (*fin mars-déb. avr.*), Mae Hong Song. Ordination collective de jeunes garçons vêtus comme des princes en mémoire des origines du Bouddha.

AVRIL

Chakri Day (*6 avr.*). Le jour de la commémoration de la fondation de la dynastie Chakri par Rama Ier est le seul où le public peut accéder au Panthéon royal du Wat Phra Kaeo de Bangkok. Il abrite les statues des anciens rois.
Songkran (*du 12 au 14-15 avr.*). Le nouvel an lunaire

Jeux d'eau à Chiang Mai pendant la fête de Songkran

est fêté dans tout le pays mais particulièrement joyeux à Chiang Mai (*p. 226*).
Festival de Pattaya (*mi-avr.*). Pendant une semaine, défilés de chars, concours de beauté et feux d'artifice.
Fête de Phnom Rung (*pleine lune d'avr.*) Procession puis spectacle son et lumière au Prasat Hin Khao Phnom Rung (*p. 270-271*).

MAI

Fête du Couronnement (*5 mai*). Commémoration du couronnement du roi Bhumibol.
Cérémonie du Labour royal (*déb. mai*), Bangkok. Un rituel ouvrant officiellement à Sanam Luang la saison de plantation du riz.
Bun Bang Fai (*2e sem.*), Nord-Est. Très exubérante à Yasothon (*p. 264*), la fête des Fusées doit garantir des

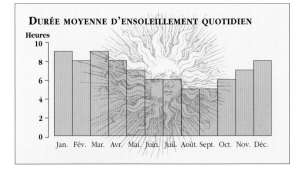

DURÉE MOYENNE D'ENSOLEILLEMENT QUOTIDIEN

Heures

10
8
6
4
2
0

Jan. Fév. Mar. Avr. Mai. Juin. Juil. Août. Sept. Oct. Nov. Déc.

Ensoleillement
Même pendant la saison pluvieuse, le soleil brille presque tous les jours et mieux vaut s'en protéger. Crèmes solaires, chapeaux et lunettes de soleil sont hautement recommandés. Boire beaucoup d'eau réduit les risques de déshydratation.

Célébration de Visakha Bucha au Wat Benchamabophit de Bangkok

pluies abondantes.
Visakha Bucha (*pleine lune de mai*). L'anniversaire de la naissance, de l'illumination et de la mort du Bouddha donne lieu dans les temples à des prêches et des offrandes.

SAISON PLUVIEUSE

L'activité reprend dans les campagnes où les pluies amollissent le sol prêt aux labours. Elle s'apaise une fois les plants de riz repiqués et commence alors le trimestre de la « retraite des pluies ». Traditionnellement, les jeunes gens revêtent alors pour un temps la robe safran des moines, un acte de dévotion que tout homme est supposé faire au moins une fois dans sa vie, afin d'acquérir des mérites dont bénéficieront ses parents. Les cérémonies d'ordination organisées dans tout le pays allient piété religieuse et intenses réjouissances.

JUIN

Phi Ta Khon (*mi-fin juin*), Loei. Une fête propre à la ville de Dan Sai et à la province de Loei. Des « fantômes » masqués font revivre une légende du prince Vessandon, l'avant-dernière incarnation du Bouddha *(p. 279)*.

JUILLET

Asanha Bucha (*pleine lune de juil.*). La deuxième des trois principales célébrations bouddhistes commémore le premier sermon du Bouddha.
Khao Phansa (*pleine lune de juil.*). Le début de la « retraite des pluies ». Pendant cette période de trois mois, aussi appelée carême bouddhique, les moines restent dans leurs temples pour se consacrer à l'étude et à la méditation, et les jeunes

Adolescent en tenue d'ordination

gens reçoivent une ordination temporaire.
Fête des bougies (*pleine lune de juil.*), Ubon Ratchathani dans le Nord-Est. Une fête sans équivalent marque Khao Pansa. Sculptées par des villageois de toute la province, d'immenses bougies, certaines hautes de plusieurs mètres, sont exposées sur des chars dans la ville avant d'être offertes aux temples *(p. 292-293)*.

AOÛT

Anniversaire de sa Majesté la Reine (*12 août*). En l'honneur de la reine Sirikit, des décorations parent les rues et les bâtiments. Les plus élaborées se voient à Bangkok, en particulier le long de Ratchadamnoen Klang et autour du Grand Palais où des lampions colorés ornent les artères et les édifices administratifs.

Défilé lors de la fête des Bougies d'Ubon Ratchathani

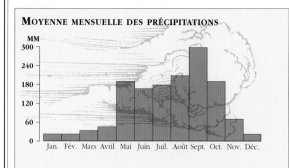

MOYENNE MENSUELLE DES PRÉCIPITATIONS

MM
300
240
180
120
60
0

Jan. Fév. Mars Avril Mai Juin Juil. Août Sept. Oct. Nov. Déc.

Précipitations
*Il tombe jusqu'à
2 400 mm de pluie
chaque année dans la
péninsule méridionale
tandis que le Nord et le
Centre n'en reçoivent
que 1 300 mm. Dans
de nombreux endroits,
des averses torrentielles
se déclenchent presque
chaque jour pendant
la saison pluvieuse,
généralement de juin
à octobre.*

SEPTEMBRE

Foire de Nakhon Pathom
(« Fruits et nourriture » *1re sem.*).
Autour du plus grand temple
bouddhiste de Thaïlande,
le *chedi* Phra Pathom,
théâtre populaire,
chars floraux et
démonstrations
culinaires.
**Régates
de Phichit**
(*sept.*), Nan.
Des pirogues
traditionnelles qui
s'affrontent pendant la foire
régionale de Nan.
Foire de Narathiwat
(*der. sem.*). Une excellente
occasion de découvrir
la culture du Sud.
Festival végétarien (*fin
sept.-déb. oct.*), provinces de
Trang et de Phuket (*p. 350*).

**Mangues exposées à
Nakhon Pathom**

OCTOBRE

Chulalongkorn Day
(*23 oct.*), Bangkok. Près de
la Place royale, des fleurs
déposées au pied de sa statue
équestre commémorent la mort
du roi Rama V (Chulalongkorn).
Fête de la Réception du lotus
(*fin oct.*), Bang Phli (*p. 43*). Les
fidèles couvrent de boutons
de lotus une statue
révérée du Bouddha
pour célébrer la fin
des pluies.
Ok Phansa (*pleine
lune d'oct.*). Dans
tout le pays, la
célébration de la
réapparition du
Bouddha sur terre,
après une saison
passée à prêcher au ciel,
marque la fin de la « retraite des
pluies » ou carême bouddhique.
Krathin (*commence à la
pleine lune d'oct.*). Pendant
un mois, les moines
reçoivent de nouvelles robes.
Régates du Lan Na (*fin oct.*),
Nan (*p. 245*).
Fête des bateaux illuminés
(*pleine lune d'oct.*), Nakhon
Phanom. Des radeaux
illuminés et chargés
d'offrandes partent à la
dérive sur le Mékong (*p. 286*).
Réjouissances en ville.

SAISON FRAÎCHE

L e ciel s'éclaircit et l'air
devient d'une tiédeur
agréable. La nature présente
après les pluies son aspect
le plus vert, cours d'eau
et cascades ont leur plus
haut débit. C'est en général
la meilleure saison pour
visiter la Thaïlande.
De nombreuses fêtes
célébrant la fin de la
période pluvieuse offrent
un moment de détente
avant la récolte du riz en
décembre et janvier,
les mois les plus frais.

NOVEMBRE

Fête de la Montagne d'Or
(*1re sem.*), Bangkok. La plus
grande fête de temple au
pied de la Montagne d'Or.
**Rassemblement des
éléphants** (*3e sem.*), Surin.
Cette manifestation annuelle
(*p. 268*) qui réunit plus de
150 pachydermes permet de
découvrir les nombreux rôles
que peuvent remplir les
éléphants comme à la bataille.
**Semaine du pont de la
rivière Kwaï** (*fin nov.-déb.
déc.*), Kanchanaburi. La
commémoration de la
construction du célèbre pont.
Loy Krathong (*pleine lune
de nov.*) Particulièrement
vivante à Sukhothai (*p. 185*),
l'une des fêtes nationales les
plus appréciées des
Thaïlandais. Pour remercier
Mae Khongkha, la déesse des
eaux, ils lâchent le soir sur les
rivières, les lacs et les étangs
des offrandes portées par
des *krathongs*.

Régates à Nan dans le Nord

MOYENNE MENSUELLE DES TEMPÉRATURES

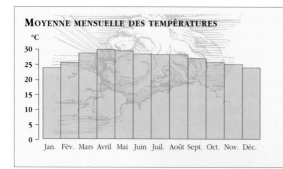

°C
30
25
20
15
10
5
0
Jan. Fév. Mars Avril Mai Juin Juil. Août Sept. Oct. Nov. Déc.

Températures
En particulier dans le Sud, les visiteurs venus de régions tempérées trouveront la Thaïlande chaude et humide toute l'année, son climat désagréable en avril et mai, et plaisant en novembre et décembre. Plus sec dans le Nord, le temps peut aussi être assez froid la nuit.

DÉCEMBRE

Salut au drapeau (*3 déc.*), Place royale, Bangkok. Une cérémonie très impressionnante par son déploiement d'apparat. Présidée par le souverain et son épouse, elle offre l'occasion aux membres du corps d'élite de la Garde royale, vêtus d'uniformes colorés, de prêter allégeance au monarque et de défiler devant la famille royale.
Anniversaire de Sa Majesté le Roi (*5 déc.*). Dans tout le pays, les édifices gouvernementaux et de nombreux bâtiments privés se parent de décorations. Le soir, la foule qui se presse autour de Sanam Luang témoigne du profond respect qu'éprouvent les Thaïlandais envers leur souverain.

Soldats en uniforme d'apparat lors du salut au drapeau de Bangkok

JANVIER

Nouvel An chinois (*jan.-fév.*). Cette fête est très suivie pendant trois jours par les Thaïlandais d'origine chinoise.
Fête des Ombrelles (*mi-jan.*), Bo Sang, province de Chiang Mai. Démonstrations de peinture sur ombrelles en papier *(p. 218)*.
Fête du mémorial Don Chedi (*fin jan.*), province de Suphan Buri. Évocation de la victoire remportée par le roi Naresuan d'Ayutthaya sur les Birmans.

FÉVRIER

Festival des Fleurs (*1re sem.*), Chiang Mai. Corsos de chars fleuris et compositions florales flottantes.
Saison des cerfs-volants, (*fév.-avr.*), Sanam Luang, Bangkok. Expositions bigarrées et concours de cerfs-volants. Makha Bucha (*pleine

Anniversaire du roi au Wat Phra Kaeo

lune de fév.*). La troisième fête la plus importante du calendrier bouddhiste. Processions aux chandelles dans les temples.

JOURS FÉRIÉS

Jour de l'an (1er janv.)
Makha Bucha (pleine lune de fév. ou mars)
Chakri Day (6 avril)
Nouvel An thaï Songkran (du 13 au 15 avril)
Fête du Travail (1er mai)
Anniversaire du couronnement (5 mai)
Cérémonie du Labour royal (début mai)
Visakha Bucha (pleine lune de mai)
Asanha Bucha et Khao Phansa (pleine lune de juil.)
Anniv. de la reine (12 août)
Chulalongkorn Day (23 oct.)
Anniv. du roi (5 déc.)
Jour de la Constitution (10 décembre)
Dernier jour de l'année (31 décembre)

HISTOIRE DE LA THAÏLANDE

Les découvertes faites dans le nord-est de la Thaïlande indiquent que l'on y pratiquait déjà la culture du riz vers 3000 av. J.-C. et la céramique et la fonte du bronze mille ans plus tard. Venu du Yunnan en Chine du Sud, le peuple thaï émigra dans la région au cours du premier millénaire de notre ère. D'autres ethnies, très influencées par la culture et la religion indiennes, l'occupaient déjà, tels les Môns qui créèrent le royaume de Dvaravati (VIᵉ-XIᵉ siècle apr. J.-C.) et les Khmers (IXᵉ-XIIIᵉ siècle), dont Angkor *(p. 254)* était la capitale. Au sud s'imposa le royaume de Srivijaya (VIIᵉ-XIIIᵉ siècle) de Sumatra.

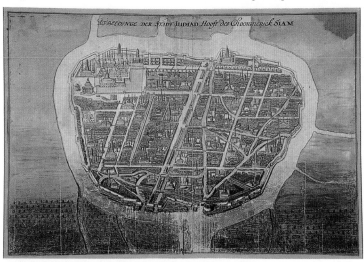

Tablette votive d'Ayutthaya

Les premiers royaumes thaïs –dans le Nord celui du Lan Na et dans la Plaine centrale celui de Sukhothai, qui introduisit le bouddhisme theravada– commencèrent à prendre de l'importance vers le XIIᵉ siècle. Les écoliers thaïlandais apprennent aujourd'hui que l'histoire de leur pays commence avec Sukhothai qui eut un très grand roi : Ramkamhaeng (1279-1298).

Thaï lui aussi, le royaume d'Ayutthaya conquiert Sukhothai au XIVᵉ siècle et prend, à son apogée, le contrôle de la majeure partie de l'actuelle Thaïlande. Sa capitale compte près d'un million d'habitants quand s'y installent au XVIᵉ et au XVIIᵉ siècle les premiers Européens. Les Birmans la détruise en 1767 et elle se déplace plus au sud sur le fleuve Chao Phraya. Rama Iᵉʳ la déplace à nouveau, à Krung Thep (Bangkok), en fondant, en 1782, la dynastie des Chakri. Ses successeurs, les rois Chulalongkorn et Mongkut, modernisent le pays au XIXᵉ siècle et réussissent, en jouant des rivalités entre France et Angleterre, à lui éviter la colonisation. La révolution, qui met fin en 1932 à la monarchie absolue, ouvre la voie à une longue succession de coups d'État militaires.

Depuis les années 80, le pays a connu un essor économique rapide et spectaculaire. Toutefois, fin 1996, la conjoncture favorable s'est brusquement retournée.

Tous les moteurs du succès se sont grippés, et Bangkok a découvert l'urgence d'une adaptation du système financier mais également éducatif, s'accompagnant d'une démocratisation de la vie politique.

Plan hollandais de la ville d'Ayutthaya datant probablement du XVIIᵉ siècle

◁ **Paravent de la fin du XVIIIᵉ siècle (période Chakri)**

La Thaïlande préhistorique

Bijou de Ban Chiang

Vers 40000 av. J.-C., des chasseurs-cueilleurs occupaient déjà le territoire de l'actuelle Thaïlande, vivant dans des campements semi-permanents et fabriquant des outils de bois et de pierre.
La découverte de balle de grains dans des grottes du Nord pourrait signifier que l'agriculture commença à se développer vers 9000 av. J.-C. La culture du riz débuta vers 3000 av. J.-C. À partir de cette date, une culture de l'âge du bronze, la première du monde selon certains historiens, produisit à Ban Chiang des poteries et des objets en métal élaborés.

SITES PRÉHISTORIQUES

Pot à trois pieds de Ban Kao
Des artisans du néolithique façonnèrent vers 2000 av. J.-C. cette poterie trouvée à Ban Kao (p. 160) dans la Plaine centrale.

Ce pot noir et blanc, gravé à la corde, possède un style nouveau : un bord évasé et un dessin géométrique légèrement plus complexe.

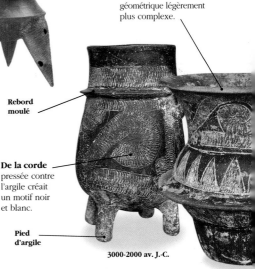

Lame de hache en bronze
Les plus vieux objets en bronze de Ban Chiang dateraient d'environ 3000 av. J.-C. Cet outil a mille ans de moins.

Rebord moulé

De la corde pressée contre l'argile créait un motif noir et blanc.

Pied d'argile

3000-2000 av. J.-C.

v. 1600 av.

Moules en argile
Ces moules confirment que les objets de bronze étaient bien fondus à Ban Chiang.

POTERIE DE BAN CHIANG

Les pots trouvés à Ban Chiang *(p. 262)* datent de 3000 av. J.-C. à 200 ap. J.-C. Jusqu'à leur découverte en 1966, on pensait que cette région de l'Asie du Sud-Est n'avait pas eu de grande culture à l'époque préhistorique. Ils démontrèrent que les peuples indigènes étaient au contraire capables de produire des objets sophistiqués.

CHRONOLOGIE

50000 av. J.-C.	5000 av. J.-C.	4000 av. J.-C.	3000 av. J.-C.	2000 av. J.-C.	10
40000 av. J.-C. Chasseurs-cueilleurs dans l'actuelle Thaïlande — *Pointe de lance en bronze* — **6000 av. J.-C.** Premières poteries de Spirit Cave	**3000 av. J.-C.** Domestication d'animaux (porcs, chiens, poules et bovidés)			**2000-1500 av. J.-C.** Objets de bronze créés à Ban Chiang — **2000 av. J.-C.** Pots d'argile et de bronze créés à Ban Kao	**1000 av. J.-C.** Peintures rupestres à Pha Taem *(p. 288)* — **1000 av. J.-C.** Animaux de bronze fondus à Don Tha Phet
	3500 av. J.-C. Paille de riz laissée dans la Banyan Valley Cave - début de la riziculture — **9000-7000 av. J.-C.** La balle de grains laissée dans des grottes du Nord pourrait indiquer le début de l'agriculture		**3000 av. J.-C.** Poteries gravées à la corde fabriquées à Ban Chiang		

Coq de l'âge du fer

Les objets en bronze et en fer découverts à Don Tha Phet, près de Kanchanaburi (p. 160), comprenaient ce coq fabriqué vers 1000 av. J.-C.

Peintures rupestres

Des descendants des premiers habitants de Ban Chiang exécutèrent probablement ces peintures de Pha Taem.

La trame géométrique est faite à la peinture, plutôt qu'à la corde.

Où voir la Thaïlande préhistorique ?

À Ban Chiang *(p. 262)* se visitent des sites funéraires et le Musée national de Bang Chiang. Le Musée national de Bangkok *(p. 84-85)* abrite d'autres objets de cette époque. Ban Kao *(p. 160)* recèle également des sites funéraires et un musée. On peut voir des peintures rupestres à Pha Taem *(p. 288)* et au parc historique de Phu Phrabat *(p. 285)*.

Dans les sites funéraires de Ban Chiang, des pots entouraient les morts.

Pied étroit

300 av. J.-C.–1 ap. J.-C.

Des dessins couleur rouille se détachaient d'un fond beige.

300 av. J.-C.–200 ap. J.-C.

Bracelets de bronze

Les artisans de Ban Chiang ne fabriquaient pas que des objets utilitaires mais aussi des bijoux. Ces bracelets remontent sans doute à l'apogée de cette culture du bronze, vers 300-200 av. J.-C.

500 av. J.-C. Bronzes fabriqués à Ban Na Di

Sculpture en calcaire de Vishnu (IVᵉ siècle ap. J.-C.)

Iᵉʳ-VIᵉ siècle ap. J.-C. Le royaume indianisé de Funan exerce une forte influence culturelle sur la région de la Plaine centrale

1 ap. J.-C.	100	200	300	400

Iᵉʳ siècle ap. J.-C. Des marchands indiens commencent à arriver dans la péninsule *(p. 336-337).*

IIIᵉ-Vᵉ siècle. Le royaume de Dan Sun, dans le Sud, commerce avec des marchands indiens

Pot de Ban Chiang (300 av. J.-C.- 200 ap. J.-C.)

Les premiers États

Au cours des derniers siècles avant notre ère, des missionnaires hindous et bouddhistes venus d'Inde et du Sri Lanka pénétrèrent en Asie du Sud-Est. Pendant le millénaire suivant, des royaumes indianisés émergèrent. Celui de Dvaravati (VIᵉ-XIᵉ siècle)

Tablette votive de Srivijaya prospéra dans ce qui est l'actuelle Thaïlande, celui de Srivijaya (VIIᵉ-XIIIᵉ siècle) exerça depuis Sumatra son influence sur la péninsule *(p. 336-337)* et l'Empire khmer (IXᵉ-XIIIᵉ siècle) s'imposa depuis le Cambodge *(p. 254-255)*. Les Thaïs émigrèrent du sud de la Chine dès XIᵉ siècle.

EMPIRE KHMER EN 960

☐ *Étendue de l'empire khmer*

Bouddha volant *(VIIIᵉ-IXᵉ siècle)*
Cette sculpture dvaravati montre le Bouddha sur le dos de Panaspati, chimère du bœuf Nandin, monture de Shiva, et d'un garuda (oiseau mythologique).

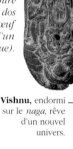

Vishnu, endormi sur le *naga*, rêve d'un nouvel univers.

Relief sur pierre
Les artistes de Dvaravati excellèrent dans l'art du bas-relief. Celui-ci associe des icônes hindouistes et bouddhistes au Wat Suthat (p. 86).

Bas-relief dvaravati
Cette œuvre, trouvée dans une grotte près de Saraburi, représente Brahma, Vishnu, le Bouddha et des créatures volantes.

Le *naga* (serpent) symbolise l'infinitude.

CHRONOLOGIE

Début du VIᵉ siècle Le peuple môn, déjà initié au bouddhisme par des missionnaires indiens, fonde la culture de Dvaravati	**VIIᵉ siècle** La civilisation de Srivijaya s'étend depuis Sumatra	**VIIIᵉ siècle** Le peuple thaï habite des vallées élevées du Laos, du Vietnam du nord et du sud de la Chine *Monnaie dvaravati*	
500	**600**	**700**	**800**
Stuc dvaravati	**VIIᵉ siècle** Chamadevi, de Lopburi, devient reine du royaume de Dvaravati	**661** Fondation légendaire de Haripunchai à Lamphun *(p. 219)*, dans le Nord, par des bouddhistes	**IXᵉ siècle** Fondation de l'Empire khmer à Angkor

Devaraja
*Ce bas-relief khmer,
l'un des nombreux
à orner Angkor Wat
(p. 254-255),
représente le dieu-
roi (ou devaraja)
Suryavarman II
(1113-1150).*

Lion en terre cuite (*VIIIe siècle*)
*L'art gupta d'Inde influença
la représentation dvaravati,
tel ce lion de Phetchaburi
(p. 318-319).*

**Le Créateur,
Brahma,** assis sur
un lotus issu du
nombril de Vishnu,
a pour tâche de
réaliser son rêve.

Où voir les premiers États ?

Le Musée national de
Bangkok *(p. 84-85)* et
plusieurs musées nationaux
de province possèdent des
pièces dvaravati, srivijaya et
khmères. Le Wat Chama Thewi
à Lamphun *(p. 219)* renferme
deux *chedis* du style de
dvaravati. Le Phra Boromathat
Chaiya *(p.323)* offre le meilleur
exemple de temple de l'époque
de Srivijaya. Les sites khmers
de Thaïlande incluent le
Prasat Hin Phimai *(p. 266-
267)* et le Prasat Hin Khao
Phnom Rung *(p. 270-271).*

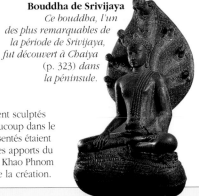

*Le Prasat Hin Phimai date
principalement du règne de
Suryavarman Ier au XIe siècle.*

Bouddha de Srivijaya
*Ce bouddha, l'un
des plus remarquables de
la période de Srivijaya,
fut découvert à Chaiya
(p. 323) dans
la péninsule.*

LINTEAU KHMER

Les Khmers construisirent des temples richement sculptés
dans tout leur vaste empire et il en subsiste beaucoup dans le
nord-est de la Thaïlande. Les personnages représentés étaient
principalement hindous *(p. 37)* malgré quelques apports du
bouddhisme Mahayana. Ce linteau du Prasat Hin Khao Phnom
Rung *(p. 270-271)* illustre un mythe hindou de la création.

XIe-XIIIe siècle Lopburi devient une importante capitale provinciale de l'Empire khmer	**1001-1002** Règne d'Udayadityavarman qui envahit Haripunchai (Lamphun) après avoir attaqué Lopburi	**1229-1243** Règne d'Indravarman II **1115-1155** Lopburi essaie de se soustraire au contrôle khmer	
900	**1000**	**1100**	**1200**
Xe-XIIe siècle Srivijaya mène des guerres ruineuses contre l'État de Chola en Inde	**XIe-XIIe siècle** La population thaïe augmente dans l'actuelle Thaïlande alors sous contrôle khmer	**1113-1150** Règne de Suryavarman II *Bouddha de Lopburi*	**1181-1220** Règne de Jayavarman VII, le plus puissant et le plus novateur des rois khmers

Le royaume de Sukhothai

Pièce de Sukhothai

L e premier véritable État fondé sur le territoire de la Thaïlande par les Thaïs, que les Khmers appelaient « Siam », vit le jour avec la fondation de la cité de Sukhothai *(p. 184-187)* dans la Plaine centrale. Son plus grand souverain, Ramkamhaeng, en fit un royaume puissant et le bouddhisme theravada inspira un art original caractérisé par une architecture novatrice et une grande maîtrise de la fonte du bronze. Sukhothai n'était toutefois plus qu'un pouvoir local en 1320.

SUKHOTHAI EN 1300

☐ *Royaume de Sukhothai*

Les poteries et autres ateliers étaient au nord de la ville.

Wats mineurs sur des buttes

Wat Chang Lom, centre symbolique du pouvoir

Ramkamhaeng (v. 1279-1298)
Ce relief moderne représente le plus illustre souverain de Sukhothai. Il étendit le territoire du royaume et négocia des traités avec les États voisins.

Inscription n° 1 (1292)
Ramkamhaeng aurait inventé l'alphabet thaï et l'aurait utilisé pour écrire l'histoire de Sukhothai sur cette stèle.

Rizières et maisons

Décoration de toit (XIVᵉ siècle)
La céramique servait aussi au décor des édifices.

RECONSTRUCTION DE SI SATCHANALAI

Ville satellite de Sukhothai, Si Satchanalai *(p. 188-190)* offre un exemple typique de *muang* (cité-État) thaï. Les murs protégeaient le centre symbolique du pouvoir. Hors de l'enceinte, bordée par la rivière Yom, se trouvaient les rizières, les maisons et les poteries. Des montagnes boisées marquaient les limites du *muang*.

CHRONOLOGIE

Le roi Ramkamhaeng

v. les années 1240
Si Intharathit est le 1ᵉʳ roi connu de Sukhothai

v. 1270-1279 Règne de Ban Muang ; Sukhothai n'est qu'une puissance locale

1287 Ramkamhaeng noue des alliances avec les États du Lan Na et de Phayao

1240	1260	1280

v. 1270-1279 Règne de Ban Muang ; Sukhothai n'est qu'une puissance locale

1283 Selon la légende, Ramkamhaeng modifie l'écriture sri lankaise pour créer l'alphabet thaï

1294 Ramkamhaeng en campagne dans le sud, près de Phetchaburi

Ardoise gravée
Cette gravure du XIVᵉ siècle montre le Bouddha incarné sous forme de cheval. Elle fait partie d'une série découverte au Wat Si Chum (p. 185).

Wat mineur

Rapides

Poterie Sangkhalok
Le nom Sangkhalok donné à la poterie de l'école de Sukhothai dérive de Sawankhalok, nom que prit Si Satchanalai, site de nombreux fours (p. 150-151), pendant la période d'Ayutthaya.

Palais royaux

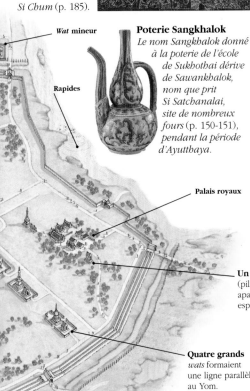

OÙ VOIR LE ROYAUME DE SUKHOTHAI ?

Sukhothai (p. 184-187), Si Satchanalai (p. 188-190) et Kamphaeng Phet (p. 182-183) constituent les principaux sites. Les œuvres d'art se trouvent au Musée national de Bangkok (p. 84-85), celui de Ramkamhaeng (p. 184-185), au Musée national Sawankha Woranayok (p. 190) et à celui de Kamphaeng Phet (p. 182).

Le Wat Sa Si (p. 185) *n'est que l'un des douzaines de wats du parc historique de Sukhothai.*

Un Lak Muang (pilier de la cité) apaisait les esprits du lieu.

Bouddha en marche
Les artistes de Sukhothai créèrent des statues, tel ce bouddha marchant du XIVᵉ siècle, d'une grande spiritualité.

Quatre grands *wats* formaient une ligne parallèle au Yom.

Une triple enceinte et un fossé hérissé de pieux protégeaient le centre.

1298 Mort de Ramkamhaeng

Fin du XIIIᵉ siècle Des Chinois nomment Sukhothai le Siam

Coupe Sangkhalok (XIVᵉ-XVᵉ siècle)

1346-1347 Règne de Ngua Nam Thom

1300

1320

1340

1298-1346 Règne de Lo Thai, successeur de Ramkamhaeng ; l'Empire décline

Sculpture de Sukhothai (XIVᵉ-XVᵉ siècle)

1321 Tak, qui faisait partie de Sukhothai, passe sous le contrôle du Lan Na ; Sukhothai n'est plus qu'un petit État parmi d'autres

1347-1368 Règne de Maha Thammaracha Iᵉʳ

Le royaume d'Ayutthaya

Bouddha ayutthaya

Au milieu du XIVᵉ siècle, Ayutthaya devint le plus puissant État du Siam au détriment de Sukhothai, incorporée dans le nouvel empire en 1438. Au milieu du XVIᵉ siècle, le royaume contrôle toute la Plaine centrale et, à son apogée, exerce le pouvoir sur la majorité du territoire de l'actuelle Thaïlande. Une dynastie de trente-trois rois entreprend des réformes militaires, législatives et administratives. Les arts sont florissants, et les premiers liens diplomatiques se nouent avec l'Europe *(p. 152-153)*. Toutefois, les Birmans mettent à sac la capitale en 1767.

Ayutthaya en 1540

☐ *Royaume d'Ayutthaya*

Peintures murales (XVᵉ siècle)
Peu de fresques ont survécu. Celles-ci ornent le Wat Ratchaburana d'Ayutthaya (p. 166-171).

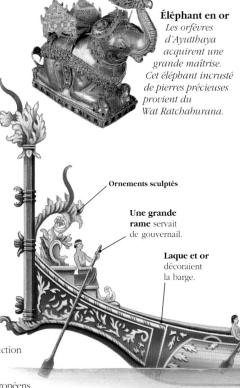

Éléphant en or
Les orfèvres d'Ayutthaya acquièrent une grande maîtrise. Cet éléphant incrusté de pierres précieuses provient du Wat Ratchaburana.

Ornements sculptés

Tablette votive
Les tablettes de terre cuite de la période d'Ayutthaya montrent souvent le Bouddha en gloire sous un naga *(serpent).*

Une grande rame servait de gouvernail.

Laque et or décoraient la barge.

RECONSTRUCTION D'UNE BARGE ROYALE

Les barges royales marquèrent les premiers étrangers *(farangs)* qui vinrent à Ayutthaya. Cette reconstruction s'inspire de gravures françaises qui illustraient certaines des premières descriptions de la capitale par des Européens.

CHRONOLOGIE DU ROYAUME D'AYUTTHAYA

1351 Fondation d'Ayutthaya dont Ramathibodi Iᵉʳ devient roi

1409-1424 Règne d'Intharacha

1448-1488 Règne de Borrommatrailokanat qui introduit d'importantes réformes législatives et administratives

1350	1400	1450	1500

1388-1395 Ramesuan prend Chiang Mai au Lan Na *(p. 58-59)*

1424-1448 Borommaracha II prend Angkor

1491-1529 Règne de Ramathibodi II

1507-1515 Ayutthaya en guerre avec le Lan Na

Monnaie d'Ayutthaya

Cabinet laqué et doré
*Incrustées d'or, les portes de
ce chef-d'œuvre d'ébénisterie
sont ornées d'un motif de
feuillage. D'autres meubles
de ce genre portent
des scènes des* jatakas *ou de
représentations d'Européens.*

OÙ VOIR AYUTTHAYA ?

La ville d'Ayutthaya, dans
le sud de la Plaine centrale,
recèle des ruines parmi les
plus spectaculaires du pays
(p. 166-171). Le Musée
national Chao Sam Phraya
(p. 168) et le Musée national
de Bangkok *(p. 84-85)*
présentent des objets
de cette période.

Le Wat Chai Watthanaram
(1630) bâti par Prasat Thong

Panneau de porte
*Découverte
au Wat Huntra
d'Ayutthaya,
cette sculpture sur
bois date du XVIIᵉ
ou du XVIIIᵉ siècle.*

Sculpture du roi

Insigne royal

Les rameurs
chantaient pour
rester en rythme.

Deva (XVIIIᵉ siècle)
*Des « anges » sculptés
tels que celui-ci
servaient lors des
cérémonies religieuses.*

1585-1587
Naresuan bat deux
fois les Birmans

Soldat d'Ayutthaya

1593 Naresuan
bat les Birmans
à Nong Sarai
(p. 58-59)

1555 Naissance
de Naresuan

1660 Narai échoue au Lan Na à prendre
Chiang Mai et Lampang aux Birmans

1685 Première mission
française à Ayutthaya

1766 L'armée
birmane
prend Chiang
Mai et assiège
Ayutthaya

1550	1600		1650	1700	1750

1564
Les Birmans
envahissent
le royaume
d'Ayutthaya

1608 1ᵉ mission
diplomatique
siamoise en Europe

1569-1590
Ayutthaya sous
domination birmane

1662 Narai envahit
la Birmanie

1688 La mort de Narai entraîne
une « révolution » à Ayutthaya

*Le roi
Narai*

1767 Sac
d'Ayutthaya,
la capitale
se déplace
à Thonburi

Le Lan Na et les royaumes birmans

Urne du Lan Na

F ondé dans les montagnes du Nord en même temps que Sukhothai, le royaume du Lan Na dura six siècles. Son premier souverain, Mengrai, étendit sa domination jusqu'en Birmanie et le Lan Na connut un âge d'or pendant les règnes de Ku Na et Tilok. Les guerres avec les Birmans et Ayutthaya aux XVIᵉ et XVIIᵉ siècles entraînèrent sa décadence, et les Birmans, qui avaient été chassés par les armées d'Ayutthaya, reprirent la capitale, Chiang Mai, en 1615. Ils la gardèrent plus d'un siècle, jusqu'à sa reconquête par Taksin *(p. 61)* en 1775. Le Lan Na conserva encore son autonomie jusqu'en 1892.

Le Lan Na en 1540

☐ *Royaume du Lan Na*

Porte dorée
Cette porte du Wat Phra That Lampang Luang (p. 224-225) *est l'un des plus vieux objets du royaume du Lan Na visible en Thaïlande.*

Naresuan, sur son éléphant, combat le prince-héritier birman.

Les soldats d'Ayutthaya portent le casque traditionnel.

Éléphant de bronze
Cette sculpture du XVIᵉ siècle faisait fonction de présentoir à offrandes.

Bouddha de bronze
(XIVᵉ ou XVᵉ siècle)
C'est dans les statues du Bouddha que l'art classique du Lan Na fut à son apogée. Il entra en déclin après la conquête birmane du Nord.

BATAILLE DE NONG SARAI (1593)

Tentant de dominer la totalité du Siam, les Birmans envahirent Ayutthaya en 1564. Cette peinture du XIXᵉ siècle montre la bataille de Nong Sarai où Naresuan (1590-1605), en les vainquant, assura l'indépendance de son royaume. Ayutthaya chassa les Birmans du Nord en 1598, mais ils le reprirent au XVIIᵉ siècle.

CHRONOLOGIE DU LAN NA ET DES ROYAUMES BIRMANS

1259-1317 Règne de Mengrai ; unification des principautés du Nord

1289 Mengrai étend le pouvoir du Lan Na en Birmanie

1292 Fondation de Chiang Mai

1355-1385 Le règne de Ku Na inaugure une période de stabilité

1441-1482 Règne de Tilok

1442-1443 Ayutthaya envoie une armée contre le Lan Na

1250	1300	1350	1400	1450	1500

1281 Mengrai conquiert Haripunchai *(p. 219)*

1369 Ku Na invite un moine de Sukhothai adepte du bouddhisme sri lankais *(p. 188)* à créer un monastère à Chiang Mai

1456-1457 Guerre entre Ayutthaya et le Lan Na pour le contrôle du nord de la Plaine centrale

1262 Fondation de Chiang Rai *(p. 240-241)*

Le roi Mengrai

Maquette de *wihan*
En bronze, cette maquette de wihan, un objet répandu en Thaïlande, date du XVIIIe ou du XIXe siècle. Son socle est une réplique exagérée des plates-formes portant de nombreux édifices religieux du Lan Na.

OÙ VOIR LA THAÏLANDE DU LAN NA ET DES BIRMANS ?

Les musées nationaux de Chiang Mai, Lamphun *(p. 219)* et Bangkok exposent des exemples d'art du Lan Na et des édifices de cette période subsistent à Chiang Mai *(p. 214-217)*, Chiang Khong *(p. 239)*, Lamphun et Lampang *(p. 226)*. Mae Hong Son *(p. 206-207)* et Phrae *(p. 248-249)* conservent des bâtiments d'influence birmane.

*La **ho trai** (bibliothèque) du Wat Phra Sing à Chiang Mai est une remarquable construction de la fin du royaume du Lan Na.*

Danseuse birmane
Des témoignages de l'occupation birmane, telle cette peinture murale de Chiang Mai (p. 214-217), restent visibles dans certains wats du Nord.

Les soldats birmans ont de simples foulards autour de la tête.

Monnaie du Lan Na
Des anneaux de bronze servirent de monnaie au XVIIe et au XIXe siècle.

Sculpture sur bois
Le fronton du wihan du XIXe siècle du Wat Pan Tao (p. 215) offre un exemple typique de sculpture sur bois de l'école du Lan Na.

1558 1re conquête birmane de Chiang Mai

1590 La victoire de Nong Sarai rend son indépendance à Ayutthaya

1660 Échec d'une tentative de Narai de reprendre le Nord aux Birmans

Boîte du XIXe siècle

1550	1600	1650	1700	1750	1800

1615 Les Birmans reprennent contrôle du Lan Na

1598 Naresuan chasse temporairement les Birmans du Nord

1727 Le général Thip se déclare roi de Lampang après avoir vaincu les Birmans

1776 Taksin de Thonburi et Kawila de Lampang reprennent Chiang Mai

Bouddha du Lan Na (XVe-XVIIe siècle)

Les débuts de la dynastie Chakri

LE SIAM EN 1809

☐ *Territoires siamois*

Tenue de cour, v. 1850

Après la destruction d'Ayutthaya, un général, Taksin, établit une nouvelle capitale à Thonburi, sur la rive ouest du Chao Phraya, en face du site de l'actuel Bangkok. Il devient roi en 1768 et, en dix ans, le Siam retrouve son influence régionale. Un autre général, Chao Phraya Chakri, dépose Taksin en 1782 puis prend la couronne sous le nom de Rama Iᵉʳ. Son descendant, le roi Mongkut (Rama IV), modernisera le pays en l'ouvrant aux influences étrangères et en passant des accords commerciaux avec les puissances occidentales.

Les premiers Chakri
Les règnes de Rama Iᵉʳ, Rama II, un érudit, et Rama III, un inflexible traditionaliste, ouvrirent une ère de stabilité de la monarchie.

Les khlongs
sont d'importantes
voies de circulation.

Trône des Chakri
Construit pendant le règne de Rama Iᵉʳ et installé au Grand Palais (p. 76-81), le trône Busok Mala Maha Piman servait lors des grandes cérémonies officielles.

Le Grand Palais
(p. 76-81),
fondé au XVIIIᵉ
siècle, est déjà
vaste en 1864.

Sir John Bowring
*Le Siam
évita l'annexion
en signant des traités
commerciaux avec les
puissances coloniales,
tel le Bowring Treaty
(1855) avec les Anglais.*

CHRONOLOGIE

1768 Taksin
commence à rétablir
la puissance siamoise

Peinture du Ramakien

1800 Les Birmans
sont chassés du Siam

1797 Rama Iᵉʳ
transcrit le Ramakien
(p. 36-37)

1813 Le Siam se retire
du Cambodge, laissant
la prédominance
au Vietnam

1770	1780	1790	1800	1810

1782 Rama Iᵉʳ renverse
Taksin et déplace
la capitale

1785 Invasion
birmane repoussée

1783 Le Wat Phra
Kaeo est entrepris

1805 Rama Iᵉʳ nomme
un comité de juges pour
réformer la loi siamoise

1808-1824
Règne de Rama II

Étiquette thaïe *(1855)*
*Rama V (p. 62-63) abolit officiellement
la prosternation devant un supérieur,
encore pratiquée au milieu du XIXe siècle.*

BANGKOK (KRUNG THEP) EN 1864
Rama Ier déplaça la capitale siamoise, alors
située à Thonburi, sur la rive orientale du Chao
Phraya plus facile à défendre des Birmans. Son
nom officiel compte 43 syllabes, une indication
des ambitions que nourrissait le roi pour
sa nouvelle ville. Les deux premiers mots,
« Krung Thep », signifient « cité des anges ».

Mongkut
*(1851-1868)
Avant de monter sur
le trône, Mongkut, ici
à côté de son épouse
favorite, voyagea
beaucoup à l'étranger.*

Thonburi, sur
la rive occidentale,
reste encore
une petite ville.

**OÙ VOIR
LA THAÏLANDE DES
PREMIERS CHAKRI ?**

Bangkok regroupe presque
tous les plus beaux édifices,
du style de Rattanakosin
(p. 31), début de la dynastie.
Le plus ancien est le *bot* du
Wat Phra Kaeo *(p. 76)*. Parmi
les autres construits à cette
époque figurent le *bot* et
le *wihan* du Wat Suthat
(p. 86-87), le Wat Pho
(p. 88-89) et Phra Nakhon
Khiri de Phetchaburi *(p. 320)*.

Le Wat Suthat, *bâti au début
du XIXe s. par Rama Ier, renferme
le plus haut wihan de Bangkok.*

Peinture murale du roi Mongkut
*Mongkut est représenté ici en train
d'observer, depuis son palais, une
éclipse dans un télescope.*

1824-1851 Règne de Rama III		**Années 1840** Le Siam domine au Cambodge	**1855** Signature du Bowring Treaty

Pièce Chakri

1820	1830	1840	1850	1860

1826 Signature
du Burney
Treaty, accord
commercial
limité

Années 1830 Le Siam entre en
guerre au Cambodge pour défendre
le bouddhisme face aux Vietnamiens

1827 L'armée siamoise
dévaste Vientiane

*Rama IV
(1851)*

1868 Mort de Mongkut
(Rama IV). Âgé de 15 ans,
Chulalongkorn accède
au trône sous le contrôle
d'un régent

Le regne de Chulalongkorn

Chulalongkorn (1868-1910), ou Rama V, fut sans doute le plus grand des rois de la dynastie Chakri. Il poursuivit la modernisation du pays commencée par son père, Mongkut, abolissant l'esclavage et entreprenant de nombreuses réformes économiques. Celles-ci indisposèrent les ministres les plus âgés, les « conservateurs » (*hua boran*), qui provoquèrent la crise du Palais de devant en 1875. S'il dut céder à la France et à l'Angleterre des territoires en Birmanie, au Laos, au Cambodge et en Malaisie, Chulalongkorn réussit aussi à préserver l'indépendance de son pays.

Rama V vêtu à l'occidentale

LE SIAM EN 1909

☐ *Territoires siamois*

▨ *Territoires cédés*

Rama V
Chulalongkorn (Rama V) monta sur le trône à l'âge de 15 ans sous la conduite d'un régent. Une excellente éducation thaïe et occidentale l'avait préparé à la tâche de réformer le Siam.

Les soldats assistaient à la cérémonie en uniformes coloniaux.

Les tambours portaient des coiffures traditionnelles.

Vie sur les *khlongs*
Au tournant du siècle, Bangkok était surnommés la « Venise de l'Orient » (p. 123).

Danseurs classiques à la cour
De nombreuses traditions, telle la danse classique, restèrent inchangées, mais une nouvelle technologie, la photographie, permit d'en fixer l'image.

CHRONOLOGIE

1874 Chulalongkorn (Rama V) introduit des réformes auxquelles s'opposent les conservateurs ou *hua boran*

1887 Le prince Devawongse assiste à Londres au 50ᵉ anniversaire de la reine Victoria ; il étudie les modes de gouvernement européens en vue d'une réforme au Siam

1870	1875	1880	1885

1874 Un haut commissaire thaï est envoyé gouverner le Lan Na

1875 Crise du Palais de devant. Face aux conservateurs, Chulalongkorn doit atténuer certaines réformes

1885 Le prince Devawongse devient ministre des Affaires étrangères

1888 Introduction d'un nouveau système administratif centralisé

Détail de céramique, Wat Rachabophit

Crise franco-siamoise
Pour assurer son emprise sur l'Indochine, la France imposa en 1893 sa souveraineté sur le Laos alors contrôlé par le Siam. Cette caricature oppose le « loup » français à l'« agneau » siamois.

Le corps de Chulalongkorn brûla sur cette tour funéraire.

OÙ VOIR LA THAÏLANDE DE CHULALONGKORN ?

L'architecture religieuse connut peu de changements à la fin du XIXᵉ siècle. Rama V laissa toutefois sa marque sur quelques bâtiments de Bangkok. Le Wat Benchamabophit *(p. 102-103)* présente un mélange éclectique de styles chinois, italien et khmer, tandis que le Wat Rachabophit *(p. 85)* marie des motifs occidentaux et thaïs.

Au Wat Rachabophit, Rama V fit décorer l'intérieur dans un style italianisant.

CRÉMATION DE CHULALONGKORN

Les funérailles de Chulalongkorn furent l'occasion à Bangkok en 1910 d'une impressionnante cérémonie officielle. Le peuple de Thaïlande continue aujourd'hui de commémorer ce grand réformateur par une fête nationale *(p. 46)*.

Modernisation
Chulalongkorn encouragea de nombreux progrès. Les voitures apparurent au début de ce siècle.

Cannonière française

1893 Les Français prennent le contrôle du Laos ; crise franco-siamoise

1910 Mort de Chulalongkorn et avènement de son fils Vajiravudh (Rama VI)

1907 Cession du Cambodge à la France

1890	1895	1900	1905	1910

1892 Création de nouveaux ministères

1893 Des canonnières françaises remontent le Chao Phraya

1905 Abolition de l'esclavage après des années de réformes progressives

1909 Cession à l'Angleterre de la souveraineté sur les États malais de Kelantan, Perlis, Terengganu et Kedah

La Thaïlande moderne

Drapeau thaïlandais

Depuis le coup d'État en 1932 qui imposa une monarchie constitutionnelle, d'autres n'ont cessé de se succéder au Siam puis au Prathet Thai (Thaïlande), nom que prend le pays en 1939 sous le gouvernement de Phibul Songkram. Par crainte du communisme, pendant la guerre du Vietnam, la Thaïlande apporte son soutien logistique aux Américains. Membre de l'Ansea depuis 1967, elle fait partie aujourd'hui des « tigres » de l'Asie du Sud-Est, mais la croissance économique tarde à s'accompagner d'une démocratisation politique.

L'ANSEA EN 2000

☐ *Nations du Sud-Est asiatique*

Le roi Vajiravudh
Le fils de Chulalongkorn, Vajiravudh (1910-1925), en opposition avec les conseillers de son père, créa en 1911 sa propre unité militaire : les Tigres sauvages.

Democracy Monument
Manifestants et policiers s'affrontèrent en 1992 près de ce monument bâti en 1939 pour célébrer la révolution de 1932.

Barge de style ayutthaya

BANGKOK MODERNE
Avec une population sans doute proche des 10 millions d'habitants (officiellement 5 millions), Bangkok a grandi encore plus vite que l'économie Thaïlandaise et dans une quasi-anarchie qui explique son manque d'infrastructures. Les traditions y gardent leur importance, et le bicentenaire de la ville, en 1982, et l'anniversaire des 50 ans de règne de Bhumibol, en 1996, n'auraient pu se fêter sans barges royales.

CHRONOLOGIE

1911 Création de l'unité d'élite des Tigres sauvages

1935 Prajadhipok abdique, Ananda Mahidol devient roi

1940 La France occupée, les Thaïs envahissent le Laos et le Cambodge

1934-1938 Lutte d'influence entre Phibun Songkram (conservateur) et Pridi Phanomyong (progressiste)

1946 Pridi Phanomyong forme un gouvernement

1920 1930 1940 1950

1917 Le Siam envoie 1 800 hommes se battre au côté des Alliés

Phibun Songkram

1925 Couronnement de Prajadhipok

1938 Phibun Songkram Premier ministre

1946 Meurtre de Mahidol ; Bhumibol

1932 Révolution : le Siam devient une monarchie constitutionnelle

1939 Songkram change le nom du Siam

1941 Songkram capitule devant les Japonais ; Pridi Phanomyong organise la résistance

Embouteillage

Bangkok a grandi sans véritable plan d'urbanisme, et la circulation y est presque constamment paralysée.

Le roi Bhumibol

Révéré par son peuple, Bhumibol (Rama IX) incarne la stabilité dont le pays manque en politique. Son autorité dépasse largement le peu de prérogatives que lui laisse théoriquement la constitution.

OÙ VOIR LA THAÏLANDE MODERNE ?

En dehors des palais et des *wats*, la plupart des édifices bâtis au xxe siècle, très fonctionnels, manquent souvent d'intérêt.
Les années 80 et 90 ont toutefois vu la construction de quelques immeubles plus aventureux *(p. 115)*. Les hôtels de luxe modernes incorporent parfois des touches traditionnelles.

Le Robot Building de Bangkok fut dessiné par Sumet Jumsai dans les années 80.

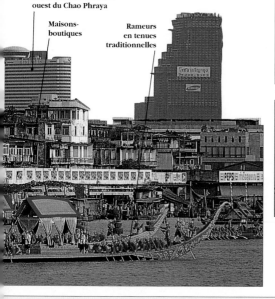

Hôtel de luxe sur la rive ouest du Chao Phraya

Maisons-boutiques

Rameurs en tenues traditionnelles

Tourisme

Plus de 6 millions de visiteurs chaque année, principalement des Asiatiques, font du tourisme une des principales ressources du pays.

1959 Un coup d'État met Sarit Thanarat au pouvoir ; début de l'ère de modernisation appelée *samai pattana*	*Chasseur américain*	**1973-1976** Manifestations étudiantes ; gouvernement civil instable	**Années 1980** Le P C T exsangue. La Thaïlande en forte croissance économique	**1988** Élections pleinement démocratiques

1997 Effondrement de l'économie thaïe |

1960	1970	1980	1990

| **1964** La Thaïlande accepte la création de bases américaines | **1976** Un massacre à l'université de Thammasat pousse de nombreux étudiants vers le P C T *(p.278)* | **1992** Le massacre de manifestants à Bangkok entraîne des élections démocratiques |

1967 La Thaïlande participe à la création de l'Association des nations du Sud-Est asiatique (Ansea)

Bhumibol

BANGKOK

Présentation de Bangkok 68-71
Centre historique 72-89
Chinatown 90-95
Dusit 96-105
Quartier des affaires 106-117
Thonburi 118-125
En dehors du centre 126-133
Atlas des rues de Bangkok 134-145

Présentation de Bangkok

Bordant le fleuve Chao Phraya à 20 km de son embouchure, la capitale de la Thaïlande est une cité exubérante, excitante et agaçante à la fois. Fondée en 1782 par Rama Ier, qui lui donna un nom de plus de 150 lettres que les Thaïs résument en Krung Thep (« Cité des anges »), elle n'a qu'un peu plus de deux siècles mais compte plus de 7 millions d'habitants. Si elle apparaît souvent comme une image caricaturale des dangers de l'expansion urbaine incontrôlée, c'est aussi une ville qui, grâce à sa vie nocturne, ses boutiques, ses restaurants, ses magnifiques *wats*, ses musées, ses palais et ses parcs a quelque chose à offrir à chacun.

Statue de garde au Wat Arun

Le Musée national (p. 84-85) *contient des trésors, telle cette tête de bouddha (VIe ou VIIIe siècle).*

Le Grand Palais et le Wat Phra Kaeo (p. 76-81), *sanctuaire construit pour abriter le Bouddha d'Émeraude, forment ensemble le premier site touristique de Bangkok.*

THONBURI *(p. 118-125)*

CENTRE HISTORIQUE *(p. 72-89)*

CHAO PHRAYA

Le Wat Pho (p. 88-89), *dont l'origine remonte au XVIe siècle, abrite un institut de massage très respecté et un centre d'enseignement et de médecine traditionnelle.*

Le Wat Arun (p. 120-121), *le temple de l'Aube, dresse dans le ciel des prangs d'influence khmère ornés de milliers de fragments de porcelaine.*

◁ Les *prangs* ciselés du Grand Palais et du Wat Phra Kaeo se détachent sur le ciel de Bangkok

Le parc de Dusit
(p. 98-99) aux allées
ombragées offre, avec
ses musées, le palais
Vimanmek et le zoo
voisin, de quoi remplir
une journée de visite.

0   1000 m

DUSIT
(p. 96-105)

LE QUARTIER DES AFFAIRES
(p. 106-117)

CHINATOWN
(p. 90-95)

**La maison de Jim
Thompson** (p. 114-115)
réunit six habitations
anciennes en teck,
magnifiquement décorées.

Chinatown (p. 90-95)
est un quartier plein
de couleurs et de
senteurs, avec ses ruelles
envahies d'étals et de
boutiques comme ce
bazar d'articles
religieux.

AGGLOMÉRATION DE BANGKOK

Pathum Thani
Bang Yai   Nonthaburi
                              Min Buri
Phra Pradaeng
Samut Sakhon   Samut Prakan

0   50 km

Le vieux quartier des étrangers
(p.108-109) a conservé quelques
édifices de l'époque coloniale
comme l'ambassade du Portugal.

Bangkok au fil de l'eau

L es deux grandes rivières du Nord, le Ping et le Nan,
se rejoignent à Nakhon Sawan dans la Plaine
centrale. Elles forment le Chao Phraya (« rivière des
rois »), le principal fleuve de Thaïlande qui arrose
Bangkok quelques kilomètres avant de se jeter dans le
golfe de Thaïlande. La partie représentée ici est en fait
un canal construit au XVIᵉ siècle pour couper l'immense
méandre qu'ont remplacé le khlong Bangkok Noi et le
khlong Bangkok Yai. Suivre sur l'eau ce « mile royal »
permet d'apercevoir les monuments, les temples
et les bâtiments coloniaux qui se dressent à
proximité de ses rives, et de retrouver
le parfum du Bangkok de jadis.

**Bateau typique du Chao Phraya
servant au transport de marchandises**

**Vers le Phra
Pin Klao Bridge**

Le Wat Buddhaisawan du Musée national (p. 84-85)
*abrite Phra Buddha Sing, l'un des bouddhas les plus
vénérés du pays après le Bouddha d'Émeraude. Le musée
présente de fabuleuses collections illustrant chaque époque
de l'histoire thaïe par des Īuvres d'art religieux et des objets
liés aux coutumes et à la vie quotidienne.*

LES BATEAUX DU CHAO PHRAYA

Le Chao Phraya reste une importante voie de
circulation, pour les marchandises comme pour les
passagers, et d'innombrables embarcations l'empruntent
en tous sens : lourdes péniches à riz, barques minuscules
chargées de fruits et de légumes ou bacs assurant des
navettes entre ses rives. La Chao Phraya Express offre un
des moyens les plus aisés, et le moins cher, de découvrir
Bangkok depuis son fleuve. L'atlas des rues (plans 1-2
et 5-6) en indique les arrêts. De très nombreux
bateaux « longue queue » font aussi fonction de bus ou
peuvent être loués pour explorer les *khlongs* de la ville.

Le Wat Rakhang (p. 121), *peu visité,
recèle de belles peintures murales
des années 1920.*

« Longue queue » *(long-tail boat)* sur le Chao Phraya

0   200 m

Le Wat Phra Kaeo (p. 76-79), *immense complexe religieux aux édifices somptueusement décorés, abrite la statue la plus sacrée de Thaïlande : le Bouddha d'Émeraude.*

Sanam Luang
(« champ des rois »), site des cérémonies nationales, est l'un des rares espaces ouverts de Bangkok.

CARTE DE SITUATION

Voir l'atlas des rues, plans 1 et 5

Le Wat Pho (p. 88-89), *le plus vieux temple de la ville, date du XVIIᵉ siècle et est réputé pour son école de massage. Cette peinture représente un soldat chinois.*

Vers le Memorial Bridge

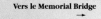

Le toit du Shangri-La, *hôtel du vieux quartier des étrangers (p. 108-109), offre une superbe vue du Chao Phraya.*

Au Wat Arun (p. 122-123) *couvert de fragments de porcelaine, ce bouddha orne l'extérieur du principal bot.*

LE CENTRE HISTORIQUE

L e centre de la capitale que fonda Rama Ier en 1782 *(p. 60-61)* sur la rive orientale du Chao Phraya, plus facile à défendre des Birmans, a conservé des vestiges de remparts entre la Montagne d'Or et le Wat Rachanadda. Malgré l'éparpillement de la ville, il reste le cœur spirituel et historique de Bangkok qui abrite nombre des plus beaux exemples d'architecture de Rattanakosin *(p. 31)* de Thaïlande, en particulier le Grand Palais qui renferme le Wat Phra Kaeo, écrin de la

Bouddhas prêts au départ

statuette la plus vénérée du pays : le Bouddha d'Émeraude. Au sud se trouve le Wat Pho, fondé au XVIe siècle tandis qu'au nord s'étend Sanam Luang (« champ des rois ») où se déroulent les cérémonies royales. Le Musée national borde cette place. Il possède les plus riches collections d'art du Sud-Est asiatique. Deux universités bouddhistes occupent des sanctuaires voisins : le Wat Mahathat, et le Wat Bowonniwet réputé pour ses peintures murales mêlant styles occidentaux et thaïs.

LE CENTRE HISTORIQUE D'UN COUP D'ŒIL

Wats

Grand Palais et
Wat Phra Kaeo p. 76-81 ❶
Wat Bowonniwet ❺
Wat Mahathat ❷
Wat Pho p. 88-89 ⓮
Wat Rachabophit ⓬
Wat Rachanadda ❼

Wat Rachapradit ⓭
Wat Saket et Montagne d'Or ❽
Wat Suthat et Balançoire
géante ⓫

0   500 m

Musée et galerie
Galerie nationale ❹
Musée national p. 84-85 ❸

Rue et quartier
Bamrung Muang Road ❿
Village du bol d'aumône ❾

Monument
Democracy Monument ❻

COMMENT Y ALLER ?

Si vous séjournez près du fleuve, il offrira le meilleur moyen de rejoindre ce quartier desservi aussi par de nombreux bus. La Chao Phraya Express a des embarcadères proches du Grand Palais (Chang et Maharaj) et du Wat Pho (Tien et Rachinee).

LÉGENDE

Plan du quartier pas à pas *p. 74-75*

Embarcadère

Chao Praya Express

Poste de police

Poste

Wat

◁ **Décor élaboré du toit du pavillon Aphonphimok du Grand Palais**

Autour de Sanam Luang pas à pas

สนามหลวง

Le Musée national et le Wat Mahathat, un grand centre d'études bouddhiques, bordent Sanam Luang, l'un des rares espaces dégagés de Bangkok. C'est sur cette esplanade que se déroule traditionnellement la crémation des rois et que la cérémonie du Labour royal *(p. 44)* ouvre la saison de plantation du riz. On vient aussi y faire voler des cerfs-volants. Le Grand Palais et le Lak Muang (pilier de la cité) donnent à Sanam Luang une importance spirituelle favorable à la chance. Un marché aux amulettes rassemble d'ailleurs, dans les rues voisines, augures et vendeurs de lotions, de potions et de talismans censés apporter fortune, amour ou protection contre les mauvais esprits.

Un monument à Sanam Luang

CARTE DE SITUATION
Voir atlas des rues, plan 1

DUSIT

THONBURI

LE CENTRE HISTORIQUE

CHINATOWN

Quai Phra Chan

Wat Mahathat
L'université bouddhique de ce temple du XVIIIᵉ siècle, plus intéressant pour son atmosphère que ses édifices, programme des cours de méditation ❷

0   500 m

Quai Tha Chang de la Chao Phraya Express

MAHATHAT

TROK SILLAPAKORN

NA PHRA LAN

Université des beaux-arts de Silpakorn
La plus célèbre école d'art de Bangkok dresse sa façade sur Sanam Luang. Elle organise régulièrement d'excellentes expositions. Des panneaux en donnent le détail près de l'entrée.

Entrée du Grand Palais et du Wat Phra Kaeo

Limite ouest de Sanam Luang

Vers le Lak Muang (pilier de la ville)

LÉGENDE

– – – Itinéraire conseillé

LES AMULETTES THAÏES

Les Thaïs appartiennent à un peuple hautement superstitieux, et très rares sont ceux qui ne portent pas un quelconque talisman. Vendues sur des marchés spécialisés, souvent près de sites spirituellement favorables, les amulettes prennent d'innombrables formes. Bien qu'elles possèdent en majorité une nature religieuse (minuscules images du Bouddha ou copies de statues sacrées), l'aspect de certaines découle directement de leur fonction, tels les phallus miniatures destinés à écarter l'impuissance.

Sélection de talismans vendus autour de Sanam Luang

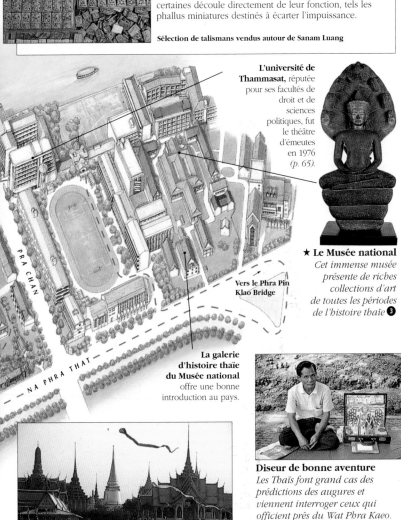

L'université de Thammasat, réputée pour ses facultés de droit et de sciences politiques, fut le théâtre d'émeutes en 1976 (p. 65).

Vers le Phra Pin Klao Bridge

PRA CHAN

NA PHRA THAT

★ Le Musée national
Cet immense musée présente de riches collections d'art de toutes les périodes de l'histoire thaïe ❸

La galerie d'histoire thaïe du Musée national offre une bonne introduction au pays.

Diseur de bonne aventure
Les Thaïs font grand cas des prédictions des augures et viennent interroger ceux qui officient près du Wat Phra Kaeo.

★ Les cerfs-volants de Sanam Luang
Le roi Chulalongkorn (1868-1910) aimait faire voler des cerfs-volants et autorisa la pratique de ce sport sur la Place royale. D'âpres concours s'y déroulent entre février et avril.

À NE PAS MANQUER

★ **Le Musée national**

★ **Les cerfs-volants de Sanam Luang**

Grand Palais et
Wat Phra Kaeo ❶

พระบรมมหาราชวังและวัดพระแก้ว

Détail du Phra Mondop

Entrepris en 1782 pour marquer la fondation de la nouvelle capitale, abriter le Bouddha d'Émeraude (Phra Kaeo) et donner une résidence au roi, ce vaste complexe, entouré d'une enceinte de deux kilomètres, faisait jadis office de ville à l'intérieur de la ville. Bien que la famille royale réside aujourd'hui à Dusit, le Wat Phra Kaeo reste le temple le plus sacré de Thaïlande et de nombreuses salles du palais, fermées au public, accueillent encore des cérémonies officielles.

La silhouette du Wat Phra Kaeo vue de Sanam Luang

★ Le *bot* du Bouddha d'Émeraude
Les fidèles font leurs offrandes à la statue sacrée à l'entrée du plus important bâtiment du temple.

Bouddha d'Émeraude

Chapelle du Bouddha Gandharara

Huit *prangs* bordent le côté est du *wat*.

★ La galerie du Ramakien
Dans le cloître, 178 panneaux illustrent, dans le sens des aiguilles d'une montre, la totalité du Ramakien (p. 36-37).

CHRONOLOGIE

	1783 Le Wat Phra Kaeo, la salle du trône Dusit et le Phra Maha Monthien sont entrepris		**1855** Nouveaux édifices où se mêlent styles orientaux et occidentaux	**1925** Rama VII s'installe dans le palais Chitrlada de Dusit. Le Grand Palais reste réservé aux occasions spéciales
1750	**1800**	**1850**	**1900**	**1950**
1782 Fondation officielle de la nouvelle capitale	**1809** Rama II introduit des détails chinois	**Années 1840** Le harem forme une ville dans la ville · **1880** Chulalongkorn implique 26 demi-frères dans la rénovation du Wat Phra Kaeo	**1932** Célébrations du 150e anniversaire de la dynastie Chakri · **1982** Rénovation du complexe	

Ornements dorés
Exemple caractéristique de la richesse ornementale du wat, 112 garudas (oiseau servant de monture à Vishnu) portant des nagas (serpents) décorent l'extérieur du bot.

MODE D'EMPLOI

Na Phra Lan Rd. **Plan** 1 C5. ▇ AC : 2, 6, 8, 12, 39, 44, 153. ▇ Chang, Tien. ▇ 8 h 30-15 h 30 t.l.j. ▇ cérémonies particulières. ▇ palais Vimanmek inclus. ▇ dans le bot. ▇ ▇ www.palaces.thai.net

Apsonsi
Cette créature mythologique, mi-femme mi-lion, est l'une des superbes statues dorées de la terrasse supérieure du Wat Phra Kaeo.

Phra Mondop (bibliothèque)

Le chedi Phra Si Rattana renferme un fragment du sternum du Bouddha.

Terrasse supérieure

Ho Phra Nak (mausolée royal)

Wihan Yot

WAT PHRA KAEO
Situé à l'intérieur de l'enceinte du Grand Palais, le sanctuaire le plus sacré de Thaïlande n'abrite pas, contrairement aux autres *wats*, de communauté monastique.

L'Ho Phra Monthien Tham est la bibliothèque auxiliaire.

Panthéon royal

À NE PAS MANQUER

★ Le *bot* du Bouddha d'Émeraude

★ La galerie

GRAND PALAIS ET WAT PHRA KAEO

1 Entrée
2 Wat Phra Kaeo
3 Salle du trône Dusit
4 Pavillon Aphonphimok
5 Salle du trône Chakri
6 Palais intérieur
7 Phra Maha Monthien
8 Jardins Siwalai
9 Chapelle de Rama IV
10 Palais Boromphiman
11 Salle d'audience

LÉGENDE

▢ Wat Phra Kaeo

▢ Bâtiments

▢ Pelouses

À la découverte du Wat Phra Kaeo

Garde du chedi

Quand Rama Ier établit la capitale à Bangkok en 1782, il décida de construire un temple royal comme en possédaient les capitales précédentes. La fondation de ce sanctuaire symbolisait aussi celle de la dynastie Chakri, et il devait dépasser par la splendeur de son architecture et de ses décorations ses prédécesseurs plus vastes de Sukhothai et d'Ayutthaya. Le résultat de cette ambition porte le nom officiel de Wat Phra Si Rattana Sasadaram, mais est universellement appelé le Wat Phra Kaeo, ou temple du Bouddha d'Émeraude, à cause de la statuette sacrée, apportée du Wat Arun en 1785, qu'abrite son *bot*.

(1824-1851) ornent les murs. Elles illustrent les thèmes classiques de l'art thaï : le Traiphum (cosmologie bouddhiste), la victoire du Bouddha sur Mara, le dieu de la mort, et des scènes des vies antérieures du Bouddha : les *jatakas*.

Abris destinés à la contemplation, douze salas (petits pavillons) ouverts entourent le sanctuaire. Au sud-est se trouve **la chapelle du Bouddha Gandharara**, bâtie au XIXe siècle. Elle renferme un Bouddha en appel de la pluie utilisé pendant la cérémonie du Labour royal (*p. 42*). La cloche installée dans le beffir voisin ne sonne qu'en de grandes occasions comme le nouvel an.

Le Bouddha d'Émeraude couronnant l'autel paré d'or du *bot*

LE *BOT* ET LES BÂTIMENTS PÉRIPHÉRIQUES

Édifice le plus sacré de l'enceinte du palais, le *bot* du Wat Phra Kaeo fut érigé pour servir de reliquaire à l'image du Bouddha la plus révérée de Thaïlande : le Bouddha d'Émeraude. Des incrustations de nacre ornent les portes extérieures et les fenêtres, et une frise de *garudas* (oiseaux mythologiques) en bronze doré court le long du socle de marbre supportant le bâtiment. Des lions de pierre de style cambodgien, ou *singhas*, gardent l'escalier de l'entrée principale. À l'intérieur, une vitre protège le Bouddha d'Émeraude assis sur un trône symbolisant le chariot céleste au sommet d'un autel en bois recouvert d'or. Sculptée dans du jade vert, l'icône surprend par sa petitesse : 66 cm de hauteur. La statuette daterait de l'école du Lan Na du XVe siècle. Le roi, ou un prince agissant en son nom, change trois fois par an lors d'une cérémonie solennelle la parure qu'elle porte : une couronne et des diamants l'été ; un châle d'or l'hiver, et une robe et une coiffe de moine pendant la saison des pluies. Des peintures exécutées pendant le règne de Rama III

LA TERRASSE SUPÉRIEURE

Cette terrasse surélevée porte quatre constructions dont la plus frappante, le *chedi* **Phra Si Rattana**, à l'extrémité ouest, fut édifiée par Mongkut (Rama IV) pour abriter un fragment du sternum du Bouddha. Son successeur, Chulalongkorn, ajouta les carreaux dorés parant l'extérieur.

Rama Ier fit bâtir le **Phra Mondop** voisin pour abriter les écritures saintes. Cette bibliothèque est fermée au public mais possède un extérieur superbe orné, aux quatre angles, de copies de bouddhas javanais du IXe siècle dont les originaux se trouvent aujourd'hui dans le musée proche de l'entrée du

Anges gardiens en or ornant le mur du Phra Mondop

L'une des 178 peintures murales de la galerie du Ramakien

LES *PRANGS*, LES *YAKSHAS* ET LA GALERIE DU *RAMAKIEN*

Fermant l'enceinte du temple, la galerie du Ramakien offre sur ses murs l'illustration la plus complète de Thaïlande de l'épopée inspirée du Ramayana indien *(p. 36-37)*. Elle occupe 178 panneaux séparés par des piliers de marbre qui portent des vers relatant les aventures du roi Rama et de son allié, le singe Haruman. Exécutées à la fin du XVIIIᵉ siècle, ces peintures murales doivent, à cause de l'humidité, être régulièrement restaurées. Le récit commence en face du Wihan Yot et se suit dans le sens des aiguilles d'une montre.

Un couple de *yakshas* (démons) garde chaque entrée de la galerie. Installés pendant le règne de Rama II pour protéger le Bouddha d'Émeraude des mauvais esprits, ils représentent des personnages du Ramakien. Tosakan, le roi démon, apparaît en vert.

Parés de porcelaine chinoise, les huit *prangs*, de couleurs différentes, bordant l'est du *wat* symbolisent les huit composants du bouddhisme, en particulier le Bouddha, le *dharma* (doctrine), la *sangha* (communauté monastique) et les *bhiksunis* (femmes bouddhistes).

---

palais. Des monuments commémoratifs rendent hommage à tous les membres de l'actuelle dynastie Chakri *(p. 60-61)*, et des statues de bronze représentent les éléphants blancs *(p. 102)* des cinq premiers règnes.

Au nord du *mondop*, on découvre la maquette d'Angkor Wat que commanda Rama IV, à une époque où la Thaïlande contrôlait le Cambodge, pour montrer à son peuple la gracieuse splendeur de l'architecture khmère du XIIᵉ siècle.

Personnage du Ramakien ornant un *chedi*

Construit en 1855 par Rama IV, le **Panthéon royal** devait à l'origine recevoir le Bouddha d'Émeraude, mais le roi le trouva trop petit. Le bâtiment, qui n'ouvre que le 6 avril pour le Chakri Day *(p. 44)*, renferme des statues grandeur nature des membres de la dynastie.

LA TERRASSE NORD

Construit à l'origine par Rama Iᵉʳ à la fin du XVIIIᵉ siècle pour abriter le Bouddha Nak (litt.: alliage d'or, d'argent et de cuivre), sauvé des Birmans à Ayutthaya, le premier Ho Phra Nak fut démoli par Rama III. Il érigea l'actuelle construction de brique et de mortier pour recevoir les cendres de membres mineurs de

la famille royale. Le Bouddha Nak déménagea dans le **Wihan Yot** voisin, édifice au plan en forme de croix grecque décoré de porcelaine chinoise. Sur la terrasse nord se trouve aussi la **Ho Phra Monthien Tham**, la bibliothèque auxiliaire bâtie par le frère de Rama Iᵉʳ. Les panneaux de porte incrustés de nacres proviennent du Wat Borom Buddharam d'Ayutthaya. À l'intérieur, de délicats cabinets renferment les saintes écritures bouddhiques.

LA LÉGENDE DU BOUDDHA D'ÉMERAUDE

En 1434, la foudre qui s'abat dans le nord de la Thaïlande sur le *chedi* du Wat Phra Kaeo de Chiang Rai *(p. 240-241)* met à jour une petite statue de stuc. Le sage du temple la garde dans sa cellule, et le plâtre, en s'écaillant, révèle un bouddha de jade. Apprenant la découverte, le roi de Chiang Mai envoie un convoi d'éléphants chercher la statuette, mais l'animal qui la porte refuse de prendre la route de la capitale. L'escorte y voit un présage bénéfique et gagne alors Lampang. Le Bouddha d'Émeraude connaît plusieurs déplacements au cours du siècle suivant et aboutit finalement en 1552 au Wat Pha Kaew de Vientiane *(p. 284-285)*, au Laos. Le général Chakri, futur Rama Iᵉʳ, prend la ville en 1778 et décide de rapporter l'effigie sacrée en Thaïlande. Elle reste au Wat Arun *(p. 122-123)* pendant quinze ans puis une grande procession sur le fleuve l'accompagne le 5 mars 1785 jusqu'à son lieu de séjour actuel dans le temple royal.

Le petit Bouddha d'Émeraude du *bot*

À la découverte du Grand Palais

Garde démoniaque

Construit en même temps que le Wat Phra Kaeo, le Grand Palais resta officiellement la résidence royale de 1782 à 1946, bien que depuis Chulalongkorn (Rama V) les souverains thaïlandais et leur famille habitent le palais Chitrlada *(p. 102)*, plus intime. Le Grand Palais connut au long de son histoire de nombreux ajouts et transformations. La plupart de ses bâtiments sont aujourd'hui inoccupés, cependant certains abritent quelques administrations, tel le ministère des Finances. La salle du trône Dusit et l'Amarin Winachai Hall accueillent des cérémonies officielles.

DUSIT MAHA PRASAT

La salle du trône Dusit au plan cruciforme, où se déroulent les célébrations de la fête du Couronnement *(p. 44)*, fut à l'origine construite à l'image de la Sanphet Maha Prasat, l'un des plus majestueux édifices d'Ayutthaya avant sa destruction par les Birmans. La foudre la frappa cinq ans plus tard et on la rebâtit à plus petite échelle. Couronnée d'une spirale somptueusement décorée, elle offre l'un des plus beaux exemples d'architecture du début de l'école de Rattanakosin *(p.31)* et abrite un chef-d'œuvre de l'art thaï : le trône en teck incrusté de nacre de Rama Ier.

LE PAVILLON APHONPHIMOK

Le roi Mongkut (Rama IV) fit construire ce petit pavillon en bois pour pouvoir échanger sa tenue de ville contre ses habits de cour lorsqu'il donnait audience dans la Dusit Maha Prasat. Le souverain arrivait en palanquin et la première marche se trouve à hauteur d'épaule. Sa structure simple, la perfection de ses proportions et l'élégance de sa décoration en mosaïque font du bâtiment une des grandes réussites de l'architecture thaïe. Il inspira tellement Chulalongkorn (Rama V) que celui-ci en commanda une réplique pour le palais d'été de Bang Pa-in *(p. 171)*.

Statue près de Chakri Maha Prasat

CHAKRI MAHA PRASAT

Rama V commanda en 1882 la construction du plus important des bâtiments du Grand Palais, aussi connu sous le nom de salle du trône du Grand Palais, pour célébrer le centenaire du règne des Chakri, un anniversaire qui inspira la luxueuse décoration. Dessiné dans le style néoclassique par l'architecte britannique John Chinitz, l'édifice devait à l'origine posséder un toit en coupole, mais la cour royale lui préféra finalement une toiture traditionnelle thaïe en harmonie avec celles du reste de l'enceinte.

L'étage supérieur du hall central abrite les cendres des anciens souverains de la dynastie. Au rez-de-chaussée, le monarque donne audience aux ambassadeurs et accueille les chefs d'État étrangers. Dans la salle où le trône Niello se dresse devant l'emblème des Chakri, un disque et un trident, des peintures évoquent d'anciennes missions diplomatiques, telle la réception à Londres par la reine Victoria de l'ambassadeur de Rama IV.

Une longue salle ornée de portraits de membres de la dynastie Chakri conduit depuis le hall central jusqu'à l'aile est où le roi reçoit ses invités. Dans l'aile ouest se trouve la salle de réception personnelle de la reine. Des portraits des principales épouses de Rama IV, Rama V et Rama VII jalonnent la salle reliant cette aile au hall central.

LES BÂTIMENTS DU PHRA MAHA MONTHIEN

Situé à l'est de la Chakri Maha Prasat, ce groupe d'édifices reliés entre eux forme la « Grande résidence du palais ».
Élevé au XVIIIe siècle, le bâtiment le plus au nord, **l'Amarin Winichai Hall**, abrite le trône Busabok Mala en forme de bateau de Rama Ier. Lors des audiences, deux rideaux le dissimulaient pendant que le roi y prenait place. Une fanfare accompagnait leur ouverture et l'apparition du souverain qui, vêtu d'une ample robe dorée, paraissait flotter sur la « proue » du siège. Deux ambassadeurs britanniques eurent droit à cet accueil en grande pompe au XIXe siècle :

Dusit Maha Prasat couronnée d'une spirale élégante

Salle somptueuse conduisant à l'aile ouest de la Chakri Maha Prasat

John Crawfurd reçu par Rama II et Sir John Bowring se présentant devant Rama IV. Le hall sert désormais à des cérémonies officielles telles que le discours d'anniversaire du roi.

Un portail que seuls peuvent franchir le souverain la reine ou leurs enfants le relie au **Phaisan Thaksin Hall**. Rama Ier venait dîner là en privé avec sa famille, des amis ou des membres de la cour. En 1809, une cérémonie Borom Rachaphisek y marqua le couronnement de Rama II. L'autel principal porte Phra Siam Thewathirat, une divinité protectrice hautement vénérée placée là par Rama IV. Le troisième édifice est le **Chakraphat Phiman Hall** qu'habitèrent les trois premiers monarques de la dynastie. Il reste de coutume pour les rois nouvellement couronnés d'y passer une nuit dans le cadre de leur avènement.

LE PALAIS INTÉRIEUR

Derrière un portail, à gauche de la Chakri Maha Prasat, se trouve l'entrée du Palais intérieur fermé au public. Jusqu'au règne de Rama VII, seules des femmes de la famille royale, épouses, concubines et filles, habitaient dans ce harem. Même les fils du roi, unique adulte de sexe masculin autorisé à vivre dans ces murs, devaient le quitter à la puberté.

Le palais fonctionnait comme une véritable petite ville avec son propre gouvernement, ses lois et même ses cellules. Sous la stricte autorité d'une « directrice de l'intérieur », une petite armée de femmes en uniforme maintenait l'ordre. Au XIXe siècle, Rama III fit rénover les constructions originelles en bois devenues trop exiguës, et Rama V commanda pour ses favorites de fantastiques petits pavillons victoriens. Son successeur, Rama VI, n'eut qu'une épouse, et le harem, laissé pratiquement à l'abandon, tomba en décrépitude. Un des bâtiments reste toutefois en activité : l'école pour jeunes filles de la haute société. Elles y apprennent le tressage de fleurs, la cuisine royale et l'étiquette.

LES JARDINS SIWALAI

Souvent fermés pour cause de réception officielle, ces superbes jardins s'étendent à l'est du Palais intérieur et renferment le **Phra Buddha Ratana Sathan**, chapelle personnelle construite par Rama IV. Du marbre gris pare ce pavillon orné de mosaïques en verre blanc et bleu. En marbre également, les *bai sema* (bornes sacrées) portent les insignes de Rama V, de Rama II, qui fit aménager les jardins, et de Rama IV.

De style néoclassique, le **palais Boromphiman**, bâti par Rama V pour servir de demeure au prince héritier (le futur roi Vajiravudh), eut comme résidents temporaires les rois Rama VII, Rama VIII et Rama IX (Bhumibol). Il accueille désormais les dignitaires étrangers en visite.

LA SALLE D'AUDIENCE

Visible depuis l'extérieur de l'enceinte du palais, la Phra Thinang Sutthaisawan Prasat se trouve entre les portes Thewaphithak et Sakchaisit. Rama Ier la fit construire pour accorder audience pendant les cérémonies royales et assister au dressage de ses éléphants. Rama III renforça avec des briques l'édifice en bois, et l'ensemble reçut plus tard des éléments décoratifs, notamment la spirale de la toiture et les motifs en fer forgé.

Phra Buddha Ratana Sathan orné de mosaïques des jardins Siwalai

**Entrée de l'université bouddhiste
du Wat Mahathat**

Wat Mahathat ❷

วัดมหาธาตุ

3 Maharaj Rd. **Plan** 1 C5.
📞 (02) 221 5999. 🚌 AC : 2, 6, 8,
39. 🚤 Maharaj. 🕐 t.l.j.

Ce vaste *wat (p. 28-29),*
fondé en 1700, présente
plus d'intérêt pour son
atmosphère que pour son
architecture. Le *bot* et le
wihan furent reconstruits entre
1844 et 1851. Le *mondop,* qui
vaut au sanctuaire son nom de
« temple de la Grande
Relique », possède un toit
cruciforme rare à Bangkok.
Centre national de la secte
monastique Mahanikai, le Wat
Mahathat abrite une des deux
universités bouddhistes de la
ville. Il propose des cours
de méditation à 7 h, 13 h et 18 h
dans la section 5. Dans

l'enceinte du temple se tient
un marché quotidien
de plantes médicinales.
Le week-end, de nombreux étals
proposent des produits divers.

Musée national ❸

พิพิธภัณฑ์สถานแห่งชาติ

Voir p. 84-85.

La Galerie
nationale ❹

หอศิลป์แห่งชาติ

4 Chao Fa Rd. **Plan** 2 D4. 📞 (02)
281 2224. 🚌 AC : 3, 6. 🚤 Phra
Athit. 🕐 de 9 h à 16 h, du mer. au
dim. ⬤ jours fériés. 📷 ⦰

Fondée en 1977, la principale
galerie d'art de Bangkok
occupe l'ancienne Monnaie
et connut des débuts
difficiles avant son
agrandissement en
1989. Elle présente
surtout des œuvres
modernes, thaïes et
internationales. Ses
salles spacieuses
lui permettent
d'accueillir des
expositions
temporaires
provenant de toute
l'Asie. Elles sont
souvent plus
intéressantes que sa
collection
permanente.
La galerie Visual Dhamma
(p. 132) propose aussi de l'art
moderne. Le *Bangkok Post*
donne le détail des expositions.

**Sculpture moderne à
la Galerie nationale**

Wat
Bowonniwet ❺

วัดบวรนิเวศน์

240 Phra Sumen Rd. **Plan** 2 E4.
📞 (02) 280 0869. 🚌 AC : 11, 15.
🕐 t.l.j.

Niché dans un parc paisible
et arboré, ce temple, fondé
au milieu du XIXe siècle par
Rama III, présente les influences
chinoises caractéristiques de
ce règne. Deux chapelles
symétriques encadrent le *chedi*
central. Proche de Phra Sumen
Road, la plus intéressante
abrite des peintures murales
attribuées au moine Khrua In
Khong qui se trouva confronté
aux idées européennes à la
cour de Mongkut où il était
peintre. Il reste célèbre
pour avoir introduit la
perspective à
l'occidentale dans les
fresques religieuses
thaïes.
Bien que Khrua
In Khong ne se
soit jamais
rendu à l'Ouest,
certaines peintures
paraissent à
première vue
pleinement
occidentales. Elles
illustrent toutefois les
mêmes allégories que
les œuvres
traditionnelles thaïes.
Ainsi, le médecin soignant un
aveugle peut s'interpréter
comme une évocation du
pouvoir d'illumination du
bouddhisme. Le principal
bouddha, Phra Buddha
Chinasara, offre un superbe
exemple d'art sukhothai.
Avant de monter sur le trône,
le roi Mongkut fit pendant
vingt-sept ans retraite au Wat
Bowonniwet où il exerça les
fonctions de père supérieur. Il
fonda la stricte secte Tammayut
qui a toujours le sanctuaire pour
siège. De nombreux rois ont
suivi son exemple en choisissant
ce *wat* pour y faire eux aussi
retraite, notamment Bhumibol
(Rama IX), le souverain actuel.
Le temple abrite également
la deuxième université
religieuse de Thaïlande. De
l'autre côté de la rue, une
librairie bouddhiste propose
des publications en anglais.

Peinture murale de style occidental du Wat Bowonniwet

Democracy Monument ❻

อนุสาวรีย์ประชาธิปไตย

Ratchadamnoen Klang. **Plan** 2 E4.
🚌 AC : 11, 12, 14. ⬭ t.l.j.

Œuvre du sculpteur Corrado Feroci, « père » italien de l'art moderne thaïlandais, qui sera naturalisé sous le nom thaï de Silpa Bhirasi, ce monument construit en 1939 commémore la révolution de 1932 (p. 64). Chacun de ses éléments fait référence à l'instauration de la monarchie constitutionnelle le 24 juin. Les quatre tours des ailes mesurent ainsi 24 m, les 75 canons évoquent l'année 2475 (1932) de l'ère bouddhiste, et le piédestal, qui contient une copie de la constitution, a une hauteur de 3 m, juin étant le troisième mois du calendrier thaï. En 1992, le monument fut au centre des manifestations.

Édifice central du Democracy Monument (1939)

Wat Rachanadda ❼

วัดราชนัดดา

Maha Chai Rd. **Plan** 2 E4. 🚌 2, 6, 15, 25, 43, 47 ; AC : 2, 3, 6, 9, 11, 12, 39, 44, 153. ⬭ de 9 h à 16 h t.l.j.

Datant du règne de Rama III, ce sanctuaire souvent appelé Wat Ratchanaddaram possède un intéressant monastère. Ce dernier, conçu à l'origine comme un *chedi*, évolua en un lieu de méditation inspiré d'un

Cellule de méditation du Wat Rachanat

temple sri lankais du IIIᵉ siècle av. J.-C., aujourd'hui en ruine. Des passages, courant du nord au sud et de l'est à l'ouest, traversent chaque étage. Les cellules de méditation se trouvent aux intersections. La cour du temple accueille le meilleur marché aux amulettes de Bangkok. De l'autre côté de la rue, derrière les anciens murs de la ville, s'étend le village des colombes où sont vendues les tourterelles participant aux concours de roucoulements.

Wat Saket et la Montagne d'Or ❽

วัดสระเกศและภูเขาทอง

Chakkaphatdi Phong Rd. **Plan** 2 F5. 🚌 39, 44, 45, 59, 60 ; AC : 2, 11, 12. ⬭ de 8 h à 18 h t.l.j. 🎫 🎴 Fête de la Montagne d'Or (Nov.).

Fondé par Rama Iᵉʳ à la fin du XVIIIᵉ siècle, le Wat Saket est l'un des plus anciens temples de la ville. Les visiteurs s'y rendent surtout pour grimper sur la colline artificielle haute de 76 m, surmontée d'une tour dorée. Construite par Rama III, la première Montagne d'Or, image du mont Meru, ciel des 33 dieux pour les bouddhistes, s'affaissa et il fallut attendre le règne de Chulalongkorn (Rama V) pour disposer des moyens techniques nécessaires à sa consolidation. Le *chedi* du sommet abriterait une relique du Bouddha offerte à

Rama V par le vice-roi des Indes. Un escalier circulaire bordé de curieux monuments et tombeaux y conduit. La vue panoramique offerte par la galerie permet de découvrir le Grand Palais, le Wat Pho et le Wat Arun. Édifice octogonal, le Mahakan Fort est l'une des quatorze tours de guets originelles des remparts de la cité. Pendant le XIXᵉ siècle, les environs du Wat Saket servaient de lieu de crémation, et les corps des pauvres y demeuraient parfois à la merci des vautours et des chiens. La fête qui s'y déroule à la pleine lune de novembre n'a toutefois rien de macabre, avec ses bateleurs, ses musiciens, ses éventaires colorés et odorants et une procession aux flambeaux sur la Montagne d'Or.

La colline artificielle de la Montagne d'Or

Le Musée national ❸

พิพิธภัณฑสถานแห่งชาติ

Tambours Bencharong

Le Musée national possède une des plus riches collections d'Asie du Sud-Est et offre une magnifique introduction aux arts, aux coutumes et à l'histoire thaïs. Édifiés à la fin du XVIIIᵉ siècle, deux de ses bâtiments, le palais Wang Na et la chapelle Buddhaisawan, sont en eux-mêmes des œuvres d'art. La chapelle abrite une statue vénérée, Phra Buddha Sing, et le palais un ensemble éclectique d'objets allant d'armes anciennes à des marionnettes de théâtre d'ombre. Principalement consacrées aux arts et à la sculpture, deux ailes modernes les complètent. Il existe aussi des galeries dédiées à l'histoire et à la préhistoire, et une exposition de chariots funéraires. Gratuites, les visites guidées (en français le mercredi matin) se révèlent fort utiles, plus que l'étiquetage.

Portes de la salle du trône
Ces portes en laque noire et or du palais Wang Na datent du XIXᵉ siècle et révèlent une forte influence chinoise.

Phra Buddha Sing
Cette statue, l'une des plus sacrées de Thaïlande après le Bouddha d'Émeraude, date probablement du XIIIᵉ siècle. Rama Iᵉʳ la rapporta de Chiang Mai en 1795.

Pavillon de Rama IV

Pavillon rouge

La galerie d'histoire thaïe abrite la stèle de Ramkamhaeng (XIIIᵉ siècle), gravée des premiers écrits en caractères thaïs connus.

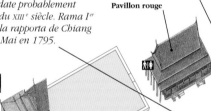

Billetterie

Pavillon de Vajiravudh

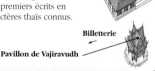

Pavillon de l'héritier du trône

★ La chapelle Buddhaisawan
Certaines des plus belles peintures murales de l'école de Rattanakosin ornent ce superbe édifice bâti en 1787.

★ La galerie des chariots funéraires
Ces chars somptueusement décorés, tel Racharot Noi (1795), servent aux processions funéraires des rois.

★ La roue de la loi dvaravati
Cette sculpture du VIIIᵉ siècle symbolise le premier sermon du Bouddha dans un bois de Sarnath en Inde.

MODE D'EMPLOI

1 Na Phra That Rd. **Plan** 1 C4.
(02) 224 1333. 15, 32, 39, 43, 53, 59, 70; AC : 3, 6. *Phra Athit.*
de 9 h à 16 h, du mer. au dim.
jours fériés.

Lion de pierre de Lopburi (XIIᵉ-XIIIᵉ s.)
Cette statue gardait jadis l'entrée d'un temple, les lions étant des protecteurs des enseignements bouddhistes.

★ Le bouddha sukhothai
Or et laque rouge ajoutent à l'élégance de cette gracieuse effigie du XIVᵉ siècle.

1ᵉʳ étage

1ᵉʳ étage

Tête de bouddha de l'école d'Ayutthaya
(XVᵉ-XVIᵉ s.)
Ce bronze haut de 150 cm témoigne de la maîtrise acquise dans l'art de la fonderie à l'époque d'Ayutthaya.

Palais Wang Na

LÉGENDE DU PLAN

☐ Galerie d'histoire thaïe
☐ Chapelle Buddhaisawan
☐ Galerie des chariots funéraires
☐ Salle du trône
☐ Arts et artisanats divers
☐ Arts khmer, hindou et de Lopburi
☐ Demeure du roi Pin Klao
☐ Arts de Dvaravati et de Srivijaya
☐ Arts du Lan Na, de Sukhothai, d'Ayutthaya et de Rattanakosin

À NE PAS MANQUER

★ **La chapelle Buddhaisawan**

★ **La galerie des chariots funéraires**

★ **La roue de la loi dvaravati**

★ **Le bouddha sukhothai**

SUIVEZ LE GUIDE !
La collection occupe plusieurs bâtiments autour du palais Wang Na. Dans les deux ailes (qui possèdent deux niveaux), les expositions d'art suivent l'ordre chronologique en commençant dans l'aile gauche (sud). Près de l'entrée sur Na Phra That Road, la billetterie propose guides et plans.

**Bol d'aumône chauffé
pour acquérir sa patine**

Le village du bol d'aumône (Ban Bat) ❾

บ้านบาตร

Bamrung Muang Rd, Soi Ban Bat.
Plan 2 F5. 🚌 8 ; AC : 8.

Déjà utilisés il y a deux mille cinq cents ans, les bols d'aumône servent toujours aux moines bouddhistes, ou aux laïcs en retraite temporaire, à mendier le matin leur nourriture *(p. 125)*. Ils sont fabriqués au Ban Bat (litt. : village du bol du moine) depuis la fin du XVIIIᵉ siècle. Ce village s'étendait jadis jusqu'au Wat Saket *(p. 83)* mais ne comprend plus maintenant que quatre maisons et un groupe de petits ateliers. Si vous n'arrivez pas à le retrouver dans le labyrinthe de *sois*, sa production est vendue au Wat Suthat. La fabrication de chaque bol nécessite huit feuilles de métal symbolisant les huit rayons de la roue du dharma. L'artisan martèle la première pour en faire le bord puis crée une armature en forme d'étoile avec les trois suivantes. Quatre pièces triangulaires complètent les côtés. Soudé dans un four, le bol est ensuite mis en forme, poli puis de nouveau passé au feu pour prendre un fini évoquant l'émail.
Le dédale de ruelles proche de la petite salle des fêtes recèle en son centre un sanctuaire inhabituel. Construit avec de vieux soufflets chinois, il est dédié au « saint professeur et ancêtre ».

Bamrung Muang Road ❿

ถนนบำรุงเมือง

Plan 2 F5. 🚌 8 ; AC : 8.

Bamrung Muang, comme Charoen Krung *(p. 110)*, resta une piste à éléphants jusqu'au XXᵉ siècle où elle devint l'une des premières voies pavées de Thaïlande. Entre Maha Chai Road et la Balançoire géante, elle offre un aperçu instructif du commerce florissant qu'alimente l'acquisition de mérites *(p. 125)*. Robes monastiques, chandelles votives et bouddhas de toutes formes et dimensions emplissent en effet les boutiques qui la bordent. Les moines viennent y acquérir les objets nécessaires aux rites, les laïcs des offrandes ou les composants d'autels domestiques. Ces articles religieux tentent de nombreux touristes mais ils n'ont pas vocation à servir de souvenirs : il faut une autorisation d'exportation pour sortir une image du Bouddha du pays *(p. 451)*.

Wat Suthat et la Balançoire géante ⓫

วัดสุทัศน์และเสาชิงช้า

Bamrung Muang Rd. **Plan** 2 E5. 🚌 10, 12, 19, 35, 96 ; AC : 8. ⬜ de 8 h 30 à 18 h 30 t.l.j. (wihan sam. et dim. seul.).

**Bouddha prêt
à emporter**

Plusieurs superlatifs viennent à l'esprit pour décrire le Wat Suthat entrepris en 1807 par Rama Iᵉʳ et achevé près de trente ans plus tard par Rama III. Il possède le plus grand *wihan* de Bangkok, son architecture offre un magnifique exemple du style de Rattanakosin *(p. 31)*, et son bouddha central, haut de huit mètres, est l'un des plus grands bronzes de Sukhothai *(p. 54-55)* à avoir survécu.

Vue du Wat Suthat depuis le portail de son *wihan*

Rapporté à Bangkok par Rama Ier, il date du XIVe siècle. Restaurées dans les années 1980, les peintures murales qui ornent l'immense *wihan* font partie des plus réputées de Thaïlande. D'une richesse de détail étonnante, elles illustrent le Traiphum (cosmologie bouddhiste). Hautes de 5,50 m, les portes en teck de l'édifice méritent également attention. Celle que sculpta Rama II se trouve désormais au Musée national. 156 bouddhas dorés bordent la galerie entourant le *wihan*. Sur la place devant le Wat Suthat se dresse un impressionnant portique peint de rouge appelé la Balançoire géante. Il servait jadis lors de cérémonies brahmaniques dédiées au dieu Shiva.

Sculptures ornant l'avant-toit du *bot* du Wat Rachapradit

Wat Rachabophit ⑫

วัดราชบพิธ

Fuang Nakhon Rd. **Plan** 2 D5.
🚌 2, 50; AC : 1, 8, 12. 🚤 Thien.
🕐 de 8 h à 20 h t.l.j.

De forme circulaire, le Wat Rachabophit marie avec harmonie architectures occidentale et asiatique. Sa construction commença pendant le règne de Chulalongkorn (Rama V) en 1869 et se poursuivit pendant plus de vingt ans. Des carreaux de porcelaine spécialement commandés en Chine parent tout le sanctuaire qui s'organise autour d'un *chedi* doré de style sri lankais dominant la terrasse d'une hauteur de 43 m.
À l'intérieur du *wat*, quatre bouddhas font face aux points cardinaux. Une galerie circulaire dessert le *bot*, au nord, le *wihan*, au sud, et deux *wihans* moins importants à l'est et à l'ouest, une disposition inhabituelle pour un temple thaï. Les incrustations de nacre qui ornent les 10 portes et les 28 fenêtres du *bot* s'inspirent des insignes de cinq ordres royaux. Les moulures au-dessus de l'entrée représentent le sceau de Chulalongkorn. Les gardes sculptés et peints des portes ont un aspect distinctement *farang* (européen), et l'intérieur possède une décoration de style Renaissance étonnante ici. Un cimetière royal rarement visité par les étrangers s'étend parallèlement au khlong Lot. Les monuments dédiés aux membres de la famille de Chulalongkorn associent librement éléments khmers, thaïs et européens.

Farang, **Wat Rachabophit**

Wat Rachapradit ⑬

วัดราชประดิษฐ์

Saran Rom Rd. **Plan** 2 D5.
🚌 1, 3, 6, 9, 43, 60; AC : 1, 2, 8.
🚤 Thien. 🕐 t.l.j.

Situé dans l'angle nord-ouest des anciens jardins du palais Saranrom, devenu le ministère des Affaires étrangères, ce temple paisible demeure méconnu des touristes. Mongkut (Rama IV) le fit édifier au milieu du XIXe siècle et son goût pour une architecture où se rencontrent Est et Ouest se manifeste dans le choix des matériaux de construction. Du marbre gris, par exemple, couvre le principal *wihan*. Les peintures de l'intérieur datent de la fin du siècle dernier et illustrent les fêtes du calendrier lunaire thaï. Parmi les scènes représentées figurent les préparatifs de la cérémonie de la Balançoire géante, la célébration de Loy Krathong *(p. 185)* et l'observation par Mongkut d'une éclipse de la lune *(p. 61).* Dans l'enceinte, où des sculptures décorent portes, avant-toits et pignons, se dressent d'autres édifices remarquables, en particulier de gracieux pavillons, des *prangs* de style khmer et un *chedi* de marbre gris. Près du Wat Rachapradit, au bord du khlong Lot, un petit sanglier doré entretient le souvenir de la reine Saowapha Phongsi, compagne de Chulalongkorn née l'année du porc.

LA BALANÇOIRE EN ACTION

Rama Ier éleva la « Balançoire géante », Sao Ching Cha, en 1784. Incarnation humaine du balancement du dieu Shiva dans le ciel, des équipes de quatre moines se balançaient lors de cérémonies brahmaniques jusqu'à 25 m de hauteur pour tenter d'attraper avec les dents un sac rempli d'or. Le nombre d'accidents mortels entraîna l'arrêt de la fête en 1935.

Jeunes brahmanes en action sur Sao Ching Cha

Wat Pho ❶

วัดโพธิ์

Portant le nom officiel de Wat Phra Chetuphon, le plus ancien et le plus important temple de Bangkok est aussi le premier centre d'enseignement thaïlandais. Contrairement au Grand Palais *(p.76-81)*, il garde une grandeur pleine de vie bien que délabrée. Le sanctuaire originel date du XVIᵉ siècle, mais Rama Iᵉʳ le reconstruisit entièrement et l'agrandit en 1781. Rama III édifia en 1832 la chapelle du grand Bouddha couché et transforma le temple en lieu d'éducation. Le Wat Pho possède une école de médecine traditionnelle dont fait partie son célèbre institut de massage. Le monastère, juste à côté, abrite quelque 300 moines.

Garde farang

Wihan
Quatre wihans entourent le bot principal.

★ Le pavillon de médecine
À l'intérieur de ce pavillon, devenu une boutique de souvenirs, des plaques gravées montrent les points de massage.

Le Bouddha couché
Fait de brique et de plâtre doré, et long de 46 m, il emplit tout le wihan.

De petits édifices sont ici réservés aux enfants.

Pieds du Bouddha couché
Les délicates incrustations de nacre ornant les plantes de pied de l'immense statue représentent les 108 lakshanas, les marques de bon augure du vrai Bouddha.

Le *chedi* Phra Si Sanphet renferme les vestiges d'un bouddha sacré.

Arbre de Bodhi
Selon la légende, cet arbre aurait pour origine une bouture du banian sous lequel le Bouddha médita

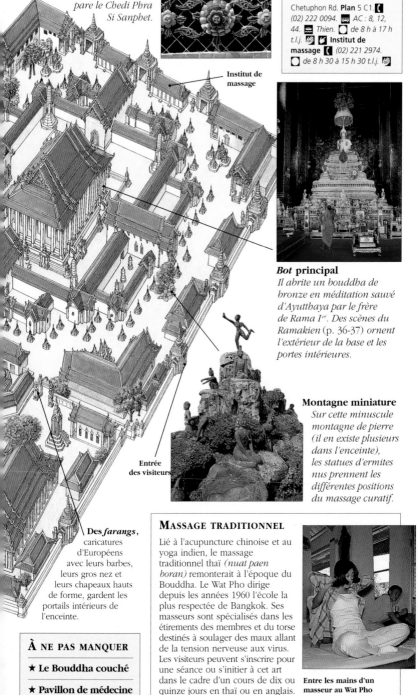

Décor en céramique
Ce motif en porcelaine pare le Chedi Phra Si Sanphet.

Institut de massage

MODE D'EMPLOI

Chetuphon Rd. **Plan** 5 C1.
(02) 222 0094. AC : 8, 12, 44. Thien. de 8 h à 17 h t.l.j. **Institut de massage** (02) 221 2974. de 8 h 30 à 15 h 30 t.l.j.

Bot principal
Il abrite un bouddha de bronze en méditation sauvé d'Ayutthaya par le frère de Rama Ier. Des scènes du Ramakien (p. 36-37) ornent l'extérieur de la base et les portes intérieures.

Montagne miniature
Sur cette minuscule montagne de pierre (il en existe plusieurs dans l'enceinte), les statues d'ermites nus prennent les différentes positions du massage curatif.

Entrée des visiteurs

Des *farangs*, caricatures d'Européens avec leurs barbes, leurs gros nez et leurs chapeaux hauts de forme, gardent les portails intérieurs de l'enceinte.

MASSAGE TRADITIONNEL

Lié à l'acupuncture chinoise et au yoga indien, le massage traditionnel thaï *(nuat paen boran)* remonterait à l'époque du Bouddha. Le Wat Pho dirige depuis les années 1960 l'école la plus respectée de Bangkok. Ses masseurs sont spécialisés dans les étirements des membres et du torse destinés à soulager des maux allant de la tension nerveuse aux virus. Les visiteurs peuvent s'inscrire pour une séance ou s'initier à cet art dans le cadre d'un cours de dix ou quinze jours en thaï ou en anglais.

Entre les mains d'un masseur au Wat Pho

À NE PAS MANQUER

★ **Le Bouddha couché**

★ **Pavillon de médecine**

CHINATOWN

La population chinoise de Bangkok vivait à l'origine à l'emplacement de l'actuel centre historique. Elle dut se déplacer quand Rama Ier décida en 1782 de fonder, à cet endroit, sa nouvelle capitale. Les Chinois ont depuis investi le quartier entourant Yaowarat Road et Sampeng Lane qu'habite également désormais une petite communauté indienne. Jadis centre financier de la ville, Chinatown reste un endroit animé, affairé, odorant et bruyant. Entre les deux grandes artères toujours embouteillées de Yaowarat Road et de Charoen Krung Road, éventaires et bazars emplissent un véritable labyrinthe de ruelles. Les

Peinture moderne d'une marchande de Chinatown

étals les plus accessibles bordent Sampeng Lane et le Soi Isara Nuphap, mais il existe plusieurs autres marchés, dont ceux du Pak Khlong, de Nakorm Kasem et de Phahurat. Près de la gare Hua Lamphong, le Wat Traimit abrite un impressionnant bouddha d'or pur. De nombreux sanctuaires chinois sont disséminés aux environs. Beaucoup renferment des autels dédiés à des cultes variés : confucianisme, taoïsme, bouddhisme mahayana et animisme. Restaurants et vieux stands de nouilles typiques fréquentés par des joueurs de mahjong en tricot de peau offrent partout la possibilité de parer à un petit creux.

CHINATOWN D'UN COUP D'ŒIL

Wat
Wat Traimit ④

Marchés
Nakorn Kasem ③
Pak Khlong Market ①
Phahurat Market ②

Bâtiment historique
Gare Hua Lamphong ⑤

COMMENT Y ALLER ?
À pied depuis la gare Hua Lamphong et l'arrêt Ratchawong de la Chao Phraya Express, ainsi qu'en bus le long de Charoen Krung Road.

0　　　　　500 m

LÉGENDE

Plan du quartier pas à pas
p. 92-93

🚉 Gare

🛳 Embarcadère

🛳 Chao Phraya Express

🚓 Poste de police

🚓 Police touristique

✚ Hôpital de garde

🛕 Wat

◁ **Sacs de crevettes séchées sur l'un des nombreux marchés odorants de Chinatown**

Le centre de Chinatown pas à pas

เยาวราช

Khanom dao,
une friandise

Depuis le quai Ratchawong, suivre Soi Isara Nuphap permet de traverser le cœur de Chinatown, quartier intense avec ses odeurs âcres, ses couleurs bigarrées et son animation frénétique. Après Songwat Road, bordée par de vieux immeubles en bois, les grossistes en épices dominent. Une fois dépassé le marché aux tissus de Sampeng Lane, conserves et aliments frais envahissent les trottoirs. Il faut ensuite traverser Yaowarat Road où voisinent bijouteries et herboristeries traditionnelles. Les étals de nourriture deviennent alors majoritaires, avant de céder la place, de l'autre côté de Charoen Krung Road, aux vendeurs d'articles religieux.

Kao Market
Toutes sortes de produits frais sont vendues au «Vieux marché» qui existe depuis la fin du XVIIIe siècle.

Orfèvrerie Tang To Kang
Cet immeuble de sept étages, où subsiste ce vieux filtre à eau, date de la fin du XIXe siècle.

Vers le Sampeng Market

Sanchao Kuan Oo
Les offrandes de légumes faites devant une tête de cheval dorée dans ce temple portent chance au jeu.

Vers le Pak Khlong Market

Vers le grand magasin River City

0   100 m

LÉGENDE

Quai de la Chao Phraya Express

Songwat Road
Malgré les camions desservant le quai de Ratchawong, Songwat Road garde quelque chose du Chinatown du XIXe siècle grâce à ses vieux immeubles en bois, tel cet entrepôt en face de Soi Thanam San Chao.

★ Leng Noi Yee

Ce temple bouddhiste, dont la salle principale abrite plusieurs statues dorées de l' « Éveillé », renferme aussi des autels taoïstes et confucéens.

CARTE DE SITUATION
Voir l'atlas des rues, plan 6

Sanchao Dtai Honk Kong

Dans ce temple, les parents de défunts brûlent des « billets de l'enfer » (p. 95) pour leur assurer un au-delà plus confortable, et les dévots acquièrent des mérites en libérant des oiseaux en cage.

CHAROEN KRUNG

SOI CHAROEN KRUNG 10

PHLAB PHLA CHAI

SOI ISARA NUPHAP

YAOWAPHANIT

CHAROEN KRUNG

YAOWARAT

Cette boutique de saucisses daterait du XIXᵉ siècle.

Vers le Wat Traimit

Vers la gare Hua Lamphong

Li Thi Miew

De terribles dragons protègent ce temple situé dans une cour. À l'intérieur, de la fumée d'encens s'enroule autour de déités taoïstes.

Mai Market

À défaut d'avoir l'âge du Kao Market, le « Marché neuf » reste un bon endroit où flâner au milieu d'articles courants ou exotiques.

Yaowarat Road

Orfèvres, herboristes, cafés et restaurants se serrent de part et d'autre de cette artère, l'une des principales voie de circulation du quartier.

À NE PAS MANQUER

★ Leng Noi Yee

★ Yaowarat Road

Vaste choix de piments au Pak Khlong Market

Pak Khlong Market ❶

ตลาดปากคลอง

Maharaj Rd. **Plan** 5 C2. 🚌 *AC : 3, 6, 8, 9, 53.* 🚢 *Rachinee, Pak Khlong.* 🕐 *t.l.j.*

Ouvert 24 h sur 24, ce marché de gros alimente la capitale thaïlandaise en fruits et légumes. Il propose aussi le plus vaste choix de fleurs du pays. À l'aube, roses, orchidées, jasmin et même tulipes de Hollande couvrent les étals. C'est vers 9 h que les éventaires offrent la plus grande variété.
Les visiteurs peuvent acheter des bouquets ou des arrangements floraux dans des corbeilles.

Phahurat Market ❷

ตลาดพาหุรัด

Phahurat Rd. **Plan** 6 D1. 🚌 *1, 3, 25, 48, 53.*

Les odeurs de Bombay flottent sur ce marché à prédominance indienne. Le bazar principal, qui déborde sur Phahurat Road et Chak Phet Road, est spécialisé dans les textiles et l'habillement. Les vendeurs du rez-de-chaussée proposent de tout, de la nappe au sari de mariage, ceux de l'étage se consacrent aux accessoires indiens traditionnels tels que sandales et bijoux. Les rues environnantes regorgent de délicieux restaurants et stands de samossas. À quelques pas de Chak Phet Road se trouve un temple sikh : Siri Guru Singh Sabha.

Nakorn Kasem ❸

นครเกษม

Charoen Krung Rd. **Plan** 6 E1. 🚌 *AC : 1, 7.*

On ne vend plus comme autrefois d'objets volés sur le « Marché aux voleurs », mais il réunit une collection hétéroclite de boutiques proposant des articles métalliques, des instruments de musique et des antiquités d'authenticité très variable. Non loin, le Saphan Han Market, un marché couvert spécialisé dans l'appareillage électrique, s'étend sur les deux rives du khlong Ong Ang. Des stands de nouilles embaument tout le quartier.

Wat Traimit ❹

วัดไตรมิตร

Tri Mit Rd. **Plan** 6 F2. 🚌 *1, 4, 11, 25, 53, 73 ; AC : 1, 7.* 🕐 *de 9 à 17 h t.l.j.*

Fréquenté par des fidèles appartenant à la communauté chinoise, le Wat Traimit est aussi appelé le temple du Bouddha d'Or car il abrite la plus grande statue du Bouddha en or pur du monde. Haute de trois mètres, cette œuvre de l'école de Sukhothai date du XIIIᵉ siècle et pèse plus de cinq tonnes et demie.
On doit sa découverte, en 1955, au hasard. Des ouvriers de l'East Asiatic Company travaillant à l'extension du port de Bangkok mirent au jour ce qui ressemblait à un simple bouddha en stuc. L'effigie resta au Wat Praimit pendant vingt ans sous un abri de fortune. Le jour où on décida de l'installer dans un cadre plus permanent, elle tomba de la grue qui la déplaçait et le plâtre révéla le précieux métal qu'il dissimulait, sans doute pour protéger la sculpture des pilleurs birmans, une pratique courante à l'époque du royaume d'Ayutthaya *(p. 56-57).*

Le Wat Traimit abrite un bouddha en or pur de 3 m de haut

Gare Hua Lamphong ❺

สถานีหัวลำโพง

Rama IV Rd. **Plan** 7 A2. 📞 *(02) 223 7010.* 🚌 *4, 15, 21, 29, 40, 48 ; AC : 1, 7, 29.*

Le rail se développa en Thaïlande à l'instigation du roi Chulalongkorn (Rama V), champion de la modernisation, et la première ligne, privée, relia en 1891 Paknam à Hua Lamphong. Cette gare historique reste aujourd'hui la plus importante de la capitale, et des trains en partent vers le nord, le nord-est, la Plaine centrale et le sud. L'autre gare de la ville, Bangkok Noi, ne dessert que le sud du pays.

Les Chinois en Thaïlande

L es premiers Chinois à s'installer au Siam arrivèrent au XIVe siècle pour commercer. Rama Ier encouragea leur immigration à la fin du XVIIIe siècle et au début du XIXe pour qu'ils contribuent à reconstruire l'économie après des années de guerre avec les Birmans *(p. 60)*. Tout en conservant leurs traditions et leurs croyances, ils s'intégrèrent

Guerrier sur le toit d'un temple de Chinatown

si bien à la société thaïe qu'au milieu du XIXe siècle la moitié des habitants de Bangkok étaient Chinois ou métis. Malgré des périodes de réaction xénophobe à son égard, la communauté chinoise contrôle aujourd'hui presque tous les échanges commerciaux en Thaïlande.

Le temple Leng Noi Yee de Bangkok, aux gables vernissés surmontés de dragons, est principalement bouddhiste, mais on vient aussi y pratiquer le taoïsme et le confucianisme. Il est au centre de la fête végétarienne annuelle (p. 43).

Les « billets de l'enfer » sont une forme de kong tek, répliques en papier d'objets réels brûlés après un décès.

Des motifs chinois ornent de nombreux ustensiles de cuisson comme ces couvercles.

Les légumes frais jouent un rôle essentiel dans la cuisine.

MAISONS-BOUTIQUES CHINOISES

Ce mode d'habitat reste fréquent dans Chinatown. La famille vit à l'étage au-dessus du petit atelier ou du magasin qui assure sa subsistance.

L'opéra chinois, joué par des troupes itinérantes, réunit chant, danse et arts martiaux.

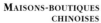

Les dim sum (litt. : touche le cœur), amuse-gueules servis partout dans le quartier, incluent toasts à la crevette et croquettes au porc.

La calligraphie n'est pas qu'un art décoratif. Ces inscriptions en idéogrammes dorés, omniprésentes lors du Nouvel An chinois, sont censées protéger de la malchance et de la maladie.

DUSIT

S'inspirant d'un urbanisme à l'européenne, le roi Chulalongkorn (Rama V) donna à cette partie de la ville ses perspectives et ses larges boulevards. Avec ses avenues bordées d'arbres, ses *khlongs* et ses bâtiments anciens, le quartier demeure

**Détail de portail
Parc de Disit**

un siècle plus tard un havre de paix relatif au cœur d'une cité qui en possède peu. Il reste aussi le quartier de la famille royale et des bâtiments officiels. C'est d'ailleurs la « Voie royale » (Ratchadamnoen Avenue) qui

conduit au château royal Vimanmek et aux musées royaux du parc de Dusit. Non loin se trouvent le palais Chitrlada, résidence du roi, et le Wat Benchamabophit, surnommé le temple de Marbre. Dusit, centre du pouvoir politique, renferme également l'Assemblée nationale et plusieurs ministères, mais on peut également s'y distraire en visitant le zoo de Bangkok, en assistant à une course de chevaux au Royal Turf Club ou à un match de boxe au Ratchadamnoen Stadium.

DUSIT D'UN COUP D'ŒIL

Wats et églises
Églises chrétiennes de Dusit ❷
Wat Benchamabophit ❿
Wat Indrawihan ❹

Musées
SUPPORT Museum ❻
Château royal Vimanmek ❺

Avenues
Phitsanulok Road ❾
Ratchadamnoen Avenue ⓫

Monument
Palais Chitrlada ❽

Marché
Thewet Flower Market ❸

Parc et zoo
Parc de Dusit *p. 98 -99* ❶
Zoo de Dusit ❼

COMMENT Y ALLER ?
La Chao Phraya Express s'arrête aux quais Wat Sam Phraya, Wisut Kasat et Thewet, le plus pratique pour la majorité des sites. Le quartier est bien desservi par les bus, en particulier le long des grandes avenues comme Ratchadamnoen.

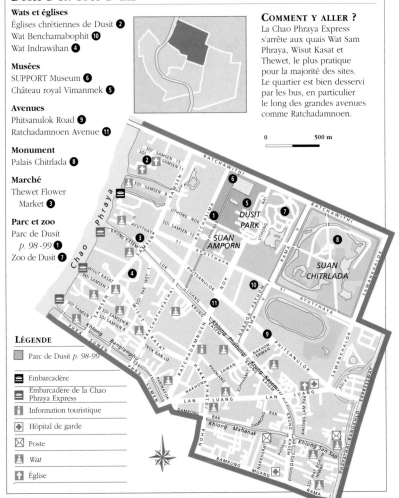

LÉGENDE

▨ Parc de Dusit *p. 98-99*

⬛ Embarcadère

⬛ Embarcadère de la Chao Phraya Express

ℹ Information touristique

✚ Hôpital de garde

⊠ Poste

🛕 *Wat*

✝ Église

◁ **Nonnes se détendant sur les marches de l'entrée principale du SUPPORT Museum du parc de Dusit**

Le parc de Dusit ❶

แผนผังสวนดุสิต

Topiaire au palais Vimanmek

Principale attraction de cette partie de la ville, le parc de Dusit témoigne, avec ses parterres soigneusement entretenus, ses édifices harmonieux et ses maisons en teck, de l'attrait que l'Occident exerça sur le roi Chulalongkorn (1868-1910), le premier souverain thaïlandais à se rendre en Europe. Il renferme notamment le château royal Vimanmek, le plus grand édifice en teck blond du monde, et la gracieuse salle du trône Abhisek Dusit qui abrite les collections d'artisanats traditionnels du SUPPORT Museum. La visite du parc et du zoo voisin (p. 101) occupera aisément toute une journée.

CARTE DE SITUATION
Voir atlas des rues, plan 2, 3

Musées photographiques du roi Bhumibol
L'actuel monarque de la Thaïlande a pris la majorité des clichés exposés. Ils ont souvent la famille royale pour sujet.

Musée de la Noblesse et du Portrait
L'exposition comprend les photographies et peintures de personnalités liées à la dynastie des Chakri, tel Maha Uparaja Bovornvijaya Jarn, le roi suppléant de Rama V.

Enceinte

Entrée et billetterie

Musée de l'Étoffe et de la Soie
Cette petite collection comprend les robes de cérémonie des rois Rama IV et Rama V. On y trouve également une présentation de soie thaïe du pays entier.

À NE PAS MANQUER

★ **Vimanmek**

★ **La salle du trône Abhisek Dusit**

★ La salle du trône Abhisek Dusit

Cet élégant palais blanc offre un cadre raffiné aux créations artisanales traditionnelles du SUPPORT Museum, tels des collages à base d'ailes de coléoptères aux couleurs délicates.

Canal

Pont

MODE D'EMPLOI

Plan 2 F1. 🛈 *(02) 628 6300.*
🚌 *AC : 10.* **Château royal Vimanmek** ⏲ *de 9 h 30 à 15 h 15 t.l.j.* 📷 *obligatoire.* **SUPPORT Museum** ⏲ *de 9 h 30 à 15 h 15 t.l.j.* **Tous les autres bâtiments** ⏲ *de 9 h à 16 h t.l.j.* ⬤ *lors de cérémonies royales.* 🎫 *le ticket du Château royal (valide 30 jours) inclut l'accès au parc de Dusit et à tous les bâtiments.* 🚫 *dans tous les bâtiments.*

Pavillon du bord du lac
Cette gracieuse construction, située derrière le palais Vimanmek, donne vue sur de belles maisons traditionnelles en teck bâties sur l'autre rive du lac, fermée au public.

★ Le château royal Vimanmek

Plus proche de la demeure victorienne que du palais thaï, cet édifice en teck blond (p. 100-101), entièrement assemblé avec des chevilles de bois, abrite une exposition pleine d'intérêt.

Musée de l'Horlogerie ancienne

Musée photographique du Cérémonial royal

Musée des Voitures royales

Il renferme d'intéressants véhicules inhabituels de la famille royale : automobiles anciennes et attelages de cérémonie.

0   50 m

Églises chrétiennes de Dusit ❷

โบสถ์คริสต์ดุสิตคริสเตียน

Plan 2 E1. 🚍 *AC : 5, 6.*

Un petit groupe d'églises chrétiennes se dresse juste au sud de Ratchawithi Road près de la rive du Chao Phraya. La première, **l'église Saint-François-Xavier**, se trouve près du Krung Thon Bridge. Construite au milieu du siècle dernier, elle se reconnaît aisément à la statue de saint qui domine son portique. Sa congrégation comprend des membres de la communauté catholique vietnamienne qui habite le quartier depuis 1934. Juste au sud, **l'église de l'Immaculée-Conception** est de taille plus modeste. Bâtie par des missionnaires français en 1834, elle occupe le site d'un ancien sanctuaire construit en 1674, pendant le règne de Narai *(p. 56-57)*, par le père Louis Laneau pour la communauté portugaise. Elle doit son surnom d'« Église cambodgienne » au rôle joué dans la paroisse par les descendants de réfugiés cambodgiens qui s'installèrent ici à la fin du XVIIᵉ siècle. Derrière l'église, l'un des bâtiments originels du temple portugais abrite la collection de reliques du **Wat Mae Phrae Museum** (pas d'heures d'ouverture fixes). Elle comprend une statue de la Vierge à laquelle est consacrée une cérémonie en octobre.

Portique d'entrée de l'église Saint-François-Xavier

Peinture murale moderne, Wat Indrawihan

Thewet Flower Market ❸

ตลาดดอกไม้เทเวศน์

Krung Kasem Rd. **Plan** 2 E2. 🚍 *AC : 6.* **Bibliothèque nationale** Samsen Rd. 📞 *(02) 281 5212.* ⬜ *de 9 h 30 à 19 h 30 t.l.j.*

Ce marché permanent se tient sur les deux rives du khlong Phadung Krung Kasem à l'ouest de Samsen Road. Ses étals proposent un très vaste assortiment de fleurs, d'arbres ornementaux, de plantes tropicales et de cache-pots. Bien que le choix y soit moins important qu'au Chatuchak Market *(p. 131)*, les prix sont généralement inférieurs, et le bord du canal offre un cadre agréable à la flânerie. Non loin, la **Bibliothèque nationale** possède une riche collection de livres en thaï et en anglais. Des peintures thaïlandaises ornent l'entrée. L'extérieur incorpore des éléments architecturaux traditionnels *(p. 30-31)*.

Jarres de jardin au Thewet Flower Market

Wat Indrawihan ❹

วัดอินทรวิหาร

Wisut Kasat Rd. **Plan** 2 E3. 🚍 *10, 49; AC : 6.* ⬜ *t.l.j.*

Impossible de manquer la raison de la notoriété du Wat Indrawihan (souvent abrégé en Wat In) : un bouddha debout haut de 32 m.

Mongkut (Rama IV) commanda cette statue au milieu du XIXᵉ siècle pour y enfermer une relique du Bouddha provenant du Sri Lanka – de telles reliques, fragments d'os ou cheveux, jouent un grand rôle dans le bouddhisme et d'innombrables monuments en abritent. Bien qu'il ne s'agisse pas d'une des plus belles effigies de l'« Éveillé », elle découpe une silhouette élégante sur le ciel. Ses énormes orteils font office d'autel pour des offrandes telles que des guirlandes de fleurs. Le *bot* renferme des centaines d'urnes funéraires en poterie bencharong (cinq couleurs). Des peintures murales modernes, mais de style traditionnel, décorent les murs intérieurs. Dans un bâtiment plus petit, on vend de l'eau « de chance ».

Château royal Vimanmek ❺

พระที่นั่งวิมานเมฆ

Ratchawithi Rd. **Plan** 2 F1. 📞 *(02) 628 6300.* 🚍 *18, 28, 70; AC : 10, 18.* ⬜ *de 9 h à 15 h 15 t.l.j.* 📷 *(gratuit avec un billet du Grand Palais).* 🚫 *à l'intérieur.* 📷 *obligatoire.*

Construit sans le moindre clou en 1868 à Ko Sichang, le plus grand édifice en teck blond du monde fut remonté à son emplacement actuel en 1901. Chulalongkorn (Rama V), sa famille et ses concubines y habitèrent quelques années en attendant l'achèvement du palais Chitrlada *(p. 102)*. Fermée en 1935, cette « résidence céleste » tomba en décrépitude jusqu'en 1982 où la reine Sirikit commanda sa restauration, splendide, à l'occasion du bicentenaire de Bangkok *(p. 64-65)*.

La visite guidée permet de découvrir 30 des 81 pièces reliées par un dédale de couloirs et de larges escaliers, en particulier les salles de réception, celles de la musique et les appartements du roi aménagés dans une tour octogonale. L'attrait exercé par l'Occident sur Chulalongkorn transparaît dans les hauts plafonds et les vérandas qui donnent un aspect victorien à la demeure. Une salle de bains renferme toujours la première douche moderne installée en Thaïlande.

Des portraits de la famille royale, des vitrines d'objets d'art, un superbe mobilier, des trophées de chasse, des porcelaines et des souvenirs, tels que la première machine à écrire en alphabet thaï, emplissent les pièces qui ont retrouvé leur décoration originelle.

On peut se promener à sa guise dans le parc ou s'asseoir sous le pavillon au bord du lac qui accueille, deux fois par jour, des représentations de danse thaïe *(p. 38-39)* et des spectacles de dressage de singes.

Le château royal Vimanmek où vécut Rama V au début du siècle

Plafond en coupole de la salle du trône Ananta Samakom

SUPPORT Museum ❻

พิพิธภัณฑ์ศิลปาชีพ

Ratchawithi Rd. **Plan** 2 F1.
☎ (02) 628 6300. 🚌 AC : 10, 18.
🕐 de 9 h à 15 h 15 t.l.j. 📷

Installé dans la salle du trône Abhisek Dusit près du palais Vimanmek (et accessible avec le même ticket), le SUPPORT Museum offre une vitrine aux artisanats traditionnels que la reine Sirikit sauva du déclin en fondant la Promotion of Supplementary Occupations and Related Techniques (SUPPORT). L'un de ces artisanats est la vannerie *yan lipao* originaire de Nakhon Si Thammarat *(p. 368-369)*. La matière végétale utilisée se prête à des motifs élaborés, et son poli donne aux objets leur lustre final. Les autres arts représentés comprennent le nielle (incrustations d'émail noir), la poterie céladon, la laque, le tressage de rotin et de bambou, et une forme de collage qui utilise les ailes iridescentes d'un coléoptère. Des membres de la famille royale créèrent certains des motifs. Le SUPPORT Museum possède aussi un centre de formation à Bang Sai près de Bang Pa-in *(p. 171)*. Une autre salle du trône,

Ours noir du zoo de Dusit

Ananta Samakom, se dresse au sud d'Abhisek Dusit. Datant de 1912, cet édifice italianisant abrita un temps le Parlement. Le public ne peut découvrir son intérieur spectaculaire que le jour des Enfants, le deuxième samedi de janvier.

Zoo de Dusit ❼

สวนสัตว์ดุสิต (เขาดิน)

Rama V & Ratchawithi rds. **Plan** 3 A2.
☎ (02) 281 2000. 🚌 AC : 10, 18.
🕐 de 8 h à 18 h t.l.j. 📷

Entre le parc de Dusit et le palais Chitrlada s'étendent les jardins verdoyants d'un des plus beaux zoos d'Asie.

Les oiseaux et les grands mammifères, tels que tigres, ours, éléphants et hippopotames, y jouissent d'un espace raisonnable bien que d'autres enclos soient beaucoup plus exigus. On peut aussi faire des promenades à dos d'éléphant et assister à des spectacles le week-end. Le parc zoologique était à l'origine le jardin botanique privé de Rama V et l'on y cultive toujours des plantes tropicales. Un petit lac permet de canoter, et les visiteurs pour se restaurer peuvent s'arrêter dans un café.

Palais Chitrlada ❽

พระตำหนักจิตรลดา

Ratchawithi & Rama V rds. **Plan** 3 B2.
🚌 *AC : 3, 10.* ⬤ *au public.*

D atant du début du XXᵉ siècle,
la résidence du souverain
de Thaïlande se dresse à l'est
du zoo de Dusit au sein du
vaste parc (fermé au public
mais illuminé du 5 décembre
– l'anniversaire du roi – au
Nouvel An). Les éléphants
blancs royaux y sont dressés
et gardés. Bien que le palais
lui-même reste caché à la
vue, on peut
apercevoir les
bâtiments utilisés par
Bhumibol
(Rama IX) pour
ses expériences
agricoles et
industrielles.
Il fut en 1993 le
premier
monarque du
monde à déposer un brevet…
pour un aérateur d'eaux usées.

**Panneau célébrant le
50ᵉ anniversaire du
couronnement de Bhumibol**

Phitsanulok Road ❾

ถนนพิษณุโลก

Plan 2 E2. 🚌 *AC : 5, 9, 11.*

P lusieurs édifices
institutionnels bordent cette
grande avenue qui traverse
le cœur de Dusit. En se
dirigeant vers le nord-ouest

depuis Sawankhalok Road et
le Mission Hospital, le premier
à présenter de l'intérêt est **Ban
Phitsanulok**. Rama VI fit
construire cette vaste demeure
en 1925 pour le général de
division Phraya Aniruttheva.
Ses architectes italiens, qui
dessinèrent aussi la salle du
trône Ananta Samakorn
(p. 101), lui donnèrent un style
néo-gothique vénitien, l'ornant
à profusion de créneaux fuselés
et de fenêtres à meneaux
à motifs floraux. Depuis sa
restauration en 1982, Ban
Phitsanulok sert de résidence
officielle au Premier ministre
et est fermée au public.
Les invités y passent
rarement la nuit car
elle a la réputation
d'être hantée.
De l'autre côté de
l'avenue se trouve
le **Royal Turf Club**,
l'un des deux
principaux
hippodromes de
Thaïlande *(p. 113)*. Les courses
s'y déroulent de 12 h 30 à
18 h 30 un dimanche sur
deux. Des parieurs issus de
toutes les couches de la
société se pressent alors dans
les tribunes, et l'ambiance
frénétique qu'ils créent se
révèle souvent plus amusante
que les courses elles-mêmes.
La King's Cup, ou Derby Cup
qui a lieu le premier ou le
deuxième week-end de janvier,
est l'événement le plus
important qu'accueille le Royal

**Parieurs sur l'hippodrome
du Royal Turf Club**

Turf Club. À l'ouest, juste
après le virage de Nakhon
Pathom Road, la **Government
House**, un gracieux bâtiment
couleur crème de style
néo-vénitien, abrite le bureau
du Premier ministre, bien
entendu fermé au public.

Wat Benchama- bophit ❿

วัดเบญจมบพิตร

Nakhon Pathom Rd. **Plan** 3 A3. 🚌 *5,
72; AC : 3.* ⬤ *de 9 h à 17 h, t.l.j.* 📷

L e dernier grand temple bâti
dans le centre de Bangkok
marie avec raffinement
architecture thaïe et influences
européennes. Chulalongkorn
(Rama V) commanda en 1899
au prince Naris, un de ses
frères, architecte, et à l'Italien
Hercules Manfredi un nouveau
bot et un cloître pour le
sanctuaire de l'époque

LES ÉLÉPHANTS BLANCS ROYAUX

Depuis le XIIIᵉ siècle où
le roi Ramkamhaeng
donna à ces
pachydermes leur
prestige, le rang du
souverain régnant de
Thaïlande est en
partie apprécié au
nombre d'éléphants
blancs (*chang
samkhan*) qu'il
possède. L'importance
symbolique de cet
animal, qui figura sur
le drapeau siamois
jusqu'en 1917, découle
d'une légende vieille de deux mille cinq cents ans :
alors stérile, la reine Maya serait tombée
enceinte du futur Bouddha après avoir rêvé
qu'un éléphant blanc entrait dans son ventre.

Illustration d'un manuscrit ancien

Dans le langage
courant, le terme
« éléphant blanc »
signifie aujourd'hui un
gros investissement
inutile. Selon la
tradition thaïe, en effet,
tous les éléphants
blancs sont propriété
royale. Il est interdit
de les mettre au travail,
et les entretenir
impose de grands
frais. Bien qu'appelés
« blancs », ces
pachydermes ne sont
pas totalement albinos. La coutume impose
juste que la teinte de sept parties de leur corps
– les yeux, le palais, les ongles, la queue, la
peau, les poils et les testicules – soit assez claire.

Singhas gardant l'entrée du Wat Benchamabophit

Ratchadamnoen Avenue ⓫
ถนนราชดำเนิน

Plan 1 D4. 🚌 *AC : 3, 9, 39 ; M : 8.*

En décembre, décorations et illuminations célèbrent l'anniversaire du roi Bhumibol sur cette artère voulue par Mongkut (Rama IV) dans le style d'un boulevard européen. Le premier tronçon, Ratchadamnoen Nai (« intérieur »), part du Lak Muang et longe **Sanam Luang** *(p. 74-75)* avant de tourner vers l'est au Royal Hotel pour devenir Ratchadamnoen Klang (« du milieu ») que bordent le **Democracy Monument** *(p. 83)* et des ensembles de maisons des années 1930. Juste après le khlong Banglamphu, Ratchadamnoen Nok (« extérieur ») s'enfonce au nord dans le quartier de Dusit. Des ministères, le siège principal de la TAT et le **Ratchadamnoen Boxing Stadium** *(p. 41)* bordent cette avenue ombragée. Juste avant le double pont du khlong Phadung Krung Kasem se dresse l'immeuble de l'Economic and Social Commission for Asia and the Pacific (ESCAP) des Nations unies.
Ratchadamnoen Avenue se termine à la **salle du trône Ananta Samakom** *(p. 101)* dont la silhouette se dessine derrière la statue équestre de Chulalongkorn, qui domine l'esplanade où se déroule la cérémonie du salut au drapeau *(p. 47)*.

d'Ayutthaya qui occupait le site. Le marbre gris de Carrare utilisé pour parer les murs valut au nouveau *wat* le surnom de temple de Marbre. De plan cruciforme, le *bot* aux proportions harmonieuses abrite un autre exemple réussi de mariage de traditions : des vitraux de style victorien représentant des scènes de la mythologie siamoise. Le socle sur lequel repose la plus sacrée des copies du Phra Buddha Chinarat de Phitsanulok *(p. 150-151)* contient les cendres de Rama V. Provenant de divers pays, cinquante-trois bouddhas du cloître furent réunis par celui-ci. Ces répliques et statues originales offrent un fascinant aperçu de l'ensemble des représentations bouddhiques. Le *wat* possède aussi l'un des trois jeux de portes incrustées de nacre sauvés du Wat Borom Buddharam d'Ayutthaya. Des peintures murales illustrant différents événements qui se produisirent pendant son règne décorent un

bâtiment où Rama V fit retraite. Les rituels monastiques qui rythment la vie du Wat Benchamabophit ajoutent à l'intérêt de sa visite, depuis les processions marquant les fêtes jusqu'aux aumônes quotidiennes de nourriture *(p. 125)*. Contrairement à l'habitude, les moines ne partent pas en quête mais se postent le long de Nakhon Pathom Road pour attendre les donations des fidèles.

Cérémonie du salut au drapeau, Ratchadamnoen Avenue

Moines bouddhistes dans l'avant-cour du Wat Benchamabophit marqué d'influences européennes ▷

LE QUARTIER DES AFFAIRES

Vaste et en constante expansion, le centre du Downtown de Bangkok se situe entre Silom Road et Phloen Chit Road. Il tire son origine de l'Old Farang Quarter de Charoen Krung Road, qui a conservé autour de l'Oriental Hotel de charmants bâtiments coloniaux du XIXᵉ siècle. Véritable canyon de béton dévolu le jour aux employés de bureau, Silom devient à la nuit tombée, dans sa partie nord, le pôle de la vie nocturne de la ville. Plus au nord encore, des boutiques de luxe bordent Ploen Chit Road et Rama I Road. Les étals de Silom et de Siam Square permettent des achats moins coûteux. Au milieu des gratte-ciel, le parc Lumphini crée un oasis de verdure. La maison de Jim Thompson et le palais Suan Pakkad évoquent une époque plus paisible.

LE QUARTIER DES AFFAIRES D'UN COUP D'ŒIL

Temples, sanctuaire et église
Cathédrale de l'Assomption ❷
Sanctuaire Erawan ⓬
Temple de Maha Uma Devi ❺
Wat Pathum Wanaram ⓭

Musées et bibliothèque
Maison de Jim Thompson p. 116-117 ⓯
Neilson-Hays Library ❻
Palais Suan Pakkad ⓱

Rues, place et quartiers
Charoen Krung (New) Road ❸
Patpong ❼
Pratunam ⓰
Siam Square ⓮
Silom Road ❹

Parcs et terrains de sport
Parc Lumphini ❾
Royal Bangkok Sports Club ⓫

Bâtiments historiques
Université Chulalongkorn ❿
Oriental Hotel ❶

Zoo
Snake Farm ❽

COMMENT Y ALLER?

Des bus suivent les principales artères. La Chao Phraya Express s'arrête aux quais Si Phraya, Wat Muang Khae et Oriental. Utiliser le Skytrain pour éviter les embouteillages.

LÉGENDE

◼ Plan du quartier pas à pas *p. 108-109*
🚇 Station du Skytrain
⛴ Embarcadère
⛴ Embarcadère de la Chao Phraya
👮 Poste de police
👮 Police touristique
✚ Hôpital de garde
⊠ Bureau de poste
🛕 *Wat*
✝ Église

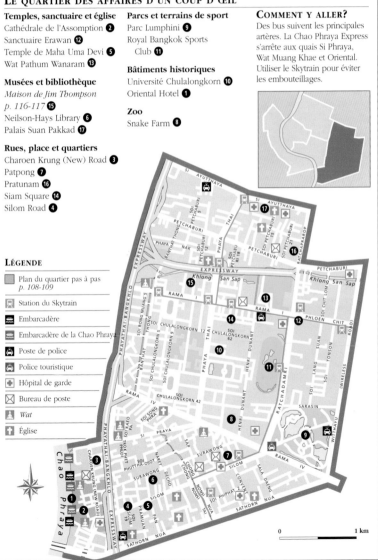

L'Old Farang Quarter pas à pas

ย่านที่อยู่ของฝรั่งสมัยก่อน(ย่านเจริญกรุง)

**Emblème
du portail de
l'ambassade
de France**

Le Portugal fut le premier pays européen à ouvrir une ambassade à Bangkok en 1820. D'autres, telle la France, l'imitèrent bientôt, et un petit territoire au bord du Chao Phraya, aujourd'hui le « vieux quartier des étrangers », devint le centre des échanges entre le Siam et l'Occident. La rencontre des traditions y créa des édifices à l'architecture métissée. Marchands de pierres précieuses, tailleurs et antiquaires tiennent boutique sur Charoen Krung (New) Road, la première avenue pavée de Thaïlande. En descendant vers le fleuve, la cathédrale de l'Assomption domine la seule place de type européen de la ville. Étonnamment paisibles, les petites rues du quartier recèlent de belles maisons en bois.

**Le restaurant
Harmonique fait partie
d'un ensemble de maisons
boutiques bâties vers 1900**

**Vers l'ambassade du
Portugal et la poste**

SOI 34

SOI 36

Le Rare Stone Museum, minuscule boutique-musée spécialisée dans les minéraux, expose des curiosités géologiques telles que des excréments de dinosaures fossilisés et des météorites.

**L'ancienne
douane** remonte
aux années 1880.
L'extérieur est
délabré.

**L'ambassade de
France** possède
des vérandas sculptées.

La Mosquée Haroon, édifice en stuc jouxtant un cimetière musulman, fait face à la Mecque sur une rue bordée de maisons en bois aux grilles souvent abondamment sculptées.

À NE PAS MANQUER

★ **L'Oriental Hotel**

★ **La cathédrale
de l'Assomption**

★ **L'Oriental Hotel**
*Fondé en 1876 par deux capitaines danois,
cet hôtel de réputation internationale reçut une
nouvelle aile (la Tower Wing) en 1958 et une
annexe de dix étages (la River Wing) en 1976* ❶

Le *China House*, l'un des restaurants les plus chers de Bangkok, occupe un bâtiment datant du règne de Vajiravudh *(p. 63)*. Construit à la même époque, l'immeuble voisin de la Commercial Co. of Siam a été transformé en bureaux.

CARTE DE SITUATION
Voir l'atlas des rues, plan 6

★ **La cathédrale de l'Assomption**
Édifiée en 1910, cette église au décor élégant possède un intérieur rococo où trône un autel en marbre provenant de France ❷

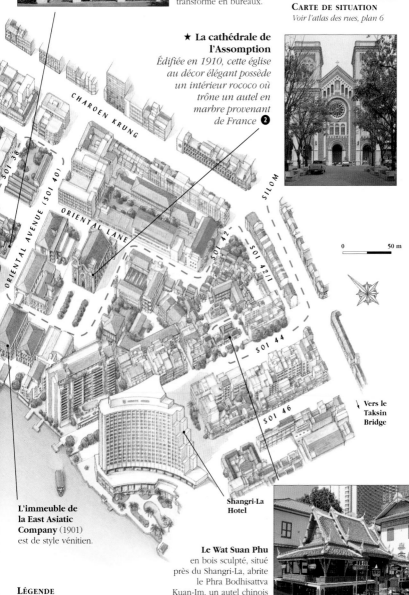

0   50 m

L'immeuble de la East Asiatic Company (1901) est de style vénitien.

Shangri-La Hotel

Le Wat Suan Phu en bois sculpté, situé près du Shangri-La, abrite le Phra Bodhisattva Kuan-Im, un autel chinois installé au-dessus d'une pièce d'eau.

Vers le Taksin Bridge

LÉGENDE

– – – Itinéraire conseillé

**Façade néo-classique de l'Authors'
Wing de l'Oriental Hotel**

Oriental Hotel ❶

โรงแรมโอเรียนเต็ล

Oriental Ave, depuis Charoen Krung Rd.
Plan 6 F4. 📞 *(02) 236 0400.*
🚌 *35, 75.* 🚢 *Oriental.*

Régulièrement élu meilleur
hôtel du monde pour la
qualité du service, le premier
grand hôtel de Thaïlande fut
fondé en 1876 et entièrement
reconstruit en 1887. Il a
depuis reçu de nouveaux
aménagements et doit
beaucoup de son charme aux
frères Sarki, des Arméniens qui
créèrent aussi le luxueux Hotel
Raffles de Singapour. Sa classe,
la somptuosité du décor et une
situation exceptionnelle au
bord du Chao Phraya justifient
ses tarifs élevés.
Des volets blancs garnissent
les fenêtres du corps originel
du palace. Il abrite les Authors'
Suites où résidèrent des
écrivains tels que Somerset
Maugham qui, se remettant
d'une crise de paludisme dans
les années 20, évoqua la
« poussière et la chaleur et le
bruit et la blancheur et la
poussière encore » de
Bangkok. Sa perception de la
ville changea toutefois quand
il se trouva en état d'explorer
les *wats* et les *khlongs*.
L'Authors' Lounge offre un
cadre très colonial où déguster
un classique *high tea* anglais
(repas léger arrosé de thé).
Une barge en teck assure les
navettes jusqu'au Sala Rim
Naam, sur l'autre rive du
fleuve, l'un des huit restaurants

réputés de l'Oriental *(p. 414)*
qui dirige une école de cuisine
thaïe. Des représentations de
khon *(p. 38-39)* ont lieu au
dîner.

Cathédrale de l'Assomption ❷

วัดอัสสัมชัญ

Oriental Lane, depuis Charoen Krung
Rd. **Plan** 6 F4. 🚌 *35, 75.* ⏰ *t.l.j.*

De style néo-roman,
ce sanctuaire en brique,
construit en 1910, occupe le
site d'une cathédrale antérieure.
Sous une haute voûte bleue
éclaboussée d'étoiles dorées,
l'intérieur présente une riche
décoration rococo.
La cathédrale domine une place
paisible et ombragée que
bordent plusieurs autres
bâtiments occidentaux. Ceux-ci
comprennent le moderne
collège de l'Assomption,
la Mission catholique de style
néo-classique et le Centre
catholique néo-Renaissance
qui tourne le dos au fleuve.

Charoen Krung (New) Road ❸

ถนนเจริญกรุง

Plan 6 F2. 🚌 *1 ; AC : 4.*

Parallèle au Chao Phraya,
Charoen Krung, souvent
appelée New Road (Nouvelle
Route), est une des plus
anciennes voies de circulation
de Bangkok. Partant du Wat Pho
et traversant Chinatown avant
de rejoindre Yannawa, elle
desservait jadis la douane et de
nombreuses compagnies
d'import-export, jouant un rôle
central pour la communauté
européenne qui réussit à
obtenir qu'elle soit la première
avenue pavée de Thaïlande.
Vendeurs de pierres précieuses
et antiquaires y tiennent
toujours boutique malgré le
bruit et la pollution créés par les
embouteillages. Bordées
d'arbres et de vieux édifices
en bois, les rues latérales
offrent beaucoup plus de
calme. En face d'une statue
de Chulalongkorn, la **poste**

Cloches en bois décorent le hall spacieux de l'Oriental Hotel

centrale présente une façade en pierre brune ornée de *garudas*. Des éventaires de timbres et de monnaies (le dimanche) et le **Bangrak Market**, marché quotidien de vêtements et de fruits, animent les alentours.

Silom Road ❹
ถนนสีลม

Plan 7 A4. 🚍 *AC : 2, 4, 5, 15.*
🚊 *Saladaeng (skytrain).*

Il y a seulement quelques décennies, des vergers entouraient ici un canal. Cœur commercial de Bangkok, Silom Road s'est transformée aujourd'hui, entre gratte-ciel et centres commerciaux, en un ravin pollué.
Toutefois, des milliers d'hirondelles des granges continuent de venir nicher dans le quartier d'octobre à mars. Des magasins de pierres précieuses et de soie bordent le tronçon proche du fleuve et une avenue parallèle, Surawong Road. Près de Patpong *(p. 112)*, le Dusit Thani Hotel domine le parc Lumphini et le brouhaha de la vie nocturne. Non loin, Convent Road, où se dresse **l'Anglican Christ Church** (1940) néo-gothique, doit son nom au **couvent carmélite**.

Petit vendeur de rue

Maha Uma Devi Temple ❺
วัดศรีมหาอุมาเทวี

Angle de Silom et Pan rds.
Plan 7 B4. 🚍 *AC : 2, 4, 5.*
⭕ *de 7 h à 18 h.* 🎉 *Deepavali (nov.).*

Des Tamouls venus s'installer à Bangkok en 1858, quand l'Inde fut rattachée à la Couronne britannique, fondèrent ce sanctuaire dans les années 1860.
Coiffé par une coupole en cuivre doré, l'édifice principal possède une façade de 6 m de haut portant les effigies de divers dieux hindous. Toujours animé, le temple,

Divinités polychromes sur le toit du temple de Maha Uma Devi

où jouent souvent des musiciens, est en novembre au centre des célébrations de Deepavali (fête des Lumières). Un curieux rituel de purification mettant en œuvre une lampe à huile a lieu presque tous les jours à midi. Le vendredi à 11 h 30, les fidèles partagent de la *prasada* (nourriture végétarienne bénite). Bien que certains Thaïs appellent péjorativement le sanctuaire Wat Khaek (« temple indien »), beaucoup d'entre eux, ainsi que des Chinois, viennent s'y recueillir, de nombreux liens existant entre cultes hindou et bouddhique.

Neilson-Hays Library ❻
ห้องสมุดเนลสันเฮยส์

195 Surawong Rd. **Plan** 7 B4.
📞 *(02) 233 1731.* 🚍 *16, 93 ; M : 6.*
⭕ *de 9 h 30 à 16 h, du mer. au sam. ; de 9 h 30 à 12 h 30, le dim.*

Construite en 1921 en hommage à Jennie Neilson-Hays, qui fut, de 1895 à 1920, le pilier de la Bangkok Library Association, cette bibliothèque possède, dans un élégant édifice proche du British Club, l'une des plus riches collections de livres en anglais de l'Asie du Sud-Est. L'intérieur abrite une galerie d'art moderne sous la coupole de la rotonde.

LES ÉCRIVAINS OCCIDENTAUX À BANGKOK

Plus que celui de l'Abbé de Choisy, auteur en 1685 d'un *Journal du voyage de Siam*, c'est le regard d'Anna Leonowens qui influença longtemps la vision occidentale de la Thaïlande. Ce professeur d'anglais à la cour de Mongkut (Rama IV) écrivit en effet le récit qui inspira la comédie musicale *Le Roi et moi*. L'ouvrage, où le monarque devenait un personnage, comique, n'est plus considéré comme une source historique fiable. Moins controversés, Joseph Conrad relata sa croisière sur le Chao Phraya dans *La Ligne d'ombre* et Somers et Maugham décrivit ses impressions de Thaïlande dans *Un Gentleman en Asie*. Ils font partie des écrivains anglo-saxons auxquels des suites de l'Oriental Hotel rendent hommage. Parmi les autres, figurent Noël Coward, Gore Vidal, Graham Greene et Barbara Cartland. Le palace accueille aussi chaque année la remise d'un prix littéraire, le SEAWrite Award, créé en 1969 pour promouvoir les contacts entre auteurs des pays du Sud-Est asiatique.

Joseph Conrad en 1904

Entrée de Patpong vue depuis Silom Road

Patpong ❼

พัฒน์พงษ์

Silom Rd, Patpong 1 et 2. **Plan** 7 C3. ▦
AC : 2, 4, 5, 15. 🚉 *Saladaeng (skytrain).*

Nommées d'après leur ancien propriétaire, le millionnaire chinois Khun Patpongpanit, les rues privées Patpong 1 et 2 renferment l'un des quartiers chauds les plus célèbres du monde. Depuis les années 70, les *go-go bars,* qui s'y multiplièrent pendant la guerre du Vietnam, ont aujourd'hui surtout une clientèle de touristes. Une clientèle homosexuelle plus discrète existe sur une rue adjacente, Silom Soi 6, tandis que les bars à hôtesses de Soi Taniya reçoivent surtout des Japonais.

La police du tourisme surveille le quartier et il se révèle étonnamment sûr. Un marché de nuit dont les étals vendent souvenirs et vêtements de marque, le plus souvent des contrefaçons, lui donne un léger vernis de respectabilité. Une librairie au centre de Patpong propose l'un des plus vastes choix d'écrits féministes de l'Asie du Sud-Est.

La plupart des touristes ne se rendent à Patpong que par curiosité. Ils repartent en majorité mal à l'aise.

Snake Farm ❽

สวนงู

Rama IV Rd. **Plan** 7 C3. 📞 *(02) 252 0161.* ▦ *AC : 2, 7.* ⏱ *de 8 h 30 à 16 h 30 du mer. au ven., de 8 h 30 à 12 h, sam., dim. & jours fériés.* 📷 🏠

Dirigé par la Croix-Rouge thaïlandaise, l'ancien institut Pasteur, devenu la Queen Saowapha Snake Farm, est un centre de fabrication de sérums antivenimeux. Contrairement à ce qui se passe dans des serpentariums plus touristiques, l'éducation l'emporte ici sur le spectacle. Deux fois par jour (une fois le week-end), les visiteurs peuvent assister à l'extraction du venin après avoir suivi un diaporama explicatif. Les sécrétions toxiques recueillies dans des bocaux servent à sauver des vies.

Cobra de la Snake Farm

LA PROSTITUTION EN THAÏLANDE

Pour les visiteurs, l'industrie du sexe en Thaïlande a l'aspect des bordels tape-à-l'œil de Patpong ou de villes comme Pattaya et Hat May, mais ce genre d'établissement n'existe que depuis l'afflux de soldats américains pendant la guerre du Vietnam. Historiquement, c'est la polygamie et la tradition d'avoir des concubines qui ont favorisé le développement de la prostitution. Selon une étude, les trois quarts des hommes thaïlandais rendraient visite en moyenne deux fois par mois à une prostituée, et chaque ville

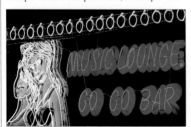

Night-club du centre de Bangkok

possède au moins un « salon de massage ». Certaines estimations portent à 2 millions le nombre de personnes vivant du commerce du sexe mais les plus sérieuses l'évaluent à 250 000, dont un cinquième d'hommes. Une minorité seulement a pour clientèle des touristes. Les filles viennent en majorité des régions les plus pauvres de Thaïlande ou de pays voisins comme la Birmanie. Certaines le font dans l'espoir de gagner de l'argent ou d'aider leur famille à survivre, mais d'autres sont tout simplement vendues ou enlevées et réduites à un quasi-esclavage, les cas de jeunes femmes battues ou recluses n'étant pas rares. L'ampleur que prend la prostitution enfantine a suscité de nombreuses protestations dans le monde entier.
Malgré les campagnes de prévention du gouvernement et l'action d'associations caritatives, le SIDA (p. 458) commet de plus en plus de ravages. Une statistique récente estimait à 14 % le pourcentage moyen de séropositifs parmi la population se prostituant, une proportion qui atteindrait 70 % dans des provinces comme celle de Chiang Rai.

Adeptes du t'ai chi chu'an pratiquant au petit matin dans le parc Lumphini

Parc Lumphini ❾

สวนลุมพินี

Plan 8 D3. 🚌 *AC : 2, 4, 5, 7.* ⏰ *de 6 h à 21 h t.l.j.*

N ommé d'après le lieu de naissance du Bouddha au Népal, le principal poumon de verdure de Bangkok s'étend autour de deux lacs. En face de Silom Road se dresse une statue de RamaVI. Le parc se révèle particulièrement agréable tôt le matin quand les Chinois viennent y pratiquer le t'ai chi chu'an. Des éventaires vendent du sang et de la bile de serpent censés protéger de la maladie. Se promener au milieu des pelouses et des bosquets permet de découvrir des familles thaïes vêtues de leurs plus beaux atours, de vieux Chinois jouant aux échecs et des parties improvisées de *takraw*, sorte de volley-ball où les joueurs ne se servent pas des mains.

Université Chulalongkorn ❿

มหาวิทยาลัยจุฬาลงกรณ์

Phya Thai Rd. Plan 7 C3. 🚌 *AC : 1, 2, 29 ; M : 2, 5.* **Imaging Technology Museum** 📞 *(02) 251 1913.* ⏰ *sam. et dim.* 🎨 **Galerie d'art** 📞 *(02) 218 2961.* ⏰ *t. l. j. lors d'expositions.* ⬤ *jours fériés.*

D édiée au roi qui la fonda, la plus ancienne, la plus riche et la plus prestigieuse université de Thaïlande occupe deux ensembles entiers de maisons. Entre Phya Thai Road et Henri Dunant Road, deux artères très fréquentées, plusieurs beaux édifices dominent le jardin central qu'agrémente un étang souvent utilisé lors de la fête de Loy Krathong *(p. 46)*. **L'Imaging Technology Museum,** au sud du lac, propose des installations interactives liées à la photographie, y compris un laboratoire où développer sa propre pellicule. La galerie du musée accueille des expositions temporaires, de grande qualité. Le campus renferme en outre une salle de concert à la programmation essentiellement classique et une importante galerie d'art contemporain.

Royal Bangkok Sports Club ⓫

สโมสรราชกรีฑา

Henri Dunant Rd. **Plan** 8 D2. 🚌 *16, 21.* 📞 *(02) 255 1420.* ⏰ *de 12 h à 18 h un dim. sur deux pour les courses seulement.* 🎨

L a longueur de la liste d'attente des postulants à l'inscription justifie la réputation qu'a le RBSC d'être l'institution sociale la plus fermée de Thaïlande. Ses membres peuvent y pratiquer de nombreux sports, rugby, football et hockey notamment, et forment certaines des meilleures équipes du pays. Les non-membres viennent assister aux courses qui se déroulent sur l'hippodrome, l'un des deux plus importants de Thaïlande avec le Royal Turf Club de Phitsanulok Road *(p. 102)*. Les dimanches de course, toutes les classes sociales se côtoient autour de la piste. Plus le moment du départ approche et plus monte la fièvre des parieurs que d'immenses panneaux électroniques tiennent informés de la cote de chaque cheval et de la somme totale mise en jeu. Il n'est pas interdit aux visiteurs de jouer en se basant sur les indices fournis par les écrans, mais il leur faut généralement demander de l'aide pour remplir les coupons de pari écrits en thaï.

Dans la dernière ligne droite au Royal Bangkok Sports Club

Le Siam Center, centre commercial sur Rama I Road

Sanctuaire Erawan ⓬

พระพรหมเอราวัณ

Ratchadamri Rd. **Plan** 8 D1.
🚌 *AC : 4, 5, 8, 11, 13, 15.*
🚊 *Rachadamri ou Siam (skytrain).*

La traditionnelle maison des esprits *(p. 33)* élevée lors de la construction dans les années 50 du premier Erawan Hotel, sur le site qu'occupe aujourd'hui le Grand Hyatt Erawan Hotel, ne remplit manifestement pas sa fonction puisqu'une succession d'accidents retarda les travaux. Les promoteurs décidèrent donc de le remplacer par ce sanctuaire plus voyant dédié au dieu hindou Brahma et à sa monture, l'éléphant Erawan. Le succès du monument ne s'est plus démenti et, en passant devant, les conducteurs lâchent volontiers le volant pour lui adresser un geste de respect

Danseuse en costume traditionnel au sanctuaire Erawan

(le *wai*) tant est grande leur foi en la chance qu'il apporte. À côté du sanctuaire, parées de guirlandes et autres offrandes, des danseuses en costume traditionnel restent à la disposition des fidèles désireux de payer leurs services pour remercier le dieu d'un vœu exaucé. Ce quartier, entre autres le long de Phloen Chit Road et Sukhumvit Road, renferme plusieurs centres commerciaux parmi les plus chics de Bangkok *(p. 431)*, tels Sogo, le Siam Center, le World Trade Center, la Gay Sorn Plaza, l'Amarin Plaza et Le Meridien.

Wat Pathum Wanaram ⓭

วัดปทุมวนาราม

Rama I Rd. **Plan** 8 D1. 🚌 *AC : 1, 8, 25.* 🚊 *Siam (skytrain).* 🕐 *de 7 h à 18 h t.l.j.*

Ce temple offre pour principal intérêt le Phra Meru Mas, reconstruction du bûcher funéraire de la princesse mère. Une procession apporta les restes de cette dernière en grande pompe jusqu'au *wat* après sa crémation sur Sanam Luang *(p. 74-75)* en 1996. Ses dessins au pochoir et ses sculptures laquées en font un exemple rare de l'artisanat ancien. Il représente le mont Meru, axe bouddhiste de l'univers.

Siam Square ⓮

สยามสแควร์

Rama I Rd. **Plan** 7 C1. 🚌 *AC : 1, 8, 25.* 🚊 *Siam (skytrain).*

Les lieux où faire du lèche-vitrine en plein air disparaissent rapidement à Bangkok où prolifèrent les centres commerciaux. Connu sous le nom de Siam Square, le réseau de *sois* (ruelles) situé entre l'université Chulalongkorn *(p. 113)* et le Siam Center représente la principale exception à cette évolution. Il abonde en effet en boutiques et étals, vendant, plus particulièrement, musique, livres, accessoires de mode et vêtements souvent dessinés par de jeunes stylistes thaïs novateurs.

Au nord, trois grands cinémas, le Scala, le Lido et le Siam, dominent Rama I Road, vitrine de l'industrie cinématographique thaïlandaise. À l'ouest, sur Phaya Thai Road, le **Mah Boon Krong Centre** abrite une grand magasin et divers boutiques et éventails. Au-delà, le **National Stadium** est le principal stade de Bangkok.

Affiche de cinéma sur Rama I

L'avenir de Siam Square demeure incertain : le terrain pourrait servir à d'autres projets à l'expiration du bail en 2001.

Maison de Jim Thompson ⓯

บ้านจิมทอมป์สัน

Voir p. 116-117.

Pratunam ⓰

ประตูน้ำ

Plan 4 E5. 🚌 *AC : 4, 5, 11, 12.*

Bien qu'à l'écart du circuit touristique classique, le quartier de Pratunam mérite une brève visite. Son **marché**, animé et coloré, est un vaste labyrinthe d'étals, de boutiques et d'ateliers proposant principalement des biens de consommation courants, tels qu'aliments et vêtements.

Vêtements bon marché en vente au Pratunam Market

À l'ouest s'élève la **Baiyoke Tower**, qui posséda, de 1987 à 1995, le titre de plus haut édifice de Bangkok. Malgré des preuves de l'affaissement du terrain qui l'entoure, l'autorisation de construire la **Baiyoke Tower II** a été accordée. Elle comptera quatre-vingt-dix étages.

Palais Suan Pakkad ⓱

วังสวนผักกาด

352 Si Ayutthaya Rd. **Plan** 4 D4. 📞
(02) 245 4934. 🚌 AC : 3, 6, 38.
🕙 de 9 h à 16 h du dim. au jeu. 📷

A ncienne résidence du prince et de la princesse Chumbhot, ce palais se compose de cinq maisons en bois traditionnelles, assemblées dans les années 1950, au sein d'un jardin luxuriant aménagé à l'emplacement d'une plantation de choux –*suan pakkad* en thaï– qui laissa son nom à la demeure. Transformés en musée, les bâtiments abritent les magnifiques collections du couple princier. Éclectiques, celles-ci comprennent aussi bien des sculptures khmères, des meubles anciens en laque et des porcelaines que des instruments de musique, des armes, des coquillages et des cristaux. La plus remarquable réunit une sélection de poteries funéraires de couleur brique datant de l'âge du bronze et retrouvées à Ban Chiang *(p. 262)* dans le nord-est de la Thaïlande.

De nombreux visiteurs apprécient encore davantage le Pavillon de laque. Le prince Chumbhot le reconstitua à partir de deux édifices de temple de la province d'Ayutthaya, et certains des panneaux ornant l'intérieur montrent des scènes de la vie quotidienne peu avant la chute de la capitale en 1767 *(p. 56-57)*. Ils font partie des très rares œuvres picturales de cette période à avoir survécu. En laque noire à la feuille d'or, ils comprennent aussi des scènes du Ramakien *(p. 36-37)* et de la vie du Bouddha, ainsi que de macabres représentations de l'Enfer. On y voit même des étrangers. Ce sont des envoyés de Louis XIV.

L'élégant Pavillon de laque du palais Suan Pakkad

L'ARCHITECTURE MODERNE À BANGKOK

Dès qu'on s'éloigne des *wats* et des palais de Bangkok, un conglomérat apparemment sans fin de tristes tours en béton, de rangs monotones de maisons-boutiques et de pastiches d'immeubles classiques tape à l'œil donne de cette ville l'image d'une jungle urbaine plutôt que d'une splendide capitale orientale. Elle recèle néanmoins quelques édifices récents dessinés par des créateurs ambitieux, en particulier le long de Sathorn Tai Road et de Silom Road où se dressent des exemples d'architecture post-moderne dignes de l'avant-garde internationale. Parmi les autres bâtiments intéressants figurent le siège des Thai Airways et l'« Elephant Building » et sa triple tour. Plan Architecture, l'un des cabinets les

Les Baiyoke Towers I et II de Pratunam

plus progressistes de la capitale, est à l'origine de quelques réalisations marquantes comme les Baiyoke Towers I et II, le Vanit Building II sur Soi Chidlom en forme d'obus et la Thai Wah II Tower sur Sathorn Tai Road. La construction moderne la plus célèbre reste cependant le siège de la Bank of Asia sur Sathorn Tai Road. La silhouette que lui donna le designer Sumet Jumsai lui a valu le surnom de « Robot Building » *(p. 65)*. Les exemples les plus sophistiqués de « modernisme thaï », deux hôtels, sont paradoxalement les œuvres d'Occidentaux. Le toit du Siam Inter-Continental s'inspire de la forme d'une couronne royale, tandis que les jardins de l'élégant Sukhothai évoquent les paysages sillonnés d'eau de l'ancienne capitale *(p. 184-187)*.

La maison de Jim Thompson ⓯

บ้านจิมทอมป์สัน

Pour construire sa maison en 1959, l'entreprenant Américain, qui fit renaître en Thaïlande l'art de la soie *(p. 256-257)* laminé par la Seconde Guerre mondiale, assembla six demeures anciennes en teck provenant pour la plupart de la province d'Ayutthaya. Entourée d'un jardin fleuri, la résidence borde le khlong San Sap en face de l'ancien quartier de soyeux de Ban Khrua. Elle abrite toujours la remarquable collection d'art asiatique réunie par Jim Thompson.

Singha khmer du jardin

Chambre du maître de maison
Cinq scènes des jatakas (p. 26) datant du XIXᵉ siècle ornent ses murs.

Celle-ci couvre une période de quatorze siècles et garde pour l'essentiel la présentation non conventionnelle qu'elle avait quand l'Américain disparut mystérieusement en Malaisie en 1967. Ses objets personnels sont aussi restés en place et la maison conserve une atmosphère très vivante qui en fait un des plus agréables musées de Bangkok.

Chambre d'amis

★ Les scènes des *jatakas*
Ce panneau, dans l'entrée, appartient à une série de huit peints au début du XIXᵉ siècle et consacrés au prince Vessantara, une des incarnations du Bouddha.

★ Les sculptures birmanes
Jim Thompson réunit une riche collection de sculptures sur bois birmanes, tel cet esprit Nat d'un culte animiste que le bouddhisme assimila en Birmanie.

L'une des six maisons de teck

Vue du jardin
La terrasse donne sur le jardin, le khlong San Sap et le quartier de Ban Khrua.

À NE PAS MANQUER

★ Les *jakatas*

★ Les sculptures

★ Le torse de bouddha de Dvaravati

LÉGENDE DU PLAN

☐	Chambres
☐	Bureau
☐	Entrée
☐	Salon
☐	Salle à manger
☐	Chambre forte
☐	Autres lieux d'exposition

Salon
*Sur la droite
se trouve une
tête de bouddha
U Thong du
XIIIᵉ siècle.
Les alcôves
recèlent des
sculptures sur
bois birmanes
du XVIIIᵉ siècle.*

Le *khlong* (canal) servait
jadis aux soyeux. Leurs
écheveaux séchaient
au bord sur des piquets.

Pot de chambre
*Ce chat
en porcelaine
de Chine est dans
la chambre d'amis.*

1ᵉʳ étage

Salle à manger
*De la splendide porcelaine Ming
décore ses murs.*

★ **Le torse
de bouddha
de Dvaravati**
*Cette sculpture en
calcaire qui orne
le jardin date du
VIᵉ siècle et serait l'une
des plus anciennes
images du Bouddha
subsistant en Asie
du Sud-Est.*

**Maison
des esprits
et offrandes**

**Rez-de-
chaussée**

Les maisons
(la plus ancienne
date de 1800) ont
pour certaines la
façade inversée,
sculptures tournées
vers l'intérieur.

ntrée

JIM THOMPSON

Architecte de formation, le plus célèbre Américain de
Thaïlande arriva à Bangkok en 1945 en temps que
chef de l'antenne locale de l'Office of Strategic
Services (OSS), le précurseur de la CIA. Il fonda
en 1948 la Thai Silk Company Ltd et développa
en Amérique et en Europe la clientèle qui
manquait à la soie thaïlandaise. Le succès de
son entreprise en fit bientôt une des
personnalités en vue de la capitale. Sa
disparition mystérieuse en 1967 dans les
monts Cameron en Malaisie finit
d'établir sa légende. Les hypothèses les
plus diverses, de la crise cardiaque au
complot, continuent de circuler.

**Jim Thompson
inspectant de la soie**

THONBURI

Connue à l'origine sous le nom de Ban Kok (« village de la prune sauvage »), Thonburi fut capitale du Siam de 1767, année où tomba Ayutthaya *(p. 56-57)*, à 1782. Bien que déplacé par Rama Ier sur l'autre rive du fleuve, et baptisé Krung Thep par les Thaïs, le siège du royaume garda pour les étrangers le nom de Bangkok. Aucun pont ne relia Thonburi à la nouvelle capitale avant 1932, et le quartier, dont l'incorporation officielle à la cité ne date que de 1971, conserve aujourd'hui

Statue chinoise du Wat Arun

une identité particulière, moins frénétique. Ses voies d'eau offrent le meilleur moyen de le découvrir. Boutiques flottantes, maisons sur pilotis et petits temples bordent toujours son réseau de canaux. Sur le khlong Bangkok Noi se trouve le musée des Barges royales, nefs de parade somptueusement décorées. Plus au sud, plusieurs *wats* intéressants jalonnent le fleuve Chao Phraya. Le plus important et le plus célèbre est le Wat Arun au haut *prang* recouvert de fragments de porcelaine.

THONBURI D'UN COUP D'ŒIL

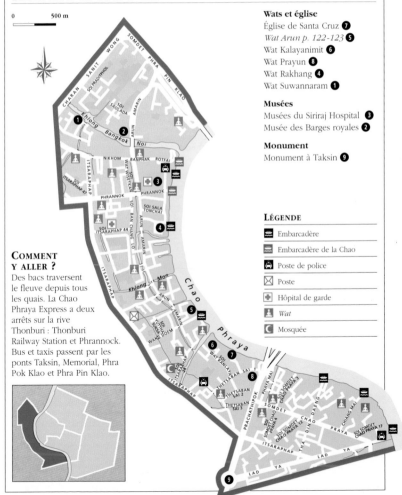

Wats et église
Église de Santa Cruz **7**
Wat Arun p. 122-123 **5**
Wat Kalayanimit **6**
Wat Prayun **8**
Wat Rakhang **4**
Wat Suwannaram **1**

Musées
Musées du Siriraj Hospital **3**
Musée des Barges royales **2**

Monument
Monument à Taksin **9**

LÉGENDE

🛥	Embarcadère
🛥	Embarcadère de la Chao
👮	Poste de police
⊠	Poste
✚	Hôpital de garde
🛕	Wat
☪	Mosquée

COMMENT Y ALLER ?
Des bacs traversent le fleuve depuis tous les quais. La Chao Phraya Express a deux arrêts sur la rive Thonburi : Thonburi Railway Station et Phrannock. Bus et taxis passent par les ponts Taksin, Memorial, Phra Pok Klao et Phra Pin Klao.

◁ **Détail de la décoration du Wat Arun composée de milliers de fragments de porcelaine**

**Bouddha *bhumisparsa mudra* au
Wat Suwannaram**

Wat Suwannaram ❶

วัดสุวรรณาราม

Charan Sanit Wong Rd, Khlong
Bangkok Noi. **Plan** 1 A3. *louer un*
« *longue queue* » *à un quai.* ○ *t.l.j.*

Construit par Rama Ier sur
les fondations d'un
temple datant de l'époque
d'Ayutthaya, rénové par
Rama II et achevé en 1831, ce
sanctuaire offre un gracieux
exemple d'architecture du
début de l'école de
Rattanakosin *(p. 31)*,
directement issue de celle
d'Ayutthaya. Attribuées à

deux peintres renommés du
troisième règne (1824-1851),
Luang Vichit Chetsada et Krua
Khonpae, les peintures
murales bien restaurées du
principal *wihan* font partie
des plus belles du début du
XIXe siècle.

L'art pictural thaï ignorait
encore la perspective
occidentale et les scènes sont
représentées en vue aérienne,
les personnages ayant la
même taille en avant comme
en arrière-plan. Les panneaux
latéraux illustrent les dix
derniers épisodes des *jatakas*
(vies antérieures du Bouddha).
Sur le mur sud se déploient
les royaumes cosmologiques
bouddhistes. Une description
pleine de vie de la victoire du
Bouddha sur Mara domine le
mur d'entrée. Remarquez les
coiffures du troisième règne :
une tonsure ne laisse, aux
femmes
comme aux
hommes, qu'une
petite houppe
de cheveux au
sommet du
crâne. Une croix
chrétienne sur
une hutte d'ermite prouve la
présence de missionnaires au
Siam à cette époque.

**Hongsa à la proue
d'une barge**

Musée des Barges royales ❷

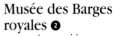

พิพิธภัณฑ์เรือพระที่นั่ง

Khlong Bangkok Noi. **Plan** 1 B3. 📞
(02) 424 0004. 🚌 *7, 9,19.* 🚤 *louer
un* « *longue queue* » *au quai* Chang.
○ *de 8 h 30 à 16 h 30 t.l.j.* 🚫 📷

Une sorte d'immense hangar
abrite la collection des
barges royales, ces nefs
somptueuses intimement liées
à l'image de la Thaïlande, car
cartes postales et brochures
touristiques ont largement
diffusé des reproductions de
peintures les représentant à
l'époque d'Ayutthaya *(p. 56-
57)*, ainsi que des photographies
de cérémonies où elles
jouèrent un rôle central aux
cours des cent cinquante
dernières années. De nos
jours, cependant, les
vaisseaux
installés
depuis 1967 au
musée n'apparaissent
plus que rarement sur le
Chao Phraya.

Pour la plupart
restaurées à grands frais
en 1981, les barges royales
participèrent dans toute leur
gloire dorée aux célébrations
du bicentenaire de Bangkok
en 1982 *(p. 60)*, à celles du
soixantième anniversaire du
roi en 1987 et au jubilé d'or,
fêtant le 7 novembre 1996,
ses cinquante ans de règne.
En de telles occasions, plus
de 50 nefs descendent le
fleuve, manœuvrées par
quelque 2 000 rameurs en
uniformes traditionnels, pour
la plupart des élèves officiers
de la marine thaïlandaise.
Au centre du musée trône la
plus importante des barges
royales : Supphanahongsa
(« cygne doré »). Taillée dans
une seule bille de teck, elle
mesure plus de 50 m de long
et pèse 15 t. Elle exige pour
naviguer un équipage
hautement entraîné de
64 hommes. Sa proue
sculptée représente l'oiseau
mythologique Hongsa.
Anantanagaraj, ornée d'un
bouddha et d'un *naga* à
plusieurs têtes, ne sert qu'à
apporter de nouvelles robes
aux moines pour Krathin
(p. 46). Narai Song Suban

Peinture murale du XIXe siècle au Wat Suwannaram

Tête de proue d'une canonnière construite sous Rama Iᵉʳ

Rama IX est la première barge construite pendant le règne actuel. Elle mesure 44 m de long et peut transporter 50 personnes.

Musées du Siriraj Hospital ❸

พิพิธภัณฑ์โรงพยาบาลศิริราช

Arun Amarin Rd. **Plan** 1 B4. ☎ (02) 419 7209. ▦ 81, 91. ▦ Phrannok et Wanglang. ☐ de 8 h 30 à 16 h du lun. au ven. ◉ jours fériés. ⊘

Des dix musées médicaux créés dans cet hôpital, le **Museum of Forensic Medecine** (musée de Médecine légale) est le plus connu. Il conserve entre autres objets morbides le corps embaumé de Si-Oui, assassin qui étouffa et dévora sept enfants. S'ils ne sont pas sages, les parents thaïs menacent souvent de son fantôme leurs enfants. Le seul autre musée d'intérêt, le **Congdon Museum of Anatomy**, abrite les dépouilles de jumeaux liés morts avant la naissance, des « frères siamois », tels Chan et In qui firent le tour du monde au milieu du XIXᵉ siècle.

Wat Rakhang ❹

วัดระฆัง

Soi Wat Rakhang. **Plan** 1 B5. ▦ 57, 83. ▦ de Chang à Wat Rakhang. ☐ t.l.j.

Dernier grand temple construit par Rama Iᵉʳ au début du XIXᵉ siècle, le Wat Rakhang abrite dans son principal *wihan* de belles peintures murales exécutées en 1922-1923 par le moine Phra Wanawatwichit. Elles comprennent des vues de Bangkok. Bien que la capitale ait depuis beaucoup changé, le Grand Palais, qui se dresse en face du temple sur l'autre rive du fleuve, reste aisément identifiable. Il est représenté au cœur d'une bataille imaginaire. On peut également voir une procession de barges royales d'une grande richesse de détails.

La bibliothèque sur pilotis *(ho trai)*, dans la partie ouest de l'enceinte, servit de résidence à Rama Iᵉʳ avant son avènement. Les supports d'avant-toit, les meubles aux sculptures délicates et les portes noires et or sont considérés comme des chefs-d'œuvre de l'époque. Des scènes du Ramakien et un portrait de Rama Iᵉʳ décorent l'intérieur.

Façade en bois de la bibliothèque sur pilotis du Wat Rakhang

VIVRE SUR L'EAU : LES KHLONGS THAÏLANDAIS

Fondées toutes deux au bord du Chao Phraya, Ayutthaya et Bangkok se développèrent le long d'innombrables canaux appelés *khlongs*. La capitale thaïlandaise était jadis une ville flottante. Dans les années 1840, les neuf dixièmes de sa population de 400 000 habitants vivaient sur les *khlongs*. Les abris construits sur des radeaux pouvaient être amarrés partout où il y avait de la place *(p. 33)*. Des maisons sur pilotis bâties sur les rives offraient un habitat un peu plus stable. Des rues ont aujourd'hui recouvert la majorité des voies d'eau de l'est de Bangkok, mais Thonburi en a conservé beaucoup et elles demeurent au centre de la vie quotidienne. Chaque matin, des vendeurs en bateau

Bangkok dans les années 1890, avant l'âge des voitures et du béton

les empruntent pour proposer de tout, depuis des pâtisseries chinoises et du café jusqu'à des ustensiles de cuisine. L'embarcation la plus répandue est le « longue queue » *(long-tail boat)* ainsi surnommé à cause de l'arbre d'hélice qui dépasse de sa poupe. Les visiteurs peuvent en affréter au quai Chang pour explorer Thonburi.

Wat Arun ❺

วัดอรุณ

Fleur en céramique du *prang*

S elon la légende, le temple de l'Aube porte le nom de la divinité hindoue du lever du jour, Aruna, car c'est à ce moment-là que le roi Taksin arriva ici, en octobre 1767, après avoir quitté la capitale dévastée d'Ayutthaya. Un temple minuscule occupait le site et il le fit agrandir en une chapelle royale où Rama Ier installa plus tard le Bouddha d'Émeraude *(p. 78-79)*. Rama II et Rama III donnèrent au temple son *prang* central, haut de près de 80 m et d'une circonférence à la base de 234 m. Son décor de fragments de porcelaine date du règne de Rama IV. Le style du monument, qui dérive principalement de l'architecture khmère *(p. 254-255)*, est sans équivalent en Thaïlande.

Décor polychrome
L'extérieur du principal prang *porte des rangs de démons multicolores.*

LE MONUMENT CENTRAL DU WAT ARUN

Le *prang* (tour) central offre une image symbolique de l'univers selon le bouddhisme : une infinité de mondes dont le mont Meru est le centre. La disposition des quatre petits *prangs* autour du plus grand obéit à un plan de *mandala*.

★ Vue du temple depuis le fleuve
La silhouette du Wat Arun vu du Chao Phraya apparaît sur les pièces de dix bahts *et le logo de l'office du tourisme thaïlandais (TAT).*

Terrasse supérieure

Une des huit entrées

Petits *prangs* à chaque angle du *wat*

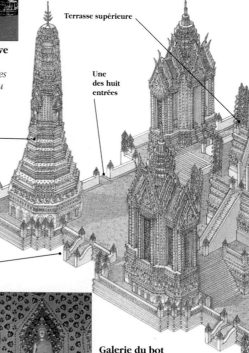

Gardes chinois
Ces sculptures à l'entrée de la terrasse complètent la porcelaine chinoise ornant les prangs.

Galerie du bot
Le reste de l'enceinte renferme les bâtiments habituels d'un wat. *Dans le principal* bot, *un bouddha veille sur les cendres de dévots.*

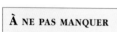

À NE PAS MANQUER
★ La porcelaine
★ La vue du temple

Le foudre (vajra), l'arme d'Indra

ÉTAGES SYMBOLIQUES

Le Devaphum, sommet du mont Méru dépassant quatre pics subsidiaires, représente six cieux dans sept royaumes de félicité.

Le paradis Tavatimsa, domaine de dieux affranchis du désir, est gardé aux quatre points cardinaux par le dieu hindou Indra.

Le Traiphum évoque 31 mondes où se distinguent les trois domaines : le désir, l'apparence et l'absence d'apparence.

MODE D'EMPLOI

Arun Amarin Rd. **Plan** 5 B1.
🚌 57, 83. 🚤 Thien–Wat Arun.
🕐 de 7 h à 17 h t.l.j. 📷 📱

Escaliers du *prang* central
Leur raideur symbolise la difficulté à atteindre des niveaux supérieurs de l'existence. Les visiteurs peuvent les grimper jusqu'à mi-chemin.

Niche
Au 2ᵉ étage du prang principal, de nombreuses niches protègent des kinnari, créatures mythologiques mi-humaines mi-oiseaux.

Décoration des petits *prangs*
Leurs niches abritent des statues de Nayu, le dieu du vent, montant un cheval.

***Mondops* aux points cardinaux**

★ Le décor en porcelaine
Les habitants de Bangkok firent don de la majeure partie de la porcelaine utilisée pour orner les prangs, comme ici avec des fleurs évoquant la végétation du mont Meru, résidence des dieux.

Wat Kalayanimit ❻

วัดกัลยาณิมิตร

Soi Wat Kanlaya. **Plan** 5 B2. 🚌 *AC : 1, 6, 7, 8, 12 jusqu'à Pak Klong Talad, ensuite prendre le bac au quai.* ⬜ *de 8 h 30 à 16 h 30 t.l.j.*

Ce sanctuaire délabré est l'un des cinq temples construits à Bangkok par Rama III (1824-1851). Le goût de ce monarque pour l'art chinois transparaît dans la statuaire disséminée dans la cour (elle servait de lest aux transports de riz revenant à vide de Chine) et dans le style du *chedi* polygonal. Immense mais de proportions harmonieuses, le *wihan* abrite un grand bouddha assis. L'enceinte renferme la plus grosse cloche de bronze de Thaïlande. Près du *wat*, sur l'autre rive, se dresse la **forteresse Wichai Prasit**, de l'époque où Ayatthuya dominait le Siam *(p.56-57)* pour garder l'accès par le fleuve de Thonburi.

La plus grosse cloche de bronze de Thaïlande au Wat Kalayanimit

Église Santa Cruz ❼

วัดซานตาครู้ส

Soi Kudi Chin. **Plan** 5 C2. 🚌 *AC : 6, 12.* ⬜ *de 6 h et 19 h dim. (pour la messe).* 🚫 *dans l'église.*

Cette église jaune pastel est l'un des principaux souvenirs laissés par la communauté portugaise qui vécut ici au milieu du XIXᵉ siècle. Bâtie à la fin du

Tortues récemment libérées se nourrissant de fruits au Wat Prayun

XVIIIᵉ siècle pendant la brève période où Thonburi fut capitale du Siam *(p. 60-61)*, elle connut une première reconstruction, par l'évêque Pallegoix, en 1834, puis une seconde en 1913. Elle porte en thaï le nom de Wat Kuti Chin (« résidence monastique chinoise ») à cause des subtiles influences qui marquent son architecture. Le fouillis de ruelles entourant le temple ne garde quasiment plus trace des habitations élevées par les Portugais, mais leur héritage reste visible par les sanctuaires catholiques privés qui se nichent parmi les maisons-boutiques thaïes.

Wat Prayun ❽

วัดประยูร

Pratchatipok Rd. **Plan** 5 C2. 🚌 *AC : 6 ; M : 5.* ⬜ *de 7 h à 16 h 30 t.l.j.*

La curieuse colline artificielle à l'entrée de ce temple a pour origine un caprice de Rama III. Alors qu'il lisait à la lueur d'une bougie, il remarqua une intéressante coulée de cire et demanda à l'un de ses courtisans, Prayun Bunnag, de créer une éminence de la même forme. La colline porte des sanctuaires bizarres, des *chedis*, des *prangs* et des grottes miniatures, des temples minuscules, mais offre surtout l'intérêt de son

bassin ornemental empli de centaines de tortues relâchées ici par des dévots les ayant achetées spécialement dans ce but. Cet acte de libération, plus souvent pratiqué avec des oiseaux en cage, permet d'acquérir des mérites. Le *bot* du Wat Prayun est peu entretenu mais possède des portes et des volets incrustés de nacre. Une galerie circulaire surmontée de *chedis* plus petits entoure le *chedi* principal.

Monument à Taksin ❾

อนุสาวรีย์พระเจ้าตากสิน

Pratchathipok Rd. **Plan** 5 C4. 🚌 *4, 9, 43, 111 ; M : 5, 18.*

Située sur le rond-point Wongwian Yai où règne une intense circulation, cette statue équestre commémore le roi Taksin (1767-1782) qui, après la destruction d'Ayutthaya par les Birmans en 1767, installa la capitale du Siam à Thonburi et rétablit la puissance du royaume. Commandé en 1950, le

Détail du monument à Taksin

monument demanda trois ans de travail à Silpa Bhirasri, artiste italien qui prit la nationalité et un nom thaïlandais, et ne fut finalement dévoilé qu'en 1954. Chaque année le 28 décembre, date anniversaire du couronnement de Taksin, de nombreux Thaïs viennent ici lui rendre hommage.

Le bouddhisme au quotidien

La religion imprègne toute la vie thaïlandaise (p. 26-27), et la plupart des hommes du pays s'astreignent au moins une fois dans leur existence, le temps d'une retraite temporaire, aux règles très strictes édictées pour aider les moines à se détacher des désirs terrestres. Si le nirvâna mettant un terme au cycle des renaissances est théoriquement le but ultime du dévot, dans la pratique, les croyants aspirent en majorité à simplement améliorer leur vie (présente ou future) déterminée, dans le cadre du karma, par les retombées de chaque acte commis. Cette amélioration passe notamment par l'acquisition de mérites résultant de bonnes actions. Celles-ci peuvent être religieuses : aumône aux moines, respect des rites ou offrandes au *wat*, sanctuaire ouvert sur l'extérieur où laïcs et ascètes entretiennent une relation continue.

Offrande d'un bouton de lotus

La quête quotidienne de nourriture (bintabat) a lieu peu après l'aube. Donner aux moines permet aux laïcs d'acquérir des mérites et de pratiquer la générosité (l'acte de dana). Les moines ne peuvent manger qu'avant midi et seulement des aliments qui leur ont été offerts.

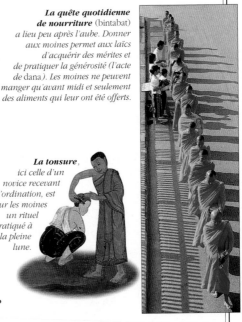

La méditation, qui purifie l'esprit, est pratiquée régulièrement par tous les moines et certains laïcs.

La tonsure, ici celle d'un novice recevant l'ordination, est pour les moines un rituel pratiqué à la pleine lune.

Pavillon du Wat Phra Kaeo

Dorer une image du Bouddha honore son enseignement.

Les offrandes au Bouddha ont un sens symbolique. Les boutons de lotus représentent la pureté de ses pensées.

Trois bâtonnets d'encens évoquent le Bouddha, le *dharma* (enseignement) et la *sangha* (communauté monastique). Les bougies symbolisent la lumière de la compréhension.

VISITES AU *WAT*

Beaucoup de laïcs se rendent au *wat* local au moins une fois par semaine. Lors d'une visite typique, ils font des offrandes, écoutent des psalmodies et un prêche et reçoivent des bénédictions. Les fidèles financent généralement la construction et l'entretien des bâtiments. Les fêtes donnent lieu à des repas en commun.

EN DEHORS DU CENTRE

À l'est du centre de Bangkok, petites galeries, boutiques, restaurants, et musées bordent Sukhumvit Road. Les adeptes du shopping ne manqueront pas non plus le magnifique Chatuchak Market ou le spectacle du marché flottant Damnoen Saduak à l'ouest de la ville. Le sud et l'est recèlent plusieurs parcs d'attractions, notamment l'Ancient City, riche en répliques d'importants monuments thaïs. Non loin, la Ferme des crocodiles renferme plus de 30 000 sauriens dont les combats

Danseuse classique

attirent de nombreux spectateurs, tandis que le Safari World est une réserve naturelle de 70 ha.

Les amateurs d'art apprécieront les œuvres et les antiquités exposées au Prasart Museum. Les villes de Nonthaburi, au nord, et de Ratchaburi et de Nakhon Pathom, à l'ouest, offrent d'agréables buts d'excursion. À Nakhon Pathom se dresse le plus haut monument bouddhiste : le *chedi* Phra Pathom. Le Rose Garden propose des promenades à dos d'éléphant et des

LES SITES D'UN COUP D'ŒIL

Villes
Nakhon Pathom ❹
Nonthaburi ❺
Ratchaburi ❶

Musée et parcs à thèmes
Ancient City ⓫
Prasart Museum ❿
Rose Garden ❸

Route
Sukhumvit Road ❼

Piscine
Siam Park ❾

Marchés
Chatuchak Market ❻
Damnoen Saduak Floating
Market ❷

Zoos
Ferme des crocodiles ⓬
Safari World ❽

COMMENT Y ALLER ?
Outre les bus locaux, des visites organisées permettent de découvrir la plupart des sites comme le Safari World, le Rose Garden et l'Ancient City.

LÉGENDE

▨	Principale zone de visite
▢	Zone construite
✈	Aéroport
▭	Autoroute
▭	Route principale
▬▬	Route en construction
▭	Route secondaire

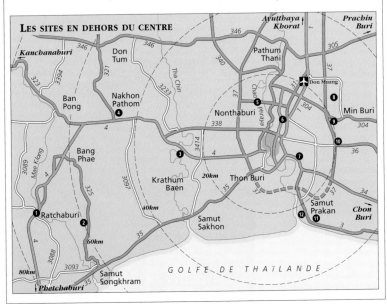

LES SITES EN DEHORS DU CENTRE

Ayutthaya / Khorat — Prachin Buri — 346 — 305 — Kanchanaburi — 346 — 346 — Pathum Thani — 340 — 37 — 323 — 3394 — Don Tum — 321 — Tha Chin — 3233 — Chao Phraya — 37 — Don Muang — 304 — ❽ — Ban Pong — Nakhon Pathom ❹ — 4 — Nonthaburi ❺ — ❻ — 304 — Min Buri — 3089 — Mae Klong — 4 — Bang Phae — 3414 — 338 — 4 — ❿ — 36 — ⓫ — 325 — ❸ — 3097 — ❼ — Krathum Baen — 20km — Thon Buri — 35 — 34 — ❶ Ratchaburi — ❷ — 40km — Samut Prakan — Chon Buri — ⓬ — ⓫ — 3 — 3088 — 60km — 35 — Samut Sakhon — GOLFE DE THAÏLANDE — 80km — 3093 — Samut Songkhram — 35 — Phetchaburi

◁ **Vendeur de litchis au marché flottant Damnoen Saduak dans la province de Ratchaburi**

Le Wat Mahathat, principal site de visite de Ratchaburi

Ratchaburi ❶

ราชบุรี

Province de Ratchaburi. 🏛 *81 000.* 🚌 🚉 ℹ️ *TAT, Phetchaburi (032) 471005.*

R atchaburi était à l'origine un port d'estuaire à l'embouchure du Klong, le fleuve le long duquel s'étend son marché, mais 19 km la séparent désormais de la mer. Dévastée deux fois, à la fin de la période d'Ayutthaya *(p. 56-57)*, en 1765 et en 1767, par des armées birmanes en route vers la capitale, Ratchaburi constitue aujourd'hui une étape agréable sur la route de Kanchanaburi ou de la côte occidentale. Y passer la nuit sera l'occasion de se rendre de bonne heure au marché flottant de Damnoen Saduak. Le principal prang d'Angkor Wat *(p. 254-255)* aurait inspiré celui du Wat Mahathat qui date du XVe siècle. Il abrite les traces estompées de peintures murales datant elles aussi du XVe siècle et des stucs en partie restaurés. La fondation du temple lui-même remonterait au VIIIe ou au IXe siècle. **Le Musée national de Ratchaburi** expose entre autres pièces archéologiques de belles sculptures khmères et des décorations en stuc provenant de Muang Khu Bua, un site de l'époque de Dvaravati au sud de la ville.

🏛 Le Musée national de Ratchaburi
Woradej Rd. 📞 *(032) 321513.* ⏰ *du mer. au dim.* ⬤ *jours fériés* 📷

AUX ENVIRONS : Appréciées de singes agressifs, les grottes de Khao Ngu abritent à 6 km au nord-ouest de la ville, sur la Route 3087, un grand bouddha du début de la période de Dvaravati. Les splendides reliefs de Tham Rusi et Tham Fa Tho présentent probablement plus d'intérêt.

Marché flottant de Damnoen Saduak ❷

ตลาดน้ำดำเนินสะดวก

2 km à l'ouest de Damnoen Saduak, province de Ratchaburi. 🚌 🚉 🚐 *ou voyage organisé depuis Bangkok.* ⏰ *de 4 h à 11 h t.l.j.* ℹ️ *TAT, Phetchaburi (032) 471005.*

C ontrairement à ses équivalents de Bangkok, organisés en général pour le seul bénéfice des touristes, ce marché flottant reste relativement authentique. Situé près de la ville de Damnoen Saduak à 100 km au sud-ouest de la capitale, il se présente comme un labyrinthe d'étroits *khlongs* (canaux) où se serrent des barques manœuvrées le plus souvent par des femmes en tunique bleue et chapeau de paille conique, la tenue traditionnelle des campagnes. Les produits frais tels que fruits, légumes et épices viennent directement de la ferme et c'est entre 7 h et 9 h, avant l'arrivée des cars de touristes, que l'ambiance est la plus agréable.
Le marché flottant se compose en fait de trois marchés. Le plus grand, **Thon Khem**, se tient sur le khlong Damnoen Saduak. Sur un *khlong* parallèle, le **Hia Kui** s'adresse, avec ses vendeurs d'artisanat, aux cars de touristes venant en visite organisée. Au sud, sur un canal plus petit, le **Khun Phitak** est le moins bondé des trois. On peut louer des bateaux, le meilleur moyen de circuler, pour se promener sur les *khlongs* ou jusqu'aux plantations de cocotiers voisines.

Au marché flottant de Damnoen Saduak

Fruits et légumes de Thaïlande

Les conditions climatiques et la fertilité des sols permettent en Thaïlande la culture d'un très large éventail de plantes comestibles. Des fruits tropicaux bien connus, comme la pastèque, la mangue et l'ananas, ne risquent pas de prêter à confusion, mais les vergers et les jardins produisent aussi de nombreux fruits moins familiers

Ramboutans rouges et frais

aux visiteurs. À ne pas manquer parmi ceux-ci : le mangoustan à saveur de framboise, le pomelo évoquant le pamplemousse, le ramboutan appelé aussi litchi chevelu et, à titre de curiosité, le durian. Ils figurent généralement tous sur les étals des marchés, et des vendeurs de rue en proposent partout en tranches ou en jus.

Les longans ont une délicieuse chair transparente.

Les mangues se mangent aussi vertes et acides.

Les mangoustans sont les reines des fruits thaïs par leur goût et leur texture.

Les durians à l'odeur fermentée sont très appréciés des Thaïs mais rarement des visiteurs.

Les goyaves, croquantes et acides, se consomment en jus ou accompagnées d'un sirop pimenté.

Le jack fruit ressemble au durian en plus gros. Il a une chair pâteuse à la saveur piquante.

Courges

Aubergines pois

Tomates miniatures

Aubergines

Les légumes incluent plusieurs sortes de makhua *(famille des tomates et des aubergines)*. Les courges entrent dans les currys.

Ciboules

Coriandre

Piments

La cuisine thaï fait un grand usage du piment, du souchet odorant, du tamarin et de la citronnelle qu'elle oppose à la douceur du lait de coco et du sucre. Coriandre ou ciboules garnissent souvent les plats.

Le paisible Rose Garden superbement entretenu

Rose Garden ❸
สวนสามพราน

Par la Route 4, 32 km à l'ouest de Bangkok. █ (034) 322 588, (02) 295 3261. 🚌 M : 15; AC à Nakom Pathom ou Suphan Buri, ou voyage organisé depuis Bangkok. ◻ de 8 h à 18 h t.l.j. (spectacle à 14 h 45). ▨

Ce jardin parfaitement entretenu à l'ouest de Bangkok fait partie de la Rose Garden Country Resort. L'établissement possède courts de tennis, piscine et terrain de golf, mais la plupart des visiteurs s'y rendent pour le spectacle quotidien qui, en une heure, propose un survol de la culture thaïe : danse classique (p. 38-39), combat au sabre, boxe thaïlandaise (p. 40-41), noces traditionnelles, et même ordination d'un moine (p. 26). Un « village culturel » offre une vitrine à des artisans tels que sculpteurs de fruits et vanniers.

AUX ENVIRONS : Au nord du Rose Garden, le **Samphran Elephant Ground and Zoo** propose des combats de crocodiles et des promenades à dos d'éléphant. En direction de Nakhon Pathom, le **Human Imagery Museum** présente des personnages historiques du pays en fibre de verre.

🏛 **Samphran Elephant Ground and Zoo**
█ (02) 284 1873. ◻ t.l.j. ▨
🏛 **Human Imagery Museum**
Route Pinklao-Nakhonchaisri.
█ (034) 332 607. ◻ de 8 h à 18 h du mar. au dim. ▨

Nakhon Pathom ❹
นครปฐม

Province de Nakhon Pathom. 🏘 92 000. 🚉 🚌 ℹ TAT, Bangkok (02) 694 1222, TAT, Kanchanaburi (034) 511 200. ◻ t.l.j. 🎉 Fête du Chedi Phra Phatom (nov.) ; foire culinaire (du 1er au 7 sept.).

À 56 km à l'ouest de Bangkok, Nakhon Pathom fut une des principales cités du royaume de Dvaravati qui prospéra entre le VIe et le XIe siècle (p. 52-53). La ville possède pour fleuron le **Chedi Phra Phatom** qui domine Phetkasem Highway. Important lieu de pèlerinage, cet immense monument abrite un grand bouddha debout. Il s'élève sur un site où un stupa (reliquaire à la fonction similaire à celle d'un chedi) aurait été construit, à une date imprécise entre le IIe siècle av. J.-C. et le Ve siècle apr. J.-C., pour commémorer l'arrivée des premiers missionnaires bouddhistes en Thaïlande venus d'Inde au IIIe siècle av. J.-C. L'édifice tomba en décrépitude au XIe siècle et ne connut de

restauration qu'en 1860 quand le roi Mongkut (Rama IV) l'incorpora au chedi actuel de 127 m, le plus haut monument bouddhiste du monde. Son fils, Chulalongkorn, acheva la spirale du toit.

Au sud-est du sanctuaire, le **musée national du Chedi Phra Phatom** propose une remarquable collection d'œuvres de la période de Dvaravati découvertes dans la région, entre autres des roues de la loi en pierre (p. 27) et des panneaux stuqués provenant du Chedi Chula Prathon (VIIe-VIIIe siècle) qui se trouve à l'est de la ville. À l'ouest du chedi, le **palais Sanam Chan** date du début du XXe siècle et présente un mélange inhabituel de styles architecturaux. Le bâtiment ne se visitant pas, on ne peut en apprécier que l'extérieur depuis son parc paisible.

🏛 **Musée national du Chedi Phra Phatom**
Khwa Phra Rd. █ (034) 242 500. ◻ du mer. au dim. ⬤ jours fériés. ▨
🏛 **Palais Sanam Chan**
Près de Phetkasem Highway.
Parc ◻ t.l.j.

Le chedi de Nakhon Pathom est le plus haut monument bouddhiste du monde

Le quai de Nonthaburi vu du Chao Phraya

Nonthaburi ❺

นนทบุรี

Province de Nonthaburi. 🏛 *445 000.*
🚅 🚌 ⛴ ℹ *TAT, Bangkok (02) 694*
1222 ; TAT, Ayutthaya (035) 246.076.
⛵ *t.l.j.*

Nonthaburi ne se trouve qu'à environ 10 km au nord de Bangkok, mais la ville permet d'échapper à la frénésie et à la pollution de la capitale pour retrouver le calme d'une atmosphère provinciale. Les vedettes de la Chao Phraya Express offrent le meilleur moyen de l'atteindre. Le trajet dure cinquante minutes et passe devant plusieurs sites intéressants. Le premier, la Royal Boat House, se trouve près du quai Wat Sam Phraya. Cette construction abrite une partie des nefs de parade de la dynastie Chakri. Passé le Krung Thon Bridge, on découvre sur la rive gauche un petit village de péniches à riz puis, peu avant le terminus de Nonthaburi, le **Wat Khian**, un temple à demi submergé par le fleuve. Nonthaburi est particulièrement réputée pour ses durians *(p. 129)*, une réputation qui a inspiré la décoration des lampadaires de la promenade. Vous trouverez ces fruits dont raffolent les Thaïs, malgré leur odeur rebutante pour un Européen, sur les éventaires du marché animé et coloré qui se tient au bord de la rivière. Une promenade en bateau sur le khlong Om vous entraînera dans une flânerie entre plantations de durians et maisons au bord de l'eau. Une autre excursion digne d'intérêt conduit par le fleuve jusqu'au **Wat Chalerm Phrakiet** situé sur la rive ouest du Chao Phraya. Construit au XIXᵉ siècle par Rama III en l'honneur de sa mère qui aurait vécu à proximité, le sanctuaire occupe l'emplacement d'une forteresse du XVIIᵉ siècle. Les portes, pignons et entourages de fenêtres de son *bot* possèdent une décoration sophistiquée. Derrière se dresse un *chedi* édifié par Rama IV. Rocailles, arbres sculptés et statues en bois de style chinois (dont un Père Noël) agrémentent l'enceinte entourée de murs crénelés.

Porte de *bot*, Wat Chalerm Phrakiet

Marché Chatuchak ❻

ตลาดจตุจักร

District de Chatuchak. 🚌 *AC : 2, 3,*
9, 10 12, 13, 29, 39, 44 ; M : 8.
ℹ *TAT, Bangkok (02) 694 1222.*
🕐 *de 7 h à 20 h du sam. au dim.*

Depuis 1982, le plus grand marché de Thaïlande (Sunday Market) a lieu chaque week-end dans une banlieue nord de Bangkok entre le terminus nord des autobus et la gare Bansu. Il se tenait jadis sur Sanam Luang *(p. 74-75)*, mais l'esplanade devenait trop petite. Quelque 6 000 étals occupent aujourd'hui une superficie équivalente à cinq terrains de football, et de nombreux acheteurs passent la journée entière à comparer les marchandises. Celles-ci vont des fruits de mer aux antiquités et des poissons combattants aux jeans d'occasion. Les éventaires de plantes offrent une bonne introduction à la flore du pays, ceux de produits alimentaires réunissent l'intégralité des ingrédients entrant dans la cuisine thaïe, tout frais cueillis ou pêchés. On peut aussi se procurer de l'artisanat des tribus montagnardes et toutes sortes de vêtements et textiles contrefaits ou authentiques. Les animaux appartenant à des espèces protégées, comme les entelles, vendus illégalement sur ce marché ont nui à sa réputation mais, heureusement, ce commerce commence à décliner.

Figurines traditionnelles en bois au marché Chatuchak

Sukhumvit Road ❼
ถนนสุขุมวิท

District de Phra Khanong. ▦ AC : 1, 8, 11, 13.

Cette route qui commence à l'extrémité est du quartier des affaires de Bangkok court jusqu'à la frontière cambodgienne dans la province de Trat *(p. 313)*. Dans la capitale, elle est la principale artère d'un quartier commerçant en pleine croissance. Bien qu'éloigné des principaux sites touristiques, il est apprécié des étrangers et recèle de nombreux hôtels et restaurants à prix modérés et quelques attractions.

Dédiée à l'étude et à la sauvegarde de la culture thaïe traditionnelle, la **Siam Society**, fondée au début de ce siècle sous le patronage de Rama VI, a remonté deux maisons anciennes en teck. Elles abritent le seul véritable musée ethnographique du pays. La Kamthieng House était jadis une ferme au bord du Ping près de Chiang Mai. Don de Sangaroon Ratagasikorn, un architecte qui rassembla une riche collection d'ustensiles ruraux, la Sangaroon House offre un bon exemple du style de la Plaine centrale *(p. 32)*. Le domaine renferme également une bibliothèque de référence sur la culture thaïe.

Hôtels, restaurants et bureaux bordent Sukhumvit Road

Maquette d'espace de sommeil traditionnel, Kamthieng House

Sculpture du Queen's Park

ouverte au public. Le *Journal of the Siam Society* est une publication très reconnue. Près de la Siam Society, la **galerie d'art Visual Dhamma** se consacre à la promotion de l'art contemporain thaïlandais et certains la préfèrent à la Galerie nationale située au cœur du centre historique *(p. 82)*. Son exposition comprend en permanence des œuvres des principaux artistes modernes de Thaïlande : Vasan Sitthiket, Montien Boonma, Mit Jai La et Kamin Lertchaiprasert. À côté de la gare routière de l'est, le **Bangkok Planétarium**, et ses expositions interactives, peut aider à passer le temps en attendant un bus. Aisément repérable, le **Queen's Park** s'étend entre les *sois* 22 et 24. Plus éloigné en direction de Samut Prakan, le **King's Royal Park**, d'une superficie de 80 ha, est un des espaces verts les plus agréables de Bangkok. Il renferme des jardins botaniques et une aire où pratiquer les sports nautiques. Un musée propose une rétrospective de la vie du roi actuel : Bhumibol (Rama IX).

🏛 **Siam Society**
131 Soi Asoke, Sukhumvit Rd, Soi 21.
📞 (02) 259 4999. ◯ du lun. au sam.
🏛 **Gallerie d'art Visual**

Dhamma
44/28 Soi Asoke, Sukhumvit Rd, Soi 21.
📞 (02) 258 5879. ◯ du lun. au sam.
🏛 **Bangkok Planetarium**
928 Sukhumvit Rd. 📞 (02) 392 5951.
◯ de 8 h à 14 h 30 du jeu. au dim. ⊘
jours fériés. 🅿
🌼 **Queen's Park**
Près de Soi 22, Sukhumvit Rd. ◯ t.l.j.
🌼 **King's Royal Park**
Soi Udomsuk, Sukhumvit Rd, Soi 103.
📞 (02) 328 1385. ◯ t.l.j. 🅿

Safari World ❽
ซาฟารีเวิลด์

99 Ramindra Road, district de Minburi. 📞
(02) 518 1000. ◯ de 9 h à 17 h t.l.j 🅿

Huit habitats naturels différents, peuplés d'animaux tels que tigres, girafes, éléphants, lions et zèbres, se découvrent en voiture le long d'un parcours de cinq kilomètres. Le parc possède aussi des pandas blancs, une espèce rare, ainsi qu'une volière où pénètrent les visiteurs. Il propose des spectacles de dauphins, d'orangs-outans et d'éléphants.

Siam Park ❾
สวนสยาม

101 Mu 4 Sukha Phiban 2 Rd, district de Minburi. 📞 (02) 517 0075.
▦ AC : 12. ◯ de 10 h à 23 h, du lun. au ven., de 9 h à 23 h, sam., dim. &
jours fériés. 🅿

Ce parc aquatique est l'endroit idéal où venir échapper à la chaleur tropicale de la Thaïlande. Ses attractions comprennent d'immenses toboggans, un bain à remous et un lac artificiel. Les équipements sont bien entretenus et des maîtres-nageurs surveillent les baigneurs. Une précaution particulièrement nécessaire dans la mesure où, si la culture thaïe s'est construite au bord des rivières et des *khlongs*, les Thaïlandais apprécient peu la natation. Le Siam Park propose également des restaurants, un mini-zoo et un luna-park aux attractions branlantes. De nombreuses familles de Bangkok viennent s'y rafraîchir le week-end, mieux vaut s'y rendre en semaine.

Intérieur du pavillon Lan Na du Prasart Museum

Prasart Museum ❿

พิพิธภัณฑ์ปราสาท

9 Soi Krungthepkretha 4a, district de Bang Kapi. ((02) 379 3607. 🚌 M : 10. ◯ de 10 h à 15 h du ven. au dim. ; du lun. au jeu. sur r.d.v. obligatoire. 🈲 ∅ 📷 obligatoire.

Peu connu des touristes comme des habitants de Bangkok, cet élégant musée privé, entouré de jardins tropicaux, séduira tous ceux qui aiment l'art thaï et sa visite les récompensera du trajet effectué. Il a pour fondateur un collectionneur, Prasart Vongsakul, qui commença à acheter des antiquités dès l'âge de 12 ans en 1965. Il a lui-même dessiné les bâtiments qui les abritent, simples répliques ou combinaisons ludiques de palais et de pavillons qu'il appréciait particulièrement.

Ancient City ⓫

เมืองโบราณ

Sukhumvit Rd, Bangpu, province de Samut Prakan. ((02) 323 9253. 🚌 AC : 11 jusqu'au terminus, puis mini-bus 36. ◯ de 8 h à 17 h t.l.j. 📷

Créée au début des années 1970 et financée par le plus grand concessionnaire Mercedes-Benz de Thaïlande, cette « cité ancienne » (Muang Boran) est un vaste musée en plein air dont la visite se révèle étonnamment intéressante. Le parc, où s'inscrivent des dizaines d'édifices historiques et de répliques, a approximativement la forme de la Thaïlande et les monuments, qu'ils soient grandeur nature ou reconstruits au tiers de leur taille réelle, s'inscrivent dans des cadres imitant leur situation et leur environnement originels. Toutes les périodes de l'art thaï sont représentées et le mythe a également sa place avec, par exemple, le jardin de Phra Aphaimani inspiré d'un poème du XIXᵉ siècle (p. 308). Les meilleurs historiens du pays ont supervisé les reconstructions, notamment celle, du palais Sanphet Prasat qui se dressait à côté du Wat Phra Si Sanphet d'Ayutthaya (p. 168-169) avant sa destruction par les Birmans. Le parc renferme aussi les reconstitutions de maisons traditionnelles et d'un marché flottant.

Démonstration spectaculaire à la ferme des Crocodiles

La ferme des Crocodiles ⓬

ฟาร์มจระเข้

Old Sukhumvit Highway, province de Samut Prakan. ((02) 387 1168. 🚌 AC : 11 jusqu'à Samut Prakan puis songthaew, ou voyage organisé depuis Bangkok. ◯ de 8 h à 17 h t.l.j. 📷

Visite complétant bien celle de l'Ancient City lors d'une excursion d'une journée, la plus grande ferme de crocodiles de Thaïlande abrite plus de 30 000 sauriens appartenant à des espèces d'eau douce et d'eau de mer et allant des caïmans d'Amérique du Sud aux crocodiles du Nil. Dans les parcs d'élevage, on peut voir les animaux à différents stades de croissance. La boutique de souvenir propose leur peau sous forme de porte-clés ou de sacs à main. Des spectacles de dressage impressionnants ont lieu à intervalles réguliers, les repas de 16 h 30 à 17 h 30.

Reconstitution du palais du prince de Lampang, Ancient City

ATLAS DES RUES DE BANGKOK

Trouver son chemin dans la capitale thaïlandaise relève parfois du défi. L'absence d'un système standardisé de transcription des mots thaïs signifie que les noms indiqués dans cet atlas risquent de ne pas toujours correspondre à ceux des panneaux. En outre, certaines rues possèdent plus d'un nom. Par exemple, Charoen Krung Road s'appelle aussi New Road, et Wireless Road, Witthayu Road. Depuis

Le mode de transport urbain le plus rapide à Bangkok

les principales artères *(thanons)* partent des *sois* et des *troks* (ruelles) numérotés, et portant parfois un nom. Les *sois* de nombre pair se trouvent généralement d'un côté de la rue, ceux de nombre impair de l'autre. Des distances considérables peuvent les séparer : les *sois* 6 et 36 de Phetchaburi Road sont éloignés de plus de 3 km. Sur les plans figurent également les sites, marchés et quais d'embarquement *(piers)*.

LÉGENDE

▢ Site exceptionnel	▣ Poste de police	═ Voie express
▢ Site intéressant	▣ Police touristique	Route en construction
▢ Autre édifice intéressant	▣ *Wat*	Rue à sens unique
▣ Gare ferroviaire	▣ Temple hindou	▬ Marché
▣ Arrêt de skytrain (en construction)	▣ Église	
▣ Embarcadère	▣ Mosquée	
▣ Embarcadère de la Chao Phraya	▣ Bureau de poste	
▣ Information touristique	═ Voie ferrée	0 ———————— 400 m
▣ Hôpital de garde	═ Ligne de skytrain (en construction)	**Échelle des plans**

A

Aksin, Sois 1-2 **8 F5**
Ama Kang, Soi **6 E2**
Anantanak **3 A5**
Anglo Plaza, Soi **7 B4**
Annopnarumit, Soi **4 F3**
Anuman Rajdhon, Soi **7 B4**
Anuwong **6 D2**
Aram Si, Soi **4 D4**
Ari, Sois 1-5 **4 E1**
Ari Samphan, Soi **4 E1**
Ari Samphan, Sois 1-2 **4 E1**
Ari Samphan, Sois 3-10 **4 E1**
Arun Amarin **1 B3**
  continue **5 B1**
Asoke Din Daeng **4 F3**
Asoke-Rachadapisek
  Expressway **4 D2**
Atsadang **2 D5**
  continue **5 C1**
Atsawin, Sois 1-2 **1 A2**
Attaphannorapha, Soi **4 E4**
Atthakan Prasit, Soi **8 E4**
Atthawimon, Soi **4 F3**

B

Baiyoke Towers **4 E5**
Bamrung Muang **2 E5**
  continue **3 A5**
Bamrung Rat **6 E1**
Ban Bat, Soi **2 E5**
Ban Chang Lo, Soi **1 B5**
Ban Dok Mai, Trok **2 F5**
Ban Dok Mai, Trok 1 **2 F5**
Ban Dok Mai, Trok 2 **2 E5**
Ban Lo, Trok **2 E4**
Ban Mo **5 C1**
Banbab, Trok **7 A5**
Bandit, Soi **4 D3**
Bangkok Bank, Soi **6 F1**
Bangkok Christian
  Hospital **7 C4**
Bangkok Noi/Thon Buri,
  gare de **1 B4**
Bangkok Shopping
  Complex **6 F5**
Bangrak Market **6 F5**
Banthat Thong **7 A2**
  continue **3 C5**
  Soi 36 **7 A2**
  Sois 24, 26, 28, 30, 32,
  34, 38, 40 **7 B2**
Bibliothèque nationale **2 E2**
Boonphongsa, Soi **1 B2**
Boonphongsa, Soi 1 **1 B2**
Bophit Pimuk, Soi **6 D1**
Boriphat **6 D1**
  continue **2 E5**
Bowan Rang Si, Trok **1 A5**
Bowon Niwet **2 D4**
Bun Chu, Soi **4 F3**
Bun Chu Si, Soi **4 F3**
Bun Chuai, Soi **4 D2**
Bun Prarop, Soi **4 E4**
Bung Makkasan **4 F4**
Bunsiri **2 D5**
Buranasat **2 D4**
Burapha **6 D1**
Burirom, Sois 1, 2, 5 **6 E1**

C

C.S.T., Soi **4 E4**
Cathédrale de
  l'Assomption **6 F4**
Chai Samoraphum, Soi **4 E3**
Chaiyot, Soi **2 E1**
Chak Phet **6 D1**
Chakkaphatdi Phong **2 F4**
Chakkrawat **6 D1**
Chakrabongse **2 D4**
Chalerm Mahanakhon
  Expressway **4 F5**
  continue **8 F2**

Chalermlap Market **4 E5**
Chaloem Khet 1-3 **3 A5**
Chaloem Khet 4 **2 F5**
Cham Niam Suk,
  Sois 1-3 **5 A4**
Champravit Market **2 E2**
Chamsai, Soi **4 D4**
Chan, Trok **2 F5**
Chang Pier **1 C5**
Chang Tong, Trok **2 D5**
Chanong Krung, Trok **7 A2**
Chanpravit Market **2 E2**
Chao Fa **1 C4**
Chao Khamrop **6 E1**
Chao Phraya **2 D3**
  continue **5 B1**
Charan Sanit Wong **1 A2**
  Sois 32, 34, 41 **1 A3**
  Sois 36, 43, 45 **1 A2**
  Soi 38, 40 **1 B2**
  Sois 42, 49, 55,
  57-57/1 **1 B1**
  Sois 44, 46, 48, 50-
  50/1, 52 **1 C1**
Charat Muang **7 A1**
Charat Wiang **7 A5**
Charoen Chai, Trok 2 **6 F1**
Charoen Krung
  (New Road) **6 D1**
  Soi 39 **7 A3**
  Sois 1, 2 **6 D1**
  Sois 8-15, 19, 21, 23 **6 E1**
  Sois 16, 18 **6 E2**
  Sois 20, 22, 24, 26, 28,
  29, 31, 33, 35, 37 **6 F3**
  Sois 30, 32, 34, 36, 38 **6 F4**
  Sois 42-42/1, 46, 48,
  50-53 **6 F5**
  Sois 43, 45 **7 A4**
Charoen Muang **7 A2**
Charoen Nakhon **6 E4**
  Sois 1-12 **6 E4**
  Sois 13-15, 17-20 **6 E5**
Charoen Phanit, Soi **6 F3**
Charoen Rat **5 C4**
  Sois 4, 8 **5 C4**
  Sois 3, 5, 7, 9, 11-16,
  18, 20, 22 **6 D4**
  Sois 17, 24, 26, 28, 30 **6 E4**
Château royal Vimanmek **2 F1**
Charoen Suk, Soi **1 A1**
Charoen Wiang **7 A5**
Charoenkit, Soi **7 A3**
Charoenphol Market **3 B5**
Charun Wiang **7 A5**
Chawakul, Soi **3 C4**
Chawakun, Soi **4 E3**
Cherdchungam, Soi **1 A5**
Chetuphon **5 C1**
Chiang Mai **6 E3**
Chinda Thawin, Soi **7 B3**
Chit Lom, Soi **8 E1**
Chitta Kasem, Trok **6 F2**
Chom Sombun, Soi **7 B3**
Chong Nonsi Nua **7 C4**
Chong Nonsi Tai **7 C4**
Chongraknorasi, Soi **8 D4**
Chuaphloeng **8 F5**
Chulalongkorn Hospital **8 D3**
Chulalongkorn
  Monument **2 F2**
Chulalongkorn, Sois 1,
  3-6, 8, 10, 12, 14, 16 **7 B1**
Chulalongkorn, Sois 7, 9,
  18, 20, 22 **7 B2**
Chulalongkorn, Sois 11, 15,
  42, 44, 48, 50, 52, 54 **7 B3**
Chulalongkorn, Sois
  19, 60 **7 C3**
Chulalongkorn, Sois
  62, 64 **7 C1**
Chulin, Soi **2 E5**
Chung Charoen Phanit **6 E1**
Convent Road **7 C4**

D

Daeng Bunga, Soi **4 D4**
Damnoen Klang Tai, Soi **2 D4**
Damrong Rak **2 F4**
  continue **3 A4**
Decho **7 B4**
Democracy Monument **2 E4**
Din Daeng 1 **4 F3**
Din Daeng Pier **6 D2**
Din Daeng, Soi **4 F3**
Dinso **2 E5**
Ditsamak **2 F5**
Dumake Pier **6 F5**

E

Église Santa Cruz **5 C2**
Église Saint-François
  Xavier **2 E1**
Ek-Ong, Soi **1 B1**
Expressway **3 C5**

F

Fuang Nakhon **2 D5**

G

Galerie nationale **2 D4**
Gay Sorn Plaza **8 D1**
Goethe Institute **8 E4**
Government House **2 F3**
Grand magasin New World **2D3**
Grand magasin Pata **4 E5**
Grand magasin River City **6 F3**
Grand magasin Tokyo **7 C1**
Grand Palais et Wat
  Phra Kaeo **1 C5**

H

Hasadin, Soi **4 E5**
Henri Dunant **7 C3**
Hiranruchi, Soi **5 B4**
Hôpital central **6 E1**
Hua Lamphong, gare de **7 A2**
Hutayana, Soi **8 D5**

I

Inthraraphitak **5 B4**
  Sois 1-3 **5 B4**
Isara Nuphap, Soi **6 E2**
Isetan Shopping
  Complex **4 E5**
Itsaraphap **1 A4**
  continue **5 A1**
  Soi 1 **6 D4**
  Sois 2, 4-4/1, 6, 8 **6 D3**
  Sois 3, 5, 9-14, 16,
  18, 20, 22, 24 **5 C3**
  Sois 15, 17-17/1, 19 **5 B3**
  Sois 21, 28, 30, 32, 34 **5 B2**
  Sois 23, 27, 29, 36, 38 **5 A2**
  Sois 31, 33, 40, 42 **5 A1**
  Sois 37, 39, 41, 43,
  44, 45 **1 A5**
  Sois 46, 47 **1 A4**

J

Jack Chia, Soi **8 F5**

K

Ka-Om **2 F4**
Kaeo Fa, Soi **7 A3**
Kai Chae, Trok **2 D3**
Kalatan **6 F2**
Kalayana Maitri **2 D5**
Kao Lan **6 F2**
Kao Market **6 E2**
Kasaemsi, Soi **2 E3**
Kasem San, Soi 1 **7 C1**
Kasem San, Soi 2-3 **7 B1**
Khai, Trok **2 E5**
Khang Ban Manang-
  khasila, Soi **3 B4**
Khang Pam Nam Man

Shell, Soi **5 A4**
Khang Rong Rap
  Chamnam, Soi **5 C3**
Khang Wat Welurachin,
  Soi **5 B4**
Khao **2 E1**
Khao San **2 D4**
Khao San Market **2 D4**
Khlai Chinda, Soi **5 C4**
Khlong Bang Jag **2 D1**
Khlong Bang Nam Chon **5 A5**
Khlong Bang Ramru **1 A1**
Khlong Bang Sakai **5 B3**
Khlong Bang Yikhan **1 A1**
Khlong Bangkok Noi **1 A3**
Khlong Bangkok Yai **5 B2**
Khlong Banglamphu **2 E4**
Khlong Chong Nonsi **7 B3**
Khlong Lam Pak **3 A4**
  Soi Khlong Lam Pak **3 A4**
Khlong Lot **2 D5**
  continue **5 C1**
Khlong Mahanak **2 F4**
  continue **3 A5**
Khlong Mon **5 A1**
Khlong Ong Ang **2 E5**
  continue **6 D1**
Khlong Phadung Krung
  Kasem **2 E2**
  continue **3 A4 & 6F1**
Khlong Samre **5 A5**
Khlong Samsen **3 B1**
Khlong San **6 E3**
Khlong San Pier **6 F3**
Khlong San Sap **3 B5**
Khlong Sathorn **8 E4**
Khlong Thom, Soi **5 C3**
Khlong Thom Market **6 E1**
Khlong Wat Chaeng **5 A1**
Khlong Wat
  Ratchasittharam **5 A3**
Khlong Wat Thepthida **2 E5**
Khlong Wat Thong **1 A3**
Khlong Wat Thong
  Phleng **6 D4**
Khlongthom Wat
  Sommanat **2 F4**
Khrut, Trok **2 D5**
Kit Phanit **7 A3**
Klong Thom Pathum
  Nongkha, Soi **6 F2**
Klong Thom Wat Phra
  Phiren, Soi **6 E1**
Klong Thom, Soi **6 F2**
Kolit, Soi **4 D4**
Kradang Nga, Trok **2 F4**
Krai Si **2 D4**
Krai, Trok **6 D2**
Krai, Trok **6 E2**
Kraisih, Soi **8 F5**
Kraithamas, Soi **6 D2**
Krom Chaotha (Harbour
  Department) Pier **6 F3**
Krom Prisanee Pier **6 F4**
Krung Kasem **2 E2**
  continue **3 A4 & 6F1**
Krung Man **3 A5**
Krung Thon Buri **5 C5**
  Soi 1 **5 C4**
  Soi 4 **5 C5**
  Sois 3, 8 **6 D5**
  Sois 5, 10 **6 E5**
Kudi Chain, Soi **5 C2**
Kumarin Ratchapaksi, Soi **1 B3**

L

La-O, Trok **7 A2**
Lad Ya **5 C4**
  Sois 1-3, 5 **5 C4**
  Sois 6, 8, 10-13, 15 **6 D4**
  Sois 14, 16 **6 E4**
  Soi 17 **6 D3**
  Soi 21 **6 E3**
Lak Muang **2 D5**

Lamphun Chai 6 F2
Lan Luang 2 F4
  continue 3 A4
Lang Krasuang
  Market 5 C1
Lang Samoson Thapok,
  Soi 2 F4
Lang Suan, Soi 8 E2
Lang Suan, Sois 1-7 8 E2
Lang Wat Hua Lamphong,
  Trok 7 B3
Loet Panya, Soi 4 E4
Luang 6 E1
  continue 2 E5
Luk Luang 2 E2
  continue 3 A4
Lukmahadthai 2 D1
Lumphini Boxing
  Stadium 8 E4

M

Maekhong, Soi 1 B1
Maen Si, Soi 2 F5
Maen Si, Sois 1-2 2 F5
Maha Chai 2 E5
  continue 6 D1
Maha Nakhon 7 A3
  Sois 4, 6, 8 7 A3
Maha Phrutharam 6 F3
Mahachak 6 E1
Mahanak Market 3 A5
Mahannop 2 D5
Mahannop, Trok 2 D5
Maharaj Market 1 C4
Maharaj Pier 1 C4
Mahathat 1 C5
  continue 5 C1
Mahatlek Luang,
  Sois 1-3 8 D2
Mahesak 7 A4
Mai Market 6 E2
Maison
  de Jim Thompson 3C5
Maitri, Trok 6 F1
Maitri Chit 6 F1
Makham, Trok 1-2 6 F2
Makkasan, gare de 4 F5
Man Sin, Sois 1-4 3 C4
Manawitthaya, Trok 5 C5
Mangkon 6 E2
  Soi Mangkon 6 F1
  Sois 1-2 6 F1
Marché aux amulettes 1 C5
Matum, Soi 1 B5
Mayom, Trok 2 D4
Meksawat, Soi 8 F5
Memorial Bridge 5 C2
Ming Bamrung Muang,
  Soi 1 A5
Mit Anan, Soi 3 C1
Mittraphan 6 F2
Mo Daeng, Soi 1 A4
Momchuan, Trok 3 A5
Montagne d'Or 2 F5
Montri, Soi 5 B3
Moobanbangyikhan
  Thaohouse, Soi 1 B2
Moobankhunpan, Soi 6 E5
Moobanmahawong
  Patthana, Soi 1 B2
Morchub, Soi 5 B5
Morleng, Soi 4 F4
Morsun, Trok 7 A3
Musée des Barges
  royales 1 B3
Musée national 1 C4
Musées du Siriraj
  Hospital 1 B4

N

Na Hap Phoel 2 D5
Na Phra Lan 1 C5
Na Phra That 1 C4
Nai Loet, Soi 8 F1

Nai Thongbai, Trok 5 C4
Nak Bamrung, Soi 3 A5
Nakhon Chaisi 3 B1
Nakhon Kasem, Sois 3-4 6 D1
Nakhon Pathom 3 A3
Nakhon Sawan 2 F4
  continue 3 A4
Nakkharat 3 A5
Nakorn Kasem 6 E1
Nam Banyat, Soi 2 E3
Nana, Soi 6 F2
Nana Market 2 D3
Nangleng Market 2 F4
Nang Lueng, Trok 2-3 2 F4
Nantha, Soi 8 D5
Narayana Phand
  Shopping Complex 8 D1
Naret 7 B3
Nawa, Trok 2 D5
Nawang, Soi 6 D1
Nawat Hua Lamphong,
  Soi 7 C3
Neilson-Hays Library 7 B4
New Bobe Shopping
  Complex 3 B5
New Road (Charoen
  Krung) 6 D1
Ngam Duphli, Soi 8 E5
Ni Chong Sawatdi 6 F3
Nikhom Banphak Rotfai 1 B4
  Sois 1-6 1 A4
Nikhom Makkasan 4 F5
Nitcharot, Soi 1 C1
Noen Khai Luang, Soi 1 A4
Nom Chit, Soi 4 D4
Nopphamat, Soi 1 A4

O

O-Sathahon 6 D2
Oriental Pier 6 F4
Oriental Hotel 6 F4
Oriental Plaza 6 F4

P

Pak Khlong Pier 5 C2
Pak Khlong Market 5 C1
Palais Chitrlada 3 B2
Palais Suan Pakkad 4 D4
Palana, Soi 7 A4
Pan 7 B5
Parc de Dusit 2 F2
Parc Lumphini 8D3
Parinayok 2 E4
Patpong 1-2 7 C3
Peninsula Plaza 8 D1
Petchaburi 3 C4
  Sois 1, 2, 4, 6 3 B4
  Sois 3, 5, 7 3 C4
  Sois 9, 11, 13, 15, 18,
  20 4 D5
  Sois 10, 12, 14 3 C5
  Sois 17, 19, 21-26, 28,
  30, 32 4 E5
  Sois 27, 29, 31, 33,
  35, 37 4 F5
Petchaburi Market 3 C5
Phadung Dao 6 F2
Phadung Krung Kasem
  Market 3 A5
Phahon Yothin 4 E2
  Sois 1, 3 4 E2
  Sois 2, 4 4 F1
  Soi 5 4 E1
Phahurat 6 D1
Phahurat Market 6 D1
Phalittaphon, Soi 6 F2
Phan Trachit, Trok 2 6 F2
Phaniang 2 F4
Phanu Rang Si, Soi 6 F2
Phat Sai 6 F2
Phattana Chang, Soi 1 A4
Phatu Nokyung, Soi 5 B1
Phaya Mai 5 C3
  Soi Phaya Mai 5 C3

Phaya Nak 3 B5
  Soi Phaya Nak 3 C5
Phaya Thai 7 C2
  continue 4 D5
Phayathai-Bangkhlo
  Expressway 3 B5
  continue 7 A1
Phet Kasem 5 A4
  Sois 1-3 5 A4
  Soi 4 5 A3
Phet Phloi, Trok 7 A3
Phi Rom, Soi 6 D2
Phiphat, Soi 7 C4
Phiphat, Sois 1-2 7 C4
Phiphit, Soi 2 E4
Phisamai, Soi 3 A1
Phithaksin, Soi 5 C4
Phitsanulok 2 E2
  continue 3 A4
Phlab Phla Chai 6 F1
  continue 3 A5
Phloen Chit 8 E1
Pho Phanit 6 E1
Pho Sua, Trok 2 D5
Pho, Soi 5 C2
Phok Siri, Soi 3 C1
Phokhi 3 A5
Phra Athit 1 C3
Phra Athit Pier 1 C3
Phra Chan 1 C4
Phra Chan Pier 1 C4
Phra Chen, Soi 8 E3
Phra Nakharet, Soi 7 A3
Phra Nang, Soi 4 E3
Phra Phinij, Soi 8 D5
Phra Phiphit 5 C1
Phra Phitak 5 C1
Phra Pin Klao (Wat Dao
  Dung) Pier 1 C3
Phra Pin Klao Tatmai 1 A1
Phra Pok Klao Bridge 6 D2
Phra Sumen 2 D3
Phraeng Nara 2 D5
Phraeng Phuton 2 D5
Phraeng Sanphasat 2 D5
Phrannok 1 A4
Phrannok Market 1 A4
Phrannok Pier 1 B4
Phrasan Saraban, Soi 4 F4
Phrasi, Soi 3 B5
Phraya Damrong, Soi 7 A3
Phraya Maha Ammat,
  Soi 3 A5
Phraya Si, Soi 5 C1
Phun Suk, Soi 8 E5
Phuttha-Osot, Soi 7 A4
Phyanakhonratchaseni,
  Soi 7 A2
Phyaphiren, Soi 8 F5
Phyasingseni, Trok 7 A2
Phyautit, Soi 3 A1
Pichai 3 A1
Pichai Soi 1 7 B5
Pichai Soi 2 7 C5
Pikul, Soi 7 B5
Pinthipphimanwes, Soi 1 B2
Plaeng Nam 6 E2
Plukchit, Soi 8 F4
Plukchit, Sois 1-2 8 F4
Polalit, Soi 4 E4
Polit Sapha, Soi 6 F2
Polo, Soi 1 8 E3
Polo, Sois 2, 4-5 8 F3
Pongchitt, Soi 5 A4
Poste centrale 6 F4
Prachathipathai 2 E3
Prachathipok 5 C3
Prachum, Soi 7 A4
Pradit, Soi 7 A4
Praditphol, Soi 1 A3
Pradu, Soi 6 F2
Prakobphol, Sois 1-2 1 C3
Pramongkut Hospital 4 D2
Pramot, Soi 7 A4

Pramot, Sois 1-3 7 A4
Pramuan 7 A5
Prasaan, Soi 7 A4
Prasart Court, Soi 8 D5
Prasat Suk, Soi 8 F5
Pratunam Market 4 E5
Pridi, Soi 8 E5
Prinya 1 B1
Prok Wat Arun,
  Sois 1-3 5 B1
Prong Chai, Soi 8 E5

R

Rachawadi, Trok 5 C4
Rachawat Market 3 B1
Rachinee Pier 5 C2
Rachini 2 D5
  continue 5 C1
Ram Buttri 2 D4
Ram Buttri, Soi 2 D3
Rama I 7 A1
Rama IV 7 A2
  continue 6 F2
Rama V 3 A3
Ramathibodi Hospital 3 C3
Rang Nam 4 E4
Ratchabophit 2 D5
Ratchadamnoen Boxing
  Stadium 2 F3
Ratchadamnoen Klang 2 D4
Ratchadamnoen Nok 2 F4
Ratchadamri 8 D2
  Soi Ratchadamri 8 D1
Ratchaprarop 4 E4
  Soi Ratchaprarop 4 E4
Ratchasi, Trok 2 F5
Ratchasima 2 F2
Ratchataphan, Soi 4 E4
Ratchawithi 3 A1
  continue 2 E1
Ratchawong 6 E2
Ratchawong Pier 6 E2
Ratruam Charoen, Soi 5 C4
Rattanasisang, Soi 1 A5
Ratutit, Soi 7 A2
Ratying Charoen, Soi 5 C4
River City Pier 6 F3
Rong Che, Soi 5 A5
Rong Lao Pier 2 D3
Rong Liang Dek, Trok 3 A5
Rong Liang Dek Market 3 A5
Rong Mai, Trok 1 C4
Rong Mo Pier 5 B1
Rong Muang 7 A1
  Sois 1-5 7 A1
Rong Rian Chanthana
  Suksa, Soi 5 B4
Rongrian King Phet,
  Soi 3 C5
Rongrian Ratprasong,
  Soi 4 F3
Rongrian Sudarak, Soi 3 C5
Ronnachai, Sois 1-2 3 C1
Royal Bangkok Sports
  Club 8 D2
Royal Turf Club 3 A3
Ruam Pradit, Soi 3 B1
Ruam Rudi, Soi 8 F2
Ruam Rudi, Sois 1-4 8 F2
Ruam Rudi, Soi 5 8 F3
Ruamit, Soi 4 F3
Ruen Rudi, Soi 8 F1

S

Sa Nam Rhao 4 E2
Saeng Uthai Thip, Soi 4 F3
Saengmuang, Soi 5 C4
Saha Mit, Soi 7 A3
Sailom, Soi 4 F1
Saint Louis, Sois 1-3 7 B5
Saithi 2 8 D5
Sake, Trok 2 D4
Saksin, Soi 5 C5
Sala Daeng 8 D4

Sois 1-2 8 D4
Sala Tonchai, Soi 1 B5
Salakhin, Trok 7 A2
Sam Sen, gare de 3 C1
Sam Yot, Soi 6 D1
Sama Han, Soi 8 F2
Sampaya, Soi 5 C5
Sampeng Lane 6 E2
Samran Rat, Soi 2 E5
Samran, Soi 4 E5
Samsen 2 D3
Sois 1-3, 5, 7 2 D3
Sois 4, 6, 10 2 E3
Sois 9, 11, 13 2 E1
Soi 12 2 F2
San Chao Maepla
Taphian, Soi 7 A4
Sanam Chai 5 C1
Sanam Khli, Soi 8 E3
Sanam Luang 1 C4
Sanan Sin, Soi 1 A4
Sanchao Arneaw, Soi 5 C5
Sanchao, Soi 1 B1
Sanctuaire Erawan 8 D1
Sangkhalok 2 F1
Sanguan Suk, Soi 3 B1
Santi Phap, Soi 7 B3
Santi Phap, Soi 1 7 B3
Santi, Soi 1 B1
Santiphap 6 F1
Santisuk, Soi 1 A4
Santisuk, Soi 4 E3
Saolada, Soi 1 A3
Sap 7 B3
Saphan Luang, Trok 5 C4
Saphan Phut 5 C2
Saphan Phut Pier 5 C2
Saphan Tia, Soi 7 B3
Saphankhu, Soi 8 F4
Saphran Khao Fruit
Market 3 A4
Saran Rom 2 D5
Saraphi, Soi 2 5 C4
Saraphi, Soi 3 5 C5
Saraphi, Soi 3 Tatmai 6 D5
Sarasin 8 E3
Sathithporn, Soi 1 B1
Sathorn Pier 6 F5
Sathorn Nua
(Nord) 7 A5
Sathorn Tai
(Sud) 7 A5
Satsana, Soi 4 D1
Satsana, Soi 1-5 4 D1
Sawang 7 A2
Sois 1, 3, 5, 7 7 A3
Sawankhalok 3 B4
Sawansawat, Soi 8 F5
Senarak, Soi 4 D3
Set Siri, Soi 2 3 C1
Setthakan, Soi 5 C1
Shangri-La Pier 6 F5
Si Ayutthaya 3 B3
continue 2 F2
Soi 1 4 E4
Si Bamphen, Soi 8 E5
Si Phom, Soi 5 B4
Si Phraya Pier 6 F4
Si Praya 7 A3
continue 6 F3
Si Thamathirat 6 E1
Si Wiang 7 A5
Siam Center 7 C1
Siam City 4 D4
Siam Square 7 C1
Sois 1-6, 9-11 7 C1
Sillapakorn, Trok 1 C5
Silom 7 A4
Soi 19 7 A5
Sois 1, 3-8 7 C4
Sois 9-14, 16, 18, 20 7 B4
Sois 17, 22, 24, 26, 28,
30, 32 7 A4
Silom Plaza 7 B4

Silom Village Complex 7 A4
Silpakorn University 1 C5
Sin, Trok 2 E4
Sip Sam Hang 2 D4
Siri Phong 2 E5
Sirichai, Trok 1-2 2 E5
Siriraj Pier 1 B4
Sirung, Soi 8 F5
Sithongdi, Soi 1 B1
Sitthiprasat, Soi 8 F5
Snake Farm 7 C3
Soda, Soi 3 A1
Soem Sinkha 6 E1
Sombun Panya, Soi 7 B3
Somdet Chao Praya 5 C3
Sois 1-2, 4 5 C3
Sois 3, 5-8, 10-12,
14, 16, 18 6 D3
Sois 13, 15, 17 6 E3
Somdet Phra Chao
Taksin 5 B5
Sois 3, 5 5 C4
Sois 4-4/1, 6, 8, 10,
12, 14, 18 5 B5
Sois 7, 9, 11 5 C5
Somdet Phra Pin
Klao 1 B2
Song Phra, Soi 7 B3
Song Sawat 6 F2
Song Sawat Pier 6 E2
Songwat 6 E2
Sot Phinsan, Soi 4 E3
Sra Song, Soi 2 E5
Stadium Charusathian 7 B2
Suan Amporn 2 F2
Suan Chitrlada 3 B3
Suan Mali, Sois 1-3 2 F5
Suan Ngen, Soi 3 C2
Suan Oi, Sois 1-5 2 F1
Suan Rommani Nart 2 E5
Suan Saranrom 5 C1
Suandusit, Soi 3 B2
Suanphlu, Soi 8 D5
Suanphlu, Sois 1-2 8 D5
Suapa 6 E1
Sukhat, Soi 2 D5
Sukhom Tharam 3 B1
Sukhumvit 8 F1
Sois 1, 3 8 F1
Sois 2, 4 8 F2
Sukon, Sois 1-2 6 F2
Sukon, Trok 6 F2
Sukothai 3 A1
Sois 1-2 3 B1
Sois 3-4 3 B2
Soi 5 3 C2
Suksa Witthaya, Soi 7 B5
Sung, Trok 6 F5
Sunthonphimol, Soi 7 A2
Supermarché central 6 D1
Suphan 3 A1
Supphakorn, Soi 3 A4
Supphamit 3 A4
SUPPORT Museum 2 F1
Surasak 7 A5
Surawong 7 A4
Surawong Center 7 C3
Sutcharit, Soi 1 3 B1
Sutcharit, Soi 2 3 B2
Sutcharit Nua, Soi 3 B1
Suthisuksa, Soi 5 C4
Suwannaram Market 1 A3
Suwannin, Soi 1 C2
Suwichandamri, Soi 1 C3
Swatdi, Soi 7 A2

T

Taksin Bridge 6 F5
Taksin Monument 5 C4
Talad Charoen Phon,
Soi 3 B5
Taladsiwanich, Soi 4 F3
Talat Sesaweech, Soi 5 B4
Tambon Mahathat, Soi 1 C5

Tambon Nakhon, Soi 1 C4
Tambon Taweephol,
Soi 1 C5
Tambonwanglang,
Soi 1 1 B5
Tanao 2 D5
Tanarak, Soi 7 B5
Tani 2 D4
Taniya 7 C4
Taphanyao, Trok 6 D2
Temple de Maha Uma
Devi 7 B4
Tha Din Daeng 6 D3
Sois 1, 3-11, 13,
15-18/1 6 D3
Soi 2 6 D4
Soi 20 6 D2
Tha Klang, Soi 5 C2
Tha Tian, Soi 5 B1
Thai Wang 5 C1
Than Thawan, Soi 7 C4
Thanam San Chao, Soi 6 E2
Thanasilp, Soi 8 D5
Thaneethaphisek, Soi 5 A1
Théâtre Patravadi 1 B5
Théâtre royal
Chalermkrung 6 D1
The Wet, Soi 1-3 2 E3
Thep Hatsadin, Soi 4 E4
Thepharak, Soi 1 B3
Thepnakarin, Soi 1 B2
Therd Damri 3 C1
Thetsaban Sai 1 5 C2
Thetsaban Sai 2-3 5 C3
Thewet Pier 2 D2
Thewet Flower Market 2 E2
Thewi Worayat, Soi 2 F5
Thian Siang, Soi 7 C5
Thoet Thai 5 A5
Thon Buri Railway
Station Pier 1 C4
Ti Thong 2 D5
Tien Pier 5 B1
Tonson, Soi 8 E2
Tri Mit 6 F2
Tri Phet 6 D1
Trong Kham Talat Si
Thon, Soi 5 A4
Tuk Din, Trok 2 E4

U

Udomsap, Soi 1 A1
Ulit, Soi 8 F2
Unakan 2 E5
Université Chulalongkorn 7 C3
Université Thammasat 1 C4
Uruphong, Soi 2 3 B4
Uruphong, Soi 3 3 B5
Uthai, Soi 6 D2
Uthai Thip, Soi 4 F3
Uthong Nai 3 A2
Uthong Nok 2 F2

V

Vichaigut Hospital 4 D1
Village du bol d'aumône 2 F5

W

Wanawan, Trok 6 D4
Wang Doem 5 A2
Wang Lang, Trok 1 B4
Wangchao Sai 6 F1
Wanit, Soi 2 6 F3
Wasukri Pier 2 E1
Wat Amarin Market 1 B4
Wat Amonkiri, Soi 1 C2
Wat Amphawan, Soi 3 B1
Wat Arun 5 B1
Wat Arun Pier 5 B1
Wat Benchamabophit 3 A3
Wat Borom Niwat, Soi 3 B5
Wat Bowonniwet 2 E4
Wat Daowadungsaram,

Soi 1 C3
Wat Duangkhae, Soi 7 A2
Wat Hong, Soi 5 B2
Wat Indrawihan 2 E2
Wat Kalayanimit 5 B2
Wat Kanlaya, Soi 5 C2
Wat Khahabodi, Soi 1 C2
Wat Klang, Soi 5 A5
Wat Klang Market 5 A4
Wat Mahathat 1 C5
Wat Makog, Soi 4 D3
Wat Muang Khae Pier 6 F4
Wat Nak Klang, Soi 5 A1
Wat Pathum Wanaram 8 D1
Wat Phakhininat, Soi 2 D1
Wat Pho 5 C1
Wat Phothi Nimit, Soi 5 A5
Wat Phraya Tham, Soi 5 A1
Wat Prayun 5 C2
Wat Rachabophit 2 D5
Wat Rachanadda 2 E4
Wat Rachapradit 2 D5
Wat Rakhang 1 B5
Wat Rakhang Pier 1 B5
Wat Rakhang Khositaram,
Soi 1 B5
Wat Ratchakhru, Soi 5 A5
Wat Ratchinatda, Trok 2 E4
Wat Saket 2 F5
Wat Sam Phraya Pier 2 D3
Wat Sommanat, Soi 2 F4
Wat Suthat et
Balançoire géante 2 D5
Wat Suwannaram 1 A3
Wat Taphan, Soi 4 E3
Wat Thong Pier 6 E3
Wat Traimit 6 F2
Wat Tri Thotsthep, Trok 2 E3
Wat Wisetkan, Soi 1 B4
Wat Yai Si Suphan, Soi
5 B4
Wattana Yothin, Soi 4 E3
Wattana, Soi 1 A4
Watthanasin, Soi 4 E5
Watthanawong, Soi 4 E5
Wiraya, Soi 3 C4
Wireless Road
(Witthayu) 8 E2
Wiset San, Soi 5 C4
Wisut Kasat 2 E3
Wisut Kasat Pier 2 D2
Witthayu (Wireless) Road 8 E2
Wiwat Wiang, Soi 6 E1
Wongwian Lek Market 6 D2
Wongwian Yai, gare de 5 B4
Wora Chak 2 F5
Woraphong, Soi 2 E3
Worarak, Soi 3 B1
Worarit, Soi 3 C5
World Trade Center 8 D1
Wutthi Chai, Trok 3 A4
Wutthi Suksa, Soi 5 C4
Wutthipan, Soi 4 E4

Y

Yaowaphanit 6 E2
Yaowarat 6 E1
Yen Akat 8 E5
Yen Akat, Soi 1 8 E5
Yenchit, Trok 6 D4
Yisipsong Karakadakhom
1-3, 5 6 F1
Yommarat Market 3 B4
Yommarat, Soi 8 D4
Yommaratsukhum 6 E1
Yotha 6 F3
Yotha 1 6 F3
Yothi 3 C3
Yotsi, Soi 3 A5
Yuttha Suksa, Soi 5 A1

Z

Zoo de Dusit 3 A2

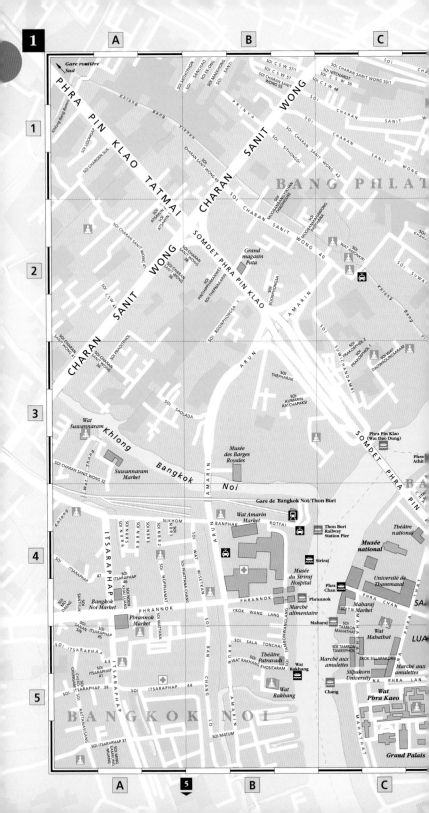

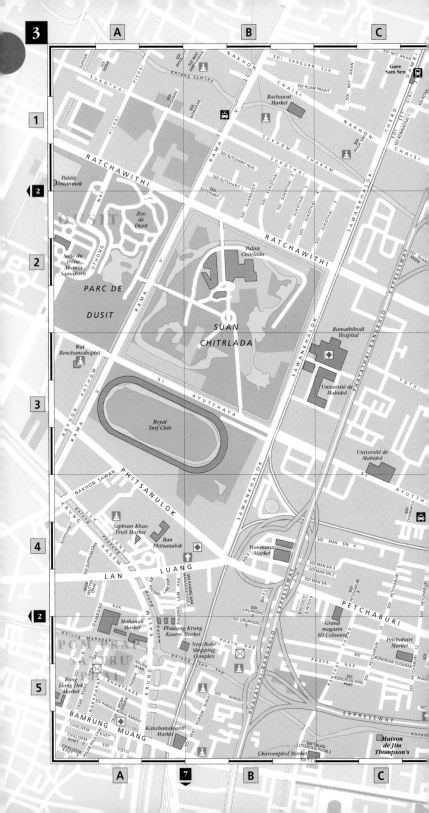

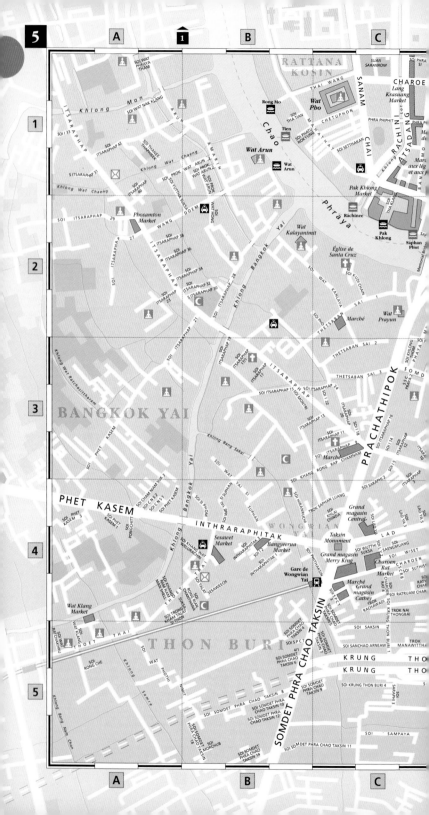

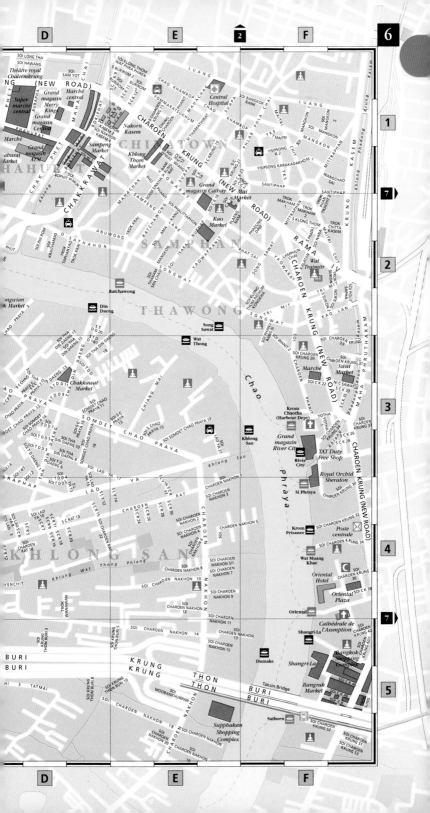

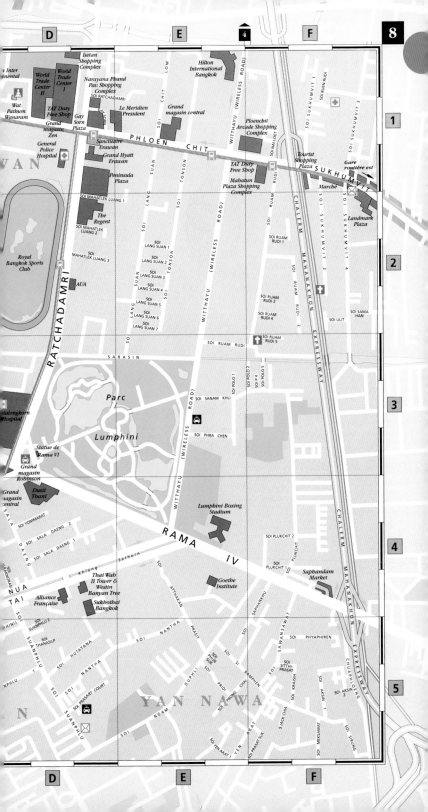

LA PLAINE CENTRALE

PRÉSENTATION DE LA PLAINE CENTRALE 148-153
LE SUD DE LA PLAINE CENTRALE 154-175
LE NORD DE LA PLAINE CENTRALE 176-191

Présentation de la Plaine centrale

Grenier à riz de la nation, la plaine fertile qui s'étend au nord de Bangkok est depuis des siècles la terre d'élection du peuple thaï et le cadre de sa progressive migration vers la mer. Les ruines des anciennes capitales des royaumes de Sukhothai *(p. 54-55)* et d'Ayutthaya *(p. 58-59)* jalonnent ce parcours. Elle est aujourd'hui la région la plus riche et la plus densément peuplée du pays, et les villes y connaissent une croissance rapide. Dans les collines boisées qui l'entourent, des parcs nationaux protègent une flore et une faune d'une grande variété.

Parc historique d Si Satchanal Chalieng

Au parc historique de Si Satchanalai-Chalieng (p. 188-190) *voisinent les vestiges d'une des grandes cités du royaume de Sukhothai et d'une ancienne présence khmère.*

Kamphaeng Phet

Kamphaeng Phet
(p. 182-183), *riche en monuments et ruines de l'époque de Sukhothai, renferme dans sa vieille ville un musée présentant des céramiques comme ce pot du XVᵉ siècle.*

SUD DE
LA PLAINE
CENTRALE
(voir p. 154–175)

Kanchanaburi

Kanchanaburi (p. 160-161) *abrite un musée et des cimetières qui entretiennent le souvenir des prisonniers asiatiques et alliés qui périrent pendant la construction du célèbre pont de la rivière Kwaï.*

◁ **Un immense bouddha assis trône au milieu des vestiges d'un *bot* du Wat Mahathat à Sukhothai**

Le parc historique de Sukhothai (p. 184-187) *protège les vestiges de la vaste capitale abandonnée, en particulier les ruines de 40 wats.*

rc historique
e Sukhothai

NORD DE
LA PLAINE
CENTRALE
(voir p. 176–191)

Lopburi (p. 164-165), *ville ancienne aisément accessible depuis Bangkok, n'est pas aussi touristique que Sukhothai ou Ayutthaya bien qu'elle conserve des monuments d'influence khmère comme le Prang Yam Sot.*

Le parc national de Khao Yai (p. 174-175), *plus vieux parc national de Thaïlande, reste un des meilleurs endroits où observer des animaux tels que gibbons ou éléphants sauvages.*

Lopburi

Parc
national
de Khao Yai

Ayutthaya

0   50 km

À Ayutthaya (p. 166-171), *les ruines disséminées dans la ville moderne témoignent de l'ancienne grandeur d'une des plus importantes cités d'Asie au XVᵉ et au XVIᵉ siècle.*

L'art de Sukhothai

L es prolifiques artisans de l'école de Sukhothai (fin du XIIIᵉ siècle-XVᵉ siècle) adaptèrent des éléments stylistiques du Sri Lanka, de Birmanie et d'autres pays voisins pour créer une forme d'art spécifiquement thaïe. Ils coulèrent en bronze de nombreuses images du Bouddha, et les statues le représentant, une posture peu fréquente dans l'art bouddhiste, sont sans doute les œuvres les plus connues de cette période. Au XVIᵉ siècle, les céramiques Sangkhalok *(p.190)* réputées pour leur finesse, en particulier les céladons d'un vert délicat, s'exportaient dans toute l'Asie.

La posture du « Bouddha marchant » le représente descendant du ciel Tavatimsa après une visite à sa mère.

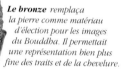

Le bronze remplaça la pierre comme matériau d'élection pour les images du Bouddha. Il permettait une représentation bien plus fine des traits et de la chevelure.

LE BOUDDHA DE PHITSANULOK

Le Wat Phra Si Rattana Mahathat de Phitsanulok abrite Phra Phuttha Chinarat, le bouddha le plus vénéré de Thaïlande après le Bouddha d'Émeraude. Fondu en bronze au XIVᵉ siècle et plus tard doré, il offre un magnifique exemple de l'art de Sukhothai à son apogée.

Articulations anguleuses

Ce bronze de Visbnu, un dieu hindou, dans le style classique de Sukhothai, rappelle que des brahmanes présidaient à certaines cérémonies de la cour.

Le halo en forme de flamme, s'achevant en têtes de serpent, est sans équivalent.

Doigts tous de la même longueur

*Les **bai semas*** (pierres de bornage, p. 29) étaient sculptées dans l'ardoise en forme de feuille. Celle-ci, au Wat Sorasak de Sukhothai, porte les détails d'une concession de terrain.

Les ornements de pignon en céramique monochrome sont typiques de la période. Celui-ci décore le Wat Phra Phai Luang de Sukhothai.

Les épis de faîte en céramique, parant de nombreux toits, présentent un mélange des styles khmer et chinois.

Les céramiques Sangkhalok, tel cet élégant éléphant monochrome, nous sont souvent parvenues en bon état. Leur fabrication commença au milieu du XIVᵉ siècle.

Le roi Vajiravudh (1910-1925) se montra très actif au début des fouilles de Sukhothai, malgré un manque total de formation.

Cheveux serrés en un chignon en forme de flamme

Nez et sourcils arqués

La vaisselle aux motifs de fleurs et de poissons peints sous le vernis s'exportait jusqu'au Japon.

Bouche souriante

Les figurines, souvent féminines, affichaient parfois une grosseur près de la bouche qui pourrait représenter le thé fermenté mâché.

Robes diaphanes

Les pichets appelés kendis prenaient entre autres des formes animales tel ce canard en poterie.

LES FOURS DE BAN KO NOI

Des fouilles réalisées entre 1980 et 1987 ont révélé les vestiges de 200 fours de brique à Ban Ko Noi (p. 189). Certains contenaient les pots en cours de cuisson au moment de leur abandon. D'autres sites de fours existent à Sukhothai.

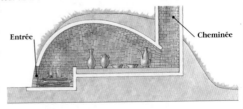

Entrée

Cheminée

Les étrangers à Ayutthaya

Tout au long du XVIᵉ et du XVIIᵉ siècle, Ayutthaya, l'un des principaux pôles commerciaux d'Asie, attira non seulement des marchands du monde entier, mais aussi des missionnaires et des aventuriers.

Les Portugais arrivèrent au XVIᵉ siècle, découvrant une cité parcourue de canaux qu'empruntaient les majestueuses flottilles de barges royales. Leurs fusils et leurs conseillers militaires aidèrent le royaume dans sa lutte contre les Birmans.

Représentation européenne d'un officiel siamois

Les Hollandais et les Anglais suivirent au XVIIᵉ siècle et établirent des comptoirs. Les jésuites français s'efforcèrent d'obtenir des conversions. Certains étrangers, tel Constance Phaulcon, eurent une influence politique temporaire.

L'église Saint-Joseph (p. 170) *a connu plusieurs restaurations depuis sa construction par des Français au sud de la principale île d'Ayutthaya pendant le règne de Narai (1656-1688).*

Palais royal

La laque *était une spécialité d'Ayutthaya. Comme d'autres aspects de la vie de la cité, l'influence des étrangers, ou* farangs, *ici des marchands, trouva un écho dans les arts décoratifs.*

PLAN D'AYUTTHAYA

Les échanges avec le Siam conduisirent les Européens à dresser des plans d'Ayutthaya, ou Iudia selon la transcription du nom de la ville à l'époque. Cette carte française, probablement une copie du XVIIIᵉ siècle d'un relevé du XVIIᵉ siècle, montre la localisation des différents quartiers.

Quartier siamois   **Chao Phraya**

Les premiers Français*, des missionnaires jésuites, arrivèrent en 1662. L'un d'eux revint peu après inviter une délégation siamoise à se rendre à la cour de Louis XIV, représenté ici recevant les envoyés de Narai en 1684. Une ambassade dirigée par le chevalier de Chaumont, accompagné de l'abbé de Choisy, se rendit l'année suivante à Ayutthaya.*

Les jésuites français vinrent à Ayutthaya avec l'ambition de convertir le roi Naraï au catholicisme. Ils échouèrent mais éveillèrent son intérêt pour l'astronomie. Cette illustration le montre en train d'observer une éclipse de Lune en 1685. Il observa en 1688 une éclipse partielle du Soleil. Il accorda aux jésuites des terres pour construire églises et écoles.

Les piments, importés d'Amérique du Sud par les Portugais qui conclurent un traité commercial avec les Siamois en 1516, connurent un tel succès qu'ils jouent un rôle essentiel aujourd'hui dans de multiples plats thaïlandais.

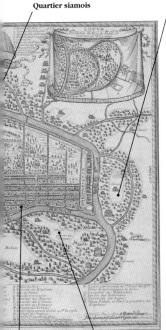

Quartier siamois

Quartier chinois

Quartier français

Quartier portugais

Un convoi de barges royales était souvent le premier spectacle qui accueillait les visiteurs. Ayutthaya, sillonnée de canaux où se pressaient les embarcations, prit le surnom de « Venise de l'Orient ».

CONSTANCE PHAULCON

C'est pendant le règne de Naraï (1656-1688) que les étrangers eurent le plus d'influence à Ayutthaya. Un personnage marqua particulièrement l'époque : l'aventurier levantin Constance Phaulcon qui, arrivé en 1678 au service de la Compagnie anglaise des Indes orientales, séduisit le roi au point de devenir son confident et son Premier ministre. Pour défendre ses intérêts personnels, il joua la carte française contre les Hollandais et les Anglais et obtint pour Louis XIV l'autorisation d'installer des garnisons à Bangkok et à Mergi. Cette présence militaire provoqua l'inquiétude de dignitaires de la cour qui profitèrent d'une grave maladie de Naraï en 1688 pour faire exécuter Phaulcon. Le monarque mourut quelques jours après son favori. Le Siam se ferma alors aux étrangers pour cent cinquante ans.

La V.O.C. (Compagnie néerlandaise des Indes orientales) prit de premiers contacts en 1604 et fonda en 1634 un comptoir commercial que détruisirent plus tard les Birmans.

Constance Phaulcon se prosternant devant le roi Naraï

LE SUD DE LA PLAINE CENTRALE

Depuis des siècles, la large plaine alluviale du Chao Phraya est le grenier à riz de la Thaïlande et sa région la plus densément peuplée. Le fleuve demeure un lien essentiel entre le cœur historique du pays et la capitale actuelle, Bangkok. Celle qui la précéda, Ayutthaya, est le site touristique le plus fréquenté de la région. À Kanchanaburi, le pont de la rivière Kwaï attire lui aussi de nombreux visiteurs.

Ayutthaya fut un des plus grands centres commerçants d'Asie du XIVe au XVIIIe siècle, et la splendeur de ses temples et palais, construits au confluent de trois rivières, le Chao Phraya, le Lopburi et le Pasak, plongea dans l'émerveillement les étrangers attirés par ses richesses. Dévastée par les Birmans en 1767, l'ancienne capitale conserve de l'époque de sa grandeur, des vestiges disséminés dans la ville moderne. Ils attirent chaque jour des centaines de visiteurs faisant l'aller-retour depuis Bangkok. Autre but d'excursion très populaire, Kanchanaburi, à l'ouest de Bangkok, entretient le souvenir d'un épisode de l'histoire plus récent : la construction, pendant la Seconde Guerre mondiale, du « chemin de fer de la mort » rejoignant le col des Trois Pagodes à la frontière birmane. Elle coûta la vie à des milliers de prisonniers de guerre occidentaux et de travailleurs forcés asiatiques. Le reste de la région possède peu de structures d'accueil touristiques et des villes comme Lopburi, riche de plusieurs *prangs* khmers, ainsi que le lieu de pèlerinage de Phra Phutthabat restent ignorés de la majorité des étrangers.

La vallée de la Khwae Noi, sur la route du col des Trois Pagodes, est plus fréquentée. Vastes forêts et prairies couvrent les collines qui l'entourent. Elles renferment deux réserves naturelles et les parcs nationaux d'Erawan, de Sai Yok et de Chaloem Rattanakosin. De l'autre côté de la Plaine centrale, à l'est, le plus ancien parc national de Thaïlande, Khao Yai, reste le meilleur endroit pour voir des éléphants sauvages, parmi d'autres animaux et oiseaux.

Le célèbre pont de la rivière Kwaï à Kanchanaburi

◁ Le Wat Phra Mahathat, construit en 1384, l'un des plus grands temples de l'ancienne Ayutthaya

À la découverte du sud de la Plaine centrale

Sa fertilité et le climat rythmé par le régime des moussons rendent le bassin du Chao Phraya idéal pour la culture du riz. Il n'est ainsi pas surprenant que les royaumes de Lopburi et, plus tard, d'Ayutthaya, y établirent leurs capitales. À l'est de la vaste plaine, Khao Yai est le plus ancien et le plus accessible des parcs nationaux. À l'ouest, le pont de la rivière Kwaï est devenu une attraction touristique près de Kanchanaburi. La route sinueuse qui relie cette ville au col des Trois Pagodes, à la frontière birmane, longe plusieurs réserves naturelles.

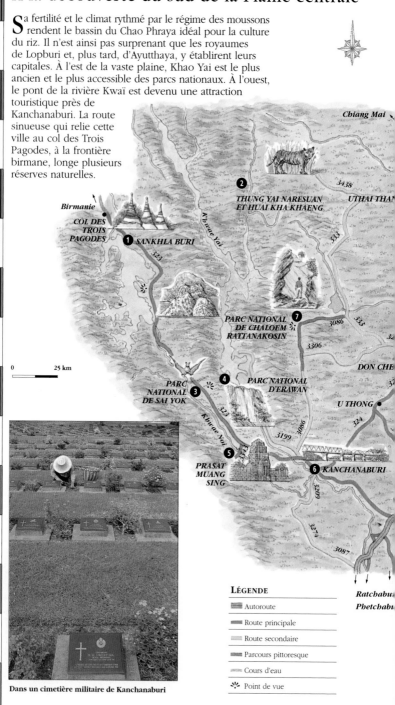

Chiang Mai

THUNG YAI NARESUAN ET HUAI KHA KHAENG

UTHAI THAN

3438

Birmanie

COL DES TROIS PAGODES

1 SANKHLA BURI

Khwae Yai

333

323

PARC NATIONAL DE CHALOEM RATTANAKOSIN **7**

3086

333

3306

32

DON CHE

0 ___ 25 km

PARC NATIONAL DE SAI YOK **3**

4 PARC NATIONAL D'ERAWAN

Khwae Noi

323

U THONG

324

3199

3086

5

PRASAT MUANG SING

6 KANCHANABURI

3209

3274

3087

Ratchabu

Phetchab

LÉGENDE

▬ Autoroute

▬ Route principale

▬ Route secondaire

▬ Parcours pittoresque

= Cours d'eau

☀ Point de vue

Dans un cimetière militaire de Kanchanaburi

CIRCULER

De nombreux hôtels de Bangkok proposent des visites organisées d'Ayutthaya et de Kanchanaburi. Il existe des excursions en bateau pour Ayutthaya via Ban Pa-in. Les routes qui rayonnent de Bangkok offrent un accès aisé en bus ou en voiture à l'ensemble de la région une fois sorti de la ville elle-même. Le train dessert Kanchanaburi, Ayutthaya et Lopburi.

Bouddhas du Wat Yai Chai Mongkhon à Ayutthaya

Voir aussi

- **Hébergement** p. 391-392

- **Restaurants** p. 415-416

Le Hall Chanthara Phisan du palais du roi Narai, Lopburi

LES SITES D'UN COUP D'ŒIL

Ang Thong **9**

Ayutthaya p. 166 -171 **12**

Bang Pa-in **13**

Parc national de Chaloem Rattanakosin **7**

Parc national d'Erawan **4**

Kanchanaburi **6**

Parc national de Khao Yai p. 174-175 **14**

Lopburi p. 164-165 **10**

Phra Phutthabat **11**

Prasat Muang Sing **5**

Parc national de Sai Yok **3**

Sangkhla Buri **1**

Suphan Buri **8**

Thung Yai Naresuan **2**

En route pour le marché, col des Trois Pagodes

Sangkhla Buri ❶
สังขละบุรี

Province de Kanchanaburi. 🚶 27 000. 🚌 depuis Kanchanaburi. 🛈 TAT, Kanchanaburi (034) 511200. 🎫 t.l.j.

Cette petite ville proche de la frontière birmane est habitée par une population mélangée de Karens, de Môns et de Thaïs, et son marché central permet entre autres de déguster des curries et des samoussas birmans.

Sangkhla Buri offre toutefois pour principal intérêt de se trouver au bord du vaste lac artificiel créé par un barrage sur la Khwaï Noi. Parfois, à la fin de la saison sèche, les vestiges de forêts et d'un village engloutis, les flèches d'un *wat* en particulier, apparaissent à la surface. Un *chedi* de style inhabituel, celui du **Wat Wangwiwekaram**, domine la rive nord de la retenue d'eau. Une galerie couverte abrite à côté un marché quotidien qui propose notamment des *lungis*, sarongs traditionnels birmans, et de rustiques sculptures sur bois, marchandises provenant de pays tels que la Birmanie et l'Indonésie. Un pont en bois franchissant un bras du lac permet d'atteindre le temple à pied. Un village à prédominance môn s'est développé non loin du sanctuaire. Un marché intéressant s'y tient tôt le matin.

AUX ENVIRONS : Les trois petits *chedis* blancs qui donnent son nom au **col des Trois Pagodes**, à 23 km au nord-ouest de Sangkhla Buri sur la frontière birmane, ont un intérêt limité. Pendant des siècles, ce col qui se trouve à moins de 300 m d'altitude servit de route d'invasion. Pendant la Seconde Guerre mondiale, la voie ferrée construite par les Japonais entre le Siam et la Birmanie *(p. 160-161)* le franchissait. On distingue toujours près de la frontière le trajet que suivaient les rails. Le col est aujourd'hui une paisible voie commerciale (et de contrebande) entre l'océan Indien, à l'ouest, et les principaux pays de l'Asie du Sud-Est. Les visiteurs peuvent normalement (quand les relations entre la Birmanie et la Thaïlande sont assez bonnes) obtenir un visa d'une journée *(p. 451)* pour se rendre de l'autre côté de la frontière dans la ville de Pyathonzu.

Thung Yai Naresuan et Huai Kha Khaeng ❷
เขตรักษาพันธุ์สัตว์ป่าห้วยขาแข้ง

Provinces de Kanchanaburi, Tak et Uthai Thani. 🛈 TAT, Tak (055) 514341 ; Kanchanaburi (034) 511200 ; Forestry Dept (02) 579 0529.
@ tattak@north.shane.net
🚌 depuis Kanchanaburi.

Ces deux immenses réserves naturelles d'une superficie de 6 200 km², qu'entourent 6 000 km² de forêts protégées, ont été inscrites ensemble au Patrimoine mondial de l'UNESCO. Elles abritent certains des derniers grands groupes d'éléphants sauvages et des carnivores menacés de disparition tels que le tigre, la panthère longibande et l'ours des cocotiers. L'énorme gaur, une sorte de bison, et les derniers troupeaux de buffles sauvages du pays, ainsi que des espèces rares de gibbons, peuplent aussi le sanctuaire. Il existe au Huai Kha Khaeng un sentier de randonnée destiné aux visiteurs, mais

Troupeau de buffles sauvages, espèce protégée dans les réserves naturelles de Thung Yai Naresuan et Huai Kha Khaeng

Hébergement touristique dans le paisible parc national de Sai Yok

aucune des deux réserves n'est vraiment équipée pour accueillir les touristes en nombre. Les groupes importants peuvent s'adresser au service des eaux et forêts (Forestry Department) de Bangkok pour obtenir l'autorisation de pénétrer dans les parcs.

Parc national de Sai Yok ❸
อุทยานแห่งชาติไทรโยค

Province de Kanchanaburi. Siège du parc près de la route 323 à 100 km de Kanchanaburi. 🛈 TAT, Kanachanaburi (034) 511200 ; Forestry Dept (02) 579 5734, (02) 579 7223 (et location de bungalows). 🚌 🚆 depuis Kanchanaburi. 🌐

Ce parc de 500 km², fondé en 1980 autour du site où les Japonais établirent pendant la Seconde Guerre mondiale une importante caserne et un camp de prisonniers de guerre, est aujourd'hui réputé pour ses paysages en bord de rivière et l'impressionnante cascade de Sai Yok Yai qui se jette dans le Khwaï Noi. Des possibilités d'hébergement sont offertes dans des bungalows et d'agréables maisons flottantes. On peut louer des bateaux (assez cher malheureusement) pour rejoindre des grottes creusées dans le calcaire où nichent des chauves-souris de Kitti à nez de cochon, espèce rare découverte en 1973 par le naturaliste thaï Kitti Thonglongya. D'une longueur de 3 cm, ce serait le plus petit mammifère du monde.

AUX ENVIRONS : Financé grâce à des fonds australiens, le Burma-Thailand Railway Memorial Trail (Sentier commémoratif du chemin de fer Birmanie-Thaïlande) rend hommage aux prisonniers de guerre qui périrent pendant le percement de la tranchée de Konyu, rebaptisé Hellfire Pass (le col du feu de l'enfer) par les détenus qui y travaillèrent la nuit à la lueur des projecteurs. Non loin, un pont branlant long de 300 m reposant sur des chevalets de 25 m de hauteur coûta lui aussi bien des vies. Il s'écroula trois fois pendant son édification, prenant le surnom de Pack of Cards Bridge (pont château de cartes). Le sentier traverse une bambouseraie pour rejoindre la tranchée de Konyu.

Plaque commémorative, Hellfire Pass

Parc national d'Erawan ❹
อุทยานแห่งชาติเอราวัณ

Province de Kanchanaburi. Siège du parc près de la Route 3199 à 65 km de Kanchanaburi. 🛈 TAT, Kanchanaburi (034) 511200 ; Forestry Dept (02) 579 5734, (02) 579 7223 (et location de bungalows). 🚌 🚆 depuis Kanchanaburi. 🌐

Dans les vertes forêts de ce parc national de 550 km², le plus proche de Kanchanaburi, dévalent les magnifiques **cascades d'Erawan**,

succession de chutes d'eau et de bassins que longe un sentier agréable mais abrupt de 2 km. S'il arrive aux gardes forestiers de découvrir à l'occasion une empreinte de tigre, les visiteurs ont plus de chances d'apercevoir des singes rhésus, des macaques à queue de cochon ou les spécimens de quelque 80 espèces d'oiseaux. Le centre d'accueil diffuse un diaporama sur le parc qui est l'un des plus populaires de Thaïlande et attire une foule dense les week-ends et en périodes de vacances. Dans sa partie occidentale, la vaste grotte de Tham Wang Badan abrite de nombreuses stalactites et stalagmites.

AUX ENVIRONS : Situées dans le **Parc national de Si Nakharin**, les cascades de Huai Khamin n'attirent pas autant de monde que celles d'Erawan mais, méritent elles aussi une visite. Elles offrent la possibilité de se baigner. On peut également se promener sur le réservoir de Si Nakharin en louant un bateau au quai de Kradan ou à Si Sawat, petite ville de marché située sur la rive orientale du lac artificiel.

Parc national de Si Nakharin
108 km au nord de Kanchanaburi. ⬜ t.l.j. 🌐

Les chutes d'Erawan nommées d'après l'éléphant sacré à trois têtes d'Indra

Sanctuaire central de Prasat Muang Sing près de Kanchanaburi

Prasat Muang Sing ⑤

ปราสาทเมืองสิงห์

Par la route 323, 43 km à l'ouest de Kanchanaburi, province de Kanchanaburi.
🛈 TAT, Kanchanaburi (034) 511200.
🚌 depuis Kanchanaburi jusqu'à Tha Kilen puis songthaew. ◯ t.l.j. 🈂

Les ruines de Muang Sing remontent environ au XIIIᵉ siècle et marquent au bord de la Khwaï Noi la limite occidentale de l'expansion de l'Empire khmer (p. 254-255). Des remparts en terre entourent un mur intérieur de latérite qui délimite un quadrilatère d'un kilomètre carré. Une plate-forme de latérite porte les vestiges d'un temple bouddhiste : Prasat Muang Sing. Il fait face à l'est, la direction de la cité d'Angkor, comme la plupart des sanctuaires khmers. Au nord-ouest subsistent les ruines d'un édifice similaire mais plus petit. Certains historiens d'art estiment que le temple ne fut pas bâti par des Khmers mais plutôt par des artisans locaux imitant l'architecture de leurs occupants. Le *prasat*, par exemple, ne possède pas les détails stylistiques généralement présents sur les monuments khmers. Sa construction commença probablement après le règne de Jayavarman VII (1181-1220), début du déclin de l'empire. Un musée expose les objets mis au jour lors des fouilles.

AUX ENVIRONS : Au sud-est de Muang Sing, le **musée de Ban Kao** présente les outils et ornements retrouvés sur un site préhistorique découvert par un prisonnier de guerre hollandais, l'archéologue van Heekeren.

🏛 **Musée de Ban Kao**
35 km à l'ouest de Kanchanburi.
◯ du mer. au dim. 🈂

Kanchanaburi ⑥

กาญจนบุรี

Province de Kanchanaburi. 🛫
54 000. 🚌 🚆 🛈 TAT, Saeng Chuto Rd, Kanchanaburi (034) 511200.
🎫 t.l.j. 🈂 Semaine du pont de la rivière Kwaï (nov.-déc.).

Bien qu'entourée de collines d'une beauté saisissante et de vastes champs de canne à sucre, Kanchanaburi doit surtout d'être connue au pont qui franchit la rivière Kwaï au nord du centre-ville et que rendit célèbre le roman de Pierre Boulle et le film que David Lean en tira. La petite gare voisine conserve quelques locomotives à vapeur d'époque. Il y a aussi un monument aux Morts, érigé par l'administration japonaise en 1944. Le pont faisait partie du « chemin de fer de la mort » (Death Railway), surnom donné à la voie ferrée Birmanie-Siam dont la construction coûta la vie à 100 000 travailleurs forcés asiatiques et à 12 000 prisonniers de guerre. Presque 7 000 de

Panneau, gare de Kanchanaburi

ces derniers, principalement des Australiens et des Anglais, reposent au **Kanchanburi War Cemetery**, lieu poignant superbement entretenu par la Commonwealth War Graves Commission. Plus petit, le **Chong Kai Cemetery** abrite 1 740 tombes. Il s'étend sur la rive nord de la rivière Kwaï Noi, aisément accessible en bac depuis le centre. Non loin, le **Wat Tham Khao Pun** domine la rivière et la voie Birmanie-Siam qui vers le sud, à cet endroit, prend la direction de Ban Kao et Prasat Muang Sing. Dans l'enceinte du temple, d'étroits passages desservent un réseau de grottes emplies de bouddhas.
Installé dans le Wat Chai Chumphon, le **JEATH War Museum** expose trois répliques des huttes en bambou qu'occupaient les prisonniers de guerre dans les camps qui jalonnaient le Death Railway. Elles renferment des souvenirs de cette époque tragique tels que dessins, photographies, cartes. JEATH est l'acronyme de Japan, England, Australia and America, Thailand et Holland, les noms anglais de certains des pays dont les ressortissants travaillèrent à la construction de la ligne de chemin de fer, car même les gardes japonais durent eux aussi mettre la main à la pâte. Il ne subsiste aujourd'hui que 77 km de voie qui constituent cependant un parcours très pittoresque entre

Pont d'acier franchissant la Khwaï Yai à Kanchanaburi

Kanchanaburi et Nam Tok. De nombreux survivants et parents de victimes se rendent chaque année à Kanchanaburi. Parmi les hébergements disponibles en ville figurent d'originaux hôtels flottants.

🏛 **Kanchanaburi War Cemetery**
Saeng Chuto Rd. ⬤ *t.l.j.*

🏛 **Chong Kai Cemetery**
Ban Kao Rd. ⬤ *t.l.j.*

🏛 **JEATH War Museum**
Chaichumpoli Rd. ⬤ *t.l.j.* 📷

Paysans au travail dans les collines entourant Kanchanaburi

Parc national de Chaloem Rattanakosin ❼

อุทยานแห่งชาติเฉลิมรัตนโกสินทร์

Province de Kanchanaburi. Siège du parc sur la route 3086, 97 km au nord-est de Kanchanaburi. ℹ *TAT (034) 511200 ; Forestry Dept (02) 579 5734, (02) 579 7223 (et location de bungalows).* 🚌 *depuis Kanchanaburi jusqu'à Nong Preu puis songthaew.* ⬤ *t.l.j.* 📷

Ce splendide parc reculé est l'un des plus modestes de Thaïlande avec ses 59 km². Le principal sentier longe un ruisseau qui traverse une grotte, Tham Than Lot Noi, pour émerger dans un ravin boisé aux pentes abruptes. Le sentier continue pendant 2 500 m, le long des chutes de Trai Trung pour atteindre Tham Tan Lot Yai, cavité creusée dans le calcaire, aménagée en petit sanctuaire bouddhiste. Un matin de semaine, vous y serez sans doute seul.

LE PONT DE LA RIVIÈRE KWAÏ ET LA VOIE FERRÉE BIRMANIE-SIAM

Immortalisé par le roman de Pierre Boulle, *Le Pont de la rivière Kwaï*, et son adaptation cinématographique par David Lean en 1957, le premier pont ferroviaire construit par des travailleurs forcés alliés et asiatiques sur la rivière Khwaï Yai, près de Kanchanaburi, était en bois. Les Japonais l'abandonnèrent en 1943 pour un ouvrage en acier que l'US Air Force bombarda à plusieurs reprises à partir de la fin 1944, jusqu'à le mettre hors d'usage en 1945 alors qu'il n'avait servi que quelques mois.

Ce pont faisait partie d'un immense projet : la voie ferrée de 415 km Birmanie-Siam que les Japonais comptaient utiliser pour étendre leurs conquêtes en Asie, malgré le blocus maritime des Alliés. Elle courait de Nong Pladuk, à 50 km au sud-est de Kanchanaburi, jusqu'à Thanbyuzayat, près du littoral du golfe de Martaban, et ne fonctionna que deux ans.

Environ 60 000 prisonniers de guerre et 300 000 ouvriers asiatiques travaillèrent de force à sa construction rendue particulièrement difficile par le relief. Beaucoup succombèrent au choléra, à la malaria, à la malnutrition et aux mauvais traitements de leurs gardiens. Ceux-ci

Toile d'un prisonnier de guerre, JEATH Museum de Kanchanaburi

considéraient, selon le code d'honneur des samouraïs, qu'un homme qui s'était rendu avait perdu toute dignité humaine. Chaque traverse aurait coûté une vie. Reconstruit, avec deux poutrelles de la Japan Bridge Company d'Osaka,

Prisonniers de guerre sur le pont en bois de la rivière Kwaï Yai (v. 1942-1943)

dans le cadre des réparations de guerre imposées au Japon, le pont actuel est devenu un lieu de pèlerinage pour les survivants et les familles de ceux qui périrent. Deux cimetières renferment à Kanchanaburi les tombes de milliers d'entre eux.

Le Chong Kai Cemetery de Kanchanaburi

Le sanctuaire chinois de San Chao Pho, Suphan Buri

Suphan Buri ❽
สุพรรณบุรี

Province de Suphan Buri. 🏯 *42 000*.
🚉 🚌 🛈 *TAT, Ayutthaya (035) 246077*. 🎎 *Fête de Don Chedi (le 25 jan.)*

Comme beaucoup de cités de la région, Suphan Buri prit son essor dans le sillage d'Ayutthaya au XIVᵉ siècle. Près du centre se dresse le splendide *prang* du Wat Phra Si Rattana Mahathat. D'influence khmère, il fut restauré à l'époque d'Ayutthaya puis au XXᵉ siècle. À l'entrée de la ville sur la route de Kanchanaburi, le Wat Pa Lelai abrite un grand bouddha assis de l'époque de Dvaravati *(p. 52-53)*. À l'est se trouve le San Chao Pho Lak Muang, un sanctuaire chinois. De l'autre côté de la rivière, le Wat Phra Rup renferme un élégant bouddha couché et une empreinte de pied de l'« Éveillé », sculptée dans du bois. D'intéressantes peintures murales du XIXᵉ siècle décorent le *bot* du Wat Pratu San voisin.

AUX ENVIRONS : À 30 km au nord-ouest de Suphan Buri, un vaste monument, **Don Chedi**, marque le site de la bataille thaïe-birmane de Nong Sarai *(p. 58)*.
Le **Musée national de U Thong** présente des objets de Dvaravati datant du VIᵉ au XIᵉ siècle et de l'art khmer.

🏛 **Musée national de U Thong**
7 km au sud-ouest de Suphan Buri.
◯ *du mer. au dim.* 🎫

Ang Thong ❾
อ่างทอง

Province d'Ang Thong. 🏯 *23 000*.
🚉 🛈 *TAT, Ayutthaya (035) 246077*.
🚌 *t.l.j.*

Pour les amateurs de sculpture bouddhique, cette petite ville offre, à mi-chemin entre Suphan Buri et Lopburi, une base pratique pour découvrir trois sites proches peu visités malgré leur intérêt. Au sud d'Ang Thong, le **Wat Pa Mok** abrite un bouddha couché du XVᵉ siècle long de 22 m.
Celui du **Wat Khun In Pranum** au nord-ouest datant de l'époque d'Ayutthaya, atteint 50 m d'envergure.
Au **Wat Chaiyo Wora Wihan**, au nord d'An Thong, un *wihan* renferme un immense bouddha du style de Rattanakosin appelé Phra Maha Phuttha Phim.

Le Wat Pha Mok proche d'Ang Thong

Lopburi ❿
ลพบุรี

Voir p. 164-165.

Phra Phutthabat ⓫
พระพุทธบาท

Province de Saraburi. 🛈 *TAT, Ayutthaya (035) 246 077.* 🚌 *Depuis Saraburi puis samlor.* ◯ *de 7 h à 18 h t.l.j.* 🎎 *Fête de Phra Phutthabat (mars).*

Au début du XVIIᵉ siècle, le roi Song Tham (1610-1628) d'Ayutthaya envoya un groupe de moines au Sri Lanka rendre hommage à une très sainte empreinte de pied du Bouddha. (Selon la tradition, ces empreintes montrent réellement où l'« Éveillé » a foulé le sol de la terre.) À la grande surprise des moines, les Sri Lankais leur dirent que, selon les Écritures, il existait une de ces empreintes en Thaïlande. Song Tham ordonna bien entendu sa recherche.
C'est un chasseur poursuivant un cerf blessé qui le trouva. Après s'être enfoncé dans un sous-bois, sa proie en ressortit guérie. Intrigué, le chasseur fouilla la végétation et découvrit une flaque en forme d'empreinte de pied. Il en but l'eau et fut débarrassé miraculeusement d'une maladie de peau.

Cloche, Phra Phutthabat

Informé, le roi fit construire un temple sur le site, et celui-ci est devenu l'un des lieux de culte les plus sacrés de Thaïlande. Aujourd'hui, un *mondop* ouvragé, reconstruit à la fin du XVIIᵉ siècle après sa destruction par les Birmans en 1765, abrite l'empreinte longue de 1,5 m : Phra Phutthabat. Un musée expose des offrandes faites par les pèlerins qui viennent ici participer chaque année à d'importantes cérémonies.

AUX ENVIRONS : Les pèlerins en route pour Phra Phutthabat s'arrêtent souvent en route à environ 40 km plus au sud-ouest, pour rendre hommage à **Phra Phutthachai** (« l'ombre du Bouddha »), une icône estompée probablement peinte par un ermite.

Les postures du Bouddha

Partout en Thaïlande, les représentations du Bouddha suivent presque toutes des règles strictes édictées au IIIe siècle apr. J.-C. Des quatre postures de base : debout, assis, marchant et couché, les trois premières sont associées aux activités quotidiennes du Bouddha, la dernière à ses ultimes instants sur terre quand il atteignit le nirvana. À partir de ces postures, les positions des mains et des pieds permettent d'évoquer au travers d'attitudes *(mudras)* des thèmes clefs du bouddhisme. Le roi Rama III (1824-1851) dressa une liste de quarante de ces attitudes, mais la plupart restent rares au profit d'une douzaine dont la plus fréquente est *bhumisparsa mudra*.

Enseignement
(vitharka mudra)
symbolise le premier prêche prononcé par le Bouddha devant cinq ascètes dans un bois. Le pouce et l'index forment un cercle comme sur cette statue de l'école de Sukhothai.

TOUCHER DE LA TERRE
La posture *Bhumisparsa mudra* est une des plus communes. Elle symbolise un épisode important de la vie du Bouddha. Il prend à témoin la déesse de la nature de sa résistance, en pointant la main vers le sol, quand son ennemi Mara, faisant apparaître jeunes vierges nubiles et festins, tenta de l'arracher à sa méditation sous le banian de Bodh Gaya en Inde. Peu après, il atteignit l'illumination.

Main droite pointée vers la terre

Main gauche posée sur les jambes

Jambes en position du lotus

Médiation
(abhaya mudra)
symbolise l'offre du Bouddha de protéger ses disciples de la peur. La main droite levée évoque un épisode où le Bouddha apaise les querelles familiales.

Méditation (dhyana mudra)
montre le Bouddha assis en lotus, main droite posée sur la gauche, paumes vers le ciel comme sur cette statue moderne du sud de la Thaïlande, une position que prennent toujours les fidèles.

Contenant les eaux,
une variante d'abhaya mudra. La posture de ce Bouddha d'Ayutthaya, les deux mains levées paumes tournées vers l'extérieur, pointées vers le ciel, fait référence à un épisode où il aurait calmé une crue du Nairanjana, un affluent du Gange, en Inde du Nord.

Les bouddhas couchés, *celui-ci date d'Ayutthaya, représentent l'accession au parinirvana, le nirvana ultime.*

Lopburi pas à pas ⓾

ลพบุรี

Connue sous le nom de Lavo à l'époque de Dvaravati (p. 52-53), Lopburi devint un important avant-poste de l'Empire khmer (p. 254-255) entre le Xᵉ et le XIIᵉ siècle. Les *prangs* du Wat Phra Si Rattanamahathat et du Prang Sam Yot datent de cette époque. Lopburi s'efforça ensuite de conserver son indépendance face au pouvoir du royaume de Sukhothai (p. 54-55). Un mariage scella au XIVᵉ siècle son alliance avec l'État d'Ayutthaya (p. 58-59) alors en plein essor. La ville connut son apogée pendant le règne de Narai (1656-1688) qui y transféra brièvement sa capitale en réponse à une menace de blocus naval des Hollandais. Il y reçut les envoyés de Louis XIV. La ville moderne, sans grand intérêt, s'est développée à l'est du quartier ancien.

Wat Sao Thong Thong
Narai modifia le wihan *de ce* wat *pour qu'il serve de chapelle chrétienne, donnant aux fenêtres un dessin gothique.*

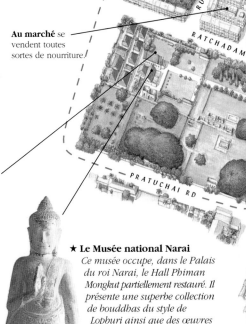

Au marché se vendent toutes sortes de nourriture.

★ **Le palais du roi Narai**
Le roi Mongkut (p. 61) fit restaurer certaines parties, dont le Hall Chanthara Phisan, de ce palais abandonné après la mort de Narai.

★ **Le Musée national Narai**
Ce musée occupe, dans le Palais du roi Narai, le Hall Phiman Mongkut partiellement restauré. Il présente une superbe collection de bouddhas du style de Lopburi ainsi que des œuvres khmères et des écoles de Dvaravati et d'Ayutthaya.

À NE PAS MANQUER

★ **Le palais du roi Narai**

★ **Le Musée national Narai**

★ **Le Wat Phra Si Rattanamahathat**

★ **Le Prang Sam Yot**

LÉGENDE

– – – Itinéraire conseillé

Résidence de Phaulcon

Le roi Narai construisit ce palais pour le Grec Constance Phaulcon dont il avait fait son confident et son Premier ministre. Phaulcon usa de son influence pour favoriser les Français qui obtinrent, en 1687, le droit d'installer des garnisons sur le sol du royaume. Cette autorisation entraînera la chute de l'intrigant exécuté en 1688 quelques jours avant la mort de Narai (p. 153).

MODE D'EMPLOI

Province de Lopburi. 🏛 43 000.
🚉 Na Phra Kan Rd.
🚌 Phra Narai Maharat Rd.
ℹ️ TAT, Rop Wat Phra That Rd.
(036) 422768. 🅿️ t.l.j.
🎉 Fête du roi Narai (fév.).
Musée national Narai
⚪ de 9 h à 16 h du mer. au dim.
⚫ jours fériés. 📷 **Palais du roi
Narai** ⚪ t.l.j. 📷 **Wat Phra Si
Rattanamahathat** ⚪ t.l.j. 📷
📷 **Résidence de Phaulcon**
⚪ t.l.j. 📷

Prang Khaek

Ce sanctuaire hindou dominé par trois tours de brique remonterait au VIIIe siècle.

WICHAYEN

RATCHADAMNOEN

PHRA YAM CHAMKAT

NA WAT

Vers la gare

★ Le Prang Sam Yot

Hindou à l'origine, ce sanctuaire est typique du style de Lopburi, adaptation par des artisans locaux de l'esthétique khmère. Deux des trois prangs abritent des bouddhas.

0   75 m

★ Le Wat Phra Si Rattanamahathat

Au centre de ce wat se dressent les ruines d'un prang khmer du XIIe siècle qui a conservé des ornements en stuc. L'enceinte renferme aussi des chedis de l'époque d'Ayutthaya et un wihan construit par le roi Narai.

Ayutthaya

พระนครศรีอยุธยา

Bracelet d'Ayutthaya

Fondée en 1351 par Ramathibodi Iᵉʳ (1351-1369) venu y fuir une épidémie de variole sévissant à Lopburi, la ville d'Ayutthaya s'affirma au XVᵉ siècle comme la capitale d'un puissant royaume (*p. 54-55*) qui conquit Sukhothai en 1438. Les premiers Européens y arrivèrent au début du XVIᵉ siècle (*p. 152-153*), et c'est principalement dans leurs récits que l'on peut appréhender la splendeur d'une cité qui compta jusqu'à 1 million d'habitants mais fut entièrement détruite par les Birmans en 1767. Les édifices modernes d'une bourgade de province enserrent aujourd'hui ses ruines.

Singhas **de brique et de stuc du Wat Thammikarat**

Wat Phra Mahathat

วัดมหาธาตุ

Au croisement de Cheekun Rd et de Naresuan Rd. ◯ *t.l.j.*

Probablement fondé à la fin du XIVᵉ siècle par Borommaracha Iᵉʳ (1370-1388), ce *wat* dont la construction se poursuivit pendant le règne de Ramesuan (1388-1395), fut l'un des plus importants d'Ayutthaya. Le *prang* central, aujourd'hui effondré, s'élevait à près de 50 m.

La tour Pisai Sayalak derrière le palais Chan Kasem

Wat Ratchaburana

วัดราชบูรณะ

Naresuan Rd. ◯ *t.l.j.*

Le Wat Ratchaburana au *prang* désormais restauré s'étend de l'autre côté de la rue en face du Wat Mahathat. Le roi Borommaracha II (1428-1448) l'édifia au début du XVᵉ siècle sur le site de crémation de ses deux frères, victimes de la lutte de succession qui les opposa après la mort de leur père Intharacha Iᵉʳ (1409-1424).

Un escalier raide et étroit descend dans la crypte où subsistent les traces de peintures murales estompées (*p. 56*). Des voleurs la pillèrent en 1957, s'emparant de la quasi-totalité des nombreux objets en or qu'elle contenait.

Palais Chan Kasem

วังจันทรเกษม

Près d'Uthong Rd, en face du marché de nuit ◯ *du mer. au dim.*

Dans l'angle nord-est de l'île principale se dresse le palais Chan Kasem, ou Wang Na. Le dix-septième monarque d'Ayutthaya, Maha Thammaracha (1569-1590), construisit en 1577 pour son fils, le prince Naresuan, qui en fit sa résidence permanente quand il monta à son tour sur le trône en 1590. La demeure ne survécut toutefois pas à la destruction de la ville par les Birmans en 1767 et les édifices actuels datent du règne de Mongkut (1851-1868). Ils abritent une riche collection de bouddhas et d'objets historiques. Derrière le palais Chan Kasem s'élève la **tour Pisai Sayalak** qui servit d'observatoire astronomique au roi Mongkut.

Wat Thammikarat

วัดธรรมิกราช

Uthong Rd. ◯ *t.l.j.*

Ce site pittoresque recèle les vestiges délabrés d'un grand *chedi* octogonal du début d'Ayutthaya entouré de *singhas*, lions de brique et de stuc. À côté du *chedi*, les ruines d'un *wihan* disparaissent peu à peu sous la végétation. Une magnifique tête de bouddha, retrouvée ici, est exposée dans le musée national Chao Sam Phraya (*p. 168*).

Wang Luang

วังหลวง

Uthong Rd. ◯ *t.l.j.*

À l'ouest du Wat Thammikarat, une boucle de la rivière enserrait Wang Luang, l'extension nord du palais royal édifiée par Borommatrailokanat (1448-1488) au milieu du XVᵉ siècle. Ses successeurs ajoutèrent pavillons et salles de réception, mais les Birmans n'en laissèrent que des ruines en 1767 et le bâtiment le mieux conservé, le **pavillon Trimuk**, date du règne de Chulalongkorn (1868-1910). Il repose sur les fondations d'une construction antérieure.

Le pavillon Trimuk bâti au XIXᵉ siècle à Wang Luang

⛩ Wat Phra Si Sanpet

Voir p. 168-169.

⛩ Wihan Phra Mongkhon Bophit

วิหารพระมงคลบพิตร

Si Sanpet Rd. ⭕ *t.l.j.* 🎟

Ce *wat* abrite l'un des plus grands bouddhas de bronze de Thaïlande. Aujourd'hui doré, il date probablement de la fin du XVe siècle mais connut plusieurs restaurations. En 1767, les Birmans détruisirent la majeure partie de son *wihan* et endommagèrent la tête et la main droite de la statue qui resta à l'air libre jusqu'à la reconstruction de l'édifice en 1956.

⛩ Wat Phra Ram

วัดพระราม

Une chronique relate que Ramesuan fit construire le Wat Phra Ram en 1369 sur le site de crémation de son père Ramathibodi Ier (1351-1369). C'est cependant une rénovation ultérieure, par Borommatrailokanat (1448-1488), qui lui donna son *prang* élégant décoré de *garudas*, de *nagas* et de bouddhas marchants. Des *wihans* et un *bot* l'entourent. Le temple se mire dans des bassins à nénuphars.

Un *prang* du XVe siècle domine le Wat Phra Ram

MODE D'EMPLOI

Province de Phra Nakhon Si Ayutthaya. 👥 *82 000.*
🚉 *Près de Bang Ain Rd.*
🚌 *Naresuan Rd.* 🚢 ℹ *TAT, Si Sanpet Rd, Ayuttaya (035) 246076.* ⭕ *t.l.j.*

⛩ Wat Lokaya Sutharam

วัดโลกยสุธาราม

Près de Klong Tho Rd. ⭕ *t.l.j.* 🎟

Les Birmans ayant détruit son *wihan*, dont ne subsistent que 24 piliers octogonaux, c'est en plein air que se découvre le bouddha couché long de 42 m du Wat Lokaya Sutharam. Les grandes statues de ce type n'évoquent pas toujours la mort de l'« Éveillé » mais parfois, comme dans ce cas, un épisode où le Bouddha multiplia sa taille par cent pour affronter le démon Rahu. Le sanctuaire renferme aussi les ruines d'un *bot* et de *chedis*.

AYUTTHAYA : LE CENTRE-VILLE

Centre d'études historiques d'Ayutthaya ⑧
Palais Chan Kasem ⑫
Musée national Chao Sam Phraya ⑦
Cathédrale Saint-Joseph ⑮
Wang Luang ②
Wat Chai Watthanaram ⑭
Wat Lokaya Sutharam ①
Wat Phra Mahathat ⑨

Wat Na Phra Men ⑬
Wat Phanan Choeng ⑰
Wat Phra Ram ⑥
Wat Phra Si Sanpet ④
Wat Phutthaisawan ⑯
Wat Ratchaburana ⑩
Wat Suwan Dararam ⑪
Wat Thammikarat ③
Wihan Phra Mongkhon Bophit ⑤

LÉGENDE

🚉 Gare

🚌 Gare routière

🚢 Embarcadère

ℹ Information touristique

⛩ *Wat*

0   250 m

Musée national Chao Sam Phraya

พิพิธภัณฑ์เจ้าสามพระยา

Croisement de Rotchana Rd et de Si Sanphet Rd. ⬤ *t.l.j.* 📷

Ce musée offre une bonne introduction à l'art siamois avec, notamment, des bouddhas de bronze de styles variés et des panneaux de porte en bois provenant de *wats* d'Ayutthaya. La collection comprend aussi quelques superbes pièces d'orfèvrerie, en particulier une épée

Personnage d'un panneau de bois

incrustée de pierres précieuses et des bijoux. Découvertes dans la crypte du *prang* central du Wat Ratchaburana lors de son pillage en 1957, elles font partie des rares objets du sanctuaire sauvés du sac de la ville en 1767 *(p. 58-59).*

Centre d'études historiques d'Ayutthaya

ศูนย์ศึกษาประวัติศาสตร์อยุธยา

Rotchana Rd. ⬤ *t.l.j.* 📷

Financé par le gouvernement japonais, cet institut est situé dans le quartier qu'occupait une communauté nippone à l'apogée d'Ayutthaya. Il abrite une maquette du Wat Phra Si Sanphet et propose d'intéressantes expositions sur l'histoire de la ville, de ses traditions et de ses relations commerciales.

Wat Suwan Dararam

วัดสุวรรณดารารามฯ

Pomphet. ⬤ *t.l.j.*

Rama Ier (1782-1809) fit rebâtir ce temple entièrement détruit par les Birmans. L'*ubosot* reste normalement fermé, mais on peut demander la clé pour contempler les peintures murales commandées par Rama VII (1925-1935). Elles représentent des scènes de l'époque du roi Naresuan, entre autres la bataille de Nong Sarai où il battit les Birmans en 1593 *(p. 58)*. Non loin subsiste une partie des défenses de la ville, Phom Phet. Sa position lui donnait un rôle stratégique dans la surveillance du Chao Phraya.

Wat Phra Si Sanphet

วัดพระศรีสรรเพชญ์

Borommatrailokanat fonda au XVe siècle le temple royal du Wat Phra Si Sanphet et son fils, Ramathibodi II, y éleva deux *chedis* pour abriter les reliques de son père et de son frère. Ses propres cendres se trouvent dans le troisième *chedi* construit par Borommaracha IV. Leurs successeurs continuèrent d'agrandir le sanctuaire jusqu'au sac birman de 1767 *(p. 58-59)*. Le site connut une restauration partielle au XXe siècle, et nombre de ses trésors se trouvent aujourd'hui dans des musées.

Du Prasat Phra Narai, de plan cruciforme, il ne subsiste que les fondations.

Les cendres de Ramathibodi II (1491-1529) se trouvent dans ce *chedi* bâti au XVIe siècle par Borommaracha IV.

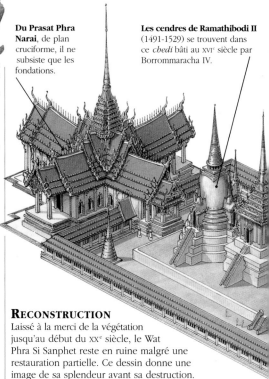

RECONSTRUCTION

Laissé à la merci de la végétation jusqu'au début du XXe siècle, le Wat Phra Si Sanphet reste en ruine malgré une restauration partielle. Ce dessin donne une image de sa splendeur avant sa destruction.

Dessin des *chedis*
Quand le Siam se rouvrit aux étrangers, les ruines d'Ayutthaya éveillèrent l'intérêt d'érudits tels qu'Henri Mouhot qui exécuta ce dessin à la fin du XIXe siècle. Depuis 1927, le Wat Phra Si Sanphet est sous la protection du département thaïlandais des Beaux-Arts.

MODE D'EMPLOI

Près de Si Sanphet Rd, Ayutthaya.
de 9 h à 17 h t.l.j.

Porte de bois
Le musée Chao Sam Phraya expose une collection de portes sculptées. Celle-ci se trouvait probablement jadis à l'entrée du Wihan Phra Si Sanphet.

Les chedis
Outre les cendres des rois, ils renfermaient de précieux bouddhas et des insignes royaux.

Les cendres de Borromaracha III
(1463-1488), frère de Ramathibodi II, se trouvent dans ce *chedi*.

Entrée de chedi
Les constructeurs d'Ayutthaya créèrent un style original en adaptant des éléments tels que prangs khmers *et* chedis en cloche sri lankais. *Ce corridor d'accès s'inspire, en plus modeste, des* mandapas *des sanctuaires khmers.*

Les cendres de Borommatrailokanat
(1448-1488) se trouvent dans le seul *chedi* épargné par les Birmans. Les autres durent être restaurés.

Escalier conduisant à l'entrée du *chedi*.

Ce *mondop* abritait une empreinte de pied du Bouddha.

Wihan Phra Si Sanphet
Ce grand wihan à l'entrée de l'enceinte renfermait jadis le principal bouddha du wat.

Ayutthaya : les sites périphériques

Bouddha, Wat Na Phra Men

L es vestiges les plus marquants d'Ayutthaya se trouvent sur l'île centrale située au confluent du Chao Phraya, du Lopburi et du Pasak. Les ponts franchissant les rivières permettent de rejoindre rapidement en *samlor* plusieurs autres sites d'intérêt, tels que le Wat Na Phra Men, l'un des plus beaux *wats* de la ville, ou la cathédrale Saint-Joseph, qui entretient le souvenir des contacts noués entre marchands européens et royaume de Siam au XVIIe siècle *(p. 152-153)*. La majeure partie de la cité moderne s'étend à l'est de l'île, sur la rive orientale du Pasak.

Rassemblement d'éléphants sauvages au Kraal (1890)

🏛 Wat Na Phra Men

วัดหน้าพระเมรุ

En face du palais royal, près de Sa Bua Canal. 📞 *(035) 252163.* ⏱ *t.l.j.* 📷

Au nord de l'île principale, un pont rejoint le Wat Na Phra Men, l'un des plus beaux monastères d'Ayutthaya et l'un des rares à avoir survécu à la destruction de la ville par les Birmans en 1767 *(p. 56)*. Sa fondation remonterait au règne d'Intharacha II (1488-1491) et il connut une première restauration à l'époque de Borommakot (1733-1758) puis une nouvelle au milieu du XIXe siècle. Son *wihan* abrite un bouddha assis de l'école de Dvaravati, transporté de Nakhon Pathom *(p. 130)* au milieu du XVIe siècle. Les peintures ornant les murs ont presque complètement disparu, et les portes datent du début du XIXe siècle. Le bouddha doré du *bot* adjacent date probablement du règne de Prasat Thong (1629-1656).

🐘 Kraal des éléphants

พระที่นั่งเพนียด

5 km au nord sur la route 309. 🏛 *t.l.j.* 📷

Situé au nord du Wat Na Phra Men, ce corral servit jusqu'au cœur du XIXe siècle au dressage des éléphants sauvages, destinés à devenir des animaux de somme ou les montures d'officiers supérieurs. Il remplaçait le *kraal* originel construit, pense-t-on, par le roi Yot Fat (1547-1548) à l'intérieur des remparts de la vieille ville. Un esprit, l'éléphant gardien, habiterait le sanctuaire dans la clôture.

🏛 Wat Phu Khao Thong

วัดภูเขาทอง

2 km au nord-ouest sur la Route 309. ⏱ *t.l.j.*

C'est le roi birman Bayinnaung qui éleva le *chedi* originel de ce *wat* pour célébrer sa conquête d'Ayutthaya en 1569. Le roi thaï Borommakot compléta le sanctuaire en 1744-1745.

🏛 Wat Chai Watthanaram

วัดไชยวัฒนาราม

Rive ouest du Chao Phraya, au sud-ouest de l'île principale. ⏱ *t.l.j.* 📷

Ce *wat* construit par le roi Prasat Thong en 1630 renferme un ensemble restauré formé d'un *prang* central entouré, de huit *prangs* de plus petite taille décorés de reliefs en stuc.

✝ Cathédrale Saint-Joseph

โบสถ์เซนต์ยอเซฟ

Sud-ouest de l'île principale sur le Chao Phraya. ⏱ *t.l.j.*

On célèbre le rite catholique depuis plus de trois cent ans dans cette église dominant le fleuve. L'édifice actuel date du XIXe siècle, les Birmans ayant détruit en 1767 le sanctuaire édifié pendant le règne de Narai pour les marchands européens installés dans sa capitale.

🏛 Wat Phutthaisawan

วัดพุทไธศวรรย์

Sud de l'île principale. ⏱ *t.l.j.* 📷

À l'est de Saint-Joseph, le Wat Phutthaisawan borde lui aussi le fleuve. Il renferme un *prang* restauré du XIVe siècle qu'entoure une galerie emplie de bouddhas.

🏛 Wat Kuti Dao

วัดกุฏีดาว

Est de l'île principale. ⏱ *t.l.j.* 📷

Ce temple remonte aux débuts d'Ayutthaya, mais les ruines visibles aujourd'hui sont celles d'une reconstruction entreprise au XVIIIe siècle par le roi Phumintharacha. Un *wihan* et un *bot* aux portes et fenêtres arquées caractéristiques flanquent le *chedi*.

Chedi en forme de cloche au Wat Kuti Dao

Bouddha couché dans un *wihan* en ruine du Wat Yai Chai Mongkhon

Wat Yai Chai Mongkhon
วัดใหญ่ไชยมงคล

Est de l'île principale. ☐ t.l.j.
Entre deux *mondops* abritant des bouddhas assis, des marches conduisent jusqu'à un *chedi*, l'un des plus hauts d'Ayutthaya, construit par le roi Naresuan (1590-1605) pour célébrer sa victoire sur les Birmans en 1593 à Nong Sarai *(p. 58-59)*. Sur le côté nord-est du *wat*, un bouddha couché occupe un *wihan* en ruine.

Wat Phanan Choeng
วัดพนัญเชิง

Sud de l'île principale. ☐ t.l.j.
Très ancien et maintes fois restauré, ce *wat* abrite Phra Chao Phanan Choeng, un grand bouddha assis du XIVᵉ siècle. Le *wihan* date du milieu du XIXᵉ siècle.

Ban Yipun
บ้านญี่ปุ่น

Sud de l'île principale sur la route 3059. ☐ t.l.j.
Sur le site d'une colonie japonaise du XVIIᵉ siècle, un musée présente des expositions sur les relations d'Ayutthaya avec l'étranger.

Wat Pradu Songtham
วัดประดู่ทรงธรรม

Nord de la gare, est de l'île principale. ☐ t.l.j.
Dans le *wihan* subsistent les vestiges de peintures murales datant du début de la période de Rattanakosin *(p. 31)*. Elles montrent notamment des scènes de la vie quotidienne telles qu'une représentation du Ramakien lors d'une fête. À l'extérieur, un petit *chedi* de la fin de l'époque d'Ayutthaya couronne un clocher.

Wat Maheyong
วัดมเหยงค์

Est de l'île principale. ☐ t.l.j.
Partiellement reconstruites, les ruines du Wat Maheyong datent du règne de Borrommaracha II (1424-1448). En forme de cloche, le principal *chedi*, comme d'autres du sanctuaire, témoigne d'un lien stylistique avec l'école antérieure de Sukhothai. Autour de sa base rectangulaire subsistent les vestiges d'éléphants en stuc.

Bang Pa-in ⓭
บางปะอิน

Province de Phra Nakhon Si Ayutthaya.
🚶 8 000. 🚉 🚌 🚤 🚩 TAT, Ayutthaya (035) 246076. 🎎 t.l.j.

L a plupart des étrangers ne s'arrêtent dans cette petite ville que pour visiter le **palais de Bang Pa-in**, dont l'exubérante architecture du XIXᵉ siècle offre un contraste frappant avec les ruines d'Ayutthaya. La première résidence royale édifiée sur le site, probablement par Prasat Thong (1629-1656), pour fêter la naissance de son fils Narai, ne survécut pas à l'invasion birmane de 1767. Les édifices actuels datent des règnes de Mongkut (1851-1868) et Chulalongkorn (1868-1910). C'est ce dernier qui fit construire, en 1876, le superbe pavillon Phra Thinang Aisawan Thipha-at (siège divin de liberté individuelle) au centre d'un lac ornemental, ainsi que Phra Thinang Waraophat

Phiman (demeure brillante et magnifique) qui se dresse à gauche. Derrière s'élèvent une tour d'observation bâtie en 1881, Ho Withun Thasana, et une maison de style chinois, Phra Thinang Wehat Chamrun, offerte au roi par une association de marchands chinois en 1889.
Une télécabine conduit au Wat Niwet Tham Prawat édifié dans le style néo-gothique en 1877-1878 par Chulalongkorn.

Palais de Bang Pa-in
พระราชวังบางปะอิน

district de Bang Pa-in. ☐ t.l.j.

Le pavillon Phra Thinang Aisawan Thipha-at du palais de Bang Pa-in

Moines contemplant le lac ornemental du pavillon Phra Thinang Aisawan Thipha-at, Bang Pa-in ▷

Parc national de Khao Yai ⑭

อุทยานแห่งชาติเขาใหญ่

K hao Yai était l'unique parc national de Thaïlande à sa création en 1962 et il reste un des plus populaires bien que le pays compte aujourd'hui plus de 100 réserves naturelles. D'une superficie de plus de 2 000 km², il englobe plusieurs sommets dépassant 1 000 m, dont le Khao Khieo au sud du centre d'accueil. Il protège un large éventail d'habitats où prospère une faune abondante, en particulier plus de 300 espèces d'oiseaux et des mammifères menacés de disparition, tels que les éléphants sauvages, les gibbons, les tigres, les léopards et les ours de cocotier. Mieux vaut faire appel à un guide pour découvrir les zones les plus isolées.

Fleur de bégonia

Gibbon aux mains blanches
Ces singes anoures utilisent leurs longs bras pour se déplacer dans les arbres.

SARABURI

Sel des éléphants

Tour d'observation •
Tour d'observation

Station radar

Khao Khieo 1 287 m

BANGKOK

NAKHON NAYOK

Espèces menacées de disparition
Khao Yai abrite certains des quelque 500 tigres survivant en Thaïlande. Ils s'approchent étonnamment près du siège du parc et mieux vaut les traiter avec respect.

Faisan pyronote du Siam
L'oiseau national de la Thaïlande picore au sol insectes, graines et fruits pendant la journée et perche la nuit dans les arbres.

La forêt d'arbres à feuilles caduques pousse à basse altitude.

Cascade d'Haeo Suwat
De mars à mai, de nombreuses espèces d'orchidées fleurissent aux alentours de cette chute d'eau située près des sources du Lam Takhong. Le parc renferme beaucoup d'autres cascades. En cas de fortes pluies, il est déjà arrivé que des éléphants se noient en tentant de traverser une rivière.

Forêt persistante d'altitude

Ce type de forêt, qui pousse à Khao Yai entre 1 000 m et 1 351 m d'altitude, comprend souvent des arbres à feuilles caduques comme le châtaignier.

MODE D'EMPLOI

Provinces de Khorat, Nakhon Nayok, Saraburi et Prachin Buri. Siège du parc près de la route 1, nord-est de Bangkok. ⓘ *TAT, Khorat (044) 213 666 ; Forestry Dept (02) 579 5734 (et location de bungalows).* 🚌 *Pak Chong puis bus ou songthaew.* ⬤ *en cas de trop fortes pluies.* 🏕 🚻 🍴

KHORAT

PAK CHONG

Sambar

Les plus grands cerfs de Thaïlande vivent principalement en forêt. Malgré les tigres et les léopards, l'homme demeure leur principal prédateur et ils ne prospèrent que dans les zones bien protégées.

La forêt humide semi-persistante pousse au-dessus de 600 m.

Khao
▲ Kamphaeng
974 m

▲ Khao Wong
146 m

Symbiose

Dans toutes les forêts humides persistantes de l'Asie du Sud-Est, des champignons comme celui-ci favorisent la croissance des plantes qui les nourrissent.

PRACHIN BURI

0   10 km

LÉGENDE

▬	Autoroute
▬	Route principale
▬	Route secondaire
▬ ▬	Limite du parc
ⓘ	Siège du parc
🏕	Camping et bungalows
⚜	Point de vue

Lam Takhong

Il tombe en moyenne à Khao Yai plus de 3 000 mm de pluie chaque année. Les ruisseaux dévalant les pentes alimentent plusieurs rivières dont le Lam Takhong. Au bord de ses rives vivent notamment martins-pêcheurs, cormorans, éléphants et macaques.

LE NORD DE LA PLAINE CENTRALE

Plus on avance vers le nord dans la Plaine centrale et plus l'habitat devient clairsemé dans des paysages où prédominent les collines aux courbes douces et les rizières. La région compte peu de villes modernes intéressantes, mais les ruines de cités antiques continuent d'évoquer un passé plus mouvementé où des principautés et des cités-États se disputaient terres et pouvoir.

Les visiteurs se dirigeant depuis Bangkok vers Chiang Mai, la deuxième ville de Thaïlande, tendent à négliger le nord de la Plaine centrale. Pourtant, cette région recèle des ruines comptant parmi les plus fascinantes de l'Asie du Sud-Est.

Au XIIIᵉ siècle, pendant le règne de Ramkamhaeng *(p. 54)*, la cité de Sukhothai exerça une influence qui déborda largement des frontières actuelles du pays. Mais sa puissance ne dura pas et, au milieu du XIVᵉ siècle, la région était redevenue un patchwork de fiefs plus ou moins rivaux. Les vestiges qu'a laissés ce royaume éphémère, dans sa capitale et dans les villes satellites de Kamphaeng Phet et Si Satchanalai, inspirent néanmoins toujours respect et admiration. Récemment restaurées, elles forment désormais des parcs historiques soigneusement entretenus. Parmi les autres centres d'intérêt figure Phitsanulok, ville ancienne qui joue aujourd'hui, à un nœud de circulation entre Bangkok et le Nord, le rôle de pôle commercial dans une région dont l'économie, principalement rurale, est basée sur la riziculture. À l'ouest et au nord-est, des reliefs plus accentués abritent plusieurs parcs nationaux et réserves naturelles, refuges d'espèces végétales et animales menacées *(p. 24-25)* par les risques que font courir à leurs habitats le défrichage et l'abattage illégal des arbres. Près de la frontière, l'influence birmane a marqué Mae Sot et ses environs, l'architecture religieuse en particulier. Dans la ville elle-même, où règne un intense marché noir, se croisent Thaïs, Birmans, Chinois et montagnards karens et shans.

Paysanne ratissant du riz décortiqué, une scène typique du nord de la Plaine centrale

◁ **Bouddhas assis et couché du Wat Phra Kaeo, Kamphaeng Phet**

À la découverte du nord de la Plaine centrale

C ette région sert de lien entre le cœur densément peuplé de la Thaïlande moderne, au sud, et les montagnes boisées du Nord. Elle ne possède pas de grande ville, et la majorité des touristes ne s'y arrêtent que pour passer une nuit dans une petite bourgade de province proche des ruines de Sukhothai, la première capitale thaïe. Les rizières prédominent, cédant la place à l'est, à l'ouest et au nord à des collines où des réserves naturelles protègent une flore et une faune menacées. De magnifiques paysages forestiers et de spectaculaires cascades récompensent les visiteurs qui poussent à l'ouest jusqu'à Mae Sot et Umphang. Architecture, produits et plats birmans, ainsi que montagnards karens et shans, y rappellent que la frontière est proche.

Lampang

Chiang Mai

1124

SI SATCHANA

PARC HISTORIQUE DE SI SATCHANALAI CHALIEN

Réservoir de Bhumibol

PARC HISTORIQUE DE SUKHOTHAI
12

1175

PARC NATIONAL DE TAKSIN MAHARAT

105

105

1102

2 TAK

1090

PARC NATIONAL DE LAN SANG

1 MAE SOT

Ping

1

KAMPHAENG PHET
5

Moi

1090

1117

PARC NATIONAL DE KHLONG LAN **4**

UMPHANG 3

PARC NATIONAL DE MAE WONG

RÉSERVE NATURELLE D'UMPHANG

1072

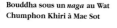

Bouddha sous un *naga* au Wat Chumphon Khiri à Mae Sot

VOIR AUSSI

• *Hébergement* p. 392-393

• *Restaurants* p. 416-417

LÉGENDE

▬▬ Route principale

▬▬ Route secondaire

▬▬ Parcours pittoresque

▬▬ Rivière

🔆 Point de vue

Le Wat Traphang Thong, monastère entouré d'un étang à lotus dans le parc historique de Sukhothai

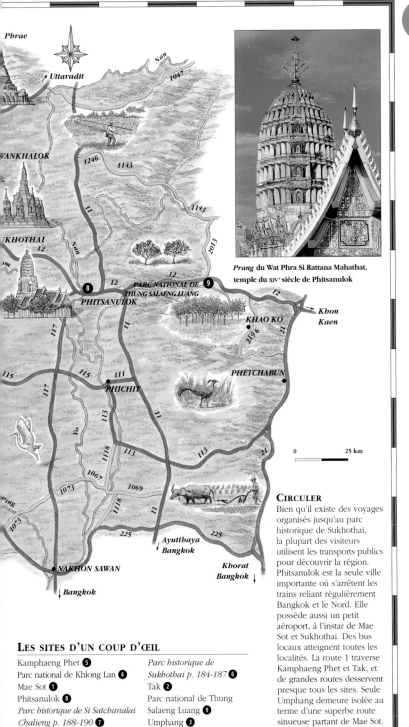

Prang du Wat Phra Si Rattana Mahathat,
temple du XIVᵉ siècle de Phitsanulok

CIRCULER

Bien qu'il existe des voyages
organisés jusqu'au parc
historique de Sukhothai,
la plupart des visiteurs
utilisent les transports publics
pour découvrir la région.
Phitsanulok est la seule ville
importante où s'arrêtent les
trains reliant régulièrement
Bangkok et le Nord. Elle
possède aussi un petit
aéroport, à l'instar de Mae
Sot et Sukhothai. Des bus
locaux atteignent toutes les
localités. La route 1 traverse
Kamphaeng Phet et Tak, et
de grandes routes desservent
presque tous les sites. Seule
Umphang demeure isolée au
terme d'une superbe route
sinueuse partant de Mae Sot.

LES SITES D'UN COUP D'ŒIL

Kamphaeng Phet **5**

Parc national de Khlong Lan **4**

Mae Sot **1**

Phitsanulok **8**

*Parc historique de Si Satchanalai
Chaliang p. 188-190* **7**

*Parc historique de
Sukhothai p. 184-187* **6**

Tak **2**

Parc national de Thung
Salaeng Luang **9**

Umphang **3**

Wat Chumphon Khiri à Mae Sot, province de Tak

Mae Sot ❶

แม่สอด

Province de Tak. 🚶 75 000. ✈ 🏢
🛈 TAT, Tak (055) 514341. 🚌 t.l.j.
@ tattak@north.shane.net

Au milieu du XIX⁰ siècle, des marchands birmans et shans traversant la rivière Moei, dont le cours marque la frontière, contribuèrent à faire de Mae Sot une prospère ville commerçante. Les bois durs et les pierres précieuses provenant de Birmanie (Myanmar), légalement ou en contrebande, ont continué à l'enrichir. Des immigrants chinois tiennent une grande part de ce négoce, et on peut souvent en voir marchandant, à même le trottoir, le prix de jades ou de pierreries avec des acquéreurs venus de toute la Thaïlande. Mae Sot offre aux visiteurs une étape reposante. L'architecture et les produits vendus sur ses étals lui donnent une atmosphère très birmane, les enseignes y sont écrites en trois langues (thaï, chinois et birman) et une population bigarrée, Birmans en *lungi*, Chinois, Thaïs, Indiens et montagnards en costumes traditionnels, fait du marché alimentaire du matin l'un des plus pittoresques de Thaïlande. C'est aussi un bon endroit où acheter en-cas et plats à emporter.

Au nord du marché se trouve le **Wat Chumphon Khiri** qui renferme un splendide *chedi* birman décoré de carreaux de mosaïque dorés. Dans la partie sud-est de la ville, le quartier musulman entoure la petite **mosquée Nurul Islam**. Disséminés autour de Mae Sot, plusieurs autres temples possèdent des caractéristiques à la fois karens et shans.

AUX ENVIRONS : À quelque 3 km à l'ouest de Mae Sot, le **Wat Thai Wattharanam** abrite un immense bouddha couché de style birman datant de 1993 et une galerie ornée de 28 bouddhas assis. Plus loin, à 1 km, un pont construit dans les années 1990 franchit la rivière Moei, reliant Mae Sot à la ville birmane de Myawadi. Au pied du pont, un grand marché propose des articles thaïs, birmans, indonésiens et chinois, vanneries et tissages entre autres.

Au sud-est de Mae Sot, **les chutes de Pha Charoen** attirent pique-niqueurs et baigneurs.

Moines du Wat Bot Mani Sibunruang de Tak

Tak ❷

ตาก

Province de Tak. 🚶 48 000. ✈ 🏢
🛈 TAT, Taksin Rd, Tak (055) 514341.
🚌 t.l.j.

Pendant une grande partie du XIII⁰ siècle, Tak fit office d'avant-poste occidental du royaume de Sukhothai, mais il entra en déclin après

Bouddha couché de style birman dans la cour du Wat Thai Watthanaram près de Mae Sot

L'une des nombreuses chutes d'eau de la réserve naturelle d'Umphang

Umphang ❸

อุ้มผาง

province de Tak. 🏠 *20 000*. 🚌
jusqu'à Mae Sot puis *songthaew*. 🛈
TAT, Tak (055) 514341. 🏛 *t.l.j.*

Depuis Mae Sot, il faut traverser de splendides paysages sur une route tortueuse pour atteindre cette petite ville isolée peuplée principalement de Karens. Les vertes forêts de la **réserve naturelle d'Umphang**, où abondent oiseaux et petits mammifères, l'entourent. Umphang reste préservée des hordes touristiques, malgré les riches possibilités d'excursions, en radeau, à pied ou à dos d'éléphant, qu'elle offre (plusieurs agences d'Umphang et de Mae Sot en organisent). Mieux vaut toutefois éviter les périodes de vacances scolaires. La région recèle plusieurs villages karens et de nombreuses cascades, dont l'une des plus hautes chutes d'eau du pays : **Thi Lo Su**.

🦌 Réserve naturelle d'Umphang
150 km au sud de Mae Sot sur la route 1090. 🛈 *Forestry Dept (02) 579 5734.* 🏞

la mort du roi Ramkamhaeng *(p. 54-55)* et passa alors sous le contrôle du royaume du Lan Na *(p. 58-59)*. La ville moderne s'étend sur la rive gauche de la rivière Ping. Elle manque de cachet, hormis dans les quartiers sud où des maisons en teck datant du tournant de ce siècle se cachent le long de ruelles paisibles. L'influence historique du Nord marque le **Wat Bot Mani Sibunruang**, avec son *bot* du style du Lan Na aux décorations délicates et une petite *sala* abritant un bouddha vénéré, appelé Luang Pho Phutthamon. Non loin se dresse une statue du roi Taksin, l'ancien gouverneur de Tak qui, après le sac d'Ayutthaya par les Birmans en 1767, rétablit la puissance siamoise depuis une nouvelle capitale devenue aujourd'hui le quartier Thonburi de Bangkok *(p. 119-124)*.

AUX ENVIRONS : Dans le **parc national de Lan Sang**, d'une superficie de 105 km², plusieurs sentiers conduisent à de magnifiques cascades qu'il vaut mieux découvrir pendant ou peu après la saison des pluies *(p. 22-23)* quand elles ont le plus d'eau. Plus au nord, le **parc national Taksin Maharat** possède un chemin abrupt descendant jusqu'à l'imposant *ton krabak yai*, arbre de 50 m de haut et de 16 m de circonférence. Dans le parc vivent aussi de nombreuses espèces d'oiseaux telles que la pie-grièche tigre et la bergeronnette forestière. Les chutes de Mae Ya Pa dévalent une hauteur de 30 m en neuf cascades.

🦌 Parc national de Lang San
20 km à l'ouest de Tak par la route 105. 🏞

🦌 Parc national Taksin Maharat
15 km à l'ouest de Tak par la route 105. 🛈 *Forestry Dept (02) 579 5734.* 🏞

LES CAMPS DE RÉFUGIÉS BIRMANS

Le long de la frontière occidentale de la Thaïlande, plus de 30 camps de réfugiés abritent environ 100 000 Karens et membres d'autres groupes ethniques. Tous ont fui le régime totalitaire de la Birmanie (Myanmar) après les manifestations pour la démocratie qui secouèrent le pays en 1988 et la répression qu'elles suscitèrent. Les Karens forment la plus importante minorité de Birmanie. Ils occupent un territoire à cheval sur la Thaïlande et pratiquent la religion chrétienne, l'animisme ou le bouddhisme. La perte, après la Seconde Guerre mondiale, de l'autonomie dont ils jouissaient pendant la colonisation anglaise a donné naissance à une rebellion armée qui s'appuie, entre autres, sur ces camps pour poursuivre sa lutte. L'armée birmane s'aventure parfois en Thaïlande pour les attaquer ou les bombarder, des incursions que ne condamne pas ouvertement le gouvernement thaïlandais, dont les troupes interviennent rarement du côté des Karens.

Jeunes soldats karens de l'armée rebelle

Cascade dans le parc national de Khlong Lan, province de Kamphaeng Phet

Parc national de Khlong Lan ❹
อุทยานแห่งชาติคลองลาน

Province de Kamphaeng Phet. Siège du parc à 6 km de la route 1117 au sud de Kamphaeng Phet. ⚑ *TAT, Tak (055) 514341; Forestry Dept. (02) 579 7223 (et location de bungalows).* 🚌 *depuis Kamphaeng Phet.* 📷

D ans une région que contrôlait jadis la guérilla communiste, ce parc couvre une superficie de 300 km². Au moment de sa création officielle, en 1982, plusieurs tribus montagnardes habitaient encore ce territoire sauvage. Elles continuèrent à vivre dans les limites de la réserve naturelle, mais furent ensuite déplacées car considérées comme une menace pour la faune sauvage. Celle-ci comprend gaurs, tigres et ours noirs asiatiques. Aisément accessible depuis le centre d'accueil, la cascade de Khlong Lan tombe de 95 m dans un bassin idéal pour une baignade rafraîchissante. Au pied de la route qui y conduit se tient un petit marché vendant de l'artisanat hmong, résultat d'une mesure gouvernementale de réinsertion pour les tribus chassées du site.

La création du **parc national de Mae Wong** adjacent a elle aussi entraîné le déplacement de populations hmong à la fin des années 1980. Selon les responsables de la réserve, le nombre d'oiseaux et de mammifères augmente régulièrement depuis. Malgré la végétation qui la submerge, la vieille route qui traverse le centre du parc reste un bon sentier pédestre. Près du centre d'accueil, les visiteurs disposent de logements simples dans des bungalows.

🦌 Parc national de Mae Wong
Siège du parc au sud-ouest de Kamphaeng Phet par la route 1117. ⚑ *Forestry Dept (02) 579 5734, (02) 579 7223 (et location de bungalows).* 📷

Kamphaeng Phet ❺
กำแพงเพชร

Province de Kamphaeng Phet. 🚶 *31 000.* ✈ 🚉 ⚑ *TAT, Tak (055) 514341.* 🚌 *t.l.j.* 📷 *Nop Phra-Len Plang (fév.), Kluay Khai Muang Kamphaeng (sept.).*

I l existe une présence humaine sur ce site au bord de la rivière Ping depuis qu'un prince du Nord vint s'y installer avec ses sujets au XIᵉ siècle pour fuir une attaque birmane dans la région de l'actuelle Fang *(p. 232)*. À l'origine, la communauté survécut en tant qu'avant-poste de l'empire khmer *(p. 52)* puis, au XIIIᵉ siècle, intégra le royaume de Sukhothai dont Kamphaeng Phet devint une des trois capitales.

Sur la rive orientale, les vestiges de la **vieille ville** datent du début du XVᵉ siècle. Un unique billet d'entrée permet de les découvrir dans leur ensemble. À l'intérieur de l'enceinte fortifiée, le **musée national de Kamphaeng Phet** présente une collection d'objets préhistoriques et historiques qui comprend plusieurs bronzes de divinités hindoues fondus au XVIᵉ siècle, notamment un Shiva debout et des bustes de Vishnu et de sa parèdre Lakshmi, ainsi que des fragments de stucs et de poteries provenant des ruines de la cité.

Près du musée, le **Wat Phra Kaeo** est le site archéologique le plus vaste de la vieille ville.

Éléphant de pierre rénové du Wat Phra Kaeo, Kamphaeng Phet

Le musée national de Kamphaeng Phet et son jardin

Il renferme les ruines de plusieurs *wihans*, un *bot* à l'extrémité est, un *chedi* de la fin de la période de Sukhothai et des bouddhas réduits par les injures du temps à des squelettes de latérite évoquant des sculptures modernes. À l'extrémité ouest se trouvent trois autres effigies de l'« Éveillé » partiellement restaurées. Dans le **Wat Phra That** voisin, un beau *chedi* possède une base octogonale. Les quartiers modernes s'étendent pour la plupart au sud de la vieille ville. Bien qu'essentiellement composés d'immeubles commerciaux, ils conservent quelques édifices traditionnels en bois et offrent un parc en bord de rivière et quelques restaurants et hôtels.

Au nord-ouest de la vieille ville, on atteint les **ruines Aranyik** en *samlor*. Elles appartiennent à des *wats* construits dans la forêt entre le XIVe et le XVIe siècle pour une secte ascétique. L'aide de l'Unesco a permis de restaurer et d'aménager une partie du site.

Près de l'entrée, le *wihan* du Wat Phra Non abritait jadis un grand bouddha couché. L'ensemble est tellement endommagé qu'il est à peine discernable, malgré les piliers de latérite restés debout. De part et d'autre du *mondop* du Wat Phra Si Iriyabot subsistent des statues du Bouddha dans différentes postures, elles aussi détériorées bien que le bouddha debout du côté ouest ait été partiellement

restauré. Plus au nord, il ne reste qu'une silhouette en latérite du bouddha du *bot* du Wat Sing.

Du *wat* le plus impressionnant des ruines Aranyik, le **Wat Chang Rop**, subsistent principalement les vestiges d'un très grand *chedi* en cloche de style sri lankais, entouré de 68 avant-trains d'éléphants. Une rénovation a rendu à quelques-unes de ces statues leur décoration en stuc originelle. Les ruines Aranyik comptent encore environ deux douzaines d'autres sites. En dehors du Wat Awat Yai aujourd'hui dégagé, ils sont pour la plupart à peine visibles sous la végétation.

La ville moderne recèle également, cachés dans des ruelles paisibles, des monuments à demi oubliés, tel le *chedi* en brique du style de Sukhothai du **Wat Khalothai**. Beaucoup de ces édifices sont aujourd'hui dans un grave état de délabrement, mais ils offrent par leur seul nombre une indication de l'importance de Kamphaeng Phet pendant les périodes de Sukhothai et d'Ayutthaya. À l'ouest de la ville, le grand *chedi* blanc de style birman du **Wat Phra Boromathat** date de la fin du XIXe siècle. Il occupe l'emplacement de trois *chedis* des XIIIe et XIVe siècles. C'est un roi de Sukhothai, Si Intharathit (v. 1240-1270), qui fit construire le premier pour abriter des reliques du Bouddha. Encore plus à l'ouest, se dressent les murs en latérite du **fort Thung Setthi** qui protégeait jadis les approches de la cité.

🏛 **Musée national de Kamphaeng Phet**
Vieille ville. ◯ *du mer. au dim.* ● *jours fériés.* 🔲
🏛 **Ruines Aranyik**
Nord-ouest de la vieille ville. ◯ *t.l.j.* 🔲
🏰 **Fort Thung Setthi**
Près de la route 1 à l'ouest de la ville. ◯ *t.l.j.*

SITES HISTORIQUES DE KAMPHAENG PHET

LÉGENDE
▬ Enceinte de la cité

SUKHOTHAI
Wat Chang Rop
Wat Awat Yai
TAK — ARANYIK
Wat Sing
Wat Phra Si Iriyabot
Wat Phra Non
VIEILLE VILLE
Fort Thung Setthi
Wat Phra Boromathat
Wat Phra Kaeo
Wat Phra That
Musée national de Kamphaeng Phet
0 — 500 m
Wat Kalothai
NAKHON SAWAN

Parc historique de Sukhothai ❻

อุทยานประวัติศาสตร์สุโขทัย

Inscrit au patrimoine mondial de l'Unesco, l'ancien Sukhothai s'étend à l'ouest de la ville moderne, dans une belle vallée dominée par des collines. Ses ruines évoquent avec force le royaume qui s'imposa à partir du XIIIᵉ siècle face à un empire khmer en déclin pour jeter les bases de la nation, de l'art et de la culture siamoises. Son plus grand roi, Ramkamhaeng, lui assura la maîtrise d'un territoire débordant des frontières actuelles du pays *(p. 54-55)*.

Bouddha, Wat Traphang Ngoen

La cité abandonnée qui se découvre aujourd'hui est le site historique le mieux conservé et le plus visité du centre de la Thaïlande. La restauration en cours a révélé l'étonnante symétrie de son plan.

À la découverte du Parc historique de Sukhothai

L'implantation du vieux Sukhothai obéissait, comme dans la plupart des *muangs* thaïs, à des règles strictes : un grand *wat* en occupait le centre, entouré de manière concentrique par des remparts, la rivière, les rizières puis des collines boisées. Si Satchanalai *(p. 54-55)* offre dans une moindre dimension un autre exemple de cette organisation. Quelque 40 temples sont

disséminés sur le site archéologique d'une superficie d'environ 70 km². L'enceinte de la cité royale, que protégeaient douves et remparts, renferme nombre des ruines les plus importantes. Un bon moyen de l'explorer consiste à louer un vélo. Des échoppes en proposent à prix modique près de l'ancienne porte est. Mieux vaut vérifier leur état, et commencer de bonne heure pour éviter la foule et la chaleur.

La cité royale

En entrant dans l'enceinte par l'est, on découvre le premier *wat*, le Wat Traphang Thong, qui occupe un îlot au milieu d'un étang empli de lotus. Son *chedi* de style sri lankais date du milieu du XIVᵉ siècle. À côté, un petit *mondop* abrite une empreinte de pied du Bouddha en pierre que continuent de vénérer les moines du temple.

Le **Musée national Ramkamhaeng** expose une

Prangs en latérite de style khmer au Wat Si Sawai

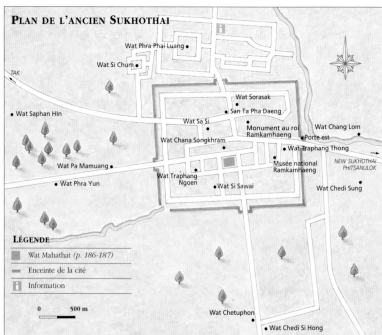

PLAN DE L'ANCIEN SUKHOTHAI

TAK

Wat Phra Phai Luang •
Wat Si Chum •
• Wat Saphan Hin
Wat Sorasak
• San Ta Pha Daeng
Wat Sa Si
Monument au roi Ramkamhaeng
Wat Chana Songkhram
• Wat Traphang Thong
Wat Chang Lom
• Porte est
Wat Pa Mamuang •
Musée national Ramkamhaeng
NEW SUKHOTHAI PHITSANULOK
• Wat Phra Yun
Wat Traphang Ngoen
• Wat Si Sawai
Wat Chedi Sung

LÉGENDE

Wat Mahathat *(p. 186-187)*
Enceinte de la cité
Information

0   500 m

Wat Chetuphon
• Wat Chedi Si Hong

Façade du Musée national Ramkamhaeng

MODE D'EMPLOI

13 km à l'ouest de New Sukhothai, province de Sukhothai. ⓘ TAT, Phitsanulok (055) 252 743. ✕ 🚌 New Sukhothai puis songthaew. ◯ de 6 h à 18 h t.l.j. 🖋 📱 @ tatphs @loxinfo. co.th 🗓 Loy Krathong et fête des Bougies (nov.). **Musée national Ramkamhaeng.** ◯ de 8 h 30 à 16 h t.l.j. 🖋

belle collection d'objets d'art et des photographies, prises vers 1900-1920, montrant les ruines avant leur restauration. Le plus important monastère de Sukhothai, le **Wat Mahathat** *(p. 186-187)* formait le cœur de la cité. À côté, le Wat Takuan possède un *chedi* en cloche de style sri lankais restauré. On y a retrouvé plusieurs bouddhas remontant probablement au début de la période de Sukhothai.
Au sud-ouest, le Wat Si Sawai conserve trois *prangs* de style khmer qui pourraient dater d'avant la conquête de la ville par les Thaïs. Un lac artificiel rectangulaire entoure le *bot* du Wat Traphang Ngoen que cite la célèbre inscription de Ramkamhaeng *(p. 54)*.
Le Wat Sa Si se trouve également au milieu d'un lac artificiel. Les fouilles y ont mis au jour des bouddhas en cuivre et des poteries chinoises qui sont exposés au Musée Ramkamhaeng.
Non loin, le Wat Chana Songkhram renferme un *chedi* restauré de style sri lankais et un *chedi* plus petit datant de l'époque d'Ayutthaya.
Au nord du Wat Mahathat on atteint le moderne **monument au roi Ramkamhaeng** puis San Tha Pha Daeng, un sanctuaire khmer du XIIe siècle qui abritait jadis des sculptures hindoues en grès, aujourd'hui installées au Musée Ramkamhaeng.
24 éléphants en stuc supportent la base carrée du Wat Sorasak, un petit *chedi* en brique édifié au début du XVe siècle.

À l'est de la cité royale

36 éléphants de brique et de stuc supportent la base du Wat Chang Chalom. *Chedi* en cloche similaire à celui de Si Satchanalai *(p. 190)*, il représente le mont Meru. Au-delà s'élève le Wat Chedi Sung, superbe *chedi* à haute base carrée, typique de la fin de l'époque de Sukhothai.

Au nord de la cité royale

Le Wat Phra Phai Luang, sanctuaire khmer du XIIe siècle qui aurait formé le cœur de la ville lorsqu'elle était sous la tutelle d'Angkor, n'a conservé qu'un seul de ses trois *prangs* en latérite. Il reste décoré de fragments de stucs. À côté, le *mondop* du Wat Si Chum abrite un bouddha assis de 15 m de haut qui regarde à l'extérieur par une étroite ouverture.

Têtes d'éléphants en stuc restaurées au Wat Sorasak

LOY KRATHONG À SUKHOTHAI

La fête de Loy Krathong *(p. 46)* célèbre, à la pleine lune de novembre, la fin de la saison des pluies et la principale récolte de riz. Elle a pour origine la tradition indienne de remercier les pluies envoyées par la divinité des eaux. En guise d'offrande, la nuit, les Thaïlandais mettent à flotter des *krathongs*, petits radeaux en feuille de bananier portant des bougies allumées. Dans le vieux Sukhothai, cette fête s'accompagne de danses traditionnelles et d'un spectacle son et lumière.

Célébration de Loy Krathong dans le Parc historique de Sukhothai

Wat Mahathat

วัดมหาธาตุ

Arche du
chedi **central**

Pôle spirituel du royaume de Sukhothai, le Wat Mahathat s'organisait autour d'un *chedi* central élevé par Si Intharathit (v. 1240-1270), le premier roi de Sukhothai, et reconstruit dans les années 1340 par Lo Thai (1298-1346) pour abriter des reliques du Bouddha. Quand il fut abandonné au XVIe siècle, le sanctuaire comptait quelque 200 *chedis* et de nombreux *wihans* et *mondops*.

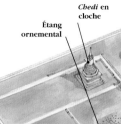

Étang ornemental

***Chedi* en cloche**

★ **Le *chedi* en bouton de lotus**
Au centre du wat, *ce chedi typique du style classique de Sukhothai conserve des fragments d'une superbe décoration en stuc.*

***Chedi* à étages**
À l'extrémité ouest d'un wihan *subsistent les ruines en brique d'un grand* chedi *à étages de plan carré.*

***Chedi* octogonal**

À NE PAS MANQUER

★ **La frise de moines en procession**

★ **Le *chedi* en bouton de lotus**

★ **Les Phra Attharot**

★ **La frise de moines en procession**
Un bas-relief en pierre orne la base du groupe central de chedis. *Il représente un rituel appelé* pradaksina.

Vestiges d'un *bot*
Au nord du chedi central, les ruines d'un bot entourent un bouddha assis. Comme toutes les grandes effigies de ce genre en Thaïlande, il fait face à l'est.

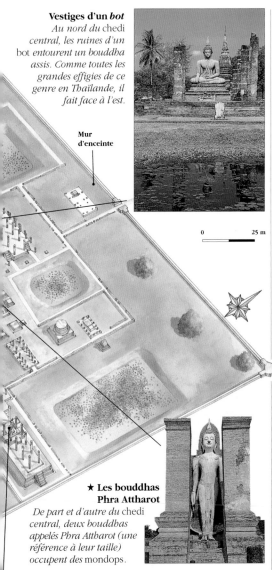

Mur
d'enceinte

0   25 m

★ **Les bouddhas Phra Attharot**
De part et d'autre du chedi central, deux bouddhas appelés Phra Attharot (une référence à leur taille) occupent des mondops.

Vestiges du grand wihan
Le principal wihan prolongeait à l'est le groupe central de chedis. Il n'en subsiste que des colonnes et un bouddha assis.

À la découverte des sites périphériques

À environ 3,5 km de la cité royale, le parc historique de Sukhothai comprend aussi un chapelet de ruines accrochées à des collines. Les plus importantes sont celles du **Wat Saphan Hin** que domine un bouddha debout de 12,5 m de haut, Phra Attharot, semblable à ceux du Wat Mahathat. Une autre effigie monumentale de ce type a perdu sa tête et ses mains au Wat Phra Yun. Plus près du rempart occidental de la cité, le Wat Pa Mamuang revêt une importance archéologique pour les inscriptions concernant le roi Lo Thai qui y furent découvertes. Au sud, les vestiges du Wat Chetuphon renferment un *mondop* abritant quatre bouddhas aux postures (p. 163) toutes différentes. Deux restent en bon état, mais le troisième n'existe plus au-dessous de la taille et le quatrième a pratiquement disparu. Au Wat Chedi Hi Song, des éléphants de stuc et des divinités décorent la base d'un *chedi* en briques de latérite. Au sud du parc historique se dessinent les collines du **parc national Ramkamhaeng** d'une superficie de 340 km². Il protège notamment Serow (chèvre sauvage) et gaur (bison indien).

⚘ Parc national Ramkamhaeng

Sud de Sukhothai par la Route 101.
ℹ Forestry Dept (02) 579 7223, (02) 579 5734 (et location de bungalows).
♿

Paysan dans une des rizières entourant Sukhothai

Parc historique de Si Satchanalai-Chalieng ❼

อุทยานประวัติศาสตร์ศรีสัชนาลัย-ชะเลียง

Au XIIIᵉ siècle, le royaume de Sukhothai consolida son pouvoir dans la Plaine centrale en fondant un certain nombre de cités satellites. Reliée à la capitale par une route royale, la Phra Ruang, Si Satchanalai fut la plus importante. Aujourd'hui, ses ruines à la beauté poignante bordent la rivière Yom à 7 km de la ville moderne. De nombreux historiens considèrent que l'urbanisme thaï atteignit là son apogée et que Si Satchanalai offre un des meilleurs exemples de *muang (p. 54-55)* de Thaïlande. Au centre se serraient les temples dédiés au Bouddha puis venaient les remparts, la rivière, les rizières et enfin des collines boisées. Les ruines voisines de Chalieng ont une origine plus ancienne puisque la fondation de cet avant-poste de l'Empire khmer daterait du règne de Jayavarman VII (1181-1220).

Colonnes en latérite et *chedi* central du Wat Nang Phaya

Le *chedi* en bouton de lotus au centre du Wat Chedi Chet Thaeo

Les principaux *wats*

Au cœur de la cité entourée de douves, un immense *chedi* en cloche de style sri lankais domine le **Wat Chang Lom** *(p. 190)*. Au sud, le **Wat Chedi Chet Thaeo** renferme un *chedi* en bouton de lotus à l'image de celui du Wat Mahathat de Sukhothai *(p.186-187)*. De nombreux autres *chedis* plus petits et de styles variés l'entourent. Certains abritent des bouddhas en stuc.

Au **Wat Nang Phaya**, de beaux reliefs en stuc de la période d'Ayutthaya décorent le *wihan*, en particulier l'extérieur. Ses fenêtres sont également caractéristiques de ce style. Le temple comprend aussi un *chedi* de style sri lankais construit au XVᵉ ou au XVIᵉ siècle.

À la découverte du parc

Cité du vice-roi du royaume de Sukhothai, Si Satchanalai s'affirma au XIVᵉ et au XVᵉ siècle comme un important centre commercial dont les céramiques *(p. 150-151)* s'exportaient dans toute l'Asie du Sud-Est et en Chine. Ses ruines ne possèdent pas la grandeur de celles de Sukhothai, mais se révèlent par certains côtés au moins aussi intéressantes. Moins restaurées et moins visitées, elles conservent un charme plus poétique, et certains monuments, tel le Wat Chang Lom, sont restés en meilleur état de conservation. Entourées d'une douve de 12 m de large, elles couvrent une superficie de 7 km² plus facile à explorer en vélo qu'à pied. Un loueur de bicyclettes se trouve à mi-chemin entre Si Satchanalai et Chalieng. On peut également se promener dans l'enceinte à dos d'éléphant. Un centre de renseignements situé en face de la porte Ram Narong propose une petite exposition d'objets découverts sur le site et des photographies des nombreux édifices disséminés dans le parc.

INFLUENCE SRI LANKAISE

Pendant la période de Sukhothai, le bouddhisme theravada et une architecture religieuse caractéristique se répandirent en Thaïlande depuis le Sri Lanka (Ceylan). Tour reliquaire dont la forme évoque le retentissement de l'enseignement du Bouddha, le *chedi* en cloche possède une base dont les trois étages symbolisent l'enfer, la terre et le ciel. La spirale représente les 33 niveaux du ciel. La base est aussi la robe repliée du Bouddha, le stupa son bol d'aumône et la spirale son bâton.

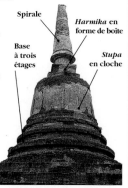

Spirale

Harmika en forme de boîte

Base à trois étages

Stupa en cloche

Chedi de style sri lankais du Wat Suwan Khiri dominant Si Satchanalai

Non loin se dresse le petit Wat Lak Muang de style khmer, sanctuaire dédié depuis la fondation de la ville à son esprit protecteur.

Wats mineurs

Sur une colline basse et boisée au nord du Wat Chang Lom, le Wat Khao Phnom Phloeng servait autrefois de lieu de crémation. Ses ruines comprennent en outre un bouddha assis, un *chedi* et des colonnes qui supportaient jadis le toit du *wihan*.
À l'ouest, au sommet d'une éminence plus élevée, il ne reste qu'un *chedi* du Wat Suwan Khiri, mais le site offre une superbe vue de Si Satchanalai.

Hors de l'enceinte

Plus à l'ouest, sur une colline à l'extérieur des remparts, un sentier ombragé conduit à un rang de monastères en ruine. Il débouche sur les vestiges du grand *chedi* du Wat Khao Yai Bon. Il existe beaucoup d'autres ruines mineures à l'intérieur comme à l'extérieur du quadrilatère formé par les douves. Certaines ont été restaurées, d'autres ne comprennent guère plus que la base d'un *wihan* ou d'un *chedi*. Des sept bouddhas debout en stuc du *mondop* du Wat Hua Khon, par exemple, trois seulement restent clairement identifiables.

Au nord de l'ancienne porte Tao Mo, le Wat Kuti Rai comprend deux *mondops* rectangulaires entièrement bâtis en latérite. Les trous de poutres creusés dans leurs frontons suggèrent qu'ils étaient reliés à d'autres édifices. L'un des *mondops* abrite un bouddha assis. Au nord, les fours de Ban Pa Yuang et Ban Ko Noi produisirent certaines des plus belles céramiques Sangkhalok. Des villageois en vendent à proximité des répliques modernes.

Chalieng

Situé à 1 km au sud-ouest de Si Satchanalai, Chalieng tire très probablement ses origines d'un relais de poste fondé par les Khmers *(p. 254-255)* au XIIᵉ siècle. Les vestiges actuels datent toutefois en majorité d'époques ultérieures. Sanctuaire bouddhiste mahayana édifié dans le style khmer du Bayon, le **Wat Chao Chan** en latérite reçut plus tard le *wihan* et le *mondop* aujourd'hui en ruine qui indiquent une évolution vers le bouddhisme theravada.
Entourés des trois côtés par un étroit méandre du Yom, les édifices du site le plus important de Chalieng, le **Wat Phra Si Rattana Mahathat**, présentent un éventail de styles de Sukhothai à celui d'Ayutthaya. Le haut *prang*

Ancien four à céramique à Ban Pa Yuang

d'influence khmère est l'un des plus beaux de ce genre en Thaïlande. Non loin, un *chedi* ouvert abrite un bouddha assis sous un naga. À proximité, on trouve également des bas-reliefs en stuc de bouddhas marchant aux lignes fluides. Ils font partie des plus remarquables réussites de la sculpture sukhothai.

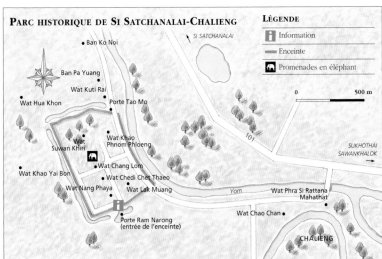

PARC HISTORIQUE DE SI SATCHANALAI-CHALIENG

SI SATCHANALAI

LÉGENDE

i Information

Enceinte

🏛 Promenades en éléphant

0   500 m

Ban Ko Noi

Ban Pa Yuang

Wat Kuti Rai

Wat Hua Khon

Porte Tao Mo

Wat Suwan Khiri

Wat Khao Phnom Phloeng

101

SUKHOTHAI SAWANKHALOK

Wat Khao Yai Bon

Wat Chang Lom

Wat Chedi Chet Thaeo

Wat Nang Phaya

Wat Lak Muang

Yom

Wat Phra Si Rattana Mahathat

Porte Ram Narong (entrée de l'enceinte)

Wat Chao Chan

CHALIENG

Wat Chang Lom

วัดช้างล้อม

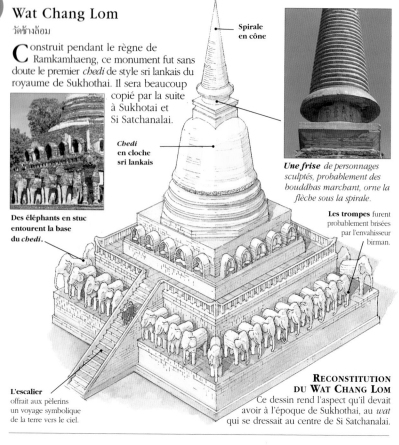

Construit pendant le règne de Ramkamhaeng, ce monument fut sans doute le premier *chedi* de style sri lankais du royaume de Sukhothai. Il sera beaucoup copié par la suite à Sukhotai et Si Satchanalai.

Spirale en cône

Chedi en cloche sri lankais

Une frise *de personnages sculptés, probablement des bouddhas marchant, orne la flèche sous la spirale.*

Des éléphants en stuc entourent la base du *chedi*.

Les trompes furent probablement brisées par l'envahisseur birman.

L'escalier offrait aux pèlerins un voyage symbolique de la terre vers le ciel.

RECONSTITUTION DU WAT CHANG LOM
Ce dessin rend l'aspect qu'il devait avoir à l'époque de Sukhothai, au *wat* qui se dressait au centre de Si Satchanalai.

À la découverte de Sawankhalok

Avec l'introduction par des potiers chinois de nouvelles techniques de cuisson, les fours des alentours de Sukhothai et de Si Satchanalai devinrent un des plus grands centres de fabrication de céramique de l'Asie du Sud-Est. On estime qu'entre le XIVe et le XVIe siècle, la période la plus prolifique sous la domination d'Ayutthaya, plus de 200 ateliers jalonnaient les rives de la rivière Yom. Leur production prit le nom de Sangkhalok, une déformation de Sawankhalok, nom alors donné à Si Satchanalai. Le terme ne désigne plus aujourd'hui que la petite ville qui abrite le **musée national**

Poterie Sangkhalok

Sawankha Woranayok. Il expose une collection de céramiques Sangkhalok *(p. 150-151)* ; des plats, des jarres, des bols, des tuiles de temple, des effigies pour les cérémonies religieuses et des statuettes d'usage séculier, peut-être des jouets. La plupart des pièces présentées proviennent d'épaves de navires qui firent naufrage avec leur cargaison dans le golfe de Thaïlande.

Le musée possède aussi un ensemble de sculptures religieuses provenant d'un temple voisin : le Wat Sawankharam. Beaucoup furent offertes au *wat* par des paysans qui les avaient déterrées de leurs champs.

À la découverte du parc

national de Si Satchanalai
Fondé en 1981 dans une région où prédominent les collines basses, ce parc d'une superficie de 210 km² renferme plusieurs chutes d'eau : les cascades de Tad Dao, Tad Duen, Huai Sai et Huai Pa Cho. Les grottes de Tara Wasan et de Kang Khao méritent aussi une visite. Plus de 70 espèces d'oiseaux habitent la réserve naturelle, mais peu de grands mammifères y vivent bien que l'on soupçonne la présence de quelques éléphants sauvages.

⌂ Musée national Sawankha Woranayok
Sawankhalok, à 17 km au sud de Si Satchanalai. ◯ du mer. au dim. ✍
✗ Parc national de Si Satchanalai
Au nord du parc hist. par la route 101.
ℹ Forestry Dept (02) 579 7223, (02) 579 5734 (et loction de bungalows).
◯ t.l.j. ✍

Tuiles vernissées du Wat Phra Si Rattana Mahathat à Phitsanulok

Phitsanulok ❽

พิษณุโลก

Province de Phitsanulok. 🏠 89 000.
✈ 🚉 🚌 ℹ *TAT, 209/7–8
Borommatrailokanat Rd, Phitsanulok
(055) 252742.* 🚏 *du mer au sam.*
🎉 *Phra Buddha Chinarat (jan./fév.),
Régates de Phitsanulok (oct.).*

Beaucoup de visiteurs
ne font que passer à
Phitsanulok, ville étape
entre Bangkok et le
Nord, ravagée par un
terrible incendie en
1960. La cité existe
cependant au moins
depuis le milieu du
XIVᵉ siècle, époque
de la fondation, au
bord du Nan, du **Wat Phra Si
Rattana Mahathat** aussi
appelé Wat Yai. Le sanctuaire
devait posséder à l'origine un
chedi sukhothai en bouton de
lotus. C'est le roi d'Ayutthaya
Borommatrailokanat (1448-
1488) qui fit ériger le haut
prang tel qu'il est aujourd'hui,
lorsqu'il installa en 1463 sa
capitale à Phitsanulok pour
mener campagne contre le
royaume du Lan Na *(p. 58-59)*.
Les tuiles dorées des antéfixes
datent du règne de
Chulalongkorn (1868-1910).
Le *wihan* le plus à l'ouest
abrite, derrière de splendides
portes incrustées de nacre,
une statue du Bouddha en
bronze doré fondue au
XIVᵉ siècle : Phra Buddha
Chinarat *(p. 150-151)*. Elle
attire chaque année des
milliers de pèlerins qui
suscitent un petit commerce
d'articles religieux.
De l'autre côté de la rue,
dans le *bot* du **Wat**

**Phra Buddha
Chinarat**

Ratchanaburana, quelques
peintures murales du XIXᵉ siècle
estompées représentent des
scènes du Ramakien *(p. 36-37)*.
Le **Sergeant Major Thawee's
Folk Museum** expose une
remarquable collection
d'objets de la vie
quotidienne : pièges à
animaux, anciens outils
agricoles, ustensiles
de cuisine, etc. En
face, la **fonderie de
bouddhas** permet de
s'initier à la technique
de fonte à la cire
perdue et d'assister
aux différents stades
de fabrication
des statues.

AUX ENVIRONS : À 5 km au sud
de Phitsanulok, le *prang* en
latérite, élevé en 1464 au **Wat
Chulamani** par le roi
Borommatrailokanat, a
conservé de beaux linteaux de
style khmer. L'année suivante,
le monarque se fit ordonner
moine dans ce temple après
avoir abdiqué en faveur de

son fils. Il reprit les rênes du
royaume d'Ayutthaya huit
mois plus tard et continua de
le diriger depuis Phitsanulok
jusqu'à sa mort en 1488.

🏠 **Sergeant Major
Thawee's Folk Museum**
26/43 Wisuth Kasat Rd. ℹ *(055) 258715.*
⭕ *du mar. au dim.* 🏭 **Fonderie
de bouddhas** ⭕ *du lun. au sam.*

Parc national
de Thung Salaeng
Luang ❾

อุทยานแห่งชาติทุ่งแสลงหลวง

Province de Phitsanulok, siège du parc à
80 km à l'est de Phitsanulok par la route
12. ℹ *TAT, Phitsanulok (055) 252742 ;
Forestry Dept (02) 579 7223 (et location
de bungalows).* 🚌 *de Phitsanulok à
Nakhon Thai puis songthaew.* 🎿

Sur une étendue de 1 260 km²
où alternent prairies et
forêts, ce parc se prête bien à
la randonnée et à l'observation
des oiseaux. On y aperçoit
des cerfs muntjacs et, de
temps en temps, des éléphants
attirés par les dépôts de sel.
À 9 km du siège du parc, on
découvre la superbe cascade
de Kaeng Sopha. Plus à l'ouest,
la route principale conduit aux
chutes du Poi et aux rapides
plus modestes de Kaeng Song.

AUX ENVIRONS : À **Khao Kho**,
à l'est, les Hmongs, déplacés
parce qu'ils aidaient la guérilla
communiste, profitent d'un
programme de développement
auquel le roi, qui possède
un palais non loin, porte
un grand intérêt.

Dans le parc national de Thung Salaeng Luang

LE NORD

PRÉSENTATION DU NORD 194-201
LA RÉGION DE CHIANG MAI 202-227
LE TRIANGLE D'OR 228-249

Présentation du Nord

L e nord de la Thaïlande, territoire de l'ancien royaume du Lan Na *(p. 58-59)*, offre un large choix d'activités. Monuments et musées abondent dans les anciennes capitales de Chiang Mai et Chiang Rai dont les marchés vendent textiles et artisanat caractéristiques de la région. Des villes de moindre importance comme Nan et Lamphun possèdent un charme discret. Hors des zones urbaines se déploient des paysages magnifiques : rizières plantées dans de vertes vallées et forêts de teks que protègent plusieurs parcs nationaux. Les visiteurs les plus aventureux pourront se joindre à une expédition jusque dans les villages des ethnies montagnardes dont les modes de vie ont peu changé depuis des siècles.

Mae Hong Son (p. 206-207), *petite localité entourée de splendides montagnes, attire de plus en plus de visiteurs, en particulier des voyageurs à petits budgets.*

Chiang Mai (p. 214-217) *est justement réputée pour ses 300 wats, sa cuisine, les achats qu'on peut y faire et, malgré sa taille, une atmosphère détendue.*

Le parc national de Doi Inthanon (p. 220-221) *renferme la plus haute montagne de Thaïlande et plusieurs cascades. Il protège une riche faune.*

Lampang (p. 224-227) *est une ville animée où se déroulent des fêtes colorées. Elle abrite plusieurs grands wats et un musée d'art du Lan Na.*

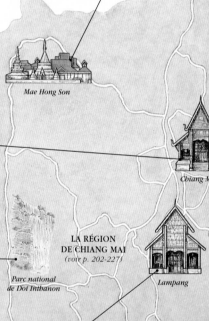

Mae Hong Son

Chiang Mai

LA RÉGION
DE CHIANG MAI
(voir p. 202-227)

*Parc national
de Doi Inthanon*

Lampang

◁ **Pensionnaires du Centre de dressage des éléphants, installé au sud-est de la ville de Chiang Dao**

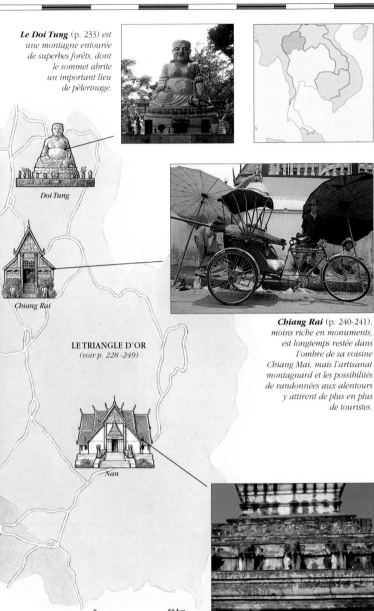

Le Doi Tung (p. 233) est une montagne entourée de superbes forêts, dont le sommet abrite un important lieu de pèlerinage.

Doi Tung

Chiang Rai

LE TRIANGLE D'OR
(voir p. 228-249)

Nan

Chiang Rai (p. 240-241), moins riche en monuments, est longtemps restée dans l'ombre de sa voisine Chiang Mai, mais l'artisanat montagnard et les possibilités de randonnées aux alentours y attirent de plus en plus de touristes.

0   50 km

Nan (p. 244-245), bourgade paisible et prospère entourée de montagnes, possède plusieurs wats *singuliers* et un intéressant musée. En octobre, de longues barques y participent à des régates sur le Nan.

Les tribus montagnardes

Masque de cérémonie

Les six principales minorités ethniques des montagnes du nord de la Thaïlande, les Akhas, les Hmongs (ou Méo), les Lisus, les Karens, les Lahus et les Miens, représentent dans leur ensemble environ 500 000 personnes. Ces peuples semi-nomades commencèrent à arriver dans la région à la fin du XIXe siècle, chassés du Tibet, de Birmanie et de Chine par les guerres civiles et les pressions politiques. Ils pratiquent pour la plupart la culture sur brûlis, se déplaçant quand la terre est épuisée, mais chaque groupe possède ses particularités. Leur identité se voit toutefois menacée par la volonté du gouvernement de les sédentariser et de les intégrer à l'économie de marché thaïe. Certaines tribus sont également peu à peu devenues dépendantes du tourisme.

*Comme ces **Lahus** de la fin du XIXe siècle, beaucoup de montagnardes portent toujours des costumes traditionnels.*

Des bambous frappés en rythme rendent hommage aux ancêtres.

*Les jeunes femmes **lisus** portent, lors de célébrations comme le Nouvel An, des turbans noirs ornés d'écheveaux multicolores. Les bijoux d'argent cousus sur leurs vêtements témoignent de la richesse de la famille.*

*Cette maison **hmong** a été détruite par un incendie. Pour lutter contre la culture sur brûlis, le gouvernement thaïlandais s'efforce de plier les tribus montagnardes au mode de vie thaï.*

FÊTES ET CÉRÉMONIES
Chaque ethnie possède ses propres rites. Des Akhas célèbrent ici leur culte des ancêtres et des esprits.

Le Nouvel An est la date la plus importante du calendrier lisu. Après la plantation d'un arbre devant chaque maison du village, un prêtre et un chaman dirigent un rituel de purification tandis que des jeunes hommes dansent autour des arbres.

Des cultures de substitution comme celle du chou tentent de remplacer l'opium dans l'économie des tribus montagnardes.

Les maisons akhas, généralement bâties en hauteur près des rizières de la tribu, possèdent un porche relié à une pièce de séjour carrée dotée d'un four.

Les Akhas s'efforcent de conserver leur mode de vie ancestral, ce que rend de plus en plus difficile la diminution des terres fertiles et du gibier. Les fardeaux restent souvent transportés à dos d'homme.

Les femmes akhas arborent une coiffe parée d'argent ou, de plus en plus, d'aluminium.

Une ceinture, ornée de pièces et de perles, distingue les femmes des jeunes filles.

Les femmes labus fabriquent des sacs à bandoulière (yam) très appréciés pour leurs couleurs vives.

Les costumes miens *sont particulièrement remarquables par les broderies décorant les vestes et les pantalons des femmes et les bonnets à pompons des enfants.*

Les Karens, la minorité la plus nombreuse et la plus sédentaire, préfèrent les vallées et la culture par rotation plutôt que sur brûlis.

CROYANCES ETHNIQUES

Les tribus montagnardes pratiquent pour la plupart un culte animiste dont les rites influencent de nombreuses décisions de la vie quotidienne. Les villages ont souvent deux chefs religieux : un prêtre qui dirige les cérémonies et un chaman ayant la faculté d'entrer directement en contact avec le monde des esprits. La pression exercée par le monde moderne menace toutefois les pratiques et les médecines traditionnelles.

Objets miens utilisés lors de cérémonies chamaniques

L'artisanat du Nord

Bol en céramique céladon

L a réputation, dont bénéficient la sculpture sur bois, l'argenterie, les tissages, les céramiques, les soieries et les laques du Nord, remonte à l'époque du royaume du Lan Na *(p. 58-59)*. Les minorités ethniques de la région *(p. 196-197)* produisent aussi des broderies, des peintures et des bijoux typiques. Chiang Mai *(p. 214-217)* offre le plus grand choix, tandis que des villages comme Bo Sang et San Kamphaeng *(p. 218-219)* ont fondé leur renommée sur une ou plusieurs spécialités. Des ateliers permettent d'y observer les artisans au travail. À Chiang Mai, on peut également acquérir des antiquités et d'excellentes copies de celles-ci, en particulier des sculptures sur bois. Malgré l'interdiction d'abattage du tek en vigueur en Thaïlande depuis 1989, des objets en bois importé restent fabriqués.

Les coiffes akhas comportent des pièces d'argent et des sphères creuses, façonnées par les hommes des tribus.

Des effigies d'animaux en bois *(souvent du tek) décorent de nombreux wats. La sculpture sur tek reste très répandue dans le Nord, malgré l'interdiction d'abattage de ce bois.*

Les laques du Nord, *telle cette boîte du XIXᵉ ou du XXᵉ siècle, présentent traditionnellement des motifs or sur un fond rouge.*

Les supports épousaient la forme du dos de l'éléphant.

Les ombrelles, *spécialité du village de Bo Sang, sont faites de papier enduit tendu sur une ossature en bambou puis peintes de dessins tels que dragons ou éléphants.*

HOWDAH ROYAL

Avant l'apparition de l'automobile, les éléphants étaient largement utilisés comme moyen de transport dans tout le pays. Les Thaïs utilisaient des chaises, qui s'élevaient parfois jusqu'à 1,50 m, sur le dos des animaux. L'aspect de ces sièges, appelés *howdahs*, reflétait le statut social de leurs propriétaires. Les *howdahs* des classes inférieures se présentaient comme de simples chaises aux côtés relevés, ceux de l'aristocratie et de la famille royale s'ornaient de délicates sculptures sur bois et possédaient généralement un toit.

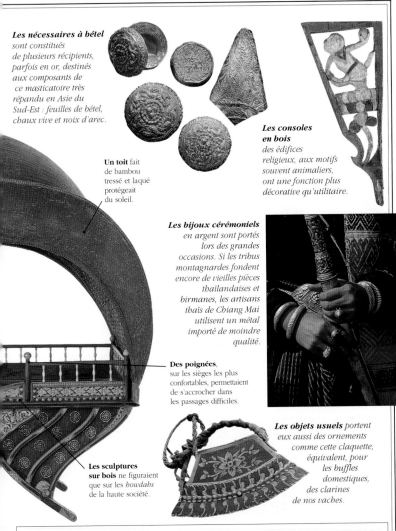

Les nécessaires à bétel sont constitués de plusieurs récipients, parfois en or, destinés aux composants de ce masticatoire très répandu en Asie du Sud-Est : feuilles de bétel, chaux vive et noix d'arec.

Un toit fait de bambou tressé et laqué protégeait du soleil.

Les consoles en bois des édifices religieux, aux motifs souvent animaliers, ont une fonction plus décorative qu'utilitaire.

Les bijoux cérémoniels en argent sont portés lors des grandes occasions. Si les tribus montagnardes fondent encore de vieilles pièces thaïlandaises et birmanes, les artisans thaïs de Chiang Mai utilisent un métal importé de moindre qualité.

Des poignées, sur les sièges les plus confortables, permettaient de s'accrocher dans les passages difficiles.

Les objets usuels portent eux aussi des ornements comme cette claquette, équivalent, pour les buffles domestiques, des clarines de nos vaches.

Les sculptures sur bois ne figuraient que sur les *howdahs* de la haute société.

LES TISSAGES DU NORD

Broderie d'un sac lahu

La tradition textile de la Thaïlande septentrionale date du début de la période du Lan Na. À l'instar de l'Isan (*p. 256-257*), Chiang Mai et San Kamphaeng sont réputées pour leurs soieries, le *pha sin* (sarong des femmes) notamment. Des magasins y vendent aussi des articles en coton de Pasang (*p. 219*) tels que le *pha koma* (sarong des hommes). Dans les maisons-ateliers de Chiang Khong (*p. 239*), des Thaï Lue tissent des cotonnades aux couleurs chatoyantes. Les tribus montagnardes apprécient également les teintes vives. La plupart des tissus s'achètent au mètre ou sous forme d'articles façonnés.

Cotonnade traditionnelle

Pha sin du XIXᵉ siècle

Les oiseaux du nord de la Thaïlande

L es espèces d'oiseaux observées sont au nombre de 900 en Thaïlande (soit quelque 10 % de toutes celles existant au monde), dont 380 dans les reliefs entourant Chiang Mai. La plupart ne sont pas résidentes, le nord de la Thaïlande se trouve en effet sur une des grandes voies de migration de l'Asie du Sud-Est. La déforestation menaçait cette exceptionnelle richesse ornithologique et le gouvernement a dû prendre des mesures de sauvegarde ces dernières années. Les parcs nationaux de Doi Suthep *(p. 212-213)* et de Doi Inthanon *(p. 220-221)* protègent ainsi une abondante faune ailée.

QUELQUES VOIES DE MIGRATION

— Pouillot boréal

— Calliope sibérienne

— Hérons

Aigle-vautour

La perruche à gorge rouge des forêts persistantes est une espèce menacée.

Le bihoreau à couronne noire, *petit échassier nocturne, préfère les terres basses lorsqu'il migre en Thaïlande du Nord.*

Le vanneau caronculé *doit son nom à l'excroissance rouge devant son œil. Il vit près des cours d'eau et en forêt de haute futaie.*

Tek

Les faisans argentés *vivent à diverses altitudes, mais généralement au-dessus de 700 m. Très chassés, ils ont vu leur population considérablement se réduire et sont aujourd'hui protégés. On élève aussi des faisans en captivité pour leur viande.*

Les jacanas à queue de faisan *possèdent des pattes qui leur permettent de marcher sur des feuilles flottant sur l'eau.*

Les hérons pourprés, qui se voient dans les forêts près des rivières, ont un long cou roux.

0-500 m Au-dessus du niveau de la mer

Les coucous terrestres à bec de corail se montrent très discrets.

Les eurylaimes à longue queue *vivent en haute altitude en Thaïlande du Nord. Ils se nourrissent d'insectes qu'ils dénichent dans les arbres ou qu'ils attrapent en plein vol.*

Les sucriers de Gould vivent en haute altitude. Le mâle possède un plumage bleu, pourpre et jaune.

Les gobe-mouches du paradis *qu'ils soient résidents ou migrateurs, nichent en altitude. Les femelles et les jeunes ont un corps brun et une tête noire. Les mâles adultes arborent des couleurs plus vives.*

Grand calao indien

La calliope sibérienne, *oiseau migrateur, s'installe dans les forêts persistantes les plus élevées. Seul le mâle a la gorge rouge.*

Arbres couverts d'épiphytes

1 500 - 2 500 m

Le chat-huant possède un cri musical.

Faisan argenté

Figuier grimpant

500-1 500 m

Le grand drongo à queue à raquette, *espèce résidente des altitudes moyennes, se nourrit presque exclusivement d'insectes qu'il chasse souvent en petits groupes, en venant régulièrement se poser sur la même branche.*

LES HABITATS SELON L'ALTITUDE

Diptérocarpacées à feuilles persistantes et teks couvrent le pied des collines où prospèrent faisans leucomèles, bergeronnettes, perruches et échassiers migrateurs comme le héron. Plus haut, huppards, calaos et mainates ont pour habitat des forêts mélangées. De petits oiseaux comme le pouillot boréal et la chouette peuplent les sommets où poussent chênes et plantes épiphytes.

COMMENT OBSERVER LES OISEAUX

• Les mois d'« hiver », de janvier à avril, sont les plus favorables. Beaucoup de migrateurs arrivent, et les espèces résidentes se reproduisent. Mieux vaut éviter la saison pluvieuse (juin-octobre) et ses sangsues.

• Les parcs nationaux proposent des imprimés indiquant les sentiers d'observation et, souvent, des visites guidées.

• Prenez des jumelles, de l'eau, du répulsif à insectes, une boussole et, de préférence, des vêtements discrets. Sachez vous montrer patient. Évitez de faire bruisser les feuilles et de marcher droit vers les oiseaux.

LA RÉGION DE CHIANG MAI

L e nord-ouest de la Thaïlande, cœur de l'ancien royaume du Lan Na, a pour pôle la deuxième ville du pays, Chiang Mai, réputée pour ses nombreux temples et son artisanat. Comme beaucoup de localités moins importantes de la région, elle s'étend dans une vallée verdoyante que dominent des montagnes densément boisées où plusieurs minorités ethniques essaient de préserver leur identité.

Le Lan Na Thaï, royaume du « million de rizières thaïes », domina le nord de l'actuelle Thaïlande du XIIᵉ au XVIIIᵉ siècle, et les habitants de la région restent fiers de cet héritage qui a donné naissance à une école artistique originale, nourrie d'influences birmanes et laotiennes. L'artisanat reste aujourd'hui très vivant dans le Nord, et Chiang Mai doit beaucoup de sa renommée aux poteries, aux textiles, aux sculptures sur bois et aux pièces d'argenterie que proposent ses meilleures boutiques. Sa douceur de vivre en fait également une base agréable pour découvrir les montagnes des alentours et les villages qu'elles abritent. Les excursions (treks) à la rencontre des minorités ethniques isolées sont d'ailleurs devenues une importante activité touristique. Elles posent toutefois problème, car elles mettent en danger ces modes de vie ancestraux.

À l'ouest, près de la frontière, les villes de Mae Hong Son et de Mae Sariang semblent presque plus birmanes que thaïes, en particulier en raison de l'architecture de leurs temples. Ils possèdent aussi des *chedis* à toiture à degrés.

Au nord, les immeubles en tek qui bordent les rues de Chiang Dao rappellent que cet arbre poussait jadis en épaisses forêts dans la région.

Au sud, *wats* et musées permettent de découvrir l'art du Lan Na à Lampang et à Lamphun, ville qui conserve également des traces du vieux royaume môn d'Haripunchai.

La plus haute montagne de Thaïlande, le Doi Inthanon, se dresse à l'ouest de Chiang Mai au sein d'un parc national qui possède de nombreux équipements. On peut y découvrir de splendides cascades et une faune variée, notamment des centaines d'oiseaux migrateurs.

Offrande au Wat Phra That Lampang Luang, l'un des grands temples du Nord-Ouest

◁ Ombrelles en papier, la spécialité du village de Bo Sang près de Chiang Mai

À la découverte de la région de Chiang Mai

L e nord-ouest de la Thaïlande est à la fois d'une beauté spectaculaire et d'une grande richesse culturelle, avec les temples anciens de Chiang Mai, de Lamphun et de Lampang, ainsi que le magnifique Wat Phra That Lampang Luang. Depuis les vallées de Mae Taeng et du Ping aux paysages domestiqués, d'imposantes montagnes souvent couvertes d'épaisses forêts s'élèvent jusqu'à la frontière birmane. Des randonnées organisées permettent d'y partir à la rencontre de tribus montagnardes.

LES SITES D'UN COUP D'ŒIL

Bo Sang **13**
Chiang Mai p. 214 -217 **11**
Doi Chiang Dao **7**
Parc national de Doi Inthanon p. 220-221 **16**
Doi Saket **12**
Doi Suthep p. 212 -213 **10**
Lampang **20**
Lamphun **15**
Mae Aw **4**
Mae Hong Son p. 206 -207 **1**
Mae Sariang **18**
Parc national de Mae Surin **2**
Vallée de Mae Taeng **9**
Pai **6**
Phrao **8**
Vallée du Ping **17**
San Kamphaeng **14**
Soppong **5**
Tham Pla **3**
Uttaradit **22**
Wat Phra That Lampang Luang p. 224 -225 **19**
Centre de dressage des éléphanteaux **21**

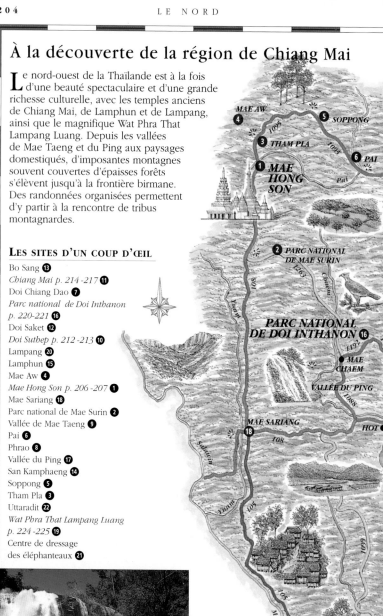

MAE AW **4**

5 SOPPONG

3 *THAM PLA*

6 PAI

1 *MAE HONG SON*

Pai

2 *PARC NATIONAL DE MAE SURIN*

PARC NATIONAL DE DOI INTHANON **16**

● *MAE CHAEM*

VALLÉE DU PING

MAE SARIANG **18**

HOT ●

0   50 km

Mae Sot

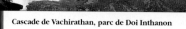

Cascade de Vachirathan, parc de Doi Inthanon

VOIR AUSSI

• *Hébergement* p. 393-395

• *Restaurants* p. 417-419

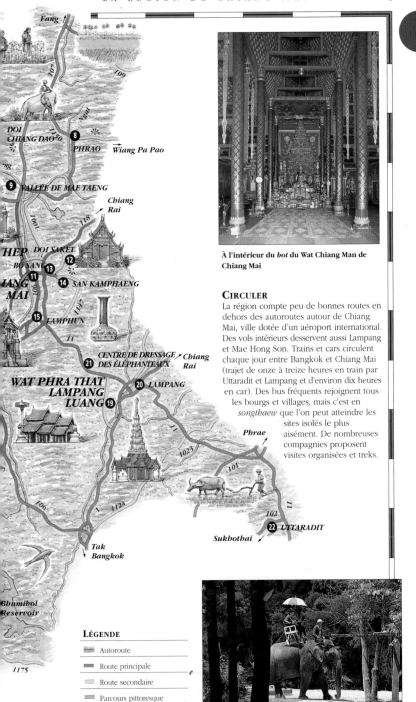

À l'intérieur du *bot* du Wat Chiang Man de Chiang Mai

CIRCULER

La région compte peu de bonnes routes en dehors des autoroutes autour de Chiang Mai, ville dotée d'un aéroport international. Des vols intérieurs desservent aussi Lampang et Mae Hong Son. Trains et cars circulent chaque jour entre Bangkok et Chiang Mai (trajet de onze à treize heures en train par Uttaradit et Lampang et d'environ dix heures en car). Des bus fréquents rejoignent tous les bourgs et villages, mais c'est en *songthaew* que l'on peut atteindre les sites isolés le plus aisément. De nombreuses compagnies proposent visites organisées et treks.

LÉGENDE

	Autoroute
	Route principale
	Route secondaire
	Parcours pittoresque
	Rivière
	Point de vue

En promenade au Centre de dressage des éléphanteaux

Mae Hong Son pas à pas ❶

แม่ฮ่องสอน

Occupant un site superbe au sein d'une vallée entourée de montagnes boisées, cette paisible petite ville n'était, au début du siècle dernier, qu'un camp où l'on gardait des éléphants. Aucune route asphaltée ne la relia à Chiang Mai avant 1965. Son architecture témoigne d'une influence birmane constante dans une province où Shans et Karens forment une grande part de la population. De plus en plus appréciée des voyageurs, Mae Hong Son offre d'intéressantes possibilités d'excursions. En saison fraîche, mieux vaut y emporter un pull-over ou une veste.

Vers l'aéroport

UDOM CHAONITHET

★ **Le Wat Hua Wiang**
Ce temple en tek, aux toits étagés de style birman, abrite dans son bot très délabré un bouddha en bronze, Phrachao Para La'Khaeng, provenant de Birmanie.

Le bazar de nuit vend tissages et artisanat.

Marché quotidien
Fréquenté par les tribus montagnardes, ce marché animé et odorant, qui déborde presque sur la piste de l'aéroport, vend entre autres produits frais et textiles birmans.

PRADIT CHONG KHAM

SINGHANAT BAMRUNG

LES FEMMES PADAUNG

Les femmes de cette tribu, également appelée Kayan, portent autour du cou et des jambes des anneaux de laiton posés dès l'âge de 6 ou 7 ans. L'origine de cette tradition est aujourd'hui incertaine, et elle avait tendance à disparaître avant que l'armée birmane ne déplace plusieurs familles à proximité de Mae Hong Son où l'intérêt des touristes et leur désir de les photographier ont transformé les « femmes girafes » en une source de revenus.

« **Femmes girafes** » **de la tribu des Padaung**

Des maisons shans en tek bordent cette rue.

Lac Chong Kham
Ce lac servait jadis au bain des éléphants. Il est particulièrement impressionnant quand la brume enveloppe la ville le matin.

MODE D'EMPLOI

Province de Mae Hong Son. 🏠
7 400. ✈ 1 km au nord-est du
lac Chong Kham. 🚌 Khunlum
Phraphat Rd. 🛈 TAT, Chiang Mai
(053) 248604. @ tatcnx@samart.
co.th 🏢 Singhanat Bamrung Rd
(053) 612 156. 🏛 t.l.j. 🎭 Poi
Sang Long (fin mars-déb. avr.) ;
Chong Para (oct.).

CHAMNANSATIT

★ Le Wat Chong Kham
Ce sanctuaire construit par des Shans vers 1827 possède un chedi à toiture à degrés et abrite un bouddha assis très révéré de 5 m de haut.

Poste

Parc de santé

★ Le Wat Chong Klang
Dans ce temple de la fin du XIXᵉ siècle aux chedis blancs et or, il est possible de voir sur demande des panneaux de verre peint, inspirés par les jatakas (p. 26).

Depuis une colline à l'ouest, le Wat Doi Kong Mu offre une superbe vue de la ville.

Vers le Wat Doi Kong Mu

LUM PHRAPHAT

Khunlum Phraphat Road
À côté de restaurants et d'agences de voyages, la rue principale est le meilleur endroit où acheter tissages des tribus montagnardes et antiquités.

0 _____ 25 m

LÉGENDE

— — —   Itinéraire conseillé

À NE PAS MANQUER

★ Le Wat Hua Wiang

★ Le Wat Chong Kham

★ Le Wat Chong Klang

La spectaculaire cascade de Mae Surin dans le parc national du même nom

Parc national de Mae Surin ❷

อุทยานแห่งชาติน้ำตกแม่สุริน

Province de Mae Hong Son. Siège du parc à 2,5 km de la route 108, 8 km au sud de Mae Hong Son. 🗎 TAT, Chiang Mai (053) 248604 ; Forestry Dept (02) 579 5734, (02) 579 7223 (et location de bungalows). 🚌 depuis Khun Yuam puis songthaew. 🕐 t.l.j. 📷

Dans ce petit parc au sud de Mae Hong Son, des forêts de basse altitude abritent des mammifères tels que l'ours des cocotiers, l'ours noir asiatique et le cerf muntjac. Parmi les oiseaux figurent drongos et calaos. On atteint la cascade de Mae Surin, l'une des plus hautes de Thaïlande (100 m), par une piste en terre qui conduit également à la Thung Bua Thong (« prairie des tournesols sauvages »), spectaculaire en novembre et en décembre au moment de la floraison. Des pensions de Mae Hong Son et de Pai proposent des descentes en radeau de la rivière Pai qui traverse le parc.

Tham Pla ❸

ถ้ำปลา

Province de Mae Hong Son. Près de la route 1095 à 17 km au nord de Mae Hong Son. 🗎 TAT, Chiang Mai (053) 248604. 🚌 Mae Hong Son puis songthaew ou visite organisée. 📷

Ce site pittoresque au nord de Mae Hong Son peut se visiter dans le cadre d'une excursion d'une journée. Tham Pla (« la grotte au poisson ») est en fait un bassin entouré d'un jardin au pied d'un affleurement rocheux. Il doit son nom à une énorme carpe. Les bouddhistes acquièrent des mérites en achetant de la papaye pour la nourrir.

Mae Aw ❹

แม่ออ

Province de Mae Hong Son. 🚶 32 000. 🚌 Mae Hong Son puis songthaew ou visite organisée. 🗎 TAT, Chiang Mai (053) 248604. 🕐 t.l.j.

Situé dans les montagnes près de la frontière birmane, Mae Aw est un des derniers villages fondés par les combattants du Kuomintang (p. 232) à subsister en Thaïlande. Le site offre de superbes vues, mais des combats y éclatent parfois entre factions se disputant le contrôle du marché local de l'opium depuis le renversement du « seigneur » Khun Sa en 1996. Visites organisées depuis Mae Hong Son et jeeps sont les meilleurs moyens de rejoindre Mae Aw. Mieux vaut vérifier avant le départ auprès de l'office du tourisme que la zone est sûre.

Soppong ❺

สบปอง

Province de Mae Hong Son. 🚶 37 000. 🚌 depuis Mae Hong Son. 🗎 TAT, Chiang Mai (053) 248604. 🕐 t.l.j.

Ce petit village, parfois nommé Pang Mapha sur les cartes locales, se perche à quelque 700 m dans les montagnes. Son atmosphère paisible, les belles vues qu'il

La route 1095 traversant Soppong

Enfants musulmans de Pai

offre et les forêts de teks qui l'entourent en font un lieu d'étape de plus en plus populaire, et de nombreux randonneurs s'y arrêtent en route vers les villages lisus, karens, lahus et shans des environs. Le marché qui se tient à Soppong attire tous les jours des membres de ces tribus montagnardes.

AUX ENVIRONS : À **Tham Lot**, au nord de Soppong, trois grottes forment l'un des plus longs réseaux de galeries souterraines de l'Asie du Sud-Est. Un large cours d'eau, qui peut se franchir à dos d'éléphant ou en radeau, les traverse et elles renferment d'impressionnantes concrétions calcaires. On y a découvert des objets façonnés et des cercueils en tek grossièrement sculptés. Les visiteurs peuvent s'adresser aux pensions locales pour des visites guidées.

🏞 Tham Lot

8 km au nord de Soppong, province de Mae Hong Son. ◻ t.l.j.
🅿 (pour un guide et une lanterne).

Pai ❻
ปาย

Province de Mae Hong Son. 🏔 45 000.
🚌 depuis Mae Hong Son. 🅸 TAT,
Chiang Mai (053) 248604. 🅰 t.l.j.

L a beauté des collines qui l'entourent fait de Pai une destination appréciée des randonneurs et des amateurs de paysages préservés. Cette bourgade était à l'origine une communauté shan, mais elle a attiré dans sa région, au cours des récentes décennies, des Lisus, des Lahus, des musulmans birmans et des Chinois du Yunnan.
Les toits à multiples niveaux du **Wat Klang**, entre la gare routière et la rivière Pai, sont typiques des temples shans. Sur une hauteur à l'est de la ville, le **Wat Phra That Mae Yen**, lui aussi bâti par des Shans, ménage une vue panoramique de la vallée. Des scènes de la vie quotidienne ornent les portes en bois du principal *wihan*. De nombreuses pensions proposent des excursions guidées dans la région *(p. 211)*.

LES ESPÈCES MENACÉES DE THAÏLANDE

Python-tigre – son habitat forestier disparaît rapidement

Le climat tropical et une topographie variée valent à la Thaïlande une faune et une flore d'une grande diversité. Au XXᵉ siècle cependant, le braconnage et le déboisement ont entraîné l'extinction de plusieurs espèces, dont le kouprey (un bovin sauvage) et le cerf de Schomburgk. Certains animaux sont chassés pour leur viande, d'autres, y compris le gibbon, pour servir d'animaux de compagnie, d'autres encore, tels les serpents, simplement par peur. Des 282 espèces de mammifères qu'abrite le pays, environ 40 parmi les plus grandes sont menacées de disparition, malgré les lois censées assurer leur protection. Cette situation inquiétante ne concerne pas que les animaux à sang chaud : 10 % des 405 espèces de reptiles et d'amphibiens de Thaïlande risquent aussi de disparaître.

Le gibbon à mains blanches

LES TIGRES DE THAÏLANDE

La médecine traditionnelle chinoise, qui fait un large usage d'organes de tigre, accélère partout dans le monde la disparition de ce grand félin. Des quelques milliers qui subsistent en Asie, 500 environ vivraient en Thaïlande, en particulier dans le parc national de Khao Yai *(p. 174-175)*. Depuis 1995, un programme de protection du département royal des Eaux et Forêts tente d'éviter leur extermination.

**Pavillons et étang empli de carpes
devant Tham Chiang Dao**

Doi Chiang Dao **❼**

ดอยเชียงดาว

12 km à l'ouest de Chiang Dao, province
de Chiang Mai. **ℹ** *TAT, Chiang Mai
(053) 248604.* 🚌 *de Chiang Mai à
Chiang Dao puis songthaew.*

Troisième sommet de la
Thaïlande, le Doi Chiang
Dao (2 175 m), où se sont
installés plusieurs villages
lisus et karens, présente plus
d'intérêt touristique avec ses
forêts de pins et d'essences
tropicales que le village voisin
de Chiang Dao.
Celui-ci offre toutefois l'accès
le plus aisé au **Tham Chiang
Dao**, réseau souterrain
d'environ 14 km de long qui
court sous la montagne.
Certaines de ces grottes,
peuplées de chauves-souris,
abritent des statues du
Bouddha déposées par des
pèlerins shans venus de
Birmanie. Les concrétions

calcaires des galeries se
révèlent cependant encore
plus impressionnantes. Seules
les principales salles sont
éclairées, mais les visiteurs
peuvent louer les services de
guides équipés de lanternes.
Près des grottes, le **Wat Tham
Chiang Dao** comprend un
centre de méditation
bouddhique et une petite
pièce où sont exposés des
gongs et d'autres instruments
de musique. Derrière un
grand tamarinier, près d'un
plan d'eau, s'élève un *chedi*
ancien de style birman. Non
loin, un petit marché propose
des aromates et des herbes et
racines médicinales cueillies
dans la forêt.
Fondé au XVIIIe siècle à l'est
du Doi Chiang Dao, la rue
principale du village de **Chiang
Dao** aligne ses édifices
traditionnels en tek. Il servait
à l'origine de lieu de d'exil de

**Façade du Wat Tham Chiang Dao
près du Doi Chiang Dao**

phi pop, des malades
soupçonnés être possédés par
des esprits maléfiques parce
que l'on confondait alors les
symptômes de leur véritable
affection, telle la malaria, avec
ceux de la folie.
Au sud-est, le **centre de
dressage d'éléphants
Chiang Dao** propose au bord
du Ping des démonstrations
de dressage et des promenades
à dos d'éléphant. **Tham Tup
Tao**, à 48 km au nord de
Chiang Dao, se compose de
deux vastes cavernes. Tam
Pha Kao (« grotte claire »)
abrite deux grands bouddhas
et un groupe d'éléphants
sculpté dans une stalagmite.
Une colonie de chauves-souris
habite Tam Pha Chak (« grotte
sombre ») qui, comme son
nom l'indique, ne peut se
visiter qu'avec une lampe.

🏛 **Tham Chiang Dao**
Près de la route 107,5 km au nord-
ouest de Chiang Dao. ◯ *t.l.j.* 📷 🎫
🏠 **Centre de dressage
d'éléphants Chiang Dao**
Est de la route 107, 15 km au sud-est
de Chiang Dao, province de Chiang Mai.
☎ *(053) 298 553.* ◯ *t.l.j.*
*(démonstrations de 9 h à 10 h
et de 10 h à 11 h).* 📷
🏛 **Tham Tup Tao**
Ouest de la route 107, province
de Chiang Mai. ◯ *t.l.j.* 📷 🎫

Phrao **❽**

พร้าว

Province de Chiang Mai. 🚶 *55 000.*
🚌 *depuis Chiang Mai.* **ℹ** *TAT,
Chiang Mai (053) 248604.* 🚐 *t.l.j.*

Aujourd'hui lieu d'échange
entre commerçants thaïs
et tribus montagnardes, cette
petite ville resta longtemps
assez isolée.
La route 1150 la relie
désormais à Wiang Pa Pao
(p. 242), mais elle demeure à
l'écart des itinéraires
touristiques. Son marché
couvert vend des textiles
traditionnels et un large choix
de fruits frais.

AUX ENVIRONS : À l'est en
direction de Wiang Pa Pao,
la route 1150 traverse de
superbes forêts dans une
région où existent plusieurs
villages hmongs et lisus.

LES ORCHIDÉES DE THAÏLANDE

La plus célèbre fleur de Thaïlande n'apparaît pas sans
raison partout sur des logos. Le pays en compte en effet
1 300 variétés sauvages. Alors que le déboisement menace
de plus en plus leurs habitats naturels, des millions
d'orchidées cultivées partent chaque année à l'étranger. Les

**Le rose est une des couleurs les plus
appréciées à l'exportation.**

premières exportations
datent des années 50.
Elles atteignirent en
1991 une valeur record
de 80 millions de
dollars américains.
Les achats ont depuis
commencé à baisser
quand les habitudes
de consommation ont
changé dans des pays
comme le Japon.

Promenade en radeau sur la rivière Taeng

Vallée de Mae Taeng ❾

แม่แตง

Province de Chiang Mai. 🚌 🚐 *Chiang Mai puis* songthaew. ℹ *TAT, Chiang Mai (053) 248604.*

L a création de terrasses et le développement de l'irrigation ont amélioré la production agricole aux alentours de Mae Taeng, en particulier près de la rivière Taeng au nord-ouest de la ville. Les paysages constrastés, façonnés par des plantations variées, ne sont toutefois pas la raison principale du succès de la région auprès des adeptes du trekking. Ceux-ci y viennent surtout pour ses villages lisus, karens et hmongs. Les excursions organisées peuvent associer d'autres activités telles que la descente de la rivière en radeau et des promenades à dos d'éléphant. Le **Mae Taman Rafting and Elephant Camp** les propose également, ainsi que des promenades en char à bœufs. On le rejoint par une piste de terre à l'ouest de la route 107. Une pension voisine permet un hébergement en bord de rivière.

🏕 **Mae Taman Rafting and Elephant Camp**
15 km à l'ouest de la route 107. ⬛ *t.l.j.* 📷

Femmes hmongs en costumes traditionnels

Trekking autour de Chiang Dao

Promenade en forêt à dos d'éléphant *(voir p. 241)*

Le nord de la Thaïlande doit beaucoup son attrait touristique à la randonnée pédestre (trekking, *p. 446*). Les excursions aux alentours de Chiang Dao et de Mae Taeng, région que proposent la plupart des expéditions de trois jours organisées par les pensions ou les agences spécialisées de Chiang Mai, comprennent généralement des étapes dans des villages montagnards, ainsi qu'une promenade à dos d'éléphant ou en radeau. Avant tout engagement, mieux vaut s'assurer des prestations offertes et des qualités du guide. Il doit en particulier connaître les coutumes des tribus où vous vous rendrez. Cette carte indique des itinéraires typiques de deux ou trois jours.

Sites proches de Chiang Dao

Chiang Dao ⑤
Centre de dressage d'éléphants Chiang Dao ④
Mae Taeng ③
Mae Taman Rafting and Elephant Camp ②
Pai ①
Phrao ⑥

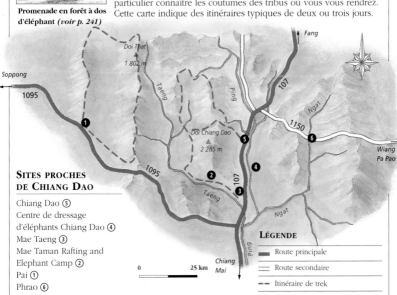

Légende

▬▬ Route principale
═══ Route secondaire
╌╌╌ Itinéraire de trek

0 — 25 km

Doi Suthep ⑩

ดอยสุเทพ

L a montagne très fréquentée du Doi Suthep fait partie du parc national de Doi Suthep-Doi Pui. Son sommet (1 601 m) abrite le Wat Phra That Doi Suthep, l'un des sanctuaires bouddhistes les plus révérés de Thaïlande du Nord. Les épaisses forêts qui l'entourent sont le refuge de très nombreux oiseaux. Depuis Chiang Mai, une route serpente jusqu'à un village où l'on trouve restaurants et boutiques de souvenirs. De là, le visiteur peut choisir entre gravir un escalier de 300 marches ou prendre un funiculaire. À quelques kilomètres du *wat*, on découvre aussi un village hmong, des chutes et les jardins à l'anglaise du palais Phuping.

**Bouddha
du *chedi***

Peintures du cloître
*Elles illustrent des scènes
de la vie du Bouddha.*

★ Le *chedi* central
*Le reliquaire originel
reçut au XVIᵉ siècle
cette extension dans
le style du Lan Na.
Les pèlerins
acquièrent des
mérite en couvrant
de feuilles d'or les
quatre parasols qui
l'entourent (p. 26).*

Monument à l'éléphant blanc
*Selon une légende, l'éléphant
du roi Ku Na indiqua, à
la fin du XIVᵉ siècle,
l'emplacement
où construire le
chedi en grimpant
la colline tout en
barrissant et en
se retournant.*

WAT DOI SUTHEP

Fondé en 1383 pour abriter de précieuses reliques, le sanctuaire au sommet du Doi Suthep date de la grande époque du royaume du Lan Na *(p. 58-59)*.

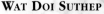

Escalier aux nagas
*Des serpents à tête de
dragons encadrent l'escalier
de 304 marches qui conduit
au wat. Les visiteurs peuvent
aussi prendre un funiculaire.*

À NE PAS MANQUER
★ Le *chedi* central
★ La vue de Chiang Mai

Bouddhas du principal *wihan*
Le *wihan du XVIe siècle abrite les images de l'« Éveillé » les plus vénérées du sanctuaire.*

MODE D'EMPLOI

16 km au nord-ouest de Chiang Mai, province de Chiang Mai.
i *TAT, Chiang Mai (053) 248604 ; Forestry Dept (02) 579 7223 (et location de bungalows).*
Chiang Mai puis songthaew. **Jardin du palais** *de 8 h 30 à 12 h 30 et de 13 h à 16 h 30 du ven. au dim. en l'absence de la famille royale (téléphoner).* **Palais de Phuping** *au public.*

Bibliothèque

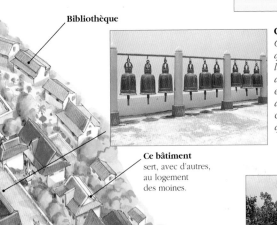

Cloches
Ces cloches, qui servaient à l'origine à appeler au culte moines et dévots, portent aujourd'hui chance à ceux qui les font sonner.

Ce bâtiment sert, avec d'autres, au logement des moines.

Clocher
Près des marches conduisant au principal wihan, *ce clocher possède un toit polychrome caractéristique.*

Funiculaire

LA FAUNE AUTOUR DU WAT DOI SUTHEP

Ce passereau habite en permanence le parc

Très apprécié des passionnés de nature, le parc national de Doi Suthep-Doi Pui abrite une faune et une flore variées, bien que le défrichement et la construction d'hébergements touristiques aient entraîné le déboisement de son flanc occidental. Il est particulièrement riche en papillons et en oiseaux tels que le cochoa vert. Parmi les 60 espèces de mammifères qui y vivent figure le blaireau-furet birman.

★ La vue de Chiang Mai
Le complexe du temple offre dans un angle, une vue panoramique des forêts du parc national de Doi Suthep-Doi Pui et de la ville de Chiang Mai, au sud-est.

Chiang Mai pas à pas ⓫

เชียงใหม่

Lanterne typique de Chiang Mai

Sur le site où il avait conquis une implantation môn en 1296, le roi Mengrai fonda une « nouvelle ville », Chiang Mai, dont il fit la capitale du royaume du Lan Na *(p. 58-59)* au détriment de Chiang Rai *(p. 240-241)*. Elle devint pendant les règnes de Ku Na (1355-1385) et de Tilok (1441-1482) un des grands centres du bouddhisme theravada, et nombre des *wats* que renferme son ancien quartier trouvent leurs origines dans ces périodes. Aujourd'hui, les nombreux visiteurs ne viennent pas que pour ses temples, mais aussi pour son artisanat et les randonnées proposées dans les montagnes alentours.

Vers la porte Suan Dok

Mengrai Kilns *(p. 433)* vend un large choix de céramiques.

Mengrai Kilns

SAMLAN

Vieux Chiang Mai
Le premier pont à franchir le Ping ne date que de 1950.

SOI 7

Wat Muen Ngon Kong
De beaux treillis parent certains édifices. Un épi de faîte birman coiffe le chedi.

Le Wat Phra Chao Mengrai a un portail de cérémonie ouvragé.

LÉGENDE

— — — Itinéraire conseillé

À NE PAS MANQUER

★ **Le Wat Phra Sing**

★ **Le Wat Chedi Luang**

Wat Phan Waen
À l'intérieur d'une paisible enceinte, le Wat Phan Waen offre un exemple typique de sanctuaire du Nord. Ces portes peintes appartiennent au wihan.

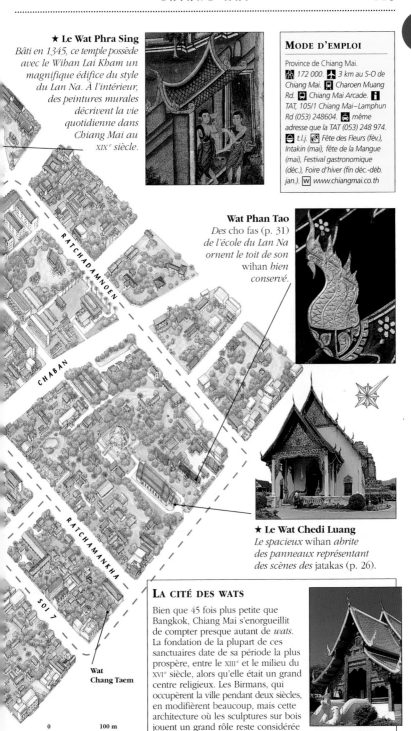

★ **Le Wat Phra Sing**
*Bâti en 1345, ce temple possède
avec le Wihan Lai Kham un
magnifique édifice du style
du Lan Na. À l'intérieur,
des peintures murales
décrivent la vie
quotidienne dans
Chiang Mai au
XIXe siècle.*

MODE D'EMPLOI

Province de Chiang Mai.
172 000. 3 km au S-O de
Chiang Mai. Charoen Muang
Rd. Chiang Mai Arcade.
TAT, 105/1 Chiang Mai–Lamphun
Rd (053) 248604. même
adresse que la TAT (053) 248 974.
t.l.j. Fête des Fleurs (fév.),
Intakin (mai), fête de la Mangue
(mai), Festival gastronomique
(déc.), Foire d'hiver (fin déc.-déb.
jan.). www.chiangmai.co.th

Wat Phan Tao
Des cho fas (p. 31)
*de l'école du Lan Na
ornent le toit de son*
wihan *bien
conservé.*

RATCHADAMNOEN

CHABAN

RATCHAMANKHA

SOI 7

**Wat
Chang Taem**

0   100 m

★ **Le Wat Chedi Luang**
Le spacieux wihan *abrite
des panneaux représentant
des scènes des* jatakas *(p. 26).*

LA CITÉ DES WATS

Bien que 45 fois plus petite que
Bangkok, Chiang Mai s'enorgueillit
de compter presque autant de *wats.*
La fondation de la plupart de ces
sanctuaires date de sa période la plus
prospère, entre le XIIIe et le milieu du
XVIe siècle, alors qu'elle était un grand
centre religieux. Les Birmans, qui
occupèrent la ville pendant deux siècles,
en modifièrent beaucoup, mais cette
architecture où les sculptures sur bois
jouent un grand rôle reste considérée
comme l'héritière du style développé
dans le royaume du Lan Na *(p. 58-59).*

**Le Wihan Lai Kham
(XIXe s.) du Wat Phra Sing**

À la découverte de Chiang Mai

Statuette birmane

Bien que gagnée elle aussi par le modernisme, la « rose du Nord » garde, grâce à la douceur de son climat et au sens de l'hospitalité de ses habitants, un pouvoir de séduction auquel ont succombé beaucoup de visiteurs. Toujours entouré de douves, le quartier ancien abrite notamment le Wat Chedi Luang et le Wat Phra Sing. Il y a aussi beaucoup à voir hors du centre, en particulier le Wat U Mong et l'excellent Musée national. Au nord-est de la rivière s'étend le vieux quartier colonial aux demeures caractéristiques. Éventaires et boutiques proposent au marché Warorot, au marché de nuit du Night Bazaar et le long de Tha Phae Road un vaste choix d'artisanat (p. 198-199).

Peinture murale du Wihan Lai Kham du Wat Phra Sing

🏯 Wat Phra Sing
วัดพระสิงห์
Samlan Rd, près de la porte Suan Dok. ⏰ t.l.j.
La construction du plus grand *wat* de Chiang Mai fut inaugurée en 1345, mais son *bot* date de 1600. Achevé en 1400, le Wihan Lai Kham (« hall doré »), décoré de scènes de la vie quotidienne, abrite le bouddha Phra Buddha Sing qui, comme ses homonymes de Bangkok (p. 84) et de Nakhon Si Thammarat (p. 369), proviendrait du Sri Lanka.

🏯 Wat Chedi Luang
วัดเจดีย์หลวง
Phra Pok Klao Rd. ⏰ t.l.j.
Un petit bâtiment à gauche de l'entrée principale renferme le Lak Muang (pilier de la ville). Un tremblement de terre endommagea en 1465 le *chedi* haut de 86 m, élevé vers 1450. Sa niche orientale abrita un temps le Bouddha d'Émeraude. L'enceinte du temple renferme aussi l'endroit où la foudre tua le roi Mengrai en 1317.

🏯 Wat Chiang Man
วัดเชียงมั่น
Près de Ratcha Phakhinai Rd. ⏰ t.l.j.
Le roi Mengrai aurait résidé dans ce *wat*, le plus ancien de la ville, pendant la construction de sa nouvelle capitale. Des têtes d'éléphants entourent le *chedi*, et le *bot* renferme des colonnes lanna en tek. Le *wihan* abrite deux bouddhas très anciens : un bas-relief et une statuette en cristal.

🏯 Porte Tha Phae
ประตูท่าแพ
Cette porte marque le début de Tha Phae Road, le pôle commercial de Chiang Mai bordé de librairies, de grands magasins et de boutiques d'artisanat. Plus à l'est, la rue devient la route 1006, qui dessert des ateliers, entre autres de céramique, de laque et de tissage de la soie.

🏯 Porte Suan Dok
ประตูสวนดอก
À l'ouest de la ville, cette porte marque le début de Suthep Road qui longe trois sanctuaires importants.

🛒 Night Bazaar
ไนท์บาซาร์
Chang Khlan Rd. ⏰ de 18 h à 23 h t.l.j.
Dans ce marché de nuit, des dizaines d'éventaires proposent un très vaste choix d'articles à des prix compétitifs, à condition de marchander. On y trouve notamment de l'artisanat montagnard, des articles en cuir et des vêtements. L'étage supérieur est spécialisé dans les antiquités... Attention aux faux (p. 431) ! On pourra acquérir les plus beaux tissages et objets en argent dans les boutiques de Wualai Road au sud de la porte Chiang Mai.

🛒 Marché Warorot
ตลาดวโรรส
Nord de Tha Phae Rd. ⏰ t.l.j.
Moins touristique que le Night Bazaar, ce marché couvert se révèle aussi souvent moins cher. On y trouve de l'artisanat, des vêtements, des fruits frais et des plats épicés. Le soir, il se transforme en marché aux fleurs.

Le marché Warorot, très animé

Aux environs : On peut atteindre la plupart de sites à l'extérieur du centre en vélo, en moto, en *songthaew* ou en *tuk-tuk*. La majorité des hôtels et des pensions proposent des visites organisées ou des treks dans des villages de tribus montagnardes *(p. 196-197)*. Il existe aussi de nombreuses agences spécialisées sur Tha Phae Road.

Au nord de la ville, le **Musée national de Chiang Mai** présente une collection éclectique, des terres cuites d'Haripunchai aux bouddhas de tous styles. Sur le campus de l'université, le **Tribal Research Institute** comprend un petit musée et une bibliothèque consacrés à l'histoire des minorités ethniques de la région. Il organise aussi des randonnées pédestres dans des villages de tribus montagnardes. Sur Kaew Narawat Road, au nord-est de la ville, un hôpital

Bouddha, Musée national

en activité, le **McCormick Hospital**, offre un exemple typique des édifices que construisirent au tournant du siècle à Chiang Mai des missionnaires et des employés de compagnies forestières britanniques venus de Birmanie. Juste à l'ouest de la porte Suan Dok, sur Suthep Road, le **Wat Suan Dok** date de 1383, mais son *wihan* fut reconstruit en 1932. Les petits *chedis* contiennent les cendres de membres de l'ancienne famille royale de Chiang Mai. Une école de massage se trouve près de l'entrée.

Plus loin sur Suthep Road, un monastère forestier, le **Wat U Mong**, a gardé des tunnels datant du XIVᵉ siècle. Il renferme aussi un bouddha jeûnant à la maigreur saisissante. Non loin, le **Wat Ram Poeng** propose des cours de méditation. Sa bibliothèque conserve des versions en de nombreuses langues du canon du bouddhisme theravada.

Le Wat Suan Dok fondé au XIVᵉ siècle

Spacieux, le **Wat Chet Yot** se reconnaît aisément aux sept flèches de son *chedi*. Son plan s'inspire de celui du temple Mahabodhi de Bodh-Gaya, la ville indienne où le Bouddha atteignit l'illumination.

Musée national de Chiang Mai
Près de la Superhighway.
du mer. au dim. jours fériés.
Tribal Research Institute
Université de Chiang Mai, près de Huai Kaew Rd. du lun. au ven.
jours fériés.

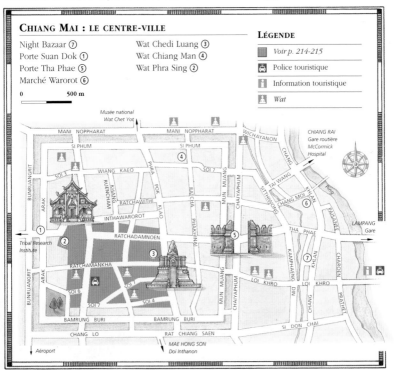

CHIANG MAI : LE CENTRE-VILLE

Night Bazaar ⑦
Porte Suan Dok ①
Porte Tha Phae ⑤
Marché Warorot ⑥
Wat Chedi Luang ③
Wat Chiang Man ④
Wat Phra Sing ②

LÉGENDE
Voir p. 214-215
Police touristique
Information touristique
Wat

Doi Saket ⓬

คอยสะเก็ด

Près de la route 1019, 16 km au nord-est
de Chiang Mai, province de Chiang Mai.
🛈 TAT, Chiang Mai (053) 248604.
🚌🚖 « Chiang Mai puis songthaew.
⭘ t.l.j. 📷

Dessinant un triangle, les
villages de Bo Sang et San
Kamphaeng et le mont du Doi
Saket offrent ensemble un
agréable programme de visite
pour une excursion d'une
journée depuis Chiang Mai.
Le Wat Doi Saket, installé
au sommet de la montagne,
s'atteint par un raide escalier
de 300 marches gardé de part
et d'autre par un *naga*.
Une vue superbe de la vallée
récompense de l'ascension.
Le temple renferme un *wihan*
moderne, un *chedi* blanc, un
immense bouddha assis et
sept effigies plus petites de
l'« Éveillé », une pour chaque
jour de la semaine.

***Wihan** moderne du Wat Doi Saket
bâti sur une colline*

Fabrication et vente d'ombrelles dans le village de Bo Sang

Bo Sang ⓭

บ่อสร้าง

Province de Chiang Mai. 🏯 89 000.
🚌 Depuis Chiang Mai. 🛈 TAT,
Chiang Mai (053) 248604. 🚪 t.l.j.
📷 Fête des Ombrelles (jan.).

Situé à 9 km à l'est de
Chiang Mai, Bo Sang
est connu dans toute la
Thaïlande comme le « village
des ombrelles ». Cet artisanat
emploie la majorité de la
population dans des ateliers
et boutiques spécialisés. On y
trouve aussi de l'argenterie,
des céladons (céramiques vert
pâle), des laques et des objets
en bois, mais il s'agit souvent,
malheureusement, de
souvenirs de piètre qualité.
La fabrication des ombrelles
obéit à une tradition séculaire,
et l'armature sur laquelle est
tendue de la soie, du coton
ou du papier huilé reste
formée d'un manche en
bois et de baleines en
bambou. L'acheteur
peut généralement

commander un décor de son
choix, nom ou dessin.
Dans Bo sang et la campagne
alentour, de nombreuses
maisons ont la forme des
constructions traditionnelles
du Nord (*p. 32*), bâties en
bois sur pilotis au milieu d'un
petit jardin. D'un vert profond
pendant la saison pluvieuse
(juin-octobre), les rizières
prennent, entre novembre et
janvier, une teinte or. Après la
récolte commence le battage
du riz.

San
Kamphaeng ⓮

สันกำแพง

Province de Chiang Mai. 🏯 73 000.
🚌 depuis Chiang Mai. 🛈 TAT,
Chiang Mai (053) 248604. 🚪 t.l.j.

Ce village aux vieux
édifices en bois et
aux rues étroites est renommé
pour ses tissages : cotonnades
et soieries. Les boutiques y
vendent aussi meubles en

LES NAGAS : DES SERPENTS MYTHOLOGIQUES

Les *nagas* visibles sur tant d'édifices en Thaïlande ont un
rôle de gardiens. Encadrant les escaliers des temples, ornant
leurs toits et leurs pignons ou sculptés sur les portes et les
fenêtres, ils protègent contre les esprits maléfiques. Bien que leur
signification puisse varier légèrement d'un pays à l'autre,
leur importance dans toute l'Asie bouddhiste a des racines
profondes. Elle s'exprime dans un épisode des *jatakas*, légendes
relatant les vies antérieures du Bouddha : un serpent qui
s'apprêtait à nuire au sage est attaqué par un *garuda*, oiseau
mythologique, et, vaincu, devient le protecteur de celui
qu'il agressait. Cette protection se manifeste pendant sa
dernière vie quand Mucilinda, le roi des *nagas*, le couvre
de ses sept têtes pendant un orage. La foi populaire attribue
aussi aux *nagas* le pouvoir de contrôler les pluies et un culte
leur est rendu pendant la fête de Songkran (*p. 226*).

*Naga bicéphale du
Wat Phra That
Chedi Luang
à Chiang Saen
(p. 238)*

Geyser du domaine des sources chaudes de San Kamphaeng

tek, argenterie, laques, jades et céladons. Des prix parfois élevés y justifient un âpre marchandage *(p. 455)*. Plusieurs ateliers permettent aux visiteurs de suivre tout le processus du travail de la soie *(p. 256-257)*, depuis l'élevage des vers nourris de feuilles de mûriers plantés dans la région jusqu'au tissage sur de rustiques métiers en bois, en passant par le défilage des cocons et la teinture des écheveaux.

AUX ENVIRONS : À l'est de San Kamphaeng, juste après le village de Mu Song, les grottes de **Tam Muang On** abritent d'impressionnantes concrétions calcaires. Un peu plus loin, les **sources chaudes de San Kamphaeng** offrent geysers spectaculaires et bains d'eau minérale chaude.

🏞 Tam Muang On
14 km à l'est de San Kamphaeng.
⭘ *t.l.j.*

🏞 Sources chaudes de San Kamphaeng
20 km à l'est de San Kamphaeng.
⭘ *t.l.j.* 🖼

Lamphun ⑮
ลำพูน

Province de Lamphun. 🏘 *15 000.* 🚉
🚌 ℹ *TAT, Chiang Mai (053) 248604.*
🚗 *t.l.j.* 🎎 *Fête du Lamyai (août).*

E ntourée de rizières, l'ancienne capitale du royaume môn d'Haripunchai (750-1281) possède une atmosphère paisible, avec ses vieux temples et ses grandes maisons de bois bordant la rivière Kuang. Sanctuaire le plus important de la ville, le **Wat Phra That Haripunchai** fut probablement fondé, dans son ampleur actuelle, par le roi Athithayarai en 1044, mais son *chedi* central pourrait remonter à 897. Haut de 46 m, il est couronné d'une sorte d'ombrelle à neuf étages en or pur. Laissé à l'abandon, le *wat* doit sa restauration, dans les années 1930, à l'un des moines les plus révérés de Thaïlande : Khrubaa Siwichai. La partie nord-ouest

de l'enceinte recèle une construction peu fréquente : un *chedi* pyramidal. Le grand *bot* renferme un bouddha couché et le principal *wihan* une effigie de l'« Éveillé » du style du Lan Na exécutée au XVᵉ siècle. La bibliothèque, contiguë à l'escalier gardé par des *nagas*, date du XIXᵉ siècle. À sa droite, un pavillon ouvert protège le plus grand gong du monde coulé en 1860. Hors de l'enceinte, un *bot* plus petit contient un « bouddha heureux », image rebondie et souriante de style chinois. En face du *wat*, le **musée national de Lamphun** possède une collection modeste mais de qualité. Elle comprend notamment des pièces des royaumes de Dvaravati, d'Haripunchai et du Lan Na. Parmi les objets modernes figure un *howdah* *(p. 198-199)* ouvragé noir et or. Les bouddhas appartiennent à de nombreuses écoles de sculpture.

À la sortie ouest de Lamphun, sur la route 1015, le **Wat Chama Thewi** (ou Wat Kukut) est réputé pour ses deux *chedis* élevés en 1218. Ils font partie des plus anciens monuments de ce genre de Thaïlande et offrent les derniers exemples d'architecture de Dvaravati. Des bouddhas ornent le plus grand, une construction à étages. Le plus petit porte des divinités hindoues.

🏛 Musée national de Lamphun
Inthayongyot Rd, en face du Wat Phra That Haripunchai. ⭘ *du mer. au dim.* 🖼

Tête de bouddha, musée national de Lamphun

AUX ENVIRONS : À 30 km au sud de Lamphun, le village de **Pasang** doit sa renommée à la beauté de ses femmes et aux artisans qui y fabriquent des cotonnades, chemises et sarongs en particulier, et des batiks. La province de Lamphun, et notamment Nong Chang Kheun, au nord, produit des *lamyai*, ou longanes *(p. 129)*, réputés. En août, une fête célèbre ces fruits, et l'élection de Miss Lamyai est organisée.

Parc national de Doi Inthanon ⓰

อุทยานแห่งชาติดอยอินทนนท์

La plus haute montagne de Thaïlande culmine à 2 565 m d'altitude au sein d'une réserve naturelle de 270 km². La courte distance, 58 km, qui la sépare de Chiang Mai est appréciable pour une excursion d'une journée. Le parc abrite

**La rare hyper-
icum garrettii**

dans plusieurs types d'habitats des mammifères variés tels que l'ocelot, le pangolin et l'écureuil volant. Près de 400 espèces d'oiseaux le peuplent également. Certaines, comme l'aigle-autour de montagne et la bécasse eurasienne, vivent habituellement plutôt en Asie septentrionale, mais il peut faire froid sur le Doi Inthanon. Mieux vaut d'ailleurs y emmener des vêtements chauds. Des tribus hmong et karen *(p. 196-197)* habitent aussi la région.

Chedis jumeaux
Ce sanctuaire occupe l'un des deux chedis du Phra That Naphamataneedon, bâti pour le 60ᵉ anniversaire du roi Bhumibol.

Panorama
Les randonneurs découvrent depuis le Doi Inthanon de magnifiques vues portant, par temps clair, à des kilomètres.

Doi Inthanon
2 565 m

Cascade
de Sirip

Cascade
de Mae Pan

MAE CHAEM

Sphaigne
La fraîcheur du climat favorise des plantes comme les mousses, les fougères et les lichens. Au sommet de la montagne, des sphaignes forment une espèce de « tourbière », l'unique habitat de ce type en Thaïlande.

**Des forêts persistantes
d'altitude** s'étendent près des sommets.

Mimétisme
Pour se protéger de ses prédateurs, cet inoffensif scarabée a pris les couleurs d'avertissement des guêpes.

0   2 km

Orchidées
Les orchidées sauvages abondent sur le Doi Inthanon et on peut en voir à 2 500 m d'altitude sur les arbres à feuilles persistantes des pentes les plus hautes.

MODE D'EMPLOI

Province de Chiang Mai. Siège du parc près de la route 1009 par la route 108 au sud de Chiang Mai.
TAT, Chiang Mai (053) 248604 ; Forestry Dept, Bangkok (02) 579 5734, (02) 579 7223 (et location de bungalows). depuis Chom Thong jusqu'à Mae Klang puis songthaew jusqu'à Doi Inthanon.
de 6 h à 18 h t.l.j.

Garrulax à crête blanche
Cet oiseau préfère vivre dans les forêts les plus élevées du Doi Inthanon.

Des forêts d'arbres à feuilles caduques
poussent sur les terres les plus basses du parc.

Cascade de Vachiratarn

Grotte de Borichinda

Cascade de Mae Klang

CHIANG MAI

Chom Thong

HOT

Hmong
Des Hmong (p. 196) vivent ici depuis les années 1890. Leurs cultures sur brûlis ont endommagé la forêt, mais des programmes gouvernementaux visent à y mettre un terme.

Cascade de Mae Ya
La plus haute chute d'eau de Thaïlande tombe d'une hauteur de 250 m et est l'une des plus belles attractions du parc.

LÉGENDE
— Route
-- Sentier
-·- Limite du parc
Siège du parc
Camping et bungalows
Point de vue

Paysage rural près de Hot, dans la vallée du Ping

Vallée du Ping ⑰

หุบเขาแม่น้ำปิง

Province de Chiang Mai. **ℹ** *TAT, Chiang Mai (053) 248607.* 🚌 *Chiang Mai puis* songthaew

E ntre sa source, près de la frontière birmane, et Nakhon Sawan, ville de la Plaine centrale où elle se jette dans le Chao Phraya, la rivière Ping, le principal cours d'eau du nord de la Thaïlande, parcourt près de 600 km, arrose Chiang Mai et alimente le Bhumibol Reservoir (ou Phumiphon Reservoir). La vallée qu'elle suit avant d'atteindre cet immense lac artificiel reste principalement rurale, et la vie y conserve un rythme lié à des gestes ancestraux. Elle compte cependant plusieurs attractions touristiques.

Juste au sud de Chiang Mai, au croisement de la route 108 et de la route menant au parc national de Doi Inthanon *(p. 220-221)*, la petite ville animée de **Chom Thong** abrite l'un des plus beaux *wats* du Nord : le **Wat Phra That Si Chom Thong**. Construit pour recevoir une relique du Bouddha, c'est un important lieu de pèlerinage. Son *chedi* doré bâti en 1451 est de style birman, tout comme le *bot* du milieu du XVIe siècle orné de belles sculptures sur bois représentant des fleurs, des

Sculpture sur bois du *bot* **du Wat Phra That Si Chom Thong**

oiseaux et des *nagas (p. 218)*. Le temple comprend également un centre de méditation et une petite exposition d'antiquités religieuses et d'armes.

La profonde vallée du Chaem, à l'ouest de Chom Thong, est renommée localement pour la variété de ses papillons. Le long de la route sinueuse qui suit la vallée, plusieurs villages sont englobés sous le nom de **Mae Chaem**. Autrefois réputés pour leurs tissages, ils se modernisent rapidement. Le principal sanctuaire de Mae Chaem, le **Wat Pa Daet**, mérite une visite pour ses édifices du style du Lan Na bien conservés et ses peintures murales.

Au débouché de la vallée, la petite ville de **Hot** n'occupe son emplacement actuel que depuis 1964. Son site originel, à 15 km en aval, a disparu sous les eaux lors de la création du Bhumibol Reservoir, bassin de retenue dont la centrale fournit à la Thaïlande une part importante de son électricité. Les ruines du Hot de jadis visibles sur la rive se limitent à quelques *chedis*. Des fouilles ont mis au jour à cet endroit des amulettes, des stucs et des bijoux en or aujourd'hui exposés au musée national de Chiang Mai *(p. 217)*. Ville de marché, Hot se prête bien à une étape sur la route de Mae Sariang.

Mae Sariang ⑱

แม่สะเรียง

Province de Mae Hong Son. 🚶 *50 000.* 🚌 **ℹ** *TAT, Chiang Mai (053) 248607.* 🏠 *t.l.j.*

M ae Sariang est une petite ville agréable sur la rivière Yuam. Proche de la frontière, la région entretient des liens historiques avec la Birmanie, ce qui reflète la présence d'une importante communauté musulmane d'origine birmane. L'architecture des deux temples proches de la gare routière, avec leurs toits à multiples niveaux et leurs ornementations extérieures orange et jaunes, témoigne également de l'influence birmane. Le **Wat Chong Sung** (aussi appelé Wat Uthayarom) date de 1896, le **Wat Si Bunruang** de 1939. Des Karens, le principal groupe ethnique de cette zone montagneuse, fréquentent le marché central.

AUX ENVIRONS : Montagneux et boisés, les alentours de Mae Sariang sont parcourus de routes tortueuses. Des voyages organisés en bateau ou en *songthaew* permettent de rejoindre, à 45 km, **Mae Sam Laep**, colonie karen sur le bord de la rivière Salawin qui marque la frontière. La ville vit surtout du commerce (principalement illégal) du tek. Les troubles que connaît la Birmanie ont entraîné dans la région un afflux de réfugiés. Certaines minorités comme les Lawas vivent cependant ici depuis plus longtemps que les Thaïs.

Chedi du Wat Chong Sung bâti au XIXe siècle à Mae Sariang

Histoire de l'opium en Thaïlande

L'opium commença à être cultivé dans le nord de la Thaïlande à la fin du XIXe siècle, quand des tribus montagnardes (p. 196-197) originaires de Chine méridionale vinrent s'y installer. Plante aimant les sols pauvres et l'altitude, le pavot leur fournissait une récolte à la fois lucrative et facile à transporter. Malgré le vote en 1959 d'une loi l'interdisant, la production d'opium progressa sensiblement pendant la guerre du Vietnam sous la protection et dans l'intérêt de divers groupes armés, notamment le Kuomintang (KMT, p. 232) et l'Armée shan unie (ASU) basée en Birmanie. Les profits attendus entraînèrent de violents affrontements pour le contrôle du Triangle d'or (p. 236-237). Si les quantités d'opium issues de Thaïlande ont considérablement diminué ces dernières années, cette partie du pays reste un important lieu de trafic, et les tribus montagnardes ne s'adaptent que difficilement aux cultures de substitution.

Fleur de pavot

Au XIXe siècle, les fumeries d'opium se multiplièrent en Asie, en particulier en Chine.

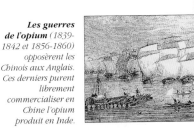

Les guerres de l'opium (1839-1842 et 1856-1860) opposèrent les Chinois aux Anglais. Ces derniers purent librement commercialiser en Chine l'opium produit en Inde.

De courtes faucilles, servant à inciser les capsules de pavot, font partie des outils exposés à la Maison de l'opium.

Le maigre sol calcaire des collines convient parfaitement au pavot qui prospère à des altitudes de plus de 1 000 m.

RÉCOLTE DE L'OPIUM

Cette peinture fait partie d'une série montrant, à la Maison de l'opium de Sop Ruak (p. 238), la récolte de l'opium qui a normalement lieu en décembre et en janvier. L'exposition évoque aussi la guerre entre le KMT et l'ASU.

Depuis les années 80, de nouvelles cultures visent à remplacer celle du pavot comme source de revenu. Des champs de choux, de théiers et de caféiers sont ainsi devenus communs dans le Nord.

Le roi Bhumibol, préoccupé par le commerce illégal de drogue dans son pays, a joué un rôle très actif dans les programmes d'incitation aux cultures de substitution.

Wat Phra That Lampang Luang ⓲

วัดพระธาตุลำปางหลวง

Bouddha du Wihan Phra Phut
Un grand bouddha assis trône dans le wihan du XIIIe siècle.

Vache chinoise du principal *chedi*, où l'on acquiert des mérites

Ce sanctuaire, l'un des plus beaux du nord de la Thaïlande, occupe au sommet d'une éminence l'emplacement d'une ancienne forteresse du VIIIe siècle. Trois remparts en terre, séparés par des douves, la protégeaient, et il en subsiste des vestiges dans le village entourant le *wat*. Les principaux édifices actuels datent de la fin du XVe siècle et ils nous sont parvenus parce qu'un héros local, Tip Chang, parvint à les défendre d'une attaque birmane en 1736. Leur architecture élégante offre un superbe exemple du style du Lan Na et ils possèdent des intérieurs richement colorés. Derrière l'enceinte principale entourée d'un cloître, un musée abrite Phra Kaeo Don Tao, bouddha que la légende prétend issu du même bloc de jadéite que le Bouddha d'Émeraude *(p. 79)*.

Wihan Phra Phut
Avec sa façade sculptée et son toit à deux niveaux, ce wihan *est un chef-d'œuvre de l'école du Lan Na.*

Arbre de la Bodhi

Entrée principale

Bouddhas du Wihan Luang
Ce vaste édifice, ouvert sur les côtés, date de 1496 et protège cinq images de l'« Éveillé ».

À NE PAS MANQUER

★ **Le grand *chedi***

★ **Les peintures du Wihan Nam Tam**

Escalier principal
Gardé par des nagas, *il conduit à un portail de cérémonie du XVe siècle.*

Ho Phra Phuttabat
Ce petit mondop, interdit aux femmes, renferme une empreinte du pied du Bouddha à laquelle les pèlerins viennent rendre un culte lors des fêtes importantes.

MODE D'EMPLOI

Près de la route 1,18 km au sud-
ouest de Lampang, province de
Lampang. **C** *TAT, Chiang Mai
(053) 248604.* **🚉** *Lampang puis
songthaew ou taxi ou visite organisée
depuis Lampang, Chiang Mai ou
Lamphun.* **🕐** *de 9 h à 16 h t.l.j.*
🎉 *Luang Wiang Lakhon (fév.).*

Bot

Wihan Phra Sao Sila

★ Le grand *chedi*
*Construit au XVe siècle,
ce reliquaire abrite un
cheveu du Bouddha. Il doit
à des années d'oxydation
les teintes subtiles de son toit
en cuivre.*

**★ Les peintures
du Wihan Nam Tam**
*Ces œuvres estompées, montrant des
scènes de la vie au XVIe siècle, ornent
les murs du bâtiment en bois sans
doute le plus vieux de Thaïlande.*

Wihan Ton Kaew

**Détail
d'un pilier**
*La finesse de ce
décor en laque
à la feuille d'or
est typique de
l'ornementation
de tout
le temple.*

**Ku du Wihan
Luang**
*Dans le grand
wihan, un ku
(prang de style
lao) en brique
dorée abrite
le bouddha
Phra Chao
Lang Thong
(1563).*

Calèches à Lampang

Lampang ⑳

ลำปาง

Province de Lampang. 🏠 71 000.
✈ 🚉 🚌 ℹ TAT, Chiang Mai
(053) 248604. 📅 t.l.j. 🎉 Luang
Wiang Lakon (fév.).

Pôle commercial en plein essor, la deuxième ville du nord de la Thaïlande offre un intérêt historique presque égal à celui de Chiang Mai, sans céder autant au mercantilisme. Elle constitue aussi une bonne base d'excursion dans la région. Fondée au VIIe siècle, Lampang s'appelait encore Kelang Nakorn quand elle fut intégrée, pendant le siècle suivant, au royaume môn d'Haripunchai qui avait pour centre l'actuelle Lamphun *(p. 219)*. L'époque du Lan Na vit la construction, au sud-ouest de la ville, d'un des plus importants sanctuaires du Nord : le **Wat Phra That Lampang Luang** *(p. 224-225)* réputé notamment pour ses peintures murales.
Au XIXe siècle, des exploitants forestiers britanniques implantés en Birmanie et intéressés par le tek de la région y amenèrent avec eux des bûcherons et des artisans birmans. Ceux-ci financèrent la construction de nombreuses maisons en bois et de temples à l'esthétique marquée par celle de leur pays d'origine. Le travail du tek reste aujourd'hui l'un des artisanats locaux traditionnels avec le tissage du coton et la céramique.
Lampang a gardé du XIXe siècle une autre particularité : les calèches peintes de couleurs vives, uniques en Thaïlande, qui permettent de se déplacer en ville. Elles proposent désormais surtout leurs services aux touristes.
Alors que le centre actuel s'étend sur la rive sud de la rivière Wang, plusieurs sites importants se trouvent au nord. C'est le cas du **Wat Phra Kaeo Don Tao**, dont la fondation remonterait à l'origine de la cité. Il n'a conservé de cette époque que son *chedi* haut de 50 m. Le *mondop* au toit en tek à neuf degrés abrite un bouddha de bronze de style Mandalay. Le *wat* conserva de 1436 à 1468 le Bouddha d'Émeraude aujourd'hui à Bangkok *(p. 79)*. L'enceinte du sanctuaire renferme le **musée du Lan Na** qui présente des objets religieux du Lan Na.
Au sud-est du Wat Phra Kaeo Don Tao, **Ban Sao Nak** (« maison aux nombreux piliers ») est une vaste demeure du style du Lan Na bâtie en 1886. Elle doit son nom aux 116 piliers de tek qui la portent. Devenue un musée, elle est meublée d'antiquités thaïes et birmanes, laques, argenterie et céramiques en particulier. Édifié à la fin du XVIIIe siècle, le **Wat Pongsanuk Tai**, à l'ouest de Ban Sao Nak, offre un bel exemple d'architecture religieuse du Lan Na. Il possède un *chedi* en cuivre et un *mondop* où quatre

Intérieur meublé d'antiquités de Ban Sao Nak à Lampang

FESTIVITÉS DE SONGKRAN DANS LE NORD

Célébrée dans tout le pays mais avec une exceptionnelle exubérance à Chiang Mai et ses environs, la fête de Songkran *(p. 42)*, le Nouvel An bouddhiste, est une des plus importantes de Thaïlande. Les réjouissances durent trois jours, du 12 au 14 avril, et continuent même le 15 dans des villes comme Chiang Mai. Si Songkran reste une fête religieuse de purification, l'occasion de baigner des bouddhas vénérés et, pour les plus jeunes, de prouver leur respect envers les anciens et les moines en leur lavant les mains avec de l'eau parfumée, elle a évolué au cours de ce siècle en une célébration beaucoup plus ludique et rafraîchissante en pleine saison chaude. Tous les moyens sont bons, en effet, pour arroser généreusement quiconque passe dans la rue... Et les touristes offrent les meilleures cibles.

Procession à Lampang lors de la célébration de Songkran

Démonstration au Centre de dressage d'éléphanteaux près de Lampang

bouddhas entourent un banian, l'arbre de la Bodhi. Situé au sud de la ville, le **Wat Si Chum** de style birman date du XIXᵉ siècle. De superbes sculptures ornent des édifices principalement bâtis en tek. Les laques de la salle principale montrent la vie à Lampang au XIXᵉ siècle.

Musée du Lan Na
Phra Kaeo Rd. *(053) 211364.*
t.l.j.

Ban Sao Nak
Ratwana Rd. *t.l.j.*

Centre de dressage d'éléphanteaux ㉑
ศูนย์ฝึกลูกช้าง

Près de la route 11,38 km au nord-ouest de Lampang, province de Lampang. *TAT, Chiang Mai (053) 248604. Lampang puis songthaew. 9 h 30-11 h lun.-ven., 14 h sam. et dim.*

Dépendant des Eaux et Forêts, le Centre de dressage d'éléphanteaux est l'un des établissements de ce genre le plus sérieux du Nord. Il accueille une douzaine de jeunes éléphants chaque année et une centaine d'animaux y vivent en permanence, certains jusqu'à l'âge de 60 ans, l'âge officiel de la retraite pour les éléphants de Thaïlande. Pendant les cinq ans que dure leur formation, les jeunes pensionnaires apprennent différentes tâches liées à l'exploitation forestière, le maniement des billes de bois en particulier. Ils font tous les matins la démonstration de leur talent devant les visiteurs qui peuvent les récompenser en leur donnant des fruits. Un petit musée illustre l'histoire et le rôle de l'éléphant dans la culture thaïe *(p. 243)*.

AUX ENVIRONS :
De l'autre côté de la route, le **Thung Kwian Forest Market** propose un large éventail de plantes sauvages d'usage médicinal ou culinaire, ainsi que des lézards, des scarabées et des serpents. Le gouvernement lutterait actuellement contre le commerce d'espèces menacées *(p. 209)*, mais on y trouve toujours en vente des animaux comme le pangolin.

Thung Kwian Forest Market
Près de la route 11,35 km au nord-ouest de Lampang. *t.l.j.*

Uttaradit ㉒
อุตรดิตถ์

Province d'Uttaradit. *45 000.* *TAT, Chiang Rai (053) 717433.* *t.l.j. Fête du langsat (oct.).*

Peu d'étrangers s'arrêtent dans cette capitale provinciale au bord de la rivière Nan et elle reste relativement épargnée par le modernisme et le tourisme. Avec ses vieux édifices en bois dominant des rues étroites, elle offre un cadre agréable où faire étape entre la Plaine centrale et le Nord, en particulier si on prend le train entre Phitsanulok *(p. 191)* et Chiang Mai. Uttaradit prit son importance pendant l'ère de Sukhothai, et, avant l'effondrement du royaume à la fin du XIIIᵉ siècle, elle en marquait la frontière nord. C'est là que naquit Taksin, le général qui, après la destruction d'Ayutthaya par les Birmans en 1767, se proclama roi et rendit au Siam sa puissance.

Affiche du Centre de dressage d'éléphanteaux

Derrière la gare, le **Wat Tha Thanon** abrite un bouddha en bronze de l'ère du Lan Na : Luang Pho Phet. Hors de la ville, à l'ouest, le **Wat Phra Boromathat**, aussi connu sous le nom de Wat That Thung Yang, possède un *wiban* dans le style laotien de Luang Prabang. La province d'Uttaradit est renommée pour ses produits agricoles, en particulier le fruit appelé *langsat*.

Rue principale d'Uttaradit, ville natale de Taksin

LE TRIANGLE D'OR

L*a région la plus septentrionale de la Thaïlande doit son surnom de Triangle d'or au point de rencontre de trois frontières et aux fortunes qu'y rapporta la culture du pavot. Plus que les trafiquants, ce sont aujourd'hui les randonneurs en quête de tribus animistes qui sillonnent ses montagnes. Elle recèle aussi des trésors moins connus tels que les villes de Nan et de Phrae au sud-est.*

La fertile vallée du Mékong, fleuve marquant au nord la frontière avec le Laos, offre un contraste frappant avec la beauté saisissante des montagnes qui entourent à l'est et à l'ouest le Triangle d'or, où flotte toujours un parfum d'aventure. Ici se trouvent les villages isolés où se cultivait jadis l'opium et où des ethnies animistes comme les Miens et les Akhas s'efforcent aujourd'hui de conserver leurs modes de vie traditionnels malgré le tourisme et la pression du monde moderne. À Mae Salong, localité peuplée d'anciens soldats du Kuomintang et de leurs descendants, résonnent encore les échos de la révolution chinoise. Malgré quelques monuments et une longue histoire, la capitale de la région, Chiang Rai, manque de cachet, et les villes bordant le Mékong, en particulier Chiang Saen et Chiang Khong, présentent plus d'intérêt. La plupart des visiteurs gagnent directement Chiang Rai depuis Chiang Mai puis se dirigent vers le nord, négligeant souvent l'est de la région. Recelant nombre de belles maisons de tek, la cité ancienne de Phrae, entourée de douves, reçoit ainsi peu de touristes, bien qu'elle soit aisément accessible depuis la Plaine centrale et Chiang Mai. Nan est plus difficile à atteindre, mais mérite elle aussi un détour, ne serait-ce que pour les peintures murales du Wat Phumin. Au nord-est, le parc national de Doi Phu Ka abrite de nombreux oiseaux.

Au sud de Nan, on peut découvrir hors des sentiers battus des paysages d'une rare diversité, depuis les curieuses formations géologiques de Sao Din jusqu'au vaste lac artificiel du Sirikit Reservoir.

Fermier thaï lue labourant son champ

◁ **Jeunes femmes lisus vêtues de leurs costumes traditionnels**

À la découverte du Triangle d'or

L e nom de cette région presque mythique au point de rencontre entre Birmanie, Thaïlande et Laos évoque toujours des images de jungle impénétrable, peuplée de tribus primitives échappant aux contraintes du monde moderne, de combattants aux causes plus ou moins perdues et de barons de l'opium se livrant une lutte sans merci. Ces images gardent une part de vérité, mais le Triangle d'or se transforme rapidement en une importante destination touristique qui a pour centre Chiang Rai, une ancienne capitale du royaume du Lan Na. Les visiteurs y viennent pour la diversité et la beauté des paysages, à découvrir de préférence à pied ou en moto, une expérience inoubliable dans les denses forêts bordant les frontières et le Mékong.

LES SITES D'UN COUP D'ŒIL

Chiang Khong **9**
Chiang Rai p. 240 -241 **10**
Chiang Saen **8**
Parc national de Doi Phu Kha **16**
Doi Tung **4**
Fang **1**
Pointe du Triangle d'or
(Sop Ruak) **7**
Mae Sai **5**
Mae Salong **3**
Mae Saruai **11**
Nan p. 244 -247 **17**
Ngao **14**
Nong Bua **15**
Phayao **13**
Phrae p. 248 249 **18**
Sirikit Reservoir **19**
Tha Ton **2**
Wiang Pa Pao **12**

Excursion
Triangle d'or **6**

LÉGENDE

━━ Route principale
┅┅ Route secondaire
▬▬ Parcours pittoresque
〜 Rivière
☀ Point de vue

*Carte des sites : TACHILEK, MAE SAI **5**, DOI TU **4**, **6**, MAE SALONG **3**, EXCURSION DU TRIANGLE D'OR, 1089, THA TON **2**, FANG **1**, CHIANG RAI **10**, 107, Chiang Mai, 1020, 118, MAE SARUAI **11**, Phrao, WIANG PA PAO **12**, 118, Chiang Mai, Leo, Wang, 120, PHAYAO **13**, 1035, Lampang, Sukhothai, 0 — 25 km*

Rassemblement de femmes lisus en costumes traditionnels

Bouddha et peintures murales du XIXe siècle au Wat Nong Bua

CIRCULER

Chiang Rai, Nan et Phrae
possèdent des aéroports
nationaux. Le principal axe
routier sud-nord de Thaïlande,
la route 1, devient la 110 au
nord de Chiang Rai.
La 101 et la 103 sont les deux
autres grandes routes.
Des bateaux circulent sur le
Kok entre Tha Ton et Chiang
Rai, et des visites organisées
permettent de rejoindre
des villages isolés. Le train
ne dessert pas la région.

VOIR AUSSI

• **Hébergement** p. 395-396

• **Restaurants** p. 420-421

Pavillon du
Wat Phra Bat
au centre
de Phrae

Karens au marché de Fang

Fang ❶
เฝาง

Province de Chiang Mai. 🏠 *102 000.*
🚌 *depuis Chiang Mai.* ℹ️ *TAT,*
Chiang Mai (053) 248604. 🛍️ *t.l.j.*

Fondé en 1268 par le roi
Mengrai, ce petit bourg
occupe une position
stratégique à l'entrée d'une
vallée. Dévasté par des
Birmans au début du
XIXᵉ siècle, il resta à l'abandon
jusqu'en 1880. Il joue
aujourd'hui le rôle de ville
frontière entre les zones
occupées par les Thaïs et celles
où se sont installées les tribus
montagnardes *(p. 196-197).*
Karens, Miens et Lahus
viennent au marché vendre
leurs produits. Le long des
rues donnant sur l'artère
principale, la route 107, des
immeubles en tek abritent
d'intéressantes boutiques.
L'influence de la
Birmanie proche
apparaît notamment
dans le toit à
niveaux du grand
wiban du **Wat
Jong Paen**, le
sanctuaire le plus
intéressant de
Fang, situé au
nord de la ville.

AUX ENVIRONS : La région de
Fang se trouvait jadis au cœur
du trafic de drogue, et des
combats opposant des bandes
rivales en Birmanie débordent
parfois en Thaïlande. Mieux
vaut donc consulter l'office
du tourisme local avant de
s'aventurer dans des zones
isolées. Parmi les sites à

découvrir figurent, à 10 km à
l'ouest de Fang, des sources
d'eau chaude sulfureuse dont
l'énergie actionne non loin une
centrale géothermique. Au sud-
ouest de Fang, la route 1249
dessert des villages lisus, lahus
et hmongs avant d'atteindre le
sommet du **Doi Ang Khang.**

Tha Ton ❷
ท่าตอน

Province de Chiang Mai. 🏠 *22 000.*
🚌 *depuis Chiang Mai jusqu'à Fang*
puis songthaew. ℹ️ *TAT, Chiang Mai*
(053) 248604.

Dans un méandre de la
rivière Kok, Tha Ton sert
principalement de point
d'embarquement sur les
bateaux et les radeaux
rejoignant Chiang Rai. En
« longue queue », la descente
dure environ quatre
heures. Des pensions
proposent aussi des
excursions comprenant
des arrêts dans des
villages de tribus
montagnardes ou
la visite de
sources chaudes.
Le **Wat Tha Ton**
domine le village
depuis une

**Imposant bouddha blanc
du Wat Tha Ton**

colline à l'ouest. Il abrite un
bouddha assis monumental et
offre une vue panoramique
de la campagne environnante.

AUX ENVIRONS : La route
conduisant de Tha Ton au Doi
Mae Salong, à 43 km au nord-
est, traverse de magnifiques
paysages de montagne le long
de la frontière avec la Birmanie.

Mae Salong
(Santikhiree) ❸
ดอยแม่สะลอง (ดอยสันติคีรี)

Province de Chiang Rai. 🏠 *21 000.*
🚌 *Chiang Rai puis songthaew.* ℹ️ *TAT,*
Chiang Rai (053) 717433. 🛍️ *t.l.j.*

Fondé en 1962 par des
soldats du Kuomintang
(KMT), le parti nationaliste
chinois, que venait de refouler
la Birmanie où ils s'étaient
réfugiés après la victoire de
Mao Tsé-Toung en 1949, ce
village possède un aspect
unique en Thaïlande.
Si le gouvernement thaïlandais
accorda à ces combattants le
statut de réfugiés, c'était pour
qu'ils collaborent à la lutte
contre les maquis
communistes dont il craignait
le développement en pleine
guerre du Vietnam. En échange,
l'armée ferma les yeux sur
l'implication des hommes du
KMT dans le trafic de drogue,
une manne qu'ils se disputaient,
entre autres, avec l'Armée
shan uni (ASU.) dirigée par le
baron de l'opium Khun Sa
(p. 223). Pendant les vingt ans
où le Triangle d'or acquit sa
réputation, la loi ne s'appliqua
pas dans la région et elle était
relativement dangereuse pour
les touristes.
La situation a considérablement
évolué depuis qu'au début des
années 80 les troupes
thaïlandaises ont délogé Khun
Sa de sa place forte dans le
village voisin de Ban Hin Taek
et l'ont forcé à se replier en
Birmanie. Pour marquer de
manière symbolique qu'une
nouvelle ère s'ouvrait, Mae

**Épices et herbes médicinales
chinoises au marché de Mae Salong**

Temple moderne au sommet du Doi Mae Salong

Salong reçut officiellement un nouveau nom : Santikhiree (« colline de la paix »). Il s'applique aussi à la montagne qui la domine, le Doi Mae Salong. Le temple récemment construit à son sommet offre une vue magnifique des collines environnantes, parsemées des villages de tribus montagnardes.
Miens et Akhas fréquentent le marché de Mae Song où ils se mêlent aux anciens combattants du KMT et à leurs descendants. Leur dialecte yunnanais donne plus l'impression de se trouver en Chine qu'en Thaïlande. Les thés, herbes diverses et légumes et fruits proposés par les étals semblent indiquer que les cultures de substitution au pavot connaissent un réel succès. Plusieurs pensions proposent des randonnées à cheval.

Doi Tung ❹

คอยตุง

Province de Chiang Rai. **TAT, Chiang Rai (053) 717433.** *depuis Mae Chan ou Mae Sai jusqu'à l'embranchement pour Doi Thung puis songthaew jusqu'au sommet.*

La montagne du Doi Tung est un majestueux affleurement calcaire dominant la vallée du Mékong près de Mae Sai. Une route étroite sinue à travers de splendides forêts de mousson avant d'atteindre le sommet, à 1 800 m d'altitude, d'où s'ouvre, par temps clair, une vue extraordinaire portant jusqu'en Birmanie.
Le Doi Tung doit son nom, « pic du drapeau », au roi Achutarat de Chiang Saen qui ordonna en 911 qu'un drapeau géant y marque l'emplacement où s'élèveraient deux *chedis* bâtis pour recevoir un fragment de clavicule du Bouddha. Ces reliquaires restent un important but de pèlerinage. Ils forment aujourd'hui le cœur du **Wat Phra That Doi Tung**, rénové au début de ce siècle, où les dévots peuvent y acquérir des mérites en glissant des pièces dans le nombril d'un bouddha replet de style chinois.
L'opium fut longtemps la principale ressource de la région du Doi Thung où le pavot poussait sous la surveillance des tribus montagnardes et du Kuomingtang. Afin, entre autres, de mieux imposer son autorité, le gouvernement finance aujourd'hui un programme de développement de nouvelles cultures. Pour marquer son implication dans ce programme, la famille royale fit édifier en 1988 la **Doi Tung Royal Villa**. À l'origine résidence d'été de la défunte mère du roi Bhumibol, elle propose aux visiteurs un restaurant et un joli jardin floral. Le succès du projet a pour effet pervers de rendre les tribus en partie dépendantes des subventions et du tourisme.
De bonnes routes relient aujourd'hui le Doi Tung aux principales localités voisines dans un territoire que contrôlaient, il n'y a pas si longtemps, les barons de la drogue. Malgré une forte présence militaire, il reste peu prudent de s'en écarter. Celles menant à Mae Salong et Mae Sai traversent des villages lahus et lakhas.

🏠 **Doi Tung Royal Villa**
Route 1149. ⬤ *t.l.j.* 🖼
Jardin floral ⬤ *t.l.j.* 🖼

De nouvelles cultures ont remplacé le pavot sur les flancs du Doi Tung

Plantations en terrasses et jardin d'agrément sur un flanc de colline du Triangle d'or ▷

Mae Sai ❺

แม่สาย

Province de Chiang Rai. 🚍 *82 000.*
🚉 ℹ️ *TAT, Chiang Rai (053) 717433.*
@ *tatcei@loxinfo.co.th* 🌐 *t.l.j.*

L a ville la plus septentrionale
de Thaïlande est seulement
séparée par un pont de la
Birmanie et elle s'emplit
chaque jour de marchands
franchissant la frontière pour
proposer entre autres laques,
jades et pierres précieuses. Si
Mae Sai ne possède pas de
cachet particulier, elle offre
une bonne base pour explorer
les environs. Le **Wat Phra
That Doi Wao** ménage une
belle vue de la Birmanie, de
l'autre côté de la rivière Sai.

AUX ENVIRONS : Il est
normalement possible (contre
quelques dollars) de rejoindre
en Birmanie la ville de
Tachilek qui, de l'autre côté
du pont, ressemble beaucoup
à Mae Sai. L'ambassade de
Birmanie *(p. 451)* ou les
agences de voyages vous
indiqueront si la situation
politique permet de s'enfoncer
plus avant dans le pays.
Au sud de Mae Sai, dans la
vaste grotte de **Tham Luang**,
des cristaux changent de
couleur selon l'éclairage. Plus
loin, les cavernes de **Tham
Pum et Tham Pla** abritent
des lacs.

🏞 Tham Luang
Près de la route 110, 6 km au sud de
Mae Sai. 🔵 *t.l.j.* 📷 ✔

🏞 Tham Pum et Tham Pla
Près de la route 110, 13 km au sud de
Mae Sai. 🔵 *t.l.j.* 📷 ✔

**Entrepôts près de la frontière
birmane à la sortie de Mae Sai**

Excursion dans le Triangle d'or

L a région appelée Triangle d'or s'étend sur
200 000 km² autour du point de
rencontre entre Thaïlande, Laos et Myanmar
(Birmanie). Longtemps difficile d'accès,
elle doit sa célébrité au trafic d'opium et
d'héroïne. Pacifiée, elle s'ouvre désormais
au tourisme. Cette excursion permet d'en
découvrir les meilleurs aspects : la « pointe » du
Triangle où se rejoignent les trois pays ; des
villages de tribus montagnardes nichés au
sein de paysages majestueux et les villes
historiques de Chiang Saen et Chiang
Khong. Malgré les progrès enregistrés, des
trafiquants continuent d'opérer et mieux vaut observer
la plus grande prudence près de la frontière birmane.

**Sculpture
lanna,
Chiang Saen**

Saam Yekh Akha ③
Comme dans tous
les villages akhas,
aux portes d'accès
de petites figurines
avertissent les esprits
que seuls les humains
peuvent entrer.

Doi Mae Salong ②
La montagne qui domine le village
de Mae Salong fondé par des Chinois
(p. 232-233) offre de magnifiques
paysages.

1089

Pha Dua ④
Ce village mien
vend tissages et
artisanat. Les visiteurs
peuvent aussi assister à
des cérémonies religieuses
Le culte des Miens associe
animisme et taoïsme

Tha Ton ①
Visible à des kilomètres à
la ronde, un monumental
bouddha blanc fait face à
l'est au-dessus de Tha Ton
(p. 232), village situé à
la charnière entre plaines
et montagnes près de
la frontière birmane.

0   15 km

MODE D'EMPLOI

Parcours : 200 km.
Où s'arrêter ? Mae Sai, Chiang
Saen et Chiang Khong possèdent
pensions, restaurants, et stations-
service. Mieux vaut faire
attention aux petites routes,
surtout en saison pluvieuse.

Mae Sai ⑥
Le Wat Phra That Doi Wao, qui domine
Mae Sai depuis une colline, possède
un *bot* orné de reliefs dorés.

Doi Tung ⑤
On peut visiter un agréable jardin
fleuri à la Doi Tung Royal Villa
(p. 233), construite en 1988
sur cette majestueuse montagne.

Sop Ruak ⑦
Ce village *(p. 238)* doit son essor
touristique à sa situation au carrefour
de la Thaïlande, du Laos et de la Birmanie.

BIRMANIE (MYANMAR) *Tachilek*
LAOS
Mekhong
THAÏLANDE
e Chan
Rai

LÉGENDE

▦	Route principale
═	Route secondaire
— ·	Frontière
☀	Point de vue

Chiang Khong ⑩
Peu de gens s'arrêtent dans cette
petite ville *(p. 239)* à la frontière
du Laos, mais le Wat Luang mérite
un coup d'œil.

Wat Phra That Pha Ngao ⑨
Ce temple du Xᵉ siècle *(p. 239)*
occupe un site privilégié sur une
colline au sud de Chiang Saen et
ménage une vue grisante des
alentours. Il possède un *wihan*
décoré de bas-reliefs et un *chedi*
en marbre blanc.

Chiang Saen ⑧
Cette ancienne capitale d'un petit
royaume *(p. 238-239)* est digne
d'intérêt, avec ses temples en ruine
entourés de teks, un excellent
musée national et un marché
spécialisé dans les tissages et
les souvenirs thaï lue.

Paysans au travail dans une rizière proche de Chiang Saen

La pointe du Triangle d'or (Sop Ruak) ❼

สามเหลี่ยมทองคำ (สบ๋วก)

50 km au nord-est de Chiang Rai, province de Chiang Rai. ▥ depuis Chiang Saen. ⛴ depuis Chiang Saen. ℹ TAT, Chiang Rai (053) 717433.

À l'endroit où le Ruak se jette dans le Mékong, et où se rencontrent les frontières de la Thaïlande, de la Birmanie (Myanmar) et du Laos, le village touristique de Sop Ruak essaie de s'approprier la dénomination « Triangle d'or » alors que cette région, rendue célèbre par ses trafiquants d'opium (p. 223), s'étend historiquement dans les trois pays et couvre une superficie beaucoup plus vaste. L'endroit ne possède pourtant pas un intérêt justifiant qu'autant de cars viennent y déverser leurs passagers au milieu de restaurants et de boutiques de souvenirs. Un musée, la **Maison de l'opium**, propose une exposition d'objets liés à la production et la consommation de cette drogue et illustre en détail une bataille qui opposa non loin des hommes du Kuomintang (*p. 232*) et de Khun Sa (*p. 233*). Des bateaux sur le Mékong permettent de s'approcher de magnifiques forêts au Laos et, en Birmanie, de la Golden Triangle Paradise Resort. Ce complexe hôtelier construit par un homme d'affaires thaïlandais se trouverait de l'autre côté de la frontière pour pouvoir ouvrir un casino.

🏠 La Maison de l'opium

212 Maison de l'opium, au sud-est du centre de Sop Ruak ◯ t.l.j. 🖼

Peinture murale de la Maison de l'opium

Chiang Saen ❽

เชียงแสน

Province de Chiang Rai. 👥 55 000. ▥ ⛴ ℹ TAT, Chiang Rai (053) 717433. 🛕 t.l.j.

C**ette petite ville occupant un site magnifique au bord du Mékong est une des plus anciennes de Thaïlande.**
Certains de ses monuments datent d'avant même sa fondation officielle en 1328 par Saenphu, un descendant du roi Mengrai qui la dota de puissantes fortifications et de nombreux temples. Les Birmans prirent Chiang Saen en 1558. Rama Ier la reconquit en 1804, mais il la rasa pour empêcher qu'elle ne retombe entre des mains ennemies. La ville ne commença à se repeupler qu'à la fin du siècle dernier, et elle reste aujourd'hui un bourg paisible et peu visité malgré les nombreux monuments qui ont survécu à sa destruction. Le Département des beaux-arts de Bangkok recense 66 ruines à l'intérieur des anciens remparts et 75 à l'extérieur.
Le plus grand temple de Chiang Saen, le **Wat Phra That Chedi Luang**, comprend un *chedi* de 58 m de haut construit entre le XIIe et le XIVe siècle. C'est une construction octogonale caractéristique du style du Lan Na (également appelé de Chiang Saen). À côté, un petit marché vend des

Sculpture lanna, **Musée national**

tissages et des souvenirs fabriqués par les Thaï Lue, venus de Chine au XVIIIe siècle. Le **musée national de Chiang Saen** expose une petite collection de sculptures sur pierre de la période du Lan Na, des bouddhas, et des objets illustrant les cultures des tribus montagnardes *(p. 196-197)*, entre autres des étoffes et des instruments de musique.
Hors de l'enceinte à l'ouest, le **Wat Pa Sak** (« temple de la forêt de teks ») se compose de sept édifices en ruine, éparpillés parmi les arbres. Fleurs et animaux mythologiques décorent le *chedi* érigé en 1295.
Sur une colline au nord-ouest de la ville, le **Wat Phra That Chom Kitti** remonterait au Xe siècle. Il présente peu d'intérêt architectural, mais offre une belle vue de Chiang Saen et du Mékong.
Un autre sanctuaire offre depuis une colline un panorama saisissant : le **Wat Phra That Pha Nago** dominé par une pagode blanche au sud de la ville.

🏛 **Musée national de Chiang Saen**
Phahon Yothin Rd. ◯ *du mer. au dim.*
◯ *jours fériés.* 📷
🏛 **Wat Pa Sak**
Près de la porte Chiang Saen. ◯ *t.l.j.* 📷

Tissages thaï lue en vente à Chiang Khong

Chiang Khong ❾
เชียงของ

Chiang Rai province. 🏘 69 000.
🚌 🚢 🛈 *Province de Chiang Rai.*
(053) 717433. 🚌 *t.l.j.*

T irant ses origines d'une implantation au bord du Mékong fondée en 701, Chiang Khong possédait jadis un territoire bien plus vaste qu'aujourd'hui qui s'étendait des deux côtés du fleuve. Les Français englobèrent en 1893 la rive orientale dans leur colonie indochinoise et elle fait désormais partie du Laos. Quand les communistes s'emparèrent du pouvoir dans ce pays en 1975 *(p. 285)*, Chiang Khong accueillit de nombreux réfugiés. Une importante communauté thaïe lue y vit également et des boutiques vendent leurs tissages caractéristiques.
Le principal temple, le **Wat Luang**, dresse son *chedi* du XIIIe siècle restauré au centre de la ville. Sur une colline au nord-ouest, plus de 200 soldats du Kuomintang reposent dans un cimetière.

AUX ENVIRONS : À condition de se procurer un visa auprès d'une agence de voyages de Chiang Khong ou de l'ambassade du Laos à Bangkok *(p. 451)*, on peut rejoindre en bac **Huay Xai**, de l'autre côté de la frontière, et y visiter le **Wat Chan Khao Manirat** du XIXe siècle.

L'INDUSTRIE DU TEK EN THAÏLANDE

Depuis des siècles, les artisans thaïlandais travaillent le tek *(tectona grandis)*, arbre reconnaissable à sa haute taille (jusqu'à 100 m à l'âge adulte) et aux larges feuilles pendantes qu'il perd à la saison sèche entre novembre et mai. Solide, imputrescible et résistant aux insectes,

Flottage de billes de tek sur le Chao Phraya

il fait un bois d'œuvre d'une rare qualité, aussi bien pour les constructions que pour les meubles, tandis que la finesse de son grain se prête à la sculpture. Une exploitation excessive des forêts a toutefois entraîné un déboisement désastreux et l'abattage a été interdit en 1989. Depuis, l'utilisation commerciale du tek demeure soumise à une stricte réglementation. Quelques poches naturelles subsistent dans des forêts d'essences à feuilles caduques poussant sur des sols riches et humides à moins de 600 m d'altitude, un type de forêt caractéristique du nord de la Thaïlande. L'importance historique de ce bois dans la vie quotidienne reste visible dans les zones rurales du pays, et des villes comme Phrae *(p. 248-249)* et Ngao *(p. 242)* conservent de belles maisons anciennes.

Forêt de teks dans le nord de la Thaïlande

Chiang Rai ❿

เชียงราย

M engrai, un prince thaï venu du sud-ouest de la Chine, fonda Chang Rai en 1262 au bord du Kok dans un bassin entouré de montagnes. Il décida d'en faire la capitale du fief qu'il était en train de se tailler dans la région, le futur royaume du Lan Na. Trente-quatre ans plus tard cependant, il transféra cette capitale à Chiang Mai.

Détail d'un ornement sculpté du Wat Phra Sing

Elle manque aujourd'hui de charme avec ses constructions modernes mais conserve quelques sites dignes d'intérêt et sert de point de départ à des randonnées (treks) dans le Triangle d'or.

À la découverte de Chiang Rai

Au cœur d'une région d'une saisissante beauté naturelle où cohabitent des groupes ethniques variés, la capitale de la province la plus septentrionale de Thaïlande paraît très loin de Bangkok et même de Chiang Mai, malgré le développement immobilier qu'elle connaît depuis quelques années.

Elle enregistre l'une des plus fortes croissances du pays, de riches habitants de Bangkok s'y font en effet construire des résidences secondaires, et les hôtels destinés aux touristes venus faire des treks dans le Triangle d'or se multiplient. Cet essor est renforcé par le développement des relations commerciales avec la Chine qui ne se trouve qu'à 200 km. Les plus hauts immeubles s'élèvent en périphérie, notamment près de l'aéroport, et le centre garde quelques monuments intéressants comme le Wat Phra Kaeo. Des hôtels se sont ouverts sur plusieurs îles de la rivière.

🖼 Wat Phra Kaeo

วัดพระแก้ว

Trirat Rd. ⭕ t.l.j.

Selon la légende, la foudre, en frappant en 1436 le *chedi* octogonal de ce *wat* fondé au XIIIᵉ siècle, fit apparaître une statuette en plâtre qui elle-même renfermait le Bouddha d'Émeraude aujourd'hui à Bangkok *(p. 79)*, le bouddha le plus révéré de Thaïlande. Depuis 1991, le sanctuaire en abrite une copie, elle aussi taillée dans le jade, mais légèrement différente. Il abrite également Phra Chao Lang Thong, l'un des plus grands bronzes du début de l'ère du Lan Na *(p. 58-59)* à nous être parvenus. De belles sculptures sur bois ornent le *bot*.

🖼 Wat Chet Yot

วัดเจ็ดยอด

Chet Yot Rd. ⭕ t.l.j.

Comme son homonyme de Chiang Mai *(p. 216-217)*, ce petit temple doit son nom à son *chedi* à sept flèches. Des scènes astrologiques ornent le plafond de la véranda du grand *wihan*.

🖼 Wat Phra Sing

วัดพระสิงห์

Singhakhlai Rd. ⭕ t.l.j.

Ce sanctuaire typique de l'architecture du Nord, avec ses toits bas et courbes, date de la fin du XIVᵉ siècle. Le principal *wihan* abrite une réplique du bouddha Phra Sing de Chiang Mai *(p. 216)*. D'autres bouddhas entourent l'arbre de la Bodhi. À remarquer également : les animaux et les oiseaux sculptés en médaillons sous les fenêtres du *bot*.

Bouddha en position *vitarkha mudra* du Wat Mungmuang

🖼 Wat Mungmuang

วัดมุ่งเมือง

Uttarakit Rd. ⭕ t.l.j.

Un bouddha replet levant une main dans l'attitude *vitarkha mudra (p. 163)* domine ce sanctuaire. Le principal *wihan* renferme des peintures murales représentant notamment des scènes d'inondation et de pollution, reflet de la conscience prise par les Thaïs des problèmes posés par la rapide croissance de leurs villes.

🖼 Wat Doi Chom Thong

วัดพระธาตุดอยจอมทอง

Colline Doi Chom Thong. ⭕ t.l.j.

Situé hors de la ville, ce temple des années 40 occupe sur une colline offrant une belle vue de la rivière Kok le site d'où Mengrai aurait décidé l'implantation de sa nouvelle capitale. Dans le *wihan* se dresse le *lak muang* originel de Chiang Rai, le pilier protecteur, traditionnellement érigé en Thaïlande à chaque nouvelle fondation urbaine.

***Wihan* du Wat Phra Sing**

Un exemple d'architecture coloniale : l'Overbrook Hospital

Overbrook Hospital

โรงพยาบาลโอเวอร์บรุ๊ค
Trirat Rd. ((053) 711336.
Cet hôpital en activité offre un exemple caractéristique des édifices élevés par les missionnaires et les marchands occidentaux au tournant du siècle, un style colonial en voie de disparition alors que se multiplient les constructions modernes. Cette évolution risque peu de changer : Chiang Rai et les paysages spectaculaires du Triangle d'or *(p. 236-238)* attirent de plus en plus de groupes de touristes en voyage organisé nécessitant des hébergements adaptés.

Hill Tribe Museum

สมาคมพัฒนาประชากรและชุมชน
620-625 Thanalai Rd. ((053) 719167. ○ du lun. au sam.
La Population and Community Development Association (PDA), une organisation à but non lucratif également impliquée dans la prévention du SIDA *(p. 112)*, a créé ce petit musée et magasin d'artisanat en 1990. Ses bénévoles s'efforcent non seulement d'informer les touristes du sort des tribus montagnardes *(p. 196-197)*, mais aussi d'aider ces minorités ethniques à affronter les menaces que fait peser sur leurs modes de vie la modernisation de la société. Les objets artisanaux vendus par le centre peuvent aussi s'acheter au marché et dans des boutiques installées au centre-ville.

Aux environs :
Agences spécialisées et pensions proposent à Chiang Rai, « porte du Triangle d'or », de nombreuses excursions organisées. Situés

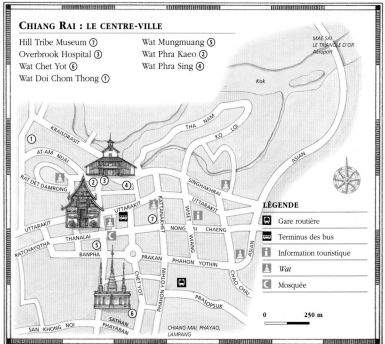

Un bon moyen de transport dans la jungle

Mode d'emploi

Province de Chiang Rai.
🚶 69 000. ✈ 8 km au nord de Chiang Rai. 🚌 Prasopuk Rd. 🚢 Embarcadère du Kok. 🛈 TAT, 448/16 Singhakhrai Rd, Chiang Rai (053) 717433. 🚌 en dessous du bureau de la TAT, (053) 717779. 🎉 t.l.j. 🎊 Pho Khun Mengrai (janv.) ; Foire aux litchis et aux ananas Nang Lae (mai). 🌐 www.chiangrai.com

souvent aux abord des routes, on peut découvrir seul de nombreux villages tribaux en louant un véhicule. Parmi les possibilités de promenades en bateau figure la remontée du Kok jusqu'à **Tha Ton** *(p. 232)*. Une croisière d'une heure permet aussi de rejoindre Ruamit, à 20 km à l'ouest de Chang Rai. Plusieurs ethnies cohabitent aujourd'hui dans ce village d'origine strictement karen. De là, on peut poursuivre l'excursion à dos d'éléphant.

CHIANG RAI : LE CENTRE-VILLE

Hill Tribe Museum ⑦
Overbrook Hospital ③
Wat Chet Yot ⑥
Wat Doi Chom Thong ①
Wat Mungmuang ⑤
Wat Phra Kaeo ②
Wat Phra Sing ④

MAE SAI
LE TRIANGLE D'OR
Aéroport

Kok

KRAISORASIT
AT-AM NUAI
RAT DET DAMRONG
THA NAM KO LOI
ASIAN
SINGHAKHRAI
UTTARAKIT
UTTARAKIT
WISET
RATTANAKHET
NONG SI CHAENG
VIANG
ASIAN
THANALAI
PRAKAN
PHAHON YOTHIN
CHAO CHAI
RATCHAYOTHA
BANPHA
CHET YOT
PHAHON YOTHIN
PRASOPSUK
SATHAN
PHAYABAN
SAN KHONG NOI
CHIANG MAI, PHAYAO, LAMPANG

LÉGENDE

🚍 Gare routière
🚌 Terminus des bus
🛈 Information touristique
🛕 *Wat*
☪ Mosquée

0   250 m

Mae Saruai ⓫
แม่สรวย

Province de Chiang Rai. 77 000.
Chiang Rai puis songthaew. TAT,
Chiang Rai (053) 717433. t.l.j.

D ans une plaine bordée
d'affleurements rocheux
déchiquetés, cette petite ville
de marché sert de point de
rencontre aux tribus
montagnardes. Elle se
modernise rapidement et de
nouvelles cultures, entre autres
de fleurs, remplacent celle du riz.

Aux environs : Il est possible
de louer une voiture à Chiang
Rai pour visiter des villages
akhas. Les plus isolés
s'atteignent en moto ou en
randonnée pédestre. Une
importante étude des Akhas fut
menée à Ban Saen Chareon, à
10 km à l'ouest de Mae Saruai.

Wiang Pa Pao ⓬
เวียงป่าเป้า

Province de Chiang Rai. 70 000.
Chiang Mai puis songthaew, ou
Chiang Rai puis songthaew.
TAT, Chiang Rai (053) 717433. t.l.j.

I mportante ville de marché
où viennent commercer les
villageois des nombreuses
tribus montagnardes, lisus et
akhas notamment, installées
dans la région, Wiang Pa Pao
occupe un site pittoresque
dans une étroite vallée
verdoyante. Elle se compose
principalement d'édifices en
tek à deux niveaux,
caractéristiques du Nord, et

Cbedi et *wiban* du Wat Si Suthawat
à Wiang Pa Pao

La rue principale bordée d'immeubles à deux niveaux de Mae Saruai

offre à la promenade des rues
tranquilles et ombragées. À
l'est de l'artère principale, des
teks entourent un temple
ancien et spacieux, le **Wat Si
Suthawat**. Des *nagas*
encadrent le large escalier
menant au principal *wiban*.

Province de Phayao ⓭
พะเยา

Province de Phayao. 21 000.
TAT, Chiang Rai (053) 717433. t.l.j.

S ans doute habité pour la
première fois à l'âge du
bronze mais ensuite abandonné,
une cité-État occupa Phayao
à nouveau au XIIᵉ siècle. Ce
paisible chef-lieu de province
s'étend aujourd'hui au bord
d'un vaste lac sur un
emplacement spectaculaire.
Les quartiers anciens se
serrent sur un
promontoire avançant
sur le plan d'eau. Avec
leurs ruelles bordées
de maisons en tek, ils
offrent un cadre plus
agréable à la promenade
que la ville moderne.
À la sortie nord de la
ville près du lac, le
Wat Si Komkam date
du XIIᵉ siècle. Son *wiban*
moderne abrite un bouddha
du XVIᵉ siècle haut de 16 m.
Autour de l'édifice,
38 têtes de bouddha du
XIVᵉ siècle présentent des
traits caractéristiques
du style de Phayao : forme
ronde et nez pointu.

Ngao ⓮
งาว

Province de Lampang. 61 000.
depuis Lampang ou Chiang Rai.
TAT, Chiang Mai (053) 248604. t.l.j.

À quelques kilomètres au
sud de Phayao, Ngao a
conservé de nombreux
édifices en tek, notamment
des maisons sur pilotis. Le
pont suspendu au-dessus de la
rivière Yom en offre une vue
superbe. Le temple le plus
important, le **Wat Dok Ban**,
situé dans les quartiers est,
possède un remarquable mur
d'enceinte orné de quelque
100 « anges » agenouillés et
peints de couleurs bigarrées.

**Ange du Wat
Dok Ban, Ngao**

Aux environs : La rivière
Yom traverse au nord-est
de Ngao le **parc national
de Mae Yom** où ont été
observées plus de
50 espèces d'oiseaux.
De nombreux
mammifères y vivent
également, notamment
le serow (une espèce
d'antilope ressemblant à
une chèvre), le pangolin
(mangeur de fourmis
couvert d'écailles), le
sanglier et le cerf
muntjac. Située dans les
limites du parc, la **forêt de
Dong Sak Ngan** où
subsistent de hauts teks ne
peut s'atteindre qu'à pied.

✈ Parc national de Mae Yom
18 km au nord-est de Ngao. Forestry
Dept (02) 579 0529. t.l.j.

Les éléphants en Thaïlande

Éléphant blanc sur un ancien drapeau du Siam

Domestiqués depuis des siècles, les éléphants n'ont pas joué en Thaïlande qu'un rôle économique ou guerrier. Ils ont pris aussi une valeur spirituelle majeure qu'incarnent les éléphants blancs royaux. Malgré une loi les protégeant depuis 1921, ils ne seraient plus que quelques milliers à vivre à l'état sauvage dans les forêts, une conséquence du déboisement plus que du braconnage. Le nombre d'éléphants domestiques a aussi considérablement diminué depuis l'introduction de machines modernes dans l'exploitation forestière. Puis l'interdiction d'abattage en 1989 a beaucoup réduit leur utilité. Les démonstrations proposées par les centres de dressage offrent cependant encore l'occasion de les voir à l'œuvre.

Les éléphants servaient à la guerre, comme le montre ce manuscrit ancien

LE TRAVAIL DES ÉLÉPHANTS

Malgré l'interdiction d'abattage privé, les éléphants continuent de travailler dans les forêts de teks de l'État. Un seul cornac s'occupe souvent d'eux jusqu'à leur « retraite » à 60 ans.

Les chasseurs *profitaient de la capacité des éléphants à courir à plus de 20 km/h.*

Ce manuel du *XIXᵉ siècle explique comment dompter un éléphant sauvage.*

LES ÉLÉPHANTS SACRÉS

L'importance spirituelle des éléphants dérive de Ganesh, le dieu hindou du Savoir et celui qui écarte ou crée les obstacles, représenté comme un jeune garçon à tête d'éléphant. Une légende bouddhique *(p. 102)* est à l'origine de la place particulière des éléphants blancs que seul le roi peut posséder.

Éléphants dans un des ciels bouddhistes, *peinture du Wat Suthat de Bangkok (p. 86-87).*

Les éléphants blancs royaux *sont censés incarner le pouvoir du monarque.*

Nong Bua ⑮
หนองบัว

Province de Nan. 60 000.
Nan puis songthaew. TAT, Chiang
Rai (053) 717433. t.l.j.

Maisons en tek sur pilotis et jardins potagers soigneusement entretenus donnent son cachet à ce bourg pittoresque situé dans une plaine fertile au bord de la rivière Nan. Il fait partie des villages de la province de Nan peuplés de Thaïs Lue, une ethnie minoritaire apparentée aux Thaïs du sud de la Chine. Ils commencèrent à s'installer dans la région en 1836 après un différend avec un seigneur local. Construit en 1862, le **Wat Nong Bua** présente, avec son toit à deux étages et son portique orné de sculptures, l'aspect caractéristique des temples thaïs lue. Ses peintures murales seraient du même artiste que celles du Wat Phumin (p. 246-247). Beaucoup plus estompées mais aussi fascinantes, elles représentent des scènes de la vie quotidienne au XIXe siècle et des épisodes des *jatakas* (p. 26).

Dans son atelier à l'ouest du village, les textiles traditionnels thaïs lue restent fabriqués sur des métiers manuels. On peut les acheter dans la boutique adjacente. Tous les trois ans en décembre (1999, 2002, etc.), les habitants de Nong Bua rendent pendant deux jours hommage aux esprits des ancêtres. Un sacrifice et une fête concluent ce rituel.

Scène de chasse (XIXe siècle), Wat Nong Bua

Parc national de Doi Phu Kha ⑯
อุทยานแห่งชาติดอยภูคา

Bureau d'accueil près de la route 1080, 85 km au nord-est de Nan. TAT, Chiang Rai (053) 717433 ; Forestry Dept (02) 579 5734, (02) 579 7223. Nan puis songthaew.

L'un des plus récents parcs nationaux de Thaïlande protège, un sommet dépassant les 2 000 m d'altitude, une région longtemps contrôlée par la guérilla communiste. Le tourisme commence à s'y développer et le parc manque encore de structures d'hébergement et de bonnes routes. Un « défaut » qui permettra aux visiteurs les plus aventureux de bénéficier d'un espace encore relativement vierge. Le centre d'accueil les

Pie à queue courte, parc de Doi Phu Kha

renseignera sur les trajets de randonnée, les cascades et les grottes à découvrir, ainsi que sur les possibilités d'observation d'oiseaux. Le Doi Phu Kha et ses environs immédiats offrent pour autre intérêt d'abriter plusieurs tribus montagnardes (p. 196-197), principalement miens et hmongs, ainsi que des villages d'ethnies de plaine telles que les Thaïs Lue et les Htins. Habiles au travail du bambou, ces derniers n'acceptent aucune pièce de métal dans la construction de leurs maisons.

Nan ⑰
น่าน

Province de Nan. 23 000. TAT, Chiang Rai (053) 717433. t.l.j. Foire provinciale de Nan (oct.-nov.), Régates de Nan (fin oct. ou début déc.), fête de l'Orange dorée (déc.-janv.).

Cette petite ville prospère au bord du Nan se développa au XIIIe et au XIVe siècle sous forme d'État indépendant puis s'associa aux royaumes de Sukhothai et du Lan Na (p. 54-59). En 1558, elle tomba sous domination birmane pour plus de deux siècles. Après sa libération, elle se rangea en 1788 sous l'autorité de Bangkok, tout en conservant une marge d'autonomie et des souverains indépendants jusqu'en 1931, année où elle s'intégra officiellement à l'État siamois. Le **Wat Phumin** (p. 246-247), au sud du centre, en est incontestablement le site le plus intéressant. À quelques

Paysans thaï lue dans une rizière près de Nong Bua

pas au nord (sur la route 101), le **musée national de Nan** occupe un ancien palais royal datant de 1903. Le rez-de-chaussée est consacré aux minorités ethniques de la province. Le premier étage évoque l'histoire de la région au travers d'une riche collection comprenant aussi bien des armes que des statues religieuses. L'un des objets les plus remarquables est une défense d'éléphant « noire » portée par un *khut* (aigle mythologique). D'un poids de 18 kg et d'une couleur en fait plus proche du marron foncé que de l'ébène, elle daterait du XVIIᵉ siècle. On remarquera également des fusées fabriquées par les fermiers locaux pour la fête de Bun Bang Fai *(p. 42-43)*. Fait

Façade du *bot* du XIVᵉ siècle du Wat Suan Tan de Nan

inhabituel en Thaïlande, de nombreuses pièces sont étiquetées en anglais. Non loin, le **Wat Chang Kham Wora Wihara** renferme un magnifique *chedi* du XIVᵉ siècle reposant sur des têtes d'éléphants. Des *singhas* (lions mythologiques) gardent le *bot* et le *wihan* qui présentent en façade de belles sculptures sur bois. Au nord-ouest de Nan, un *prang*, tour de style khmer rare en Thaïlande du nord, couronne le *chedi* haut de 40 m du **Wat Suan Tan**. Le *wihan* abrite un bouddha en bronze, Phra Chao Thong Thip, fondu en 1449 à la demande du roi de Chiang Mai qui venait de conquérir Nan. Selon la légende, il ne laissa qu'une semaine aux artisans pour achever leur œuvre.
Au sud-est de la ville, le **Wat Phra That Chae Haeng**, fondé en 135, offre depuis une colline une belle vue de la vallée. Les *nagas* monumentaux gardant l'escalier et un *chedi* doré du style du Lan Na, haut d'un peu plus de 55 m, s'aperçoivent à des kilomètres à la ronde.

Défense « noire », musée national de Nan

🏛 **Musée national de Nan**
Route 101. ⭕ du mer. au dim. 📷

AUX ENVIRONS : Les montagnes et les guérilleros qui profitaient de l'isolement ont longtemps fait de la province de Nan l'une des plus inaccessibles de la Thaïlande. Les routes construites ces dernières années y ont amélioré les communications, et de plus en plus de visiteurs viennent y goûter le charme d'une région rurale réputée pour ses oranges dorées, les *som sii thong*.
Au nord de Nan, la **réserve forestière de Tham Pha Tup** renferme 17 grottes aux impressionnantes stalactites et stalagmites. On peut toutefois accéder à une partie d'entre elles par des sentiers aménagés à cet effet. Une autre curiosité géologique se découvre près de la route 1026 à quelque 30 km au sud de Nan. Des colonnes d'argile dénudées par l'érosion appelées **Sao Din** (litt : « piliers de terre ») composent un paysage fantastique, semblable à celui de Phrae Muang Phi dans la province de Phrae *(p. 249)*. Il a d'ailleurs servi de décor à de nombreux films thaïlandais.

🏞 **Réserve forestière de Tam Pha Tup**
Près de la route 1080, 12 km au nord de Nan. 📞 *Forestry Dept (02) 579 0529.* ⭕ *t.l.j.* 📷

LES RÉGATES DE NAN

Chaque année à la fin octobre, des régates sur la rivière Nan marquent le temps fort de la foire provinciale qui attire pendant deux semaines des visiteurs de toute la Thaïlande. Avec ces compétitions, une coutume qui remonterait à la fin du XIXᵉ siècle, commence la période de Krathin *(p. 46)* pendant laquelle les hommes de la ville offrent de nouvelles robes aux moines après la « retraite des pluies ». Longues d'une trentaine de mètres et taillées dans un seule bille de bois, les embarcations peuvent porter jusqu'à 50 rameurs et prennent la forme de *nagas (p. 218)* aux flancs peints de couleurs vives.

Régate traditionnelle de Nan

Wat Phumin

วัดภูมินทร์

Fondé en 1596 par le seigneur de Nan, ce temple, l'un des plus beaux du nord de la Thaïlande, connut une restauration entre 1867 et 1874 puis une autre en 1991. Marqué par l'architecture thaïe lue *(p. 244)*, le *bot* de plan cruciforme possède un plafond à caissons raffiné et des portes et des colonnes sculptées. Il est surtout réputé pour ses peintures murales. On a longtemps pensé que des artistes thaïs lue les avaient exécutées pendant la première rénovation, mais elles n'auraient pu alors représenter des soldats français, inconnus dans la région avant l'annexion d'une partie de la province de Nan en 1893. Trois principaux thèmes se détachent : la vie du Bouddha, la *jataka (p. 26)* de sa réincarnation en la personne de Khatta Kumara et des scènes de la vie quotidienne au XIXᵉ siècle à Nan.

Notable
Ce personnage fumant la pipe, vêtu somptueusement, pourrait être le commanditaire des peintures.

★ **Les bouddhas centraux**
Quatre bouddhas dorés semblables au style de Sukhothai (p. 150-151) font face aux points cardinaux.

Piliers décoratifs
Les mêmes motifs floraux rouges, noirs et or parent les colonnes ornées parfois aussi d'éléphants et de divinités hindoues.

Serpents
Dans la légende de Khatta Kumara, les dieux envoient des serpents venimeux punir un souverain indigne.

À NE PAS MANQUER

★ **Les bouddhas centraux**

★ **La fresque de la porte principale**

Couple d'amoureux
L'homme tatoué, aux cheveux coiffés à la mode thaïe lue, représenterait un des artistes.

MODE D'EMPLOI

Village Phumin, Phakong Rd, au centre de Nan sur la rive sud du Nan. ⬤ *de 8 h 30 à 16 h 30 t.l.j.*

★ La fresque de la porte principale
Sur cette composition particulièrement remarquable, située au-dessus de l'entrée, le Bouddha apparaît entouré de ses disciples. La partie inférieure montre Khatta Kumara et ses amis en route vers une ville où se dresse un palais. Khatta reconstruit ensuite ce palais après sa destruction par des serpents et des oiseaux.

Des *nagas* (serpents)
gardent l'escalier d'accès.

Entrée principale

Arrivée d'Européens à Nan
Cette scène dont certains personnages portent des vêtements européens évoquerait l'annexion en 1893 d'une partie de la province par les Français.

Khatta, sa mère et une empreinte d'éléphant
La mère de Khatta Kumara fut enceinte de lui après avoir bu l'urine d'Indra dans une empreinte d'éléphant, la forme animale prise par le dieu pour descendre sur terre.

Phrae pas à pas ⑱

แพร่

C e chef-lieu de province reste curieusement peu visité.
La ville offre pourtant le charme de son quartier ancien
qui a conservé de vieilles maisons en bois à l'intérieur de
l'enceinte fortifiée. Il subsiste des vestiges des remparts et
des douves au nord-est. Fondée au bord de la rivière Yom
au XIIe siècle, Phrae resta une cité-État indépendante jusqu'à
l'époque d'Ayutthaya puis passa au XVIIIe siècle sous la
domination des Birmans, dont l'influence reste visible dans
l'architecture des temples où elle s'associe à celle de l'école
du Lan Na. La prospérité de la ville repose encore aujourd'hui
sur la production agricole de la vallée fertile qui l'entoure.

**Autel bouddhiste dans
le musée du Wat Luang**

★ Wat Luang
*Le plus vieux temple
(XIIe siècle) de Phrae
incorpore une partie des
anciens remparts. Le chedi
octogonal de style lanna
repose sur des éléphants.
Le musée expose des
antiquités, des bijoux
et des photographies.*

**Le Wat Phra
Non,** temple lao
du XVIIe siècle,
abrite un
bouddha couché.

**Vers Wat
Phra Non**

KHAMLUE I

KHAMLUE

**Vers Ban
Prathup
Chai**

Wat Phra Ruang
*Ce sanctuaire offre un
bel exemple de métissage
architectural avec son
bot cruciforme du style
de Nan, son wihan lao
aux portes délicatement
sculptées et son chedi
de l'école du Lan Na.*

LUKMUANG

KHUMDERM

Wat Phra Bat
*Le bot lao du Wat Phra
Bat date du XVIIIe siècle
tandis que le wihan, qui
abrite un bouddha vénéré,
est moderne. Souvent très
animé, ce temple fait partie
d'une université bouddhique.*

PHRA RUANG

NARIRUT

MODE D'EMPLOI

Province de Phrae. 20 000.
2 km au sud-est de Phrae.
près de Yantarakitkosok Rd.
TAT, Chiang Rai (053) 717433.
tatcei@loxinfo.co.th
t.l.j. Songkran (avr.)

Wat Si Chum
*Dans le bot et le wihan,
la simplicité du décor
met en relief les images
du Bouddha. Le chedi est
malheureusement en ruine.*

★ Les maisons en tek
*Ces maisons
en bois typiques
de Phrae portent
des kalae, ornements
de toit caractéristiques
du Nord (p. 32).*

ROBMUANG

CHAROEN MUANG

Parc public
*Ce parc situé en plein centre, une rareté
en Thaïlande, offre un cadre aéré
où prendre un moment de détente.*

Vers le Wat
Chom Sawan
et les remparts

0 — 100 m

À NE PAS MANQUER

★ Le Wat Luang

★ Les maisons en tek

Aux environs : Au nord-est de
Phrae, le **Wat Chom Sawan**,
sanctuaire shan du début du
XXᵉ siècle, possède un *chedi*
couronné de cuivre de style
birman.

À l'ouest de la ville se visite
Ban Phrathup Chai,
imposante demeure construite
au milieu des années 80
avec le tek de neuf maisons
anciennes. Elle renferme des
piliers sculptés et un beau
mobilier.

Au sud-est de Phrae, le **Wat
Phra That Chaw Hae** daterait
du XIIᵉ ou du XIIIᵉ siècle.
Il s'élève au sommet d'une
colline et *nagas* et lions de
pierre gardent les escaliers
d'accès grimpant dans une forêt
de teks. Il porte le nom du
tissu satiné *(chaw hae)* dont les
fidèles drapent le *chedi* doré,
haut de 33 m, qui abrite le
bouddha Phra Chao Than Chai
supposé exaucer les vœux.

But d'excursion apprécié des
habitants de la ville, **Phae
Muang Phi** est un site d'aspect
surréaliste. *Muang phi* qui
signifie « ville des fantômes »,
est constitué de grands piliers
de terre et de pierre qui
surgissent du sol comme des
champignons. Comme à Sao
Din *(p. 245)*, ils sont le
résultat de l'érosion de l'argile
dans une couche meuble.

Ban Prathup Chai
1 km à l'ouest de Phrae. t.l.j.
Wat Phra That Chaw Hae
8 km au sud-est de Phrae, province de
Phrae. *Phrae puis songthaew.*
t.l.j.
Phae Muang Phi
Près de la route 101, 18 km au nord-
est de Phrae, province de Phrae.
Phrae, puis songthaew.

Sirikit Reservoir ⓳
เขื่อนสิริกิติ์

45 km au sud-est de Phrae, province
d'Uttaradit. *Nan ou Uttaradit puis
songthaew.*

Créé au milieu des années 70
sur la rivière Nan, un
affluent du Chao Phraya, ce lac
artificiel, portant le nom de la
reine, a pour fonction première
d'éviter les inondations.
Il fournit aussi de l'électricité
et de l'eau d'irrigation aux
paysans de la région.

L'ISAN

PRÉSENTATION DE L'ISAN 252-257

LE PLATEAU DE KHORAT 258-271

LA VALLÉE DU MÉKONG 272-293

Présentation de l'Isan

Composé de dix-huit provinces, le nord-est de la Thaïlande, ou Isan, est la région la plus pauvre du pays, le plateau de Khorat et ses terres arides en composant la majeure partie. Il est bordé au nord et à l'est par la vallée du Mékong qui marque la frontière avec le Laos. L'Isan possède néanmoins une histoire extrêmement riche. Du IXᵉ au XIIIᵉ siècle, les Khmers de l'empire d'Angkor y édifièrent des temples majestueux, et c'est à Ban Chiang qu'ont été retrouvées les traces de la plus ancienne civilisation du bronze connue, une des premières aussi à avoir cultivé le riz et tissé la soie. En majorité d'origine laotienne, la population actuelle du Nord-Est est réputée pour son hospitalité.

Nong Khai

Parc national
de Phu Kradung

PLATEAU DE KHORAT
(voir p. 258-271)

**Le parc national
de Phu Kradung** (p. 276-277)
*protège une faune et une flore
extraordinaires.*

*Prasat Hi
Phimai*

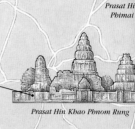

Prasat Hin Khao Phnom Rung

Le Prasat Hin Phimai
(p. 266-267), *bâti aux XIᵉ et XIIᵉ siècles,
est l'un des monuments khmers les
mieux restaurés de Thaïlande.*

**Le Prasat Hin Khao
Phnom Rung** (p. 270-271) est
*le plus important des sanctuaires
khmers de Thaïlande.*

◁ **Les ruines du Prasat Hin Muang Tam se reflètent dans l'un des quatre bassins à lotus qui l'entourent**

Nong Khai (p. 282-283), *ville frontière en plein essor, a pour grande attraction l'étrange Wat Kaek.*

VALLÉE DU MÉKONG
(voir p. 272-293)

Wat Phra That Phanom

Le Wat Phra That Phanom
(p. 287), *le temple le plus sacré de l'Isan, fut, selon la tradition, fondé peu après la mort du Bouddha.*

Prasat Khao Phra Wihan

Le Prasat Khao Phra Wihan
(p. 292) *occupe un site spectaculaire sur un éperon rocheux à la frontière cambodgienne.*

0   50 km

À la recherche des temples khmers

Linteau de Phnom Rung

Quand les Européens virent pour la première fois de mystérieuses ruines dans des forêts très à l'est d'Ayutthaya, ils crurent avoir découvert une ancienne civilisation chinoise, ou même grecque. Il fallut attendre le XIXᵉ siècle pour que commence à se révéler l'histoire des Khmers, qui régnèrent du IXᵉ au XIVᵉ siècle sur un territoire correspondant à la majeure partie du Cambodge et du nord-est de la Thaïlande actuels. Grands bâtisseurs, ils ont laissé de nombreux monuments en Isan. La guerre a ralenti au Cambodge la restauration d'Angkor, l'ancienne capitale.

L'EMPIRE KHMER

• *Principaux sites khmers*

Les bas-reliefs de batailles, *ornant de nombreux édifices, ont aidé les archéologues à reconstituer l'histoire des Khmers. Les Thaïs étaient leurs principaux ennemis et, en 1444, Ayutthaya finit par assurer sa victoire sur l'Empire en s'emparant d'Angkor.*

Au centre d'Angkor Thom, des têtes colossales ornent le Bayon.

La restauration *des plus importants des quelque 300 monuments khmers de Thaïlande commença en 1925. Le département des Beaux-Arts supervisa la rénovation de sanctuaires comme celui de Phimai (p. 266-267).*

LE ROMANESQUE DES GRANDS TEMPLES

Symboles de la royauté et de l'univers, les sanctuaires khmers étaient d'une beauté et de dimensions grandioses. Leurs ruines ne pouvaient que séduire, au XIXᵉ siècle, une Europe en plein romantisme et elles servirent de sujet à de nombreuses gravures, telle celle-ci datant de 1866-1868. Au Wat Phra Kaeo de Bangkok *(p. 76-79)*, on peut voir une maquette, exécutée en 1922, du vaste complexe funéraire d'Angkor Wat dont une reconstruction se dressait en 1931 au cœur de l'Exposition coloniale de Paris.

*Un shivalinga,
phallus symbolisant
la force créatrice
du dieu hindou
Shiva, était souvent
le principal objet
de culte au centre
du temple.*

LA REDÉCOUVERTE D'ANGKOR

Vers 1550, un roi cambodgien, tombé par hasard sur les ruines d'Angkor pendant une chasse à l'éléphant, aurait dégagé une partie du site. Propagée par des missionnaires portugais et espagnols, la rumeur d'une vaste cité cachée atteignit l'Europe mais, protégés par la jungle, les chefs-d'œuvre khmers restèrent largement méconnus pendant encore trois cents ans. L'intérêt porté à ces ruines augmenta avec la colonisation française de l'Indochine. Les dessins et gravures d'Angkor que fit Henri Mouhot en 1860 lui valurent à titre posthume le statut controversé de « découvreur » de l'ancienne capitale. Son travail déclencha cependant la décision d'effectuer des recherches sérieuses. Des scientifiques comme Louis Delaporte, George Coedès, Jean Boisselier et Henri Parmentier passèrent une grande partie de leur vie à percer le mystère de l'histoire des Khmers.

**Henri Parmentier
en 1923**

***Des scènes du Ramayana**, l'épopée
indienne, décorent de nombreux temples
khmers. Elles inspirèrent sans doute la
version thaïe du Ramakien (p. 36-37).*

La jungle dévorant les ruines
inspirait beaucoup les artistes
du XIXᵉ siècle.

Les personnages
offrent une
échelle assez
juste. Les grandes
statues en
avant-plan sont
imaginaires.

*Marc Riboud,
photographe de
l'agence Magnum,
prit dans les années 60
et 80, avant
et après la guerre
au Cambodge,
les clichés d'Angkor
probablement
les plus évocateurs
et les plus publiés.*

***Les sourires**
des bouddhas du Bayon
d'Angkor Thom
ont illustré affiches,
couvertures de livre et,
ici, une partition de 1921.*

La fabrication de la soie

Feuilles de mûrier

D es découvertes faites sur le site préhistorique de Ban Chiang révèlent que la production de soie commença sans doute sur le plateau de Khorat plus tôt encore qu'en Chine où les débuts de la sériciculture datent d'environ 2700 av. J.-C. Cet art séculaire périclitait cependant en Thaïlande quand l'Américain Jim Thompson *(p. 116-117)* le relança après la Seconde Guerre mondiale. C'est particulièrement grâce à lui que les visiteurs trouvent aujourd'hui un vaste choix d'articles tels que corsages et sarongs. Leur fabrication selon des méthodes traditionnelles reste principalement concentrée en Isan où les sols se prêtent à la culture du mûrier, seul aliment toléré par le ver à soie.

2 *Au bout de trois ou quatre semaines, les œufs se transforment en larves (vers à soie), qui sont déposées sur des treillis en bambou où, à l'abri des souris et des insectes, elles se nourrissent dans la pénombre de feuilles de mûrier. Pendant leur croissance, elles muent 4 fois et augmentent 10 000 fois de poids.*

1 *La femelle du bombyx vit quatre jours consacrés à s'accoupler et à pondre.*

Bombyx mori

VERS À SOIE

ENROULAGE

5 *Une spatule retient les cocons dont les fils, tordus ensemble pour former un brin plus épais, sont enroulés sur un rouet.*

6 *Les écheveaux sont classés par qualité. L'extérieur du cocon donne un fil plus rêche réservé à l'ameublement. La soie la plus fine provient des couches intérieures.*

TEINTURE

7 *Un nettoyage à l'eau savonneuse débarrasse la soie brute de la séricine, une pellicule pâteuse.*

8 *Le fil est alors teint, le nombre de bains décidant de l'intensité de la couleur. La technique de l'ikat consiste, avant le trempage, à faire des nœuds avec de la ficelle qui, une fois ôtée, dessinera un motif en négatif.*

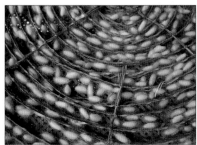

3 *Il faut trente jours aux larves pour atteindre leur plein développement. On les déplace dans un grand plateau en bambou tressé, dont la trame laisse tout juste aux vers la place d'attacher leur cocon qu'ils tisseront d'un seul fil, blanc ou jaune, sécrété à la vitesse de 12 cm par minute.*

Les cocons sont tissés en trente-six heures

4 *La chrysalide doit périr dans les dix jours pour ne pas endommager la soie. Pour la tuer, on trempe les cocons dans de l'eau juste avant l'ébullition. Ce bain libère aussi les fils.*

COCONS

TRAME	**TISSAGE**

9 *On associe jusqu'à six brins pour former le fil de trame.*

10 *Les tisserands utilisent des métiers verticaux à pédales. Le fil de trame est passé dans une chaîne fine et régulière qui, même dans les ateliers traditionnels, est souvent préfabriquée et importée du Japon, de Corée ou d'Europe. L'association de brins de textures différentes donne à la soie son lustre sans équivalent.*

OUTILS DE TISSERAND

Pendant le tissage de la soie, l'artisan doit s'assurer que le fil reste propre. Il doit aussi éviter qu'il s'emmêle ou s'abîme. Les outils qui l'aident dans ces tâches présentent souvent un délicat décor sculpté qui ferait presque oublier leur fonction utilitaire, qu'il s'agisse des brosses servant à épousseter la trame et la chaîne au fur et à mesure de l'avancement de l'ouvrage ou des poulies guidant les fibres.

Poulie traditionnelle

Brosses sculptées

11 *Le tissu de couleurs vives sert ensuite à la fabrication d'ombrelles, d'écharpes ou de chemises vendues dans tout le pays (p. 439).*

LE PLATEAU DE KHORAT

Malgré son aridité actuelle, le plateau de Khorat conserve une grande richesse archéologique de l'époque où l'Empire khmer était à son apogée. Les visiteurs apprécient aussi la richesse humaine d'une population hospitalière, qui dispose pourtant des revenus moyens les plus bas de Thaïlande. La cuisine régionale est souvent épicée, et les tisserands fabriquent de ravissantes soieries et cotonnades.

Le vaste plateau de Khorat s'étend à environ 200 m d'altitude sur la majeure partie de l'Isan, le nord-est de la Thaïlande, qui abrite un tiers de la population du pays sur un tiers de sa superficie. Les moussons n'y apportent que des pluies irrégulières, fréquemment responsables d'inondations comme de sécheresses, et qui ne permettent qu'une seule récolte de riz par an. La pauvreté règne en conséquence dans les zones rurales.

Le Nord-Est attire peu de touristes. l'Isan présente pourtant un grand intérêt historique. Au nord, le site de Ban Chiang a révolutionné la vision des archéologues sur la préhistoire de l'Asie du Sud-Est. Ils ont en effet découvert les vestiges d'une culture qui serait peut-être la première à avoir fondu le bronze, cultivé le riz et pratiqué la sériciculture.

Le tissage de la soie connaît un nouvel essor dans la région depuis la fin de la dernière guerre, et de nombreux ateliers de tisserands, parfois réunis en village, proposent des soieries et des cotonnades traditionnelles.

Les magnifiques temples de pierre érigés par les Khmers entre le IXe et le XIIIe siècle ont, pour certains, été restaurés ces dernières années, tels ceux de Phnom Rung et de Phimai. Une route les reliait jadis à la capitale khmère d'Angkor sur le territoire de l'actuel Cambodge.

Bung Phlan Chai, un lac pittoresque au centre de la ville de Roi Et

◁ Fenêtre à balustrade du Prasat Hin Muang Tam

À la découverte du plateau de Khorat

S éparé de la Plaine centrale par le massif
montagneux de Phetchabun, le vaste plateau
gréseux de Khorat étend ses collines arides sur la
majeure partie du nord-est de la Thaïlande. Terre
rouge et savanes dominent les paysages. Capitale de
la région, Khorat se trouve à un carrefour de voies
de communication, mais de grandes distances la
séparent souvent des autres cités et sites intéressants.
Au nord se trouvent les villes de Khon Kaen et de
Roi Et, réputées pour leurs soieries, ainsi que le site
archéologique de Ban Chiang. À l'est de Khorat se
visitent les temples khmers de
Phimai et de Phnom Rung.
À Surin a lieu chaque année un
grand rassemblement d'éléphants,
dressés pour la plupart dans le
village proche de Ban Ta Klang.

LE PLATEAU DE KHORAT
D'UN COUP D'ŒIL

Ban Chiang ❷
Ban Ta Klang ⓭
Dan Kwian ❽
Khon Kaen ❸
Khorat ❼
*Prasat Hin Khao Phnom Rung
(voir p. 270-271)* ⓫
Prasat Hin Muang Tam ❿
*Prasat Hin Phimai
(voir p. 266-267)* ❻
Prasat Ta Muen et Prasat Ta Muen
Tot ❾
Roi Et ❹
Surin ⓬
Udon Thani ❶
Yasothon ❺

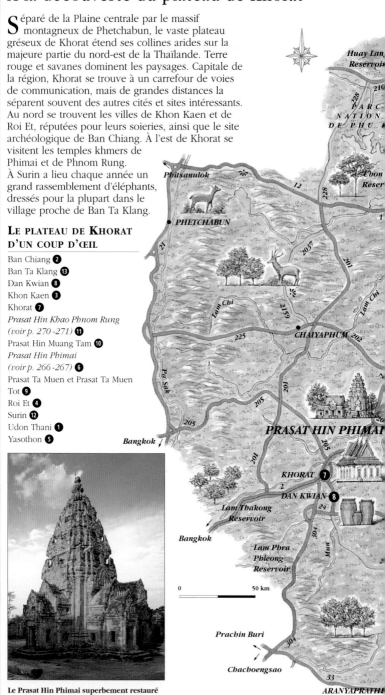

Le Prasat Hin Phimai superbement restauré

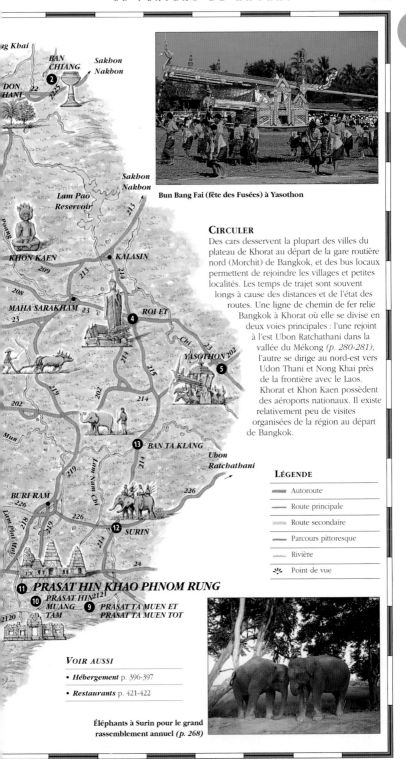

Bun Bang Fai (fête des Fusées) à Yasothon

CIRCULER

Des cars desservent la plupart des villes du plateau de Khorat au départ de la gare routière nord (Morchit) de Bangkok, et des bus locaux permettent de rejoindre les villages et petites localités. Les temps de trajet sont souvent longs à cause des distances et de l'état des routes. Une ligne de chemin de fer relie Bangkok à Khorat où elle se divise en deux voies principales : l'une rejoint à l'est Ubon Ratchathani dans la vallée du Mékong *(p. 280-281)*, l'autre se dirige au nord-est vers Udon Thani et Nong Khai près de la frontière avec le Laos. Khorat et Khon Kaen possèdent des aéroports nationaux. Il existe relativement peu de visites organisées de la région au départ de Bangkok.

LÉGENDE

▬▬▬	Autoroute
▬▬▬	Route principale
▭▭▭	Route secondaire
▬▬▬	Parcours pittoresque
▭▭▭	Rivière
☼	Point de vue

PRASAT HIN KHAO PHNOM RUNG

PRASAT HIN
MUANG
TAM

PRASAT TA MUEN ET
PRASAT TA MUEN TOT

VOIR AUSSI

• *Hébergement* p. 396-397

• *Restaurants* p. 421-422

Éléphants à Surin pour le grand rassemblement annuel *(p. 268)*

Le paisible parc de Nong Prachak à Udon Thani

Udon Thani ❶

อุดรธานี

Province d'Udon Thani. 🚶 156 000.
✈ 🚌 🚆 ℹ *TAT, Mukmontri Rd,
Udon Thani (042) 325406.* 🔄 *t.l.j.*

P endant la guerre du
Vietnam, la proximité
d'une base aérienne
transforma quasiment
cette petite capitale
provinciale assoupie
en une ville de
garnison américaine.
Malgré le départ des
GI's en 1976, Udon
Thani a conservé de
cette époque une
atmosphère
particulière et
quelques rues bordées
de cafés, de boîtes de nuit et
de salons de massage de style
occidental. Devenue le
principal pôle commercial de
la région, elle constitue une
bonne base d'où visiter Ban
Chiang, 50 km plus à l'est. Le
parc de Nong Prachak offre
le cadre le plus agréable pour
une promenade.

Pot de Ban Chiang,
v. 2000 av. J.-C.

Ban Chiang ❷

บ้านเชียง

Province d'Udon Thani. 🚶 105 000.
🚌 *depuis Udon Thani.* ℹ *TAT,
Udon Thani (042) 325406.* 🔄 *t.l.j.*

L e principal intérêt de Ban
Chiang est le site
archéologique *(p. 50-51)*,
découvert par hasard en 1966
par un sociologue américain
qui trébucha sur des vestiges.
Les recherches révélèrent,
avec la mise au jour de pointes
de lance datant d'environ
3600 av. J.-C., que l'actuel
Nord-Est thaïlandais fut un des
premiers sites de production
de bronze du monde. Des
céramiques cuites entre
3000 av. J.-C. et 500 apr. J.-C.
témoignent d'un haut degré
de maîtrise technique et
artistique. Le **musée
national de Ban
Chiang** présente
une intéressante
collection de ces
objets, ainsi que des
ornements tels que
bracelets et bagues.
Depuis le musée, une
promenade de 2 km
dans des rues
poussiéreuses
bordées de boutiques
en bois conduit aux deux
sites de fouille du **Wat Pho Si
Nai**. On y découvre surtout
des sépultures contenant des
vestiges de squelettes et des
pots utilisés à des fins
symboliques lors des
funérailles. Ils étaient
disposés le long de la tombe
et sur les corps eux-mêmes
qui reposaient sur le dos,
enveloppés dans des
matériaux périssables. Parmi
les autres objets découverts
sur le site figurent des crânes
et des mandibules de porcs,
des bijoux, des outils, des
armes et des galets de rivière.
Si l'origine ethnique des
premiers habitants de Ban
Chiang reste inconnue, les
études menées à Wat Pho Si
Nai indiquent qu'il s'agissait
d'un peuple à la musculature
puissante, aux jambes longues,
au front large et aux pommettes
saillantes jouissant d'une
espérance moyenne de vie de
trente et un ans. Des maladies
comme la malaria étaient la
principale cause de mortalité.

🏛 Musée national
de Ban Chiang
À la limite du village de Ban Chiang.
🕐 *de 9 h à16 h du mer. au dim.* 🔲

Khon Kaen ❸

ขอนแก่น

Province de Khon Khaen. 🚶 200 000.
✈ 🚌 🚆 ℹ *TAT, 15/5 Prachasamoson
Rd, Khon Kaen (043) 244498.* 🔄 *t.l.j.*
🎋 *Fête de la Soie (10 jours en nov.-déc.)*
🌐 *www.khonkaen.com*

J adis simple chef-lieu d'une
des provinces les plus
pauvres du Nord-Est, Khon
Kaen est devenu, grâce aux
programmes de développement
régional, un pôle central et
commercial en plein essor en
Isan. Elle possède la plus vaste
université du Nord-Est et ses

Musée national de Khon Kaen

propres studios de télévision. Un certain nombre d'hôtels et de centres commerciaux modernes dressent leurs silhouettes parfois incongrues entre des édifices plus traditionnels le long des rues et des places de marchés. Les visiteurs trouveront près du lac artificiel **Khaen Nakhon** quelques restaurants et le Wat That à l'architecture typique de la région. Le **musée national de Khon Kaen** présente une collection de bronzes et de poteries de Ban Chiang, des exemples d'art populaire local et des stèles de Dvaravati *(p. 52-53)*, gravées d'épisodes de la vie du Bouddha.

🏛 Musée national de Khon Kaen

Au croisement de Kasikhon Thungsang Rd et de Lungsun Rachakhan Rd.
🔵 *du mer. au dim.* ⚫ *jours fériés.* 📷

Roi Et ❹
ร้อยเอ็ด

Province de Roi Et. 🏘 *36 000*. 🚌 ℹ
TAT, Khon Kaen (043) 244498. 📅 *t.l.j.*

L e nom de cette ville fondée en 1782 signifie littéralement « cent un », ce qui est considéré comme une exagération de 11, le nombre des États vassaux qui lui devaient jadis allégeance. Simple bourgade malgré son rôle de capitale provinciale, elle commence à connaître un réel essor.
Un immense bouddha brun et ocre debout la domine : le Phraphuttha-rattana-mongkol-maha-mani du **Wat Buraphaphiram**. Avec ses 68 mètres, du pied de sa base au sommet de l'ornement en forme de flamme de sa tête, il serait le plus haut bouddha

Le colossal Phraphuttha-rattana-mongkol-maha-mani de Roi Et

du monde. L'escalier qui grimpe sur le côté offre une belle vue de la ville et de ses environs. Des soieries et des cotonnades bon marché et de qualité peuvent s'acheter le long de Phadung Phanit Road.

LE KHAEN

Instrument originaire du Laos et joué dans tout le nord-est de la Thaïlande, le *khaen* est une sorte de grande flûte de Pan à anche libre. S'il existe des normes régissant le nombre de tuyaux, taillés dans un roseau proche du bambou, et leur accord, chaque interprète peut choisir la hauteur de son instrument, qui a un registre de deux octaves, en fonction de sa préférence ou de la voix du chanteur qu'il accompagne. Contrairement à la grande majorité des autres arts thaïlandais, il n'existe pas pour le *khaen* d'enseignement institué. Les musiciens se forment en général en écoutant des parents ou des voisins jouer au village. Ils ne disposent pas de partition écrite, le répertoire, traditionnellement destiné à permettre aux jeunes hommes de courtiser l'élue de leur cœur et à des mendiants de recevoir quelques pièces, s'est transmis oralement. Les femmes ne jouent jamais du *khaen*.

Les artisans *font sécher les roseaux au soleil puis les assemblent et les fixent avec la cire d'un insecte, le* khisut, *à la caisse de résonance sculptée.*

Phin (sorte de luth)

Ranat (sorte de xylophone)

Khaen

Orchestre traditionnel de l'Isan

La taille de chaque roseau définit sa tonalité.

Des trous dans les tuyaux servent à former des notes.

Le joueur souffle dans la caisse de résonance sculptée.

Bun Bang Fai ou fête des Fusées à Yasothon

Yasothon ❺

ยโสธร

Province de Yasothon. 🏠 22 000.
🚌 🛈 TAT, Ubon Ratchathani (045)
243770. 🚌 t.l.j. 🎆 Bun Bang Fai ou
fête des Fusées (mai).

C omme beaucoup de villes
de province thaïlandaises,
Yasothon ne possède que peu
de sites touristiques. Quelques
sanctuaires méritent cependant
une visite, notamment le **Wat
Thung Sawang.** Situé dans
le centre, le **Wat Mahathat
Yasothon** renferme le *chedi*
Phra That Phra Anon qui
aurait été élevé au VIIᵉ siècle

pour recevoir des reliques
de Phra Anon, le plus proche
disciple du Bouddha.
Plus qu'à ses temples, c'est
toutefois à sa fête des Fusées,
Bun Bang Fai *(p. 43-44)*,
que Yasothon doit d'être
connue. Cette célébration
a pour fonction rituelle
d'apaiser un dieu hindou
de la pluie, divinité au rôle
particulièrement important
dans une région au climat
souvent trop aride.
Les paysans investissent
ainsi d'importantes sommes
d'argent dans la construction
de grandes fusées de bambou,
bourrées de poudre à canon

pilée par de jeunes filles
dans des *wats*, et mises à feu
sous la direction des moines.
Après avoir défilé dans les
rues exposées sur des chars,
les fusées ont pour mission
d'aller « fertiliser » les nuages
dans le ciel. Une connotation
sexuelle renforcée par la
licence inhabituelle accordée
aux flirts pendant les
réjouissances. Les propriétaires
des fusées qui font long feu
se font couvrir de boue.

Prasat Hin Phimai ❻

ปราสาทหินพิมาย

Voir p. 266-267.

Khorat ❼

โคราช

Province de Khorat. 🏠 244 000. ✈
🚉 🚌 🛈 TAT, 2102-4 Mittraphap
Rd, Khorat (044) 213666. 🚌 t.l.j.
🎆 Thao Suranari (fin mars-déb. avr.).
Loykratong (oct.-nov.)

C onnue également sous
le nom de Nakhon
Ratchasima, Khorat se
composait à l'origine de deux
villes : Khorakhapura et Sema.

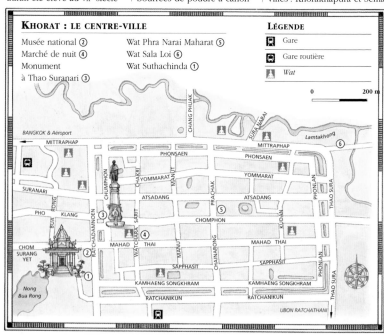

KHORAT : LE CENTRE-VILLE

Musée national ②	Wat Phra Narai Maharat ⑤
Marché de nuit ④	Wat Sala Loi ⑥
Monument	Wat Suthachinda ①
à Thao Suranari ③	

LÉGENDE

🚉	Gare
🚌	Gare routière
🛕	*Wat*

0   200 m

BANGKOK & Aéroport
MITTRAPHAP
CHANG PHUAK
SURANARI
Lamtakhong
MITTRAPHAP ⑥
PHONSAEN
PHONSAEN
SURANARI
CHUMPHON
CHAKRI
YOMMARRAT
MANUT
PRACHAK
YOMMARAT
ATSADANG
ATSADANG
PHONLAN
THAO SURA
PHO   KLANG
BUA   RONG
RATCHADAMNOEN
③
⑤
CHOMPHON
KUDAN
CHOM
SURANG
YET
②
WATCHARA SARIT
MAHAD   THAI
MANUT
④
CHAINARONG
MAHAD   THAI
SAPPHASIT
SAPPHASIT
PHONLAN
①
KAMHAENG SONGKHRAM
KAMHAENG SONGKHRAM
THAO SURA
Nong
Bua Rong
RATCHANIKUN
RATCHANIKUN
UBON RATCHATHANI

Façade du *bot* du Wat Phra Narai Maharat

Leur réunion date du règne de Narai (1656-1688). Proche d'une base aérienne pendant la guerre du Vietnam, Khorat est devenu un important centre commercial et industriel dont la croissance est constante, et la première impression qu'en retire le visiteur est celle d'un réseau déroutant d'artères envahies par la circulation.

Le centre-ville, entouré de douves, présente d'ailleurs peu d'intérêt en dehors du **marché de nuit** dont les étals proposent des plats à emporter et de l'artisanat d'un bon rapport qualité-prix. À sa porte occidentale, Pratu Chumphon, se dresse le **Monument à Thao Suranari** érigé en 1934 à la mémoire de Khunying Mo. L'épouse du gouverneur de Khorat sauva la ville d'une attaque menée par une armée laotienne en 1826 alors que son mari était parti pour affaires à Bangkok. Les troupes dirigées par le prince Anuwong de Vientiane *(p. 284-285)* s'étant emparé de la cité, Khunying Mo et les habitants de la ville firent boire les soldats puis les massacrèrent dans leur ivresse avec tout ce qui pouvait leur servir d'arme. Le répit ainsi gagné permit à des secours d'arriver. Khunying Mo reçut le titre de Thao Suranari (« dame courageuse ») que

porte le monument. Une statue sur un haut piédestal la représente debout, main sur la hanche. Des centaines d'offrandes témoignent de la vénération dont fait l'objet ce mémorial. Chaque année, chants, danses et représentations théâtrales rythment une fête d'une semaine organisée en l'honneur de l'héroïne.

À quelques pas vers le sud, les jardins du **Wat Suthachinda** renferment le **Musée national Maha Weerawong**. Il expose des objets offerts au prince Maha Weerawong tels que sculpture sur bois, céramiques, linteaux khmers et bouddhas de Dvaravati et d'Ayutthaya. Au cœur du centre-ville, le *wihan* du **Wat Phra Narai Maharat** abrite une statue en grès du dieu hindou Vishnou découverte dans des ruines khmères de la région. Au bord de la rivière Lam Takhong, le **Wat Sala Loi** (« temple du pavillon flottant ») est un des temples modernes bouddhistes parmi les plus innovateurs du nord-est de la Thaïlande. Il doit son nom à un élégant *wihan* en forme de jonque chinoise. Les constructeurs de cet édifice moderne n'ont utilisé que des matériaux locaux, entre autres des carreaux de poterie uniquement fabriqués dans le village voisin de Dan Kwian. Le site originel occupé aujourd'hui par le temple

Monument à Thao Suranari

remonte à l'époque de Khunying Mo, dont les cendres sont enterrées à cet endroit. Une place qu'elle mérite car sans elle, la cité n'existerait peut-être plus. Juste à la sortie de Khorat, des découvertes préhistoriques ont été faites au **Wat Khao Chan Ngam**, tandis qu'au **Wat Thep Phitak Punnaram**, un grand bouddha blanc domine la route.

Musée national Maha Weerawong

Ratchadamnoen Rd.
○ du mer. au dim. ● jours fériés

Dan Kwian ➑

ด่านเกวียน

Province de Khorat. 🏠 28 000.
ℹ TAT, Khorat (044) 213666.

Au milieu du XVIIIᵉ siècle, des Môn, en migration vers l'est depuis la frontière birmane, fondèrent ce village situé à 15 km au sud-est de Khorat. Ancien relais de chars à bœufs, il est aujourd'hui réputé pour ses poteries qui doivent leur couleur rouille à une argile à forte teneur en fer.

Dan Kwian se compose d'ailleurs essentiellement d'ateliers de céramique, capables d'exporter les pièces importantes aux touristes, et de boutiques vendant leur production le long de la route, entre autres vases et pots aux formes animales. Parmi les autres objets artisanaux proposés figurent des bijoux.

LES CHATS DE KHORAT

Déjà mentionnés dans un recueil de poèmes datant de la période d'Ayutthaya *(p. 56-57)*, les chats de Khorat au pelage argenté font partie des plus prisés de Thaïlande. En Isan, les jeunes mariés en reçoivent parfois un couple comme cadeau de noce car ils sont supposés porter chance à leurs propriétaires. Introduits en Occident dès 1896, les chats de Khorat n'y rencontrèrent pas le même succès que leurs cousins à fourrure crème, toujours connus sous le nom de « siamois ».

Chat de Khorat sur un timbre thaïlandais

Prasat Hin Phimai ❻
ปราสาทหินพิมาย

Fenêtre
à balustrade

L a petite ville de Phimai s'est développée au bord de la rivière Mun, autour d'un des plus beaux « châteaux de pierre » bâtis par les Khmers sur le territoire de la Thaïlande. Les dates exactes de sa construction restent incertaines, bien que l'achèvement du sanctuaire central remonte probablement au règne de Suryavarman Ier (1001-1049). Sous la direction du département des Beaux-Arts, il a connu une remarquable restauration entre 1964 et 1969. Une route directe reliait jadis le Prasat Hin Phimai à Angkor et il fait face au sud-est, en direction de cette ville. Lieu de culte brahmanique dédié à l'origine à Shiva, il devint un temple bouddhiste mahayana à la fin du XIIe siècle. Les sculptures des linteaux et des frontons illustrent des scènes du Ramayana (p. 36) et, fait unique pour un sanctuaire khmer, des thèmes bouddhistes.

**Vue de face
du sanctuaire central**
Le prang arrondi qui coiffe cet édifice en grès blanc pourrait avoir influencé les bâtisseurs d'Angkor Wat (p. 254-255).

Pont aux *nagas*
Ce pont symbolique gardé par des esprits protecteurs en forme de serpents conduit à l'entrée principale du temple.

SANCTUAIRE CENTRAL
Le terme *prasat* utilisé pour le sanctuaire central s'applique aussi au temple tout entier.

Rama et Lakshman
apparaissent ligotés par un serpent sur le linteau de l'entrée ouest du *mandapa*. Au-dessous d'eux, les singes se désolent mais, au-dessus, un *garuda* et d'autres singes accourent à leur secours.

Le fronton sud
Ce fronton du mandapa *porte un Shiva en roi de la danse, un thème classique khmer. Sa monture, le bœuf Nandin, se trouve à droite.*

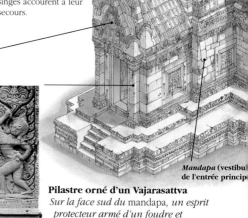

Mandapa (vestibule de l'entrée princip[ale])

À NE PAS MANQUER

★ Le porche nord

★ Le fronton nord

★ Le bouddha

Pilastre orné d'un Vajarasattva
Sur la face sud du mandapa, *un esprit protecteur armé d'un foudre et d'une cloche protège la porte depuis ce pilastre.*

Rama et ses singes, héros du Ramayana *(p. 36)*, construisent sur le fronton ouest du prang une chaussée jusqu'à Lanka.

Prang **(tour)**

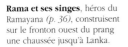

MODE D'EMPLOI

Centre de Phimai, province de Khorat. 🛈 *TAT, Khorat (044) 213666.* ❌ 🚌 🚐 *Khorat puis songthaew.* ⭕ *de 6 h à 18 h t.l.j.* 🎦 🎫 *Fête du Prasat Hin Phimai (nov.).*

★ **Le porche nord**
Il a pour joyau ce linteau où un Vajarasattva à trois têtes et six bras domine un groupe de jeunes femmes.

★ **Le fronton nord**
Sur cette scène du Ramayana, Vishnou porte une conque, un lotus, un disque et un bâton.

★ **Le bouddha sur un *naga***
Cette copie d'une statue du XIIIe siècle dans le style du Bayon (p. 254) représente l'« Éveillé » méditant assis sur les anneaux d'un serpent.

Le dieu de la Justice, sur le fronton du porche est, arbitre un différend entre Rama et Tosakan *(p. 37)*.

PLAN DU TEMPLE

1 Sanctuaire central
2 Enceinte intérieure
3 Enceinte extérieure
4 Pavillons royaux
5 *Gopuras* (pavillons d'entrée)
6 Pont aux *nagas*

Trilokayavijaya, le plus important des bodhisattva (illuminés) du Mahayana, figure sur le linteau intérieur du porche est.

Novices
Bien que le Prasat Hin Phimai ne soit pas un wat *en activité, il accueille des célébrations bouddhistes.*

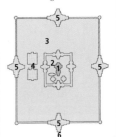

Prasat Ta Muen et Prasat Ta Muen Tot ❾
ปราสาทตาเมือนและตาเมือนโต๊ด

Près de la route 214, province de Surin. 🛈 *TAT, Khorat (044) 213666.* 🚍 🚍 *Surin puis, de préférence, visite organisée.* ⭘ *t.l.j.* 📷

La police des frontières escorte parfois les visiteurs du Prasat Ta Muen

Le district de Ta Muen, dans la province de Surin, renferme les vestiges de deux monuments khmers situés à une centaine de mètres l'un de l'autre. Ils datent tous deux du règne de Jayavarman VII (1181-1220). Le premier, le Prasat Ta Muen, consiste en une chapelle en latérite qui offrait jadis un lieu de repos sur la longue route entre Angkor *(p. 254-255)* et le Prasat Hin Phimai *(p. 266-267).* Plus endommagé et plus vaste, le Prasat Ta Muen Tot servait d'hôpital aux voyageurs malades.

Bien qu'aujourd'hui très en ruine et pris dans les racines de grands figuiers, ces vestiges évoquent la puissance de l'empire qui contrôlait la région à l'époque de notre Moyen Âge. Situés près de la frontière cambodgienne, il est toutefois préférable de les découvrir dans le cadre d'une visite organisée par une des pensions de Surin. Une escorte militaire peut même s'avérer nécessaire. Les touristes isolés courent entre autres risques celui de se voir interdire l'accès aux monuments en cas de combats entre les diverses factions s'affrontant au Cambodge.

Prasat Hin Muang Tam ❿
ปราสาทหินเมืองต่ำ

Près de la route 214, province de Buri Ram. 🛈 *TAT, Khorat (044) 213666.* 🚍 *depuis Surin jusqu'à Prakhon Chai puis songthaew.* ⭘ *t.l.j.* 📷

Muang Tam, la « cité basse », s'étend au pied du Khao Phnom Rung, le volcan éteint au sommet duquel se trouve le Prasat Hin Khao Phnom Rung *(p. 270-271),* sanctuaire khmer bien mieux conservé. La construction de Muang Tam, en brique, en grès et en latérite, commença après celle du temple et dura du Xᵉ au XIIᵉ siècle. Peu de choses subsiste aujourd'hui de cette ancienne résidence du gouverneur local, et le site, en cours de restauration, donne au premier abord l'impression de n'être guère plus qu'un amoncellement exotique de décombres.

Les vestiges de quatre *prangs* en brique entourent ce qui devait être jadis un sanctuaire central abritant des statues. Les reliefs des linteaux révèlent que ces effigies appartenaient probablement au panthéon hindou. Le linteau du *prang* nord montre en effet Shiva et sa parèdre Parvati chevauchant le bœuf Nandin, tandis qu'un autre représente Brahma, le dieu de la Création dont les quatre têtes symbolisent l'omniscience. À l'origine entourés de galeries aujourd'hui

---

LE RASSEMBLEMENT DES ÉLÉPHANTS DE SURIN

Organisé depuis 1960, le rassemblement annuel des éléphants de Surin (Surin Elephant Roundup) a ouvert de nouveaux débouchés à ces animaux de moins en moins utilisés à des tâches agricoles ou forestières. Pendant le troisième week-end de novembre, la ville, envahie par quelque 150 à 200 pachydermes venus des fermes voisines sous la conduite de leurs *mahouts*, vit à un rythme très festif. Les spectacles comprennent des démonstrations de dressage et des reconstitutions historiques célébrant notamment le roi Naresuan (1590-1605) qui combattit les Birmans. Des figurants, vêtus d'uniformes de l'époque d'Ayutthaya, marchent alors, lance levée, vers un ennemi imaginaire. Des intermèdes humoristiques mettent en scène l'intelligence des éléphants.

Éléphants et *mahout* en costume d'époque, Surin

effondrées, tous ces sanctuaires font face à l'est. Quatre *gopuras*, ou pavillons d'entrée, s'ouvrent aux points cardinaux. Dans la première cour, de majestueux *nagas* ornent les angles de quatre bassins en L, emplis de lotus. Par ses dimensions, le réservoir *(baray)* de 1 200 m de long sur 500 m de large, situé au nord de Muang Tam, révèle qu'une importante population devait y vivre.

Prasat Hin Khao Phnom Rung ⓫
ปราสาทหินเขาพนมรุ้ง

Voir p. 270-271.

Ébouillantage des cocons de vers à soie, Surin

Surin ⓬
สุรินทร์

Province de Surin. 🏛 *41 000.* 🚉 🚌 ℹ *TAT, Khorat (044) 213666.* 🛒 *t.l.j.* 🐘 *Rassemblement des éléphants (nov.).*

C ette petite capitale provinciale doit sa renommée aux éléphants, à la soie, et à son premier seigneur, Phraya Surin Phakdi Si Narong Wang, qui lui a donné son nom. Une statue moderne le représente en ville prêt à partir à la bataille. Selon la légende, Phraya Surin, un membre de l'ethnie des Suay, acquit son titre en 1760 en jouant un rôle déterminant dans la capture d'un éléphant blanc royal *(p.102)* qui s'était échappé. Pendant la dictature des Khmers rouges au Cambodge,

de 1975 à 1978, des milliers de réfugiés vinrent se mêler, dans la province de Surin, à une population où cohabitaient déjà Thaïs, Lao et Suay. La plupart ont aujourd'hui regagné leur pays mais certains sont restés. Les tisserands de la région peuvent tisser plus de 700 motifs différents et les ateliers installés dans de nombreux villages permettent d'assister au processus complet de fabrication des soieries *(p. 256-257)*. Le rassemblement des éléphants au **Surin Sports Park** offre à la ville son temps fort, et une ambiance de carnaval règne alors dans la localité. Si vous ne pouvez y assister, le **Musée de Surin** propose tout au long de l'année une collection d'objets liés à la capture et au dressage de ces pachydermes, comme les cordes en peau de buffle utilisées par les Suay pour maîtriser les éléphants sauvages. L'exposition présente aussi les tenues protectrices et les amulettes incrustées d'incantations portées lors des chasses, une affaire strictement masculine. Il est en effet formellement interdit aux femmes de toucher cet équipement, elles détruiraient la magie nécessaire à la capture des éléphants.

🏛 Musée de Surin
Chitramboong Rd. ○ *du mer. au dim.*

Panneau routier annonçant Ban Ta Klang, le village des éléphants

Ban Ta Klang ⓭
บ้านตากลาง

Province de Surin. 🏛 *1 600.* ℹ *TAT, Khorat (044) 213666.* 🛒 *t.l.j.* 🐘 *Rassemblement des éléphants (nov.).*

S itué à 50 km au nord de Surin, Ban Ta Klang porte le surnom de « village des éléphants ». Il le doit aux talents de dresseurs des Suay qui composent sa population. On pense que cette ethnie émigra en Thaïlande depuis l'Asie centrale au début du IXᵉ siècle et qu'elle fut le premier peuple à utiliser ces pachydermes aux travaux de construction, notamment pour l'édification des temples khmers. C'est aujourd'hui à Ban Ta Klang que s'entraînent la majorité des participants au rassemblement annuel de Surin. Cet entraînement commence en octobre, environ un mois avant la manifestation proprement dite, et devient particulièrement intense pendant les quelques jours qui la précèdent. Les *mahouts* (cornacs) et leurs montures doivent rejoindre ensuite Surin à pied.

Statue de Phraya Surin

Moment de pause pour un *mahout* et sa monture, Surin

Prasat Hin Khao Phnom Rung ⑪

ปราสาทหินเขาพนมรุ้ง

Éléphants de pierre

Ce majestueux temple khmer dont la restauration dura dix-sept ans couronne le sommet d'un volcan éteint. Dédié au culte hindouiste, il symbolisait la demeure de Shiva sur le mont Krailasa et il fallait suivre une longue allée processionnelle et franchir un pont à *nagas* pour accéder au cœur du sanctuaire. Commencée au début du Xe siècle, sa construction se poursuivit jusqu'au XIIIe siècle. Une route le reliait à Angkor Wat au Cambodge *(p. 254-255)*. La disposition des bâtiments conçue pour que, lors de Songkran *(p. 44)*, le soleil levant puisse se voir à travers les 15 portes du *gopura* occidental.

Fronton du porche ouest
Un relief montre des singes sauvant Sita (p. 37) *dans un chariot à l'image du temple.*

★ **Le sanctuaire central**
Le prang *représente le sommet cosmologique du parcours processionnel.*

Sanctuaire de brique
Datant du XIIIe *siècle, cette construction en brique de latérite dans le style du Bayon servait de bibliothèque.*

À NE PAS MANQUER

★ **Le sanctuaire central**

★ **Le pont aux *nagas***

★ **Les étangs**

★ **L'allée**

★ **Le pont aux *nagas***
Dans l'enceinte principale, ce pont, orné de serpents dont les corps forment une balustrade, relie au sanctuaire central le gopura faisant face à l'est.

Fronton du porche du *mandapa*
Le relief représente Shiva en Nataraja, c'est-à-dire exécutant la danse de destruction qui régénère régulièrement l'univers.

Nandin
Cette statue du bœuf servant de monture à Shiva se trouve dans la première chambre, la plus à l'est, du sanctuaire central.

Enceinte principale

Gopura

★ Les étangs ornementaux
Devant l'entrée de l'enceinte principale, quatre étangs symbolisent les quatre fleuves sacrés du sous-continent indien. En arrière-plan, un pont aux nagas conduit à la galerie est.

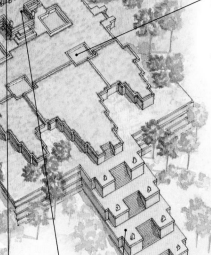

Entrée principale

Pont aux *Nagas*

L'escalier fait partie du parcours processionnel jusqu'a l'enceinte centrale.

★ L'allée processionnelle
Cette allée pavée symbolisait la distance spirituelle séparant la terre du paradis hindou.

LA VALLÉE DU MÉKONG

À environ 2 000 km de sa source dans l'Himalaya tibétain, après avoir traversé la Chine, longé la Birmanie et la pointe du nord de la Thaïlande puis poursuivi à l'intérieur du Laos, le fleuve Mékong marque, à partir de Chiang Khan, la frontière entre l'Isan et le Laos. Peu visitée, cette région un peu à l'écart n'en offre pas moins de nombreuses attractions naturelles et culturelles.

Le bassin agricole de la vallée du Mékong présente un constraste marquant aussi bien avec le plateau de Khorat, poussiéreux et desséché, qui s'étend au sud et à l'ouest, qu'avec les reliefs escarpés de la rive laotienne. Des sols relativement fertiles permettent les cultures maraîchères dans cette région qui, trop éloignée de Bangkok, n'a pas connu un développement généralisé et reste une des mieux préservées et une des plus belles de Thaïlande.

À Nong Khai, petite ville animée et la plus importante des localités frontalières, le pont de l'Amitié permet de rejoindre Vientiane, la capitale du Laos. En amont, à l'ouest, bourgs et villages pittoresques conservant des maisons en tek traditionnelles jalonnent le cours du fleuve. Près de Ban Phu, le parc historique de Phu Phrabat renferme d'étranges formations rocheuses. Non loin se visite le What Khaek où des statues d'inspirations hindouiste et bouddhiste composent un décor surréaliste.

En aval de Nong Khai, le fleuve court à l'est puis vers le sud, dépassant, après Nakhon Phanom, un grand centre de pèlerinage : le Wat Phra That Phanom, fondé, selon la légende, en 543 av. J.-C.

À Khong Chiam, la rivière Mun, en mêlant ses eaux au Mékong, crée le phénomène de la « rivière aux deux couleurs ».

À quelques kilomètres au nord, d'immenses figures préhistoriques et des motifs géométriques décorent la falaise de Pha Thaem. Le Mékong coule ensuite au Laos puis au Cambodge. À la frontière entre ce pays et la Thaïlande, on peut visiter, quand la situation politique le permet, l'un des plus beaux monuments khmers : le Prasat Khao Phra Wihan.

Le Mékong et sa rive laotienne vus de Nakhon Panom

◁ **Étranges rochers sculptés par l'érosion près de Phu Kradung**

À la découverte de la vallée du Mékong

L e puissant Mékong délimite sur 750 km la frontière entre l'Isan et le Laos. Dans ce Nord-Est aride, sa vallée offre à la culture des terres relativement fertiles. Des routes permettent d'y suivre presque toute la rive thaïlandaise du fleuve. À l'ouest de Nong Khai, les visiteurs traversent des villages assoupis, composés de jolies maisons en bois. Un peu plus au sud ont été créés les parcs nationaux de Phu Rua, Phu Kradung et Phu Hin Rong Kla. Proche à la fois du Laos et de la frontière avec le Cambodge, Ubon Rachathani est de loin la ville la plus importante de la région.

VIENTIANE

211   8   211   11

PAK CHOM 7   SANGKHOM   9   10

CHIANG KHAN   SI CHIANGMAI   2020   NONG KHAI

EXCURSION DES VILLAGES DU MÉKONG 5   211

2108   2098   2

2195   Loei   12 PARC HISTORIQUE DE PHU PHRABAT   Udon Tha

Mekhong   2115   203   3   4 LOEI   2097

PARC NATIONAL DE PHU RUA

210

2013   201

1143   *Loei*

2331   2 PARC NATIONAL DE PHU HIN RONG KLA   1 PARC NATIONAL DE PHU KRADUNG

Phitsanulok   12

↓ *Bangkok*   12   *Khon Kaen*

LÉGENDE

- Autoroute
- Route principale
- Route secondaire
- Parcours pittoresque
- ≈ Rivière
- ⁂ Point de vue

La fête de Phi Ta Khon à Loei

LA VALLÉE DU MÉKONG D'UN COUP D'ŒIL

Chiang Khan 6
Chong Mek 20
Khong Chiam 19
Loei 4
Mukdahan 17
Nakhon Phanom 14
Nong Khai p. 282-283 10
Pak Chom 7
Pha Taem 18
Prasat Khao Phra Wihan 22

Prasat Prang Ku 23
Parc national
de Phu Hin Rong Kla 2
Parc national de Phu Kradung p. 276-277 1
Parc national de Phu Rua 3
Parc historique
de Phu Phrabat 12
Renu Nakhon 15
Sakhon Nakhon 13

Sangkhom 8
Si Chiangmai 9
Barrage de Sirindhorn 21
Ubon Ratchathani 24
Vientiane p. 284-285 11
Wat Phra That Phanom 16

Excursion
Les villages du Mékong 5

CIRCULER

Nong Khai, Loei, Nakhon Phanom et Ubon Ratchathani offrent les meilleures bases d'où explorer la région. Le chemin de fer relie Bangkok à Ubon Ratchathani et Udon Thani d'où une correspondance permet de rejoindre Non Khai. Bus, véhicules de location et *songthaew* offrent les meilleurs moyens de rayonner. Des bateaux « longue queue » circulent sur certaines portions du Mékong.

Chedi de style lao, Sakhon Nakhon

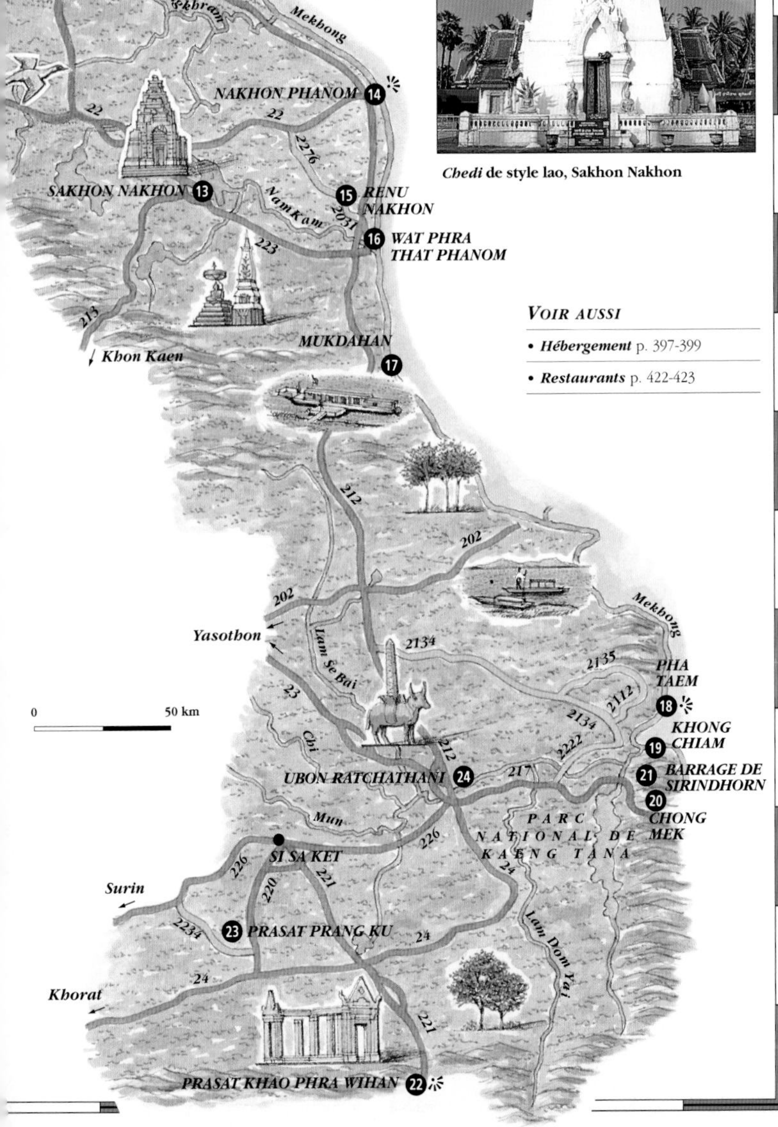

212

Songkhram

Mekbong

22

NAKHON PHANOM 14

23

2276

SAKHON NAKHON 13

NamKam

2051

15 **RENU NAKHON**

16 **WAT PHRA THAT PHANOM**

213

223

↙ *Khon Kaen*

MUKDAHAN

17

VOIR AUSSI

- *Hébergement* p. 397-399
- *Restaurants* p. 422-423

212

202

Mekbong

202

Yasothon

Lam Se Bai

2134

2135

PHA TAEM 18

2112

23

2134

2222

KHONG CHIAM 19

Chi

212

21 **BARRAGE DE SIRINDHORN**

0 ——— 50 km

UBON RATCHATHANI 24

217

20 **CHONG MEK**

Mun

226

P A R C
N A T I O N A L D E
K A E N G T A N A

SI SA KET ●

226

220

221

Surin ↙

2234

23 **PRASAT PRANG KU**

Lam Dom Yai

24

24

Khorat ←

24

221

PRASAT KHAO PHRA WIHAN 22

Parc national de Phu Kradung ❶

อุทยานแห่งชาติภูกระดึง

Fleur thaïe

I l existe deux légendes liées à Phu Kradung, la « montagne cloche ». La première raconte qu'on entendit un jour émaner du sommet le tintement de la cloche du dieu Indra, l'autre qu'elle sonne comme une cloche quand on la frappe avec un bâton.
Un parc d'environ 350 km² protège aujourd'hui cette éminence que couronne un plateau à 1 350 m² d'altitude. Son climat se révèle assez frais pour permettre la survie de plantes qui ne poussent nulle part ailleurs en Thaïlande.
De nombreux animaux habitent aussi ses forêts de pins et ses prairies.

Ours noir asiatique
Cet ours vit en forêt dans toute l'Asie du Sud-Est. Il se nourrit de fourmis, de larves et de fruits.

Cascade
Les chutes d'eau disséminées dans Phu Kradung sont particulièrement belles en octobre.

Cascade de Khun Phong ●

Cascade de Pha Nar

Pha Daeng

Chacal asiatique
Le chacal d'Asie, l'une des deux espèces de canidés sauvages de Thaïlande, se reconnaît à sa queue touffue.

Pha Lom Sak
Au sud du plateau, ce curieux rebord de grès offre une vue magnifique sur les collines et vallées des alentours. On fait la queue en été pour venir le photographier.

Pha Nok An
La « falaise des hirondelles », sur le rebord oriental du plateau, doit son nom aux nombreux oiseaux qui y ont construit leur nid. Elle offre une vue superbe au lever du soleil.

MODE D'EMPLOI

Province de Loei. Siège du parc à environ 8 km de la route 201, sur la route 2019. **ℹ** *TAT, Udon Thani (042) 325406 ; Forestry Dept (042) 811112 (et location de bungalows).* 🚌 *Bus pour Pha Nok Kao puis songthaew. Accès au plateau à pied seulement.* ⬤ *mi-juil.-déb. sept.*

Plantes carnivores
« Digérer » des insectes permet à ces plantes, fréquentes à Phu Kradung, d'acquérir des éléments nutritifs absents du sol acide.

Cascade de Phen Pop Mai

Cascade de Tharn Yai

Cascade de Tharn Sawan

Étang de Sa Anodat

LOEI

La cascade de Phone Phop doit son nom au premier champion du monde de boxe thaïe qui la découvrit par hasard alors qu'il était venu préparer des combats à l'étranger, dans le climat frais régnant sur ce plateau.

Entrée du parc

0 ——— 10 km

Légende

═══	Route
─ · ─	Sentier
ℹ	Bureau du parc national
⬛	Camping et bungalows
⚹	Point de vue

LA BALLADE DE PHU KRADUNG

En 1969, Phu Kradung inspira un long poème à Angkhan Kalyanaphong, artiste et poète thaïlandais qui fit l'éloge de sa beauté. Dans *Lam Nam Phu Kradung* (« la ballade de Phu Kradung »), Angkhan évoque l'attrait qu'exercent sur lui la nature et le bouddhisme avec un lyrisme que ne peut rendre la traduction de cet extrait : « À chaque coucher du soleil, à la falaise de Makduk je m'asseyais. Pour contempler les rais de lumière colorée Percer les nuages et embraser le ciel. »

Étang de Sa Anodat

Rapides à Phu Hin Rong Kla

Parc national de Phu Hin Rong Kla ❷
อุทยานแห่งชาติภูหินร่องกล้า

Province de Phitsanulok, siège du parc près de la route 2331 à 31 km au sud-est de Nakhon Thai. 🛈 *TAT, Phitsanulok (055) 252743 ; Forestry Dept (02) 579 0529, (02) 579 4842 (et location de bungalows).* 🚌 *depuis Loei ou Phitsanulok jusqu'à Nakhon Thai puis songthaew.* 🚐

D'une superficie de 307 km², cette réserve naturelle protège une faune et une flore variées. Un musée en plein air permet d'y découvrir les vestiges du camp retranché du Parti communiste de Thaïlande (PCT) qui contrôla

la région des années 1960 à 1982. Fondé en 1942, le PCT trouva en Isan, partie pauvre du pays peuplée de Lao Thaïs se sentant souvent négligés par le pouvoir central, une région favorable pour s'implanter. D'une altitude moyenne de 1 000 m et situées près de la frontière laotienne, les montagnes de Phu Hin Rong Kla offraient en outre une base idéale d'où mener des actions de guérilla. La sanglante répression d'une manifestation d'étudiants à Bangkok en 1976 conduisit des milliers de jeunes gens à rejoindre les rangs du PCT. Celui-ci disposait alors d'une retraite sûre au Laos où le Pathet Lao avait pris le pouvoir en 1975 *(p. 285)*. Les campagnes militaires menées par l'armée échouèrent jusqu'en 1982 lorsque le gouvernement proposa l'amnistie à tous les étudiants qui avaient rejoint le PCT après 1976. Leur défection permit en 1984 la création de ce parc où le Phu Man Khao culmine à 1 620 m.

Parc national de Phu Rua ❸
อุทยานแห่งชาติภูเรือ

Province de Loei, siège du parc près de la route 203 à 60 km à l'ouest de Loei. 🛈 *TAT, Udon Thani (042) 325406 ; Forestry Dept (02) 579 0529, (02) 579 4842 (et location de bungalows).* 🚌 *depuis Loei jusqu'au village de Phu Rua puis songthaew.* 🚐

Phu Rua, la « montagne bateau », doit son nom à son pic le plus élevé. En forme de jonque chinoise, haut de 1 365 m, il offre de spectaculaires vues des montagnes du Laos, de l'autre côté du Mékong, et sur la ville de Loei au sud. Un bouddha assis moderne couvre d'un regard serein la plaine d'une immense beauté. La route qui mène au sommet de Phu Rua passe près de plusieurs formations géologiques aux silhouettes étranges. L'érosion a donné à la plus remarquable, Hin Ta (« rocher tortue »), une forme que décrit bien son nom. À l'intérieur de la réserve de 121 km², les visiteurs disposent de plusieurs sentiers de randonnée qui traversent de

Rocher sculpté par l'érosion, Parc national de Phu Rua

magnifiques paysages où se succèdent prairies, rocailles et forêts d'arbres à feuilles persistantes et de pins. De beaux points de vue se découvrent depuis Phu Kut et des falaises de Pha Lon Noi, Pha Dong Tham San, Pha Yat et Pha Sap Thong. Le parc renferme aussi plusieurs cascades : Huai Phai, Huai Ta Wat et Lan Hin Taek. La faune inclue des cerfs muntjac, des sangliers, de très nombreux oiseaux, entre autres des faisans, et une espèce rare : la *tao puru*, tortue siamoise à grosse tête. Phu Rua est aussi un des lieux au climat le plus frais de Thaïlande. En 1981, la température y a même atteint un record pour ce pays tropical : - 4 °C.

Reliques de la guerre contre le PCT, Phu Hin Rong Kla

Paysage typique de la région de Loei

Loei ❹

เลย

Province de Loei. 🏛 24 000. ✈ 🚌
ℹ TAT, Udon Thani (042) 325406. 🏠
t.l.j. 🎉 Fête de la Fleur de coton (fév.),
Phi Ta Khon (mai), fête des Fusées (mai).

En thaï, le mot *loei* signifie « au-delà » ou « au plus extrême », un nom qui va bien à une ville et une province situées dans la partie la plus septentrionale du Nord-Est, à la limite du plateau de Khorat. Bien que rattachée officiellement à l'Isan, Loei possède un climat et des paysages qui ressemblent fort à ceux du Nord avec des hivers froids et brumeux et des étés d'une chaleur torride. Jadis, les fonctionnaires tombés en défaveur auprès du gouvernement siamois basé à Bangkok se voyaient punis de leur inefficacité par une mutation à Loei. Si l'isolement de la petite capitale provinciale a détruit plus d'une carrière administrative, il lui a aussi permis de conserver une atmosphère très traditionnelle. Quelques sites possèdant un intérêt touristique se trouvent sur la rive ouest de la rivière Loei. Un marché animé se tient près du pont qui la franchit et près duquel se dresse le **Lak Muang**, le « pilier de la ville ». Un vieux sanctuaire chinois, **Chao Pho Kut Pong**, reste un lieu de culte très fréquenté. La vallée qui entoure la ville produit certaines des plus belles cotonnades du pays. Elles peuvent s'acheter dans les boutiques bordant Charoenraj Road et Ruamchai Road. Un choix suffisant d'hébergements bon marché fait aussi de Loei une bonne base d'où explorer les parcs nationaux de Phu Rua et Phu Kradung *(p. 276-277)*.

LA FÊTE DE PHI TA KHON

Bien que la capitale provinciale de Loei en propose une répétition moins animée en juillet, cette fête a pour véritable berceau la ville de Dan Sai située 80 km plus à l'ouest. Elle y a lieu en juin au début de la saison pluvieuse *(p. 43-45)* et a pour fonction d'assurer de bonnes pluies et de rapporter des mérites aux participants. Selon la légende, ses origines remontent à l'avant-dernière vie du Bouddha, quand il se réincarna en la personne du prince Vessandorn. Son retour dans la ville provoqua une telle joie dans la population que les esprits se mêlèrent à la fête des vivants. En souvenir de cet événement, les jeunes gens de Dan Sai se déguisent en esprits *(phi ta khon)*, avec des costumes de couleurs criardes. Pendant trois jours, ils se livrent à de nombreuses plaisanteries envers les spectateurs, y compris lorsqu'ils accompagnent en procession un bouddha vénéré. Ils finissent cependant par faire trois fois le tour du bâtiment principal du Wat Phonchaï avant d'aller jeter leurs masques dans une rivière. Le retour du prince Vessandorn ayant chassé les esprits, les moines peuvent entreprendre le récit de la dernière vie du Bouddha avant celle où il atteignit l'illumination et le *parinirvana*.

Costume de
phi ta khon

Jeunes gens déguisés en esprits sur le point de partir en procession dans Loei

« Esprits » se moquant de spectateurs

Façade de style lao du Wat That Kok, Chiang Khan

Chiang Khan ❻
เชียงคาน

Province de Loei. 🏠 61 000. 🚌 depuis Loei ou Nong Khai. 🅸 TAT, Udon Thani (042) 325406.

Chiang Khan s'organise autour de deux rues parallèles proches de la berge sud du Mékong. Plusieurs temples s'insèrent entre les maisons-boutiques et les restaurants décrépits en tek qui les bordent. Parmi les plus dignes d'une visite figurent le Wat Santi, le Wat Pa Klang bâti il y a plus d'un siècle par des immigrants laotiens, le Wat Si Khun Muang, le Wat Tha Kok et le Wat Mahathat. Ce dernier est le plus ancien *wat* de la ville et son *bot* date de 1654. Comme au Wat Tha Kok qui possède un superbe plafond peint, colonnades et volets affichent une influence française. La poussière qui rougit les murs extérieurs pourrait être due au déboisement qui met à nu au Laos les couches superficielles du sol.

AUX ENVIRONS : À 2 km à l'est du Wat Tha Kok le long du Mékong, le Wat Tha Khaek, longtemps négligé, connaît actuellement une importante reconstruction associant styles moderne et traditionnel. 2 km plus loin, on atteint les rapides de Kaeng Kut Khu.

Pak Chom ❼
ปากชม

Province de Loei. 🏠 50 000. 🚌 depuis Loei ou Nong Khai. 🅸 TAT, Udon Thani (042) 325406. 🗓 t.l.j.

Ce petit bourg pittoresque serre ses maisons de bois délabrées au bord du Mékong, à 40 km au nord-est de Chiang Khan. Il offre un cadre agréable pour prendre un rafraîchissement ou admirer la vue. Aujourd'hui assoupi, Pak Chom a connu quelques années plus animées après la création du camp de réfugiés de Ban Winai, destiné à des soldats anticommunistes hmong (p. 196) et leurs familles chassés du Laos en 1975 quand le Pathet Lao renversa la monarchie (p. 285). Le camp, qui comptait quelque 15 000 occupants, a été fermé en 1992. Les Hmong qui n'avaient pas opté pour un rapatriement au Laos déménagèrent à Chiang Kham dans la province de Chiang Rai.

Les villages du Mékong ❺

Outre des villages, cette excursion permet de découvrir des temples et de denses forêts. Elle ménage bien entendu des panoramas du puissant Mékong, ce fleuve aux eaux rouges qui prend sa source dans l'Himalaya et se jette, 4 000 km plus loin, dans la Mer de Chine méridionale. En Isan, il sépare sur 750 km la Thaïlande du Laos. Sa plaine inondable est une des rares sources de richesse d'une zone autrement peu fertile.

MODE D'EMPLOI

Longueur : 120 km.
Où s'arrêter ? Chiang Khan possède quelques restaurants. La ville compte aussi, à l'instar de Pak Chom, Sangkhom et Si Chiangmai, de bonnes pensions servant à manger et des stands de nourritures. Certaines louent des bicyclettes.
Transports publics : des bus locaux circulent entre toutes les principales localités de l'itinéraire. On peut aussi relier Chiang Khan à Pak Chom en louant un bateau « longue queue ».

Ban Muang ④
La pêche au filet est souvent pratiquée à cet endroit du fleuve.

Pha Baen ②
Comme beaucoup d'autres, ce village possède des édifices en bois pittoresques.

Pak Chom ③
La boucle du fleuve entre Chiang Khan et Pak Chom peut aussi se découvrir en bateau « longue queue ».

Chiang Khan ①
Maints édifices laïques et religieux de Chiang Khan montrent une influence lao.

LÉGENDE

▬▬	Itinéraire
═══	Autres routes
～～	Rivière

Sangkhom ❽
สังคม

Province de Nong Khai. 🏠 22 000.
🚌 depuis Loei ou Nong Khai. ℹ
TAT, Udon Thani (042) 325406.

Cette petite ville où de vieux bâtiments en bois se dressent sur la berge du fleuve mérite une visite pour son calme et sa situation dans une partie particulièrement verdoyante de la vallée du Mékong. C'est également une bonne base d'excursion dans la région.

AUX ENVIRONS : Située juste à la sortie de Sangkhom à 3 km de la route principale, la **cascade de Than Tip** se cache dans la jungle et les plantations de bananiers. Au pied de ses deux plus grandes chutes, qui sont aussi les plus accessibles, des bassins permettent de se baigner. Les visiteurs les plus intrépides pourront encore découvrir trois niveaux au-dessus.

Topiaire du jardin du Fisheries Department près de Si Chiangmai

Si Chiangmai ❾
ศรีเชียงใหม่

Province de Nong Khai. 🏠 61 000.
🚌 depuis Loei ou Nong Khai. ℹ TAT,
Udon Thani (042) 325406. 🕐 t.l.j.

Si Chiangmai domine la capitale du Laos, Vientiane *(p. 284-285)*, de l'autre côté du Mékong et compte de nombreux réfugiés laotiens et vietnamiens parmi sa population. Par beau temps, on y voit partout sécher, sur des supports en bambous, les pâtes transparentes servant à la fabrication des rouleaux de printemps. Elle en est la plus grande productrice au monde.

AUX ENVIRONS : À 5 km en dehors de la ville, des éléphants en *topiaire* ornent le jardin du **Fisheries Department**.

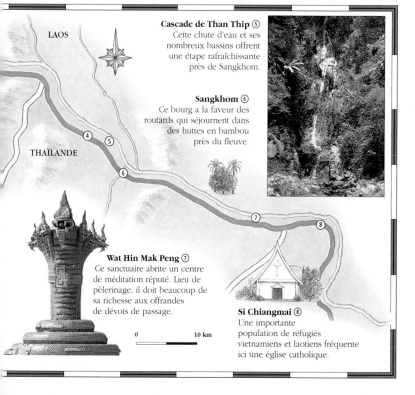

LAOS

Cascade de Than Thip ⑤
Cette chute d'eau et ses nombreux bassins offrent une étape rafraîchissante près de Sangkhom.

Sangkhom ⑥
Ce bourg a la faveur des routards qui séjournent dans des huttes en bambou près du fleuve.

THAÏLANDE

④ ⑤

⑥

⑦ ⑧

Wat Hin Mak Peng ⑦
Ce sanctuaire abrite un centre de méditation réputé. Lieu de pèlerinage, il doit beaucoup de sa richesse aux offrandes de dévots de passage.

Si Chiangmai ⑧
Une importante population de réfugiés vietnamiens et laotiens fréquente ici une église catholique.

0   10 km

Nong Khai ❿

หนองคาย

Le village de tisserands

Petite ville frontière assoupie, Nong Khai doit en grande partie au pont de l'Amitié d'être devenue l'un des pôles commerciaux les plus animés du Nord-Est. Ouvert en 1994, ce pont, le seul à franchir le Mékong entre la Thaïlande et le Laos, a en effet permis d'augmenter les échanges avec Vientiane, la capitale laotienne. Malgré ce développement économique, et les destructions de vieux bâtiments qu'il entraîne, le centre-ville conserve au bord du fleuve un charme provincial.

Meechai Road, la grand-rue de Nong Khai

À la découverte de Nong Khai

Des maisons-boutiques traditionnelles en bois bordent toujours les rues et les *sois* de Nong Khai, dont l'embarcadère Tha Sadet, avec son marché et ses restaurants dominant le Mékong, est le pôle le plus vivant. La récente prospérité de la ville a entraîné la construction de centres commerciaux et d'agences bancaires modernes sans rien ôter à son authenticité.

Des ornements sculptés parent l'arrière du Wat Si Muang

🏠 Marché indochinois

ตลาดอินโดจีน

Près de Rimkhong Rd, Tha Sadet.
◯ *t.l.j.*

Un accord bilatéral entre la Thaïlande et le Laos permet aux commerçants des deux pays de séjourner jusqu'à trois jours à Vientiane *(p. 284-285)* ou à Nong Khai et ce marché propose des produits divers tels que vêtements, pots et ustensiles de cuisine, aliments, pilons et mortiers, filets de pêche ou tables en bambou tressé.

Prap Ho Monument

อนุสาวรีย์ปราบฮ่อ

Près de Chaiporn Rd.
Ce monument portant des inscriptions en thaï, en laotien, en chinois et en anglais commémore l'« écrasement des Ho » *(prap ho)*, des bandits venus du sud de la Chine qui dévastèrent la région en 1855 et 1877, qu'une cérémonie célèbre tous les ans le 5 mars.

🏠 Prajak Road

ถนนประจักษ์

Cette rue conduit à l'est du Wat Pho Chai jusqu'à l'atelier du village de tisserands (Village Weaver) où les visiteurs peuvent assister au tissage traditionnel de la soie, en particulier selon la méthode *mut mee* qui utilise des fils teints après avoir été noués. L'institution à but non lucratif à l'origine de cette initiative permet, grâce aux ventes, à des jeunes filles de Nong Khai d'éviter de partir vers de grands centres urbains comme Bangkok. Il existe aussi un marché sur Prajak Road, près de la gare des bus.

🏛 Wat Si Muang

วัดศรีเมือง

Meechai Rd. ◯ *t.l.j.*
De nombreux temples bordent Meechai Rd, la rue principale de Nong Khai qui suit le cours du fleuve. De style lao, le Wat Si Muang présente à l'entrée principale un sanctuaire ouvragé et encombré d'offrandes.

🏛 Wat Pho Chai

วัดโพธิ์ชัย

Près de Prajak Rd. ◯ *t.l.j.*
Récemment restauré de manière un peu clinquante, le Wat Pho Chai borde le marché du même nom. Le sanctuaire principal possède d'imposantes balustrades à *nagas*. Deux lions rugissant postés au pied de l'escalier d'accès servent de gardiens au bouddha Luang Pho Phra Sai, effigie qui fait l'objet d'un culte fervent.

Lion protecteur du Wat Pho Chai

Fondue dans l'ancien royaume lao de Lan Xang, cette statue d'or pur, à la flamme ornementale incrustée de rubis, resta un temps à Vientiane *(p. 274-275)* puis eut une histoire mouvementée qui connaît plusieurs versions. Selon l'une d'elle, le prince Chakri, futur Rama Ier, l'aurait récupérée en 1778 après l'invasion du Laos par les Thaïs. Pendant la traversée du Mékong, elle tomba dans le fleuve mais réapparut miraculeusement à la surface et fut installée dans le Wat Pho Chai.

Luang Pho Phra Sai, le bouddha d'or du Wat Pho Chai

🛕 Autres *Wats*

D'autres sanctuaires moins importants méritent aussi une visite. Tous possèdent une architecture empreinte d'influences laotiennes. Ils comprennent le **Wat Haisoke**, le **Wat Lamduan** et le **Wat Si Sumang** qui donnent vue sur le Mékong, ainsi que le **Wat Si Khun Muang**.

AUX ENVIRONS : Bien qu'elle ait toujours servi de point de passage aux touristes et négociants en route pour Vientiane, Nong Khai doit son dynamisme actuel à l'ouverture en 1994 du **pont de l'Amitié**. Résultat d'une coopération entre la Thaïlande, le Laos et l'Australie, il relie Ban Chommani, à la périphérie ouest de Nong Khai, et Tha Na Laeng, localité située à environ 20 km de Vientiane. Près du pont, du côté thaïlandais, une bande de sable, connue sous le nom de plage de Chommani, forme en saison sèche une aire de pique-nique très appréciée de la population locale.

À la même période, on aperçoit plus près du centre-ville le *chedi* lao **Phra That Nong Khai**. Ce monument bascula dans le lit du Mékong en 1847 et n'a depuis cessé de glisser vers le centre du fleuve qui ne le laisse plus apparaître qu'en période de basses eaux.

Mais Nong Khai possède, à environ 5 km à l'est de la ville, un site encore plus curieux. Également appelé Sala Kaew Ku, le **Wat Khaek**, créé en 1978, est l'œuvre de Luang Pu Bunleua Surirat. Ce chaman brahmanique thaï aurait étudié au Vietnam sous la direction d'un guru hindou puis déménagé au Laos, pays qu'il aurait quitté au profit de la Thaïlande pour échapper aux attentions hostiles du Pathet Lao *(p. 285)*. L'attrait du Wat

MODE D'EMPLOI

Province de Nong Khai. 🛕 48 000. 🚌 3 km à l'ouest, sur Kaeo Worawut Rd. 🚌 Praserm Rd. ℹ️ TAT, Udon Thani (042) 325406. 🚤 t.l.j. 🎉 Festival de Nong Khai (mars), Festival de Bun Bang Fai (mai).

Khaek vient de ses immenses statues en béton inspirées par les panthéons bouddhiste et hindou. Parmi les dieux, créatures divines et démons représentés figurent Rahu, divinité des éclipses, et un *naga* à sept têtes, haut de 25 m, abritant un petit bouddha assis sur ses anneaux. La fumée d'encens et la musique diffusée par des haut-parleurs ajoutent à l'atmosphère excentrique. L'édifice servant de sanctuaire renferme deux étages d'exposition. Ils proposent, entre autres, de nombreuses photos de Luang Pu, le « Vénérable Grand-Père ». Selon la rumeur, il possède tant de charisme que quiconque boit de l'eau offerte par lui fait immédiatement don de tous ses biens au temple.

Le grand naga du Wat Khaek

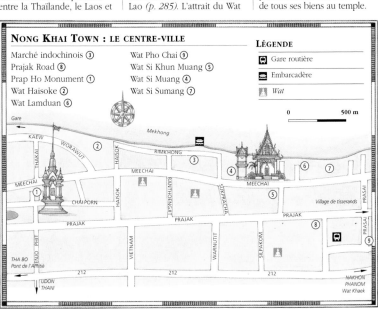

NONG KHAI TOWN : LE CENTRE-VILLE

Marché indochinois ③
Prajak Road ⑧
Prap Ho Monument ①
Wat Haisoke ②
Wat Lamduan ⑥

Wat Pho Chai ⑨
Wat Si Khun Muang ⑤
Wat Si Muang ④
Wat Si Sumang ⑦

LÉGENDE

🚌 Gare routière
🚢 Embarcadère
🛕 *Wat*

0 _____ 500 m

Vientiane ⓫

เวียงจันทน์

Porte de temple

F ondée au XIIIᵉ siècle à l'époque où les Khmers dominaient la région, Vientiane devint, en 1563, la capitale du royaume du Lan Xang puis la vassale d'Ayutthaya. Pour réprimer une révolte, les Siamois la détruisirent en 1827. Les Français en firent au XIXᵉ siècle le chef-lieu administratif de leur protectorat du Laos. Elle ne retrouva vraiment son statut de capitale qu'en 1949 avec l'indépendance du pays qui est, depuis 1975, une république socialiste.

À la découverte de Vientiane

La capitale du Laos est restée à l'abri du changement pendant des générations, mais l'augmentation du commerce avec la Thaïlande, facilité par le pont de l'Amitié, entraînera probablement une transformation aussi rapide que celle que connaissent certaines villes situées sur l'autre rive du Mékong.
De la présence coloniale française subsistent des boulevards bordés d'arbres et des villas à volets un peu incongrues au milieu de constructions de styles lao et thaï. Quelques lugubres immeubles d'appartements, construits grâce à l'aide des Russes, évoquent aussi une autre époque.

Boutique à Vientiane

🏯 Haw Pha Kaew

Setthathirat Rd. ◻ *du jeu. au dim.* ● *jours fériés.* 📷
Ce temple abritait jadis le Bouddha d'Émeraude *(p. 79)* que les Thaïs emportèrent en 1788 et qui se trouve aujourd'hui au Wat Phra Kaeo de Bangkok. En 1994, la Thaïlande en offrit une réplique au Laos en signe d'ouverture d'une nouvelle ère d'amitié. Resté en ruine après le sac de 1827, le sanctuaire, restauré au XXᵉ siècle, est aujourd'hui un musée. Il ne conserve des bâtiments d'origine que la porte principale superbement sculptée.

🏯 Wat Sisaket

Lane Xang Rd. ◻ *du jeu. au dim.* ● *jours fériés.* 📷
Ce temple bâti en 1818, l'un des rares édifices à avoir survécu au sac de 1827, est le plus vieux de Vientiane. Il possède pour caractéristique la plus remarquable les 2 052 minuscules bouddhas de terre cuite, de bronze et de bois qui emplissent les niches murales du cloître. Une longue étagère porte en dessous plus de 300 autres images de l'« Éveillé ».

🏛 Lao Revolutionary Museum

Samsenthai Rd. ◻ *t.l.j.* ● *jours fériés.* 📷
Objets et documents y retracent la colonisation française, le chemin vers l'indépendance et la montée en puissance du Pathet Lao.

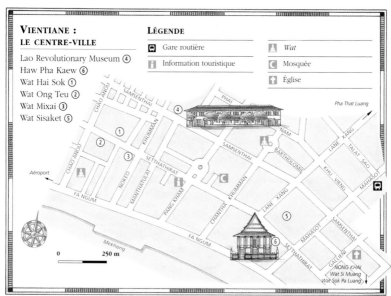

VIENTIANE :
LE CENTRE-VILLE

Lao Revolutionary Museum ④
Haw Pha Kaew ⑥
Wat Hai Sok ①
Wat Ong Teu ②
Wat Mixai ③
Wat Sisaket ⑤

LÉGENDE

🚏 Gare routière
ℹ Information touristique
🏯 *Wat*
☪ Mosquée
✝ Église

Pha That Luang

Aéroport

Mekhong

0   250 m

NONG KHAI
Wat Si Muang
Wat Sok Pa Luang

🅰 Wat Mixai

Setthathirat Rd. ○ *t.l.j.*
Deux *nyaks* (géants protecteurs)
gardent les portes de ce *wat*,
en partie construit au XIXᵉ siècle
dans le style de Rattanakosin.

🅰 Wat Ong Theu

Setthathirat Rd. ○ *t.l.j.*
Fondé au début du XVIᵉ siècle,
ce monastère, l'un des plus
importants du Laos, fut rebâti
au XIXᵉ et au XXᵉ siècle après
sa destruction en 1827.
Il comprend une école
bouddhique et abrite un
grand bouddha de bronze du
XVIᵉ siècle qu'encadrent deux
bouddhas debout.

🅰 Wat Hai Sok

Setthathirat Rd. ○ *t.l.j.*
Le Wat Hai Sok, qui a lui
aussi connu une restauration
récente comme beaucoup
d'autres *wats* à Vientiane,
possède un impressionnant
toit à cinq niveaux.

AUX ENVIRONS : À la périphérie
nord-est de la ville, le Pha
That Luang, le plus important
monument national et
bouddhiste du Laos,
s'accroche à mi-pente d'une
colline. Selon la tradition, il
existait à cet endroit dès le
IIIᵉ siècle av. J.-C. un *chedi*
renfermant une relique du
Bouddha. Des indices plus
tangibles suggèrent qu'un
prasat khmer occupa le site.

MODE D'EMPLOI

Province de Vientiane, Laos.
🏢 140 000. ✈ *4 km à l'ouest
du centre.* 🚌 *sur Khu Vieng Rd.*
🚊 *depuis Nong Khai.*
ℹ *angle de Setthathirat Rd et
Pang Kham Rd.* 🎭 *t.l.j.* 🎉 *Bun
That Lung (mi-nov.).*
Monnaies : *kip, baht thaï, dollar
U.S.* **Visas et laissez-passer :** *les
visas pour Vientiane doivent se
demander au moins deux jours à
l'avance au consulat du Laos à
Bangkok. Tous les types de visas
sauf ceux de transit permettent
d'obtenir des laissez-passer pour
voyager hors de la ville. Les
infractions sont passibles
d'amendes, et même de prison.*

Le sanctuaire actuel date de
1566 alors que Vientiane
venait de devenir la capitale
du Lan Xang. Endommagé au
XVIIIᵉ et au XIXᵉ siècle, il fut
tout d'abord maladroitement
restauré par des Français en
1900, qui reprirent des
travaux mieux réalisés dans
les années 30.
Au sud-est du centre-ville, le
Wat Si Muang, le lieu de
culte le plus populaire de la
capitale laotienne, occupe un
emplacement choisi par des
sages en 1563.
Le **Wat Sok Pa Luang** est un
centre réputé d'enseignement
de la *vipassana*, une forme
de méditation bouddhiste.

LE PATHET LAO

Au sortir de la Seconde Guerre mondiale, l'organisation
nationaliste du Pathet Lao (litt.: État lao) s'oppose à la
domination française sur l'Indochine avec l'aide du
Vietnam dirigé par Ho Chi Minh. Après la transformation
du Laos en monarchie constitutionnelle en 1949, le Pathet
Lao négocie, depuis les « zones libérées » qu'il contrôle,
sa participation au gouvernement mais, à partir de 1959,
une succession de coups d'État militaires soutenus par les
États-Unis le contraignent à reprendre la guérilla.
Le retrait des forces américaines de la région en 1975
permet au Parti communiste, de prendre le pouvoir.

Affiche en faveur du Parti populaire révolutionnaire lao

Ho Nang Ussa, formation
rocheuse du parc de Phu Phrabat

Parc historique de Phu Phrabat ⑫

อุทยานประวัติศาสตร์ภูพระบาท

Près de la route 2021, 10 km à l'ouest
de Ban Pheu, province d'Udon Thani.
ℹ *TAT, Udon Thani (042) 325406.*
🚌 *depuis Nong Khai ou Udon Thani
jusqu'à Ban Pheu puis songthaew.*
○ *t.l.j.* 🎫

Ce parc récent a pour
principale attraction
d'étranges formations rocheuses
sculptées dans le grès par
l'érosion. Elles ont donné
naissance à de nombreuses
légendes. L'une d'entre elles
justifie la profusion de
sanctuaires bâtis sur le site.
Elle a pour héroïne la
princesse Ussa, envoyée par
son père à Phu Phrabat pour
étudier, qui tomba amoureuse
du prince Barot. Fou de rage,
le père défia le prétendant
dans un duel de construction
de temples et fut vaincu.
Une immense dalle de grès
nommée Kok Ma Thao Barot
serait ainsi l'écurie du prince
Barot et le rocher en forme
de champignon appelé Ho
Nang Ussa la résidence où
la princesse passa de longues
années en exil.
Des peintures rupestres à
l'intérieur de deux abris
rocheux : Tham Wua (« grotte
du bœuf ») et Tham Khon
(« grotte des gens ») attestent
d'une présence humaine datant
de 6 000 ans. À l'entrée du parc
se dresse une réplique
grossière du Wat Phra That
Phanom (*p. 287*), le **Wat
Phraphutthabat Bua Bok**,
qui abrite une empreinte du
pied du Bouddha.

Le Wat Phra That Choeng Chum, principal *wat* de la ville de Sakhon Nakhon

Sakhon Nakhon ⓭

สกลนคร

Province de Sakhon Nakhon.
🏠 52 000. ✈ 🚌 ℹ️ *TAT, Nakhon Phanom (042) 513490.* 🍴 *t.l.j.* 🎭 *Cérémonie du château de cire (oct.).*

Cette petite ville accueillante possède deux sites dignes d'intérêt. Le **Wat Phra That Choeng Chum** est un superbe sanctuaire renfermant un vaste *bot* et un *chedi* blanc de style lao haut de 24 m construit pendant la période d'Ayutthaya. Un *wihan* spacieux donne accès à un *prang* khmer du Xᵉ siècle. Des bouddhas de styles lao et khmer entourent sa base qui porte une très ancienne inscription. Dans l'enceinte du *wat* se remarquent aussi d'intéressants *luk nimit*, pierres d'ordination brahmaniques qui ressemblent à des boulets de canon géants. Hors du centre après l'aéroport, le **Wat Phra That Narai Cheng Weng** comprend un *prang* khmer à cinq étages qui appartenait jadis à un lieu de culte hindou. « Narai » est d'ailleurs le nom thaï et khmer de Vishnu. La princesse qui commanda le monument s'appelait Cheng Meng. Le linteau le plus important, au-dessus de l'unique entrée, montre Shiva exécutant sa danse de destruction de l'univers sur la tête d'un lion. Le portique nord porte une superbe image de Vishnu couché rêvant à un nouvel univers.

Nakhon Phanom ⓮

นครพนม

Province de Nakhon Phanom.
🏠 32 000. ✈ 🚌 ℹ️ *TAT, 184 Soontornvijit Rd, Nakhon Phanom (042) 513490.* 🍴 *t.l.j.* 🎭 *Fête des bateaux illuminés (oct.).* @ *tat.ne @npu.msu.ac.th*

Nakhom Phanom, la « ville des collines », offre un cadre paisible où passer quelques jours de détente au bord du Mékong. À la saison sèche, la baisse des eaux découvre une plage, **Hai Sai Tai Muang**, où l'on peut marcher presque jusqu'au Laos. Nakhom Phanom offre un panorama magnifique de ce pays mais ne peut servir de point de passage et on ne peut pas non plus y obtenir de visa. À la pleine lune du onzième mois lunaire, la fête des Bateaux illuminés apporte une magnifique conclusion au carême bouddhique. Les fidèles mettent à dériver sur le fleuve des embarcations emplies d'offrandes. Des bougies et des lampes à paraffine leur donnent dans la nuit un éclairage magique.

Renu Nakhon ⓯

เรณูนคร

Province de Nakhon Phanom.
🏠 129 000. 🚌 *depuis Nakhon Phanom.* ℹ️ *TAT, Nakhon Phanom (042) 513490.* 🍴 *mer.*

Ce village est principalement connu pour ses tissages et ses broderies, ouvrages réalisés entre autres par des membres de l'ethnie thaïe lue. Au marché du mercredi, soieries et cotonnades se vendent à l'aune du *phun* qui mesure 75 cm. Les étals proposent également des vêtements et des tissus d'ameublement provenant de tout l'Isan et du Laos. On trouve aussi tous les jours des éventaires autour du **Wat That Renu** (1918) inspiré du *chedi* de That Phanom.

Boutique de vêtements et de tissus, Renu Nakhon

Wat Phra That Phanom ⑯

วัดพระธาตุพนม

La ville isolée de That Phanom abrite le sanctuaire le plus révéré du nord-est de la Thaïlande. Au centre se dresse un *chedi* en brique et en plâtre de style lao bâti il y a environ mille cinq cents ans. Toutefois, selon la tradition, sa construction aurait été décidée peu de temps après la mort du Bouddha au Ve siècle av. J.-C. pour y inhumer son sternum. Le monument a connu de nombreuses restaurations, la plus récente à la suite des pluies dévastatrices de 1975. Chaque année, à la pleine lune du troisième mois lunaire, une fête d'une semaine réunit des milliers de pèlerins venus de toute la Thaïlande et du Laos.

MODE D'EMPLOI

Centre de That Phanom, province de Nakhon Phanom. 🛈 TAT, *Nakhon Phanom (042) 513490.* de Nakhon Phanom, Sakhon Nakhon ou Mukdahan. de 6 h à 19 h t.l.j. *Festival de Phra That Phanom (fév.-mars).*

Lion de pierre
Deux de ces animaux protecteurs encadrent l'allée principale de l'enceinte extérieure.

Pèlerins au Wat Phra That Phanom
Des milliers de fidèles visitent le sanctuaire pendant la fête et tout au long de l'année. Beaucoup viennent du Laos où seul le That Luang de Vientiane est plus sacré.

Une décoration en or s'inspire du lotus pour symboliser le chemin de l'illumination.

Des pierres précieuses et des anneaux d'or parent le *chedi.*

CHEDI CENTRAL

Haut de plus de 50 m, l'édifice actuel, rebâti en 1977, s'inspire du That Luang de Vientiane et possède la forme d'un bouton de lotus stylisé et allongé.

Bouddha doré
Près de l'entrée de l'enceinte intérieure, cette image protégée par une ombrelle est dans la posture abhaya mudra *(p. 163).*

Chat (ombrelle cérémonielle)

De nombreux bouddhas entourent le *chedi.* Les pèlerins les recouvrent de feuilles d'or pour acquérir des mérites.

Des panneaux de pierre sculptés au Xe siècle racontent la légende des cinq hommes à qui est attribuée l'origine mythique du *chedi.*

Les marchandises laotiennes et vietnamiennes abondent à Mukdahan sur le marché au bord du Mékong

Mukdahan ⑰

มุกดาหาร

Province de Mukdahan. 👥 *35 000.*
🚌 🚏 *TAT, Nakhon Phanom
(042) 513490.* 🎫 *t.l.j.* 🎉 *Ruam Pao
Thai Ma Kham Wan Chai Khong
(janv.).*

Mukdahan est la capitale d'une des provinces les plus récentes de Thaïlande. Créée en 1980, elle réunit des territoires qui faisaient partie des provinces de Nakhon Phanom et d'Ubon Ratchathani. La rue la plus intéressante est de loin Samran Chai Khong Road au bord du fleuve. Elle fait face, sur l'autre rive, à la

Bouddha assis du Wat Yot Kaew
Siwichai, Mukdahan

deuxième ville du Laos, Suwannakhet, que les touristes munis d'un visa *(p. 451)* peuvent visiter. De fructueux échanges entretiennent la prospérité de Mukdahan, et de nombreux bateaux thaïlandais et laotiens déchargent, ou chargent, des marchandises le long du quai. Elles alimentent entre autres le marché qui s'étend du **Wat Si Mongkol Tai** au **Wat Yot Kaew Siwichai**. Il mérite une visite pour son atmosphère colorée et les friandises locales, bien que les éventaires proposent plus de pacotilles en plastique que de produits traditionnels laotiens et vietnamiens. Des statues de créatures mythiques décorent l'entrée de la principale chapelle du Wat Si Mongkhol Thai construit par des immigrants vietnamiens en 1956. Plus clinquant, le Wat Yot Kaew Siwichai abrite un grand bouddha assis doré dans un *wihan* aux murs latéraux vitrés. Non loin, sur Song Nang Sathit Road, se trouve le **sanctuaire chinois Chao Fa Mung Muang** où réside l'esprit gardien de Mukdahan. C'est aussi là que se dresse le **Lak Muang**, le pilier de la ville généralement paré de guirlandes en plastique multicolores.

Aux environs : À 500 m, le sommet de la colline du **Phu Manorom** offre une vue panoramique de toute la capitale provinciale. Un pavillon à cet endroit renferme une réplique d'une empreinte de pied du Bouddha.

📷 **Phu Manorom**
Près de la route 2034 à 5 km au sud
de Mukdahan. 🎫 *t.l.j.* 📷

Pha Taem ⑱

ผาแต้ม

18 km au nord de Khong Chiam,
province d'Ubon Ratchathani. 🚏 *TAT,
Ubon Ratchathani (045) 243770.*
@ *tatuban@uban.a-net.net.th*
🚌 *depuis Ubon Ratchathani jusqu'à
Khong Chiam puis tuk-tuk.* 🎫 *t.l.j.* 📷

Située à 18 km de Khong Chiam par une route sans transports en commun, Pha Taem, la « falaise peinte », n'est réellement accessible qu'avec un véhicule de location ou en *tuk-tuk*. En chemin, à quelques kilomètres du sommet, une formation rocheuse connue sous le nom de Sao Chaliang évoque curieusement Ho Nang Ussa du parc historique de Phu Phrabat *(p. 285)* dans la province d'Udon Thani. Depuis le parc de stationnement, un sentier non balisé conduit à la paroi rocheuse décorée sur 170 m de longueur. Les peintures comprennent une bande de 30 m d'empreintes de mains, des motifs géométriques, des silhouettes humaines stylisées et des représentations d'animaux sauvages, de nasses à poissons et de *plaa buks,* les poissons-chats géants du Mékong. Réalisées avec un pigment indélébile obtenu à partir de terre, de résine d'arbre et de graisse, elles seraient vieilles d'environ quatre mille ans et l'œuvre de cultivateurs de riz apparentés aux premiers habitants de Ban Chiang *(p. 262)* plutôt que de troglodytes. Pha Taem offre une vue exceptionnelle du Mékong et de la jungle laotienne, un spectacle particulièrement magnifique au coucher du soleil.

Peinture rupestre de Pha Taem

Khong Chiam ⑲

โขงเจียม

Province d'Ubon Ratchathani.
🏯 29 000. 🚌 🚹 TAT, Ubon Ratchathani (045) 243770. 🗓 t.l.j.

Khong Chiam se trouve au confluent du Mékong aux eaux rouges et du Mung d'un bleu indigo, qui créent à leur point de rencontre le phénomène appelé *maenam*

song (« rivière aux deux couleurs »). Ce contraste de teintes est dû à la différence entre les limons en suspension dans les cours d'eau. Le **Wat Khong Chiam** offre depuis la rive un bon poste d'observation du *maenam song.* Les visiteurs peuvent rejoindre la ville qui s'étend sur l'autre rive bien qu'elle ne puisse servir de point d'entrée officiel au Laos. Une des activités traditionnelles locales reste la fabrication de grandes nasses à poissons coniques d'un aspect très proche de celles représentées à Pha Taem.

Chong Mek ⑳

ช่องเม็ก

Province d'Ubon Ratchathani.
🏯 650. 🚌 *depuis Ubon Ratchathani.* 🚹 *TAT, Ubon Ratchathani (045) 243770.* 🗓 *t.l.j.*

La petite ville frontalière de Chong Mek est l'un des rares points, avec Nong Khai *(p. 282-283)* et Chiang Khong *(p. 239),* où les touristes peuvent franchir la frontière entre la Thaïlande et le Laos. Ils ont besoin d'un visa en cours de validité *(p. 451)* qui peut s'obtenir à l'avance à Bangkok. Ceux qui ne possèdent pas de visa peuvent, même sans passeport, pénétrer dans le pays sur environ 200 m pour se promener au milieu d'un marché et de boutiques de produits détaxés. Chong Mek possède aussi un marché lao. Bien que de dimensions réduites, il se révèle intéressant et chaleureux. De jeunes vendeuses et des enfants proposent des fruits, du pain français (legs de

l'époque coloniale), des vêtements et tissus, et les tables rondes en osier appelées *tok* qui servent aux repas traditionnels aussi bien au Laos qu'en Thaïlande du Nord et du Nord-Est. Il arrive aussi que des groupes de vieilles femmes vendent des fleurs et des plantes rares. Leur cueillette contribue malheureusement à la dégradation de la jungle laotienne.

Le lac du barrage Sirindhorn

Barrage de Sirindhorn ㉑

เขื่อนสิรินธร

Province d'Ubon Ratchathani.
🚹 *TAT, Ubon Ratchathani (045) 243770, information pour des gîtes (02) 436 3179.*
🚌 *depuis Ubon Ratchathani jusqu'à Chong Mek puis* songthaew.

La construction de ce barrage hydroélectrique, du nom de la deuxième fille du roi Bhumibol, date de 1971. Le bassin de retenue mesure 43 km du nord au sud, et la turbine de la centrale a une puissance de 24 000 KW.
On peut naviguer sur le lac. Il existe aussi un parc, un restaurant et des bungalows. La Banque mondiale finance depuis les années 50 l'édification d'ouvrages de ce type pour aider la Thaïlande à faire face à ses besoins croissants en électricité. Le monde politique et des affaires soutient ces projets alors que les habitants et les défenseurs de l'environnement s'y opposent.

Fabrication d'une nasse, Khong Chiam

Défilé de statues de cire pour la fête des Bougies d'Ubon Ratchathani ▷

Prasat Khao Phra Wihan ㉒

ปราสาทเขาพระวิหาร

Près de la route 221 à 95 km au sud de Si Saket au Cambodge.
ⓘ TAT, Ubon Ratchathani (045) 243770. 🚌 de Ubon ou Si Saket à Kantharalak puis songthaew.
🕐 t.l.j. 📷

Le site extraordinaire qu'occupe cet ancien sanctuaire, sur un éperon rocheux du massif de Dongrek, en fait un des plus remarquables monuments khmers en dehors d'Angkor Wat *(p. 254-255)*. Construit entre le Xᵉ et le XIIᵉ siècle, il fut longtemps au centre de désaccords entre la Thaïlande et le Cambodge. La Cour internationale de justice trancha en 1962 : bien que l'accès le plus aisé au temple passe par la Thaïlande, il se trouve bien en territoire cambodgien. Devenu inaccessible après la prise du pouvoir par les Khmers rouges en 1975, on ne put le visiter qu'au début des années 90 après le déminage du site. Toutefois, l'instabilité qui règne dans la région oblige encore souvent à fermer les ruines. Lorsqu'elles sont ouvertes, les visiteurs franchissent plusieurs postes

Relief du Prasat Khao Phra Wihan situé au Cambodge

de contrôle militaires pour gravir une série d'escaliers majestueux, traverser des *gopuras* qui ont conservé de beaux reliefs sculptés puis emprunter une allée bordée de *nagas*, longue de 850 m. Elle conduit au sanctuaire central, le *prasat* jadis dédié au dieu hindou Shiva. Il est très endommagé et le *prang* a particulièrement besoin d'une restauration. Sa situation élevée offre néanmoins un panorama grisant du plateau cambodgien. Même si le temple est fermé, une falaise du côté thaïlandais de la frontière en offre une belle vue et porte d'élégants reliefs khmers.

Prasat Prang Ku ㉓

ปราสาทปรางค์กู่

Près de la route 2234 à 70 km au sud-ouest de Si Sa Ket, province de Si Sa Ket. ⓘ TAT, Ubon Ratchathani (045) 243770. 🚌 de Ubon ou Si Saket à Kantharalak puis songthaew.
🕐 t.l.j. 📷

Situé dans le district de Prang Ku de la province de Si Sa Ket, ce monument khmer du XIᵉ siècle comprend trois *prangs* en brique dressés sur une même plate-forme. Il possède pour principal intérêt un linteau bien conservé, divisé horizontalement en deux parties par les queues de deux longs *nagas*. Au centre,

Plate-forme portant trois *prangs* en ruine au Prasat Prang Ku

Vishnu monte un *garuda* qu'encadrent deux lions portant des guirlandes de fleurs dans leur gueule. Le registre supérieur est orné de divinités en train de danser. En face du *prasat*, de nombreux oiseaux viennent chercher leur nourriture dans un réservoir khmer *(baray)*.

Ubon Ratchathani ㉔

อุบลราชธานี

Province d'Ubon Ratchathani.
👥 154 000. ✈ 🚌 🚉 ⓘ TAT, 264/1 Khuan Thani Rd, Ubon Ratchathani (045) 243770.
🌐 www.tat.or.th 🕐 t.l.j. 📷 Fête des Bougies (fin juil.)

Contrôlée par les Khmers à partir du Xᵉ siècle, cette région du sud-est de l'Isan passa ensuite sous l'autorité du royaume d'Ayutthaya *(p. 56-57)*. Ce sont des immigrants lao qui fondèrent, à la fin du XVIIIᵉ siècle sur la rive nord du Mun, un affluent du Mékong, la capitale provinciale d'Ubon Ratchathani souvent appelée simplement Ubon. La proximité d'une base aérienne américaine pendant la guerre du Vietnam stimula son essor et elle est devenue l'une des plus grandes villes de Thaïlande.
Elle apparaît au premier abord comme une étendue bétonnée et sans caractère mais le **musée national d'Ubon** possède l'une des plus riches collections du Nord-Est et plusieurs temples

Gopura superbement préservé du Prasat Khao Phra Wihan

méritent une visite. Installé dans une ancienne résidence du roi Vajiravudh (1910-1925), le musée présente des œuvres bouddhistes khmères et lao, une exposition sur l'histoire et la préhistoire de la région, ainsi que des outils et des objets de la vie quotidienne. Parmi ses plus belles pièces, on trouve un bouddha de l'école de Dvaravati et un immense tambour cérémoniel en bronze datant du IVe siècle. Sa bibliothèque en tek construite sur pilotis fait du **Wat Thung Si Muang** le temple le plus intéressant d'Ubon. Fondé par Rama III (1824-1851), il abrite dans le *bot* des peintures murales de *jatakas (p. 26)* vieilles de cent cinquante ans. Un *mondop* renferme une empreinte de pied du Bouddha. En 1853, le roi Mongkut (1853-1868) apporta son soutien à la construction du **Wat Supattanaram**

Ornement du Wat Supattanaram

Worawihan, qui devint le premier sanctuaire dirigé en Isan par la stricte secte Thammayut que Mongkut avait fondée. Construit en pierre par des artisans vietnamiens, le *bot* présente un mélange éclectique de styles khmer, thaï et européen.
L'édification **Wat Phra That Nong Bua,** plus moderne, commémora en 1957 le 2500[e] anniversaire de la mort du Bouddha. Ses deux tours blanches à quatre pans portent des niches abritant des bouddhas debout et des reliefs illustrant des *jatakas.*
Parmi les autres temples d'Ubon figurent le **Wat Cheng,** aux gracieuses sculptures sur bois de style lao, le **Wat Si Ubon Rattanaram** construit en 1855 et dont le bouddha de topaze provient de Chiang Saen et le **Wat Maha Wanaram,** le plus important lieu de culte de la ville. Au début du carême

Bouddhas et reliefs ornent le Wat Phra That Nong Bua

bouddhique, Ubon devient en outre un centre de pèlerinage quand la fête des Bougies *(p. 45)* donne lieu à la réalisation de grandes statues religieuses en cire, promenées dans les rues sur des chars avant d'être offertes aux temples.

🛕 **Musée national d'Ubon**
Khuan Thani Rd. 📞 *(045) 255071.*
⏰ *du mer. au dim.* ⏰ *jours fériés.*
♿

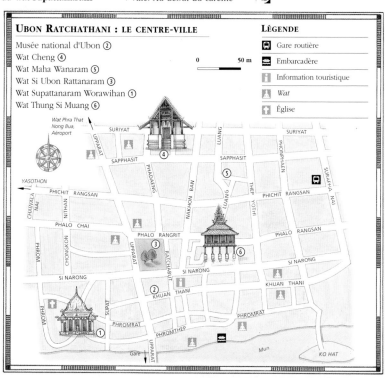

UBON RATCHATHANI : LE CENTRE-VILLE

Musée national d'Ubon ②
Wat Cheng ④
Wat Maha Wanaram ⑤
Wat Si Ubon Rattanaram ③
Wat Supattanaram Worawihan ①
Wat Thung Si Muang ⑥

LÉGENDE

🚌 Gare routière
🚢 Embarcadère
ℹ️ Information touristique
🛕 *Wat*
⛪ Église

0   50 m

LE GOLFE DE THAÏLANDE

PRÉSENTATION DU GOLFE DE THAÏLANDE 296-301
LA RÉGION DE PATTAYA 302-313
DE BANGKOK À SURAT THANI 314-331

Présentation du golfe de Thaïlande

L es stations balnéaires bordant l'ancien golfe du Siam attirent aussi bien les Thaïlandais que les étrangers, en particulier de décembre à août. Les habitants de Bangkok aiment depuis longtemps passer leurs week-ends à Cha-am et Hua Hin, tandis que Pattaya, où règnent le béton et les néons, propose de nombreux sports nautiques et une vie nocturne débridée. Les villes de Chaiya et de Phetchaburi abritent des trésors architecturaux et artistiques. À l'intérieur des terres, des parcs nationaux protègent une faune et une flore exceptionnelles. Au large de Surat Thani, de longues plages de sable s'offrent aux amoureux du soleil sur l'île de Ko Samui. Celles de Ko Samet et Ko Chang, dans la région de Pattaya, restent plus préservées du tourisme.

Phetchaburi

Phetchaburi
(p. 318-320) *reçoit peu de visiteurs malgré une histoire remontant au XIᵉ siècle et un intéressant quartier ancien. Important centre culturel, la ville renferme plus de 30 wats, dont le splendide Wat Mahathat fondé au XIVᵉ siècle.*

DE BANGKOK À SURAT THANI
(voir p. 314-331)

Le parc national d'Angthong
(p. 330-331), *aisément accessible depuis Ko Samui, protège un groupe spectaculaire d'îlots.*

Parc national marin d'Angthong

Ko Samui
(p. 326-328), *première destination balnéaire de la région, propose des prestations pour tous les budgets.*

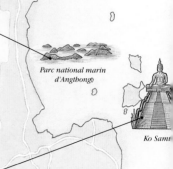

Ko Samui

◁ **Sur la plage de Jomtien à Pattaya**

LA RÉGION
DE PATTAYA
(voir p. 302-313)

Ko Samet

Ko Chang

Ko Samet (p. 308-309) *est très
appréciée des voyageurs
à petits budgets en quête
de sable blanc, d'eau
limpide et d'hébergements
bon marché.*

Pattaya (p. 307) *accueille un curieux
mélange de familles, venues profiter
d'excellents équipements sportifs, et de
célibataires séduits par l'ambiance artificielle
des discothèques et des « go-go bars ».*

0   50 km

Ko Chang (p. 312-313) *fait partie d'un archipel de
52 îles qui n'a encore connu qu'un développement
limité. Elle offre une oasis de calme.*

Plage et loisirs au bord du golfe

L e goût des Thaïlandais pour les stations balnéaires date de l'ouverture, au début du siècle, de la liaison ferroviaire Bangkok-Hua Hin et du premier terrain de golf du pays, le Royal Hua Hin, dessiné par l'ingénieur écossais A. O. Robins.

Véliplanchistes au large de Jomtien

Les habitants de Bangkok continuent de fréquenter Hua Hin et sa voisine, Cha-am, plus récente, surtout pour y déguster des fruits de mer. Les étrangers, eux, se pressent dans le golfe pour ses plages de sable blanc et ses eaux limpides. Le développement des équipements touristiques et de loisirs a toutefois pris une telle ampleur qu'il provoque des inquiétudes pour l'environnement, bien que des lieux comme Ko Chang restent préservés.

Le Bangpra Golf Course *de Pattaya est l'un des nombreux terrains de golf des collines de la province de Chon Buri (p. 445).*

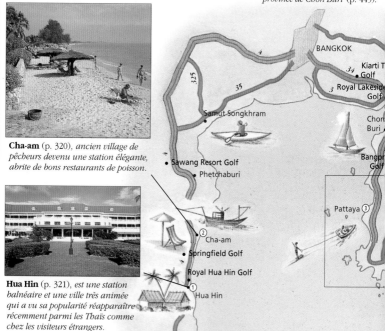

Cha-am *(p. 320), ancien village de pêcheurs devenu une station élégante, abrite de bons restaurants de poisson.*

Hua Hin *(p. 321), est une station balnéaire et une ville très animée qui a vu sa popularité réapparaître récemment parmi les Thaïs comme chez les visiteurs étrangers.*

BANGKOK

Kiarti T Golf

Royal Lakeside Golf

Samut Songkhram

Chon Buri

Sawang Resort Golf

Phetchaburi

Bangpr Golf

Pattaya ③

Cha-am ②

Springfield Golf

Royal Hua Hin Golf

Hua Hin ①

LES MEILLEURES PLAGES DU NORD DU GOLFE

Hua Hin Beach ①
La plus ancienne station balnéaire du pays vaut surtout pour le charme de la ville et ses restaurants.
Cha-am Beach ②
Appréciée des Thaïlandais le week-end mais tranquille en semaine. Remarquables restaurants de poisson.

Jomtien Beach, Pattaya ③
Cette plage de 14 km appréciée des familles permet de pratiquer de nombreux sports nautiques.
Glass Sand Beach (Hat Sai Kaeo), Ko Samet ④
La plus longue et la plus animée des plages de Ko

Samet offre un sable d'une grande propreté, une eau limpide et un bon choix de sports nautiques.
White Sand Beach (Hat Sai Khao), Ko Chang ⑤
La plus fréquentée d'une île préservée. Pêche, plongée au tuba et promenades en bateau.

PATTAYA

Lancée par les soldats américains qui venaient s'y détendre pendant la guerre du Vietnam, la plus clinquante des stations balnéaires de Thaïlande attire en nombre égal des mâles en goguette et des familles en séjour organisé. Les premiers y viennent pour les go-go bars et leurs prostituées. Les familles disposent de plages bien équipées, telle Jomtien Beach qui propose un très large choix de sports nautiques.

Gonflables à louer sur une plage de Pattaya

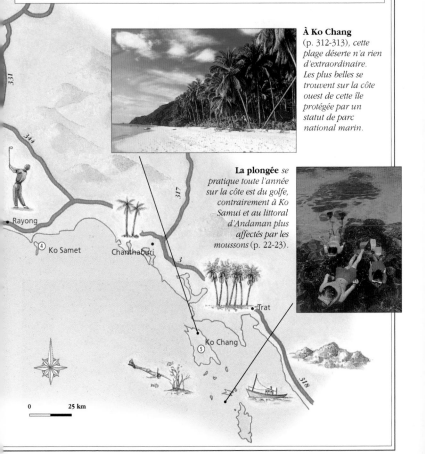

À Ko Chang (p. 312-313), *cette plage déserte n'a rien d'extraordinaire. Les plus belles se trouvent sur la côte ouest de cette île protégée par un statut de parc national marin.*

La plongée *se pratique toute l'année sur la côte est du golfe, contrairement à Ko Samui et au littoral d'Andaman plus affectés par les moussons (p. 22-23).*

Les pierres précieuses

Chanthaburi, la « cité de la lune », est connue depuis le XVᵉ siècle des voyageurs européens pour ses pierres précieuses. En tant que cité marchande, son histoire remonte au IXᵉ siècle et à l'Empire khmer *(p. 52-53)*. Des couches superficielles d'alluvions renferment les gemmes, principalement des rubis et des saphirs associés à des dépôts de zircon, de spinelle et de grenat, et il est arrivé jadis que des fermiers en découvrent en retournant leur champ. La région a toutefois connu une longue exploitation, et si la ville, réputée pour la qualité de ses joailliers, reste avec Bangkok un des grands centres mondiaux du commerce des pierres précieuses, celles-ci proviennent souvent de l'étranger.

Rubis étoilé

ZONES MINIÈRES

▨ *Mines de rubis et de saphirs*

L'examen des cristaux dans leur gangue aide à décider de la taille qui en tirera le meilleur parti.

Le débourbeur sert à retenir les pierres emportées par un courant de boue.

De simples meules *servent à la taille des pierres chez les petits joailliers qui travaillent souvent à domicile. Les opérations les plus délicates exigent un matériel plus sophistiqué.*

UNE MINE DE GEMMES
Des boutiques de Chanthaburi organisent des visites de lieux d'extraction, mais la région a été tellement exploitée que beaucoup de pierres viennent de l'étranger.

LA TAILLE DES PIERRES

L'adresse des artisans thaïlandais à façonner les pierres précieuses, souvent avec un équipement rudimentaire et en jugeant des angles à l'œil, a établi leur renommée dans le monde entier. Toutefois, l'usage de matériel moderne, offrant plus de précision et de rapidité, se répand. Une fois taillées, les pierres sont classées en fonction de leurs dimensions et de leur qualité. Celle-ci dépend de leur couleur, de leur éclat et de leur pureté.

Dans un atelier de joaillier moderne

Les acheteurs *préfèrent en général les pierres brutes, se basant sur leur expérience pour juger de leur potentiel, et beaucoup se chargent ensuite eux-mêmes de la taille. Les novices ont peu de chance de réaliser une bonne affaire et risquent même de se faire escroquer.*

Les marchandages *sont âpres dans des centres miniers comme Bo Rai (p. 311), la qualité d'une pierre brute ou taillée donnant lieu à des appréciations très variées.*

Façonner un bijou, *destiné à mettre en valeur la beauté d'une gemme, demande une grande précision et beaucoup d'attention, deux qualités pour lesquelles sont réputés les artisans thaïlandais.*

De jeunes enfants participent aussi à la recherche en famille de pierres précieuses.

Des écuelles servent encore à isoler par décantation les gemmes de la boue.

Les pierres les plus appréciées *sont les saphirs d'un bleu profond et les rubis rouge sang, ainsi que des saphirs inhabituels, jaunes par exemple. Les chauffer à près de 2 000 °C sert parfois à rendre définitivement la couleur plus intense.*

Saphir étoilé

Rubis étoilé

Saphir vert

Zircon

Rubis

Péridot

Saphir jaune

LA RÉGION DE PATTAYA

*D*e Bangkok à la frontière cambodgienne, le littoral oriental du golfe de Thaïlande est une région de contrastes avec ses îles superbement préservées et ses stations balnéaires où prolifèrent néon et béton. Des raffineries de pétrole et des complexes industriels jalonnent une grande partie de la côte, mais l'intérieur des terres recèle de magnifiques parcs nationaux peu fréquentés.

La région de Pattaya se trouvait au début du XVᵉ siècle à la frontière entre l'Empire khmer et celui de Sukhothai. L'affaiblissement de la puissance khmère entraîna l'installation de nombreux Thaïs qui y découvrirent de riches dépôts de pierres précieuses. Leur commerce enrichit Chanthaburi et la ville fut, au XVIIIᵉ et au XXᵉ siècle, occupée par les Birmans et les Français. Elle a accueilli par vagues successives de nombreux réfugiés vietnamiens.

Bien que la région reste très boisée, le développement des industries pétrolière et touristique y a entraîné de profonds changements ces dernières années. Certaines localités du littoral ont cependant conservé leur charme, telle Si Racha, réputée pour ses fruits de mer à déguster en plein air en contemplant la baie. À quelques kilomètres au sud, les néons criards des go-go bars donnent un visage très différent à Pattaya. Cette station balnéaire n'est toutefois pas uniquement un haut lieu de la prostitution, mais aussi un excellent centre de sports nautiques. Au sud et à l'est de Rayong, se trouvent de belles îles montagneuses et de denses forêts pluviales. Les parcs nationaux de Khao Chamao, Khao Kitchakut et Khao Sabap renferment de superbes cascades et des grottes, tandis que la petite île de Ko Samet possède de magnifiques plages de sable. Ko Chang reste plus sauvage. On y accède depuis Trat, petite ville animée d'où peut également s'effectuer une excursion d'une journée à Bo Rai et son marché de pierres précieuses.

Sanctuaire troglodytique dans le parc national de Khao Chamao-Khao Wong

◁ Petit coin de paradis sur l'île merveilleusement paisible de Ko Chang

À la découverte de la région de Pattaya

Des kilomètres de plage de rêve et des températures élevées font du littoral oriental du golfe de Thaïlande un paradis pour les amateurs du soleil, qu'ils y viennent juste pour se détendre et savourer des fruits de mer ou pratiquer des sports nautiques. Les sites balnéaires varient de stations à la vie nocturne frénétique comme Pattaya à des îles relativement préservées, telle Ko Chang entourée par un splendide parc marin. Montagneux, les trois autres parcs nationaux de la région protègent des forêts tropicales où vit une riche faune. La ville principale, Chanthaburi, abrite un marché de pierres précieuses très animé.

LÉGENDE

▨▨▨	Autoroute
▨▨▨	Route principale
▨▨▨	Route secondaire
▨▨▨	Parcours pittoresque
▨▨▨	Rivière
☼	Point de vue

Sur la carte : CHACHOENGSAO, Bang Pakong, Klong Si Yat, PHANAT NIKHOM, CHON BURI, KHAO KHIEO ZOO ❶, SI RACHA ❷, KO SICHANG ❸, BANG LAMUNG, PATTAYA ❹, Rayong, Klong Prasat, PARC NATIONAL DE KHAO CHAMAO-KHAO WONG, SATTAHIP, RAYONG ❺, BAN PHE, KO SAMET ❻

Plage de sable blanc de l'île de Ko Samet

LA RÉGION DE PATTAYA D'UN COUP D'ŒIL

Bo Rai ⓬

Chanthaburi ❿

Parc national de Khao Chamao-Khao Wong ❼

Zoo de Khao Khieo ❶

Parc national de Khao Kitchakut ❾

Parc national de Khao Sabap ⓫

Khlong Yai ⓯

Ko Chang ⓭

Ko Samet ❻

Ko Sichang ❸

Pattaya ❹

Rayong ❺

Si Racha ❷

Trat ⓮

Wat Khao Sukim ❽

CIRCULER

Des trains assurent des liaisons quotidiennes entre la gare de Hua
Lamphong de Bangkok et Si Racha et Pattaya. Chon Buri et
Sattahip possèdent des aéroports nationaux. Les autocars sont le
moyen de transport le plus pratique dans la région : il existe des
liaisons régulières entre la gare routière est (Ekamai) de Bangkok
et les principales villes. *Songthaew*, cyclo-pousses et *tuk-tuk*
permettent partout sur le continent de circuler dans les localités et
leur périphérie. Plusieurs bateaux partent chaque jour de Ban Phe
pour Ko Samet où des *songthaew* circulent entre les plages les
plus fréquentées. Les îles voisines se visitent en louant un
bateau de pêcheurs. On rejoint Ko Chang et Ko Mak
depuis Laem Ngop. Ces îles ne possèdent que peu
d'infrastructures, mais on peut y louer une moto ou un
songthaew pour emprunter leurs routes cahoteuses.

L'opulent intérieur de la salle principale du Wat Khao Sukim

VOIR AUSSI

- *Hébergement* p. 399-401
- *Restaurants* p. 423-425

0   25 km

Sous les palmiers à Ko Chang

Zoo de Khao Khieo ❶

สวนสัตว์เขาเขียว

Près de la route 3144 à 10 km au sud-est de Chon Buri, province de Chon Buri. *Chon Buri puis samlor.* 📞 *(038) 427 667.* 🚌 🚐 *Chon Buri, puis samlor.* ⏰ *de 8 h à 16 h t.l.j.* ♿

La voiture offre le meilleur moyen de rejoindre ce zoo. Des enclos spacieux et de grandes volières permettent aux spécimens de plus de 50 espèces d'animaux et d'oiseaux, entre autres tigres, zèbres et cerfs, de vivre en semi-liberté. Ceux que passionne l'ornithologie se rendront également à 20 km au sud de Khao Khieo pour découvrir la riche faune ailée des superbes marécages du **Bang Phra Reservoir.**

Si Racha ❷

ศรีราชา

Province de Chon Buri. 👥 *107 000.* 🚌 🚐 ⛴ ℹ *TAT, Pattaya (038) 427667.* 🛥 *t.l.j.*

Réputée pour ses fruits de mer dans une sauce pimentée, la *nam phrik si racha*, cette petite ville du littoral sert de point d'embarquement pour l'île de Ko Sichang. Plusieurs quais jalonnent en bord de mer la rue principale, Jermjompol Road. Au bout des quais, des restaurants en plein air offrent le cadre idéal à la dégustation des spécialités locales, huîtres *(hoi nang rom)* et moules *(hoi thot),* bien entendu

Le **Wat Atsadangnimit**, salle de méditation de Rama V sur Ko Sichang

accompagnées de *nam phrik si racha.* Sur un promontoire rocheux, un temple bouddhiste sino-thaï, **Ko Loi,** renferme notamment une empreinte de pied du Bouddha, une image de Kuan Yin (la déesse chinoise de la miséricorde) et un étang plein de tortues que les dévots nourrissent pour acquérir des mérites *(p. 125).*
Dans les rues de Si Racha et de Ko Sichang circulent des tricycles motorisés sans équivalent en Thaïlande.

Ko Sichang ❸

เกาะสีชัง

Province de Chon Buri. 👥 *4 400.* ⛴ *depuis Si Racha.* ℹ *TAT, Pattaya (038) 427667.*

Jadis appréciée du roi Chulalongkorn (Rama V), cette petite île au littoral accidenté servit un temps de point de contrôle douanier pour les bateaux à destination de Bangkok. Relativement paisible, surtout en semaine, elle conserve quelques vestiges architecturaux et propose une poignée de pensions aux visiteurs fuyant l'ambiance mercantile des stations balnéaires.
Il n'existe qu'une localité, un village de pêcheurs délabré du nom de **Tha Bon.** Au nord, se trouve un intéressant **temple chinois** aux sanctuaires troglodytiques. Sur la côte ouest s'étendent les plages tranquilles de **Hat Sai Khao** et **Hat Tham.** Au sud, la végétation a envahi les ruines du **palais d'été de Rama V.** Chulalongkorn cessa d'y résider après une brève

Tricycle caractéristique de Si Racha et Ko Sichang

occupation de l'île par les Français en 1893, et son bâtiment principal, transféré à Bangkok, est devenu le palais Vimanmek du Dusit Park *(p. 98-101).*

Des travaux de restauration de ce qui reste du palais de Ko Sichang sont en cours. Deux élégantes villas vert pistache, situées derrière la plage de **Hat Tha Wang,** ont été achevées, mais les autres vestiges se composent principalement de fondations qu'animent ici ou là, au milieu des frangipaniers, un escalier menant nulle part, un bassin dans le rocher ou un sol en mosaïque dégradé. Au sommet de la colline se dresse le **Wat Atsadangnimit,** salle de méditation couronnée d'un *chedi* branlant où venait se recueillir Chulalongkorn. L'endroit se prête à d'agréables promenades et offre de belles vues.

Pattaya ❹

พัทยา

Province de Chon Buri. 🏠 75 000. 🚉 🚌 🛥 🛈 TAT, 382/1 Mu 10 Chaihat Rd, Pattaya (038) 427667. 🛬 t.l.j. 🎭 Festival de Pattaya (avr.).

Il devenu difficile de percevoir la beauté d'un site dont les plages idylliques attirèrent des visiteurs dès les années 50, avant même que les soldats de la base américaine de Sattahip n'en fassent leur quartier de détente pendant la guerre du Vietnam.

Jet-ski prêt au départ sur l'une des plages de Pattaya

Moment de détente à Suan Son, parc proche de Rayong

Aujourd'hui surnommée « Patpong-sur-mer » *(p. 112),* Pattaya est devenue un des grands centres de la prostitution en Thaïlande. Malgré sa réputation scabreuse, elle attire aussi par milliers des familles en séjour organisé qui viennent profiter d'hébergements de qualité et bon marché, de vastes plages (bien que la mer soit souvent polluée), d'excellents restaurants et des meilleurs équipements de sports nautiques du pays.

La station balnéaire s'étend le long de trois baies. Au centre, **Pattaya Beach** mesure 3 km de long. Immeubles d'appartements, fast-foods et boutiques de souvenirs se serrent sur Central Pattaya Road. C'est sur South Pattaya Road que l'industrie du sexe s'exhibe. North Pattaya Road est plus calme avec ses « bars à bière ».

De nombreux touristes préfèrent la **plage de Jomtien,** longue de 14 km, qu'un promontoire sépare de Pattaya. Des nuées d'agences privées y permettent des activités comme le ski nautique, la voile, la planche à voile, le parachute tracté, la pêche, la plongée ou le jet-ski. À terre, on peut pratiquer le golf, le tir, l'équitation et le tennis.

Au nord de Pattaya Beach, dans la **baie de Nakua,** plus paisible, un village de pêcheurs a conservé son charme malgré le tourisme.

Poisson perroquet, fréquent dans les eaux de Pattaya

Rayong ❺

ระยอง

Province de Rayong. 🏠 103 000. 🛥 🚌 🛈 TAT, 153/4 Sukhumvit Rd, Rayong (038) 655420. 🛬 t.l.j. 🎭 Foire aux fruits (mai).

Rayong est une prospère ville de pêche surtout connue localement pour sa statue du plus célèbre poète de Thaïlande : Sunthorn Phu *(p. 309).* Elle offre toutefois moins d'intérêt que les sites auxquels elle donne accès. Si vous cherchez de belles plages, continuez jusqu'à **Ban Phe.** Une route côtière poursuit ensuite jusqu'à Laem Mae Phim, 20 km plus loin. Depuis Ban Phe, des bateaux desservent **Ko Samet** *(p. 308-309),* ainsi que les îles **de Ko Saket, Ko Man Nok** et **Ko Man Klang.** Les deux dernières font partie du parc national de Laem Ya-Mu Ko Samet et les autorités ont réussi à éviter les constructions anarchiques bien que les jet-skis endommagent les fonds coralliens. 5 km après Ban Phe, le **parc Suan Son** (« parc des pins ») et ses plages de sable blanc offrent un lieu de pique-nique très apprécié des Thaïlandais. On peut y déguster des fruits de mer préparés simplement.

La province de Rayong est réputée pour ses fruits tels l'ananas et le durian *(p. 309),* et ses spécialités culinaires, notamment le *nam pla* (sauce au poisson) et le *nam phrik kapi* (pâte aux crevettes).

Ko Samet 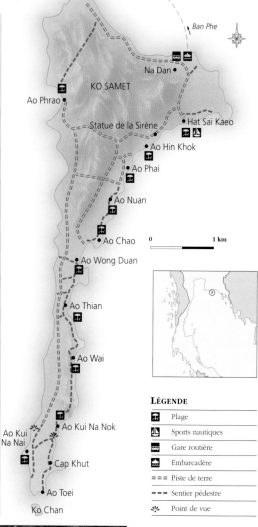 ❻

เกาะเสม็ด

Province de Rayong 🏯 *18 700.* 🚢 *de Ban Phe (Rayong) au quai de Na Dan.* ℹ️ *TAT, Rayong (038) 655420.* 🔔 *t.l.j.*

Une eau bleue et limpide et du sable cristallin valent à l'île de Ko Samet une grande popularité auprès des Thaïlandais et des étrangers. Comme elle ne mesure que 6 km de long sur 3 de large, elle peut presque entièrement se découvrir à pied, et des sentiers sillonnent la dense jungle de l'intérieur que peuplent les habituels geckos et calaos.

Les touristes disposent aujourd'hui de structures d'accueil sur Ko Samet, mais son statut de parc national l'a préservée d'un aménagement trop agressif. En 1990, les autorités tentèrent d'interdire d'y passer la nuit, mais les violentes protestations des entrepreneurs locaux leur firent lever cette restriction au bout de quatre jours.

Le petit village de pêcheurs de **Na Dan,** où accostent les bateaux en provenance de Ban Phe, servait jadis de point de contrôle des jonques chinoises. Selon la légende, des pirates auraient hanté ses eaux protégées. Il est possible de rejoindre directement Ban Phe depuis plusieurs plages de Ko Samet.

Les plus jolies se trouvent sur la côte est de l'île. **Hat Sai Kaeo** (« plage du sable de verre ») est la plus longue et

Légende

🏖️	Plage
🏄	Sports nautiques
🚌	Gare routière
⛴️	Embarcadère
═══	Piste de terre
- - -	Sentier pédestre
🌼	Point de vue

Promenade au coucher du soleil sur Ko Samet

la plus animée. Des agences y louent des planches à voile et proposent des promenades en bateau autour de Ko Samet, ainsi que des excursions de plongée au tuba dans des îles voisines. Plus au sud, **Ao Hin Khok, Ao Phai** et **Ao Nuan** sont aussi très appréciées. Près de la première se dressent les statues d'un prince et d'une sirène, personnages de *Phra Aphaimani*, une œuvre du célèbre poète thaïlandais Sunthorn Phu.

Encore plus au sud s'ouvrent des baies moins fréquentées, à l'exception de la vaste plage d'**Ao Wong Duan.** On peut observer le lever du soleil à Ao Kui Na Nok et en face à Ao Kui Na Nai le coucher du soleil, l'isthme de **Ao Kui** étant particulièrement étroit à cet endroit.

Sur la côte ouest en grande partie inaccessible, il n'existe qu'une zone aménagée, **Ao Phrao** (« baie du paradis »). Peu de visiteurs restent dormir sur cette plage isolée, celles du littoral oriental étant plus animées.

Le paludisme sévissait encore récemment à Ko Samet et mieux vaut s'y protéger des piqûres de moustiques (*p. 458-459*).

Funiculaire du Wat Khao Sukim

Bungalows haut de gamme à Ao Phrao, Ko Samet

Parc national de Khao Chamao-Khao Wong ❼

อุทยานแห่งชาติเขาชะเมา–เขาวง

Province de Rayong. Siège du parc à 17 km au nord de la route 3 à Klaeng. ℹ *TAT, Rayong (038) 655420 ; Forestry Dept, Bangkok (02) 579 0529 (et location de bungalows).* 🚌 *Rayong ou Chanthaburi puis songthaew.*

Les deux montagnes qui ont donné leur nom à ce parc national s'élèvent au-dessus de basses terres agricoles. Des forêts tropicales d'arbres à larges feuilles persistantes abritent des mammifères tels que le tigre, l'éléphant et l'ours noir asiatique. Un autre habitant des lieux est la carpe *tor soro*. La tradition locale affirme que le nom du mont Chamao, qui signifie « se saouler », dérive

de la légère ivresse provoquée par la consommation de ce poisson.

Le parc compte peu de sentiers aménagés. Le plus beau longe la **cascade du Kao Chamao** et ses bassins et aboutit près du sommet de la chute d'eau, à Chong Kaep. Parmi les quelque 80 **grottes du Khao Wong**, les plus saisissantes, Tham Pet (« grotte diamant ») et Tham Lakhon (« grotte théâtre »), se trouvent à 4 km au sud-est du siège du parc. En période de basses eaux, il est possible de poursuivre jusqu'à la **cascade de Hok Sai** et de camper au sommet. Depuis le poste nord-ouest du parc, d'anciennes pistes d'éléphants s'enfoncent dans la spectaculaire vallée de Khlong Phlu où une forêt luxuriante sert de refuge à de nombreux animaux.

Wat Khao Sukim ❽

วัดเขาสุกิม

Khao Bay Si, district de Tha-Mai à 16 km au nord de Chanthaburi, près de la route 3322. ℹ *TAT, Rayong (038) 655420.* 🚌 *Chanthaburi puis songthaew.*

Cet immense temple accroché au flanc du mont Sukim s'atteint en funiculaire ou par un long escalier bordé de *nagas*. Il sert de résidence à Luang Pho Somchai, l'un des maîtres de méditation les plus révérés de Thaïlande. L'édifice abrite des tables incrustées de nacre. Les pièces exposées dans un musée, des bijoux et des poteries Bencharong, khmères et de Ban Chiang, témoignent de l'étonnante richesse que peuvent conférer à un moine les donations des dévots.

LA POÉSIE DE SUNTHORN PHU

Les longues œuvres lyriques de Sunthorn Phu (1786-1855), souvent porteuses d'un message moral, en firent le poète favori de Rama II et de Rama III et le plus respecté, aujourd'hui, de Thaïlande. Sa première œuvre, l'épopée de *Phra Aphaimani*, tirait son inspiration des paysages de Ko Samet (alors appelée Ko Kaew Pisadan) où l'auteur s'était installé. Le poème raconte l'histoire d'un prince exilé dans un royaume sous-marin dont la souveraine est une géante amoureuse de lui. Aidé par une sirène, le prince s'enfuit jusqu'à Ko Samet. La géante le poursuit, mais il réussit à la vaincre, en l'endormant, grâce à une flûte magique.

À Ko Samet, le prince et la sirène de *Phra Aphaimani*

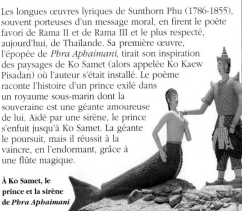

Parc national de Khao Kitchakut ❾

อุทยานแห่งชาติเขาคิชฌกูฏ

Province de Chanthaburi. Siège du parc près de la route 3249 à 28 km au nord-est de Chanthaburi. **i** *Siège du parc (039) 431983.* **🚌** *Chanthaburi puis songthaew.* 📷

Montagne granitique culminant à un peu plus de 1 000 m d'altitude, le Khao Kitchakut domine l'un des plus petits parcs nationaux de Thaïlande. Près de son siège, on peut admirer le site le plus réputé de la réserve naturelle : la **cascade de Krathin**, chute d'eau de treize niveaux. Un sentier relativement aisé conduit à son sommet. Les randonneurs plus ambitieux, et de nombreux pèlerins, entreprennent la marche ardue de quatre heures qui permet d'atteindre le sommet du mont Phrabat. Il porte une empreinte du pied du Bouddha sculptée dans le granit et une étrange série de formations rocheuses qui prennent les formes d'un éléphant, d'une grande tortue, d'une pagode et d'un bol d'aumône.

Non loin du parc s'étend la **réserve naturelle de Khao Soi Dao**, moins visitée bien que beaucoup plus vaste (754 km²). Ces deux zones protégées renferment certaines des dernières grandes forêts de basse terre du pays. Elles jouent un rôle vital pour l'économie locale, car leurs pentes drainent l'eau qui irrigue les vergers, et elles offrent un refuge à des espèces menacées telles que l'ours des cocotiers, le binturong, le faisan argenté et le grand-duc à ventre tacheté.

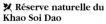

Logo des parcs nationaux

🦌 Réserve naturelle du Khao Soi Dao

Près de la route 317, 25 km au nord-ouest de Chanthaburi. **i** *TAT, Rayong (038) 655420.* **🚌** *Chanthaburi puis songthaew.* 📷

Douche rafraîchissante au pied de la cascade de Krathin, Khao Kitchakut

Autel de l'église de l'Immaculée-Conception, Chanthaburi

Chanthaburi ❿

จันทบุรี

Province de Chanthaburi. **👥** *67 000.* **🚌** **i** *TAT, Rayong (038) 655420.* **🛏** *t.l.j.* **🎉** *Fête des Fruits (mai-juin).*

Entourée de verdoyantes plantations de piments et d'hévéas, la prospère Chanthaburi est une des villes les plus agréables de Thaïlande. Grand centre du commerce des pierres précieuses *(p. 300-301)* depuis le XVᵉ siècle, elle a attiré un large éventail de groupes ethniques. Des réfugiés vietnamiens forment le plus important. Leur immigration se fit en trois vagues : lors de persécutions contre les catholiques en Cochinchine au XIXᵉ siècle, au début du XXᵉ siècle pour fuir le régime colonial français et après la victoire des communistes en 1975. Des maisons-boutiques treillissées donnent son cachet au quartier vietnamien, parallèle à la rivière sur Rim Nam Road. Le monarque le plus révéré à Chanthaburi reste le roi Taksin qui en chassa les Birmans au XVIIIᵉ siècle, achevant ainsi la réunification du Siam. Deux monuments lui rendent hommage. Une immense statue à la forme de son chapeau, **San Somdej Prachao Taksin,** orne Tha Luang Road. Au **Taksin Park,** un groupe sculpté en bronze représente le souverain au combat, comme sur les billets de 20 bahts.

Au bord de la rivière Chanthaburi se dresse l'**église de l'Immaculée-**

LES FÊTES DES FRUITS

Organisée dans trois provinces voisines, Rayong, Chanthaburi et Trat, la fête annuelle des fruits dure quelques jours en mai ou en juin, au moment de la récolte. Dans une région renommée pour ses ramboutans, ses durians et ses mangoustans, des éventaires dressés pour l'occasion vendent dans toutes les villes les produits des vergers. Des chars ornés de fleurs et de fruits paradent dans les rues et, comme dans toute fête locale thaïlandaise, les réjouissances comprennent un concours de beauté. D'autres concours, pour décider du durian le plus mûr ou du fruit le mieux formé, offrent aux agriculteurs une occasion de briller et aux touristes un spectacle pittoresque. Les visiteurs peuvent aussi assister à des spectacles culturels et à d'excellentes expositions d'artisanat. À Chanthaburi, de nombreux étals proposent une des spécialités de la province : des nattes au tressage élaboré.

Fête des fruits, Chanthaburi

Conception, la plus grande cathédrale catholique de Thaïlande. Les Français entreprirent sa dernière reconstruction, sur le site d'une chapelle du XVIIIe siècle, lorsqu'ils occupèrent Chanthaburi de 1893 à 1904 pour obtenir du roi Chulalongkorn qu'ils leur cèdent les territoires sous son autorité au Laos et au Cambodge. Au croisement de Si Chan Road et de Thetsaban 4 Road, le **marché des pierres précieuses** (*talat phloi*) attire des négociants du monde entier. Les week-ends, des gemmes multicolores provenant de Birmanie, du Cambodge et des mines de la région s'échangent dans la rue. Les plus belles pierres sont expédiées directement à Bangkok.

Statue du roi Taksin, Chanthaburi

refuge à plus de 156 espèces d'oiseaux et 32 de mammifères, dont l'ours noir asiatique, le tigre, le léopard, le cerf muntjac et le macaque. Il est également réputé pour ses chutes d'eau, en particulier l'impressionnante **cascade de Phliu**. En face s'élèvent le *chedi* d'Alongkon et un *chedi* de forme pyramidale haut de 3 m érigé par le roi Chulalongkorn en l'honneur d'une de ses épouses, Sunantha, qui se noya en 1876 à Bang Pa-in (*p. 171*). Exigeant une marche plus éprouvante, deux autres chutes d'eau connaissent moins de succès auprès des visiteurs : la cascade de Trok Nong, haute de 20 m, et celle de Klang, enserrée dans la forêt.

Parc national de Khao Sabap ⓫
อุทยานแห่งชาติน้ำตกพลิ้ว

Province de Chanthaburi. Siège du parc près de la route 3 à 14 km au sud-est de Chanthaburi. ℹ️ TAT, Rayong (038) 655420 ; Forestry Dept (02) 579 5734 (et location de bungalows). 🚌 Chanthaburi puis songthaew. 🏍️

Très apprécié des Thaïlandais, ce parc de 135 km² renferme une des plus luxuriantes forêts pluviales du pays et offre un

Bo Rai ⓬
บ่อไร่

Province de Trat. 🚗 40 000. 🚌 ℹ️ TAT, 100 Mu 1 Trat–Laem Ngop Rd, Laem Ngop, Province de Trat (039) 597255. 🏠 t.l.j.

Cette petite ville se trouvait jadis au centre du commerce des pierres précieuses dans la région. Réputées pour la qualité de leurs rubis (*tab tim*), les mines des environs sont toutefois presque épuisées, et Bo Rai n'abrite plus aujourd'hui qu'un seul marché d'un peu d'importance, celui de **Khlong Yaw**, qui a lieu le matin. Ce marché suit des règles inhabituelles, puisque ce sont les acheteurs qui s'installent à des tables entre lesquelles circulent les vendeurs. L'exploitation minière, en érodant les sols, a malheureusement causé de graves dégâts.

Sur le marché aux pierres précieuses de Bo Rai

Bungalows et cocotiers à Khlong Phrao, Ko Chang

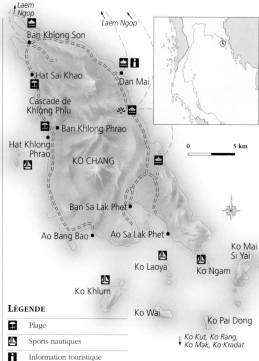

↑ *Laem Ngop*

Laèm Ngop →

Ban Khlong Son

Hat Sai Khao

Dan Mai

Cascade de Khlong Phlu

• Ban Khlong Phrao

Hat Khlong Phrao

KO CHANG

Ban Sa Lak Phet •

Ao Bang Bao •   • Ao Sa Lak Phet •

Ko Mai Si Yai

Ko Laoya   Ko Ngam

Ko Khlum

Ko Wai

Ko Pai Dong

↑ Ko Kut, Ko Rang,
↓ Ko Mak, Ko Kradat

0   5 km

5

Ko Chang ⑬

เกาะช้าง

Province de Trat. 👥 *4 400.* ⛴
depuis Laem Ngop. ℹ *TAT, 100 Mu 1
Trat-Laem Ngop Rd, Laem Ngop,
Province de Trat* 📞 *(039) 597255.*

LÉGENDE

🏖	Plage
🏄	Sports nautiques
ℹ	Information touristique
⛴	Embarcadère
= =	Piste de terre
❀	Point de vue

Montagneuse, Ko Chang est la plus vaste des quelque 50 îles protégées par le parc national marin de Ko Chang. Il occupe une superficie de 650 km², dont un tiers de terres émergées. Malgré des plages dignes de cartes postales, l'industrie touristique en reste à ses balbutiements dans l'archipel, une situation qui ne présente pas que des avantages : plusieurs îles appartiennent entièrement à de coûteux complexes hôteliers. Depuis que des familles d'agriculteurs sino-thaïs se sont installées sur Ko Chang, au milieu du XIXe siècle, une grande partie de la faune a disparu. Quelques petits

mammifères tels que le cerf muntjac, le macaque à queue courte et la civette indienne subsistent néanmoins à côté de 75 espèces d'oiseaux. Reptiles et d'amphibiens comprennent le varan, le python, le cobra royal et la grenouille de Ko Chang. Ses reliefs rendent l'intérieur des terres difficile à explorer. La route côtière entreprise au début des années 90 facilite

aujourd'hui la circulation dans l'île. C'est sur la côte ouest que se trouvent les plus belles plages, en particulier **Hat Sai Khao** (« plage de sable blanc ») bordée de bungalows, la plus longue et la plus fréquentée. Un centre d'information permet de s'inscrire à des promenades en bateau et à des expéditions de pêche ou de plongée au tuba, activités que proposent aussi la plupart des pensions. Beaucoup louent également des motos. Plus jolie et plus tranquille, **Hat Khlong Phrao** s'étend à proximité de Ban Khlong Phrao, un village de pêcheurs. Les plages du sud restent relativement isolées. Celle qui se niche au creux de la baie d'**Ao Bang Bao** est particulièrement belle. Plus à l'est, une longue plage borde la baie d'Ao Sa Lak Phet qui abrite quelques villages de pêcheurs et des bungalows. Au large peuvent se visiter les épaves de deux navires de la marine thaïlandaise. Il existe de nombreuses chutes d'eau sur Ko Chang, dont deux justifiant la marche nécessaire pour les atteindre. Proche du siège du parc sur

Hat Khlong Phrao, l'une des plus belles plages de Ko Chang

la côte est, la **cascade de Than Mayom** dévale trois niveaux et ménage une belle vue de l'île. Sur le littoral opposé, un sentier en pente douce de 3 km conduit au bassin supérieur de la **cascade de Khlong Phlu.**
Les îles entourant Ko Chang constituent d'excellents buts de promenade d'une journée ou d'expédition de plongée.
Ko Kut, la deuxième de l'archipel par la taille, se trouve hors des limites du parc. Elle renferme de spectaculaires cascades.
Les pêcheurs apprécient la côte rocheuse de **Ko Wai,** au sud de Ko Chang. Plus au sud, un essaim de récifs coralliens entoure **Ko Rang.** Presque plate, **Ko Mak** est en grande partie couverte de plantations de cocotiers. Elle présente pour principaux attraits une plage isolée dans une baie au nord-ouest, un village de

Coraux et éponges à Ko Chang

pêcheurs et de beaux récifs de corail. Au nord-est de Ko Mak, une île minuscule frangée de cocotiers, **Ko Kradat,** possède certaines des plus belles plages de l'archipel. Elle appartient entièrement à un centre de vacances. Les hôtels sont chers mais on peut aussi y louer des bungalows.

Trat ⓮

ตราด

Province de Trat. 👥 *14 500.* 🚌 🚢
ℹ️ *TAT, 100 Mu 1 Trat-Laem Ngop Rd, Laem Ngop, Province de Trat (039) 597255.* 📅 *t.l.j.* 🎉 *Fête du Rakham (mai-juin).*

La plupart des touristes ne font que traverser cette petite capitale provinciale animée pour rejoindre Ko Chang, mais elle constitue une étape agréable. Ses marchés, notamment, s'offrent à la promenade. Ils se trouvent pour la plupart autour de Tait Mai Road et Sukhumvit Road et proposent un bon choix de boissons et de spécialités culinaires. Plusieurs pensions de la ville proposent des excursions jusqu'aux villages spécialisés dans l'extraction des pierres précieuses comme Bo Rai *(p. 300-301).*
À environ 2 km au sud-ouest du centre de Trat, le **Wat Bupharam** (« temple des fleurs ») occupe un joli jardin planté de grands arbres. Quelques-uns de ses édifices, tels le *wihan,* le clocher et les bâtiments d'habitation des moines *(kutis),* datent de sa fondation à la fin de la période d'Ayutthaya *(p. 56-57).*

Vendeur de durians sur l'un des marchés animés de Trat

Khlong Yai ⓯

คลองใหญ่

Province de Trat. 👥 *23 000.* ℹ️ *TAT, 100 Mu 1 Trat-Laem Ngop Rd, Laem Ngop, Province de Trat (039) 597255.* 📅 *t.l.j.*

Proche de la frontière, cette ville pittoresque abrite quelques marchés thaïlandais et cambodgiens et des éventaires vendant de délicieuses nouilles aux fruits de mer. La route qui mène de Khlong Yai au poste frontière de **Hat Lek** traverse des paysages spectaculaires entre les monts Cardamom situés au Cambodge et la mer et ses élevages de poissons. Hat Lek marque la fin de Sukhumvit Road, route dont le point de départ se trouve à Bangkok *(p. 132).*

La pêche reste la principale ressource de Ko Chang

DE BANGKOK À SURAT THANI

I l ne fait aucun doute que l'archipel de Ko Samui et le parc marin d'Angthong constituent la principale attraction de la côte occidentale du golfe de Thaïlande qui, entre Bangkok et Surat Thani, relie la Plaine centrale bouddhiste et le Sud musulman. Les visiteurs auraient toutefois tort de négliger les charmes de la péninsule : villes animées, belles plages et parcs nationaux.

Tout le long de la péninsule jusqu'à Phuket, au sud, les monts du Tenasserim forment une longue épine dorsale culminant à plus de 1 500 m et ils arrêtent une grande partie de la pluie apportée par la mousson du sud-ouest. La région côtière, qui s'étend à leur pied jusqu'au golfe de Thaïlande, reste cependant fertile et réputée pour ses ananas, son maïs, sa canne à sucre, ses bananes, ses asperges et ses mangoustans.

Les temples gardent le reflet d'influences datant d'avant la prédominance thaïe, et des villages de pêcheurs jalonnent le littoral que bordent des kilomètres de plages.

Les plus proches de Bangkok attirent le week-end de nombreux habitants de la capitale. Les fronts de mer plantés de casuarinas de Cha-am et de Hua Hin, la première station balnéaire créée en Thaïlande, sont particulièrement populaires. C'est également la première destination pour le golf, de nombreux terrains se trouvant à proximité. Plus au sud, les îles de l'archipel de Ko Samui offrent des paysages saisissants, de magnifiques fonds sous-marins, de longues plages de sable fin et une infrastructure touristique développée. Sur le continent, les parcs nationaux de Khao Sam Roi Yot et Kaeng Krachan protègent des marais salants où de nombreux oiseaux migrateurs viennent faire étape entre août et avril.

Dans la région, c'est Phetchaburi qui offre le plus d'intérêt sur le plan architectural, avec des édifices religieux marqués par les époques khmère, môn d'Ayutthaya, de Rattanakosin. À quelque 500 km au sud, Chaiya conserve des vestiges archéologiques témoignant de son importance dans l'empire de Srivijaya (*p. 336-337*).

Bateaux de pêche dans la baie de la paisible ville de Prachuap Khiri Khan

◁ Fidèles faisant des offrandes dans le Wat Mahathat de Phetchaburi

À la découverte du littoral occidental

Cette longue bande côtière, dominée par les montagnes marquant la frontière avec la Birmanie, s'étend de Phetchaburi, cité ancienne, à la ville marchande de Surat Thani. Au nord, la proximité de Bangkok entretient la popularité des stations balnéaires de Cha-am et Hua Hin, tandis que les parcs nationaux de Kaeng Krachan et de Khao Sam Roi Yot protègent des paysages superbes et variés. Au sud, ce sont les splendides îles de l'archipel de Ko Samui qui attirent la majorité des visiteurs. Ko Samui elle-même est l'île la plus vaste et la plus touristique. Les routards apprécient particulièrement Ko Tao et Ko Pha Ngan. Il est difficile de trouver plus beaux paysages marins, encore sauvages, que dans le parc national d'Angthong.

DE BANGKOK À SURAT THANI D'UN COUP D'ŒIL

Parc national marin d'Angthong ⑬
Cha-am ③
Chaiya ⑨
Chumphon ⑧
Hua Hin ⑤
Parc national de Kaeng Krachan ②
Parc national de Khao Sam Roi Yot ⑥
Ko Pha Ngan ⑫
Ko Samui p. 326-328 ⑪
Ko Tao ⑭
Palais Mareukathayawan ④
Phetchaburi p. 318-320 ①
Prachuap Khiri Khan ⑦
Surat Thani ⑩

Fouillis d'antennes de télévision au-dessus du Phet à Phetchaburi

CIRCULER

Les routes 4 et 41 desservent tout le littoral. Des liaisons quotidiennes en train et en autocar climatisé relient les principales villes entre elles et à Bangkok (Bangkok-Hua Hin prend de trois à quatre heures, Bangkok-Surat Thani onze heures en car et de onze à treize heures en train). Ko Samui, Surat Thani, Prachuap Khiri Khan et Hua Hin possèdent des aéroports nationaux. Partout, *songthaews* et tricycles permettent de circuler sur de courtes distances. Des voitures se louent à Cha-am, Hua Hin et Ko Samui. Surat Thani et Don Sak offrent les principales voies d'accès à l'archipel de Ko Samui, mais on peut rejoindre Ko Tao depuis Chumphon. Le trajet Bangkok-Ko Samui en train/car puis ferry dure seize heures.

Sur la plage de Chaweng à Ko Samui

VOIR AUSSI

• *Hébergement* p. 401-403

• *Restaurants* p. 425-427

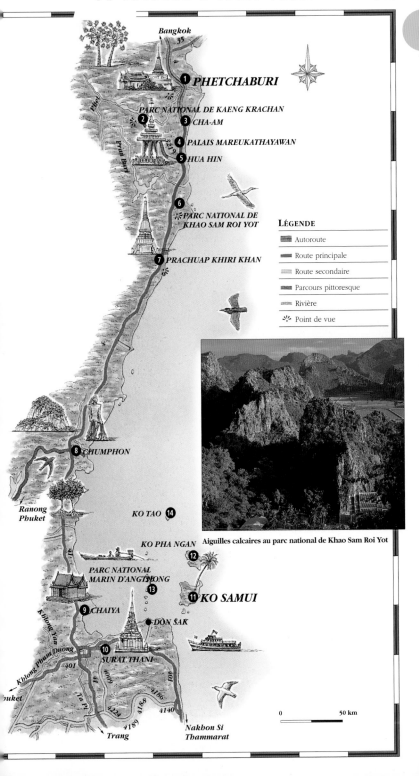

Bangkok
35

1 **PHETCHABURI**

PARC NATIONAL DE KAENG KRACHAN
2
3 **CHA-AM**
4 **PALAIS MAREUKATHAYAWAN**
5 **HUA HIN**

6
**PARC NATIONAL DE
KHAO SAM ROI YOT**

7 **PRACHUAP KHIRI KHAN**

LÉGENDE

Autoroute
Route principale
Route secondaire
Parcours pittoresque
Rivière
Point de vue

8 **CHUMPHON**

Ranong
Phuket

KO TAO 14

KO PHA NGAN
12

**PARC NATIONAL
MARIN D'ANGTHONG**
13

11 **KO SAMUI**

9 **CHAIYA**

● **DON SAK**

10
SURAT THANI

Phuket

Aiguilles calcaires au parc national de Khao Sam Roi Yot

Trang

*Nakhon Si
Thammarat*

0   50 km

Phetchaburi pas à pas

S ur un site habité depuis au moins le XIe siècle, Phetchaburi (souvent appelée Phetburi) est une des plus anciennes villes de Thaïlande. Elle a longtemps joué un important rôle commercial et culturel, et ses trente temples présentent des influences môn, kmères et ayutthaya. Le palais d'été bâti au XIXe siècle par le roi Mongkut sur une colline à l'ouest du centre, Khao Wang, fait aujourd'hui partie du parc historique de Phra Nakhon Khiri *(p. 320)*. Les autres sites importants comprennent le Wat Yai Suwannaram du XVIIe siècle, les cinq *prangs* khmers du Wat Kamphaeng Laeng et un quartier ancien qui a conservé beaucoup de son charme originel. La plupart des visiteurs n'y viennent que pour la journée depuis Bangkok, située à 120 km.

Détail, Phra Nakhon Khiri

Vers le parc historique Phra Nakhon Khiri

Phra Song Road
Plusieurs wats *bordent cette rue animée.*

Wat Mahathat
Les cinq prangs *de style khmer de ce temple du XIVe siècle très restauré dominent le centre-ville. Anges et divinités ornent les toits des principaux* wihan *et* bot.

À NE PAS MANQUER

★ **Le parc historique de Phra Nakhon Khiri**

★ **Le Wat Kamphaeng Laeng**

★ **Le Wat Yai Suwannaram**

Vers le Wat Tho

Maisons-boutiques en bois
Le béton gagne du terrain partout en Thaïlande, mais Phetchaburi a conservé des édifices en bois, en particulier le long du fleuve.

★ Le parc historique de Phra Nakhon Khiri

Astronome averti, le roi Mongkut fit construire cet observatoire près de son palais occupant le sommet de la colline. C'est aujourd'hui un musée (p. 320). Le superbe parc qui l'entoure offre des vues panoramiques de Phetchaburi.

MODE D'EMPLOI

Province de Phetchaburi. 🏃
61 000. 🚉 *Rot Fai Rd à 1,5 km au N-O du centre.* 🚌 *Chisa-in Rd, près du Chomrut Bridge.* ℹ️ *TAT, Cha-am (032) 471005.* 🕐 *t.l.j.* 🎉 *Fête de Phra Nakhon Khiri (8 jours au dbt. fév.).* @ *tatphet@tat.or.th*

Vers le Wat Chisa-in

★ Le Wat Yai Suwannaram

Bâti pendant la période d'Ayutthaya (p. 56-57), ce wat abrite dans le bot de splendides peintures murales de divinités hindoues. La bibliothèque repose sur des pilotis au milieu d'un étang.

Vers le Wat Yai Suwannaram

0   75 m

LÉGENDE

– – – Itinéraire conseillé

Marché

Vers le Wat Kamphaeng Laeng

★ Le Wat Kamphaeng Laeng

Ce temple hindou, plus tard adapté au culte bouddhiste, est l'un des rares monuments khmers à avoir survécu en Thaïlande hors de l'Isan (p. 252-293). Ses cinq prangs en latérite au style caractéristique dateraient du XIIe siècle.

Phra Nakhom Khiri, palais bâti au XIXᵉ siècle par Rama IV

À la découverte des alentours de Phetchaburi

La rivière Phet traverse la ville, sinuant entre ses 30 temples historiques. Beaucoup, en particulier les *wats* de l'époque d'Ayutthaya, sont dans un excellent état de conservation. À l'ouest, trois grandes collines dominent la capitale provinciale.

Phra Nakhon Khiri, que les habitants de Phetchaburi appellent Khao Wang, a pour traduction littérale « cité céleste de la montagne ». Le roi Mongkut (Rama IV) commanda dans les années 1850 ce palais d'été perché au sommet du mont Maha Samana (92 m) et mélangea sans complexe architectures thaïlandaise, européenne, chinoise et japonaise. Le parc boisé et creusé de grottes naturelles qui l'entourent ménage de belles vues de la ville et de la province.

L'ensemble des bâtiments s'étend sur trois collines. Le palais royal et l'observatoire d'Ho Chatchawan Wiangchai (Rama IV était un astronome amateur éclairé) couronnent l'éminence la plus à l'ouest. Le Phra That Chomphet, un *chedi* érigé par Rama V, se dresse sur celle du centre. Le Wat Maha Samanaram, qui abrite de belles peintures murales, s'élève sur la hauteur la plus à l'est. Un funiculaire évite aux visiteurs la rude ascension jusqu'aux édifices. À quelques kilomètres au nord de Phetchaburi, on découvre **Tham Khao Luang,** une grotte renfermant des stalactites, des *chedis* et

des bouddhas. À droite de l'entrée de la caverne, le **Wat Bun Thawi** possède d'intéressants panneaux de porte sculptés.

🏛 **Phra Nakhon Khiri**
Khao Wang, Phetchaburi. **(** *(032) 425600.* ☐ *t.l.j.* ✎
🛕 **Tham Khao Luang**
Route 3173 à 3 km au nord de Phetchaburi. ☐ *t.l.j.* ✎ *dons.*

Parc national de Kaeng Krachan ❷
อุทยานแห่งชาติแก่งกระจาน

Province de Phetchaburi. Siège du parc près de la route 3175 à 60 km au sud de Phetchaburi. ℹ *TAT (032) 471005 ; Forestry Dept (02) 579 0529, (02) 579 4842 (et location de bungalows).* 🚉 🚌 *Phetchaburi puis songthaew.* ✎

Dans le plus vaste parc national de Thaïlande vivent au moins 40 espèces de grands mammifères, dont le tigre, le léopard, le gibbon, l'éléphant, deux variétés d'ours asiatiques et deux

Des tigres peuplent toujours le Parc national de Kaeng Krachan

types d'entelles. Fondée en 1981, cette réserve naturelle de 2 920 km² renferme des forêts tropicales persistantes parmi les plus belles du pays. Bien que peu connue des touristes, elle est sillonnée d'excellents sentiers.

Dans sa partie ouest s'élève le massif du Tenasserim qui marque la frontière avec la Birmanie. Torrents et rivières y alimentent un lac artificiel de 45 km², le **Kaeng Krachan Reservoir.** Il peut se découvrir en bateau. Des milliers d'oiseaux migrateurs viennent y faire étape et se reproduire dans ses marais salants.

Cheval de promenade à Cha-am

Cha-am ❸
ชะอำ

Province de Phetchaburi. 🏠 *36 000.* 🚉 🚌 ℹ *TAT, 500/51 Phetkasem Rd, Cha-am (032) 471005.* ☐ *t.l.j.*

À l'origine simple village de pêche et de marché, Cha-am s'est transformée depuis les années 1980 en une dynamique station de loisirs très fréquentée par les habitants de Bangkok, ce qui lui vaut d'être souvent paisible en semaine. De hauts immeubles d'appartements et de vastes complexes hôteliers se sont multipliés le long de son front de mer.

Les Thaïlandais, qui constituent la majeure partie de la clientèle de la station, portent plus d'intérêt aux plaisirs gastronomiques qu'à la baignade et, sur le sable, des tables ombragées par des parasols permettent de déguster poisson grillé, poulpe, crevettes et moules accompagnés de sauces piquantes et de bière. Au nord de la plage, des restaurants servent une cuisine similaire.

Palais Mareukathayawan ❹

พระราชนิเวศน์มฤคทายวัน

Près de la route 4 à 9 km au sud de Cha-am. 🄵 TAT, Cha-am (032) 471005. 🚌 depuis Cha-am. ⏱ de 8 h 30 à 16 h 30 t.l.j. 📷 dons. 🚫 dans la chambre.

Le « palais de l'amour et de l'espoir » servit, à mi-chemin entre Hua Hin et Cha-am, de résidence d'été à Rama VI. La construction de ce grand édifice en tek blond dessiné par un architecte italien ne demanda que seize jours en 1923. Abandonné après la mort du roi deux ans plus tard, il resta ensuite longtemps négligé. Restauré depuis les années 70, il a presque retrouvé une apparence d'origine. Bien qu'aisément accessible, il reste peu visité. L'intérieur est frais et aéré.

Peints dans des tons pastel, salles de réception, porches et appartements royaux restent sobres.

Hua Hin ❺

หัวหิน

Province de Prachuap Khiri Khan. 🄵 30 000. ✈ 🚌 🚆 🄵 Municipality Tourist Office, 114 Phetkasem Rd, Hua Hin (032) 532433. 🛒 t.l.j.

La plus ancienne station balnéaire de Thaïlande dut son succès à l'ouverture en 1911, d'une liaison ferroviaire qui réduisait considérablement le temps nécessaire pour franchir les 190 km séparant Bangkok de sa plage. Un terrain de golf de neuf trous, commandé par Rama VI, et le splendide Railway Hotel furent construits en 1922 et 1923.

La gare de Hua Hin

Hua Hin profita de la mode internationale pour les stations climatiques et devint un lieu de séjour apprécié de membres de la famille royale, de la haute société de la capitale et de riches étrangers. Le prince Chulachakrabong se fit bâtir en 1926 un palais d'été qu'il baptisa **Klai Klangwon** (« loin des soucis »). Toujours utilisé par la famille royale, il n'est pas ouvert au public.

Bien qu'entrée en déclin après la Seconde Guerre mondiale, Hua Hin attire depuis plusieurs années une nouvelle génération de Thaïlandais. Les activités qu'elle propose, promenades en poneys, dîners de fruits de mer et achats de souvenirs en coquillage sur le marché, lui donnent une atmosphère détendue et familiale.

Devenu aujourd'hui l'**Hotel Sofitel Central,** le Railway Hotel entretient le souvenir de la grande époque des débuts huppés de Hua Hin. Tombé en décrépitude dans les années 60, il a connu une restauration, primée en 1993 par l'association des Architectes de Thaïlande. Avant cette rénovation, l'hôtel avait servi de décor au film *La Déchirure* pour les scènes censées se passer au Phnom Penh Hotel.

Au sud de la principale plage de Hua Hin, des *chedis* et des sanctuaires miniatures couvrent le Khao Takiap (« colline des baguettes »). Non loin, un bouddha debout haut de 20 m fait face à la mer devant le **Wat Khao Lad**.

Grand hall de l'aile nord du palais Mareukathayawan

Parc national de Khao Sam Roi Yot ❻

อุทยานแห่งชาติเขาสามร้อยยอด

Province de Prachuap Khiri Khan. Centre d'accueil près de la route 4 à 37 km au sud de Pranburi. **🛈** *TAT, Cha-am (032) 471005 ; Forestry Dept (02) 5790529 (et location de bungalows).* **🚌** *Pranburi puis songthaew.*

Ce petit parc s'étend en bordure du golfe de Thaïlande dans la partie la plus étroite de la péninsule. D'une superficie de 98 km², il protège une zone où mer, sable, marécages et rochers créent des paysages contrastés. Les aiguilles de calcaire qui jaillissent des marais jusqu'à une hauteur de 650 m lui ont valu son nom de « montagne des 300 cimes ». La réserve naturelle offre un refuge aux millions d'oiseaux migrateurs qui, d'août à avril, y font étape entre la Sibérie, Sumatra et l'Australie, ainsi qu'à des espèces telles que le semnopithèque obscur (un entelle), le macaque mangeur de crabe ou singe crabier et le loris paresseux. Les visiteurs peuvent aussi y faire de longues promenades en forêt et découvrir de vastes grottes. **Tham Phraya Nakhon** abrite un pavillon bâti pour Rama IV en 1896, et **Tham Sai** une cascade fossilisée.

Attention aux singes, Khao Sam Roi Yot

Le Wat Chong Kra Chok dominant Prachuap Khiri Khan

Prachuap Khiri Khan ❼

ประจวบคีรีขันธ์

Province de Prachuap Khiri Khan. **👥** *59 000.* **🚉 🚌 🛥 🛈** *TAT, Cha-am (032) 471005.* **✉** *t.l.j.*

Prachuap Khiri Khan signifie « ville parmi la chaîne montagneuse » et il est vrai que les rochers calcaires en forme de pains de sucre qui encadrent sa baie sablonneuse lui donnent l'aspect d'une « petite Rio ». L'économie locale repose principalement sur la pêche et, le long de la promenade, stands et restaurants proposent des fruits de mer. Perché sur une colline, le charmant **Wat Chong Kra Chok** offre la meilleure vue de la région. Environ 200 macaques vivent sur l'éminence et ils grimpent chaque soir au sommet pour tirer leur subsistance de jolis frangipaniers. Il existe des plages propices à la baignade au nord et au sud de la baie.

Chumphon ❽

ชุมพร

Province de Chumphon. **👥** *44 000.* **🚉 🚌 🛥 🛈** *TAT, Surat Thani (077) 288818.* **@** *tatsurat@samart.co.th* **✉** *t.l.j.* **📷** *Procession de l'image de Luang Suan Buddha et régate (5 jours en oct.).*

Cette petite capitale provinciale, considérée comme le point de transition entre le cœur bouddhiste du pays et le Sud sous influence musulmane, fut le lieu de résidence du prince Chumphon, le père de la marine royale thaïlandaise mort en 1923. Bien que mis hors service en 1975, le **HMS Chumphon,** un torpilleur de 68 m de long, a été conservé pour lui rendre hommage. Les récifs entourant les 47 îlots situés au large des 220 km de côte de la province attirent un nombre toujours croissant de plongeurs. Des agences en ville organisent à leur intention des expéditions d'une journée jusqu'à des îles comme **Samet, Mattra, Ngam Yai** et **Ngam Noi.** Chumphon est aussi l'endroit le plus pratique pour rejoindre Ko Tao en bateau *(p. 331).*

LE RÔLE DE CHAIYA DANS L'EMPIRE DE SRIVIJAYA

Tablette votive srivijaya

L'empire maritime de Srivijaya *(p. 52-53)* domina toute la péninsule malaise et une partie de l'Indonésie entre le VIIᵉ et le XIIIᵉ siècle, y diffusant le bouddhisme mahayana. Bien que la majorité des historiens estiment aujourd'hui que sa capitale se trouvait à l'emplacement de Palembang sur l'île de Sumatra, la découverte à Chaiya de vestiges de temples et de quelques statues de pierre et de bronze (pour la plupart exposées au musée national de Bangkok) témoigne de l'importance de la ville à cette époque. Son nom aurait d'ailleurs pour origine une contraction de « Siwichaiya », prononciation locale de Srivijaya. Alors port côtier, Chaiya occupait sur la péninsule une position stratégique pour les échanges commerciaux entre les deux grandes civilisations asiatiques, l'Inde et la Chine. Un moine chinois, I Ching, visita la région à la fin du VIIᵉ siècle et évoqua dans ses écrits sa sophistication religieuse et culturelle. On sait aussi que des liens matrimoniaux unirent certains maîtres de Chaiya et des souverains de Java.

Bronze du VIIIᵉ siècle trouvé à Chaiya

Rangée de bouddhas au Wat Phra Boromathat de Chaiya, temple fondé à l'époque de Srivijaya

Chaiya ❾

ไชยา

Province de Surat Thani. 🏃 43 000.
🚉 🚌 ℹ️ *TAT, Surat Thani (077)*
288818. 🏨 *t.l.j.* 🎏 *Fête de Chak Phra (oct.-nov.).*

L'aspect un peu triste de cette petite ville ferroviaire ne rend pas honneur à l'histoire d'une implantation humaine parmi les plus anciennes du sud de la Thaïlande, où on a retrouvé de magnifiques sculptures datant de l'époque de Srivijaya (VIIe-XIIIe siècle). Bouddhas de style bengali ou déités hindoues aux multiples bras montrent de nettes influences môn et indiennes. On peut les découvrir, ainsi que des tablettes votives et des œuvres de la période d'Ayutthaya, au **musée national de Chaiya** qui se trouve à 2 km à l'ouest du centre et à 10 mn à pied de la gare. Juste à côté, le **Wat Phra Boromathat Chaiya** *(p. 337)* abrite dans son enceinte principale un *chedi* caractéristique du style de Srivijaya avec son plan cruciforme et les frontons ouvragés de tailles décroissantes ornant sa partie supérieure. Construit au IXe ou au Xe siècle en brique et mortier végétal, il a connu de

nombreuses restaurations. La majorité des dévots qui fréquentent le temple actuellement ne le font toutefois pas en raison de son ancienneté mais en mémoire de Phra Chaiya Wiwat, un moine très révéré décédé en 1949.

🏛️ **Musée national de Chaiya**
Phra Boromathat Chaiya. 📞 *(077)*
431066. ⏰ *du mer. au dim.*
🔴 *jours fériés.* 📷

AUX ENVIRONS : Des bouddhistes du monde entier viennent faire retraite à l'International Dhamma Hermitage *(p. 446)* installé au **Wat Suan Mok**, au sud-ouest de Chaiya. Son succès est dû à la philosophie religieuse très tolérante défendue par le fondateur du temple, Buddhadhasa Bhikkhu, jusqu'à sa mort en 1993. Des

Scène de la vie du Bouddha au Wat Suan Mok

travaux manuels rythment une vie monastique simple. Des retraites de méditation de dix jours, ouvertes aux étrangers, commencent le premier de chaque mois.

🏕️ **Wat Suan Mok**
À 7 km au sud de Chaiya par la route 41. 📞 *(077) 431552.* ⏰ *t.l.j.*

Surat Thani ❿

สุราษฎร์ธานี

Province de Surat Thani. 🏃 154 000.
✈️ 🚉 *Phun Phin, à 14 km à l'ouest de Surat Thani, puis bus.* 🚌 🚢 *Ban Don (en ville) et Thong (6 km à l'est).* ℹ️
TAT, 5 Talat Mai Rd, Surat Thani (077)
288818. @ *tatsurat@samart.co.th*
🎏 *Fête du Ramboutan (août), fête de Chak Phra (oct.-nov.).*

Ville marchande et portuaire à l'embouchure des rivières Tapi et Phum Duang, Surat Thani tire ses principales ressources du caoutchouc et de la noix de coco.
Les berges y restent animées, de nombreux petits bateaux transportent des passagers jusqu'aux marchés vendant au bord de l'eau produits frais et fleurs. Surat Thani est toutefois surtout connue des visiteurs comme point de départ vers Ko Samui et Ko Pha Ngan.

Un paysage de rêve : cocotiers et eau limpide à Ko Samui ▷

Ko Samui ⓫

เกาะสมุย

Principale culture de Ko Samui

D'une superficie de 147 km², Ko Samui est la troisième île de Thaïlande après Ko Phuket et Ko Chang. Surnommée la plus grande plantation de cocotiers du monde jusqu'à l'arrivée des premiers voyageurs dans les années 70, le tourisme est aujourd'hui sa principale source de revenus : ses longues et superbes plages attirent chaque année environ 500 000 visiteurs. Celle de Chaweng, en particulier, a un peu la réputation d'être un rendez-vous international de noctambules. La multiplication d'hébergements de luxe pour groupes en séjour organisé ne peut toutefois qu'en transformer l'atmosphère.

Naton

Le développement de Ko Samui commença dans les années 1850 avec l'installation de marchands chinois, actifs dans le négoce du coton et de la noix de coco. Fondée vers 1905 pour devenir le centre administratif de l'île, Naton reste aujourd'hui la capitale et le plus important port de passagers.

Peu de visiteurs y séjournent cependant, sauf pour y prendre tôt le matin un bateau à destination de Surat Thani, sur le continent. La ville possède un supermarché, une poste et des bureaux de change. Depuis le port, des *songthaews* empruntent la principale voie de circulation de l'île, une route qui en fait le tour, soit vers le nord et la plage de Chaweng, soit vers le sud en direction de Lamai.

Le « Big Buddha » haut de 12 m de Ko Faan

Maenam

Très étroite mais longue de 4 km, la plage de sable située le plus à l'ouest sur la côte nord ménage une vue panoramique de Ko Pha Ngan *(p. 329)*. Les visiteurs s'y pressent pour profiter de conditions particulièrement propices à la pratique de la

LÉGENDE

🏖	Plage
🏄	Sports nautiques
ℹ	Information touristique
🛕	*Wat*
✈	Aéroport
🚌	Gare routière
⛴	Embarcadère
—	Route principale
—	Route secondaire
☙	Point de vue

Maenam, sur la côte nord, l'une des plages les plus paisibles de Ko Samui

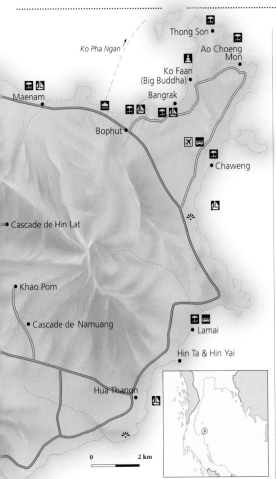

MODE D'EMPLOI

Province de Surat Thani.
🏠 34 000. ✈ 23 km de
Naton. ⛴ depuis Surat Thani,
Tha Thong et Don Sak. 🛈 TAT,
Naton (077) 420504 ou TAT,
Surat Thani (077) 288818 ;
Songserm Travel, 64/1–2 Naton
Pier, Chonvithi Rd, Naton (077)
421316 (réservation de places de
bateau). 🛳 t.l.j.

**Le parachute ascensionnel,
un des sports à Chaweng**

devant laquelle viennent se
recueillir les dévots pour
acquérir des mérites (p. 125).
Éventaires de souvenirs et
cafés se sont installés au pied
de l'escalier ornés de *nagas*
qui y conduit.

Thong Son et Choeng Mon
Plus loin sur la côte, le cap
formant la pointe nord-est de
Ko Samui est creusé de
criques rocheuses isolées.
Paisible, Hat Thong Son offre
une vue magnifique de Ko
Pha Ngan. Ao Choeng Mon,
situé dans une jolie baie,
regoupe la majorité des
structures d'hébergement.

planche à voile, notamment
de décembre à février quand
souffle la brise soutenue
alimentée par la mousson du
nord-est.

Bophut
Proche d'un village où on
trouve des bungalows, une
banque, des bars et des
restaurants et permettant la
pratique de plusieurs sports
nautiques, la plage de
Bophut, longue de 2 km et
mieux aménagée que celle de
Maenam, attire aussi bien les
familles que les routards. Une
liaison quotidienne en bateau
la relie à Hat Hin, une plage
de Ko Pha Ngan.

Bangrak
Dans la continuation de
Bophut, cette plage aussi
connue sous le nom de Big

Buddha Beach n'offre pas
une eau aussi claire que
Chaweng ou Lamai (p. 328)
mais propose un large choix
d'hébergements pour petits
budgets. À son extrémité est,
une chaussée rejoint l'îlot de
Faan où se dresse une grande
image dorée du Bouddha

Bungalows à l'ombre de cocotiers sur une plage de Ko Samui

À la découverte de Ko Samui : les plages de l'est, les côtes sud, ouest et l'intérieur

Les superbes plages et l'intense vie nocturne de Chaweng et de Lamai, sur la côte orientale de l'île, attirent des touristes du monde entier. Beaucoup ne quittent jamais ces stations balnéaires, laissant relativement préservés le reste du littoral et l'intérieur montagneux et boisé.

Pêcheurs musulmans accostant sur la côte est de Ko Samui

Chaweng

La plus longue, la plus jolie et la plus fréquentée des plages de l'île forme un ruban de 5 km sur la côte est. Tiédeur de l'eau, sable blanc et bungalows rustiques y ont attiré pendant des années des voyageurs aux petits budgets, mais de plus en plus d'hôtels pour groupes en séjour organisé s'y construisent.
Au nord, un lagon d'un mètre de profondeur se révèle idéal pour les enfants et les véliplanchistes débutants. Des palmiers bordent la partie centrale de la plage et l'extrémité sud, où de gros rochers y isolent de belles petites anses.

Chaweng permet de pratiquer de nombreuses activités : planche à voile, canoë, parachute ascensionnel, plongée, tennis et volley-ball. Équipée de banques, agences de voyages, supermarchés, et loueurs de motos et de bicyclettes, Chaweng dispose de l'infrastructure touristique la plus développée de Ko Samui. Bien que fréquentée par quelques familles, elle demeure avant tout un lieu de rendez-vous de jeunes voyageurs. Beaucoup y viennent avant tout se distraire dans ses bars, restaurants et boîtes de nuit dont le nombre ne cesse de croître.

Lamai

Cette station balnéaire attire surtout des Européens à petits budgets. Son pôle principal se trouve au centre de la plage, longue de 4 km, et regroupe bars, boîtes de nuit et restaurants servant de la nourriture occidentale.
À l'extrémité nord de la plage, le village de Lamai reste à l'écart de la foule et conserve de vieilles maisons en tek au toit de chaume. Bâti en 1826, le Wat Lamai Cultural Hall abrite un petit musée des arts et traditions populaires exposant des objets de la vie quotidienne.
Sur un promontoire au sud de Lamai, deux formations rocheuses, Hin Ta et Hin Yai, sont célèbres pour leur ressemblance avec des sexes masculin et féminin.

Côtes sud et ouest

Il existe de nombreuses plages au sud et à l'ouest de l'île où résider dans des huttes rudimentaires. Bien que située à seulement 1,5 km du quai de Don Sak où abordent les ferries, Thong Yang séduira les visiteurs en quête d'un séjour paisible.

Baignade à la cascade de Namuang au centre de Ko Samui

L'intérieur de l'île

Montagneux et couvert d'une dense forêt tropicale et de vastes plantations de cocotiers, l'intérieur de Ko Samui paraît impénétrable, mais il existe quelques pistes en terre et deux routes qui conduisent à de belles chutes d'eau. Il est possible de louer à Naton, Chaweng et Lamai des véhicules tout-terrain et des motos. La cascade de Namuang, haute de 30 m, attire pique-niqueurs et baigneurs. Elle se trouve à 10 km de Naton et à 5 km de la route qui fait le tour de l'île. Plus petite, la cascade de Hin Lat, située à 3 km de Naton, présente moins d'intérêt. C'est en décembre ou janvier, à la fin de la saison pluvieuse, que les deux chutes d'eau offrent le spectacle le plus impressionnant.

Chaweng, la plus longue et la plus jolie plage de Ko Samui

Ko Pha Ngan ⓬

เกาะพะงัน

Province de Surat Thani. 🏠 9 000.
🚤 de Naton sur Ko Samui à Tong
Sala. ℹ️ TAT, Surat Thani
(077) 288818. 🚩 t.l.j.

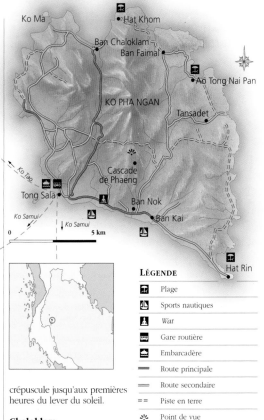

Située à 7 km de Ko Samui et moins étendue, Ko Pha Ngan propose le même cocktail tropical de plages de sable blanc, de récifs coralliens proches et d'intérieur montagneux et boisé. Des voyageurs à petit budget viennent y mener une vie de bohème dans des huttes rustiques en bordure de baies paradisiaques. Un mauvais réseau routier a entravé un développement touristique comparable à celui de Ko Samui. Une grande partie du littoral demeure aujourd'hui seulement accessible par la mer ou par des pistes.

Tong Sala

Port d'accès à Ko Pha Ngan, Tong Sala possède une banque, une poste, un supermarché, des agences de voyages et une boutique de photographe. Près du quai, des *songthaews* se tiennent prêts à conduire les visiteurs dans le reste de l'île.

Hat Rin

Deux longues plages encadrent le cap formant la pointe sud-est de l'île, à 10 km de Tong Sala, et c'est là que l'on trouve le plus de bungalows. Ils sont souvent complets une semaine avant et une semaine après la fête qui se déroule sur la plage à la pleine lune. Elle dure du

Plage de sable blanc de Hat Rin sur Ko Pha Ngan

crépuscule jusqu'aux premières heures du lever du soleil.

Chaloklam

Une forte odeur de poisson séché émane des devantures de ce village, et les visiteurs asiatiques s'arrêtent souvent pour en acheter après s'être rendus au sanctuaire de Chao Mae Koan Im dans le centre de l'île. Si la pêche reste l'activité principale de Chaloklam, quelques boutiques se sont mises à vendre pizzas et autres snacks pour touristes. Plutôt sales près du village, les plages s'améliorent quand on s'éloigne vers l'est et Hat Khom.

Poisson séché à Chaloklam

Tong Nai Pan

Bien que la majorité des plages se trouvent sur la côte est, seule une piste en terre les dessert. Au nord-est, les baies jumelles de Tong Nai Pan Noi et Tong Nai Pan Yai offrent un cadre superbe. Elles peuvent s'atteindre en camionnette découverte depuis Tong Sala ou, entre janvier et septembre, en bateau « longue queue » depuis la plage de Maenam sur Ko Samui.

Tansadet, à 3 km au sud, est le plus gros cours d'eau de l'île. Il doit son nom de « ruisseau royal » aux dix visites qu'y fit Chulalongkorn entre 1888 et 1909. Depuis, les monarques thaïlandais ont pour la plupart laissé de grandes inscriptions gravées à proximité. Découvrir les signatures impose de grimper dans les rochers. Il existe deux cascades, celle de Sampan et celle de Daeng. Toutes deux permettent de se baigner, mais les fortes pluies qui arrosent l'île de septembre à décembre rendent le lit du ruisseau dangereux à cette époque.

LÉGENDE

🏖️	Plage
🌊	Sports nautiques
🛕	*Wat*
🚌	Gare routière
⚓	Embarcadère
▬▬	Route principale
══	Route secondaire
═ ═	Piste en terre
🔭	Point de vue

Carte : Ko Ma, Hat Khom, Ban Chaloklam, Ban Faimal, Ao Tong Nai Pan, KO PHA NGAN, Tansadet, Ko Tao, Cascade de Phaeng, Tong Sala, Ko Samui, Ban Nok, Ban Kai, Hat Rin. 0 – 5 km

Parc national marin d'Angthong ⑬

อุทยานแห่งชาติทางทะเลอ่างทอง

Province de Surat Thani. Siège du parc sur Ko Wua Talab. 🚢 depuis Ko Samui. 🛈 TAT, Surat Thani (077) 288818 ; Park HQ (077) 286025, Forestry Dept (02) 5612918 (et location de bungalows).

F ormées par les sommets émergés d'une chaîne calcaire qui, plus au sud, s'élève jusqu'à 1 835 m dans la province de Nakhon Si Thammarat, les quelque 40 îles de l'archipel d'Angthong (« vasque d'or ») possèdent une beauté rude, différente de celle de Ko Samui, située à 31 km au sud-est. Réservées à la marine royale thaïlandaise jusqu'en 1980, quand fut créé le parc national, elles restent pratiquement inhabitées. La plupart des visiteurs y viennent dans le cadre d'excursions d'une journée depuis Ko Samui pour se détendre sur le sable d'un blanc éblouissant, s'enfoncer dans de denses forêts et des grottes, explorer en canoë des côtes déchiquetées ou plonger à la découverte de coraux colorés.

Les îles recèlent une très riche faune, sur terre comme en mer. Ocelots, écureuils, macaques à longue queue, loutres de mer et pythons s'aperçoivent à l'occasion, et l'absence de prédateurs naturels rend le *semnopithèque obscur* très familier. 40 espèces d'oiseaux vivent aussi sur l'archipel, dont

Légende

🏖 Plage

🔺 Sports nautiques

🛈 Information touristique

⚓ Embarcadère

— — Sentier

🌿 Point de vue

le baza noir, la salangane, le milan-pêcheur et la bécasse. Les plongeurs partis admirer les magnifiques coraux au large de **Ko Sam Sao** y verront probablement une sorte de maquereau à la silhouette ramassée, le *pla thu*. Ce poisson vient en effet se reproduire dans les parages d'Angthong.

Il arrive aussi que l'on aperçoive des dauphins, mais ils se montrent prudents avec les humains car les pêcheurs de la région en font une proie de choix. Le siège du parc et les seuls hébergements et aménagements touristiques se trouvent sur l'île la plus

Ferry desservant Angthong

Ko Naayphud

Ko Hindab

Ko Wuakantang

Ko Sam Sao

Ko Mae Ko

Ko Phi

● Siège du parc national

Ko Wua Talab

Ko Samui

PARC NATIONAL MARIN D'ANGTHONG

Ko Tao-Pun

Ko Phaluai

0   2 km

Le parc marin d'Angthong vu depuis un sentier de Ko Wua Talab

Bateau transportant les passagers des vedettes jusqu'à la plage de Ko Mae Ko

grande, **Ko Wua Talab** («île de la vache endormie »). En gravissant un dénivelé de 400 m, on atteint un point de vue offrant un merveilleux panorama de tout l'archipel, de Ko Pha Ngan, de Ko Samui et du littoral continental. Une autre promenade sur une pente relativement raide conduit à Tham Buabok («grotte du lotus ondoyant ») qui doit son nom à certaines des concrétions calcaires qu'elle abrite. **Ko Mae Ko** possède une plage permettant la baignade. C'est là aussi que s'admire Thale Noi, un bassin d'eau turquoise qu'enserrent des falaises escarpées : la «vasque d'or » qui donne son nom au groupe d'îles.

Ko Tao ⑭

เกาะเต่า

Province de Surat Thani. 🏠 *13 000.*
⛴ *depuis Chumphon ou Ko Samui.*
ℹ *TAT, Surat (077) 281828.*

Située à 40 km au nord-ouest de Ko Pha Ngan, l'« île de la tortue » est la plus petite et la plus belle des îles de l'archipel de Samui où les visiteurs peuvent séjourner. Elle attire des plongeurs séduits par la diversité des fonds coralliens et de leur faune. En mai, la visibilité peut atteindre 40 mètres. Les principaux sites de plongée sont Green Rock, Chumphon Pinnacle et Southwest Pinnacle. Les débutants disposent de plusieurs baies peu profondes

Anémone de mer, Ko Tao

et à l'eau limpide.
Une dizaine d'agences restent ouvertes toute l'année dans le village de Mae Hat où se trouvent aussi la poste et le poste de police. La haute saison dure de décembre à avril. Ko Tao possède un intérieur densément boisé, des criques tranquilles sur la côte est et une belle plage de sable sur la côte ouest. Des centaines de huttes proposent un hébergement simple, mais il se révèle parfois difficile de trouver une place disponible en haute saison.
Juste au nord-ouest de Ko Tao, trois îlots magnifiques reliés par des bancs de sable et entourés de corail portent le nom collectif de **Ko Nang Yuan.** Un restaurant et des bungalows permettent d'y passer quelques jours enchanteurs.

À la découverte des riches fonds coralliens de Ko Tao

Nids de salanganes

LA SOUPE AUX NIDS D'HIRONDELLES

Avec le martinet à dos brun, la salangane est la principale espèce à fournir les nids qui forment la base d'une préparation culinaire fort prisée dans tout l'Extrême-Orient et l'Asie du Sud-Est pour ses vertus toniques et aphrodisiaques. Les oiseaux mettent de deux à trois semaines à les construire avec leur salive. Plongés dans un bouillon, ils se diluent en fils évoquant du vermicelle. Les Chinois apprécient tout particulièrement la soupe ainsi obtenue, et les nids s'échangent à de tels prix qu'il faut une concession du gouvernement pour avoir l'autorisation de les ramasser. Des gardes armés surveillent même les principaux sites, telles les grottes de Ko Phi Phi Ley (p. 363). Les ramasseurs, qui n'ont le droit d'opérer qu'entre février et avril et en septembre, risquent leur vie sur de fragiles échafaudages de bambou le long de parois s'élevant à plusieurs dizaines de mètres. Sacrifices et offrandes aident à assurer leur sécurité.

LE SUD

PRÉSENTATION DU SUD 334-341

LA CÔTE NORD DE LA MER D'ANDAMAN 342-363

LA FRONTIÈRE MALAISE 364-379

Présentation du sud de la Thaïlande

De nombreuses cultures se côtoient depuis des siècles sur l'étroite péninsule qui s'étire de Ranong, à la frontière birmane, jusqu'en Malaisie. Les chaînes montagneuses, qui forment du nord au sud une épine dorsale couverte d'un manteau forestier, influent sur le régime des moussons et la saison pluvieuse dure de mai à octobre sur la mer d'Andaman, et de novembre à avril dans le golfe. La baie de Phangnga offre à la Thaïlande son paysage naturel le plus spectaculaire avec ses pitons calcaires jaillissant d'une eau peu profonde jusqu'à une hauteur de 300 m. De part et d'autre, les stations balnéaires de Phuket et de la province de Krabi sont les pôles qui attirent de très nombreux visiteurs dans la région. S'ils viennent surtout profiter de longues plages de sable blanc et pratiquer des sports nautiques comme la plongée, le Sud possède aussi des centres historiques comme les villes de Songkhla et Nakhon Si Thammarat, ainsi que de vastes étendues de nature préservée.

CÔTE NORD DE LA MER D'ANDAMAN
(*voir p. 342-363*)

Baie de Phangnga

Phuket

La baie de Phangnga
(p. 354-357), *hérissée de pitons rocheux, est le plus célèbre des sites naturels du Sud. À cause de l'érosion importante, la baie n'est plus accessible pour des visites en bateau, mais peut toujours être admirée de loin.*

Phuket (p. 348-355) *est la plus grande île et la province la plus riche de Thaïlande. Prospère dès le XIXᵉ siècle grâce aux marchands chinois qui s'y installèrent, elle vit aujourd'hui principalement du tourisme balnéaire et hôtels, restaurants et boutiques de luxe bordent nombre de ses superbes plages. On peut surtout y pratiquer la plongée à côté de nombreux autres sports nautiques.*

◁ **Rang de bouddhas dorés dans la cour intérieure du Wat Wang près de la ville de Phatthalung**

Nakhon Si Thammarat
(p. 368-369), ancienne capitale régionale de l'empire de Srivijaya (p. 336-337), est aujourd'hui le pôle culturel du Sud dont elle abrite le temple le plus sacré : le Wat Mahathat. Elle conserve aussi l'un des derniers théâtres d'ombre nang talung mais reste peu visitée.

Le musée national de Songkhla
(p. 374-375) expose une collection éclectique de céramiques, d'objets d'art et de meubles dans une splendide demeure de style chinois du XIXᵉ siècle.

Nakhon Si Thammarat

Les bateaux de pêche korlae (p. 378), aux coques peintes, sont caractéristiques du Sud musulman et se voient entre autres à Pattani, un ancien État islamique indépendant.

Songkhla

0   50 km

Parc national marin de Tarutao

Pattani

FRONTIÈRE
MALAISE
(voir p. 364-379)

Le parc national marin de Tarutao
(p. 376) renferme une faune très variée et protège des plages et des fonds sous-marins parmi les plus beaux de Thaïlande.

La péninsule, un carrefour de cultures

Depuis plus de deux mille ans, la péninsule que se partagent aujourd'hui la Malaisie, la Thaïlande et la Birmanie est au centre des échanges culturels en Asie. Les découvertes faites sur l'isthme de Kra, en particulier les comptoirs historiques de Nakhon Si Thammarat, Chaiya, Sathing Phra et Takua Pa, témoignent des liens qui existaient avant l'ère chrétienne entre la Chine, l'Inde, le Moyen-Orient et même l'Empire romain. Du VIIe au XIIIe siècle, l'empire de Srivijaya, hindouiste et bouddhiste mahayana, contrôla une grande partie de la région. À son déclin, Birmans et Siamois, des bouddhistes theravada, étendirent leur influence vers le sud, tandis que l'islam, transmis par des marchands arabes, s'implantait durablement dans la partie méridionale de la péninsule. Le XVIe siècle vit l'arrivée des puissances coloniales européennes.

L'islam, *religion dominante en Malaisie, est très pratiqué dans le sud de la Thaïlande où voisinent minarets et sanctuaires bouddhiques.*

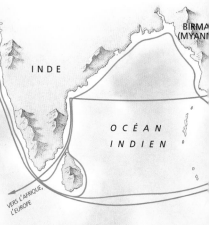

VERS L'ARABIE

INDE

BIRMA (MYANI

OCÉAN INDIEN

VERS L'AFRIQUE, L'EUROPE

Des peintures préhistoriques *subsistent, entre autres dans la baie de Phangnga (p. 354-357). Des hommes habitent la région depuis au moins la fin de la dernière ère glaciaire où la mer n'existait pas entre Bornéo et Sumatra.*

ROUTES COMMERCIALES

Le détroit de Malacca sert depuis toujours de point de passage entre la mer de Chine et l'océan Indien. Il y a deux mille ans, des comptoirs sur la péninsule permettaient déjà à des navires chinois, indiens et arabes de s'approvisionner. Des bateaux européens les rejoignirent au XVIe siècle. Moins utiles avec l'évolution des techniques, certains ports déclinèrent.

Des tambours cérémoniels *découverts à Chaiya, Nakhon Si Thammarat et Sumatra furent fabriqués à Dong Son, au Nord-Vietnam, vers 500 av. J.-C.*

0   1 000 km

L'empire de Srivijaya *contrôla la péninsule jusqu'à Chaiya du VIIe au XIIIe siècle. Les œuvres d'art bouddhique mahayana qu'il produisit comportent de nombreux bodhisattvas, illuminés qui renoncent au parinirvana (p. 163).*

LÉGENDE

Routes locales (à partir du Ve siècle av. J.-C.)

Principales routes de la période de Srivijaya (VIIe-XIIIe siècle)

Principales routes européennes (à partir du XVIe siècle)

Ce canon de la Compagnie néerlandaise des Indes orientales se trouve à Nakhon Si Thammarat (p. 368-369). Cette compagnie, qui commerça dans toute l'Asie du Sud-Est, trouva dans la péninsule un accès aux produits chinois et japonais.

L'ARCHITECTURE DE SRIVIJAYA

L'empire de Srivijaya étendait son contrôle jusqu'aux ports de Chaiya *(p. 322-323)* et Takua Pa sur l'isthme de Kra. Il a laissé de nombreux objets sur la côte du golfe et dans la sud de la Thaïlande, mais la plupart des *chedis*, construits en brique et en stuc, ont disparu. L'un des seuls à nous être parvenu en bon état se dresse dans le Wat Phra Boromathat de Chaiya. De plan cruciforme,

Chedi **d'influence javanaise du Wat Phra Boromathat**

il possède quatre niveaux de tailles décroissantes. Bâti aux IXe-Xe siècle, il a connu de nombreuses restaurations. La dernière date de 1930.

VERS LA CHINE

VIETNAM

THAÏLANDE

CAMBODGE

MER DE CHINE MÉRIDIONALE

ISTHME DE KRA

MALAISIE

BORNÉO

SUMATRA

JAVA

VERS L'AFRIQUE, L'EUROPE

VERS LES MOLUQUES

Cette gravure européenne montre une procession à *Pattani (p. 378), l'un des États musulmans de la péninsule qui perdit son autonomie au début du XXe siècle.*

Au déclin de Srivijaya, les Thaïs et les Birmans se disputèrent le nord de la péninsule. Cette bataille eut lieu à Phuket (p. 348-353) en 1785.

La route commerciale, indiquée sur cette carte française du XVIIe siècle, longeait la côte est de la péninsule depuis *Batavia (Jakarta) jusqu'à Ayutthaya, la capitale du Siam.*

Les récifs coralliens

L a mer d'Andaman abrite les plus beaux récifs coralliens de Thaïlande. Composés d'innombrables et minuscules créatures marines, ils grandissent extrêmement lentement, parfois d'un mètre tous les mille ans, et uniquement dans des eaux chaudes et claires. Les squelettes calcaires des coraux morts servent de support à la croissance des nouveaux membres de la colonie et à de nombreuses autres espèces vivantes qui, comme les

Hôte coloré d'une anémone de mer

oursins, peuvent aussi participer à la construction du récif. Des milliers de plantes et d'animaux, depuis de grands requins jusqu'à des algues microscopiques, forment un écosystème d'une richesse exceptionnelle. Près de 30 % des espèces de poissons vivent près des récifs coralliens.

La plongée au tuba permet, à moindre coût, d'explorer les récifs coralliens. De nombreux se développent dans des eaux claires et peu profondes.

Les gobies, petits poissons à large tête, vivent surtout dans les eaux tropicales où ils partagent parfois des abris dans le sable avec des crevettes.

Cocotiers

Revers

Le baliste clown possède dans la nageoire dorsale une aiguille qu'il peut dresser pour empêcher un prédateur de le tirer d'en dessous un rocher.

Les murènes sont des prédateurs voraces qui se cachent dans des crevasses pour surprendre leurs proies. Des crevettes se nourrissent des débris restés coincés entre leurs dents.

UN RÉCIF TYPIQUE
Sur le côté est de l'île, la plage cède la place à un platier à l'eau peu renouvelée et chaude. Une crête le limite, puis le récif descend en pente raide jusqu'au fond océanique. À l'ouest, le revers tend à être plus abrupt et rocheux. Des éboulis fournissent un abri à des coraux souples et à des créatures comme les murènes.

Les requins léopards ne présentent aucun danger pour l'homme. À Shark Point, près de Ko Phi Phi, les plongeurs voient souvent ces créatures timides aux alentours du récif.

De nombreux oiseaux de mer *viennent se nourrir dans les eaux poissonneuses des récifs, telle la grande aigrette, un échassier au bec effilé.*

La plongée *(p. 444) offre le meilleur moyen de découvrir l'écosystème des récifs. Dans le Sud, c'est Phuket qui compte le plus d'agences, louant des équipements et proposant des excursions dans des îles comme Ko Phi Phi. Toucher le corail peut endommager le récif.*

Plage

Platier

Crête

Les raies *prennent bien des formes et aspects, depuis la mante qui peut atteindre 6 m d'envergure, jusqu'à cette espèce tachée de bleu dont la queue cache un dard à venin.*

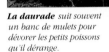

La daurade *suit souvent un banc de mulets pour dévorer les petits poissons qu'il dérange.*

Front

LA FORMATION DU RÉCIF

Un récif corallien se construit à partir des squelettes calcaires de petits animaux appartenant, comme les anémones de mer, à l'ordre des anthozoaires. Chaque individu prend la forme d'un polype : cylindre creux possédant à un bout une ouverture entourée de tentacules. Les polypes peuvent former des colonies aux aspects variés : circonvolutions des madrépores, arborescences du corail de bijouterie ou îles entières.

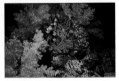

Madrépores

Corail arborescent

Les bernard-l'ermite, *crustacés au corps sans carapace, se protègent des prédateurs en s'appropriant les coquilles vides de mollusques comme le buccin.*

Les mangroves

Martin-pêcheur

L a mangrove ne se développe que sous les tropiques, dans les zones envasées et saumâtres d'estuaires. En Thaïlande, elle forme quelques poches dans le Sud, en particulier sur la baie de Phangnga (p. 354-357). Les arbres qui la composent sont les seules essences à s'être adaptées à cet environnement, leurs racines fixant les sédiments, drainés par des réseaux de canaux, sur lesquels ils poussent. Souvent méprisée, la mangrove constitue néanmoins un écosystème vital à la survie de nombreuses espèces de crustacés, de poissons, de reptiles, d'oiseaux et même de mammifères. Dans sa forme « primaire », ce type de forêt peut atteindre plus de 25 m de haut. En Thaïlande, cependant, il n'existe quasiment que des mangroves « secondaires », c'est-à-dire exploitées par l'homme et ne dépassant pas une hauteur de 5 à 10 m.

Les racines aériennes que possèdent la plupart des arbres de la mangrove les aident à résister à la pression exercée par les marées et fixent des sédiments riches en éléments nutritifs.

Le sonneratia tolère une haute salinité.

L'avicennia repose sur un large réseau de racines.

Les rhizophores fixent des sédiments fluides soumis aux marées.

Des pneumatophores aident les racines à respirer.

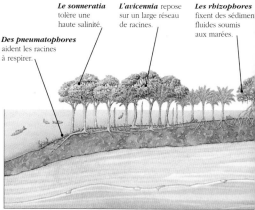

Les pneumatophores de certains arbres servent aussi à exsuder du sel en excès.

Le gobie marcheur que l'on rencontre partout dans les étendues boueuses de la mangrove peut passer de courtes périodes hors de l'eau.

COUPE D'UNE MANGROVE

Ce dessin montre la répartition typique des essences dans une mangrove thaïlandaise représentée à marée haute, lorsque poissons et invertébrés viennent se nourrir dans les eaux abritées et riches en sédiments entourant les racines. À marée basse, crabes et échassiers explorent les étendues boueuses découvertes par la mer en quête de proies.

Le gavial, jadis le roi de la mangrove, est aujourd'hui élevé dans des fermes et se voit rarement en liberté.

Dans les mangroves, les loutres chassent de petits animaux tels que mollusques et crabes.

Le crabe appelant mâle se nourrit de particules organiques en fouillant la boue avec une unique grande pince qu'il utilise aussi lors des parades nuptiales.

Les rhizophores sont fréquents dans les mangroves thaïlandaises, comme ici dans la baie de Phangnga. Une queue en forme de dague permet à leurs gousses de graines de s'enfoncer dans le limon sans être emportées par la marée.

Le boïga à raies jaunes, comme d'autres serpents de la mangrove, est un excellent nageur. Il dort pendant la journée et chasse poissons et grenouilles la nuit.

Les palmiers nipa, qui poussent hors de la zone atteinte par les vagues, servent à emballer le tabac et à fabriquer un alcool.

Le bruguiera pousse sur une boue compacte inondée par les grandes marées de printemps.

Le macaque mangeur de crabe de la mangrove thaïlandaise est un bon nageur. Il se nourrit également de graines.

LA DESTRUCTION DE LA MANGROVE THAÏLANDAISE

Malgré l'élaboration dès 1946 d'un plan national de gestion de la mangrove, celle-ci a vu sa superficie diminuer de quelque 60 % depuis les années 60. Les estimations n'évaluaient plus qu'à 120 000 ha la surface qu'elle couvrait en 1996. Cette diminution n'a pas seulement porté atteinte à la faune marine : l'érosion côtière commence à poser problème dans certaines régions du Sud. Les sédiments que retenaient les racines des arbres se déposent désormais sur des zones beaucoup plus étendues, laissant la mer gagner du terrain. Les coupes se sont accélérées à la fin des années 80 avec la multiplication d'élevages

Élevage de crevettes dans une ancienne mangrove

de crevettes à l'emplacement d'anciennes mangroves. Leurs propriétaires utilisent les canaux alimentés par les marées pour évacuer les eaux chargées en excréments de leurs bassins, ce qui réduit aux alentours la richesse en oxygène des lieux de reproduction naturels de poissons et de crustacés. La fabrication de charbon de bois, un produit vendu à bas prix dans tout le pays ou exporté à Singapour pour être commercialisé en Asie, a aussi beaucoup contribué à la raréfaction de cette forme très particulière de forêt. Enfin, ces zones inhabitées ont souvent servi à la construction de routes ou de ports.

LA CÔTE NORD DE LA MER D'ANDAMAN

D e longues plages de sable blanc bordées de cocotiers au pied de collines couvertes d'une luxuriante forêt pluviale, telle est l'image que donne le littoral thaïlandais de la mer d'Andaman. Sa partie nord a pour centre l'île de Phuket et offre aux visiteurs de nombreuses possibilités, qu'ils viennent explorer de magnifiques sites marins ou sous-marins, mener une intense vie nocturne ou trouver la solitude.

La partie occidentale de la péninsule et l'île de Phuket forment une région fertile où une dense forêt pluviale et des plantations d'hévéas, de caféiers, d'anacardiers (noix de cajou), de bananiers et de durians couvrent la majeure partie de l'arrière-pays. Après les marchands venus profiter de sa position stratégique sur la route des épices entre l'Europe et l'Orient (p. 336-337), puis les mineurs qui exploitèrent de riches filons d'étains, ce sont aujourd'hui les touristes que cette côte privilégiée attire en nombre toujours croissant. Ils se pressent surtout à Phuket qui possède de superbes plages et l'infrastructure d'accueil et de loisirs la plus développée du Sud. Au cours des vingt dernières années, de nombreux villages de gitans de la mer et de pêcheurs musulmans se sont ainsi transformés, sur l'île elle-même et autour de Krabi, en complexes hôteliers.

Dans la baie de Phangnga, des bateaux « longue queue » emmènent les visiteurs au pied des majestueux rochers qui jaillissent de la mer. Il faut un canoë pour pénétrer au plus profond de la mangrove peuplée de loutres, de singes et de pygargues. Une île comme Ko Lanta et les plages jalonnant la côte entre Takua Pa et Phuket permettent de jouir à la fois de la mer et de la solitude. À l'intérieur des terres, le parc national de Khao Sok protège une magnifique forêt vierge. En mer d'Andaman, Ko Surin et l'archipel de Ko Similan recèlent certains des plus beaux sites de plongée du monde.

La mousson du sud-ouest, qui dure de juin à octobre, rend certaines îles inaccessibles.

Scène de plage typique dans cette partie de la Thaïlande

◁ Phuket vit du tourisme, mais aussi de son agriculture, ici : une rizière

À la découverte de la côte nord de la mer d'Andaman

C ette région abrite un des plus beaux sites littoraux de toute l'Asie du Sud-Est. Les visiteurs installés à Phuket disposent de douze longues plages de sable et d'aménagements modernes tels qu'hébergement, restauration, commerces, loisirs et sports. Les hauts pitons de la baie de Phangnga fourniront le but d'une excursion d'une journée. À égale distance de Phuket et de Krabi, l'île de Ko Phi Phi reste magnifique, malgré une fréquentation touristique trop importante. Les amateurs de solitude lui préféreront les plages tranquilles de la côte de Khao Lak dominée par la forêt pluviale du massif du Tenasserim. À 60 km de la côte, les archipels de Similan et de Kurin possèdent des fonds sous-marins exceptionnels.

Navigation dans l'archipel encore vierge de Similan

0 _____ 25 km

RANON

KO SURIN ❹

PARC NATIONAL DE KHAO SOK ❷

TAKUA PA

KO SIMILAN

CÔTE DE KHAO LAK ❸

PHANGNGA VILLE

❻

BAIE DE PHANGNGA

THALANG

❺ **PHUKET**

PHUKET VILLE

Il reste possible de trouver une plage déserte sur Ko Phi Phi

LA CÔTE NORD DE LA MER D'ANDAMAN D'UN COUP D'ŒIL

Ao Nang **8**
Côte de Khao Lak **3**
Parc national de Khao
Phanom Bencha **7**
Parc national de Khao Sok **2**
Khlong Thom **10**
Ko Lanta **12**
Ko Phi Phi **11**
Ko Surin et Ko Similan **4**
Krabi **9**
*Baie de Phangnga
p. 354-357* **6**
Phuket p. 348-353 **5**
Ranong **1**

VOIR AUSSI

• *Hébergement* p. 403-404

• *Restaurants* p. 427-428

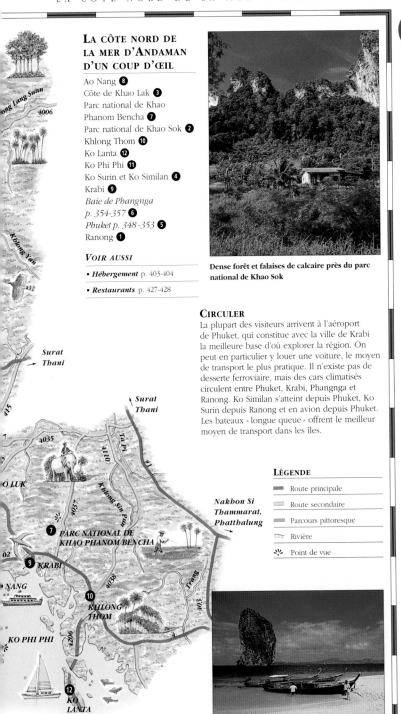

Dense forêt et falaises de calcaire près du parc national de Khao Sok

CIRCULER

La plupart des visiteurs arrivent à l'aéroport de Phuket, qui constitue avec la ville de Krabi la meilleure base d'où explorer la région. On peut en particulier y louer une voiture, le moyen de transport le plus pratique. Il n'existe pas de desserte ferroviaire, mais des cars climatisés circulent entre Phuket, Krabi, Phangnga et Ranong. Ko Similan s'atteint depuis Phuket, Ko Surin depuis Ranong et en avion depuis Phuket. Les bateaux « longue queue » offrent le meilleur moyen de transport dans les îles.

LÉGENDE

▬	Route principale
▬	Route secondaire
▬	Parcours pittoresque
➤	Rivière
☀	Point de vue

Bateaux « longue queue » à Ko Poda près de Krabi

Collecte d'eau à l'une des sources chaudes de Ranong

Ranong ❶

ระนอง

Province de Ranong. 🚶 16 500. 🏠
🚢 🚌 t.l.j. ℹ TAT, Surat Thani (077)
288818.

D ans la province la moins peuplée de Thaïlande, Ranong attira à la fin du XVIIIᵉ siècle des Chinois hokkiens venus travailler dans les mines d'étain de la région. La ville est aujourd'hui un poste frontière animé d'où les citoyens thaïlandais peuvent se rendre à **Victoria Point** en Birmanie (Myanmar) dans le cadre d'excursions en bateau d'une matinée ou d'une journée. Appelée Kaw Thaung par les Birmans, cette ville est réputée pour ses produits détaxés et son artisanat. Les étrangers ne peuvent officiellement s'y rendre sans un visa, mais cette règle n'est pas toujours appliquée. Ranong a pour principale attraction les sources d'eau minérale du **Wat Tapotaram**,

à 1 km à l'est du centre. D'une température moyenne de 65 °C, elles se révèlent trop chaudes pour s'y baigner mais alimentent, un peu plus bas le long de la rivière Khlong Hat Sompen, une piscine à 42 °C au Jansom Thara Spa Resort Hotel. Elle est accessible pour une somme modique aux personnes ne résidant pas dans l'établissement.

Parc national de Khao Sok ❷

อุทยานแห่งชาติเขาสก

Province de Surat Thani. Siège du parc près de la route 401 à 40 km à l'est de Takua Pa. ℹ TAT, Surat Thani (077) 288818 ou Forestry Dept (02) 579 5734, (02) 579 7223 (et location de bungalows). 🚌 depuis Surat Thani ou Takua Pa. 🚫

C e parc national et des réserves naturelles proches protègent la plus vaste et la plus spectaculaire étendue de forêt vierge du sud de la Thaïlande. D'une superficie de 738 km², il culmine à une altitude de 960 m et renferme 100 îles formées par la construction du barrage de Rachabrapha en 1982. Éléphants, tigres, ours, sangliers et singes, ainsi qu'environ 200 espèces d'oiseaux dont le calao, peuplent le parc où de plus en plus de visiteurs viennent pratiquer la randonnée ou le canoë. Les

Cerf muntjac à Khao Lak

plus gros mammifères sont difficiles à apercevoir car ils sortent surtout la nuit. Leurs traces se repèrent toutefois souvent le long des nombreux sentiers de la réserve qui, pour la plupart, n'exigent pas des marcheurs un entraînement particulier. Malgré les efforts des gardes forestiers, éléphants et tigres restent malheureusement victimes du braconnage. La jungle abrite aussi des plantes intéressantes, telle la rafflésie, une fleur parasite géante. Soumis à la fois aux moussons d'été et d'hiver, le Khao Sok ne connaît qu'une saison, entre janvier et avril, réellement favorable à sa visite.

Côte de Khao Lak ❸

เขาลัก

Province de Phangnga. ℹ TAT, Phuket (076) 211036. 🚌 depuis Takua Pa ou Phuket.

L a majeure partie du littoral au sud de Takua Pa se compose de longues plages pratiquement désertes. Petit village côtier, Khao Lak offre, avec quelques bungalows et une belle plage, une bonne base d'où explorer la région. Le **parc national de Khao Lak (Lam Ru)** voisin est réputé pour les panoramas qu'il offre avec ses crêtes boisées dominant la mer. Des cerfs muntjacs et de petits ours habitent toujours la forêt mais, comme dans beaucoup de parcs thaïlandais, empiètement et braconnage continuent malgré le statut de réserve naturelle. De novembre à avril, le port de pêche de Tap Lamu et Hat Khao Lak servent de points de départ à des traversées en ferry jusqu'à Ko Similan, à une soixantaine de kilomètres au large.

🏕 Parc national de Khao Lak (Lam Ru)
Siège du parc à 25 km au sud de Takua Pa. ℹ Forestry Dept (02) 579 5734, (02) 579 7223. 🚫

Forêt vierge et falaises calcaires du parc de Khao Sok

Des rochers forment à Similan de vastes grottes sous-marines

Ko Surin et Ko Similan ❹

เกาะสุรินทร์และสิมิลัน

Province de Phangnga. ⓘ *TAT,
Phuket (076) 212213 ou Forestry
Dept (02) 561 2918, (076) 491 378
(y compris réservation de bungalows à
Similan).* **Surin** 🚢 *depuis Khuraburi
Pier à 2 km de la route 4.* 🚢 **Similan**
🚢 *depuis Tap Lamu, près de la route 4
à 39 km au sud de Takua Pa ; ou
expéditions de plongée depuis
Phuket.* ◻ *Plongée idéale déc.-début
mai.* ● *mi-mai-mi-nov.* 🗓

À une distance de 60 km de
la côte occidentale, les
archipels de Ko Surin et Ko
Similan, séparés de 100 km,
comprennent les îles plus
isolées de Thaïlande. De mai
à octobre, la mousson du
sud-ouest les rend
pratiquement inaccessibles. En
saison cependant, ils offrent
certains des plus beaux sites
de plongée du monde, ainsi
que des paysages et une
faune spectaculaires.
Seuls quelques gitans de la mer
(p. 353) et fonctionnaires du
parc habitent les cinq îles de
Surin. Il existe un dortoir sur
Ko Surin Nua, mais la plupart
des visiteurs préfèrent camper.
Les deux plus grandes îles,
Ko Surin Nua et Ko Surin Tai,
possèdent un dense couvert
forestier d'arbres à feuilles
caduques. Il n'est pas rare d'y
apercevoir pygargues, varans
et macaques mangeurs de
crabe. Sous l'eau, des coraux
souples d'une grande variété
forment un décor multicolore

où glissent raies, requinsbaleines et poissons exotiques
comme la guitare de mer. Une
pêche excessive a toutefois
réduit la faune marine de Surin,
et de nombreux plongeurs
affirment que c'est autour de
Similan qu'elle est la plus
riche. Devenu un parc national au
milieu des années 80, l'archipel
de **Similan** tirerait son nom
du mot malais *sembilan* qui
signifie « neuf », le nombre des
îles qui le composent. Celles-ci
sont désignées par un numéro,
de Ko 1 à Ko 9. Ko 4 (Ko
Miang) abrite le siège du parc,
un restaurant, des bungalows
et un camping louant des
tentes à deux places. Sur
Ko 9 se trouve la station sous-
marine des gardes du parc.

À l'intérieur des terres règnent
sable blanc et luxuriante forêt
pluviale. De gros rochers
granitiques forment sur le
rivage des grottes et des
tunnels immergés appréciés
des plongeurs.
Les fonds coralliens où
prospèrent des polypes de
toutes formes et toutes
couleurs *(p. 338-339)*
entretiennent une faune
d'une richesse exceptionnelle,
avec des espèces comme la
raie mante, la tortue marine
géante, d'énormes mérous et
des créatures plus dangereuses
comme le vénimeux poisson-
pierre. Parmi les requins qui
fréquentent les alentours de
l'archipel figurent le requin-
léopard, le requin-marteau et
le requin-baleine.

À la découverte des fonds colorés
de Ko Similan

LA PLUS GROSSE FLEUR DU MONDE

Khao Sok est un des rares endroits du monde où pousse la
rafflesia kerri. Totalement parasite, cette plante tropicale ne
possède ni racines ni feuilles. Pendant la majeure partie de
l'année, elle se montre extrêmement discrète, n'existant que
sous la forme d'un réseau de minces filaments au contact
de la sève dans les racines d'un arbre hôte. Une fois par
an, cependant, un petit bouton perce l'écorce, grandit

jusqu'à prendre la taille
d'une pastèque puis finit
par éclore pour former la
plus grosse fleur du
monde. Son diamètre peut
atteindre 80 cm et elle
émet une odeur fétide qui
attire les insectes assurant
sa pollinisation. Au bout
de quelques jours, la fleur
se transforme en une
masse putride. À Khao Sok,
un sentier fléché conduit
parfois jusqu'à une rafflésie.

Rafflésie en pleine floraison dans
le parc national de Khao Sok

Phuket ❺

ภูเก็ต

**Plage de Patong
à Phuket**

Séparée du continent par un étroit bras de mer que franchit le pont Sarazin long de 700 m, la plus grande île de Thaïlande est devenue l'une des plus populaires destinations touristiques d'Asie du Sud-Est et attire chaque année jusqu'à 1 million de visiteurs. Longue de 48 km pour une superficie de 550 km², elle forme une province à elle seule. Elle est la plus riche du pays et, bien que le tourisme soit désormais sa principale ressource, agriculture et mines d'étain continuent de participer à sa prospérité.

Pêche au gros
*Dans les eaux de Phuket,
on pêche notamment thons
et barracudas.*

Bouddha enterré
*Le Wat Phra Tong
est construit autour
d'un bouddha doré
à la feuille à demi
ensevelie. Selon la
légende, chercher
à le déterrer
entraîne la mort.*

★ Les plages de la côte ouest
*Au bord de l'eau la plus limpide
de l'île s'élèvent ses hôtels les plus
luxueux. Patong est la station
la plus développée. Karon et
Kata sont plus paisibles.*

LÉGENDE

🏖	Plage
🏄	Sports nautiques
ℹ	Information touristique
🛕	Wat
✈	Aéroport
🚌	Gare routière
⛴	Embarcadère
▬▬	Route principale
▬▬	Route secondaire
☀	Point de vue

À NE PAS MANQUER

★ Les plages de l'ouest

★ Le village thaï

★ Le Centre de recherches marines

Pont Sarazin •

Hat Mai Khao •

Hat Nai Yang •

Hat Nai Thon •

Wat Phra To

Thalang

Hat Bang Tao

Hat Pansea •

Hat Surin •

Hat Kamala

Cascades de Kathu •

Hat Patong •

• Hat Karon Noi

Wat Chalong

Hat Karon •

Hat Kata Yai •

Hat Kata Noi •

Ao Nai Harn •

Hat Raw

Cap Promthep   Ko Bon

Le cap Promthep, pointe méridionale de l'île, offre un panorama exceptionnel, en particulier au coucher du soleil.

Le Gibbon Rehabilitation Centre de la réserve de Khao Phra Taew aide des gibbons élevés en captivité à retourner à la vie sauvage.

Ko Ngam

Cap Khut

Gibbon
Rehabilitation
Centre

Ko Raet

Ko Naga Yai

• Cascade de Bang Pae

Ko Naga Noi

Parc Forestier
de Khao
Phra Taew

Cascades
de Ton Sai

Naga Pearl Farm

Thalang Museum

Monument des
Héroïnes

Ko Rang

Ko Maphrao

Butterfly Garden
and Aquarium

Village thaï

PHUKET-VILLE

• Village de gitans Ko Sire

Phuket-Ville, la capitale de l'île, a conservé des demeures sino-portugaises du XIXᵉ siècle.

Chalong

• Phuket Deep Sea Port

→ Ko Phi Phi

Centre de
recherches
marines

Ko Lone

| 0 | | 5 km |

Monument des Héroïnes
Une mère et sa fille rallièrent les femmes de Phuket pour défendre l'île contre les Birmans lors de la bataille de Thalang en 1785.

Phuket Butterfly Garden and Aquarium
Un jardin couvert abrite de nombreuses espèces de papillons, et 50 aquariums offrent un riche aperçu de la faune marine locale.

★ Le Village thaï
Les visiteurs viennent dans ce village acheter des orchidées et assister à des démonstrations d'activités traditionnelles.

★ Centre de recherches marines
Un aquarium bien conçu présente poissons d'eau douce et de mer, homards, tortues et mollusques.

Phuket-ville

L a ville de Phuket s'est développée au XIXᵉ siècle après l'attaque de Thalang par les Birmans. Les mines d'étain de la région attirèrent alors des milliers de Chinois hokkiens. Certains firent fortune, construisirent de magnifiques demeures et envoyèrent leurs enfants étudier à Penang dans des écoles britanniques. Ils se sont aujourd'hui fondus dans la population thaïe, mais le centre de Phuket, ville peu tournée vers le tourisme contrairement au reste de l'île, garde un charme particulier avec ses édifices de style sino-portugais. La communauté sino-thaïlandaise garde, en outre, des traditions vivaces comme la fête végétarienne.

Détail d'un temple

Une des anciennes maisons chinoises

🏠 Maisons chinoises
Thalang Rd, Yaowarat Rd, Ranong Rd et Damrong Rd.
Le quartier sino-portugais forme le cœur de Phuket, avec ses demeures coloniales spacieuses, bien qu'un peu délabrées, entourées de vastes jardins. La plupart datent des règnes de Rama IV et Rama V (1851-1910). Aucune, malheureusement, n'abrite un musée qui permettrait de la visiter. Deux des plus belles maisons abritent, sur Ranong Road, la Standard Chartered Bank et la Thai Airways. Nombre des vieilles maisons-boutiques chinoises présentent elles aussi un aspect décrépit.

🏠 Exposition du Thavorn Hotel
ห้องแสดงของเก่าโรงแรมถาวร
74 Rasada Rd. 📞 (076) 211334. ◯ t.l.j.
Le propriétaire de cet hôtel du centre a réuni une collection d'objets et de documents liés à l'histoire de l'île, présentée dans le hall et des salles adjacentes de son établissement. On peut ainsi découvrir, disposés avec imagination, métiers à tisser, coffres précieux, maquettes de mines d'étain et photos de la ville au XIXᵉ siècle.

🏛 Marché de produits frais
ตลาดสด
Ranong Rd. ◯ t.l.j.
Ce marché ouvert 24 h/24 et les ruelles qui l'entourent offrent un spectacle qui stimule tous les sens avec ses personnages bigarrés vendant à la criée herbes et condiments, poisson en saumure, anguilles frétillantes et durians.

🌿 Rang Hill
เขารัง
Le sommet de cette colline offre une belle vue de la ville et de ses environs. La statue qui s'y dresse représente Khaw Sim Bee Na-Ranong (1857-1913) qui fut le gouverneur de Phuket de 1901 jusqu'à sa mort. C'est lui qui importa le premier hévéa en Thaïlande.

🏛 Temple de Bang Niew
ศาลเจ้าบางเหนียว
Phuket Rd. ◯ t.l.j.
Pendant la fête végétarienne, les médiums en état de transe appelés *nagas* gravissent des échelles de couteaux dans le temple. Ce sanctuaire est consacré au culte de plusieurs divinités chinoises, dont Siew, Hok et Lok qui représentent respectivement la longévité, le pouvoir et le bonheur.

LA FESTIVAL VÉGÉTARIEN DE PHUKET

Le festival dure les neuf premiers jours du neuvième mois lunaire du calendrier chinois. La fête aurait pour origine une troupe de comédiens qui, frappés il y a cent cinquante ans par une grave maladie, guérirent en s'imposant une très stricte pénitence pendant neuf jours. Pour se purger le corps et l'âme de leurs pensées et actes impurs de l'année, les dévots d'aujourd'hui s'habillent de blanc, et suivent un régime végétarien strict. La fête a pour apothéose une

procession pendant laquelle des médiums *(nagas)* en transe prouvent leur insensibilité à la douleur, notamment en se transperçant les joues. D'autres *nagas* grimpent des échelles de couteaux, et plongent leur main dans de l'huile bouillante.

Nagas défilant en ville

Le Wat Mogkol Nimit du style de Rattanakosin

MODE D'EMPLOI

Province de Phuket. 72 000.
Southern Bus Terminal près
de Phang Nga Rd. TAT, 73-75
Phuket Rd (076) 212213.
Phuket Rd (076) 219878.
t.l.j. Festival végétarien
(neuf jours fin sept.-déb. oct.).

Wat Mongkol Nimit
วัดมงคลนิมิต
Yaowarat Rd. ○ t.l.j.
Ce grand temple du style
de Rattanakosin possède des
portes finement sculptées.
Des moines y jouent parfois
au *takraw* avec des laïcs.

Temple de Chui Tui
ศาลเจ้าจุ้ยตุ่ย
Ranong Rd. ○ t.l.j.
En un flot incessant, les
croyants viennent dans
ce sanctuaire chinois pour
y tirer d'une boîte dédiée
au dieu végétarien Kiu Wong
des baguettes numérotées
censées leur dévoiler leur
destinée.

AUX ENVIRONS : À 3 km au
nord de Phuket-ville, le
**Phuket Butterfly Garden
and Aquarium** entretient une
atmosphère chaude et humide
où vivent des centaines de
papillons tropicaux, des
insectes tels que scorpions et
lucanes et une loutre très
joueuse. L'aquarium contient
d'intéressants spécimens de la
faune marine locale tel le
poisson-boule à tête de chien.
Situé à 4 km au nord de
Phuket-ville, le **Village thaï**
propose aux touristes des
spectacles culturels et
animaliers inspirés des
traditions de différentes
régions de la Thaïlande.

Ils comprennent des
démonstrations de danse, de
boxe muay thai *(p. 40-41)* et
de combat à l'épée, ainsi que
les reconstitutions d'un combat
de coqs et d'un mariage thaï.
Les danses du pêcheur, du
mineur d'étain et du récolteur
de caoutchouc furent
inventées ici. Des éléphants
démontrent aussi leur habileté
à manier des grumes.
On peut voir fabriquer, puis
acheter, des sacs et des
ornements en vannerie *yan
lipao (p. 101)*, une technique
de tressage spécifique au Sud.
40 000 orchidées sont
cultivées chaque année dans
l'Orchid Garden.

Phuket Butterfly Garden and Aquarium
Yaowarat Rd. (076) 215616.
○ t.l.j.
Le Village Thaï et l'Orchid Garden
Thepkasattri Rd. (076) 214860.
○ t.l.j.

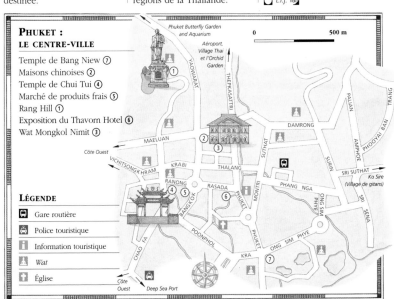

PHUKET : LE CENTRE-VILLE

Temple de Bang Niew ⑦
Maisons chinoises ②
Temple de Chui Tui ④
Marché de produits frais ⑤
Rang Hill ①
Exposition du Thavorn Hotel ⑥
Wat Mongkol Nimit ③

LÉGENDE

Gare routière
Police touristique
Information touristique
Wat
Église

À la découverte de Phuket

L es premiers Européens qui commercèrent à Phuket l'appelaient Junkceylon, et son nom moderne pourrait dériver du mot malais *bukit* qui signifie « colline ». À leur arrivée, de nombreux visiteurs se dirigent tout droit vers les stations balnéaires, le plus souvent sur la côte ouest où s'étendent les plus belles plages, et ne la quittent plus qu'à leur départ. Il existe cependant plusieurs sites historiques et culturels à découvrir dans l'île, dont l'intérieur, luxuriant, offre de belles promenades.

Hibiscus, une fleur courante à Phuket

Grand hôtel moderne dominant la plage de Patong

Hat Patong

La station balnéaire la plus construite de Phuket s'étend sur 3 km au fond de la baie de Patong. Une intense vie nocturne règne dans ses restaurants, discothèques, boîtes de nuit et bars à bière. Pendant la journée, les activités nautiques proposées comprennent le parachute ascensionnel, le ski nautique, la plongée et la pêche au gros. Bien que Patong continue de s'étendre sans vergogne le long des routes qui la desservent, les plages bordant le promontoire au sud de la baie gardent une relative sérénité. Il est possible de se promener à dos d'éléphant sur le cap au milieu des amandiers, des anacardiers (noix de cajou) et des tamariniers.

Hat Karon et Hat Kata

Situées au sud de Patong, ces deux stations sont presque aussi fréquentées. Karon comprend une longue plage de sable et la minuscule Karon Noi où s'est installé un hôtel Meridien. Plus petites et plus jolies, les plages de Kata bordent deux baies : Kata Yai et Kata Noi. Le promontoire séparant Karon de Kata abrite de bons restaurants.

Autres plages de l'ouest

Au nord de Patong s'étendent les plages plus petites de Kamala, Surin et Pansea. D'une courbe parfaite, Hat Kamala reste relativement authentique, quelques restaurants s'insérant entre des maisons de pêcheurs musulmans. Plus au nord, Hat Bang Tao est une longue bande de sable paisible appréciée des familles et des véliplanchistes. Quelques hôtels de luxe la bordent. Encore plus au nord, on trouve trois nouvelles plages : Hat Nai Thon, superbe et préservée ; Hat Nai Yang, appréciée des Thaïlandais, et Hat Mai Khao, ruban de sable long de 12 km et pratiquement désert malgré la proximité de l'aéroport.

Caps et baies du sud-est

C'est à Ao Nai Harn, une baie proche de la pointe sud de l'île, que s'est installé le très chic Phuket Yacht Club. La plage (ouverte à tous) est considérée comme une des

Le cap Promthep est un des meilleurs points de vue de Phuket

LES GITANS DE LA MER

Les gitans de la mer, aussi connus sous les noms de *chao ley ou chao naam* en thaï, sont probablement originaires des îles indiennes d'Andaman et de Nicobar situées à environ 500 km à l'ouest de la péninsule. Ils émigrèrent en passant par l'archipel de Mergui, qui borde le littoral birman, et s'installèrent dans la région il y a environ deux cent ans. Il existe aujourd'hui à Phuket des communautés à Rawai, Ko Sire, près du village de Sapam et, sur la côte nord, à Laem La et Nua. Ils vivent également en mer d'Andaman à Ko Surin, Ko Phra Tong à Phangnga et, plus au sud, dans les îles de Phi Phi, Lanta, Talibong, Tarutao et Langkawi. Divisés en trois groupes ethniques, Moklen, Moken et Urak Lawoi, ils parlent une langue qui leur est propre et ont des croyances animistes. Leurs rites incluent une cérémonie annuelle de purification.

Nettoyage des poissons, une activité quotidienne pour les gitans de la mer

plus belles de Phuket. Extrémité méridionale de l'île, le cap Promthep offre, 2 km plus loin, un magnifique panorama, en particulier au coucher du soleil.

Au nord de Promthep, la plage de Hat Rawai n'a rien d'exceptionnel. Un promontoire la sépare de la baie de Chalong où le sable n'est pas aussi blanc que sur le littoral occidental, mais où de nombreuses huttes proposent d'excellents fruits de mer à une clientèle principalement locale. Ao Chalong sert de point d'ancrage à des yachts qui viennent profiter de sa situation protégée. Des excursions en bateau permettent de rejoindre les charmantes îles de Lone, Hai et Bon qui se prêtent bien à la plongée au tuba. Sur le cap Phanwa, l'aquarium de Phuket, qui fait partie du **Centre de recherches marines**, abrite de nombreuses espèces de poissons, de coraux, de crabes et de tortues.

Crabe tropical au Centre de recherches

✹ Centre de recherches marines
Pointe du cap Phanwa.
📞 *(076) 391128.* ⬤ *t.l.j.* 🖼

Côte nord-est

Sur Ko Naga Noi, une île au large de la côte nord-est, les propriétaires de la **Naga Pearl Farm** expliquent aux visiteurs leurs techniques d'élevage de perles de culture. Une tranquille plage de sable permet en outre de se baigner et de se détendre. Pointe nord-est de Phuket, le cap Khut offre une vue panoramique des monolithes de la baie de Phangnga *(p. 354-357)*. Dans les eaux paisibles de l'étroit bras de mer séparant l'île du continent, des pêcheurs musulmans élèvent des bars.

✹ Naga Pearl Farm
Ko Naga Noi. 📞 *(076) 219870.*
⬤ *t.l.j.* 🖼

Thalang

Cette petite ville située à l'intérieur des terres fut en 1785 l'enjeu d'une célèbre bataille contre les Birmans. À 8 km du centre, le monument des Héroïnes rend hommage au courage dont on fit preuve les femmes de la région à cette occasion. À quelques pas à l'est du monument, l'exposition du Thalang Museum illustre le riche héritage de Phuket avec

des pièces telles que des icônes religieuses du Ve siècle, de la porcelaine chinoise, des mannequins grandeur nature de participants à la bataille de Thalang et des documents sur les gitans de la mer. La ville elle-même possède un intéressant marché près du Wat Phra Tong. Le temple renferme un bouddha doré et à demi enterré. Selon la légende, quiconque chercherait à le dégager courrait à sa perte.

🏛 Thalang Museum
Près de la route 402, en face du monument des Héroïnes. ⬤ *du mer. au dim.* ⬤ *jours fériés.* 🖼

Parc forestier de Khao Phra Taew

À 4 km à l'est de Thalang, cette réserve naturelle protège la dernière forêt pluviale primitive de Phuket. Elle renferme deux jolies cascades. Celle de Ton Sai offre le plus beau spectacle de juin à décembre. À la limite orientale du parc, la cascade de Bang Pae alimente des bassins où on peut se baigner toute l'année. Non loin, les bénévoles du **Gibbon Rehabilitation Centre** aident de jeunes gibbons élevés en captivité à apprendre progressivement à se débrouiller seuls dans la jungle. Les contributions des visiteurs servent à nourrir les animaux.

✹ Parc forestier de Khao Phra Taew
District de Thalang. ⬤ *t.l.j.* 🖼
✹ Gibbon Rehabilitation Centre
Près des chutes de Bang Pae. ⬤ *t.l.j.*

Citrons verts en vente au marché de Thalang dans le centre de l'île

La baie de Phangnga ❻

อ่าวพังงา

A ucun endroit n'illustre mieux la beauté du sud de la Thaïlande que la baie de Phangnga d'une superficie de 400 km². À la pointe sud de l'arête formée depuis la Chine par les montagnes du Tenasserim, d'imposantes masses de calcaire, pouvant atteindre 350 m de hauteur, surgissent d'une eau lisse et peu profonde. Les tunnels et salles souterraines qui creusent nombre de ces étranges formations rocheuses ajoutent à leur magie. L'intérieur des terres ne manque pas non plus de majesté, avec ses reliefs boisés dominant une jungle marécageuse, la mangrove.

Pygargue, baie de Phangnga

Mangrove
Plusieurs cours d'eau se jettent dans la mer au nord de la baie. Sur leurs sédiments pousse la plus vaste mangrove (p. 340-341) de Thaïlande.

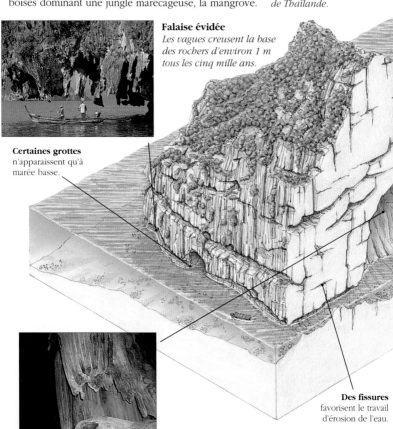

Falaise évidée
Les vagues creusent la base des rochers d'environ 1 m tous les cinq mille ans.

Certaines grottes
n'apparaissent qu'à marée basse.

Des fissures
favorisent le travail d'érosion de l'eau.

Concrétions calcaires
Dans la plupart des grottes, des dépôts de calcite ont créé stalactites et draperies.

COUPE DE ROCHERS TYPIQUES DE LA BAIE DE PHANGNGA

Le paysage offert par les rochers de la baie de Phangnga correspond pour les géologues à un relief karstique submergé. Le mot « karst » désigne des régions calcaires façonnées par une forme d'érosion particulière, car des fissures permettent à l'eau de s'infiltrer jusqu'au cœur de la roche pour effectuer son travail de sape et de dissolution et creuser tunnels et vastes chambres souterraines.

Vue aérienne de rochers de la baie de Phangnga

Des arbres s'accrochent aux fissures dans le calcaire.

Pitons isolés
L'érosion n'a laissé par endroits que des piliers de calcaire jaillissant de l'eau calme de la baie.

La voûte affaiblie finira par s'effondrer.

FORMATION DE LA BAIE DE PHANGNGA

Coraux durs et souples

Des dépôts de squelettes calcaires s'accumulent.

Il y a cent trente millions d'années, les squelettes de polypes d'un vaste récif corallien forment sous la mer d'épaisses couches de calcite.

Le calcite s'est transformé en calcaire.

Des fissures laissent entrer l'eau.

Des brèches apparaissent dans des dépôts irréguliers.

Il y a soixante quinze millions d'années, des mouvements de plaques poussent les dépôts, devenus du calcaire cassant, hors de l'eau.

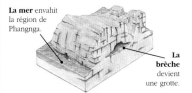

La mer envahit la région de Phangnga.

La brèche devient une grotte.

Il y a vingt mille ans, le niveau de la mer monte à la fin de la dernière ère glaciaire. Vagues et marées accélèrent le processus d'érosion.

Les vagues sculptent le rocher

La grotte s'est agrandie.

Il y a huit mille ans, la mer atteint son plus haut niveau, 4 m plus élevé que celui d'aujourd'hui, et creuse un rebord, visible sur maints rochers.

À la découverte de la baie de Phangnga

Coquillage de Phangnga

a plupart des croisières faisaient encore récemment le tour des sites les plus connus, comme le village de pêcheurs construit sur pilotis dans l'ombre de Ko Panyi, « James Bond Island » et quelques grottes spectaculaires. Certaines d'entre elles abritent des peintures rupestres ou des autels bouddhiques. À cause de l'érosion importante, les visites touristiques sont interdites dans une grande partie de la baie de Phangnga. Ces sites peuvent encore être admirés de loin. Un parc national protège à l'est de beaux paysages karstiques.

Tham Lot est un tunnel de 50 m dans le calcaire. Des stalactites pendent de la voûte.

Phangnga

★ Le village de pêcheurs de Panyi
Environs 120 familles musulmanes vivent dans ce village sur pilotis. Elles y vendent sauce de poisson, crevettes séchées et beurre de crevettes.

**Tham Suwan Kuha
(Wat Tham)**
La « grotte du paradis » abrite un sanctuaire bouddhique au milieu de stalactites et de stalagmites.

Ko Phanak
renferme plusieurs *hongs* aux parois couvertes de végétation où vivent serpents et singes.

★ James Bond Island
L'Homme au pistolet d'or tourné en 1974 a fait de Ko Khao Phing Kan et du rocher voisin de Ko Tapu des îles inoubliables.

Ko Hong
Un réseau de lagons, de gouffres et de tunnels passe sous l'île. Pour préserver cet endroit, l'accès y est interdit pour le moment.

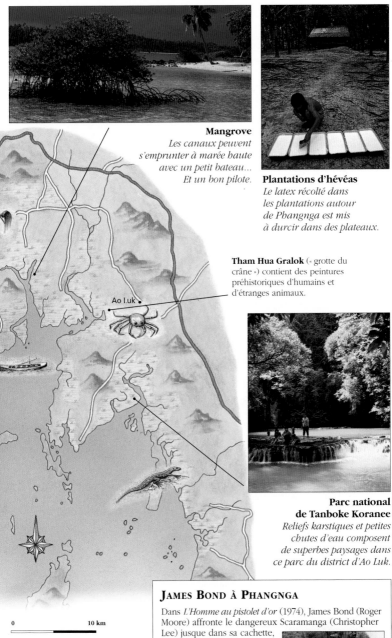

Mangrove
*Les canaux peuvent
s'emprunter à marée haute
avec un petit bateau...
Et un bon pilote.*

Plantations d'hévéas
*Le latex récolté dans
les plantations autour
de Phangnga est mis
à durcir dans des plateaux.*

Tham Hua Gralok (« grotte du
crâne ») contient des peintures
préhistoriques d'humains et
d'étranges animaux.

Ao Luk

**Parc national
de Tanboke Koranee**
*Reliefs karstiques et petites
chutes d'eau composent
de superbes paysages dans
ce parc du district d'Ao Luk.*

0   10 km

JAMES BOND À PHANGNGA

Dans *L'Homme au pistolet d'or* (1974), James Bond (Roger
Moore) affronte le dangereux Scaramanga (Christopher
Lee) jusque dans sa cachette,
une île supposée se trouver
au large de la Chine. C'est en
fait Ko Khao Phing Kan, dans
la baie de Phangnga, qui servit
de décor au film. L'étrange
piton voisin, qui renfermait
l'arme secrète, porte le nom
d'« île clou » (Ko Tapu).

Scaramanga et Bond

À NE PAS MANQUER

★ **Le village de pêcheurs**

★ **La James Bond Island**

L'extraordinaire Ko Tapu (« île clou ») de la baie de Phangnga ▷

Parc national de Khao Phanom Bencha [7]
อุทยานแห่งชาติเขาพนมเบญจา

Province de Krabi. Siège du parc près de la route 4 à 20 km au nord de Krabi. ▌ *TAT, Phuket (076) 212213 ; Forestry Dept (02) 579 5734, (02) 579 7223.* ▌ *Krabi puis bus locaux.*

Une épaisse forêt de mousson couvre la majeure partie de cette réserve naturelle. D'une superficie de 500 km², elle porte le nom du massif montagneux qui culmine à 1 350 m. Le personnel du parc peut organiser des randonnées jusqu'au sommet. L'ascension est difficile mais permet d'apprécier un point de vue spectaculaire. Malgré l'abattage illégal et le braconnage, la jungle abrite toujours au moins 156 espèces d'oiseaux comme le calao bicorne et la turnidule rayée. Parmi les 32 mammifères répertoriés figurent la panthère longibande, l'ours noir asiatique, l'ours des cocotiers, le sanglier, le binturong et le serow. La **cascade de Huay To** et la **cascade de Huay Sadeh** se trouvent à moins de 3 km du siège du parc.

Panthère longibande à Khao Phanom Bencha

Ao Nang [8]
อ่าวนาง

18 km à l'ouest de Krabi, province de Krabi. ▌ *TAT, Phuket (076) 212213.* ▌ *Krabi puis songthaew.*

Jusqu'au début des années 80, les villageois musulmans de la jolie baie d'Ao Nang tiraient toutes leurs ressources de la pêche et de la production de noix de coco et de caoutchouc. Les hôtels, les restaurants de poisson et les agences de plongées et d'excursion en canoë se sont depuis multipliés au bord de la plage, longue de 2 km, attirant, de novembre à avril, une clientèle en quête d'une atmosphère plus calme qu'à Phuket. À l'est, un cap rocheux haut de 100 m ferme la baie près de la plage peu fréquentée de Pai Plong. En saison, Ao Nang offre une base agréable pour faire des excursions en bateau « longue queue » jusqu'au promontoire de **Railae-Phra Nang**, situé à 3 km au sud-ouest. Parois de calcaire à pic, sable blanc et eau émeraude y attirent de nombreux visiteurs. À l'ouest, s'étend la plage la plus séduisante de la région : **Hat Phra Nang**. Une haute falaise la domine. Elle

Promenade sur une plage de Ko Poda, petite île proche d'Ao Nang

abrite **Tham Phra Nang Nok** (« grotte extérieure de la princesse ») où un autel est dédié à l'esprit d'une princesse, Phra Nang, dont le bateau aurait sombré près de la plage au IVe siècle av. J.-C. Les pêcheurs locaux y font des offrandes d'encens, de fruits et d'eau pour s'assurer de bonnes prises. Le rocher dissimule un lagon, **Sa Phra Nang**, que le visiteur peut atteindre par un sentier abrupt.

De part et d'autre de Phra Nang s'étendent les plages de sable de Railae est et Railae ouest. Cette dernière est la plus belle. Des bateaux en partent, comme de la plage de Phra Nang, jusqu'à l'île de **Ko Poda** où des poissons-tigres viennent vous manger dans la main. Comme **Ko Hua Khwan** (ou île du poulet), Ko Poda se prête merveilleusement à la plongée, avec bouteilles comme au tuba. **Ko Hong**, à 25 km au nord-ouest d'Ao Nang, recèle un réseau de grottes où se ramassent les nids forts prisés de la salangane *(p. 331)*.

Le siège du **parc national marin de Phi Phi-Hat Nopparat Thara**, à l'ouest d'Ao Nang, domine des plages splendides. La réserve naturelle couvre une superficie de 390 km² et comprend les îles de Ko Phi Phi *(p. 362-363)*, Ko Mai Phai et Ko Yung (aussi appelé Ko Mosquito ou « île du moustique »).

✕ Parc national marin de Phi Phi-Hat Nopparat Thara
Siège du parc à 3 km à l'ouest d'Ao Nang. ▌ *TAT, Krabi (075) 612740.* ▌ *Krabi, puis songthaew.*

Baie mirifique du parc national marin de Phi Phi-Hat Nopparat Thara

Krabi ⑨
กระบี่

Province de Krabi. 🏠 21 000. 🚉
🚌 ✈ ℹ TAT, Uttarakit Rd, Krabi
(075) 612740. 🕐 t.l.j.
🌐 www.krabi.sawadee.com

Capitale d'une superbe province, cette petite ville de pêcheurs voit passer de nombreux visiteurs qui viennent y embarquer pour des destinations telles que les îles de Ko Lanta et de Ko Phi Phi ou les plages entourant Ao Nang. *Krabi* tire son nom d'une épée, ou krabi, qu'on aurait découverte à proximité. De hauts rochers calcaires, similaires à ceux de la baie de Phangnga *(p. 354-357)*, l'entourent, et ils sont devenus le symbole de la province. Parmi les plus remarquables figurent les **pics jumeaux de Kanap Nam**. Ils se dressent comme des sentinelles de part et d'autre du fleuve qui arrose la ville. À l'est, s'étendent des mangroves qui peuvent se découvrir en louant un « longue queue » au quai de Chao Fa dans le centre.

AUX ENVIRONS : À 8 km au nord de Krabi, le **Wat Tham Sua** (« temple de la grotte du tigre ») doit son nom à une formation rocheuse ressemblant à une patte de tigre. Ce *wat* forestier, l'un des plus réputés du sud de la Thaïlande, a pour cœur un sanctuaire troglodytique. La méditation s'y pratique dans un cadre paisible et boisé où

Les joies de la baignade dans une source chaude près de Khlong Thom

un sentier en boucle permet une agréable promenade parmi de hauts arbres et les huttes habitées par les moines et les nonnes. 300 m plus haut, un escalier conduit à un grand bouddha et à une empreinte du pied du Bouddha. Du sommet de la falaise s'ouvre une vue panoramique de la province.

Bouddha du sommet de la falaise du Wat Tham Suan près de Krabi

Khlong Thom ⑩
คลองท่อม

Province de Krabi. 🏠 58 000. 🚉
ℹ TAT, Phuket (076) 212213. 🕐 t.l.j.

À quelque 40 km au sud de Krabi, cette bourgade est connue localement pour le petit musée qui présente, au **Wat Khlong Thom**, les pièces archéologiques et les armes de la région rassemblées par le gardien du temple. Elles comprennent une intéressante collection de perles appelées *lukbat*. Un port maritime, Kuan Lukbat, occupait jadis l'emplacement de Khlong Thom. Il accueillit, à partir du Ve siècle, les marchands et émissaires étrangers qui préféraient traverser la péninsule vers Nakhon Si Thammarat et Surat Thani *(p. 336-337)* plutôt que de se risquer dans les eaux dangereuses et infestées de pirates du détroit de Malacca.

AUX ENVIRONS : Une route cahoteuse de 12 km conduit à l'intérieur des terres jusqu'à une source chaude naturelle, idéale pour prendre un bain au milieu de la forêt. Il faut continuer pendant 8 km pour atteindre le **sentier forestier de Tung Tieo**. Ce parcours fléché permet de découvrir la jungle de basse terre de Khao No Chuchi et longe des bassins d'eau émeraude. Cette forêt est le dernier endroit connu au monde où vit la brève de Gurney, oiseau coloré aux habitudes terrestres dont on crut un temps l'espèce éteinte.

LA VARAPPE À KRABI

Il n'existe que deux endroits où pratiquer l'escalade dans un cadre organisé en Thaïlande : Ko Phi Phi et Krabi. Les parois du promontoire de Phra Nang et des pitons environnants,

en particulier, attirent près de Krabi des grimpeurs du monde entier. Seul le sud de la France, paraît-il, offre des voies aussi ardues. Elles varient en difficulté, selon le système français, d'un « 4 » relativement aisé à un « 8b » réservé aux plus expérimentés. La mer permet d'ajouter le plaisir de la baignade à celui de la varappe.

Sur le « mur de Thaiwand » de Tham Phra Nang près d'Ao Nang

Ko Phi Phi ⑪
เกาะพีพี

Province de Krabi. 🚶 1 200. ⛴
depuis Phuket ou Krabi. 🛈 TAT,
Phuket (076) 212213. W www.phi-
phi.com 🎏 Nouvel An chinois (fév.),
Songkran (avr.), Loykratong (nov.).

Située à 40 km au sud de
Krabi, Ko Phi Phi
(prononcer Pi Pi) se compose
de deux îles réputées pour
leur splendeur : Phi Phi Don
et Phi Phi Ley. Elles
appartiennent toutes deux au
**parc national marin de Phi
Phi-Hat Nopparat Thara** qui
protège aussi une partie du
littoral près d'Ao Nang (p. 360).
Des grimpeurs viennent
défier de vertigineuses
falaises (p. 361) de calcaire,
s'élevant jusqu'à 314 m sur
Phi Phi Don
et 374 m sur Phi Phi Ley.
Les eaux transparentes
permettent de découvrir des
récifs coralliens où
prospèrent une faune et une
flore exceptionnelles.

Phi Phi Don
La plus grande des îles de Ko
Phi Phi se compose de deux
masses rocheuses que relie
un isthme sablonneux d'un
kilomètre. C'est là que se
trouve le village originel de
pêcheurs musulmans, Ban
Ton Sai, qu'enserre
aujourd'hui une ceinture en
constante expansion de
bungalows, de cafés, de
bureaux de change et
d'hôtels. Toutefois, bien que

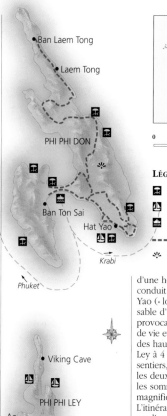

PHI PHI DON

Ban Ton Sai

Hat Yao

Krabi

Phuket

LÉGENDE

🏖 Plage

🏄 Sports nautiques

⛴ Embarcadère

- - - Sentier pédestre

🐚 Point de vue

0   2 km

• Viking Cave

PHI PHI LEY

Ao
Maya

Phi Phi Don se soit livrée
sans scrupule au tourisme ces
dernières années, la nature
y reste d'une beauté rare.
Une agréable promenade

d'une heure le long de la mer
conduit de Ban Ton Sai à Hat
Yao (« longue plage ») au
sable d'une blancheur
provocante. L'eau y grouille
de vie et on a une vue dégagée
des hautes parois de Phi Phi
Ley à 4 km de là. D'autres
sentiers, plus raides, sillonnent
les deux massifs de l'île dont
les sommets offrent de
magnifiques panoramas.
L'itinéraire le moins fatigant,
par l'est, est bien fléché.
Il existe de superbes bancs de
corail à Hin Pae, au large de
Hat Yao, ainsi qu'à Ko Phai
(« île bambou »). Au nord, les
gitans de la mer (p. 353) du
village de Ban Laem Tong
vivent du poisson pêché dans
les criques des alentours.

Une vue typique de Ko Phi Phi, paradis tropical de plus en plus touristique

**Sur une des superbes plages
de sable blanc de Ko Phi Phi**

Phi Phi Ley

Contrairement à sa voisine,
Phi Phi Ley reste inhabitée et
préservée. Des bateaux
proposent depuis Phi Phi Don
des visites de la Viking Cave,
ornée de peintures rupestres
et où les salanganes viennent
confectionner les nids servant
à préparer la célèbre soupe
de nids d'hirondelles (p. 331).
Pour les atteindre, les
ramasseurs doivent risquer
leur vie sur de branlants
échafaudages en
bambou. Leur récolte
est si précieuse que
des gardes armés
surveillent la grotte.
Il est interdit de
passer la nuit sur
l'île. Un tuba suffit
pour apprécier la
beauté des récifs de corail de
la baie d'Ao Maya, à la pointe
sud-ouest de l'île.

AUX ENVIRONS : Les îles de la
région abritent des oiseaux
rares tels le pygargue à ventre
blanc et le *mukimaki*, un
gobe-mouches.

Ko Lanta ⑫

เกาะลันตา

Province de Krabi. 🏠 23 000. 🚢
depuis Krabi ou Bo Muang. 🚩 TAT,
Phuket (076) 212213.

Proche du continent dans
l'angle sud-est de la
province de Krabi, l'archipel de
Ko Lanta se compose de 52 îles
dont 15 appartiennent au parc
national marin de Ko Lanta.

PEINTURES RUPESTRES EN MER D'ANDAMAN

Il existe de nombreuses peintures rupestres dans les
provinces de Phangnga (p. 354-359) et de Krabi (p. 361),
en particulier dans les grottes des îles de la mer d'Andaman.
La plupart montrent les contours stylisés, en noir ou en
rouge, de silhouettes humaines, de mains ou de poissons,
certaines représentent des motifs aux lignes brisées. Les
images d'êtres monstrueux, chimères d'humains et de
créatures marines, intriguent toujours les archéologues.
Certains pensent que leur exécution faisait partie de rites
sacro-religieux destinés à assurer de bonnes chasses ou
pêches. Si nombre
de ces peintures
remontent à l'époque
néolithique, les
dessins de jonques
de la baie de
Phangnga et de la
Viking Cave de Phi
Phi Ley n'auraient
que quelques
siècles.

**Peinture d'une grotte
de la baie de Phangnga**

La faune de la réserve naturelle,
surtout présente sur les plus
petites et les plus isolées,
comprend lémurs, entelles,
civettes, chevrotains et plus
de 100 espèces d'oiseaux.
On accoste à **Ko Lanta
Yai,** la plus grande île
de l'archipel, au port
en bois délabré de
Ban Sala Dan.
Longue de 25 km,
elle est peuplée
principalement de
pêcheurs musulmans.
Des collines boisées
y moutonnent jusqu'aux
nombreuses plages de sable de
sa façade ouest. Bien qu'elle ne
possède pas la beauté de Ko

**Pygargue
à ventre blanc**

Phi Phi, Ko Lanta Yai séduira
les amateurs de solitude. Sur
les plages, les empreintes de
singes et de lézards y restent
plus fréquentes que celles
d'humains. Au nord-ouest, la
vue porte jusqu'à Ko Phi Phi
depuis le cap de Laem Kaw
Kwang. À la pointe sud, un
sentier côtier de 3 km rejoint
un phare alimenté à l'énergie
solaire. Des gitans de la mer
habitent le village voisin de
Ban Sangka-u.
Lors de la cérémonie appelée
loi rua, ils mettent à dériver
une maquette de bateau
longue de 2 m pour qu'elle
emporte le mauvais sort
accumulé pendant l'année.

Hébergement en bungalows sur Ko Lanta

LA FRONTIÈRE MALAISE

L'extrême sud de la Thaïlande a plus de similitudes avec la Malaisie voisine qu'avec la Plaine centrale où s'est développée la civilisation siamoise. C'est cette différence culturelle qui attire dans la région nombre de ses visiteurs. Elle n'en manque pas pour autant de beautés naturelles : des montagnes couvertes de jungle s'élèvent au milieu de la péninsule, et les plages de la côte ouest restent préservées.

Les influences malaise, indienne et chinoise marquent d'une telle empreinte l'architecture et le mélange ethnique du « Deep South » qu'il y règne une atmosphère très différente de celle du reste de la Thaïlande. Les visages y sont plus sombres et la langue thaïe y prend des intonations inhabituelles, quand elle ne cède pas la place au yawi, un dialecte apparenté au malais et à l'indonésien. La nourriture elle-même change de saveurs avec des currys souvent plus âpres et parfumés au curcuma.

Au sud de Songkhla, la ville universitaire de la région, et en particulier près des côtes, la majorité de la population est musulmane, et les minarets des mosquées l'emportent sur les flèches dorées des *wats*. Pattani, ancienne principauté indépendante, est un centre d'érudition islamique. Hat Yai doit à sa position stratégique, à un carrefour ferroviaire et au dynamisme de ses marchés d'être devenue la troisième ville de Thaïlande.

La capitale culturelle du Sud demeure néanmoins Nakhon Si Thammarat, qui abrite l'un des temples bouddhiques les plus sacrés de Thaïlande : le Wat Phra Mahathat. Des sanctuaires hindous et des traditions comme la danse *manobra* témoignent du brassage des croyances dans une ville qui joua un rôle clé sur la route commerciale entre l'Inde et la Chine. Malgré de superbes plages, le tourisme reste discret sur la côte ouest et sur les îles du parc national marin de Tarutao. Dans les montagnes, encore plus sauvages, des tribus de Négritos habitent toujours des forêts où vivent tigres et éléphants.

Jeunes filles musulmanes

◁ **Détail de l'escalier du Wat Pha Kho, Sathing Phra**

À la découverte de la frontière malaise

L es plaines orientales de la région font partie des terres les plus fertiles du pays, et le climat chaud et humide facilite des cultures comme le café, l'ananas, la noix de cajou, le ramboutan et l'hévéa. Située à une jonction ferroviaire, Hat Yai s'est imposée comme capitale commerciale du Sud, mais Nakhon Si Thammarat et Songkhla en demeurent les pôles culturels. À l'ouest, le littoral de la province de Trang et l'archipel de Tarutao offrent calme, belles plages et superbes coraux dans une région pauvre en infrastructures touristiques. La côte orientale possède moins de charme naturel, mais des villes comme Songkhla méritent une visite. L'influence de la Malaisie musulmane marque profondément, même aux yeux d'un visiteur de passage, les trois provinces au sud de Hat Yai : Yala, Pattani et Narathiwat.

Minaret d'une mosquée
de Nakhon Si Thammarat

LA FRONTIÈRE MALAISE D'UN COUP D'ŒIL

Montagnes de Banthat ⑤
Betong ⑭
Parc national de Hat Chao Mai ③
Hat Yai ⑨
Nakhon Si Thammarat p. 368-369 ①
Narathiwat ⑮
Pattani ⑫
Phatthalung ⑥
Songkhla ⑧
Parc national marin de Tarutao ⑪
Parc de national Thale Ban ⑩
Réserve ornithologique de
Thale Noi ⑦
Trang ④
Îles de la province de Trang
Andaman ②
Yala ⑬

Plage déserte sur l'archipel de Tarutao

CIRCULER

Il faut compter quatorze heures en car et dix-sept heures en train pour parcourir les 930 km séparant Bangkok de Hat Yai, au centre des voies de communication d'une région très visitée par des touristes de Singapour et de Malaisie.
Il existe 6 petits aéroports dans la région et trains et autocars desservent la plupart des grandes villes. Malgré les nombreux bus locaux, une voiture ou une moto reste le moyen le plus pratique de se déplacer sur des routes pour la plupart asphaltées. Les îles de la côte ouest s'atteignent depuis Pak Meng, Pak Bara et Kantang.

Village de pêcheurs de la province de Narathiwat

LÉGENDE

▰▰▰	Autoroute
▬▬	Route principale
▭▭	Route secondaire
▬▬	Parcours pittoresque
⇆	Rivière
⚘	Point de vue

● SATHING PHRA

8 SONGKHLA

9 HAT YAI
43
4
408
407

Alor Setar
(Malaisie)

42
408

Ya Thap

PATTANI **12**

42
409 410 42
4065 **13** YALA

PARC
NATIONAL
DE BACHO

Thepa
Pattani
4077
410

Sai Buri

15 NARATHIWAT
4055

4056
TAK BAI

0 50 km

SUNGAI
KO-LOK

CAMP COMMUNISTE DE PIYA MIT
14 BETONG

VOIR AUSSI

• **Hébergement** p. 405

• **Restaurants** p. 429

Nakhon Si Thammarat ❶

นครศรีธรรมราช

Peu d'itinéraires touristiques incluent Nakhon Si Thammarat, ou Nakhon selon son appellation populaire, bien qu'elle possède une riche histoire et entretienne des traditions telles que le théâtre d'ombres *nang talung* (p. 373) et la niellure, une technique d'incrustation d'émail noir sur métal (p. 433). Sous le nom de Ligor, la ville fut la capitale du royaume péninsulaire de Tambralinga avant de devenir, du VIIe au XIIIe siècle, une importante cité de l'empire de Srivijaya (p. 336-337). Grand centre religieux pendant cette période, elle prit le nom sanskrit de Nagara Sri Dhammaraja qui signifie « cité du roi Dharma sacré ». De nombreux marchands indiens s'y installèrent.

Statuette en argent

Un bon moyen de découvrir tranquillement Nakhon

🔶 Wat Phra Mahathat

วัดพระมหาธาตุ

Rachadamnoen Road, 2 km au sud de la gare. ⬤ *t.l.j.*

Bien que les avis divergent sur son âge, ce temple, l'un des plus sacrés de Thaïlande, aurait au moins 1 500 ans. Construit, selon la tradition, pour abriter des reliques du Bouddha apportées du Sri Lanka, le *chedi* actuel date du XIIIe siècle. Il est surmonté

d'une flèche en or pesant, selon les estimations, entre 600 kg et 1 t.

Le Wihan Luang possède un plafond peint au XVIIIe siècle, mais le Wihan Phra Ma se révèle encore plus intéressant. Il possède en effet une porte incrustée d'émeraude de la période de Sukhothai présentant des sculptures de Phrom et Vishnou. Un petit musée renferme une

collection, malheureusement non étiquetée, de pièces archéologiques, de bijoux et de sculptures religieuses. Elle comprend des œuvres dvaravati exécutées entre le VIe et le XIIIe siècle.

🔶 Musée national de Nakhon Si Thammarat

พิพิธภัณฑสถานแห่งชาตินครศรีธรรมราช

Rachadamnoen Road, 2,5 km au sud de la gare. 📞 *(075) 341 075.* ⬤ *du mer. du dim.* ⬤ *jours fériés.* 🔶

Ce musée a pour fleuron une statue de Vishnou du IXe siècle dans le style Pala de l'Inde du Sud. Elle fut découverte dans la souche d'un arbre près de Takua Pha, port de la province de Phangnga qui servait alors de comptoir aux marchands indiens s'implantant sur la péninsule. L'exposition comprend aussi deux tambours en bronze fabriqués par le peuple des Dong Son du nord du Vietnam. La galerie thaïe présente des œuvres d'art religieux allant des périodes de Dvaravati et de Srivijaya jusqu'à l'époque de Rattanakosin. Remarquez les bouddhas de style Sing.

🔶 Théâtre d'ombres (Suchart House)

บ้านหนังตะลุงสุชาติ

110/18 Si Thammasok Soi 3. ⬤ *t.l.j.*

Suchart Subsin continue dans son atelier de tailler dans du cuir de buffle les marionnettes du théâtre d'ombres *nang talung*. Les visiteurs peuvent l'observer au travail et acheter ses œuvres. Parfois, il donne même un petit spectacle impromptu.

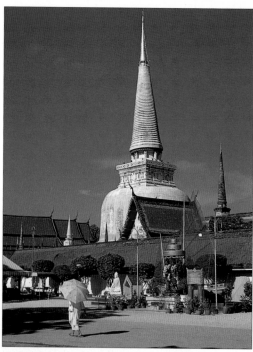

***Chedi* coiffé d'une flèche d'or du splendide Wat Mahathat**

🧘 Ho Phra I-suan (Shiva)
หอพระอิศวร

Rachadamnoen Rd. ⬤ *t.l.j.*
Le hall de ce sanctuaire abrite
un *shivalinga* d'un mètre de
haut. Cette image phallique du
dieu hindou Shiva est censée
apporter la fécondité aux
femmes et daterait du VIe siècle.

🧘 Ho Phra Bouddha Sihing
หอพระพุทธสิหิงค์

Rachadamnoen Rd. ⬤ *du mer. au dim.*
Réplique d'un bronze fondu
en l'an 157 au Sri Lanka et
apporté à Nakhon au
XIIIe siècle, Phra Bouddha
Sihing est l'un des bouddhas
les plus révérés de Thaïlande,
à l'instar des deux images
similaires installées au Wat Phra

Ho Phra Bouddha Sihing, écrin
d'un bouddha révéré

Sing de Chiang Mai *(p. 216)*
et au musée national de
Bangkok *(p. 84)*. Les artisans
locaux l'ont marqué de leur
empreinte en lui donnant un
demi-sourire, un visage plus
rond et une poitrine ample.

🧘 Ho Phra Narai
หอพระนารายณ์

Rachadamnoen Rd. ⬤ *t.l.j.*
Cinq *linga* découverts sur le site
de ce sanctuaire se trouvent
désormais au musée du Wat
Mahathat. Ces sculptures
phalliques ont sans doute
plus de mille ans.

🏺 Tha Chang Road
ถนนท่าช้าง

La vocation artisanale
de cette rue date de
1804 et de l'arrivée
d'émigrants du district
de Saiburi. Seuls les
orfèvres expérimentés
eurent l'autorisation
de s'installer dans ce
quartier situé à l'ouest de l'aire de
parades de Sanam Na Muang.

**Boîte
niellée**

🛖 Porte nord
กำแพงเมืองเก่า

À l'est de Rachadamnoen Rd.
Les remparts de la ville
formaient jadis une enceinte de
2 230 m sur 400 m. La Porte
nord est une reconstruction
de celle d'origine.

MODE D'EMPLOI

Province de Nakhon Si Thammarat.
🏛 157 000. ✈ 15 km au nord
de Nakhon. 🚌 Yommarat Rd.
🚍 près de Karom Rd. 🛈 TAT,
Sanam Na Muang, Rachadam-
noen Rd, Nakhon Si Thammarat
(075) 346516. 🚌 *t.l.j.* 🎉 Fête
du 10e mois lunaire (sept.-oct.).

🧘 Wat Sao Thong
วัดเสาทอง

Rachadamnoen Rd. ⬤ *t.l.j.*
Adjacent au temple Wang
Tawan Tok, ce *wat*
possède comme
principale attraction une
belle maison thaïe en
bois, typique du Sud.
Des sculptures ornent
ses portes, ses pignons
et ses entourages de
fenêtres. Commencée
en 1888 et achevée en
1901, elle réunit en fait
trois habitations. Son
état de conservation lui a valu
en 1993 un prix de l'association
des architectes de Thaïlande.

🛒 Bovorn Bazaar
ตลาดบวร

Rachadamnoen Rd. ⬤ *t.l.j.*
Cette cour abritant cafés, bars
et deux bons restaurants est,
dans le centre, un lieu de
rendez-vous animé.

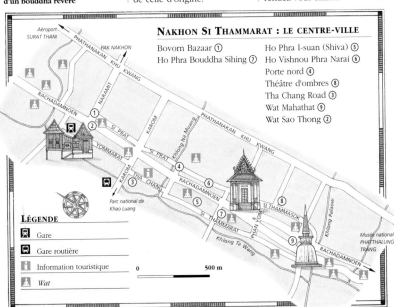

NAKHON SI THAMMARAT : LE CENTRE-VILLE

Bovorn Bazaar ①
Ho Phra Bouddha Sihing ⑦

Ho Phra I-suan (Shiva) ⑤
Ho Vishnou Phra Narai ⑥
Porte nord ④
Théâtre d'ombres ⑧
Tha Chang Road ③
Wat Mahathat ⑨
Wat Sao Thong ②

LÉGENDE

🚉 Gare

🚌 Gare routière

🛈 Information touristique

🧘 Wat

0   500 m

Dans le parc national de Hat Chao Mai

Îles de la province de Trang ❷
หมู่เกาะอันดามันจังหวัดตรัง

Province de Trang. 🚤 *« longue queue » de Kantang à Ko Muk, Ko Kradan et Ko Libong, et de Pak Meng à Ko Hai et Ko Muk.* ℹ️ *TAT, Nakhon Si Thammarat (075) 346515 ; Forestry Dept (02) 579 7223.*

A u nombre d'une cinquantaine, les petites îles au large du littoral de la province de Trang n'ont pratiquement pas connu de développement touristique et, pour le moment, leurs plages de sable, leurs récifs de coraux et leurs riches faunes marine et terrestre restent seulement appréciés de quelques amateurs de solitude.

Boisée, **Ko Hai** ou **Ko Ngai,** la plus facile à atteindre depuis Pak Meng sur le continent, est celle qui offre le plus large choix d'hébergements. Elle possède des plages de rêve, en particulier sur la côte est et de superbes récifs de coraux. À 8 km au sud-est, **Ko Muk** a pour principale attraction le long tunnel, Tham Morakhot (« grotte d'émeraude »), qui s'ouvre à l'ouest à marée basse et conduit à une plage entourée de falaises.

La plus belle de ces îles reste néanmoins probablement **Ko Kradan**. Plus au sud, et proche du continent, **Ko Libong** est la plus vaste. Elle abrite une spectaculaire faune ailée à découvrir de préférence en mars et avril.

Parc national de Hat Chao Mai ❸
อุทยานแห่งชาติหาดเจ้าไหม

Province de Trang. ℹ️ *TAT, Nakhon Si Thammarat (075) 346515 ; Forestry Dept (02) 579 5734 (et location de bungalows).* 🚌 *de Trang à Kantang puis songthaew.*

À environ 50 km à l'ouest de Trang, ce parc national protège neuf îles et un littoral varié. Des mangroves *(p. 340-341)* s'insèrent dans des criques entre des reliefs karstiques. Près des plages de Yao et Yongling, des grottes conduisent à d'autres plages cachées. Dans le nord de la réserve naturelle, des fruits de mer se dégustent sous des casuarinas sur la longue plage de Pak Meng. Celle-ci est aussi le principal point de départ d'excursions en bateau dans les îles de Trang.

Trang ❹

ตรัง

Province de Trang. 🏃 *82 000.* ✈️ 🚉 🚌 ℹ️ *TAT, Nakhon Si Thammarat (075) 346515.* 📷 *t/l.j.* 🎎 *Fête végétarienne (oct.).*

L a vocation commerciale de Trang remonte au moins au Ier siècle apr. J.-C. Prospère du VIIe au XIIIe siècle à l'époque de Srivijaya, elle reste aujourd'hui une importante ville marchande. Son économie repose principalement sur le caoutchouc, l'huile de palme et la pêche. Le tourisme ne joue qu'un rôle marginal, une situation qui pourrait changer si les îles de la province connaissaient une plus grande fréquentation. Trang possède une atmosphère très chinoise (et de bons restaurants chinois) due à une importante immigration dans la seconde moitié du XIXe siècle. Moins connue que celle de Phuket (p. 350), sa fête végétarienne est toutefois réputée pour l'intensité de ses rites ascétiques. Ils comprennent des mortifications.

Le **Rubber Museum** expose des outils servant à la fabrication des feuilles de caoutchouc pressé, mises à sécher dans tout le Sud.

On y apprend aussi la bonne et la mauvaise manière de battre le latex. Un monument à Khaw Sim Bee Na-Ranong, premier gouverneur de Trang, de 1890 à 1901, se dresse dans le parc situé à l'extrémité est de

Tuk-tuk à Trang

Quai d'embarquement sur l'estuaire de la rivière Trang

Phatthalung Road. La statue reçoit de nombreuses offrandes, en particulier le 10 mai, jour dédié au gouverneur. À quelques minutes à pied de là, le Clarion MP Hotel présente la particularité d'avoir été en partie construit à l'image d'un paquebot.

🏛 Rubber Museum
Trang Non-Formal Education Centre, Phatthalung Rd. 📞 (075) 218440. 🕐 du lun. au ven.

AUX ENVIRONS : L'acclimatation de l'hévéa en Thaïlande date du début de ce siècle. Le premier arbre producteur de caoutchouc du pays existe toujours à Kantang, à 22 km au sud-ouest de Trang à côté d'un petit musée consacré au gouverneur Khaw Sim Bee Na-Ranong.

Dense forêt pluviale sur les pentes des montagnes de Banthat

Plantation d'hévéas dans la province de Trang

Montagnes de Banthat ❺
เขาบรรทัด

Province de Trang. 🛈 TAT, Nakhon Si Thammarat (075) 346515 ; Forestry Dept (02) 579 5734.

L es vertes montagnes de Banthat qui courent le long de la péninsule malaise jusqu'à la frontière malaise marquent la limite orientale de la province de Trang. Elles culminent au Khao Ron (1 350 m) et constituent l'un des derniers refuges où les tribus de Sakai peuvent conserver leur mode de vie, la chasse et la cueillette notamment. Ce peuple de Négritos parle un langage apparenté au môn-khmer et vit traditionnellement en groupes de dix à vingt personnes dans des abris rudimentaires, construits au bord de cours d'eau. Il chasse avec des sarbacanes et des dards empoisonnés. Le déboisement a conduit certains d'entre eux à devenir agriculteurs.

Les montagnes abritent aussi de nombreuses espèces de grenouilles et crapauds tropicaux, ainsi que des reptiles comme le gecko nain. Les oiseaux comprennent calaos, gobe-mouches, arachnothères et coucous-éperviers. À 20 km à l'est de Trang près de la route 4, le **Centre d'études de faune et de nature Khao Chong** renferme un parc zoologique et deux cascades. Juste au sud, la réserve ornithologique de **Khlong Lamchan** protège un lac artificiel qui attire plusieurs espèces de canards. La petite route qui longe vers le sud les flancs occidentaux des montagnes conduit à de spectaculaires chutes d'eau, des grottes et des aires de pique-nique ombragées. Parmi les sites à ne pas manquer figurent l'immense **cascade de Ton Tay**, la **cascade de Sairung**, où se forme un arc-en-ciel l'après-midi, et **Tham Chang Hai**, la « grotte de l'éléphant perdu » proche du village de Muansari dans le district de Nayong.

LES DUGONGS

Jadis répandus dans les eaux du Sud, les dugongs, ou vaches marines, faillirent disparaître à force d'être trop chassés.
Leur nombre augmente aujourd'hui lentement. Les alentours des îles de la province de Trang sont un des rares endroits où on peut en apercevoir. Ces herbivores, atteignant 400 kg, tirent leur nourriture des lits d'algues proches de Ko Libong et de l'estuaire du Trang. Les légendes locales attribuent à leurs larmes le pouvoir de rendre amoureux.

Le dugong, un doux géant aujourd'hui protégé

Phatthalung ❻

พัทลุง

Province de Phatthalung. 🏘 *41 000.*
🚂 🚌 ⛴ ℹ *TAT, Nakhon Si
Thammarat (075) 346515.* 🎪 *t.l.j.*
🎭 *Compétition de Phon Lak Phra
(3 jours en oct. ou nov.).*

La province de Phatthalung
est une des rares régions
du Sud vouées à la
riziculture, une activité qui a
assuré sa prospérité tout au
long de son histoire. Elle
reste toutefois surtout connue
comme le lieu de naissance
en Thaïlande d'une forme
d'art à laquelle elle a donné
son nom : le théâtre d'ombres
nang talung. Apparenté au
théâtre de marionnettes
indonésien, il ne reste vivant
que dans les provinces de
Phatthalung et de Nakhon Si
Thammarat.

Fondée au XIXᵉ siècle sous le
règne de Rama III *(p. 60-61),*
Phatthalung étend ses rues
formant un quadrillage entre
des collines calcaires au nord
et le vaste lac d'eau salée de
Thale Luang à l'est. Deux
rochers aux formes tranchées
encadrent la ville. Au nord-est,
Khao Ok Talu (« montagne à
la poitrine perforée ») est
creusée d'un tunnel naturel
près de son sommet. Au
nord-ouest, **Khao Hua Taek**
(« montagne à la tête brisée »)
possède un faîte entaillé.
Selon la légende, les deux
montagnes, « la maîtresse » et
« l'épouse », gardent les
blessures d'un combat qui les
opposa parce qu'elles se
disputaient la « montagne
mâle », Khao Muang, située
plus au nord.

Phatthalung au pied de Khao Ok Talu (« montagne à la poitrine perforée »)

Sur Khao Hua Taek, des
grottes abritent un sanctuaire
troglodytique, le **Wat Tham
Kuha Sawan.** La plus basse
renferme des statues de
moines et du Bouddha, la
plus haute donne vue de
Khao Ok Talu et d'une
grande partie de Phatthalung
et de ses environs immédiats.

AUX ENVIRONS : De vertes
rizières entourent Phatthalung.
À 6 km à l'est de la ville, dans
le petit village de pêcheurs de

Lam Pam, des canaux au
débit paresseux se vident
dans la grande mer intérieure
de Thale Luang. Le long de la
plage de Sansuk, des
restaurants servent des fruits
de mer. On peut également
louer des bateaux pour
rejoindre les îles voisines de
Ko Si et Ko Ha.

2 km avant Lam Pam, le **Wat
Wang** est le plus vieux
temple de Phatthalung, sa
fondation remontant
probablement à celle de la
ville. À l'intérieur du *bot* qui
se dresse près du *chedi*, des
peintures murales estompées
représentent entre autres des
scènes du Ramakien.

Restauré, le **Palais du
gouverneur** voisin date de
1889. Il se compose de deux
édifices séparés en tek. Dans
le plus proche de la route
vivait la famille du gouverneur.
Le bâtiment principal, près de
la rivière, entoure une cour
plantée d'un grand arbre.

🏠 **Palais du gouverneur**
Route 4047, 4 km à l'est de
Phatthalung. ⭕ *de 8 h 30 à 16 h t.l.j.*

Palais du gouverneur à Lam Pam

Réserve ornithologique de Thale Noi ❼

ทะเลน้อย

32 km au nord-est de Phatthalung, province de Phatthalung. ℹ TAT, Nakhon Si Thammarat (075) 346515 ; Forestry Dept, Bangkok (02) 579 7223, (02) 579 5734, (074) 614865. 🚌 depuis Phatthalung puis louer un « longue queue ». ⬜ de 8 h 30 à 16 h t.l.j. 📷

En bateau « longue queue » sur le lac de Thale Noi

Cette réserve naturelle d'une superficie de 30 km² constitue une étape pour des milliers d'oiseaux partis de Sibérie et de Chine pour passer l'hiver à Sumatra et en Australie. C'est en bateau « longue queue » qu'elle s'explore le mieux. On peut en louer à Phatthalung pour une excursion de deux heures.

Sa végétation aquatique donne à Thale Noi l'aspect d'un marécage mais, malgré une profondeur maximale de 1, 5 m, il s'agit principalement d'un lac d'eau douce. Il devient saumâtre en période de forts vents du sud quand les eaux plus salées de Thale Luang et du lac de Songkhla l'envahissent. L'aube est le meilleur moment pour observer les oiseaux, en particulier de janvier à avril quand le parc compte une population d'environ 100 000 habitants ailés. Leur nombre commence à diminuer en mai et, d'octobre à décembre, il ne reste plus que les membres des espèces

Martin-pêcheur à gorge blanche

sédentaires. Une plate-forme d'observation a été installée au milieu du lac.

Parmi les oiseaux qui fréquentent la réserve figurent la poule d'eau pourpre, le jacana à ailes bronze, la sarcelle siffleuse, le martin-pêcheur à gorge blanche, le nok-i-kong aux longues pattes, l'ibis blanc et le héron de Sumatra. L'une des plantes les plus répandues du parc est le don kok. C'est un roseau que le nok-i-kong utilise pour construire sur l'eau des « plates-formes » où faire son nid.

NANG TALUNG : LE THÉÂTRE D'OMBRES

Le nang talung est la version populaire thaïlandaise du théâtre d'ombres, une forme d'art dont les origines remontent en Asie au moins au IVe siècle av. J.-C. Données à l'occasion des fêtes de wat, les représentations commencent tard dans la nuit et durent plusieurs heures. Elles restent un élément important de la vie des villages des provinces de Phatthalung et Nakhon Si Thammarat. Le spectacle est l'œuvre d'une seule personne, le nai nag (maître des marionnettes). Assis derrière un écran illuminé, il anime jusqu'à six marionnettes par scène. Fabriquées en cuir découpé (nang), elles mesurent une cinquantaine

Marionnette d'un personnage du Ramakien

Manipulateur assis derrière l'écran lors d'un spectacle de nang talung

de centimètres. Le manipulateur leur donne sa voix, changeant de ton pour chaque personnage. Un orchestre rythme le déroulement de l'intrigue. Alors que le répertoire du nang yai, plus solennel, a pour base le Ramakien (p. 36-37), le nang talung tire son inspiration de la vie quotidienne. Le nai nag compose lui-même les histoires, s'appuyant sur des personnages aisément reconnaissables.

L'écran vu du côté des spectateurs

Songkhla ❽

สงขลา

Province de Songkhla. 🏠 *270 000.*
✈ 🚌 *à Hat Yai, 36 km au sud-ouest
de Songkhla.* 🚌 ⛴ ℹ *TAT,
Hat Yai (074) 243747.* @ *tathatyai
@hatyai.inet.co.th* ⛴ *t.l.j.*
🎭 *Fête lunaire chinoise (sept.-oct.).*

Jadis connue sous le nom de
Singora (« cité du
lion »), Songkhla
devint un important
port côtier pendant
la période de
Srivijaya *(p. 336-
337).* Elle eut un
temps la réputation
de servir de base à
des pirates puis,
devenue plus
sûre, attira des
marchands indiens,
arabes, khmers et chinois.
Le dialecte parlé par ses
habitants et les spécialités
culinaires locales reflètent
cet héritage métissé, tandis
qu'une discrète influence
portugaise marque
l'architecture de vieilles
maisons de Nakhon Nok Road
et Nakhon Nai Road.
Bâtie sur un cap entre le golfe
de Thaïlande et Thale Sap, le
plus vaste lac du pays, la ville
est aujourd'hui un centre
administratif et universitaire,
ainsi qu'un port de pêche

**Wat Chai Mongkhon,
Songkhla**

actif. De bons restaurants de
poisson et de fruits de mer
bordent la principale plage,
Hat Samila, que domine une
statue de sirène en bronze.
Plus au sud, des bateaux de
pêche korlae *(p. 378)* offrent
un spectacle multicolore au
village musulman de **Khao
Seng.** Une légende affirme
que celui qui déplacera le
rocher du cap
surnommé « tête de
Nai Bang » héritera
de l'or enterré
dessous.
Le superbe édifice
occupé par le **musée
national de
Songkhla** justifie à
lui seul la visite de la
ville. Construit en
1878 dans le style
sino-thaïlandais du
Sud, il servit de résidence au
vice gouverneur Phraya
Suntharanuraksa. Deux
escaliers en spirales s'élèvent
pour conduire à l'étage
abritant la majeure partie de
l'exposition. Elle a notamment
pour fleuron des céramiques
bencharong, des jarres
retrouvées en mer, des socles
et des bouddhas du style de
Dvaravati (VIIᵉ-IXᵉ siècle) et des
poteries de Ban Chang qui
remonteraient au troisième
millénaire avant notre ère.
Au sud du musée national, le

Patrsee Museum installé dans
le Wat Matchimawat (parfois
appelé Wat Klang) renferme
une statuette en pierre de
Ganesh, le dieu éléphant, qui
daterait de la fin du VIᵉ siècle.
Des émaux chinois de la
dynastie des Qing, des objets
U Thong du XVᵉ siècle et des
plats européens du XVIIIᵉ siècle
témoignent du rôle de
comptoir que joua Songkhla
sur les routes maritimes.
Agréable à découvrir à pied,
la ville recèle un jardin de
topiaires (arbustes sculptés) au
Khao Noi. Le sommet du
Khao Tung Kuan offre un
large panorama de Thale Sap.
Le quartier de Chaiya Road
propose restaurants et bars à
orchestre.

**Porte sculptée au musée national
de Songkhla**

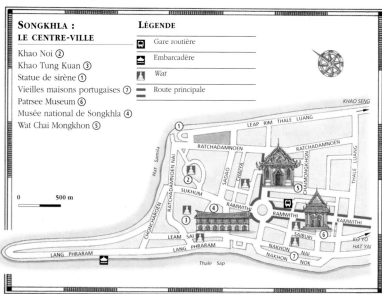

**SONGKHLA :
LE CENTRE-VILLE**

Khao Noi ②
Khao Tung Kuan ③
Statue de sirène ①
Vieilles maisons portugaises ⑦
Patrsee Museum ⑥
Musée national de Songkhla ④
Wat Chai Mongkhon ⑤

LÉGENDE

🚌   Gare routière

⛴   Embarcadère

🛕   Wat

▬   Route principale

0   500 m

Jeunes dévots en prière dans un sanctuaire bouddhique de Hat Yai

⚐ Musée national de Songkhla
Rong Muang Rd. ◯ *du mer. au dim.*
● *jours fériés.*

⚐ Patrsee Museum
Wat Matchimawat, Saiburi Rd.
◯ *du mer. au dim.* ● *jours fériés.*

AUX ENVIRONS : Le pont de Prem Tinsulanond, le plus long de Thaïlande, relie Songkhla à l'étroite péninsule du nord. Il traverse Thale Sap en passant par **Ko Yo,** île réputée pour ses cotonnades où l'excellent musée des Arts et Traditions populaires (**Folklore Museum**) domine le lac depuis une colline. Dédié aux riches traditions populaires du Sud, le musée propose des expositions consacrées à l'histoire, l'ethnologie et la religion. Les pièces présentées comprennent notamment : rotin et chaudronnerie d'art de Ranong, *kris* musulmans de Pattani, nattes tressées *krajude* de Chumphon et cages à colombes de Songkhla. Dans le district de **Sathing Phra,** au nord de Songkhla, le Wat Pha Kho est considéré comme le plus vieux temple de la province. Les découvertes archéologiques faites autour du *wat* suggèrent que Sathing Phra fut jadis un port qui vendait les céramiques, produites non loin à Pa-o, à des marchands khmers, cham et chinois.

⚐ Folklore Museum
Institute of Southern Thai Studies, Ko Yo, 14 km au sud-ouest de Songkhla.
◯ *t.l.j.*

Hat Yai ➒
หาดใหญ่

Province de Songkhla. 🏠 *80 000.*
✈ *12 km à l'ouest de Hat Yai.* 🚌
🚕 ℹ *TAT, 1/11 Soi 2, Niphat U-thit Rd, Hat Yai (074) 243747.* 🗓 *même adresse que la TAT (074) 246733.*
🎉 *t.l.j.* 🎊 *Fête lunaire chinoise (sept.-oct.).* Ⓦ *www.hadyai.com*

Capitale commerciale et carrefour ferroviaire du Sud, Hat Yai ne présente pas un intérêt esthétique à la hauteur de son rôle économique. Elle doit entre autres sa prospérité au flot continu de touristes malais qui viennent profiter des prix bas pratiqués sur ses marchés et se distraire dans ses restaurants et ses établissements de nuit. Le terme « *ancient massage* », utilisé par certains salons, tient en général de l'euphémisme pudique.

Dans le centre cosmopolite s'entendent aussi bien malais, anglais, yawi, hokkien et mandarin que les syllabes saccadées du dialecte thaï du Sud.

Hat Yai manquant d'attractions culturelles, beaucoup de visiteurs y passent leurs journées à faire des achats, qu'il s'agisse d'équipement électrique au marché de Kim Yong, de durians ou de pommes sur des étals de rue ou, dans les grands magasins, d'articles de mode fabriqués à Bangkok. Des combats de taureaux se déroulent, dans différents lieux, chaque premier samedi du mois. Les bêtes s'affrontent jusqu'à ce que l'une des deux batte en retraite. L'assistance, engagée dans des paris fiévreux, offre souvent un spectacle aussi intéressant que le combat lui-même.

Le **Wat Hat Yai Nai,** à 2 km à l'ouest du centre, abrite un grand bouddha couché de 35 m de long et 15 m de hauteur. On peut y pénétrer en passant par un petit vestibule. Le temple comprend également un institut de massage et des saunas.

Produits frais sur un marché de Hat Yai

AUX ENVIRONS : À explorer de préférence pendant la saison fraîche : la cascade de Ton Nga Chang (« défense d'éléphant »), qui tire son nom des deux torrents qui dévalent sept niveaux.

Élevages de poissons près de Ko Yo sur la mer intérieure de Thale Sap

Vedette reliant Pak Bara et le parc national marin de Tarutao

Parc national de Thale Ban ❿

อุทยานแห่งชาติทะเลบัน

Province de Satun. Près de la route 4184 à 37 km de Satun. ℹ *TAT, Hat Yai (074) 231055 ; Forestry Dept (02) 579 5734, (074) 797073 (et location de bungalows).* 🚌 *Satun puis songthaew.*

L e parc national de Thale Ban, de 102 km², abrite une faune d'une incroyable diversité. Dans la dense forêt pluviale couvrant les montagnes de Banthat *(p. 371)* près de la frontière malaise, vivent notamment des ours des cocotiers, des tigres et des chauves-souris. Le parc renferme quelques sentiers fléchés, la cascade de Yaroy à 5 km au nord des bureaux et plusieurs bassins permettant de se baigner.

Satun, la ville la plus proche, ne se trouve qu'à courte distance de Pak Bara, point d'embarquement pour Tarutao.

Parc national marin de Tarutao ⓫

อุทยานแห่งชาติตะรุเตา

Province de Satun à 22 km de Pak Bara. 🚤 *TAT, Hat Yai (074) 231055 ou siège du parc (074) 781285.* 🚤 *depuis Pak Bara ; traversées de mi-nov. à mi-avr. seulement.* 🚤

L 'archipel de Tarutao protégé par cette réserve naturelle comprend 51 îles, les plus méridionales de Thaïlande puisque la plus au sud ne se trouve qu'à 8 km de l'île malaise de Langkawi. Les fonds sous-marins y offrent des sites de plongée réputés parmi les plus beaux du monde. Au large s'aperçoivent souvent baleines, cachalots, dugongs et dauphins. Les eaux abritent également les spécimens d'un quart de toutes les espèces de poissons de la planète, dont 92 espèces de poissons coralliens. Fondé en 1974, le plus ancien parc national marin de Thaïlande s'étend sur une superficie d'environ 1 500 km² dans une région jadis redoutée pour ses pirates. La Royal Navy britannique ne réussit à en venir à bout que dans les années 60. Les îles ne sont accessibles que de mi-novembre à mi-mai, les tempêtes alimentées par les moussons rendant la traversée depuis Pak Bara trop risquée le reste de l'année. Longue de 26 km, la plus

Tortue à écailles de Tarutao

grande île, **Ko Tarutao,** est celle qui offre les paysages les plus variés avec des reliefs culminant à 708 m. Une forêt pluviale semi-persistante en couvre la majeure partie. La plupart des hébergements bordent les splendides plages du littoral occidental.

Les vedettes en provenance de Pak Bara accostent à Ao Phante Malaka où se trouvent le siège du parc, des bungalows, deux restaurants et l'unique magasin de l'île. Une demi-heure de marche conduit au sommet de la falaise de To-bo d'où s'ouvre une belle vue, en particulier au coucher du soleil. Située à 2 km, la grotte des Crocodiles, emplie de stalagmites, ne s'atteint qu'en bateau. Malgré son nom, personne n'a vu de crocodiles à Ko Tarutao depuis des années, mais une faune d'une grande diversité y prospère, notamment cerfs, sangliers, macaques, loutres et tortues.

Ko Adang et **Ko Lipey** sont les deux seules autres îles où les visiteurs peuvent trouver un hébergement (rudimentaire) et de la nourriture. Située à 63 km du continent et atteignant à son point le plus haut 703 m, Ko Adang renferme de nombreuses chutes d'eau, dont la cascade de Rattana, sur la côte ouest, où une piscine d'eau douce taillée dans le rocher permet de se baigner en contemplant la mer.

2 km plus au sud, Ko Lipey est plus petite. Sur sa partie la plus plate vit une communauté de gitans de la mer *(p. 353)*. Déplacés de Ko Rawi et Ko Adang à la création du parc, ils gardent des relations tendues avec les autorités. Ko Kra, au large de la côte est de Lipey, et Ko Yang, à mi-chemin de Ko Rawi et Ko Adang, offrent aux plongeurs de magnifiques coraux. La minuscule Ko Khai (« îles des œufs »), à l'ouest de Ko Tarutao, possède une belle plage de sable blanc. Des tortues de mer viennent y pondre.

Coraux multicolores d'un récif du parc national marin de Tarutao

Les fruits de mer du Sud

Les produits de la mer pêchés dans le Sud constituent une des grandes richesses gastronomiques de la Thaïlande. Toute l'année, aussi bien sur la côte du golfe de Thaïlande que sur le littoral de la mer d'Andaman, les gourmets disposent d'un vaste choix de poissons, de crabes, de homards, de coquillages et de calmars. Les produits de la mer frais, cuits simplement et dégustés au bord d'une plage, ont une saveur inimitable. Un plaisir qui n'impose pas de se ruiner. Pour chaque restaurant de luxe proposant de la bisque de homard, il existe une demi-douzaine de petits établissements servant des plats délicieux et très variés.

Ho mok,
mousse de fruits
de mer à la menthe

Le hoi nang rom sot *est un hors-d'œuvre. Des huîtres présentées hors de leur coquille s'arrosent avec du citron vert.*

Moules vertes du golfe de Thaïlande

Praires de la mer d'Andaman

Buccins de la mer d'Andaman

Crabe de Phuket

Crevettes tigres

Le turbot *est cuit ici avec une sauce douce à la prune* (neung buay) *et accompagné de gingembre, de citronnelle et de piments.*

GRILLADES

Les produits de la mer grillés (*thale phao*) connaissent autant de succès auprès des Thaïlandais que des étrangers. On choisit poissons et crustacés sur des bancs de glace pilée et on paie au poids.

Le thot man kung, *beignets de crevettes servis avec une sauce douce, a un grand succès auprès des personnes n'aimant pas le piment.*

Le pla meuk op sos noei, *calmar cuit au beurre, s'orne de feuilles et de fleurs sculptées dans des légumes. Ces garnitures parent de nombreux plats et ne se mangent généralement pas.*

Le kung mangkon phat phrik phao, *langouste grillée en sauce pimentée, est particulièrement apprécié à Phuket.*

Le phanaeng kung makheuathet, *tomates farcies d'un curry de crevettes et de lait de coco, est une spécialité de Hat Yai et Phuket.*

Pattani ⓬

ปัตตานี

Province de Pattani. 🚶 *57 000.* 🚌 🚉
ℹ️ *TAT Narathiwat (073) 516144.* 🚢
t.l.j. 🎏 *Fête de Lim Ko Niaw (mars).*

F ondée au début du
XVᵉ siècle, Pattani, ancien
sultanat semi-autonome de
langue malaise, est aujourd'hui
le cœur de sud musulman de la
Thaïlande, dans une province
où 75 % de la population a
l'islam pour religion. Son
métissage culturel constitue
le principal intérêt de la ville
moderne qui ne possède
guère d'autre monument que
la mosquée de **Matsayit
Klang.** Animé, le quartier
du port a du charme
avec ses bateaux aux
couleurs vives.

Aux environs : Très
fréquentée bien
qu'inachevée, la
mosquée de **Kru Se,** à
7 km à l'est de la ville,
possède une histoire
intéressante. Dans les
années 1570, Lim To
Khieng, un marchand
chinois, épousa une
femme de la région et se
convertit à l'islam. Pour

**Musulmanes
de Pattani**

témoigner de sa dévotion, il
entreprit une mosquée. Sa
sœur, Lim Ko Niaw, fit alors
le voyage depuis la
Chine pour tenter de le
convaincre de revenir
sur sa conversion, et il
promit de rentrer au
pays dès la fin de la
construction du
sanctuaire. Mais il se
débrouilla pour que
les travaux traînent en
longueur. Lim Ko
Niaw finit par se
suicider après avoir
maudit le
bâtiment et quiconque
essaierait de le terminer.

Le Wat Khuha Phimuk et la grotte abritant un bouddha couché

Yala ⓭

ยะลา

Province de Yala. 🚶 *99 000.* 🚉 🚌
ℹ️ *TAT, Narathiwat (073) 516144.* 🎏
*ASEAN Barred Ground Dove Festival (1ᵉʳ
week-end de mars) ; célébrations du
Pilier de la ville
(du 25 au 30 mai).*

A vec un quadrillage
régulier de rues et de
boulevards plantés d'arbres,
Yala se vante d'être la ville la
plus propre de Thaïlande et
renferme la plus grande
mosquée du pays. Prospère et
plutôt sérieuse, la cité s'anime
pour le concours annuel de
roucoulements de colombes
de l'ASEAN Barred Ground
Dove Festival. Il attire des
participants de toute l'Asie du
Sud-Est.

Aux environs : Beaucoup de
visiteurs ne viennent à Yala
que pour le **Wat Khuha
Phimuk** (appelé localement
Wat Na Tham), situé à 8 km à
l'ouest de la ville. Il s'agit d'un
des sanctuaires les plus sacrés
de Thaïlande et d'un site
archéologique majeur. Une
grotte à côté du temple abrite
un bouddha couché long de
25 m. La statue date du
VIIIᵉ siècle, début de Srivijaya.
Des *stupas* votifs du nord-est
de l'Inde et des bouddhas
debout en bronze du style de
l'Inde du Sud, coulés au
IXᵉ siècle, ont également été
retrouvés ici. Un petit musée,
au pied de l'escalier à *nagas*
menant au sanctuaire
troglodytique, présente une
collection d'objets de
l'époque de Srivijaya trouvés
dans la région.

Les bateaux de pêche *korlae*

Construits et peints de motifs multicolores par les pêcheurs
musulmans depuis des siècles, les bateaux appelés *korlae*
se voient surtout sur la côte orientale de la péninsule, au
sud de Ko Samui. Bien que rares, les plus beaux sortent
des chantiers navals du district de Saiburi dans la province
de Pattani. Mus à l'origine par des voiles, ils possèdent
maintenant des moteurs. Leurs coques se parent souvent
de créatures mythologiques telles que le lion *singha*,
l'oiseau à cornes *gagasura*, le serpent de mer *payanak* et
l'oiseau *garuda*. Les artistes ne voient aucun inconvénient
à les insérer, par exemple, dans un paysage alpin.

Combat de créatures mythologiques sur un bateau *korlae*

Betong ⑭

เบตง

Province de Yala. 🏠 27 000. 🚌
ℹ Sungai Kolok, Narathiwat (073)
612126. 🕐 t.l.j.

À 140 km de Yala, dans une région de collines, la ville la plus méridionale de Thaïlande ne se trouve qu'à 5 km de la frontière malaise. La campagne environnante offre plus d'intérêt que la bourgade elle-même, malgré le *stupa* du **Wat Phuttha Tiwat.** Construit dans les années 80 dans un style inspiré de celui de Srivijaya, il mesure 40 m de hauteur.

AUX ENVIRONS : La route qui relie Yala à Betong serpente dans des montagnes densément boisées où chassent toujours des tribus de Sakai.
Pendant des années, ces forêts profondes abritèrent une unité combattante du Parti communiste de Malaisie. Une route revêtue conduit jusqu'à leur ancien camp, **Piya Mit,** qui a été reconverti en musée. 180 guérilleros vécurent ici dans un réseau de tunnels.
Après la conclusion, en 1989, d'un « accord honorable » avec les gouvernements thaïlandais et malais, ils rendirent leurs armes et s'installèrent pour la plupart dans la région. Certains guident les touristes dans les souterrains où ils se cachèrent et expliquent le fonctionnement du camp.

Un conduit partait ainsi de la cuisine pour disperser la fumée sur l'autre flanc de la colline. Les précautions des révolutionnaires se révélèrent si efficaces que leur quartier général ne fut jamais découvert. Les autres objets exposés comprennent de vieux uniformes et des objets qu'utilisèrent les insurgés. Des bungalows modernes offrent un hébergement rudimentaire.

🏠 Piya Mit
Province de Betong. Près de la route 410, 19 km au nord de Betong.
🕐 t.l.j.

Narathiwat ⑮

นราธิวาส

Province de Narathiwat. 🏠 79 000.
✈ 🚌 🚆 ℹ TAT région 3, 102/3
mu2 Kaluwonuea, Muang,
Narathiwat (073) 516144. @ tatnara
@cscoms.com 🎏 Fête de Chao Mae
Toe Moe (fin avr.-début mai), fête de
Narathiwat (3e week-end de sept.).

P eu de touristes visitent Narathiwat, mais elle possède l'atmosphère détendue d'une capitale provinciale de Thaïlande. La ville renferme quelques hôtels et restaurants de bonne tenue qui en font une base agréable d'où explorer la région. À cinq minutes à pied du centre, des bateaux *korlae* peints offrent un spectacle coloré au village de pêcheurs musulmans. À 6 km au sud, Ao Manao est la plus belle

Grand Bouddha doré de Khao Kong, Narathiwat

des plages proches de la ville.
AUX ENVIRONS : Au sud de la ville, le **palais Taksin**, la résidence d'été de la famille royale, se visite en son absence. Les jardins donnent vue sur la plage adjacente et contiennent une volière abritant paons et cacatoès. Depuis la colline de **Khao Kong**, le plus haut bouddha assis de Thaïlande domine la route de Rangae. Couverte de carreaux dorés, la statue mesure 24 m.
Près de la frontière malaise, à 34 km au sud de Narathiwat, le village de **Tak Bai** renferme, dans une région presque exclusivement musulmane, le vaste Wat Chonthara Singh He. Le roi Chulalongkorn ordonna sa construction en 1873 pour affirmer son autorité sur une région que les Anglais voulaient incorporer à leur colonie de Malaya (Malaisie). L'architecture du temple marie le style du Sud et des influences chinoises particulièrement évidentes dans le dessin des toits à étages. L'un des édifices abrite un bouddha couché paré de céramiques chinoises de la dynastie Song. Des scènes religieuses et de la vie quotidienne pendant le règne de Mongkut ornent un autre *wihan*.

🏠 Palais Taksin
Près de la route 4084 à 8 km au sud de Narathiwat. 🕐 t.l.j. ● août et sept. d'habitude. 📷

Scène de la vie quotidienne au XIXe siècle, Wat Chonthara Sing He

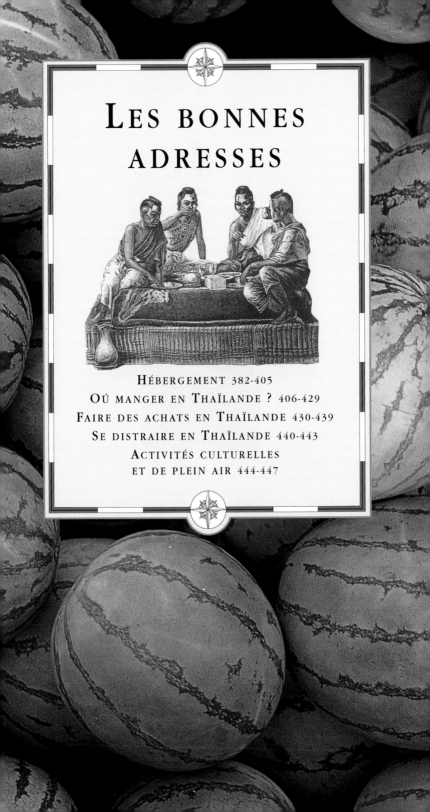

LES BONNES ADRESSES

HÉBERGEMENT 382-405

OÚ MANGER EN THAÏLANDE ? 406-429

FAIRE DES ACHATS EN THAÏLANDE 430-439

SE DISTRAIRE EN THAÏLANDE 440-443

ACTIVITÉS CULTURELLES
ET DE PLEIN AIR 444-447

HÉBERGEMENT

Vous disposerez en Thaïlande d'hébergements dans toutes les gammes de prix malgré une répartition géographique des hôtels très inégale : les stations balnéaires en possèdent de fortes concentrations alors qu'il n'existe que des pensions rustiques (ou pas de pension du tout) dans de nombreuses zones rurales. Toutes les grandes cités recèlent au moins un hôtel de standing, et certains des meilleurs palaces du monde se trouvent à Bangkok. Tous ces établissements proposent piscine, salle de gymnastique, restaurants et service affaires.

Chasseur de l'Oriental Hotel

La plupart des autres villes disposent au moins d'hôtels de catégorie moyenne. Ils manquent souvent de caractère, mais se révèlent toujours propres et accueillants. Les salles de bains à l'occidentale y sont la règle plus que l'exception, les chambres sont climatisées ou dotées d'un ventilateur et on peut y faire laver son linge ou laisser des objets précieux dans un coffre. Les pensions offrent un hébergement simple et bon marché. Les voyageurs les plus endurcis peuvent aussi camper ou louer un bungalow dans les parcs nationaux, ou même passer une nuit dans un monastère.

LE CLASSEMENT DES HÔTELS ET LES SERVICES

Il n'existe pas de classement officiel des hôtels bien que certains d'entre eux soient enregistrés auprès de la **Thai Hotels Association**. Les tarifs restent donc la seule base sur laquelle se fixer *(p. 384)*. Les établissements très bon marché n'accordent parfois que peu d'attention à la propreté. Des hôtels jadis considérés comme luxueux mais affrontant aujourd'hui la concurrence des chaînes internationales offrent souvent la même qualité de service pour un tarif bien plus avantageux.

LES HÔTELS DE LUXE

De plus en plus nombreux, les hôtels de luxe thaïlandais répondent aux meilleurs standards internationaux. Vous pouvez vous attendre à être accueilli comme un dignitaire en visite dans toutes les oasis climatisés de Bangkok et des grandes villes. Vous y disposerez d'équipements tels que centres d'affaires, salles de banquet et de conférence, centres commerciaux, cafés, clubs de santé et piscines, ainsi que de chambres offrant tout le confort : lit *king-size*, grand téléviseur, mini-bar bien garni et parfois même jacuzzi. Palaces de renommée mondiale, l'Oriental et le Shangri-La de Bangkok sont superbement situés au bord

Le Melia Hotel de Hua Hin offre de belles vues de la mer *(p. 401)*

du Chao Phraya. Tous les hôtels de luxe du pays proposent un large choix de restaurants. Certains en possèdent jusqu'à dix. Après la cuisine thaïe, la cuisine chinoise (souvent dans ses déclinaisons régionales, spécialités de Canton ou du Sichuan

par exemple), et les cuisines italienne et française, sont les plus populaires. On commence à pouvoir aussi manger allemand, anglais, japonais et mexicain. Comparés à des établissements occidentaux similaires, ces hôtels sont d'un extraordinaire rapport qualité-prix.

LES COMPLEXES HÔTELIERS

À l'instar des hôtels de standing, les *resorts* thaïlandais égalent ou dépassent en confort et en qualité d'accueil leurs équivalents du reste du monde. En outre, ils occupent souvent des sites disposant d'une vue saisissante. Certains de ces établissements, tels le Regent de Chiang Mai, le Maiton Island de Phuket et le Dusit Resort de Cha-am, offrent à la fois architecture

La Conrad Room de L'Oriental à Bangkok *(p. 390)*

◁ **Pastèques au marché flottant de Damnoen Saduak près de Bangkok**

Le Felix River Kwai Resort de Kanchanaburi (p. 391)

recherchée et grand luxe. Le personnel en costume traditionnel y assure un service aimable, et il ne faut pas s'étonner de voir une serveuse approcher d'une table à genoux, l'étiquette imposant qu'en tant qu'honorable invité vous vous trouviez physiquement plus haut qu'elle. La cuisine proposée est variée et généralement d'une excellente qualité. La plupart des complexes hôteliers possèdent de nombreuses équipements de loisirs. Beaucoup permettent de pratiquer des sports nautiques, certains l'équitation et même le polo. Ceux de Chiang Mai peuvent normalement organiser des randonnés à dos d'éléphant.

LES PENSIONS

Mode d'hébergement récent puisqu'il date des années 70 quand les « routards » se mirent à sillonner l'Asie, les *guesthouses* restent principalement fréquentés par des Occidentaux. Très bon marché, elles ont en outre souvent du charme. À Bangkok, c'est dans le quartier de Khao San Road que les petits budgets trouveront le plus de choix. Saufs rares exceptions, les pensions de la capitale n'offrent toutefois qu'un confort des plus sommaires pour un prix élevé.

En province cependant, et en particulier à Chiang Mai, les pensions, malgré leurs tarifs étonnamment bas, se révèlent en général propres et accueillantes. La plupart disposent de chambres climatisées ou ventilées et

dotées de salles de bains. Les plus huppées proposent une piscine, un restaurant et un service de qualité pour Aenviron 400 bahts. Les tarifs peuvent descendre jusqu'à 100 bahts dans les pensions les plus économiques.

LES HÔTELS THAÏS ET CHINOIS

Ces établissements existent partout en Thaïlande bien qu'assez peu d'étrangers y séjournent. Ils offrent en général un confort de base, souvent sans toilettes à l'occidentale, mais sont bon marché et fonctionnels. Les hôtels thaïs prennent souvent la forme d'immeubles en béton de plusieurs étages renfermant des chambres identiques. Comme partout en Thaïlande, la propreté règne habituellement et le personnel est cordial. La plupart proposeront le choix entre une chambre climatisée

(*hong air*) ou dotée d'un ventilateur (*hong patlom*). Les hôtels chinois se reconnaissent aisément à des traits caractéristiques de l'« Empire du Milieu », comme un concierge à la mine sérieuse qui garde les clés. Les cloisons s'y arrêtent fréquemment à une trentaine de centimètres du sol et encore plus du plafond, donnant à l'intimité des pièces une dimension toute psychologique, tandis que des miroirs occupent des positions stratégiques pour repousser les esprits maléfiques. Dragons et pictogrammes porte-bonheur tiennent une grande place dans la décoration. Peu d'hôtels thaïs et chinois possèdent un restaurant. Mais il faut savoir que dans certaines régions isolées, les visiteurs n'auront peut-être pas d'autre choix que ce type d'hébergement.

LES MONASTÈRES

À condition de respecter les règles d'habillement et de comportement (*p. 455*), les *wats* permettent souvent aux bouddhistes, ou aux personnes désirant s'informer sur le bouddhisme, de passer la nuit dans un pavillon en échange d'une petite contribution. Cette possibilité n'est toutefois que rarement offerte aux femmes, et jamais dans des locaux mixtes. Le réveil a lieu à l'aube.

La Nong Sam Guest House de Chiang Khan en Isan (p. 397)

LES LOCATIONS

Il existe dans toute la Thaïlande des logements à louer à des tarifs très raisonnables. Toutefois cette solution ne se justifie que pour un séjour d'au moins quelques semaines, car manger à l'extérieur revient très peu cher. Les propriétaires ne parlent généralement pas de langue étrangère et les annonces ne s'adressent qu'aux Thaïs. Si vous avez des amis thaïlandais, ils devraient toutefois se montrer heureux de servir d'intermédiaire.

Une chambre traditionnelle avec ses matelas sur le sol

LES SÉJOURS DANS LES PARCS NATIONAUX

La plupart des parcs nationaux autorisent le camping en échange d'une contribution minime mais les équipements sont sommaires, comparés à ceux proposés en Europe ou en Amérique du Nord. Il est vrai que le camping n'a jamais séduit les Thaïlandais, qui ne voient aucun intérêt à dormir sous une toile alors qu'il existe toujours un hôtel bon marché à proximité. Il faut ajouter à cela les problèmes posés par les insectes. Mieux vaut se munir d'une bonne moustiquaire sûre et de généreuses quantités d'insectifuge. Beaucoup de parcs nationaux possèdent aussi des bungalows en béton, propres à défaut d'avoir du charme. En nombre limité, ils peuvent être réservés en téléphonant à Bangkok au **Forestry Department,** le service des Eaux et Fôrets.

LES PRIX

L'extraordinaire diversité des formes d'hébergement offre en Thaïlande des solutions adaptées à toutes les bourses.

Pour les budgets les plus élevés, des palaces comme l'Oriental de Bangkok ou le Regent de Chiang Mai possèdent des suites pour célébrités et chefs d'Etat à 40 000 B/la nuit, mais un luxe plus courant se paie entre 10 000 et 15 000 B.

Une nuitée dans un hôtel touristique coûtera entre 1 000 B et 4 000 B à Bangkok, Chiang Mai, Pattaya, Phuket ou Ko Samui. Dans un hôtel standard de province, le tarif d'une chambre confortableet climatisée variera entre 700 B et 1 500 B, selon la saison. C'est pendant la saison fraîche que les prix sont les plus élevés. Sauf dans la capitale, toujours active, ils baissent en général nettement pendant les saisons chaude (mars à mai) et pluvieuse (mai à octobre). Une chambre propre mais spartiate dans un hôtel thaï ou chinois coûte environ 500 B à Bangkok et de 150 B à 250 B en province. Certains évenements, comme le Rassemblement des éléphants de Surin, peuvent faire grimper les prix dans des villes habituellement bon marché. De toute façon, il devient alors rarement possible de se loger sans avoir réservé longtemps à l'avance. Les pensions de Chiang Mai et d'autres villes touristiques offrent sans doute les meilleurs rapports qualité-prix. Il est ainsi possible de résider dans des maisons traditionnelles pour 100 B à 500 B. Les bungalows en bord de plage, proposés à des prix équivalents, se révèlent moins confortables, notamment à cause des insectes.

Camping et logement en bungalows à Ao Phrao sur Ko Samet

LES RÉSERVATIONS

Mieux vaut réserver dans les établissements de luxe et de catégorie moyenne, en particulier pendant les fêtes. Les hôtels thaïs et chinois, ainsi que les pensions, ne prennent normalement pas de réservation. Dans les régions touristiques, le personnel parle au moins anglais. Ailleurs, à moins de parler thaï, le plus simple revient souvent à passer par un bureau de la TAT.

LES TAXES

Le système de taxation n'est pas appliqué partout de la même façon en Thaïlande. Tous les hôtels devraient percevoir 7 % de TVA. Certains établissements de standing y ajouteront 10 % pour le service. Si quelques palaces, tels l'Oriental et le Shangri-La, incluent directement les taxes dans le prix demandé, beaucoup d'hôtels touristiques se contentent de les rajouter sur la note finale. Mieux vaut donc se renseigner dès l'arrivée sur ce que comprend le tarif proposé.

La taxe est rarement perçue dans les petits hôtels situés hors des grandes destinations touristiques.

LE MARCHANDAGE

Rien n'interdit jamais de s'enquérir d'éventuels « tarifs spéciaux » ou de réductions. Vous ne risquez rien de pire qu'un refus poli et, très souvent, en particulier hors de Bangkok et en basse saison, une telle demande peut entraîner de substantielles économies. Insister en cas de refus est toutefois considéré comme grossier.

LES POURBOIRES

Pratique inhabituelle en Thaïlande, le pourboire commence à se développer à Bangkok et dans les grandes destinations touristiques de Ko Samui, Phuket, Pattaya et Chiang Mai. Les porteurs, en particulier, en attendront un. Envers le reste du personnel, agissez selon votre jugement et la qualité &du service offert. Un remerciement et un sourire seront aussi très appréciés.

Il n'existe pas de règle mais laisser entre 10 B et 50 B suffit dans presque toutes les circonstances. Les hôtels de luxe augmentent la note d'un pourcentage pour le service.

LES ÉQUIPEMENTS POUR ENFANTS

Les Thaïs adorent les enfants des touristes et font preuve envers eux d'une incroyable tolérance, peut-être parce qu'ils les trouvent exotiques avec leurs cheveux et leurs yeux plus clairs que les petits Thaïlandais. Cependant, peu d'établissements de catégorie moyenne possèdent un équipement spécial ou adapté aux mères allaitant un bébé (donner le sein en public ne se fait pas). Dans la majorité des hôtels de luxe et des complexes hôteliers de bord de mer, on trouvera une forme ou une autre de garde d'enfants. Les établissements permettent à ceux-ci de dormir gratuitement dans la chambre de leurs parents.

Un grand hôtel moderne en Isan, le Khon Kaen (p. 397)

LES VOYAGEURS HANDICAPÉS

Même dans les hôtels de luxe, les rampes pour fauteuils roulants n'ont commencé à faire leur apparition que dans les constructions les plus récentes. L'ascenseur, que possèdent la plupart des établissements de catégorie moyenne ou supérieure, représente presque partout la seule facilité proposée aux handicapés.

Il existe peu de chances que la situation s'améliore beaucoup dans un futur immédiat. La Thai Hotels Association vous aidera à sélectionner un établissement.

CARNET D'ADRESSES

THAI HOTEL ASSOCIATION

Aéroport de Bangkok
☎ (02) 535 2558.

FORESTRY DEPARTMENT

Phahon Yothin Rd, Bangkok.
☎ (02) 579 0529.

OFFICE DU TOURISME

Office national du tourisme de Thaïlande
90, Avenue des Champs-Élysées
75008 Paris. ☎ 01 53 53 47 00.
FAX 01 45 63 78 88. Minitel 3615 THAI
W www.tourismethaifr.com

PRINCIPAUX BUREAUX DE LA TAT

Bangkok
☎ (02) 694 1222. W www.tat.or.th
Chiang Mai ☎ (053) 248604.
Ko Samui ☎ (077) 288818.
Pattaya ☎ (038) 428750.
Phuket ☎ (076) 212213.

Bungalows sous les cocotiers à Ko Chang

Les meilleurs hôtels de luxe

La Thaïlande possède de superbes hôtels de classe internationale dont certains, tels l'Oriental de Bangkok et l'Amanpuri Resort de Phuket, font partie des meilleurs du monde. Ils restent pour l'instant principalement regroupés dans la capitale, à Chiang Mai et dans les grandes stations balnéaires comme Pattaya et Phuket, mais il s'en construit de plus en plus dans des villes ou des destinations touristiques moins importantes. Comparés à leurs équivalents en Europe ou en Amérique du Nord, ces établissements offrent un remarquable rapport qualité-prix et l'occasion, pour certains visiteurs, de jouir d'un luxe autrement inaccessible. Nous vous présentons ici les meilleurs hôtels de standing de chaque région.

Westin Hotel

RÉGION DE
CHIANG MAI

TRIAN
I

Le **Westin** de **Chiang Mai**
(p. 394), apprécié des
célébrités, est aussi cher
que luxueux.

Le **Dusit Island Resort**
de **Chiang Rai** (p. 395) *offre,
sur une île au milieu du Kok,
une piscine, des courts de
tennis et d'excellents
restaurants.*

NORD DE LA
PLAINE
CENTRALE

SUD DE L
PLAINE
CENTRA

Au **Pailyn** de **Phitsanulok**
(p. 392) doté d'un sauna et
de deux bons restaurants,
des chambres élégantes
donnent vue sur la
rivière.

BANGKO

Melia Hotel

Le **Felix River Kwai Resort**
de **Kanchanaburi** *(p. 391),* situé au bord
de la rivière Kwai, permet de profiter de
deux piscines, d'un service en chambre
24 h/24 et de chambres non fumeurs ou
adaptés aux handicapés.

DE BANGKOK
À SURAT THANI

Le **Melia** de **Hua Hin** (p. 401) *domine
la plage et, outre les services et
équipements standard, il propose des
chambres dont toutes disposent de
balcons donnant sur la mer.*

CÔTE
NORD
DE LA MER
D'ANDAMAN

Amanpuri Resort

L'**Amanpuri Resort** de **Phuket**
(p. 404) *possède une architecture
remarquable. Les hôtes y
séjournent dans de spacieux
pavillons individuels, ombragés
par des cocotiers.*

Le **Sima Thani** de **Khorat** *(p. 397)*, situé en dehors du centre-ville est spacieux et bien décoré. Les services haut de gamme incluent une piscine, un centre de santé, un sauna, deux restaurants et deux bars.

VALLÉE DU MÉKONG

Le **Pathumrat** d'**Ubon Ratchathani** (p. 399) occupe un immeuble de sept étages prés du centre. Les hôtes y disposent de chambres confortablement meublées, climatisées et équipées de mini-bars et de téléviseurs, ainsi que d'un café et d'une piscine.

PLATEAU DE KHORAT

Pathumrat Hotel

Grand Hyatt Erawan

RÉGION DE PATTAYA

L'**Oriental** de **Bangkok** (p. 390) est depuis longtemps reconnu comme un des meilleurs hôtels du monde. La qualité du service rend inoubliable un séjour dans ce temple de luxe.

Le **Grand Hyatt Erawan** de **Bangkok** (p. 389) est un des plus luxueux hôtels de la capitale.

Le **Royal Cliff Beach Resort** de **Pattaya** (p. 400) est, prés de la plage de Jomtien, le meilleur complexe hôtelier familial de la région. Les services sont haut de gamme. On peut y pratiquer de nombreux sports et activités de loisir.

FRONTIÈRE MALAISE

Le **Royal Crown** de **Songkhla** *(p. 405)*, situé dans le centre, comprend un restaurant et offre un service cordial.

0   200 km

Choisir un hôtel

L es hôtels présentés ici ont été sélectionnés dans une vaste gamme de tarifs pour leur situation et leur rapport qualité-prix. Beaucoup possèdent d'excellents aménagements et certains un décor magnifique. La liste les présente par région, repérée par des onglets de couleur, en commençant par Bangkok.

	CARTES BANCAIRES	PISCINE	SALLE DE BAINS	CAFÉ	JARDIN/TERRASSE

BANGKOK

CENTRE HISTORIQUE : *BK Guest House.* **Plan** 2 D3.   Ⓑ
11/1 Soi Surao, Chakrabongse Rd. 【 (02) 281 3048. ꜰᴀx (02) 222 4416.
Des chambres propres et à bas prix. Très bien situé, près du Chao Phraya, pour découvrir le centre historique. *Chambres : 25.* 🛏 0.

			▦		

CENTRE HISTORIQUE : *Peachy Guest House.* **Plan** 1 C4.   Ⓑ
10 Phra Athit Rd. 【 (02) 281 6471.
Il existe beaucoup de pensions bon marché à Banglamphu mais un agréable jardin embellit celle-ci. *Chambres : 30.* 🛏 5.

					▦

CENTRE HISTORIQUE : *Khao San Palace.* **Plan** 2 D4.   ⒷⒷ
139 Khao San Rd. 【 (02) 282 0578.
Khao San Road a remplacé Soi Ngam Duphli, au sud du parc Lumphini, comme lieu de rendez-vous des routards. Établissement des plus confortables mais aux tarifs élevés pour le quartier. *Chambres : 20.* 🛏 20.

CENTRE HISTORIQUE : *New Nith Jaroen Hotel.* **Plan** 2 D4   ⒷⒷ
183 Khao San Rd. 【 (02) 281 9872.
Une pension tranquille, un peu en retrait de l'animation de Khao San Rd. Toutes les chambres avec salle de bain et ventilateur. *Chambres : 25.* 🛏 0.

			▦		

CENTRE HISTORIQUE : *Phra Athit Mansion.* **Plan** 1 C4.   ⒷⒷⒷ   MC V
22 Phra Athit Rd. 【 (02) 280 0744. ꜰᴀx (02) 280 0742.
Confort de base et chambres spacieuses près du quai Phra Athit. Plutôt pour de jeunes voyageurs surveillant leur budget. *Chambres : 35.* 🛏 35.

			▦		

CENTRE HISTORIQUE : *Royal.* **Plan** 2 D4.   ⒷⒷⒷⒷ   MC V
2 Ratchadamnoen Klang Ave. 【 (02) 222 9111. ꜰᴀx (02) 224 2083.
L'un des plus vieux hôtels de Bangkok offre de somptueuses prestations malgré une histoire récente mouvementée. Le sang coula en 1992 dans le hall pendant une manifestation pour la démocratie. 🍽 24 📺 *Chambres : 297.* 🛏 297.

	●	▦	●	

CHINATOWN : *River View Guest House.* **Plan** 6 F3.   ⒷⒷ   AE V
768 Soi Phanu Rang Si, Songwat Rd. 【 (02) 234 5429. ꜰᴀx (02) 237 5428.
Une bonne affaire près du fleuve. La vue depuis le restaurant du 8ᵉ étage est superbe mais la nourriture médiocre. Un établissement propre et accueillant malgré un service un peu lent. 🍽 📺 *Chambres : 45.* 🛏 12.

		▦		

CHINATOWN : *White Orchid.* **Plan** 6 E2.   ⒷⒷⒷ   AE DC MC V
409-421 Yaowarat Rd. 【 (02) 226 0026. ꜰᴀx (02) 221 8101.
Cet établissement simple mais bien tenu permet un accès aisé aux nombreuses orfèvreries et herboristeries de la principale zone marchande de Chinatown, Sampeng Lane. 🍽 📺 *Chambres : 340.* 🛏 340.

		▦	●	

CHINATOWN : *Grand China Princess Hotel.* **Plan** 6 F2.   ⒷⒷⒷⒷ   AE DC MC V
215 Yaowarat Rd. 【 (02) 224 9977. ꜰᴀx (02) 224 7999.
Cet hôtel de catégorie moyenne est banal mais situé au cœur du quartier chinois de Bangkok, à proximité de divers restaurants proposant cuisines thaïe, indienne et chinoise. 🍽 📺 *Chambres : 155.* 🛏 155.

		▦	●	

DUSIT : *Bangkok International Youth Hostel.* **Plan** 2 F2.   Ⓑ
25/2 Phitsanulok Rd. 【 (02) 281 0361. ꜰᴀx (02) 628 7416.
Les règles habituelles s'appliquent dans cette auberge de jeunesse propre et bon marché. Bon restaurant. Proche du palais Vimanmek dans un quartier relativement calme. 🍽 *Chambres : 21 (66 lits).* 🛏 17.

		▦	●	▦

DUSIT : *Villa Guest House.* **Plan** 2 D3.   Ⓑ
Samsen Soi 1. 【 Pas de téléphone.
Petit établissement rustique rare pour Bangkok, qui ressemble plus à une maison privée qu'à un hôtel. Ses tarifs très bas font qu'il est souvent complet. 🍽 *Chambres : 10.* 🛏 0.

		▦		

Les **prix** correspondent à une nuit en chambre double, taxes comprises pour les hôtels de luxe.

Ⓑ moins de 350 B
ⒷⒷ de 350 B à 800 B
ⒷⒷⒷ de 800 B à 1 600 B
ⒷⒷⒷⒷ de 1 600 B à 3 200 B
ⒷⒷⒷⒷⒷ plus de 3 200 B

CARTES BANCAIRES
AE American Express ; DC Diners Club ; MC MasterCard ; V VISA ; JCB Japanese Credit Bureau.

SALLES DE BAINS OCCIDENTALES
Les établissements qui n'en possèdent pas proposent des toilettes à la turque et - des douches - asiatiques (avec un bol).

CAFÉ
L'hôtel comprend au moins un café.

JARDIN/TERRASSE
L'hôtel possède un jardin, une cour intérieur ou une terrasse.

	CARTES BANCAIRES	PISCINE	SALLE DE BAINS	CAFÉ	JARDIN/TERRASSE
DUSIT : *Trang*. Plan 2 D2. ⒷⒷⒷ 99/1 Wisut Kasat Rd. (02) 281 2083. FAX (02) 280 3610. Près du fleuve au nord du centre historique, cet hôtel de catégorie moyenne est bien placé pour visiter les sites de Dusit. 🍽 🛏 📺 *Chambres : 181.* 181.	AE MC V	●	▦	●	
DUSIT : *Royal Princess*. Plan 3 A4. ⒷⒷⒷⒷ 269 Lan Luang Rd. (02) 281 3088. FAX (02) 280 1314. Un hôtel de luxe proche à la fois des sites de Dusit et de ceux du centre historique . Excellent restaurant chinois. Bonnes spécialités italiennes et japonaises. 🍽 🛏 24 📺 🏊 *Chambres : 170.* 170.	AE DC MC V JCB	●	▦	●	▦
DOWNTOWN : *Niagara*. Plan 7 B5. ⒷⒷ 26 Soi Suksa Witthaya. (02) 233 5783. FAX (02) 233 6563. Le meilleur hôtel bon marché du quartier de Silom qui se trouve juste assez loin de Patpong pour échapper au bruit des bars de nuit et de la circulation. 🍽 *Chambres : 60.* 48.			▦	●	
QUARTIER DES AFFAIRES : *White Lodge*. Plan 7 C1. ⒷⒷ 36/8 Soi Kasem San 1. (02) 216 8867. FAX (02) 216 8228. Au cœur du quartier de Siam Square, le White Lodge est propre, accueillant et d'un bon rapport qualité-prix. 🍽 *Chambres : 26.* 26.			▦	●	
QUARTIER DES AFFAIRES : *Asia*. Plan 3 C5. ⒷⒷⒷ 296 Phaya Thai Rd. (02) 215 0808. FAX (02) 215 4360. W www.asiahotel.com Pratique pour se rendre au Siam Center, à Siam Square et au World Trade Center, l'Asia, fondé en 1964, possède cinq bons restaurants servant de la cuisine thaïe, chinoise ou vietnamienne. 🍽 🛏 24 📺 🏊 *Chambres : 650.* 650.	AE DC MC V JCB	●	▦	●	
QUARTIER DES AFFAIRES : *Mandarin Bangkok*. Plan 7 B3. ⒷⒷⒷⒷ 662 Rama IV Rd. (02) 238 0231. FAX (02) 237 1620. W www.mandarin-bkk.com Les tarifs du Mandarin restent raisonnables pour des chambres fraîches et agréablement spacieuses dont le luxe va jusqu'à de somptueuses salles de bains en marbre italien. 🍽 🛏 24 📺 🏊 *Chambres : 400.* 400.	AE DC MC V JCB	●	▦	●	
QUARTIER DES AFFAIRES : *Mercure*. Plan 4 F5. ⒷⒷⒷ City Square, 1091/336 New Petchaburi Rd. (02) 253 0510. FAX (02) 253 0556. Un immense complexe très bien doté en équipements d'affaires. Onze salles de réception et une de bal. 🍽 🛏 24 📺 🏊 *Chambres : 644.* 644.	AE DC MC V JCB	●	▦	●	
QUARTIER DES AFFAIRES : *Amari Watergate*. Plan 4 E5. ⒷⒷⒷⒷⒷ 847 Petchaburi Rd. (02) 653 9000. FAX (02) 653 9045. W www.amari.com Prestations de luxe au centre du quartier des affaires de Pratunam. L'Amari Watergate dispose de plusieurs restaurants. Celui de cuisine italienne reçoit régulièrement des éloges. 🍽 🛏 24 📺 🏊 *Chambres : 575.* 575.	AE DC MC V JCB	●	▦	●	▦
QUARTIER DES AFFAIRES : *Dusit Thani*. Plan 8 D4. ⒷⒷⒷⒷⒷ 946 Rama IV Rd. (02) 236 0450. FAX (02) 236 6400. W www.dusit.com Cet hôtel de 23 étages en forme de pyramide possède une piscine entourée d'arbres et huit restaurants. Celui du dernier étage offre une des plus belles vues de Bangkok. 🍽 🛏 24 📺 🏊 *Chambres : 530.* 530.	AE DC MC V JCB	●	▦	●	▦
QUARTIER DES AFFAIRES : *Grand Hyatt Erawan*. Plan 8 D1. ⒷⒷⒷⒷⒷ 494 Ratchadamri Rd. (02) 254 1234. FAX (02) 254 6308. W www.bangkok.hyatt.com Bien situé, ce palace est distribué autour d'un atrium de 4 étages. Il abrite une riche collection d'art et loue des chambres spacieuses. 🍽 🛏 24 📺 🏊 *Chambres : 428.* 428.	AE DC MC V JCB	●	▦	●	▦
QUARTIER DES AFFAIRES : *Hilton International Bangkok*. Plan 8 E1. ⒷⒷⒷⒷⒷ 2 Witthayu (Wireless) Rd. (02) 253 0123. FAX (02) 253 6509. W www.hilton.com Absolument tout ce que l'on peut attendre d'un Hilton International en ce qui concerne luxe et confort. 🍽 🛏 24 📺 🏊 *Chambres : 343.* 343.	AE DC MC V JCB	●	▦	●	▦

Légende des symboles, voir rabat de couverture

Les **prix** correspondent à une nuit en chambre double, taxes comprises pour les hôtels de luxe.

(B) moins de 350 B
(B)(B) de 350 B à 800 B
(B)(B)(B) de 800 B à 1 600 B
(B)(B)(B)(B) de 1 600 B à 3 200 B
(B)(B)(B)(B)(B) plus de 3 200 B

CARTES BANCAIRES
AE American Express ; DC Diners Club ; MC MasterCard ; V VISA ; JCB Japanese Credit Bureau.

SALLES DE BAINS OCCIDENTALES
Les établissements qui n'en possèdent pas proposent des toilettes à la turque et · des douches · asiatiques (avec un bol).

CAFÉ
L'hôtel comprend au moins un café.

JARDIN/TERRASSE
L'hôtel possède un jardin, une cour intérieur ou une terrasse.

	CARTES BANCAIRES	PISCINE	SALLE DE BAINS	CAFÉ	JARDIN/TERRASSE
QUARTIER DES AFFAIRES : *Holiday Inn Crowne Plaza*. **Plan 7 A5.** (B)(B)(B)(B)(B) 981 Silom Rd. ((02) 238 4300. FAX (02) 238 4950. W www.hicp-bkk.com Ce grand hôtel paré de marbre blanc s'élève à l'extrémité occidentale de Silom Road. ▮ ▮ 24 TV ▮ *Chambres : 726.* ▤ 726.	AE DC MC V JCB	●	▨	●	
QUARTIER DES AFFAIRES : *Indra Regent*. **Plan 4 E5.** (B)(B)(B)(B) 120/126 Ratchaprarop Rd. ((02) 208 0022. FAX (02) 208 0388. W www.indrahotel.com Situé dans le quartier animé de Pratunam, où arrivent la plupart des autocars climatisés, cet établissement des années 70 propose un service affaires et des chambres luxueuses. ▮ ▮ 24 TV ▮ *Chambres : 438.* ▤ 438.	AE DC MC V JCB	●	▨		▨
QUARTIER DES AFFAIRES : *Montien*. **Plan 7 C3.** (B)(B)(B)(B) 54 Surawong Rd. ((02) 234 8060. FAX (02) 236 5218. W www.montienhotel.com Les chambres sont un peu quelconques pour cette catégorie de prix mais l'emplacement du Montien permet de conjuguer affaires et plaisirs à un jet de pierre de Patpong. ▮ ▮ 24 TV ▮ *Chambres : 475.* ▤ 475.	AE DC MC V JCB	●	▨		
QUARTIER DES AFFAIRES : *Oriental*. **Plan 6 F4.** (B)(B)(B)(B)(B) 48 Oriental Ave. ((02) 236 0400. FAX (02) 236 1937. W www.mandarin-oriental.com Ce palace légendaire, fondé en 1876 (p. 110), reste l'un des plus réputés du monde. Ses hôtes jouissent d'un service irréprochable, de beaux jardins et de vues sur le fleuve. ▮ ▮ 24 TV ▮ *Chambres : 396.* ▤ 396.	AE DC MC V JCB	●	▨	●	▨
QUARTIER DES AFFAIRES : *Regent*. **Plan 8 D2.** (B)(B)(B)(B)(B) 155 Ratchadamri Rd. ((02) 251 6127. FAX (02) 253 9195. W www.regenthotel.com Dans cet hôtel de grand luxe central, les prestations incluent yoga et salle de bal. ▮ ▮ 24 TV ▮ *Chambres : 356.* ▤ 356.	AE DC MC V JCB	●	▨	●	▨
QUARTIER DES AFFAIRES : *Royal Orchid Sheraton*. **Plan 6 F3.** (B)(B)(B)(B)(B) 2 Captain Bush Lane, Si Praya Rd. ((02) 266 0123. FAX (02) 236 8320. W www.sheraton.com Ce spacieux établissement d'affaires partage avec l'Oriental un service d'hélicoptères pour l'aéroport. Ses 28 étages offrent de superbes panoramas du Chao Phraya. ▮ ▮ 24 TV ▮ *Chambres : 773.* ▤ 773.	AE DC MC V JCB	●	▨		▨
QUARTIER DES AFFAIRES : *Siam Inter Continental*. **Plan 8 D1.** (B)(B)(B)(B)(B) 967 Rama I Rd. ((02) 253 0355. FAX (02) 253 2275. W www.interconti.com Un magnifique hôtel de standing entouré de 10 ha de parc. Un bon endroit où séjourner pour faire du lèche-vitrines dans le quartier ou visiter la maison de Jim Thompson. ▮ ▮ 24 TV ▮ *Chambres : 400.* ▤ 400.	AE DC MC V JCB	●	▨		▨
THON BURI : *Royal City* (B)(B)(B)(B) 800 Borom Ratchonni Rd. ((02) 435 8888. FAX (02) 434 3636. W www.royalrivergroup.com Cet hôtel proche du fleuve propose des prestations de haut niveau. Un café dans le jardin et un restaurant français sont d'autres atouts. ▮ ▮ 24 TV ▮ *Chambres : 401.* ▤ 401.	AE DC MC V JCB	●	▨	●	▨
THON BURI : *Royal River*. **Plan 1 A2.** W www.royalrivergroup.com (B)(B)(B)(B) 219 Charan Sanit Wong Rd. ((02) 433 0300. FAX (02) 433 5880. Beaucoup considèrent le Royal River comme le meilleur hôtel de luxe sur la rive ouest du Chao Phraya. ▮ ▮ 24 TV ▮ *Chambres : 458.* ▤ 458.	AE DC MC V JCB	●	▨	●	▨
THON BURI : *Marriott Royal Garden Riverside*. **Plan 6 E4.** (B)(B)(B)(B)(B) 257/1-3 Charoen Nakhon Rd. ((02) 476 0021. FAX (02) 476 1120. W www.royal-garden.com Ce spacieux hôtel de luxe, au parc de 4,5 ha, comprend cinq restaurants dont un de cuisine internationale. Une piscine d'eau de source chaude peut accueillir jusqu'à 10 personnes. ▮ ▮ 24 TV ▮ *Chambres : 417.* ▤ 417.	AE DC MC V JCB	●	▨	●	▨
EN DEHORS DU CENTRE : *Namsin Hotel* (B) 2/16 Kraiphet Rd, Ratchaburi. ((032) 337551. FAX (032) 337633. Cet hôtel simple de Ratchaburi n'est pas un établissement haut de gamme mais offre un très bon rapport qualité-prix. Les chambres sont spacieuses et confortables avec air conditionné ou ventilateur. TV *Chambres : 78.* ▤ 10.					

En dehors du centre : *Ambassador* ⒷⒷⒷ 171 Soi 11, Sukhumvit Rd. (02) 254 0444. FAX (02) 253 4123. Encore un immense hôtel. Situé au cœur du quartier animé de Sukhumvit, celui-ci possède une sélection de restaurants « ethniques » sur sa terrasse en rez de chaussée. **Chambres :** 750. 750.	AE DC MC V JCB	●	■	●	■
En dehors du centre : *Fortune Blue Wave* ⒷⒷⒷⒷ Fortune Town Building, 1 Ratchadaphisek Rd. (02) 641 1500. FAX (02) 641 1551. Un vaste hôtel confortable doté d'un efficace centre d'affaires. Trois restaurants asiatiques, un café et un bar. Bien situé pour le Thailand Cultural Center. **Chambres :** 406. 406.	AE DC MC V JCB	●	■	●	■
En dehors du centre : *Park Hotel* ⒷⒷⒷⒷ 6 Sukhumvit, Soi 7. (02) 255 4300. FAX (02) 255 4309. Grand confort (avec piscine, salle de gym et sauna) à des prix raisonnables. La proximité d'une voie express permet un accès aisé à l'aéroport. **Chambres :** 139. 139.	AE DC MC V JCB	●	■		■
En dehors du centre : *Amari Airport* W www.amari.com ⒷⒷⒷⒷⒷ 333 Chert Wudthakas Rd, Don Muang. (02) 566 1020. FAX (02) 566 1941. Les hôtes de cet établissement de luxe peuvent rejoindre à pied l'aéroport et la gare de Don Muang. Idéal pour des passagers en transit mais trop cher. **Chambres :** 432. 432.	AE DC MC V JCB	●	■	●	
En dehors du centre : *Landmark Plaza.* **Plan** 8 F2. ⒷⒷⒷⒷⒷ 138 Sukhumvit Rd. 02) 254 0404. FAX (02) 253 4259. Proche du National Convention Center et du cœur de Sukhumvit, ce vaste complexe comprend un centre commercial de quatre étages et dix restaurants de qualité. **Chambres :** 415. 415.	AE DC MC V JCB	●	■	●	
En dehors du centre : *Sukhothai Bangkok.* **Plan** 8 D4. ⒷⒷⒷⒷⒷ 13/3 Sathorn Tai Rd. (02) 287 0222. FAX (02) 287 4980. @ beaufort@ksc11.th.com. Dans 2,5 ha de jardin, cours intérieurs, pagodes et petits bassins donnent un charme certain à cet hôtel parmi les plus chers de Bangkok. **Chambres :** 224. 224.	AE DC MC V JCB	●	■	●	■

Sud de la Plaine centrale

Ayutthaya : *BJ Guest House* Ⓑ 16/7 Naresuan Rd. (035) 251526. Bien place et propre, la meilleure adresse pour les petits budgets. Location de bicyclettes et bonne cuisine. **Chambres :** 10. 0.					■
Ayutthaya : *U Thong Inn* ⒷⒷⒷ 210 Rodjana Rd. (035) 242236. FAX (035) 242235. L'hôtel le mieux équipé d'Ayutthaya se trouve aussi à courte distance des principaux sites historiques. **Chambres :** 208. 208.	AE DC MC V	●	■	●	
Bang Pa-in : *Phra Intaracha* ⒷⒷ 136 Mu 7, Tambon Chiangraknoi. (035) 361081. Peu de gens dorment à Bang Pa-in mais si vous y passez la nuit, cet hôtel fait partie des plus confortables. **Chambres :** 53. 18.			■		■
Kanchanaburi : *Jolly Frog Back-Packers* Ⓑ Près de Rong Hip Awee Rd. (034) 514579. Un nom original pour un concept original : un « motel » en bambou au bord de la rivière. Restaurant très apprécié. **Chambres :** 50. 0.					
Kanchanaburi : *Felix River Kwai Resort* ⒷⒷⒷⒷⒷ 9/1 Mu 3, Thamakham. (034) 515061. FAX (034) 515095. Ce luxueux complexe hôtelier aux jardins soignés propose près de la rivière Kwai des courts de tennis, deux piscines et des coffres dans toutes les chambres. **Chambres :** 255. 255.	AE DC MC V	●	■	●	■
Lop Buri : *Asia Lopburi Hotel* Ⓑ 1/7-8 Sorasak Rd. (036) 411892. FAX (036) 411892. Impossible de faire plus central au-dessus du palais Narai. Bon rapport qualité-prix malgré un confort sommaire. **Chambres :** 100. 20.			■		
Lop Buri : *Lopburi Inn* ⒷⒷⒷ 28/9 Narai Maharat Rd. (036) 412300. FAX (036) 412457. L'un des meilleurs hôtels de la Plaine centrale, avec des chambres agréables et climatisées, mais il se trouve à plus de 3 km des sites historiques. **Chambres :** 135. 135.	AE MC V		■	●	■

Légende des symboles, voir rabat de couverture

Les **prix** correspondent à une nuit en chambre double, taxes comprises pour les hôtels de luxe.

(B) moins de 350 B
(B)(B) de 350 B à 800 B
(B)(B)(B) de 800 B à 1 600 B
(B)(B)(B)(B) de 1 600 B à 3 200 B
(B)(B)(B)(B)(B) plus de 3 200 B

CARTES BANCAIRES
AE American Express ; DC Diners Club ; MC MasterCard ; V VISA ; JCB Japanese Credit Bureau.

SALLES DE BAINS OCCIDENTALES
Les établissements qui n'en possèdent pas proposent des toilettes à la turque et « des douches » asiatiques (avec un bol).

CAFÉ
L'hôtel comprend au moins un café.

JARDIN/TERRASSE
L'hôtel possède un jardin, une cour intérieur ou une terrasse.

	CARTES BANCAIRES	PISCINE	SALLE DE BAINS	CAFÉ	JARDIN/TERRASSE
NAKHON PATHOM : *Nakhon Inn* (B)(B) 55 Ratwithi Rd. **C** *(034) 251152.* **FAX** *(034) 254998.* Cet établissement plaisant et propre propose les services habituels. Sans grand caractère mais joliment élégant. **¶ TV ☕ Chambres :** *70.* 🔲 *70.*			■	◆	■
SANGKHLA BURI : *P Guesthouse* (B) 81 Mu 1 Tambon Noog Loo, Sangkhla Buri. **C** *(034) 595061.* **FAX** *(034) 595139.* Une confortable pension joliment situé au bord du lac avec vue sur le village Mon. Également des bungalows à louer avec vue sur le lac. **¶ Chambres :** *24.* 🔲 *2.*					

NORD DE LA PLAINE CENTRALE

	CARTES BANCAIRES	PISCINE	SALLE DE BAINS	CAFÉ	JARDIN/TERRASSE
KAMPHAENG PHET : *Phet Hotel* (B)(B) 90 Wichit Rd. **C** *(055) 712810.* **FAX** *(055) 712917.* Cet hôtel soigné doté d'une petite piscine offre un bon rapport qualité-prix. **¶ 24 TV Chambres :** *235.* 🔲 *235.*	MC V	◆	■	◆	■
KAMPHAENG PHET : *Cha Kang Rao* (B)(B)(B)(B) 123/1 Thesa Rd. **C** *(055) 711315.* **FAX** *(055) 711326.* Dans la partie la plus récente de Kamphaeng Phet mais à courte distance du quartier historique. Courts de tennis. **¶ 24 TV Chambres :** *90.* 🔲 *90.*	MC V		■	◆	
MAE SOT : *Central Mae Sot Hill Hotel* (B)(B)(B) 100 Asia Highway. **C** *(055) 532601.* **FAX** *(055) 532600.* Courts de tennis, discothèque, bar à cocktails, salle de bal et excellent restaurant. Particulièrement choyés, les enfants disposent de leur propre piscine. **¶ 24 TV ☕ Chambres :** *120.* 🔲 *120.*	AE DC MC V	◆	■	◆	■
PHITSANULOK : *Phitsanulok Youth Hostel* (B) 38 Sanam Bin Rd. **C** *(055) 242060.* Cette auberge de jeunesse accueillante occupe une vieille maison en bois couverte de jasmin et dotée d'un grand porche. **Chambres :** *24.* 🔲 *0.*			■		■
PHITSANULOK : *Pailyn* (B)(B)(B) 38 Baromatrailokanart Rd. **C** *(055) 252412.* **FAX** *(055) 258185.* Le meilleur hôtel de la ville donne vue sur la rivière. **¶ 24 TV ☕ Chambres :** *240.* 🔲 *240.*	AE MC V		■	◆	
SAWANKHALOK : *Muang Inn* (B) 21 Kasem Rat Rd. **C** *(055) 641753.* La seule adresse qui mérite qu'on dorme à Sawankhalok. Atmosphère agréable et bonne cuisine thaï au restaurant. **¶ Chambres :** *39.* 🔲 *20.*			■	◆	
SUKHOTHAI : *99 Guesthouse* (B) 234/6 Chodwithithong Rd. **C** *(055) 611315.* Spacieux et confortable, cet endroit était autrefois l'un des trois « N° 4 Guest Houses » parsemé autour de New Sukhothai. **¶ Chambres :** *5.* 🔲 *0.*					■
SUKHOTHAI : *Sawasdiphong* (B) 56/2-5 Singhawat Rd. **C** *(055) 611567.* **FAX** *(055) 612268.* Chambres propres, confortables et banales dans New Sukhothai mais restaurant renommé. **¶ Chambres :** *52.* 🔲 *23.*			■		
SUKHOTHAI : *Thai Village House* (B)(B) 214 Charotvithwong Rd. **C** *(055) 611049.* **FAX** *(055) 612583.* Il n'existe pas d'autre hébergement dans Old Sukhothai que ces bungalows en tek du Sukhothai cultural Center. Réserver. **¶ Chambres :** *80.* 🔲 *80.*	MC V		■		■
TAK : *Wiang Tak* (B)(B)(B) 25/3 Mahathai Bamrung Rd. **C** *(055) 511950.* **FAX** *(055) 512687.* Tak ne possède que quelques hôtels simples bordant la rue principale. Le Wiang Tak est le plus grand et le meilleur. **¶ Chambres :** *100.* 🔲 *100.*	AE MC V JCB		■	◆	

UMPHANG : *Umphang Country Huts* ⒷⒷⒷ
141 Mu, 1 Tambon Umphang. 【 *(055) 561079.*
Ces huttes rudimentaires offrent un hébergement en « jungle », le plus confortable de la région. 🍽 **Chambres :** *18.* 🛏 *0.*

RÉGION DE CHIANG MAI

CHIANG DAO : *Chiang Dao Hills* ⒷⒷⒷ
28 Mu 6, Ping Kong, Chiang Dao. 【 *(053) 232434.* FAX *(053) 251372.*
Des bungalows agréables et calmes au milieu de collines. Le restaurant est hautement recommandé. 🍽 **Chambres :** *36.* 🛏 *0.*

CHIANG MAI : *Daret's Guest House* Ⓑ
4/5 Chaiyaphum Rd. 【 *(053) 235440.*
Son restaurant réputé pour ses plats bon marché et pas trop pimentés entretient le succès de cette pension proche de la porte Tha Phae. 🍽 **Chambres :** *20.* 🛏 *0.*

CHIANG MAI : *La Maloon* Ⓑ
1 Chaban Rd. 【 *(053) 271001.*
Des Français tiennent cette très jolie pension en bois avec un bar dans le jardin. Bonne cuisine à prix raisonnables. 🍽 **Chambres :** *3.* 🛏 *0.*

CHIANG MAI : *Al Farooq* ⒷⒷ
341 Charoen Prathet Rd. 【 *(053) 821107.* FAX *(053) 821106.*
Un hôtel de catégorie moyenne situé au sud de la ville dans le quartier musulman. Surtout remarquable pour son restaurant végétarien. 🍽 24 TV **Chambres :** *85.* 🛏 *85.*

CHIANG MAI : *Anodard* ⒷⒷ MC V
57/59 Ratchamankha Rd. 【 *(053) 270755.* FAX *(053) 270759.*
Un hôtel suranné à l'intérieur de l'enceinte fortifiée. Propre et sans prétention. 🍽 24 TV **Chambres :** *120.* 🛏 *42.*

CHIANG MAI : *Baan Jong Come* ⒷⒷ
47 Tha Phae Rd, Soi 4. 【 *(053) 274823.*
Bien situé et tranquille dans une des nombreuses ruelles de Chiang Mai. Atmosphère agréable et personnel amical et bien informé sur les activités proposées dans la région. 🍽 **Chambres :** *24.* 🛏 *5.*

CHIANG MAI : *Chatree Guest House* ⒷⒷ MC V
11/10 Suriyawong Rd. 【 *(053) 279221.* FAX *(053) 279085.*
Dans le quartier du marché de nuit, cette pension possède une ambiance conviviale et détendue. 🍽 24 TV **Chambres :** *120.* 🛏 *120.*

CHIANG MAI : *Lai Thai Guest House* ⒷⒷ AE MC V
111/4-5 Khotchasan Rd. 【 *(053) 271725.* FAX *(053) 272724.*
Proche de la douve de l'enceinte fortifiée, cette pension offre un lieu idéal d'où contempler en avril les fêtards aspergeant leurs concitoyens lors de la célébration de Songkran. 🍽 24 TV **Chambres :** *120.* 🛏 *40.*

CHIANG MAI : *Tapae Place* ⒷⒷ AE DC MC V JCB
2 Tha Phae Rd, Soi 3. 【 *(053) 281842.* FAX *(053) 271982.*
Cet hôtel possède beaucoup de charme et de caractère sur une jolie ruelle paisible, à courte distance de la porte Tha Phae et du marché du nuit. 🍽 24 TV **Chambres :** *90.* 🛏 *90.*

CHIANG MAI : *Top North Guest House* ⒷⒷ MC V
15 Mun Muang Rd, Soi 2. 【 *(053) 278900.* FAX *(053) 278485.*
Décoré dans le style du Nord, cet immeuble moderne se trouve à l'intérieur de l'enceinte fortifiée. Location de motocyclettes et organisation de treks. 🍽 24 **Chambres :** *90.* 🛏 *50.*

CHIANG MAI : *Diamond Riverside* ⒷⒷⒷ AE DC V JCB
33/10 Charoen Prathet Rd. 【 *(053) 270080.* FAX *(053) 271482.*
Un hôtel de luxe près de Ping en plein centre et à courte distance du marché de nuit. Une belle maison en tek vieille de 150 ans abrite un restaurant dans le jardin. 🍽 🛎 24 TV 🏊 **Chambres :** *423.* 🛏 *423.*

CHIANG MAI : *River View Lodge* ⒷⒷⒷ MC V
25 Charoen Prathet Rd, Soi 4. 【 *(053) 271110.* FAX *(053) 279019.*
Dans un bâtiment ressemblant à un chalet Suisse, une touche du style du Lan Na marque le décor de chaque chambre. Belle vue de la rivière au bord de laquelle a été aménagée une piscine. 🍽 **Chambres :** *36.* 🛏 *36.*

Légende des symboles, voir rabat de couverture

Les **prix** correspondent à une nuit en chambre double, taxes comprises pour les hôtels de luxe.

B moins de 350 B
B B de 350 B à 800 B
B B B de 800 B à 1 600 B
B B B B de 1 600 B à 3 200 B
B B B B B plus de 3 200 B

CARTES BANCAIRES
AE American Express ; DC Diners Club ; MC MasterCard ; V VISA ; JCB Japanese Credit Bureau.

SALLES DE BAINS OCCIDENTALES
Les établissements qui n'en possèdent pas proposent des toilettes à la turque et « des douches » asiatiques (avec un bol).

CAFÉ
L'hôtel comprend au moins un café.

JARDIN/TERRASSE
L'hôtel possède un jardin, une cour intérieur ou une terrasse.

	CARTES BANCAIRES	PISCINE	SALLE DE BAINS	CAFÉ	JARDIN/TERRASSE
CHIANG MAI : Chiang Mai Orchid — B B B B 23 Huai Kaeo Rd. ((053) 222091. FAX (053) 221625. Situé dans la partie nord-ouest de la ville, ce grand hôtel apprécié de la haute société possède un club de remise en forme et est réputé pour ses vins. ☎ ☎ 24 TV ⚿ Chambres : 266. ▤ 266.	AE DC MC V JCB	●	▪	●	▪
CHIANG MAI : Lotus — B B B B 99/4 Huai Kaeo Rd, Mu 2. ((053) 224333. FAX (053) 224493. Relié à l'un des plus grands centres commerciaux de Chiang Mai et proche du Kad Theater, le Lotus attire des visiteurs qui aiment le lèche-vitrines et les sorties nocturnes. ☎ ☎ 24 TV ⚿ Chambres : 690. ▤ 690.	AE DC MC V JCB	●	▪		
CHIANG MAI : Novotel Chiang Mai — B B B B B 183 Chang Puek Rd. ((053) 225500. FAX (053) 225505. Cet hôtel moderne dans le nord de Chiang Mai propose un parc d'attractions aquatiques doté de machines à vagues. Il est possible de manger mexicain. ☎ 24 TV ⚿ Chambres : 159. ▤ 159.	AE DC MC V JCB	●	▪		
CHIANG MAI : Chiang Mai Sports Club — B B B B B 284 Mu 3, Tambon Don Kaew, Mae Rim. ((053) 298330. FAX (053) 297897. Un établissement où pratiquer aussi bien l'équitation, que la natation en piscine olympique. Même si vous n'êtes pas sportif, vous apprécierez sa splendide situation. ☎ ☎ 24 TV ⚿ Chambres : 48. ▤ 48.	AE DC MC V JCB	●	▪	●	▪
CHIANG MAI : Regent Resort Chiang Mai — B B B B B Mae Rim-Samoeng Old Rd. ((053) 298181. FAX (053) 298189. Aucun des autres hôtels de la ville n'occupe un cadre aussi spectaculaire que celui du Regent, au sein d'un parc de 5 ha agrémenté de plans d'eau et de rizières en terrasses. ☎ ☎ 24 TV ⚿ Chambres : 64. ▤ 64.	AE DC MC V JCB	●	▪	●	▪
CHIANG MAI : Westin Chiang Mai — B B B B B 318/1 Chiang Mai-Lamphun Rd. ((053) 275300. FAX (053) 275299. Le Westin loue certaines des chambres les plus chères de Chiang Mai et attire une clientèle huppée. Il a notamment reçu Elisabeth Taylor. ☎ ☎ 24 TV ⚿ Chambres : 526. ▤ 526.	AE DC MC V JCB	●	▪	●	▪
LAMPHUN : Suan Kaew Bungalow — B 209 Lamphun-Lampang Highway, Mu 4. (Pas de téléphone. Un hébergement simple d'un bon rapport qualité-prix dans une ville peu équipée. Bien plus agréable que le Si Lamphun délabré. **Chambres : 8.** ▤ 0.			▪		
LAMPANG : Asia Lampang — B B 229 Boonyawat Rd. ((054) 227844. FAX (054) 224436. Rénové pour faire face à la concurrence d'établissements comme le Wiengthong, ce vieil hôtel possède un petit air luxueux mais reste d'un bon rapport qualité-prix. ☎ 24 TV Chambres : 73. ▤ 73.	MC V		▪	●	
LAMPANG : Lampang Wiengthong — B B B 138/109 Paholyothin Rd. ((054) 225801. FAX (054) 225803. Très confortable comparé aux autres établissements de la ville, cet hôtel de luxe dans le centre offre toutes les facilités. ☎ 24 TV Chambres : 235. ▤ 235.	AE DC MC V JCB	●	▪		
MAE HONG SON : Piya Guest House — B 1/1 Khunlum Phrapat Rd. ((053) 611260. FAX (053) 611308. Au bord du lac de Chong Kam, cette pension offre aux petits budgets le meilleur endroit où apprécier les célèbres brumes matinales de Mae Hong Son mais elle est souvent complète. ☎ TV Chambres : 20. ▤ 20.			▪		▪
MAE HONG SON : Rooks Resort — B B B 114/5-7 Khunlum Phrapat Rd. ((053) 612324. FAX (053) 611524. Ces luxueux bungalows ressemblant à des chalets partagent certains des équipements du Holiday Inn voisin, mais leurs occupants jouissent de plus d'intimité. ☎ 24 TV ⚿ Chambres : 70. ▤ 70.	AE DC MC V	●	▪	●	▪

MAE HONG SON : *Rooks Holiday* ⒷⒷⒷⒷ — AE DC MC V
114/5-7 Khunlum Phrapat Rd. 📞 (053) 612212. FAX (053) 611524.
Au pied du Doi Kong Mu, cet établissement des années 90 offre de beaux panoramas à l'aube et au coucher du soleil. 🍴 24 TV 🛏 *Chambres : 114.* 📋 114.

MAE HONG SON : *Imperial Tara* ⒷⒷⒷⒷ — AE DC MC V JCB
149 Mu 8, Tambon Pang Mu. 📞 (053) 611021. FAX (053) 611252.
Un peu en dehors de la ville, ce complexe hôtelier magnifiquement aménagé présente une majestueuse architecture du Nord au sein de jardins tropicaux. 🍴 🍴 TV 🛏 *Chambres : 104.* 📋 104.

PAI : *Rim Pai Cottages* Ⓑ
17, Mu 3, Viang Tai Rd. 📞 (053) 699133. FAX (053) 699234.
L'hébergement le plus chic de Pai, près de la rivière. Maisons thaïes disponibles. Le prix comprend le petit déjeuner. 🍴 *Chambres : 22.* 📋 0.

TRIANGLE D'OR

CHIANG KHONG : *Wiangkaeo Guest House* Ⓑ
8/1-8/4 Sai Klang Rd. 📞 (053) 791 140.
De jolies chambres propres dans une maison en tek. La terrasse, au bord du Mékong, offre une belle vue du Laos. 🍴 *Chambres : 5.* 📋 0.

CHIANG RAI : *Boonbundan Guest House* Ⓑ
1005/13 Chet Yot Rd. 📞 (053) 717040. FAX (053) 712914.
Proche du centre dans un quartier calme et ombragé. Agréable restaurant en plein air. Ventilateurs dans les bungalows, climatisation dans le bâtiment principal plus récent. 🍴 *Chambres : 53.* 📋 16.

CHIANG RAI : *Golden Triangle Inn* ⒷⒷ — MC V
590 Paholyothin Rd. 📞 (053) 711339. FAX (053) 713963.
Un hôtel de catégorie moyenne. Jardin japonais et chambre au décor traditionnel thaï. Petit déjeuner américain inclus. 🍴 *Chambres : 31.* 📋 31.

CHIANG RAI : *Chiang Rai Inn* ⒷⒷⒷ — AE MC V
661 Uttarakit Rd. 📞 (053) 712673. FAX (053) 711483.
Cet hôtel élégant offre un exemple d'architecture moderne du Nord. Les chambres sont confortables et d'une propreté impeccable. Le personnel se montre cordial et attentif. 🍴 24 TV *Chambres : 77.* 📋 77.

CHIANG RAI : *Dusit Island Resort* ⒷⒷⒷⒷ — AE DC MC V JCB
1129 Kraisora Sit Rd. 📞 (053) 715777. FAX (053) 715801. W www.dusit.com
Sur une île au milieu du Kok, ce beau complexe hôtelier possède une atmosphère détendue et un restaurant en plein air particulièrement agréable. 🍴 🍴 24 TV 🛏 *Chambres : 271.* 📋 271.

CHIANG RAI : *Little Duck* ⒷⒷⒷⒷ — AE DC MC V JCB
199 Paholyothin Rd. 📞 (053) 715620. FAX (053) 715639. @ chitpong@chmai.loxinfo.co.th
Le « Petit Canard » est en fait un grand hôtel d'affaires lié à un centre commercial proposant de nombreuses prestations telles que salles de congrès et de billard. 🍴 24 TV 🛏 *Chambres : 330.* 📋 330.

CHIANG RAI : *Wiang Inn* ⒷⒷⒷⒷ — AE DC MC V JCB
893 Paholyothin Rd. 📞 (053) 711533. FAX (053) 711877.
Ce grand hôtel provincial assez classique offre tout le confort, y compris discothèque et massages. 🍴 24 TV 🛏 *Chambres : 260.* 📋 260.

CHIANG SAEN : *Gin Guest House* Ⓑ
71 Chiang Saen-Sop Ruak Rd Mu 8. 📞 Pas de téléphone.
Dans un verger de litchis, jolis bungalows isolés. Bicyclettes à louer pour visiter le Triangle d'or. 🍴 *Chambres : 13.* 📋 0.

DOI MAE SALONG (SANTIKHIREE) : *Mae Salong Resort* ⒷⒷ — MC V
Chiang Rai-Mae Chan Rd. 📞 (053) 765014. FAX (053) 765135.
Le meilleur hôtel de cette belle ville reculée offre une superbe vue des montagnes marquant la frontière avec la Birmanie. Restaurant réputé pour ses spécialités de Yunnan. 🍴 24 TV *Chambres : 76.* 📋

GOLDEN TRIANGLE : *The Imperial Golden Triangle Resort* ⒷⒷⒷⒷ — AE DC MC V
222 Golden Triangle, Sop Ruak. 📞 (053) 784001. FAX (053) 784006.
Au point de rencontre des trois frontières, toutes les chambres donnent vue sur le confluent du Ruak et du Mékong. L'excellent restaurant sert des plats thaïs et occidentaux. 🍴 24 TV 🛏 *Chambres : 73.* 📋 73.

Légende des symboles, voir rabat de couverture

Les **prix** correspondent à une nuit en chambre double, taxes comprises pour les hôtels de luxe.

(B) moins de 350 B
(B)(B) de 350 B à 800 B
(B)(B)(B) de 800 B à 1 600 B
(B)(B)(B)(B) de 1 600 B à 3 200 B
(B)(B)(B)(B)(B) plus de 3 200 B

CARTES BANCAIRES
AE American Express ; DC Diners Club ; MC MasterCard ; V VISA ; JCB Japanese Credit Bureau.

SALLES DE BAINS OCCIDENTALES
Les établissements qui n'en possèdent pas proposent des toilettes à la turque « des douches « asiatiques (avec un bol).

CAFÉ
L'hôtel comprend au moins un café.

JARDIN/TERRASSE
L'hôtel possède un jardin, une cour intérieur ou une terrasse.

	CARTES BANCAIRES	PISCINE	SALLE DE BAINS	CAFÉ	JARDIN/TERRASSE
GOLDEN TRIANGLE : *Meridien Baan Boran* @ mbboran@loxinfo.co.th (B)(B)(B)(B) 229 Mu 1, Golden Triangle, Sop Ruak. ((053) 784086. FAX (053) 784090. L'un des hôtels les plus luxueux du Nord s'est spécialisé dans le VTT et les promenades organisées, y compris à dos d'éléphant ou en bateau. ⛴ ⛴ 24 TV 🏊 Chambres : 110. 📋 110.	AE DC MC V JCB	●	●	●	▨
MAE SAI : *Mae Sai Guest House* (B) 688 Paholyothin Rd. ((053) 732021. Jolis bungalows reposants au bord de la rivière Sai, si proche de la Birmanie que les hôtes peuvent voir tous les matins des femmes laver leur linge sur l'autre rive. ⛴ TV Chambres : 25. 📋 0.			▨		▨
MAE SAI : *Mae Sai Plaza* (B) 386/2 Sailomchoi Rd. ((053) 732230. Cet extraordinaire assemblage de chambres et de huttes à flanc de falaise a l'apparence d'une forteresse médiévale et offre une belle vue de la rivière. ⛴ Chambres : 77. 📋 0.			▨		▨
NAN : *Sukkasem* (B) 119 - 121 Ananta Worarittidet Rd. ((054) 710141. FAX (054) 771581. Un hôtel en béton qu'on ne recommandera que pour ses prix bas et ses chambres relativement propres. ⛴ Chambres : 42. 📋 4.			▨		
NAN : *Dheveraj* (B)(B)(B) 466 Sumon Dheveraj Rd. ((054) 710094. FAX (054) 710095. Le meilleur hôtel de Nan mériterait une rénovation. Construit autour d'une cour parée d'une fontaine, il possède de grandes chambres propres et un personnel cordial. ⛴ 24 TV Chambres : 154. 📋 115.	MC V		▨	●	▨
PHRAE : *Mae Yom Palace* (B)(B) 181/6 Yantrakit Koson Rd. ((054) 521029. FAX (054) 522904. Le meilleur hôtel de la ville, d'une propreté irréprochable. Visites de villages montagnards. ⛴ 24 TV 🏊 Chambres : 104. 📋 104.	AE MC V	●	▨	●	▨
PHRAE : *Nakhon Phrae Tower* (B)(B) 3 Muang Hit Rd. ((054) 521321. FAX (054) 523503. Les responsables de cette tour-hôtel, aux chambres dotées de tout le confort moderne, proposent des visites organisées de villages montagnards et de centres d'artisanat. ⛴ 24 TV 🏊 Chambres : 139. 📋 139.	AE DC MC V JCB		▨	●	▨
THA TON : *Mae Kok River Lodge* (B)(B)(B) 3 Chiang Mai-Tha Ton Rd. ((053) 459328. FAX (053) 459329. Ce petit hôtel situé dans un superbe cadre isolé près de la frontière a une spécialité : les randonnées « sur les traces du tigre ». ⛴ Chambres : 22. 📋 0.	AE MC V		▨		▨

PLATEAU DE KHORAT

	CARTES BANCAIRES	PISCINE	SALLE DE BAINS	CAFÉ	JARDIN/TERRASSE
BURIRAM : *Sang Rung Interpark* (B)(B)(B)(B) 38 Mu 1, Tambon Isaan, Amphur Muang. ((044) 614483. FAX (044) 612414. Bien que situé dans une ville quelconque, cet hôtel de qualité est proche des ruines khmères de Phnom Rung. ⛴ 24 TV 🏊 Chambres : 249. 📋 249.	AE MC V		▨	●	▨
CHAIYAPHUM : *Lertnimitra* (B) 447/1 Nivesrat Rd. ((044) 811522. FAX (044) 822335. Chaiyaphum offre la base la plus pratique d'où visiter les villages de soyeux de la région. Cet hôtel propose des bungalows climatisés et des chambres avec ventilateur ou climatisées. ⛴ TV Chambres : 79. 📋 59.	MC V JCB		▨	●	
KHON KAEN : *Suksawat* (B) 2/2 Klang Muang Rd. ((043) 236472. Un vieil édifice en bois dans une ruelle calme de cette ville animée de l'Isan. Pas d'équipement particulier, mais plus de caractère que beaucoup d'établissements plus importants. *Chambres : 38.* 📋 0.			▨		

KHON KAEN : *Khon Kaen* ⓑⓑ
43/2 Pimpasute Rd. 【 *(043) 237177.* FAX *(043) 242458.*
Ce grand hôtel moderne comprend boîte de nuit et karaoke. Bon plats thaïs,
occidentaux et japonais au restaurant. 🍴 24 TV 🛗 *Chambres : 134.* 🛏 *134.*

| | AE DC MC V | | ▦ | ● | |

KHORAT : *Doctor's House* ⓑ
79 Sup Siri Rd, Soi 4. 【 *(044) 255846.*
De jolies chambres à prix raisonnable et un jardin reposant. Atmosphère
familiale. Serviable, le personnel se tient toujours prêt à fournir des
informations sur la région. 🍴 *Chambres : 6.* 🛏 *0.*

| | | | ▦ | | ▦ |

KHORAT : *Siri* ⓑ
688 Pho Klang Rd. 【 *(044) 242831.*
Un hôtel accueillant apprécié des petits budgets. Au rez-de-chaussée,
le Veterans of Foreign Wars Café (Khorat eut une base aérienne pendant la
guerre du Vietnam) sert de la cuisine américaine. 🍴 *Chambres : 40.* 🛏 *10.*

| | | | ▦ | | |

KHORAT : *Royal Princess* ⓑⓑⓑ
1137 Sura Nari Rd. 【 *(044) 256629.* FAX *(044) 256601.*
Cet hôtel de luxe décoré avec goût dans le style de l'Isan possède
en excellent restaurant chinois, également réputé pour ses spécialités
du Nord-Est. 🍴 24 TV 🛗 *Chambres : 188.* 🛏 *188.*

| | AE DC MC V JCB | ● | ▦ | ● | ▦ |

KHORAT : *Sima Thani* ⓑⓑⓑ
Mittraphap Rd. 【 *(044) 213100.* FAX *(044) 213121.*
Assez loin du centre, l'hôtel le plus chic de Khorat, très spacieux, offre
tout le confort moderne. Des sculptures de style khmer ornent un atrium
agréable. 🍴 📺 24 TV 🛗 *Chambres : 237.* 🛏 *237.*

| | AE DC MC V JCB | ● | ▦ | ● | ▦ |

PHIMAI : *Old Phimai Guest House* ⓑ
Près de Chonsudasadet Drive. 【 *(044) 471918.*
Près du temple de Phimai, cette charmante pension en bois aux
propriétaires chaleureux et à l'atmosphère paisible possède de jolies
chambres et un plaisant jardin suspendu. 🍴 *Chambres : 8* 🛏 *2.*

| | | | | | |

ROI ET : *Petcharat* ⓑⓑ
60-104 Haisok Rd. 【 *(043) 511741.* FAX *(043) 514078.*
Un hôtel thaï typique : propre mais sans cachet. Demandez une chambre
sur l'arrière pour éviter le bruit de la rue. 🍴 24 TV *Chambres : 151.* 🛏 *151.*

| | MC V | | ▦ | ● | |

SURIN : *Petchkasem* ⓑⓑⓑ
104 Chitbumrung Rd. 【 *(044) 511274.* FAX *(044) 514041.*
Dans un hôtel de luxe de taille moyenne, grandes chambres climatisées, bon
service affaires et personnel attentif. 🍴 24 TV 🛗 *Chambres : 162.* 🛏 *162.*

| | MC V | | ▦ | ● | |

SURIN : *Thong Tarin* ⓑⓑⓑ
60 Sirirat Rd. 【 *(044) 514281.* FAX *(044) 511580.*
Situé en périphérie, le meilleur hôtel de Surin donne une impression
de fraîcheur et d'espace avec son atrium en marbre. Prestations haut
de gamme. 🍴 24 TV *Chambres : 233.* 🛏 *233.*

| | MC V | ● | ▦ | ● | |

UDON THANI : *Charoen* ⓑⓑⓑ
549 Phosri Rd. 【 *(042) 248155.* FAX *(042) 241093.*
Un grand hôtel d'affaires bien équipé avec des chambres climatisées,
un bar et une discothèque tape-à-l'œil. 🍴 24 TV 🛗 *Chambres : 250.* 🛏 *250.*

| | AE DC MC V | | ▦ | ● | |

UDON THANI : *Charoensri Grand* ⓑⓑⓑ
277/1 Prajak Rd. 【 *(042) 343555.* FAX *(042) 343550.*
Cette tour-hôtel fournit le meilleur hébergement à des kilomètres à
la ronde. Ses chambres spacieuses et propres offrent de belles vues depuis
les étages supérieurs. 🍴 📺 24 TV 🛗 *Chambres : 255.* 🛏 *255.*

| | MC V JCB | ● | ▦ | ● | |

VALLÉE DU MÉKONG

CHIANG KHAN : *Nong Sam Guest House* ⓑ
Rim Kong Rd. 【 *(042) 821457.*
Une pension très accueillante dirigée par un Anglais et sa femme thaïe.
Grandes chambres confortables dans des bungalows en brique et en bois.
Ne manquez pas la cuisine thaïe. 🍴 *Chambres : 6.* 🛏 *0.*

| | | | | | ▦ |

LOEI : *Phuluang* ⓑⓑ
55 Charoen Rat Rd. 【 *(042) 811532.* FAX *(042) 812558.*
Un hôtel thaï typique : chambres spartiates mais propres et bien
équipées. Petite boîte de nuit. 🍴 TV *Chambres : 100.* 🛏 *100.*

| | | | ▦ | ● | |

Légende des symboles, voir rabat de couverture

Les **prix** correspondent à une nuit en chambre double, taxes comprises pour les hôtels de luxe.

Ⓑ moins de 350 B
ⒷⒷ de 350 B à 800 B
ⒷⒷⒷ de 800 B à 1 600 B
ⒷⒷⒷⒷ de 1 600 B à 3 200 B
ⒷⒷⒷⒷⒷ plus de 3 200 B

CARTES BANCAIRES
AE American Express ; DC Diners Club ; MC MasterCard ; V VISA ; JCB Japanese Credit Bureau.

SALLES DE BAINS OCCIDENTALES
Les établissements qui n'en possèdent pas proposent des toilettes à la turque et « des douches » asiatiques (avec un bol).

CAFÉ
L'hôtel comprend au moins un café.

JARDIN/TERRASSE
L'hôtel possède un jardin, une cour intérieur ou une terrasse.

	CARTES BANCAIRES	PISCINE	SALLE DE BAINS	CAFÉ	JARDIN/TERRASSE
MUKDAHAN : *Hua Nam* Ⓑ 36 Samut Sakdarak Rd. 📞 *(042) 611137.* Aucun confort mais grandes chambres propres à prix raisonnable. Proche de l'embarcadère pour Suwannakhet au Laos. **Chambres :** *30.* 🛏 *10.*					
MUKDAHAN : *Mukdahan* Ⓑ 8/8 Samut Sakdarat Rd. 📞 *(042) 611619.* À la sortie de la ville près du fleuve. Rien d'excitant mais propre et accueillant. Cuisine de l'Isan. 🍴 **Chambres :** *60.* 🛏 *30.*			■	●	■
MUKDAHAN : *Mukdahan Grand* ⒷⒷⒷ 78 Songnang Sathit Rd. 📞 *(042) 612020.* 📠 *(042) 612021.* D'un standing sans équivalent en ville, cette hôtel donne vue du fleuve jusqu'à Suwannakhet au Laos. 🍴 24 📺 🔑 **Chambres :** *203.* 🛏 *203.*	AE MC V		■	●	■
NAKHON PHANOM : *River Inn* Ⓑ 137 Sunthorn Wichit Rd. 📞 *(042) 511305.* Dans une des plus vieilles villes de Thaïlande, cet hôtel plutôt défraîchi est bien situé près du Mékong. 🍴 **Chambres :** *16.* 🛏 *8.*			■	●	■
NAKHON PHANOM : *Maenam Khong Grand View* ⒷⒷⒷ 527 Sunthorn Wichit Rd. 📞 *(042) 513564.* 📠 *(042) 511037.* L'établissement le plus luxueux de Nakhon Phanom offre tout le confort moderne et un panorama spectaculaire du Mékong et de la rive laotienne. 🍴 24 📺 **Chambres :** *116.* 🛏 *116.*	DC MC V		■	●	■
NONG KHAI : *Mut Mee Guest House* Ⓑ 1111/4 Kaew Worawut Rd. 📞 *(042) 460717.* 📠 *(042) 460717.* Dans un verger de manguiers dominant le Mékong, cette pension accueillante tenue par un Anglais et sa femme thaïe propose des chambres et des huttes en bambou. Location de vélos. **Chambres :** *10.* 🛏 *0.*					■
NONG KHAI : *Nong Khai Grand Thani* ⒷⒷⒷⒷ 589 Nong Khai-Ponephisai Rd. 📞 *(042) 420033.* 📠 *(042) 412026.* Cet hôtel de catégorie moyenne se trouve au sud du centre sur la route du Wat Khaek. Discothèque. 🍴 24 📺 🔑 **Chambres :** *130.* 🛏 *130.*	AE DC MC V JCB	●	■	●	■
NONG KHAI : *Holiday Inn Mekong Royal Nong Khai* ⒷⒷⒷⒷ 222 Had Jommani Rd. 📞 *(042) 420024.* 📠 *(042) 421280.* Cet établissement de luxe au bord du fleuve, près du pont de l'Amitié, a ouvert en 1993 dans la perspective d'une augmentation des échanges entre le Laos et la Thaïlande. 🍴 24 📺 🔑 **Chambres :** *198.* 🛏 *198.*	AE DC MC V JCB	●	■	●	■
THAT PHANOM : *Chai Wan Hotel* Ⓑ 38 Phanom Phanarak Rd. 📞 📠 *(042) 541391.* Un hôtel thaï traditionnel construit autour d'une cour intérieure. Toutes les chambres avec ventilateur. Salles de bains privées, de style thaï, disponibles. **Chambres :** *20.* 🛏 *0.*					■
PHU KRADUNG : *Phu Kradung National Park Bungalows* ⒷⒷ Phu Kradung National Park. 📞 *(02) 579 0529.* Jolis bungalows bien équipés, bâtis à l'abri d'une colline au cœur du parc national. Réserver longtemps à l'avance. 🍴 **Bungalows :** *16.* 🛏 *0.*			■		
UBON RATCHATHANI : *Tokyo* Ⓑ 360 Upparat Rd. 📞 *(045) 241739.* Malgré son manque de caractère, le Tokyo est apprécié pour ses prix bas, ses chambres propres et son accueil souriant. **Chambres :** *70.* 🛏 *10.*			■		
UBON RATCHATHANI : *Regent Palace* ⒷⒷ 265-271 Chayankun Rd. 📞 *(045) 255529.* 📠 *(045) 245597.* Confortable et calme, cet hôtel possède une salle de billard et un bar à cocktails mais n'a rien de très exaltant. 🍴 24 📺 🔑 **Chambres :** *120.* 🛏 *120.*	MC V		■	●	

UBON RATCHATHANI : *Pathumrat* ⒷⒷⒷ — AE MC V
337 Chayangkun Rd. ((045) 241501. FAX (045) 242311.
Proche du centre et très fréquenté par les groupes, le Pathumrat comprend
une discothèque et une boîte de nuit. ⒤⒤ 24 TV *Chambres :* 50. 50.

RÉGION DE PATTAYA

BANG SAEN : *Bang Saen Villa Resort* ⒷⒷⒷ — V
140/16 Mu 14, Tambon Saensuk Chonburi. ((038) 381772. FAX (038) 381772.
On compte de nombreux hôtels au nord de Si Racha, mais celui-ci est
le seul situé sur la plage. Parmi les aménagements, une piscine et un
restaurant climatisé. ⒤⒤ TV *Chambres :* 79. 79.

CHANTHABURI : *Chanthaburi Riverside* ⒷⒷⒷ — V
63 Mu 9, Chantanimit Rd. ((039) 311726. FAX (039) 311726.
Le personnel se montre courtois et efficace dans ce complexe hôtelier
proche de la rivière. Large éventail de prestations disponibles et jardin
botanique. ⒤⒤ 24 TV *Chambres :* 72. 72.

CHANTHABURI : *KP Grand* ⒷⒷⒷⒷ — AE DC MC V JCB
35/200-201 Trirat Rd. ((039) 323201. FAX (039) 323215.
Cet hôtel spacieux et luxueux offre sans doute le meilleur hébergement
de la ville. Au restaurant, essayez en saison (de mars à mai) le riz gluant
au durian. ⒤⒤ 24 TV *Chambres :* 202. 202.

KO CHANG : *White Sand Beach Resort* ⒷⒷ
Hat Sai Khao. ((01) 218 7526.
Le paradis : de robustes huttes aux toits en palme, des hamacs suspendus
entre des palmiers et du sable blanc. ⒤⒤ *Chambres :* 44. 0.

KO CHANG : *Ko Chang Resort* ⒷⒷⒷ — AE DC MC V
39 Mu 4. ((039) 538055. FAX (039) 597114.
De charmants bungalows éparpillés parmi les palmiers dominent la mer
de Chine méridionale. ⒤⒤ TV *Chambres :* 60. 60.

KO SAMET : *Naga* Ⓑ
Ao Hin Kok. ((01) 2185732. FAX (01) 2185732.
Bungalows simples sur une colline de la baie de Hin Kok. Le restaurant
vend du pain et des gâteaux délicieux. ⒤⒤ *Chambres :* 22. 0.

KO SAMET : *Ao Kiu Coral Beach Bungalows* ⒷⒷ
Tambon Phe Muang District. ((01) 218 6231.
Situés sur la plage la plus calme de l'île ces bungalows à Ao Kiu Na Nok
sont accueillants, propres et bien construits, équipés de l'eau chaude.
Plusieurs catégories de prix disponibles. ⒤⒤ *Chambres :* 18. 0.

KO SAMET : *Wongduan Resort* ⒷⒷ — MC V
Ao Wong Duan. ((038) 651777. FAX (038) 651819.
Ces bungalows confortables au bord d'une eau azur s'avèrent un peu
chers pour la majorité des routards. Des jet-skis troublent souvent le calme
de la baie de Wong Duan. ⒤⒤ *Chambres :* 54. 21.

KO SAMET : *Diamond Beach and Sea View* ⒷⒷⒷ — MC V
Hat Sai Kaeo. ((01) 239 0208.
Des bungalows simples, généreusement espacés autour d'une plage
immaculée. Le restaurant de poisson sert une cuisine délicieuse et très
fraîche à une clientèle animée. ⒤⒤ *Chambres :* 70. 0.

KO SAMET : *Samet Ville Resort* ⒷⒷⒷ
299 Mu 2. ((038) 651682. FAX (038) 651681.
À l'écart de la prolifération de bungalows des plages plus fréquentées,
cet établissement, haut de gamme pour l'île, propose un hébergement
luxueux dans un cadre idyllique. ⒤⒤ *Chambres :* 64. 12.

PATTAYA : *Diamond Beach* ⒷⒷ — AE DC MC V JCB
499 Banglamung. ((038) 429885. FAX (038) 424888.
Si vous voulez séjourner au cœur du quartier branché de Pattaya, voici
l'endroit qu'il vous faut avec son salon de beauté, sa vidéothèque et
son salon de massage. ⒤⒤ 24 TV *Chambres :* 188. 188.

PATTAYA : *Diana Inn* ⒷⒷ — AE MC V
216/5 Pattaya 2nd Rd. ((038) 429870. FAX (038) 424566.
Accueillant, propre et d'un bon rapport qualité-prix. Large choix de plats
thaïs et occidentaux au restaurant. ⒤⒤ 24 TV *Chambres :* 78. 78.

Légende des symboles, voir rabat de couverture

Les **prix** correspondent à une nuit en chambre double, taxes comprises pour les hôtels de luxe.

- Ⓑ moins de 350 B
- ⒷⒷ de 350 B à 800 B
- ⒷⒷⒷ de 800 B à 1 600 B
- ⒷⒷⒷⒷ de 1 600 B à 3 200 B
- ⒷⒷⒷⒷⒷ plus de 3 200 B

CARTES BANCAIRES
AE American Express ; DC Diners Club ; MC MasterCard ; V VISA ; JCB Japanese Credit Bureau.

SALLES DE BAINS OCCIDENTALES
Les établissements qui n'en possèdent pas proposent des toilettes à la turque et « des douches » asiatiques (avec un bol).

CAFÉ
L'hôtel comprend au moins un café.

JARDIN/TERRASSE
L'hôtel possède un jardin, une cour intérieur ou une terrasse.

	CARTES BANCAIRES	PISCINE	SALLE DE BAINS	CAFÉ	JARDIN/TERRASSE
PATTAYA : Little Duck Pattaya Resort ⒷⒷ 336/22 Pattaya Klang Rd. ℂ (038) 428065. FAX (038) 426043. Cet hôtel ultramoderne de taille moyenne, situé au centre du quartier le plus animé de Pattaya, abrite une discothèque. 🍽 24 📺 Chambres : 146. ▤ 146.	AE DC MC V	▣	▣	▣	
PATTAYA : Mermaid's Beach Resort ⒷⒷ 75/102 Mu 12, Nong Pru Jomtien Beach Rd. ℂ (038) 231907. FAX (038) 231908. L'un des hôtels le mieux tenus de la station familiale de Jomtien. Plats de poisson réputés pour leur fraîcheur. 🍽 📺 Chambres : 80. ▤ 80.	AE DC MC V	▣	▣	▣	▣
PATTAYA : Peace Resort ⒷⒷ 179/40 Mu 5, Pattaya-Naklua Rd. ℂ (038) 426605. FAX (038) 426607. Comme son nom le suggère, un refuge dans un jardin agréable à l'écart des quartiers animés du sud. 🍽 24 📺 🏊 Chambres : 130. ▤ 130.	MC V	▣	▣		▣
PATTAYA : Palm Garden ⒷⒷ 240/1 Mu 9, Pattaya 2nd Rd. ℂ (038) 429188. FAX (038) 429188. Dans la partie nord et calme de la ville, un hôtel propre aux tarifs raisonnables. Joli jardin. 🍽 24 📺 Chambres : 115. ▤ 115.	AE MC V	▣	▣	▣	▣
PATTAYA : Grand Jomtien Palace ⒷⒷⒷ 356 Jomtien Beach Rd. ℂ (038) 231405. FAX (038) 231404. Situé très au sud du quartier chaud de Pattaya, cet hôtel offre un beau panorama de la baie de Jomtien. 🍽 24 📺 🏊 Chambres : 330. ▤ 330.	AE MC V	▣	▣	▣	▣
PATTAYA : Amari Orchid Resort ⒷⒷⒷⒷ 204 Mu 5, Pattaya Beach Rd. ℂ (038) 428161. FAX (038) 428165. @ orchid@amari.com Dans un grand parc à l'extrémité nord et paisible de la baie de Pattaya, ce complexe hôtelier comprend des restaurants servant des spécialités asiatiques et occidentales. 🍽 24 📺 🏊 Chambres : 236. ▤ 236.	AE DC MC V	▣	▣	▣	▣
PATTAYA : A-One Royal Cruise ⒷⒷⒷ 499 Beach Rd North. ℂ (038) 424875. FAX (038) 424242. Cet immeuble en forme de paquebot offre un beau panorama de la baie et abrite une discothèque, un barbier, un salon de beauté et un centre commercial. 🍽 🍽 24 📺 🏊 Chambres : 197. ▤ 197.	AE DC MC V JCB	▣	▣	▣	
PATTAYA : Asia Pattaya ⒷⒷⒷ Pratumnak Rd. ℂ (038) 250602. FAX (038) 250496. Cet hôtel très chic offre un belle vue depuis une falaise basse dominant Ao Noi (« petite baie »). Cours de tennis, terrain de golf et sports nautiques. 🍽 🍽 24 📺 🏊 Chambres : 321. ▤ 321.	V	▣	▣	▣	▣
PATTAYA : Central Wong Amat ⒷⒷⒷ 227-8 Mu 5, Pattaya-Naklua Rd. ℂ (038) 426990. FAX (038) 428599. Un établissement don't les équipements vont de la vidéothèque aux courts de tennis. 🍽 24 📺 🏊 Chambres : 178. ▤ 178.	AE DC MC V JCB	▣	▣	▣	▣
PATTAYA : Woodland Resort ⒷⒷⒷⒷ 164/2 Mu 5, Pattaya-Naklua Rd. ℂ (038) 421707. FAX (038) 425663. Un joli complexe hôtelier de style colonial, entouré d'un jardin bien entretenu, loin des gaz d'échappement du centre. 🍽 24 📺 🏊 Chambres : 81. ▤ 81.	AE DC MC V	▣	▣	▣	▣
PATTAYA : Royal Cliff Beach Resort ⒷⒷⒷⒷⒷ 353 Mu 12, Pratumnak Rd. ℂ (038) 250421. FAX (038) 250511. Cette institution offre tout ce qui est imaginable au sommet d'une falaise dominant la baie de Jomtien, y compris quatre piscines et huit restaurants. 🍽 🍽 24 📺 🏊 Chambres : 1034. ▤ 1034.	AE DC MC V JCB	▣	▣	▣	▣
RAYONG : Rayong Ⓑ 65/1-3 Sukhumvit Rd. ℂ (038) 611073. Chambres propres et personnel aimable dans un hôtel thaï bon marché. Restaurants à proximité. Chambres : 51. ▤ 14.			▣		▣

RAYONG : *Hin Suay Nam Sai* ⓑⓑⓑ
250 Mu 2, Sakpon District, Klang. 【 *(038) 638035.* FAX *(038) 638034.*
Le parc de ce luxueux établissement inclut une plage privée. Courts
de tennis. 🍴 📶 24 TV 🏊 *Chambres :* 171. ▤ 171.
AE DC MC V JCB

RAYONG : *Novotel Rimpae Rayong* ⓑⓑⓑⓑ
4/5 Mu 3, Pae Klang Kam Rd. 【 *(038) 648008.* FAX *(038) 648002.*
Les complexes hôteliers de ce type n'ont rien d'inhabituel sur cette partie
du littoral, mais celui-ci ne propose pas moins de quatre piscines. 🍴 📶
24 TV 🏊 *Chambres :* 189. ▤ 189.
AE MC V JCB

TRAT : *Laem Ngop Inn* ⓑⓑ
19/14 Tambon Laem Ngop. 【 *(039) 597044.* FAX *(039) 597144.*
Peu de gens font à Laem Ngop plus qu'une brève étape sur la route de Ko
Chang. Cet hôtel simple, le meilleur de la province de Trat, offre une belle
vue de l'île. TV *Chambres :* 31. ▤ 26.

TRAT : *Muang Trat* ⓑⓑ
24 Wichitjanya Rd. 【 *(039) 511091.*
Situé dans le centre, propre et confortable, le banal Muang Trat possède
un personnel courtois. 🍴 TV *Chambres :* 140. ▤ 65.
MC V

DE BANGKOK À SURAT THANI

CHA-AM : *Santisuk Bungalows and Beach Resort* ⓑⓑⓑ
263/3 Ruamchit Rd. 【 *(032) 471212.*
Cet établissement, décoré avec goût et à prix raisonnables, proposent
des chambres et des bungalows. 🍴 *Chambres :* 62. ▤ 3.
MC V

CHA-AM : *Beach Garden* ⓑⓑⓑⓑ
949/21 Cha-am Beach. 【 *(032) 471334.* FAX *(032) 471291.*
Au sud du centre sur une plage propre, cet hôtel apprécié des groupes
européens propose sports nautiques, quatre piscines, tennis, pêche et
même un minigolf. 📶 24 TV 🏊 *Chambres :* 230. ▤ 230.
AE DC MC V JCB

CHA-AM : *Cha-am Methavalia* ⓑⓑⓑ
220 Ruamchit Rd. 【 *(032) 471028.* FAX *(032) 471590.*
Les familles apprécieront les bungalows de plusieurs pièces de cet
établissement propre et calme. 🍴 24 TV 🏊 *Chambres :* 153. ▤ 153.
AE DC MC V

CHA-AM : *Regent Cha-am* ⓑⓑⓑⓑ
849/21 Phetkasem Rd. 【 *(032) 471480.* FAX *(032) 471492.*
Sur un domaine de près de 120 ha, le chic Regent Cha-am forme presque
un véritable village et offre des hébergements en chambres ou en
cottages. 🍴 📶 24 TV 🏊 *Chambres :* 650. ▤ 650.
AE DC MC V JCB

CHA-AM : *Dusit Resort and Polo Club* @ polo@dusit.com ⓑⓑⓑⓑⓑ
1349 Phetkasem Rd. 【 *(032) 520009.* FAX *(032) 520296.* W www.dusit.com
Le Dusit s'inspire des clubs de polo anglais, loue de vastes chambres aux
salles de bains en marbre et permet de pratiquer le polo, l'équitation et
les sports nautiques. 🍴 📶 24 TV 🏊 *Chambres :* 316. ▤ 316.
AE DC MC V JCB

CHUMPHON : *Chumphon Cabana Resort & Diving Center* ⓑⓑⓑ
69 Mu 8, Hat Thung Wua Laen. 【 *(077) 560246.* FAX *(077) 560245.* @ info@cabana.co.th
Des chambres, des suites et des bungalows bien meublés près de la plage. C'est
également le centre local de plongée sousmarine. 🍴 *Chambres :* 158. ▤ 158.
AE DC MC V JCB

HUA HIN : *Ban Boosarin* ⓑⓑⓑ
8/8 Pansuk Rd. 【 *(032) 512076.* FAX *(077) 512089.*
Dans une station balnéaire dont la popularité remonte aux années 20,
les clients de Ban Boosarin jouissent, près de la plage, d'un confort à prix
fort raisonnable. TV *Chambres :* 10. ▤ 10.

HUA HIN : *Central Village* ⓑⓑⓑⓑ
1 Damnoen Kasem Rd. 【 *(032) 512035.* FAX *(032) 511014.*
Ce village de style thaï dans un jardin composé de fontaines, de bassins de
pierre et de pièces d'eau est un rendez-vous de luxe pour le riche visiteur de
Bangkok ou le touriste étranger fortuné. 🍴 📶 24 TV 🏊 *Chambres :* 41. ▤ 41.
AE DC MC V JCB

HUA HIN : *Melia Hua Hin* ⓑⓑⓑⓑⓑ
33/3 Naresdamri Rd. 【 *(032) 512888.* FAX *(032) 511135.*
Cette tour de luxe bâtie en bord de plage offre, outre l'ensemble des
prestations habituelles, des chambres toutes dotées de balcons donnant
sur la mer. 🍴 📶 24 TV 🏊 *Chambres :* 295. ▤ 295.
AE DC MC V JCB

Légende des symboles, voir rabat de couverture

Les **prix** correspondent à une nuit en chambre double, taxes comprises pour les hôtels de luxe.

Ⓑ moins de 350 B
ⒷⒷ de 350 B à 800 B
ⒷⒷⒷ de 800 B à 1 600 B
ⒷⒷⒷⒷ de 1 600 B à 3 200 B
ⒷⒷⒷⒷⒷ plus de 3 200 B

CARTES BANCAIRES
AE American Express ; DC Diners Club ; MC MasterCard ; V VISA ; JCB Japanese Credit Bureau.

SALLES DE BAINS OCCIDENTALES
Les établissements qui n'en possèdent pas proposent des toilettes à la turque et « des douches » asiatiques (avec un bol).

CAFÉ
L'hôtel comprend au moins un café.

JARDIN/TERRASSE
L'hôtel possède un jardin, une cour intérieur ou une terrasse.

	CARTES BANCAIRES	PISCINE	SALLE DE BAINS	CAFÉ	JARDIN/TERRASSE
HUA HIN : *Royal Garden Resort* 107/1 Phetkasem Rd. ☎ *(032) 511881.* FAX *(032) 512422.* Un grand complexe chic où pratiquer le golf, le tennis et les sports nautiques. Il comprend aussi un centre commercial et une aire de jeux pour les enfants. 🍴 🍽 24 📺 🏊 *Chambres : 218.* 🛏 *218.* ⒷⒷⒷⒷⒷ	AE DC MC V JCB	●	▨	●	
HUA HIN : *Royal Garden Village* 45/1 Phetkasem Rd. ☎ *(032) 520250.* FAX *(032) 520259.* Au sein d'un jardin tropical, des édifices de style thaï renferment des chambres meublées en tek et en rotin. On peut entre autre pratiquer le golf, la voile et le surf. 🍴 📺 🏊 *Chambres : 162.* 🛏 *162.* ⒷⒷⒷⒷⒷ	AE DC MC V JCB	●	▨	●	●
HUA HIN : *Sofitel Central* 1 Damnoen Kasem Rd. ☎ *(032) 512021.* FAX *(032) 511014.* Bosquets sculptés, pelouses et un élevage d'orchidées et de papillons agrémentent le vaste parc de ce somptueux hôtel de style colonial *(p. 321).* 🍴 🍽 24 📺 🏊 *Chambres : 196.* 🛏 *196.* ⒷⒷⒷⒷⒷ	AE DC MC V JCB	●	▨	●	●
KO PHA NGAN : *Island View Cabana* 106 Mu 7, Mae Hat Beach. ☎ *(077) 377019.* Hôtel simple et propre sur la côte nord-ouest de l'île. Plats de poisson frais au restaurant. Beau panorama sur l'îlot de Ko Mae. 🍴 *Chambres : 25.* 🛏 *0.* Ⓑ					●
KO PHA NGAN : *Nice Beach Bungalow* Had Thong Nai Pan Yai Beach. ☎ *(077) 2294745.* @ nicebeach@kohphangan.com Chambres agréables et calmes sur une plage de sable blanc, l'une des meilleures pour nager et plonger avec un tuba. 🍴 *Chambres : 30.* 🛏 *30.* ⒷⒷ		●	▨	●	
KO SAMUI : *Golden Sand Resort* 124/2 Lamai Beach. ☎ *(077) 424031.* FAX *(077) 424432.* Cet hôtel animé possède un club de billard, un court de tennis et une vidéothèque. À défaut de piscine, l'accès à la mer est facile. 🍴 📺 *Chambres : 76.* 🛏 *35.* ⒷⒷⒷ	MC V		▨		
KO SAMUI : *Chaweng Blue Lagoon* 99 Mu 2, Chaweng Beach. ☎ *(077) 422037.* FAX *(077) 422401.* Au bord de la plage de Chaweng, de superbes bâtiments thaïs intègrent une grande piscine et une aire de jeux et une piscine pour enfants. Nombreux sports nautiques. 🍴 🍽 📺 🏊 *Chambres : 61.* 🛏 *61.* ⒷⒷⒷⒷ	AE DC MC V JCB	●	▨	●	●
KO SAMUI : *Coral Bay Resort* 9 Mu 2, Tambon Bophut. ☎ *(077) 422223.* FAX *(077) 422392.* Situé à l'extrémité nord de la plage de Chaweng, ce somptueux complexe propose uniquement des bungalows aux meubles en bois de cocotier. Large éventail de sports nautiques. 🍴 *Chambres : 52.* 🛏 *52.* ⒷⒷⒷⒷ	AE MC V	●	▨	●	●
KO SAMUI : *Coral Cove Chalet* 210 Coral Cove Beach, Chaweng Lamai. ☎ *(077) 422260.* FAX *(077) 422496.* Le haut de gamme de la plage de Lamai. Grand confort et vue superbe. Les pavillons entourent une piscine dans une crique encadrée de milliers de cocotiers. 🍴 📺 *Chambres : 63.* 🛏 *63.* ⒷⒷⒷⒷ	AE MC V	●	▨	●	●
KO SAMUI : *Samui Euphoria* Bophut Beach. ☎ *(077) 425100.* FAX *(077) 425107.* Cet hôtel paisible au joli jardin tropical possède une plage privée. Les équipements de loisirs comprennent des courts de tennis, une salle de jeux et une grande piscine. 🍴 🍽 📺 🏊 *Chambres : 124.* 🛏 *124.* ⒷⒷⒷ	AE DC MC V	●	▨	●	●
KO SAMUI : *Central Samui Beach Resort* w www.samuibeach.com 38/2 Mu 3, Borphut, Chaweng Beach. ☎ *(077) 230500.* FAX *(077) 236500.* Au centre de la plage de Chaweng, dans sa partie la plus belle, cet hôtel au jardi méticuleusement entretenu offre un magnifique panorama. Salon de beauté et boutique. 🍴 🍽 24 📺 🏊 *Chambres : 208.* 🛏 *208.* ⒷⒷⒷⒷⒷ	AE DC MC V JCB	●	▨	●	●

KO SAMUI : *Chaweng Regent Hotel .* ⒷⒷⒷⒷⒷ
155/4, Mu 2 Chaweng Beach. 🅒 *(077) 422008.* 📠 *(077) 422222.*
🅦 *www.samuibeach.com*
Cet établissement de luxe superbement équipé offre une belle vue de la
plage de Chaweng. Le restaurant a pour spécialité langouste, homard,
crabe et crevettes. 🍴 🍴 🄬 📺 🛁 *Chambres : 140.* 📋 *140.*

AE DC MC V JCB	●	▨	●	▨	

KO SAMUI : *Imperial Boat House* ⒷⒷⒷⒷⒷ
83 Mu 5, Tambon Bophut. 🅒 *(077) 425041.* 📠 *(077) 425460.*
Un établissement très chic don't la piscine a la forme d'un bateau et où
l'on dort dans des barges à riz en tek. 🍴 🄬 📺 *Chambres : 216.* 📋 *216.*

AE DC MC V JCB	●	▨	●	▨	

KO SAMUI : *Poppies Samui Seaside Cottages* ⒷⒷⒷⒷⒷ
PO Box 1, Chaweng. 🅒 *(077) 422419.* 📠 *(077) 422420.*
Un village de cottages confortables, meublés avec goût et séparés les uns
des autres par un jardin tropical. 🍴 📺 *Chambres : 24.* 📋 *24.*

AE DC MC V JCB	●	▨	●	▨	

KO TAO : *Ko Nang Yuan Dive Resort* ⒷⒷ
Ko Nang Yuan, nr Ko Tao, Surat Thani. 🅒 *(01) 2295212.* 📠 *(01) 2295212.*
Sur l'une des trois petites îles d'un archipel au large de Ko Tao, le Nang
Yuan offre un hébergement en bungalows. Des fonds coralliens attirent
de nombreux plongeurs. 🍴 *Chambres : 70.* 📋 *70.*

MC V		▨		▨	

PHETCHABURI : *Khao Wang Hotel* ⒷⒷ
123 Ratwithi Rd. 🅒 *(032) 425167.* 📠 *(032) 410750.*
Dans une des plus vieilles villes de Thaïlande, cet hôtel simple et bien
situé pour découvrir le palais de Khao Wang et les temples de la colline
de Phra Nakhon Khiri. 📺 *Chambres : 49.* 📋 *10.*

			▨		

PRACHUAP KHIRI KHAN : *Hadthong* ⒷⒷ
21 Susuk Rd. 🅒 *(032) 601050.* 📠 *(032) 601057.*
Cet hôtel moderne offre le meilleur hébergement en ville et donne vue
sur la baie et le « mont du Miroir ». 🍴 📺 *Chambres : 142.* 📋 *142.*

AE MC V	●	▨	●	▨	

SURAT THANI : *Wang Tai* ⒷⒷⒷ
1 Talat Mai Rd. 🅒 *(077) 283020.* 📠 *(077) 281007.*
Le café de cette tour moderne à la sortie de la ville offre un large
panorama de l'estuaire de Tapi. L'hôtel comprend aussi un restaurant,
un bar, une discothèque et un golf. 🍴 🄬 📺 *Chambres : 230.* 📋 *230.*

AE DC MC V JCB	●	▨	●	▨	

CÔTE NORD DE LA MER D'ANDAMAN

KO PHI PHI : *Charlies* ⒷⒷ
Ao Nang. 🅒 *(075) 620615.*
Des bungalows un peu chers pour les prestations offertes mais le cadre
en bord de mer est magnifique. 🍴 🄬 *Chambres : 79.* 📋 *0.*

MC V		▨		▨	

KO PHI PHI : *Phi Phi Palm Beach* 🅦 *www.phiphi-palmbeach.com* ⒷⒷⒷⒷ
Laem Tong, Ko Phi Phi Don. 🅒 *(076) 214654.* 📠 *(01) 215090.*
Ces cottages de luxe et ces grandes suites familiales ont valu un prix
à leur architecte. Les équipements comprennent des courts de tennis,
une piscine d'eau douce et un jacuzzi. 🍴 🍴 📺 *Chambres : 80.* 📋 *80.*

AE DC MC V	●	▨	●	▨	

KO PHI PHI : *Phi Phi Island Cabana* ⒷⒷⒷⒷⒷ
Ton Sai Bay, Ko Phi Phi Don. 🅒 *(076) 214941.* 📠 *(076) 214942.*
L'île Phi Phi Don est la plus fréquentée et son principal centre
d'hébergement est situé dans la baie de Ton Sai. Entourés par la jungle,
ces bungalows offrent une vue splendide. 🍴 🍴 📺 *Chambres : 209.* 📋 *140.*

AE MC V	●	▨	●	▨	

KO LANTA : *Khaw Kwang Beach Bungalows* ⒷⒷ
Tamboon Saladan, Ko Lanta Yai. 🅒 *(01) 284106.*
Situés à l'ouest de Ban Sala Dan, ces bungalows aux toits de chaume sont
tous avec salle de bains. *Chambres : 45.* 📋 *0.*

			▨		

KRABI : *Ban Ao Nang Resort* ⒷⒷⒷ
31/3 Mu 2, Ao Nang.Beach 🅒 *(075) 637074.* 📠 *(075) 637070.*
À quelques pas d'une plage idyllique cet hôtel moderne de trois étages est
accueillant, propre et confortable. 🍴 📺 *Chambres : 47.* 📋 *6.*

V	●	▨		▨	

KRABI : *Krabi Maritime* ⒷⒷⒷ
1 Tungfah Rd. 🅒 *(075) 628028.* 📠 *(075) 612992.*
Près du centre-ville, mais à quelque distance des principaux équipements
balnéaires, cet hôtel cher et récent offre tout le confort, y compris un
salon de beauté. 🍴 🍴 🄬 📺 🍴 *Chambres : 221.* 📋 *221.*

AE MC V	●	▨	●	▨	

Les **prix** correspondent à une
nuit en chambre double, taxes
comprises pour les hôtels de luxe.

Ⓑ moins de 350 B
ⒷⒷ de 350 B à 800 B
ⒷⒷⒷ de 800 B à 1 600 B
ⒷⒷⒷⒷ de 1 600 B à 3 200 B
ⒷⒷⒷⒷⒷ plus de 3 200 B

CARTES BANCAIRES
AE American Express ; DC Diners Club ; MC MasterCard ;
V VISA ; JCB Japanese Credit Bureau.

SALLES DE BAINS OCCIDENTALES
Les établissements qui n'en possèdent pas proposent des
toilettes à la turque et · des douches · asiatiques (avec un bol).

CAFÉ
L'hôtel comprend au moins un café.

JARDIN/TERRASSE
L'hôtel possède un jardin, une cour intérieur ou une terrasse.

	CARTES BANCAIRES	PISCINE	SALLE DE BAINS	CAFÉ	JARDIN/TERRASSE
KRABI : *Krabi Resort* ⒷⒷⒷⒷ 53-57 Ao Nang Beach. ((075) 637031. FAX (075) 637052. L'hébergement le plus luxueux disponible à Ao Nang. Les chambres occupent des bâtiments modernes. Des bungalows aux toits de chaume font face à la plage. Jardin coloré et bien entretenu. ⚋ TV *Chambres : 96.* ▤ 96.	AE DC MC V JCB	●	▨		▨
KRABI : *Phra Nang Inn* ⒷⒷⒷ 119 Mu 2, Ao Nang Beach. ((075) 637130. FAX (075) 637134. Bois de pin et de palmes donnent un cachet rustique à cet hôtel qui offre une belle vue de la plage d'Ao Nang. Un restaurant et une petite piscine. ⚋ TV *Chambres : 78.* ▤ 30.	AE MC V	●	▨	●	▨
PHANGNGA : *Phangnga Bay Resort* ⒷⒷⒷ 20 Thadan Rd, Panyi. ((076) 412067. FAX (076) 412057. La vue se révèle décevante depuis cet établissement de catégorie moyenne en bordure de la baie de Phangnga mais il possède une piscine et un restaurant recommandés. ⚋ TV *Chambres : 88.* ▤ 88.	AE MC V	●	▨		▨
PHUKET : *Felix Karon Swissôtel* ⓦ www.phuket.com/felix ⒷⒷⒷⒷ 4/8 Patak Rd, Karon Beach. ((076) 396666. FAX (076) 396853. @ felix@phuket.com Bien équipé pour les familles, le Felix Karon Swissôtel permet de rejoindre aisément la populaire plage de Karon. ⚋ TV ⓕ *Chambres : 81.* ▤ 81.	AE DC MC V	●	▨	●	▨
PHUKET : *Thara Patong Beach Resort* ⒷⒷⒷⒷ 81 Thaweewongse Rd. ((076) 340135. FAX (076) 340446. @ tharapatong@phuket.com Ce complexe agréable en bord de mer propose Jacuzzi en plein air, courts de tennis, sauna, piscine pour enfants et un excellent restaurant de poisson. ⚋ ⚌ 24 TV ⓕ *Chambres : 105.* ▤ 105.	AE DC MC V	●	▨	●	▨
PHUKET : *Pearl Village* ⓦ www.pearlvillage.com ⒷⒷⒷⒷ Plage et parc national de Nai Yang. ((076) 327006. FAX (076) 327338. Le Pearl s'étend sur plusieurs hectares en bordure d'un parc national au nord de Phuket. Il a reçu des hôtes aussi célèbres que Michael Jackson. ⚋ ⚌ 24 TV ⓕ *Chambres : 226.* ▤ 226.	AE DC MC V JCB	●	▨	●	▨
PHUKET : *Amanpuri* @ amanpuri@loxinfo.co.th ⒷⒷⒷⒷⒷ Pansea Beach 118 Mu 3, Sri Santhorn Rd. ((076) 324333. FAX (076) 324100. « Amanpuri » signifie en sanscrit « lieu de paix » et cet ensemble de pavillons porte bien ce nom. Le soir, un spectacle culturel propose des danses et des combats au sabre. ⚋ ⚌ 24 *Chambres : 40.* ▤ 40.	AE DC MC V JCB	●	▨	●	▨
PHUKET : *Diamond Cliff Resort & Spa* @ diamond@diamondcliff.com ⒷⒷⒷⒷⒷ 61/9 Pra Baramee Rd, Pathong. ((076) 340510. FAX (076) 340507. Bien que perchée à flanc de colline au-dessus des eaux claires de la baie de Patong, cette *resort* n'est qu'à quelques pas des boîtes de nuit. Cuisines européenne et asiatique. ⚋ ⚌ 24 TV ⓕ *Chambres : 333.* ▤ 333.	AE DC MC V JCB	●	▨	●	▨
PHUKET : *Dusit Laguna Resort* ⓦ www.dusitlaguna.com ⒷⒷⒷⒷⒷ 390 Sri Sunthorn Rd, Cherngtalay. ((076) 324320. FAX (076) 324174. Un lagon entoure cet étonnant complexe hôtelier doté de tout le confort moderne, y compris d'excellents restaurants. ⚋ 24 TV ⓕ *Chambres : 232.* ▤ 232.	AE DC MC V JCB	●	▨	●	▨
PHUKET : *Laguna Beach Club* ⒷⒷⒷⒷⒷ 323 Sri Sunthorn Rd, Cherngtalay. ((076) 324320. FAX (076) 324174. Encore un établissement où rien ne manque. Les parents apprécieront tout particulièrement le « Kids Club » où ils pourront laisser leurs enfants jouer sous surveillance. ⚋ ⚌ 24 TV ⓕ *Chambres : 252.* ▤ 252.	AE DC MC V JCB	●	▨	●	▨
PHUKET : *Maiton Island Resort* ⓦ www.phuket.com/maiton ⒷⒷⒷⒷⒷ Maiton Island, PO Box 376, Muang District. ((076) 214954. FAX (076) 214959. Maiton est une île d'environ 2 km de long sur 400 m de large. Il n'existe pas de village, et ce complexe jouit de beaucoup de calme tout en offrant un confort exceptionnel. ⚋ ⚌ TV ⓕ *Chambres : 75.* ▤ 75.	AE DC MC V JCB	●	▨		▨

FRONTIÈRE MALAISE

HAT YAI : *Garden Home* ⒷⒷ
51/2 Hoi Muk Rd. 【 (074) 234444. FAX (074) 234444.
Proche des stands de nourriture du croisement de Kimpradit et de
Phadung Phakdi Road, cet hôtel moderne est aménagé autour d'un jardin
et d'une cascade. 🔢 24 TV *Chambres : 103.* 🗐 103.

MC
V

HAT YAI : *Diamond Plaza* ⒷⒷⒷ
62 Niphat Uthit 3 Rd. 【 (074) 230130. FAX (074) 239824.
Cet hôtel accueillant aux tarifs raisonnables ne se trouve qu'à courte distance
du centre de la vie nocturne de Hat Yai. 🔢 24 TV *Chambres : 272.* 🗐 272.

AE
MC
V

HAT YAI : *J B Hotel* ⓦ www.jb-hotel.com ⓐ jb@jb-hotel.com ⒷⒷⒷⒷ
99 Chuti Anusorn Rd. 【 (074) 234300. FAX (074) 234328.
Cet établissement, le plus chic de Hat Yai, se trouve assez loin du centre
au nord de la ville. 🔢 🔢 24 TV 🔽 *Chambres : 432.* 🗐 432.

AE
DC
MC
V
JCB

KO TARUTAO : *National Park Bungalows* ⒷⒷ
Tarutao and Adang National Marine Park. 【 (02) 579 0529. FAX (02) 579 1154.
Pas de confort mais, un cadre naturel d'une beauté exceptionnelle.
L'administration du parc a un monopole de fait. 🔢 *Chambres : 16.* 🗐 0.

NAKHON SI THAMMARAT : *Taksin* ⒷⒷ
1584/23 Sriprad Rd. 【 (075) 342790. FAX (075) 342794.
La plupart des hôtels de la ville sont quelconques et celui-ci ne fait pas
exception à la règle, mais les chambres sont spacieuses et propres, les
prix intéressants et les employés aimables. 🔢 TV *Chambres : 120.* 🗐 120.

NAKHON SI THAMMARAT : *Thai* ⒷⒷ
1373 Rachadamnoen Rd. 【 (075) 356505. FAX (075) 344858.
À deux pâtés de maisons de la gare, le Thai, propre mais assez banal,
comprend une vidéothèque, une discothèque et une galerie marchande.
🔢 TV *Chambres : 215.* 🗐 120.

MC
V

NARATHIWAT : *Tanyong* ⒷⒷⒷ
16/1 Sopha Phisai Rd. 【 (073) 511477. FAX (073) 511834.
Hôtel de style chinois et bonne cuisine malaise. En saison chaude, essayez
la spécialité de riz gluant à la mangue. 🔢 TV *Chambres : 84.* 🗐 84.

MC
V

PATTANI : *My Garden* ⒷⒷ
8/28 Charoen Pradit Rd. 【 (073) 331055. FAX (073) 336217.
À 1 km de la ville, le meilleur hébergement de Pattani possède une
discothèque très populaire. Juste en face, le restaurant Diana est spécialisé
dans les produits de la mer. 🔢 TV *Chambres : 136.* 🗐 109.

MC
V

PHATTHALUNG : *Lam Pam Resort* ⒷⒷ
88 Mu 6, Tambon Lam Pam. 【 (074) 611486. FAX (074) 612013.
À un quart d'heure en voiture du centre-ville, ces bungalows au bord
du lac de Thale Sap offrent, de l'avis général, le meilleur logement de
Phatthalung. Bon restaurant. TV *Chambres : 68.* 🗐 68.

V

SONGKHLA : *Lake Inn* ⒷⒷ
301-3 Nakhon Nok Rd. 【 (074) 321044. FAX (074) 437275.
À l'ouest de la ville, cet établissement de catégorie moyenne domine
le principal quai de pêcheurs sur le lac de Thale Sap et, bien entendu,
il sert de bonnes spécialités de poisson. 🔢 TV *Chambres : 79.* 🗐 79.

AE
DC
MC
V

SONGKHLA : *Royal Crown Songkhla* ⒷⒷⒷ
38 Sai Ngam Rd. 【 (074) 311918. FAX (074) 321027.
Un hôtel propre, agréable et bien situé, apprécié des expatriés travaillant
dans le pétrole et de leurs familles. 🔢 24 TV *Chambres : 52.* 🗐 52.

AE
MC
V

TRANG : *Clarion MP Resort Hotel* ⒷⒷⒷ
184 Trang-Phatthalung Rd. 【 (075) 214230. FAX (075) 211177.
Cet établissement cossu en forme de paquebot offre de nombreuses
facilités, notamment un charmant restaurant dans un jardin, de vastes
piscines, un karaoke et un bar. 🔢 🔢 24 TV 🔽 *Chambres : 190.* 🗐 190.

MC
V

TRANG : *Thumrin* ⒷⒷⒷ
99 Thumrin Square. 【 (075) 211011. FAX (075) 218057.
Situé dans le centre près de la gare, cet hôtel haut de gamme commence à
paraître un peu délabré mais reste néanmoins un des meilleurs de Trang.
🔢 TV *Chambres : 117.* 🗐 117.

AE
MC
V

Légende des symboles, voir rabat de couverture

Où manger en Thaïlande ?

« L'eau regorge de poissons, le riz abonde dans les champs. » C'est ainsi que le roi Ramkamaheng décrivit au XIIIe siècle le royaume de Sukhothai. Il aurait pu en outre mentionner le vaste éventail de fruits, de légumes et d'épices tropicaux déjà cultivés à l'époque et auxquels se sont ajoutés, ces derniers siècles, de nombreuses plantes d'Amérique qui ont trouvé en Asie de nouveaux espaces où prospérer. Hormis en Isan, la fertilité des sols, la douceur du climat et une population relativement réduite ont permis à la Thaïlande de ne pas connaître la famine et de se doter d'une des meilleures cuisines du monde.

Les couverts les plus utilisés

Les Thaïs aiment manger souvent, jusqu'à six ou sept fois par jour, et partout il y a des restaurants et des stands de plats préparés. Ils apprécient en outre non seulement la fraîcheur des mets et leur saveur, mais aussi leur présentation. Fleurs et rosettes sculptées dans des légumes ou des fruits ornent ainsi fréquemment même un modeste repas. Même si la cuisine thaïe reste très différente des autres cuisines d'Asie, le riz est toutefois la base d'innombrables plats raffinés et parfumés. Toutes les saveurs s'y retrouvent : sucré, salé, acidulé, âcre, pimenté, et les plats les plus délicats sont accessibles à toutes les papilles.

Le Grand Ballroom du Holiday Inn de Silom Road, Bangkok

Les restaurants

Depuis les minuscules cafés jusqu'aux luxueuses oasis climatisées en passant par les verdoyants *suan ahan* (« restaurants-jardins »), il existe une grande diversité d'établissements de restauration. À la différence des stands de rue que l'on trouve partout, ils ne sont pas ouverts tout le temps. En ville, la plupart des restaurants, en particulier ceux proposant de la cuisine occidentale, servent de 11 h à 22 h ou minuit. Un panneau signale habituellement à la porte les horaires ainsi que les cartes bancaires acceptées. Hors des zones touristiques, il faudra donc parfois au petit déjeuner renoncer à ses habitudes pour se rabattre sur un plat thaï.

Pratiquement toutes les grandes cités et stations balnéaires possèdent au moins un magazine d'information gratuit destiné aux visiteurs. Disponible notamment dans les hôtels et les bureaux de change, il répertorie les restaurants par type de cuisine et spécialités, indique les numéros de téléphone et explique comment s'y rendre. Les principaux hôtels

Restaurant au Sadet Market de Nong Khai, au bord du Mékong

de n'importe quelle localité comprennent un restaurant climatisé servant des plats thaïs et chinois. Les enseignes McDonald deviennent de plus en plus visibles, mais les Thaïlandais ont adopté avec encore plus d'entrain les pizzas et les pâtes, et vous pourrez en manger dans presque toutes les capitales provinciales. La qualité varie toutefois beaucoup.

Les cafés

Dans les zones touristiques et les hôtels internationaux, les cafés (*coffee shops*) ne sont, comme en Europe, que des lieux où apprécier un expresso, manger un morceau ou passer le temps. Il n'en va pas de même dans les plus petites localités ou les hôtels thaïs. Là, les « coffee bars » ressemblent à des boîtes de nuit aux fenêtres assombries, où une nuée d'« hôtesses » attendent de pouvoir encourager les clients à dépenser leur argent. Même de l'extérieur, il est généralement aisé de faire la différence entre les deux types d'établissement.

Les stands de plats préparés

Les plats proposés par les innombrables étals installés en bord de route ou dans les marchés sont non seulement souvent très bon marché, mais aussi délicieux.

Carriole d'un marchand de fruits et boissons, Phuket

Ces stands sont généralement propres, leurs propriétaires les nettoyant chaque soir. Des vitres permettent d'apprécier la fraîcheur des ingrédients. Les méthodes de cuisson, en friture, au grill ou à l'eau bouillante, garantissent des mets sains, toujours servis brûlants.

Comme partout dans le monde, un moyen aisé de tester la qualité d'un stand consiste à se fier au nombre de clients. S'ils se pressent autour des tables simples que proposent la plupart de ces établissements, hommes d'affaires et chauffeurs de *tuk-tuks* n'hésitant pas à se côtoyer, la cuisine est certainement bonne. La carte ne porte que très rarement des indications en anglais. Si vous ne parvenez pas à mémoriser les noms de vos spécialités favorites parmi celles des pages 410-411, vous pourrez toujours indiquer un mets du doigt et demander à goûter. Peu de Thaïs s'attendent à ce que les étrangers parlent leur langue et ils se montrent toujours prêts à les conseiller.

LES DÎNERS KHANTOKE

Ces repas traditionnels du nord de la Thaïlande se prennent assis sur une plate-forme autour d'une table basse. Arrosés d'une bière locale, ils se composent de plats typiques de la région tels que le *nam phrik num* (une sauce épaisse très épicée), le *kap mu* (couenne de porc) ou le *kaeng kai* (curry de poulet et de légumes) servis avec du *khao niaw* (riz gluant). Un spectacle de danses accompagne souvent le dîner.

LES PRIX

Se restaurer ne grèvera pas votre budget en Thaïlande Les alcools qui accompagnent un repas risquent de revenir plus chers que la nourriture. Les prix sont souvent indiqués en caractères numériques arabes. Ils sont fixés, fait surprenant dans un pays dont les habitants adorent marchander. Sur les cartes, ils figurent invariablement à côté des plats. Quand il s'agit de spécialités de fruits de mer, ils dépendent généralement du poids servi.

Les établissements les plus chic et les hôtels de classe internationale perçoivent en outre la TVA et un supplément pour le service. Leurs montants apparaissent clairement sur la note.

LES POURBOIRES

La coutume du pourboire, importée par les touristes, connaît un succès grandissant. N'appliquez pas un pourcentage : 10 % pourrait convenir pour une somme de 50 bahts, mais deviendrait franchement excessif pour un repas coûteux.

LES HABITUDES ALIMENTAIRES THAÏLANDAISES

Les Thaïs ont une philosophie simple en ce qui concerne l'alimentation : si tu as faim, mange. Faire trois repas par jour n'est aucunement une règle. Même si les gens prennent bien un petit déjeuner, un déjeuner et un dîner, ils ne se privent pas pour autant de déguster à tout moment un plat de nouilles ou une sucrerie, mangeant peu mais souvent, parfois jusqu'à six ou sept fois par jour. Plaisir simple, se nourrir n'implique pas un rituel complexe, mais les visiteurs doivent respecter quelques

Enseigne de restaurant

règles. Les Thaïlandais mangent avec une fourchette dans la main gauche et une cuillère dans la droite. La fourchette ne sert qu'à pousser les aliments dans la cuillère, la porter à la bouche est impoli. Puisque tout est coupé en morceaux avant la cuisson, en particulier la viande, un couteau n'a pas d'utilité.

Influencés par les traditions culinaires chinoises, on mange les plats de nouilles avec des baguettes et une cuillère. Autre exception à la coutume générale, le riz gluant *(khao niaw)* se saisit délicatement avec les doigts. À table, les Thaïs partagent les mets présentés dans des jattes, chacun recevant à côté un petit bol pour le riz. Celui-ci est traditionnellement servi en premier. Il est grossier de trop remplir son assiette. Mieux vaut se resservir plusieurs fois, rien ne presse et il reste toujours en cuisine de quoi regarnir les plats.

Marchand de rue préparant des brochettes dans un parc de Bangkok

Que manger en Thaïlande ?

L a cuisine thaïlandaise est réputée pour ses spécialités épicées, mais les piments, originaires d'Amérique, n'arrivèrent dans le pays qu'au XVIe siècle, importés par des marchands européens. Malgré l'engouement qu'ils suscitent en Thaïlande, il existe aussi de nombreux plats doux. Les nouilles de riz, qui peuvent être servies frites ou en soupe, viennent en second. En général, les viandes se dégustent grillées ou à peine frites, les légumes crus, bouillis ou cuits à la vapeur.

Trois variétés de piments

La soupe de riz (khao tom) *se prend souvent au petit déjeuner enrichie d'un œuf. Piment et vinaigre de riz forment le meilleur condiment.*

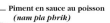

Piment en sauce au poisson
(nam pla phrik)

Sauce au poisson et piment moulu

La soupe aux nouilles (kuaytiaw nam) *avec des boulettes de viande, est le seul plat thaï qui se mange avec des baguettes.*

Les plats de riz frit (khao phat), *qu'œufs, lamelles de viande et légumes rendent très nourrissants, se dégustent à tout moment de la journée.*

Le **phat thai** *se compose de nouilles de riz plates accompagnées de pâte de soja, de légumes, d'œuf, d'arachides et de crevettes séchées.*

Pâtes de blé et tranches de porc « rouge » (bami haeng mu daeng) *composent un plat proposé par les vendeurs de rue dans tout le pays.*

La **tom yam**, *la soupe la plus typique de Thaïlande, a pour base des tomates et des crevettes épicées de coriandre, citronnelle et piment.*

Le **mu sap bai kraphao** *(porc frit aromatisé au basilic) peut se déguster en commun lors d'un repas traditionnel.*

Le **kaeng phanaeng** *est un curry salé de poulet ou de bœuf où entrent crevettes, graines de coriandre, piment rouge et un soupçon de basilic.*

Le **curry vert** (kaeng khiaw wan), *est cuit dans du lait de coco qui lui donne une saveur presque sucrée, relevé de piment vert.*

Le **riz à la vapeur** (khao suay), *base des repas en commun, est servi en premier. Rien ne l'égale pour apaiser un palais enflammé par le piment.*

Le riz gluant (khao niaw) *du Nord et de l'Isan, cuit et présenté dans des paniers tressés, se mange avec les doigts. Roulé en boule, il peut servir à porter d'autres aliments à la bouche.*

Aubergine thaïe crue

Carotte sculptée

Couenne de porc

Aubergine jaune sculptée

Nam phrik ong, au porc et au piment

Nam phrik *désigne toute une famille de spécialités très répandues. Légumes crus et viande frite sont trempés dans une pâte à base de piment. Dans le Nord, on apprécie le* nam phrik ong *à la couenne de porc. Lors des grandes occasions, ou dans les restaurants chic, la présentation inclut des légumes sculptées.*

Les nénuphars frits (phat pak bung), *très rapides à préparer, sont un des nombreux plats simples et doux pouvant entrer dans un repas.*

La salade de papaye (som tam), *très appréciée dans tout le pays, mêle minces tranches de fruit et piment. Elle s'accompagne bien de poulet.*

La salade de fruits de mer (yam thalay) *fait souvent office d'entrée dans le Sud. Tièdes, les fruits de mer cuits nappent un lit de laitue.*

La mangue accompagnée de riz gluant (khao niaw mamuang) *et sucrée par une crème à la noix de coco est le plus célèbre dessert du pays.*

LES BOISSONS

Les nombreux fruits de Thaïlande *(p. 129)* peuvent pour la plupart se boire en jus. Le lait de coco, aspiré directement de la noix avec une paille, est aussi très apprécié. Le thé et le café sont généralement servis glacés.
En complément de l'eau plate *(nam plao)*, la bière, beaucoup plus que le vin, accompagne les repas.

La crème à la noix de coco (sangkhaya) *où entrent œufs et sucre, se déguste avec du riz gluant ou cuite dans un potiron évidé.*

Jus de **Roselle**

Thé glacé

Bière **Shinga**

Bière **Chang**

Glossaire de plats typiques thaïs

*Khanom khrok –
à la noix de coco*

L a variété et la créativité de la cuisine thaïlandaise *(p. 34-35)* justifient sa réputation. Même les marchands de rue font preuve de talent culinaire et d'efforts dans la présentation. Celle-ci, et l'immense variété de plats, peuvent au début plonger le nouvel arrivant dans l'embarras. Il aura même parfois du mal à différencier les mets sucrés des salés, sauf dans les restaurants où il existe un menu au moins en anglais. Ce glossaire recense les plus répandus. Pour la prononciation, se reporter à la page 503.

**Vendeuse de rue
cuisinant au charbon de bois**

COMMENT CHOISIR ?

D ans les zones touristiques, les cartes des restaurants donnent la description des plats au moins en anglais. Souvent, les noms des plats thaïs dérivent simplement de leurs principaux ingrédients. Par exemple, *khao mu daeng* a pour traduction littérale : riz, porc, rouge. Il suffit donc généralement de quelques connaissances en thaï pour apprendre la composition de n'importe quel plat. Lorsqu'il n'y a pas de carte, les plats du jour sont exposés. Si vous ne les identifiez pas, tendez le doigt en disant : *nee arai na* ? (qu'est-ce que c'est ?) Les végétariens rencontreront peu de problèmes pour commander des spécialités sans viande *(mai ao nua)*, mais ils doivent savoir que la sauce au poisson, condiment qui se trouve également toujours sur la table, entre dans de nombreuses recettes. La cuisine thaïe n'utilise que rarement les produits laitiers et les végétaliens ne devraient pas avoir plus de difficultés. Les Thaïs ont pris l'habitude de voir des étrangers demander si un plat est pimenté (*phet mai?*) ou réclamer un plat doux (*mai ao phet na*).

LES EN-CAS

Les stands proposent partout de quoi satisfaire une petite faim.

Bami mu daeng
บะหมี่หมูแดง
Pâtes aux œufs et porc rouge.

Kai ping
ไก่ปิ้ง
Œufs au charbon de bois.

Kai yang
ไก่ย่าง
Poulet au charbon de bois.

Khanom beuang
ขนมเบื้อง
Crêpes fourrées sucrées.

Khanom khrok

Satay de poulet

ขนมครก
Gâteaux de coco.

Khao tom mat
ข้าวต้มมัด
Riz gluant en feuille de bananier.

Kluay ping
กล้วยปิ้ง
Bananes au charbon de bois.

Luk chin ping
ลูกชิ้นปิ้ง
Boulettes de viande pimentée.

Po pia
ปอเปี๊ยะ
Rouleaux de printemps frits.

Sai krok
ไส้กรอก
Saucisses de bœuf ou porc.

Satay
สะเต๊ะ
Brochettes de bœuf, de porc ou de poulet, concombre et sauce aux arachides.

Tua thot
ถั่วทอด
Cajous et arachides grillés.

LES NOUILLES

Les nouilles de riz sont *sen yai* (larges), *sen lek* (moyennes) ou *sen mi* (vermicelle). Les *bami* sont des pâtes aux œufs, les *wun sen* du vermicelle de soja.

Bami nam
บะหมี่น้ำ
Pâtes aux œufs en bouillon, légumes et viande ou poisson.

Kuaytiaw haeng
ก๋วยเตี๋ยวแห้ง
Nouilles de riz, légumes et viande ou poisson.

Kuaytiaw nam
ก๋วยเตี๋ยวน้ำ
Idem mais en bouillon.

Luk chin pla
ลูกชิ้นปลา
Boulettes de poisson et nouilles.

Phat thai
ผัดไทย
Nouilles de riz frites et ingrédients variés (*p. 408*).

Vendeuses de rue dans un marché de Bangkok

LES PLATS DE RIZ

Le riz reste la base de l'alimentation. « Comment allez-vous ? » se dit littéralement « avez-vous mangé du riz? ».

Khao man kai
ข้าวมันไก่
Poulet à la chinoise et riz cuit en bouillon.

Khao mok kai
ข้าวหมกไก่
Poulet *biryani* à la thaïe.

Khao mu daeng
ข้าวหมูแดง
Porc rouge à la chinoise sur un lit de riz parfumé.

Khao na pet
ข้าวหน้าเป็ด
Canard rôti sur un lit de riz parfumé.

Khao phat mu/kung
ข้าวผัดหมูหรือกุ้ง
Riz frit et porc ou crevettes.

LES SOUPES

Certains potages, tel le *jok*, se prennent au petit déjeuner. Le mot « soup » est généralement compris.

Jok
โจ๊ก
Riz pilé, porc haché et gingembre.

Khao tom
ข้าวต้ม
Soupe de riz. Légumes et viande servis à côté.

Tom jeut tao hu
ต้มจืดเต้าหู้
Bouillon doux, soja et porc haché.

Tom kha kai
ต้มข่าไก่
Poulet, souchet, lait de coco et citronnelle.

Tom yam kung
ต้มยำกุ้ง
Crevettes, champignons, citronnelle, souchet et coriandre.

LES CURRYS

Les currys se servent *rat khao* (sur une assiette de riz) ou dans un bol pour accompagner un plat principal de riz.

Kaeng kari kai
แกงกะหรี่ไก่
Poulet et pommes de terre à l'indienne.

Kaeng khiaw wan
แกงเขียวหวาน
Curry vert un peu sucré.

Les feuilles vertes servent comme emballage pour le riz gluant.

Kaeng matsaman
แกงมัสมั่น
Curry doux du sud musulman : bœuf, arachides, pommes de terre et lait de coco.

Kaeng phanaeng
แกงแพนง
Curry du Sud à la noix de coco et au basilic.

Kaeng phet
แกงเผ็ด
Curry fort aux piments rouges, à la citronnelle et à la coriandre.

Kaeng som
แกงส้ม
Curry aigre et pimenté, souvent au poisson.

LES PRODUITS DE LA MER

Le choix, offert à prix raisonnable, est étonnant, surtout dans le Sud.

Hoi malaeng pu op
หอยแมลงภู่อบ
Moules vertes à la vapeur.

Hoi thot
หอยทอด
Huîtres panées sur un lit de pousses de soja.

Hu chalam
หูฉลาม
Soupe d'aileron de requin.

Fruits de mer du Sud

Kung mangkon phao
กุ้งมังกรเผา
Homard grillé.

Pla meuk yang
ปลาหมึกย่าง
Poulpe en tranches rôti.

Pla nung khing
ปลานึ่งขิง
Poisson à la vapeur, piment, gingembre et champignons.

Pla thot
ปลาทอด
Poisson frit.

Pu neung
ปูนึ่ง
Crabe.

LES SPÉCIALITÉS RÉGIONALES

Kaeng hang le
แกงฮังเล
Curry de Chiang Mai : porc, arachides et gingembre.

Khao soi
ข้าวซอย
Spécialité du Nord : curry de poulet ou de bœuf servi avec des nouilles de blé, du citron vert et du chou en saumure.

Larb pet
ลาบเป็ด
Canard haché et épicé (Nord).

Som tam
ส้มตำ
Salade de papaye verte aux arachides de l'Isan.

Yam thalay
ยำทะเล
Salade de fruits de mer (Sud).

LES DESSERTS

Les « choses sucrées » (*khong wan*) ont surtout pour base fruits et noix de coco.

Foy thong
ฝอยทอง
Jaunes d'œuf sucrés.

Khao niaw mamuang
ข้าวเหนียวมะม่วง
Mangue fraîche, riz gluant et lait de coco.

Kluay buat chi
กล้วยบวดชี
Bananes et lait de coco.

Mo kaeng
หม้อแกง
Flanc aux œufs à la thaïe.

LES BOISSONS

Bia
เบียร์
Bière. En bouteille généralement.

Cha ron
ชาร้อน
Thé au lait concentré.

Kafae
กาแฟ
Café, souvent instantané.

Nam cha
น้ำชา
Thé à la chinoise sans lait.

Nam kuat
น้ำขวด
Eau en bouteille.

Noix de coco sur un marché flottant

Choisir un restaurant

Les restaurants ont été sélectionnés pour leur bon rapport qualité-prix, l'attrait de leur cuisine et leur emplacement intéressant. Le tableau souligne certains éléments pouvant guider votre choix. Les repères de couleur, correspondant aux différentes régions décrites dans ce guide, vous permettront de trouver celle qui vous intéresse.

		CARTES BANCAIRES	SPÉCIALITÉS THAÏS	PLATS ASIATIQUES	PLATS OCCIDENTAUX	TABLES À L'EXTÉRIEUR

BANGKOK

CENTRE HISTORIQUE : *Vegetarian Restaurant*. **Plan** 2 D4. Ⓑ
85/2 Soi Wat Bowon, près de Tanao Rd. 🕻 *Pas de téléphone.*
Un large choix de plats végétariens à petits prix tels que currys aux pommes de terre, *khanom chin* (nouilles) et dessert au lait de coco.
(Plats asiatiques)

CENTRE HISTORIQUE : *Maharajah*. **Plan** 2 D4. ⒷⒷ
Khao San Rd. 🕻 *Pas de téléphone.*
Ce restaurant a principalement une clientèle de routards sur Khao San Road et propose une cuisine indienne à des tarifs raisonnables. ▤
(Plats asiatiques)

CENTRE HISTORIQUE : *Sorn Daeng*. **Plan** 2 E4. ⒷⒷ — AE MC V JCB
Ratchadamnoen Klang Ave. 🕻 *(02) 224 3088.*
De goûteuses spécialités thaïes, de fruits de mer notamment, près du Democracy Monument. Les mets, d'un excellent rapport qualité-prix, incluent des recettes du Sud comme le *kaeng matsaman* (curry de bœuf). ▤
(Spécialités thaïs, Plats occidentaux)

CHINATOWN : *Nai Sow*. **Plan** 6 F1. Ⓑ — MC V
3/1 Maitri Chit Rd. 🕻 *(02) 222 1539.*
Ce restaurant sino-thaïlandais est réputé pour servir le meilleur *tom yum kung* (soupe épicée et aigre de crevettes) de Bangkok.
(Spécialités thaïs, Plats asiatiques)

CHINATOWN : *Royal India*. **Plan** 6 D1. Ⓑ
392/1 Chak Phet Rd. 🕻 *(02) 221 6565.*
De la bonne et solide cuisine de l'Inde du Nord à ne pas manquer à de tels prix. La carte comprend aussi des plats végétariens. Les pains se révèlent particulièrement savoureux. ▤
(Plats asiatiques)

CHINATOWN : *Samrat*. **Plan** 6 D1. Ⓑ
Chak Phet Rd. 🕻 *Pas de téléphone.*
Dans une ruelle près du grand magasin ATM, ce restaurant tenu par des Sikhs prépare de délicieux *dhals* et currys qui peuvent s'accompagner de *chai* (thé chaud et sucré indien).
(Plats asiatiques)

DUSIT : *Empress*. **Plan** 3 A4. ⒷⒷⒷ — AE DC MC V JCB
Royal Princess Hotel, 269 Lan Luang Rd. 🕻 *(02) 281 3088.*
Cette table renommée du Royal Princess Hotel a bâti sa réputation sur ses recettes de la Chine méridionale. Les spécialités cantonaises comme les *dim sum* sont recommandées. ▤ 🍷
(Plats asiatiques)

DUSIT : *Piccolo*. **Plan** 3 A5. ⒷⒷⒷ — AE DC MC V JCB
Royal Princess Hotel, 269 Lan Luang Rd. 🕻 *(02) 281 3088.*
Cet élégant établissement spécialisé dans la cuisine de l'Italie du Nord propose quelques remarquables plats de veau, une rareté à Bangkok. Les pâtes sont également savoureuses. ▤ 🍷
(Plats occidentaux)

QUARTIER DES AFFAIRES : *Arirang*. **Plan** 8 C4. ⒷⒷ — AE
106-108 Silom Rd, Soi 4. 🕻 *(02) 234 1096.*
Le bœuf au barbecue coréen est si tendre qu'il fond quasiment dans la bouche. Essayez les plats au *kimchi* (ail au vinaigre). Service aimable. ▤
(Plats asiatiques)

QUARTIER DES AFFAIRES : *Bobby's Arms*. **Plan** 7 C3. ⒷⒷ — AE DC MC V
1ᵉʳ étage, imm. du parking, Patpong, Soi 2. 🕻 *(02) 233 6828.*
Caché derrière le deuxième niveau du parking de Patpong, ce pub anglais offre une autre forme d'exotisme avec ses plats typiques, du *kidney pie* (pâté en croûte aux rognons) aux saucisses-purée. ▤ 🍷
(Plats occidentaux)

QUARTIER DES AFFAIRES : *Thai Room* ⒷⒷ — AE MC V
30/37 Patpong, Soi 2. 🕻 *(02) 233 7920.*
Au cœur de Patpong, plus de 100 plats thaïs et de délicieux sandwichs. Mais les habitués y viennent surtout pour les spécialités mexicaines telles que *tacos, nachos* et *fajitas*. ▤
(Spécialités thaïs, Plats asiatiques, Plats occidentaux)

		SPÉCIALITÉS THAÏS	**PLATS ASIATIQUES**	**PLATS OCCIDENTAUX**	**TABLES À L'EXTÉRIEUR**

Prix moyens par personne pour un dîner, service compris mais sans alcool.

Ⓑ Moins de 100 B
ⒷⒷ 100 B-200 B
ⒷⒷⒷ 200 B-500 B
ⒷⒷⒷⒷ 500 B-1 000 B
ⒷⒷⒷⒷⒷ Plus de 1 000 B

SPÉCIALITÉS THAÏS
Le restaurant sert des plats thaïlandais.

PLATS ASIATIQUES
Cuisine d'autres pays d'Asie que la Thaïlande, tels que la Chine, la Corée, le Japon ou l'Inde.

PLATS OCCIDENTAUX
Plats français, italien ou d'autres pays occidentaux.

TABLES À L'EXTÉRIEUR
Possibilité de manger dehors *(suan aban)*, en terrasse, dans un jardin ou une cour intérieure.

QUARTIER DES AFFAIRES : *Bussaracum*. **Plan** 7 C4. ⒷⒷⒷ
Sethiwan Bldg, Silom Rd. (02) 266 6312.
Cette enseigne met l'accent sur la cuisine royale thaïe *(p. 34)*. Un cadre élégant ajoute au plaisir offert par des mets comme le *foi thong* (« fils dorés »), à base de jaunes d'œuf. 🍽🍷
CARTES BANCAIRES : AE DC MC V JCB — SPÉCIALITÉS THAÏS ●

QUARTIER DES AFFAIRES : *El Gordo's Cantina*. **Plan** 7 C4. ⒷⒷⒷ
130/8 Soi 8, Silom Rd. (02) 237 1415.
Cuisine populaire mexicaine et tex-mex. L'endroit où venir déguster *burritos*, *nachos* et *tortillas*. La direction tire une juste fierté de ses margaritas. 🍽🍷
AE DC MC V JCB — PLATS OCCIDENTAUX ●

QUARTIER DES AFFAIRES : *Gaddi's Grill*. **Plan** 7 B3. ⒷⒷⒷ
Mandarin Bangkok Hotel, 662 Rama IV Rd. (02) 238 0231.
Cette enseigne prestigieuse propose un large choix d'aliments de toutes origines : steak américain, agneau néo-zélandais, saumon fumé écossais, fruits de mer locaux et pâtisserie française. 🍽🍷
AE DC MC V JCB — PLATS OCCIDENTAUX ●

QUARTIER DES AFFAIRES : *Himali Cha Cha* ⒷⒷⒷ
1229/11 Charoen Krung (New) Rd. (02) 235 1569.
L'un des plus anciens restaurants indiens de Bangkok propose des mets de style moghol. Excellents *dhals* et pains frais. 🍽🍷
AE MC V — PLATS ASIATIQUES ▪

QUARTIER DES AFFAIRES : *Royal Kitchen*. **Plan** 8 E4. ⒷⒷⒷ
Sukhumvit 55. (02) 391 9634.
Des baguettes en argent et des belles petites salles rajoutent au plaisir de cette délicieuse cuisine de la Chine du Sud. Les *dim sum* sont excellents. 🍽
AE DC MC V — PLATS ASIATIQUES ▪

QUARTIER DES AFFAIRES : *Sichuan Garden*. **Plan** 8 E1. ⒷⒷⒷ
World Trade Center, Ratchadamri Rd. (02) 255 9840.
Plus épicée et plus piquante que celles d'autres régions de la Chine, la cuisine de Sichuan, savourée ici dans un cadre agréable et élégant, connaît un grand succès à Bangkok. 🍽🍷
AE DC MC V JCB — PLATS ASIATIQUES ▪

QUARTIER DES AFFAIRES : *Trattoria da Roberto*. **Plan** 7 C4. ⒷⒷⒷ
37/9 Patpong, Soi 2. (02) 233 6851.
En plein cœur de Patpong, Roberto sert une bonne cuisine italienne dans une atmosphère authentique. Le veau à la parmesane est remarquable, tout comme les spaghettis aux fruits de mer. 🍽🍷
AE DC MC V — PLATS OCCIDENTAUX ●

QUARTIER DES AFFAIRES : *Mayflower*. **Plan** 8 D4. ⒷⒷⒷⒷ
Dusit Thani Hotel, 946 Rama IV Rd. (02) 236 0450.
Ce restaurant chinois primé se spécialise dans la cuisine cantonaise. Le décor somptueux et sophistiqué doit notamment son cachet à d'authentiques antiquités. 🍽🍷
AE DC MC V JCB — PLATS ASIATIQUES ▪

QUARTIER DES AFFAIRES : *Noble House*. **Plan** 8 E1. ⒷⒷⒷⒷ
Hilton International Bangkok, 2 Witthayu (Wireless) Rd. (02) 253 0123.
Aménagé comme un comptoir commercial chinois, le Noble House propose des mets cantonais haut de gamme. Le déjeuner *dim sum*, servi en costumes traditionnels, est exceptionnel. 🍽🍷
AE DC MC V JCB — PLATS ASIATIQUES ▪

QUARTIER DES AFFAIRES : *Le Banyan*. ⒷⒷⒷⒷⒷ
59 Sukhumvit Soi 8. (02) 253 5556.
C'est dans une maison typiquement thaïe qu'est servie une cuisine française traditionnelle comprenant un canard au foie gras. Ouvert seulement pour le dîner. 🍽🍷🚭
AE DC MC V — PLATS OCCIDENTAUX ●

QUARTIER DES AFFAIRES : *Le Normandie*. **Plan** 6 F4. ⒷⒷⒷⒷⒷ
Oriental Hotel, 48 Oriental Ave (02) 234 8690.
Le chef Georges Blanc, trois étoiles au guide Michelin, est un consultant permanent dans les cuisines de ce restaurant français inoubliable. La vue sur le fleuve est étourdissante. 🍽🍷🚭 *dim. au déjeuner.*
AE DC MC V JCB — PLATS OCCIDENTAUX ●

Légende des symboles, voir rabat de couverture

<table>
<tr><td colspan="2">

Prix moyens par personne pour un dîner, service compris mais sans alcool.

Ⓑ Moins de 100 B
ⒷⒷ 100 B-200 B
ⒷⒷⒷ 200 B-500 B
ⒷⒷⒷⒷ 500 B-1 000 B
ⒷⒷⒷⒷⒷ Plus de 1 000 B

</td></tr>
</table>

SPÉCIALITÉS THAIS
Le restaurant sert des plats thaïlandais.

PLATS ASIATIQUES
Cuisine d'autres pays d'Asie que la Thaïlande, tels que la Chine, la Corée, le Japon ou l'Inde.

PLATS OCCIDENTAUX
Plats français, italien ou d'autres pays occidentaux.

TABLES À L'EXTÉRIEUR
Possibilité de manger dehors (suan ahan), en terrasse, dans un jardin ou une cour intérieure.

	CARTES BANCAIRES	SPÉCIALITÉS THAIS	PLATS ASIATIQUES	PLATS OCCIDENTAUX	TABLES À L'EXTÉRIEUR
QUARTIER DES AFFAIRES : *Spice Market*. **Plan** 8 D2. ⒷⒷⒷⒷ Regent Hotel, 155 Ratchadamri Rd. ((02) 251 6127. L'une des meilleures tables thaïes de la capitale, dans un décor évoquant une épicerie traditionnelle. Goûtez les currys et les friandises à l'ancienne. ▤ ♟	AE DC MC V JCB	●			▦
THON BURI : *Rim Nam*. **Plan** 6 D2. ⒷⒷ 111 Somdet Phra Pin Klao Rd. ((02) 424 1112. Près du Phra Pin Klao Bridge au bord du Chao Phraya, des plats de fruit de mer thaïs et chinois à prix raisonnables. ▤ ♟	V	●	▦		
THON BURI : *Sala Rim Nam*. **Plan** 6 F4. ⒷⒷⒷⒷⒷ En face de l'Oriental Hotel, 597 Charoen Nakorn Rd. ((02) 437 3080. Des navettes régulières permettent de rejoindre, depuis l'Oriental Hotel, ce restaurant au bord de l'eau réputé pour ses spécialités de fruits de mer. ▤ ♟	AE DC M V JCB	●			▦
EN DEHORS DU CENTRE : *Cabbages and Condoms* Ⓑ 10 Sukhumvit, Soi 12. ((02) 229 4610. Le propriétaire du « choux et capotes » s'investit beaucoup dans le planning familial. Les bénéfices reviennent à son œuvre. Des ingrédients cultivés biologiquement sont utilisés dans les plats thaïs. ▤ ♟	AE DC MC V JCB	●			▦
EN DEHORS DU CENTRE : *Mangsawirat* Ⓑ Près de Ratwithi Rd, Nakhon Pathom, province de Nakhon Pathom. (Pas de téléphone. Ce restaurant végétarien apprécié offre un large choix de plats tels que le *kaeng kari* (curry de pommes de terre à l'indienne).		●			
EN DEHORS DU CENTRE : *Nakhon Inn* ⒷⒷ 55 Ratwithi Rd, Nakhon Pathom, province de Nakhon Pathom. ((034) 251152. Ce café et restaurant propose des classiques de la Plaine centrale tel le *tom yam kung* (soupe aux crevettes épicée) et des plats occidentaux de base comme le steak-frite. ▤ ♟	AE	●		●	
EN DEHORS DU CENTRE : *Bei Otto* ⒷⒷⒷ 1 Sukhumvit, Soi 20. ((02) 260 0869. Ce petit coin d'Allemagne possède sa propre *Bierhaus*, une épicerie fine et une boulangerie. Parmi les spécialités figurent le plat de saucisses, les *Wiener Schnitzel* (escalopes panées) et les rôtis. ▤ ♟	AE DC MC V			●	
EN DEHORS DU CENTRE : *Bourbon Street* ⓦ www.bourbonstbkk.com ⒷⒷⒷ Washington Square, Sukhumvit, Soi 22. ((02) 259 0328. Situé de manière assez inattendue dans le quartier des affaires, ce restaurant cajun et créole propose notamment d'épaisses soupes de fruits de mer *(gumbo)* et du poisson au court-bouillon. ▤ ♟	AE MC V			●	
EN DEHORS DU CENTRE : *Cedar* ⒷⒷⒷ 4/1 Sukhumvit, Soi 49/9. ((02) 391 4482. Dans un décor évoquant une tente arabe, le Cedar sert de succulents mets libanais, levantins et grecs, tels que *tzatziki, moussaka, hoummous, falafel* et *kebabs*. ▤ ♟	AE DC V		▦	●	
EN DEHORS DU CENTRE : *Le Dalat* ⒷⒷⒷ 47/1 Sukhumvit, Soi 23. ((02) 258 4192. L'une des trois succursales de l'enseigne vietnamienne la plus réputée de Bangkok. Essayez le *cha glo* (rouleaux de printemps) ou le *naem meuang*. ▤ ♟	AE DC MC V		▦		
EN DEHORS DU CENTRE : *Huntsman Pub*. **Plan** 8 F2. ⒷⒷⒷ Landmark Plaza Hotel, 138 Sukhumvit Rd. ((02) 254 0404. Ce pub à l'anglaise chic sert viandes grillées et pâtés en croûte comme le *kidney pie*, ainsi que des plats de base thaïs. Le bar est bien fourni. Animation tous les soirs. ▤ ♟	AE DC MC V JCB	●		●	

EN DEHORS DU CENTRE : *Kisso*   ⓑⓑⓑ
Delta Grand Pacific Hotel, 259 Sukhumvit Rd. 📞 *(02) 254 4998.*
Le Kisso offre un cadre soigné où déguster *sushi, tempura, sahimi,*
teppanyaki et autres classiques de la gastronomie japonaise. Menu à
prix fixe à midi, carte au dîner et buffet le week-end. 🍽 🍷

EN DEHORS DU CENTRE : *Lemongrass*   ⓑⓑⓑ
5/1 Soi 24, Sukhumvit Rd. 📞 *(02) 258 8637.*
Cette vieille maison en bois où l'on savoure des recettes modérément
pimentées de la Plaine centrale a pour spécialité le *kai yang phak*
phanaeng (poulet grillé sucré et épicé). 🍽 🍷 🎵

EN DEHORS DU CENTRE : *Man Ho.* **Plan** 8 F2.   ⓑⓑⓑ
4 Sukhumvit, Soi 2. 📞 *(02) 656 7700.*
Excellente cuisine chinoise dans ce restaurant de l'hôtel JW Marriot.
L'accent est mis sur les fruits de mer et les légumes. 🍽 🍷

EN DEHORS DU CENTRE : *Nang Yuan Restaurant*   ⓑⓑⓑ
Fortune Town Bldg, 1 Ratchadaphisek Rd. 📞 *(02) 641 1500.*
Ce restaurant chinois apprête les nids d'hirondelles aux dattes rouges
et au ginseng. Buffet de *dim sum* recommandé à midi. 🍽 🍷

EN DEHORS DU CENTRE : *Pan Pan 33*   ⓑⓑⓑ
Soi 33, Sukhumvit Rd. 📞 *(02) 258 5071.*
Tout est délicieux, des salami et des pizzas cuites au feu de bois
jusqu'aux pâtes, aux salades et au café. 🍽 🍷

EN DEHORS DU CENTRE : *Seafood Town*   ⓑⓑⓑ
7 Soi 24, Sukhumvit Rd. 📞 *(02) 661 0037.*
C'est l'endroit où il faut aller si on aime les fruits de mer appétissants
et servis en vitesse. À midi, le restaurant est pris d'assaut, alors mieux
vaut peut-être s'y rendre le soir. 🍽

EN DEHORS DU CENTRE : *Señor Pico*   ⓑⓑⓑ
Rembrandt Hotel, Sukhumvit, Soi 18. 📞 *(02) 261 7100.*
Son atmosphère enjouée fait du Señor Pico un des meilleurs endroits
de la ville où manger mexicain et tex-mex. Bon steaks à côté des
traditionnels *fajitas* et autres *nachos.* 🍽 🍷

EN DEHORS DU CENTRE : *Stable*   ⓑⓑⓑ
Soi 8, Sukhumvit Rd. 📞 *(02) 253 3410.*
Si vous êtes pris d'une envie furieuse de manger danois c'est ici qu'il faut
venir. C'est votre cas, alors en route pour le grand *Smorgaas*-buffet. 🍽

EN DEHORS DU CENTRE : *Celadon.* **Plan** 8 D4   ⓑⓑⓑⓑ
Sukhothai Bangkok Hotel, 13/3 Sathorn Tai Rd. 📞 *(02) 287 0222.*
Un splendide restaurant où déguster des spécialités telles que *gai bor*
phai toey (poulet grillé dans des feuilles d'arbre) et *tom kha kai* (soupe
de poulet à la noix de coco et au souchet). 🍽 🍷 🎵

EN DEHORS DU CENTRE : *Trader Vic's*   ⓑⓑⓑⓑ
Marriott Royal Garden Riverside, Charoen Nakhon Rd. 📞 *(02) 476 0021.*
Cuisine internationale et mets polynésiens tels que le cochon de lait et
le fruit à pain grillé ou fumé. Le Trader Vic's a fait des côtelettes de
veau sa spécialité : essayez-les poêlées. 🍽 🍷 🎵

SUD DE LA PLAINE CENTRALE

AYUTTHAYA : *Chainam*   ⓑⓑ
36/2 Uthong Rd. 📞 *(035) 252013.*
Ce restaurant aux plats thaïs et occidentaux à prix raisonnables offre
un bon endroit où prendre un petit déjeuner.

AYUTTHAYA : *Phae Krung Kao*   ⓑⓑ
4 Mu 2, Uthong Rd. 📞 *(035) 241555.*
Ce restaurant flottant a pour spécialité les produits de la mer, mais
propose aussi un large choix de plats de porc et de poulet.
Principalement thaïe, la carte inclus aussi quelques mets chinois. 🍽 🍷

KANCHANABURI : *Mae Nam*   ⓑⓑ
Fin de Lak Muang Rd. 📞 *(034) 512811.*
Ce grand restaurant flottant à l'ambiance agréable privilégie les
recettes de poisson et de fruits de mer. Un orchestre joue le soir de la
pop thaïe ou de la musique occidentale.

Légende des symboles, voir rabat de couverture

Prix moyens par personne pour un dîner, service compris mais sans alcool.

(B) Moins de 100 B
(B)(B) 100 B-200 B
(B)(B)(B) 200 B-500 B
(B)(B)(B)(B) 500 B-1 000 B
(B)(B)(B)(B)(B) Plus de 1 000 B

SPÉCIALITÉS THAIS
Le restaurant sert des plats thaïlandais.

PLATS ASIATIQUES
Cuisine d'autres pays d'Asie que la Thaïlande, tels que la Chine, la Corée, le Japon ou l'Inde.

PLATS OCCIDENTAUX
Plats français, italien ou d'autres pays occidentaux.

TABLES À L'EXTÉRIEUR
Possibilité de manger dehors *(suan aban)*, en terrasse, dans un jardin ou une cour intérieure.

		CARTES BANCAIRES	SPÉCIALITÉS THAIS	PLATS ASIATIQUES	PLATS OCCIDENTAUX	TABLES À L'EXTÉRIEUR
KANCHANABURI : *New Isaan* 292/1-2 Saengchuto Rd. ▌ *Pas de téléphone.* Cet établissement simple et propre sert des classiques de l'Isan comme le *kai yang* (poulet grillé) et le *som tam* (salade de papaye).	(B)(B)		●			
KANCHANABURI : *Punnee Café and Bar* Saengchuto Rd. ▌ *(034) 513503.* Sur la carte de ce café voisinent des plats thaïs à l'occidentale et européens à la thaïe. La bière y serait la « plus fraîche en ville » ! 🍽 🍷	(B)(B)		●		●	▨
LOP BURI : *Sala Mangsawirat (Vegetarian Pavillion)* 26/47 Soonkangkha Manora. ▌ *Pas de téléphone.* Pour végétariens comme pour carnivores, ceci est un endroit peu cher pour goûter les délices de la cuisine végétarienne thaïe. Comme pour la plupart de ces restaurants végétariens en Thaïlande, les heures d'ouverture sont limitées. ● *Après 14 h.*	(B)		●			
LOP BURI : *Asia Lopburi Hotel* 1/7-8 Surasak Rd. ▌ *(036) 411892.* Une cuisine sino-thaïlandaise de qualité à des prix raisonnables et dans un cadre agréable. C'est l'endroit idéal pour essayer des plats *priaw wan* (aigre-doux) ou le *kai phat pet mamuang* (poulet frit aux noix de cajou).	(B)(B)		●	▨		
SUPHAN BURI : *Wang Kung* Nang Pim Rd. ▌ *Pas de téléphone.* Repérable aux lanternes accrochées dehors, ce restaurant agréable offre des plats thaïs et chinois d'un bon rapport qualité-prix. 🍽	(B)(B)	MC V	●	▨		

NORD DE LA PLAINE CENTRALE

		CARTES BANCAIRES	SPÉCIALITÉS THAIS	PLATS ASIATIQUES	PLATS OCCIDENTAUX	TABLES À L'EXTÉRIEUR
KAMPHAENG PHET : *Malai* 77 Thesa Rd. ▌ *(055) 711630.* Cette petite gargote préparant une goûteuse nourriture de l'Isan ne porte pas de panneau en anglais mais se reconnaît aux paniers de riz accrochés à l'extérieur. 🍽	(B)		●			▨
KAMPHAENG PHET : *Phayao* 217-219 Thesa Rd. ▌ *(055) 712174.* Cette boulangerie permet au petit déjeuner d'accompagner pain et pâtisseries d'un thé ou d'un café.	(B)				●	
KAMPHAENG PHET : *Ruan Phae Rim Ping* 120 Soi 1, Thesa 2 Rd. ▌ *(055) 712767.* Situé au bord du Ping, ce plaisant restaurant de jardin apprête entre autres spécialités le *miang sawoei*, un hors-d'œuvre épicé associant gingembre frais, arachides et sauces piquantes.	(B)(B)	MC V	●	▨		▨
MAE SOT : *Pim Hut* 415/11-12 Intharakiri, Tang Kim Chiang Rd. ▌ *(055) 532818.* Le long d'une rue bordée de plusieurs restaurants aux prix raisonnables, le Pim Hut offre le choix entre plats thaïs, chinois et internationaux et sert des petits déjeuners occidentaux.	(B)		●		●	
MAE SOT : *Kangtung* 2/1 Sri Phanich Rd. ▌ *(055) 532030.* Le meilleur restaurant chinois de la ville propose une remarquable cuisine cantonaise.	(B)(B)			▨		
PHITSANULOK : *Laap Phet Nong Khai* 275 Singha Decha Chokechai. ▌ *(055) 244804.* Parmi beaucoup d'autres plats de la Plaine centrale et de l'Isan, la spécialité de la maison est le *lap phet* (salade au canard).	(B)		●			

PHITSANULOK : *Rim Nam Food Market* Ⓑ
Phuttha Bucha Rd. ℂ *Pas de téléphone.*
Ce groupe de stands offre un bon endroit où essayer une curiosité locale : le *phak bung loy fa*, belles-de-jour sautées puis jetées en l'air par le chef pour que le serveur les rattrape au vol.

PHITSANULOK : *Fah Thai* ⒷⒷ
Reua Pier, Wang Chan Rd. ℂ *(055) 242743.*
Ce bateau-restaurant navigue tous les soirs sur le Nan. Sa longue carte thaïe comprend le *kluay tak* (banane douce).

PHITSANULOK : *Ketnikaa* ⒷⒷ MC V
66 Phuttha Bucha Rd. ℂ *(055) 241333.*
Ce restaurant plutôt luxueux propose des spécialités comme les crevettes d'eau douce locales. Un groupe joue tous les soirs. ▤

SUKHOTHAI : *Night Market* Ⓑ
Près de Nikhon Kasem Rd. ℂ *Pas de téléphone.*
Un grand nombre des succès thaïs sont disponibles ici. Essayez le *phat thai* (nouilles frites épicées aux crevettes séchées et germes de soja), les omelettes aux moules et le *kai ping* (des œufs grillés au charbon de bois).

SUKHOTHAI : *Coca Sukhothai* ⒷⒷ MC V
Sawasdiphong Hotel, 56/2-5 Singhawat Rd. ℂ *(055) 611567.*
Un établissement suki à la thaïe. Les convives cuisent leurs propres aliments, un délicieux assortiment de poisson, de poulet, de porc et de bœuf accompagné de légumes en bouillon. ▤

SUKHOTHAI : *Dream Café and Antique House* ⒷⒷ MC V
86/1 Singhawat Rd. ℂ *(055) 612081.*
Un vaste choix de plats thaïs et occidentaux, dans une salle décorée d'antiquités du XIXᵉ siècle. L'occasion de goûter des liqueurs aux herbes. ▤

TAK : *Jintana* ⒷⒷ
2/46 Paholyothin Rd. ℂ *(055) 511638.*
Ce grand restaurant à l'agréable jardin en terrasse propose des spécialités de poisson et des travers de porc à l'ail. ▤

RÉGION DE CHIANG MAI

CHIANG MAI : *Galare Food Centre* Ⓑ
89/2 Chang Khlan Rd. ℂ *(053) 272067.*
Ce rassemblement de stands proche du Night Bazaar permet de savourer des fruits de mer et des plats de la Plaine centrale, du Nord et de l'Inde. Danses traditionnelles presque tous les soirs.

CHIANG MAI : *New Lamduan Faham Khao Soi* Ⓑ
Au nord de Rama IX Bridge, Charoen Rat Rd. ℂ *Pas de téléphone.*
Ce restaurant aurait pour client le roi Bhumibol qui y apprécierait en particulier le *khao soi* (poulet en nouilles dans un bouillon épicé).

CHIANG MAI : *Raan Khao Soi Islam* Ⓑ
Charoen Prathet Rd, Soi 1. ℂ *Pas de téléphone.*
Cet établissement halal au personnel souriant prépare le meilleur *khao soi* de Thaïlande. Les autres spécialités comprennent des samoussas et le *khao mok kai* (poulet biryani). ◖ *Après 15 h.*

CHIANG MAI : *Sri Pen* Ⓑ
103 Inthawarorot Rd. ℂ *(053) 215328.*
Le raffinement de sa cuisine du Nord, servie avec un assortiment de légumes verts et du riz gluant, fait de Sri Pen une adresse d'un incroyable rapport qualité-prix. ◖ *Après 15 h.*

CHIANG MAI : *Brasserie Restaurant* ⒷⒷ MC V
37 Charoen Rat Rd. ℂ *(053) 241665.*
Au bord de l'eau se dégustent de bons plats comme le *pla meuk krathiam phrik tai* (poulpe farci et frit à l'ail). ♫ ▤

CHIANG MAI : *Chiang Mai Ban Yuan* ⒷⒷ
8 Phra Pok Klao Rd, Soi 11. ℂ *(053) 416083.*
Une famille vietnamienne propose ici de délicieuses recettes de son pays d'origine. Ne demandez pas celle du *nam nyang* (porc au barbecue), elle est secrète. ▤

Prix moyens par personne pour un dîner, service compris mais sans alcool.

Ⓑ Moins de 100 B
ⒷⒷ 100 B-200 B
ⒷⒷⒷ 200 B-500 B
ⒷⒷⒷⒷ 500 B-1 000 B
ⒷⒷⒷⒷⒷ Plus de 1 000 B

SPÉCIALITÉS THAIS
Le restaurant sert des plats thaïlandais.

PLATS ASIATIQUES
Cuisine d'autres pays d'Asie que la Thaïlande, tels que la Chine, la Corée, le Japon ou l'Inde.

PLATS OCCIDENTAUX
Plats français, italien ou d'autres pays occidentaux.

TABLES À L'EXTÉRIEUR
Possibilité de manger dehors *(suan aban)*, en terrasse, dans un jardin ou une cour intérieure.

	CARTES BANCAIRES	SPÉCIALITÉS THAIS	PLATS ASIATIQUES	PLATS OCCIDENTAUX	TABLES À L'EXTÉRIEUR
CHIANG MAI : *Gallery* ⒷⒷ	MC V	●		●	▨
CHIANG MAI : *JJ Bakery* ⒷⒷ	AE MC V	●		●	▨
CHIANG MAI : *Rosemary Irish Pub* ⒷⒷ		●		●	▨
CHIANG MAI : *Smiling Monkey* ⒷⒷ	MC V JCB	●			▨
CHIANG MAI : *White Lotus* ⒷⒷ		●		●	▨
CHIANG MAI : *Whole Earth* ⒷⒷ		●	▨		▨
CHIANG MAI : *Antique House* ⒷⒷⒷ	MC V	●	▨		▨
CHIANG MAI : *Babylon* ⒷⒷⒷ	MC V			●	
CHIANG MAI : *Kaeng Ron Ban Suan* ⒷⒷⒷ	AE DC MC V	●			▨
CHIANG MAI : *Old Chiang Mai Cultural Center* ⒷⒷⒷ	MC V	●			▨
CHIANG MAI : *Le Coq d'Or* ⒷⒷⒷⒷ	AE DC MC V			●	

CHIANG MAI : *Gallery* ⒷⒷ
25-29 Charoen Raj Rd. ☎ *(053) 248601.*
Dans un jardin au bord de l'eau, d'excellents mets tels que le *nam phrik ong* (curry de porc en sauce tomate épicée). Réserver. ☂

CHIANG MAI : *JJ Bakery* ⒷⒷ
2-6 Ratchadamnoen Rd. ☎ *(053) 213088.*
JJ Bakery propose de bons plats thaïs, mais sa popularité auprès des Thaïlandais et des visiteurs vient surtout de ses salades, sandwichs et autres snacks. ▤

CHIANG MAI : *Rosemary Irish Pub* ⒷⒷ
24/1 Rachawithi Rd. ☎ *(053) 214554.*
Thé et café accompagne pâtisseries, viennoiseries ou glaces, dégustés dans une salle à l'atmosphère irlandaise ou à l'extérieur. La carte offre aussi pâtes et sandwichs. ☂

CHIANG MAI : *Smiling Monkey* ⒷⒷ
40/1 Bamrung Buri Rd. ☎ *(053) 277538.*
Des Anglais tiennent ce joli restaurant de jardin où savourer de savoureuses spécialités comme le *kaeng khiaw wan* (curry vert), ou simplement prendre un verre dans la vieille maison en tek. ▤ ☂

CHIANG MAI : *White Lotus* ⒷⒷ
68/4 Charoen Prathet Rd. ☎ *(053) 818108.*
Ce restaurant climatisé a un bar bien achalandé et un menu qui a fait ses preuves, composé de plats thaïs et européens. Ouvert seulement pour le dîner. ▤ ☂

CHIANG MAI : *Whole Earth* ⒷⒷ
88 Sí Don Chai Rd. ☎ *(053) 282463.*
Cet établissement au cadre agréable, non loin du marché de nuit, est spécialisé dans la nourriture végétarienne. Peu d'autres restaurants proposent à Chiang Mai de la cuisine indienne. ▤ ☂

CHIANG MAI : *Antique House* ⒷⒷⒷ
71 Charoen Prathet Rd. ☎ *(053) 276810.*
Pour savourer un repas du Nord ou de la Plaine centrale, Antique House offre le choix entre une maison de la fin XIXᵉ siècle restaurée et un petit jardin décoré d'antiquités de Lan Na. ☂

CHIANG MAI : *Babylon* ⒷⒷⒷ
100/63 Huai Kaew Rd. ☎ *(053) 212180.*
L'ambiance d'un café de village italien ajoute au plaisir procuré par de succulentes spécialités comme des spaghettis au bleu. ☂

CHIANG MAI : *Kaeng Ron Ban Suan* ⒷⒷⒷ
149/3 Soi Chom Doi. ☎ *(053) 213762.*
Dans un cadre magnifique au pied du Soi Suthep, essayez des recettes typiques du Nord comme le *sai wua* à base de saucisse ou le *pak kut*, un légume « sauvage ». ☂

CHIANG MAI : *Old Chiang Mai Cultural Center* ⒷⒷⒷ
285 Wualai Rd. ☎ *(053) 275097.*
De vieilles maisons dans le style de Lan Na créent un cadre adapté à un repas *khantoke* agrémenté par un spectacle de danse et de musique classiques thaïes. ▤ ☂ ● *Après 21 h.*

CHIANG MAI : *Le Coq d'Or* ⒷⒷⒷⒷ
68/1 Ko Klang Rd. ☎ *(053) 282024.*
Installé dans une maison qu'occupa le premier consul d'Angleterre, la meilleure table française de Chiang Mai possède une carte des vins exceptionnelle pour la Thaïlande. ▤ ☂

CHIANG MAI : *Piccola Roma* ⒷⒷⒷⒷⒷ AE MC V
3/2-3 Charoen Prathet Rd. ▮ *(053) 271256.*
Tenu par un Italien, cet établissement de luxe propose une cuisine
authentique aux ingrédients d'une grande fraîcheur (les produits de la
mer arrivent tous les jours par avion). Excellente carte des vins. ▮ ▮

LAMPANG : *Mackenna Pub* Ⓑ MC V
Tipchang Rd, près du Riverside Bar and Restaurant. ▮ *Pas de téléphone.*
Accompagnez une bière glacée ou un whisky thaï de *kap klaem*
(amuse-gueule) ou dînez d'un délicieux *mu sap bai kaprao* (éminé de
porc au basilic) en contemplant le Yom.. ▤

LAMPANG : *Khrua Tai Rim Nam* ⒷⒷ
Pamai Rd, Amphur Wiang Neua. ▮ *Pas de téléphone.*
Le meilleur restaurant du vieux quartier de Wiang Neua occupe une
grande maison en tek au bord du Wang. Essayez le *tot man kung*,
gâteau de crevettes à la sauce au tamarin. ▤ ▮

LAMPANG : *Riverside Bar and Restaurant* ⒷⒷ MC V
328 Tipchang Rd, près du Mackenna Pub. ▮ *(054) 221861.*
Cet établissement très prisé sert, au bord de la rivière, d'excellents
plats thaïs comme le *phat kari pu* (viande de crabe à la sauce au
curry). Musique folklorique le soir.

LAMPANG : *Suki Bhami Coca* ⒷⒷ MC V
138/72-74 Paholyothin Rd. ▮ *(054) 316440.*
Cuisine de style *suki* : les convives cuisent leurs propres aliments à
table. Très apprécié des habitants de la ville. ▤

LAMPHUN : *Ba-Mii Kwangtung* Ⓑ
À l'angle de Rot Kaew Rd et de Inthayongyot Rd. ▮ *Pas de téléphone.*
Une remarquable sélection de nouilles fait de cet endroit, sans
enseigne en lettres latines, l'un des meilleurs lieux de restauration de
Lamphun. ● *à la tombée de la nuit presque tous les soirs.*

MAE HONG SON : *Good Luck Restaurant* Ⓑ
Khunlum Phraphat Rd. ▮ *Pas de téléphone.*
Un choix remarquable de plats thaïs, grecs, turcs, juifs, arabes et
végétariens, tous de qualité.

MAE HONG SON : *Bai Fern* ⒷⒷ
87 Khunlum Phraphat Rd. ▮ *(053) 611374.*
Une atmosphère agréable dans une grande maison en bois ajoute
au plaisir de savourer des mets thaïs et chinois bon marché, ainsi que
quelques grands classiques occidentaux.

MAE HONG SON : *Khai Muk* ⒷⒷ
23 Udom Chow Nithet Rd. ▮ *(053) 612092.*
Autochtones et visiteurs apprécient ici, dans un cadre simple mais
attrayant, des plats thaïs et chinois. Le *khai phat met mamuang*
(poulet frit aux noix de cajou) est recommandé.

MAE HONG SON : *Golden Teak* ⒷⒷⒷ AE DC MC V
Route 108. ▮ *(053) 611021.*
Cet hotel balnéaire, à 3 km de la ville, sert une cuisine thaïe délicieuse. Les
tables du jardin donnent sur la vallée luxuriante en terrasses. ▤ ▮

MAE SARIANG : *Inthira Restaurant* Ⓑ
Wiang Mai Rd. ▮ *(053) 681529.*
La meilleure nourriture thaïe et chinoise de cette localité reculée.
Réputé au petit déjeuner pour ses spécialités chinoises et au déjeuner
pour ses grenouilles panées *(kop krob).*

PAI : *Own Home Restaurant* Ⓑ
Ratchadamrong Rd. ▮ *Pas de téléphone.*
Essayez le falafel accompagné d'*hoummous* ou de *tzatziki*, entre
autres mets du Moyen-Orient. La carte propose aussi *samoussas*
indiens, *burritos* mexicains et des plats végétariens thaïs.

PAI : *Tai Yai Restaurant* Ⓑ
Ratchadamnoen Rd. ▮ *Pas de téléphone.*
Pain complet, muesli, bon café et salades de fruits permettent de
composer ici de délicieux petits déjeuners. Le restaurant reste ouvert
après 22 h contrairement à la majorité des ses concurrents.

Légende des symboles, voir rabat de couverture

Prix moyens par personne pour un dîner, service compris mais sans alcool.

(B) Moins de 100 B
(B)(B) 100 B-200 B
(B)(B)(B) 200 B-500 B
(B)(B)(B)(B) 500 B-1 000 B
(B)(B)(B)(B)(B) Plus de 1 000 B

SPÉCIALITÉS THAIS
Le restaurant sert des plats thaïlandais.

PLATS ASIATIQUES
Cuisine d'autres pays d'Asie que la Thaïlande, tels que la Chine, la Corée, le Japon ou l'Inde.

PLATS OCCIDENTAUX
Plats français, italien ou d'autres pays occidentaux.

TABLES À L'EXTÉRIEUR
Possibilité de manger dehors *(suan ahan)*, en terrasse, dans un jardin ou une cour intérieure.

TRIANGLE D'OR

	CARTES BANCAIRES	SPÉCIALITÉS THAIS	PLATS ASIATIQUES	PLATS OCCIDENTAUX	TABLES À L'EXTÉRIEUR
CHIANG KHONG : *Lawt Tin Lu* — (B) Sai Klang Rd, Soi 2. *Pas de téléphone.* Cette succursale d'un restaurant réputé de Kengtung, en Birmanie, propose une cuisine thaïe et chinoise simple mais délicieuse.		●	■		
CHIANG RAI : *Mae Oui Kiaw* — (B) 106/9 Ngam Muang Rd. *(053) 712770.* Un lieu exceptionnel pour les spécialités du Nord telles que le *nam phrik ong* (curry épicé à la tomate et au porc émincé) et le *kaeng hang* (porc et curry au gingembre). ● *Après 18 h.*		●			
CHIANG RAI : *Raan Ahaan Islam* — (B) 142 Itsaraphap Rd. *Pas de téléphone.* Ce bon restaurant halal propose des spécialités comme le *khlao mok kai* (poulet biryani) et le *kaho soi* (un curry de nouilles de blé au lait de coco accompagné de bœuf ou de poulet). ● *Après 15 h.*		●			■
CHIANG RAI : *Golden Triangle International Café* — (B)(B) 590 Paholyothin Rd. *(053) 711339.* Peu épicés, les mets thaïs se plient ici au goût des étrangers qui disposent aussi de plats et de petits déjeuners occidentaux. ▤	MC V	●		●	
CHIANG RAI : *Yunnan* — (B)(B) 211/9 Khwae Wai Rd. *(053) 713263.* Spécialités de diverses régions chinoises, du Sichuan notamment, avec des mets comme le jambon du Yunnan et le lait frit à la mode de Kunming. ▮			■		
CHIANG RAI : *Chinatown* — (B)(B)(B) Dusit Island Resort, 1129 Kraisorasit Rd. *(053) 711865.* Très riche carte chinoise. Les *dim sum* s'apprécient à midi, tandis que le canard à la pékinoise donnera le ton d'un dîner dans une atmosphère stylée. ▤ ▮	AE DC MC V JCB		■		
CHIANG RAI : *Giovanni's Pizza* — (B)(B)(B) 595 Paholyothin Rd. *Pas de téléphone.* Le meilleur restaurant italien de Chiang Rai. Le menu comporte un large assortiment d'antipastos, pizzas, pâtes et plats de viande. L'adresse préférée de la communauté d'expatriés de la ville. ▤ ▮				●	
CHIANG SAEN : *Bierstübe* — (B)(B)(B) 897/6 Paholyothin Rd. *(053) 714195.* Voici l'endroit où essayer un robuste plat allemand. Tous les grands classiques tels que les *Wiener Schnitzel* (côtelettes panées) s'accompagnent de bière à la pression ou de schnaps. ▤ ▮				●	
DOI MAE SALONG (SANTIKHIREE) : *Mae Salong Villa* — (B)(B)(B) 5 Mu 1, Doi Mae Salong. *(053) 765115.* Une belle vue des collines ajoute au plaisir procuré par des spécialités chinoises, du Yunnan en particulier. Souvent, le soir, un feu de bois servant à un barbecue dispense une agréable chaleur. ▮	AE MC V	●	■	●	■
FANG : *Parichat Road* — (B) Rawp Wiang Rd. *Pas de téléphone.* Ce petit restaurant de nouilles bien tenu prépare un excellent *khao soi* : un bol de nouilles de blé, servies dans un bouillon de curry de bœuf ou de poulet et dégustés avec du citron vert et du piment.		●			
GOLDEN TRIANGLE : *Border View* — (B)(B)(B) Delta Golden Triangle Hotel, 222 Golden Triangle, Sop Ruak. *(053) 784001.* Sur une terrasse dominant le Mékong, délicieuse cuisine thaïe et chinoise et plats occidentaux authentiques. ▤ ▮	AE DC MC V	●	■	●	

GOLDEN TRIANGLE : *Yuan Lue Lao*
Golden Triangle, Sop Ruak. **[** *(053) 784084.*
Malgré son nom, cet établissement haut de gamme et particulièrement
bien situé ne propose pas de spécialités lao mais de bons plats thaïs,
chinois et occidentaux. **🍷**

Ⓑ Ⓑ Ⓑ | AE DC MC V JCB | ● ▩ ● |

MAE SAI : *Mae Sai Plaza*
383/6 Sailomchoi Rd. **[** *(053) 732230.*
Donnant vue de la ville birmane de Tachilek, depuis une terrasse
couverte à flanc de colline, le Mae Sai Plaza permet de déguster des
mets thaïs de qualité et des classiques occidentaux bon marché.

Ⓑ | | ● ● |

MAE SAI : *Rabieng Kaew*
356/1 Mu 1, Paholyothin Rd. **[** *(053) 731172.*
Excellentes spécialités du Nord et de la Plaine centrale, ainsi que
quelques curiosités plus exotiques comme le bœuf au barbecue
coréen. Musique traditionnelle du Nord le soir. 📇

Ⓑ Ⓑ | | ● ▩ ▩ |

NAN : *No Name*
38/1 Suriyapong Rd. **[** *Pas de téléphone.*
Des plats de nouilles à prix très raisonnables. Essayez les *kuaytiaw
reua* (litt. : nouilles bateau) au délicieux bouillon épicé.

Ⓑ | | ● |

PHRAE : *Night Market*
Carrefour de Pratuchai. **[** *Pas de téléphone.*
Ce groupe d'échoppes permet de déguster, sur des tables installées
dans la rue, des mets sino-thaïs et de la Plaine centrale, à la fois
excellents et très bon marché.

Ⓑ | | ● ▩ ▩ |

PHRAE : *Ban Fai*
57/6 Mu 1, Yantrakit Koson Rd. **[** *(054) 523114.*
Ce grand restaurant propose de bonnes spécialités de la Plaine centrale
et sans doute les meilleurs plats de fruits de mer de la ville. 📇 **🍷**

Ⓑ Ⓑ Ⓑ | MC V | ● ▩ ▩ |

PLATEAU DE KHORAT

BURIRAM : *Phnom Rung Park*
Phnom Rung Hill. **[** *Pas de téléphone.*
Dans le seul endroit où prendre un rafraîchissement au Prasat Hin
Khao Phnom Rung, ces stands et petits restaurant préparent aussi bien
som tam (salade de papaye) que poulet grillé ou riz gluant.

Ⓑ | | ● ▩ |

CHAIYAPHUM : *Phaibun*
Ratchathan Rd. **[** *Pas de téléphone.*
Ce grand établissement propre et confortable sert des mets de la
Plaine centrale et de Chine comme le *mu prio wan* (porc aigre-doux)
ou le *kaeng khiaw wan* (curry vert). 📇 **🍷**

Ⓑ | | ● ▩ ▩ |

KHON KAEN : *Krua Weh*
1/1 Klang Muang Rd. **[** *(043) 321074.*
Dans une vieille maison en tek, on savoure une authentique cuisine
vietnamienne, ainsi que des spécialités du Nord, notamment le *ka yaw sot*
(rouleaux de printemps thaï) et le *nam nyang* (barbecue vietnamien). 📇

Ⓑ Ⓑ | | ● ▩ |

KHON KAEN : *Nong Lek*
67/19-20 Mitraphab Rd. **[** *(043) 261759.*
Ce restaurant thaï et chinois, apprécié de la population locale, a pour
spécialité le *khao na pet* (canard et riz) et les fruits de mer.

Ⓑ Ⓑ | | ● ▩ |

KHORAT : *VFW (Veterans of Foreign Wars) Café*
167-168 Phoklang Rd. **[** *(044) 242831.*
Ce café fondé par d'anciens soldats américains sert des petits
déjeuners à l'occidentale et des plats thaïs. 📇

Ⓑ | | ● |

KHORAT : *Great Wall*
Chomphon Rd. **[** *Pas de téléphone.*
Khorat possède une importante communauté sino-thaïe dont les
membres aiment à se retrouver dans cet établissement proposant une
excellente cuisine cantonaise dans un cadre confortable et détendu. 📇

Ⓑ Ⓑ | MC V JCB | ▩ |

PHIMAI : *Bai Toey*
Chomsuda Sadet Rd. **[** *(044) 471725.*
Mets thaïs et occidentaux dans un jardin. Essayez des plats végétariens
et les pâtisseries au riz gluant et au lait de coco.

Ⓑ | | ● ● ▩ |

Légende des symboles, voir rabat de couverture

Prix moyens par personne pour un dîner, service compris mais sans alcool.

B Moins de 100 B
BB 100 B-200 B
BBB 200 B-500 B
BBBB 500 B-1 000 B
BBBBB Plus de 1 000 B

SPÉCIALITÉS THAIS
Le restaurant sert des plats thaïlandais.

PLATS ASIATIQUES
Cuisine d'autres pays d'Asie que la Thaïlande, tels que la Chine, la Corée, le Japon ou l'Inde.

PLATS OCCIDENTAUX
Plats français, italien ou d'autres pays occidentaux.

TABLES À L'EXTÉRIEUR
Possibilité de manger dehors *(suan aban)*, en terrasse, dans un jardin ou une cour intérieure.

	CARTES BANCAIRES	SPÉCIALITÉS THAIS	PLATS ASIATIQUES	PLATS OCCIDENTAUX	TABLES À L'EXTÉRIEUR
ROI ET : *Neua Yang Kaolee* — BB	MC V		▦		▦
SURIN : *Cocaa* — BB		▦	▦		▦
UDON THANI : *Rung Thong* — B		▦			
UDON THANI : *Madame Kiu* — BB		▦	▦	▦	
UDON THANI : *Mayfair* — BBB	AE DC MC V JCB	▦	▦	▦	
CHIANG KHAN : *Suksomboon Hotel* — B		▦	▦	▦	
LOEI : *Savita* — BB	MC V	▦		▦	
MUKDAHAN : *Night Market* — B		▦	▦		
MUKDAHAN : *Riverside* — BB		▦	▦		▦
NAKHON PHANOM : *Nawt Laap Phet* — B		▦			
NAKHON PHANOM : *Mekhong Golden Giant Catfish* — BB	AE MC V		▦	▦	

ROI ET : *Neua Yang Kaolee*   BB
Rim Beung Plan Chai Rd. 📞 *Pas de téléphone.*
Cet excellent restaurant de jardin se trouve en centre-ville sur la rive nord-est du lac de Beung Phlan Chai. Il porte le nom de la spécialité coréenne de la maison : du bœuf grillé à votre table.

SURIN : *Cocaa*   BB
21/1 Soi Tessaban 2. 📞 *(044) 512390.*
Ne vous fiez pas aux apparences, vous ne trouverez pas mieux à Surin. Bonne cuisine chinoise et thaïe et spécialités de fruits de mer. 🍴

UDON THANI : *Rung Thong*   B
Tour de l'horloge Hor Nalika. 📞 *(042) 223154.*
Prix modérés pour une délicieuse cuisine de l'Isan et du centre, en particulier des currys. Essayez le *thom kha kai* (soupe de poulet au lait de coco et à la citronnelle).

UDON THANI : *Madame Kiu*   BB
Adunyadet Rd. 📞 *Pas de téléphone.*
Madame Kiu sert jusqu'à 4 h du matin quelques plats de base occidentaux, à côté de bons mets chinois et de la Plaine centrale comme le *kung phat phrik phao* (crevettes frites avec des piments). 🍴

UDON THANI : *Mayfair*   BBB
Charoen Hotel, 549 Phosri Rd. 📞 *(042) 248155.*
Cette table primée et réputée la meilleure d'Udon Thani propose une riche carte de mets thaïs et chinois, ainsi que de bons petits déjeuners à l'occidentale. 🍴 🍷

VALLÉE DU MÉKONG

CHIANG KHAN : *Suksomboon Hotel*   B
243/3 Chai Khong Rd. 📞 *(042) 821064.*
Au bord du Mékong. Si vous avez un bon estomac, osez le *gung ten* : des crevettes sorties du fleuve, trempées dans un bol de sauce au citron et au piment, et mangées encore vivantes.

LOEI : *Savita*   BB
317/2 Loeidansai Rd. 📞 *(042) 812499.*
Ce café-restaurant propose de la cuisine thaïe et des plats de fast-food à la thaïe, notamment des hamburgers et des sandwichs. 🍴

MUKDAHAN : *Night Market*   B
Songnang Sathit Rd. 📞 *Pas de téléphone.*
Ce vaste rassemblement de stands près de la gare routière vend à bas prix des spécialités thaïes, lao et vietnamiennes.

MUKDAHAN : *Riverside*   BB
Samran Chai Khong Rd. 📞 *Pas de téléphone.*
Jolie vue de Suwannakhet de l'autre côté du fleuve depuis une terrasse ombragée. Sur la carte figurent de la bière glacée et des plats thaïs et chinois comme le *lap phet* (salade de canard épicée).

NAKHON PHANOM : *Nawt Laap Phet*   B
494 Aphiban Bancha Rd. 📞 *(042) 511994.*
Des spécialités du Nord-Est, à côté de plats plus courants comme le poulet grillé et la salade de papaye. Particulièrement recommandé : le *yang seua rong hai* (« tigre pleurant grillé »), du bœuf au piment.

NAKHON PHANOM : *Mekhong Golden Giant Catfish*   BB
417 Sunthon Wichit Rd. 📞 *(042) 511218.*
L'endroit où goûter au *pla buk*, le poisson-chat géant du Mékong, aussi bien sauté au basilic *(phat kaphrao)* que cuit au pot *(op mo din)*. 🍷

NONG KHAI : *Udom Rot* Ⓑ
423 Rim Khong Rd. 📞 *(042) 412561.*
Tout en contemplant le trafic sur le fleuve, savourez un succulent phat
tai, mélange de nouilles de riz, de pousses de soja, d'œuf, de porc et
de crevettes séchées, servi avec une tranche de citron vert.

NONG KHAI : *Indochine* ⒷⒷ
189/1 Meechai Rd. 📞 *Pas de téléphone.*
Voici l'endroit où découvrir la cuisine vietnamienne : rouleaux de printemps
accompagnés de légumes frais, saucisses grillées, préparations à base d'œufs, etc.

THAT PHANOM : *That Phanom Pochana* Ⓑ
31 Phanom Phanarak Rd. 📞 *(042) 541189.*
Situé en centre-ville près de l'arc de triomphe, ce restaurant bon
marché a pour spécialité les plats de poisson thaïs et chinois.

UBON RATCHATHANI : *Jiaw Kii* Ⓑ
Khuan Thani Rd. 📞 *Pas de téléphone.*
Un bon lieu où prendre un petit déjeuner, que vous préfériez un *khao
tom* (soupe au riz) ou des œufs au bacon. 📖

UBON RATCHATHANI : *Indochine* ⒷⒷ V
Wat Chang, 168 - 170 Sapphasit Rd. 📞 *(045) 245584.*
On vient de très loin apprécier, dans cette vieille maison en tek, de succulentes
recettes vietnamiennes, en particulier d'omelettes, dans une atmosphère
détendue. 📖

RÉGION DE PATTAYA

CHANTHABURI : *Chanthon Phochana* Ⓑ
98/1 Benchamarachutit Rd. 📞 *(039) 312339.*
Cet établissement d'une propreté irréprochable sert entre autres de
savoureux plats de nouilles, la spécialité de Chanthaburi, comme le
sen mi phat pu à base de crabe frit.

CHANTHABURI : *Mangsawirat* Ⓑ
Tha Chalab Rd, Soi 3. 📞 *Pas de téléphone.*
Ce minuscule restaurant végétarien proche du Taksin Park propose
d'excellents mets et de nombreux jus de fruits frais : goyave, *roselle*
(une sorte de cassis), noix de coco, tamarin…

KO CHANG : *Sunset (Tawanplob)* ⒷⒷⒷ MC V
39 Mu 4, Ko Chang. 📞 *(039) 552900.*
Un établissement haut de gamme sur cette île relativement préservée.
Large choix et spécialités de fruits de mer. 🍷

PATTAYA : *Poteen Still* Ⓑ
219/68 Soi Yamato. 📞 *(038) 420644.*
À côté de divers plats thaïs, le Poteen Still propose des mets de pub
irlandais tels que *fish and chips* . 📖

PATTAYA : *Ali Baba* ⒷⒷ AE V MC
1/13-14 Central Pattaya Rd. 📞 *(038) 429262.*
À l'intérieur, dans la caverne d'Ali Baba, se déguste une bonne cuisine de
l'Inde du Nord, et en plein air des plats végétariens de l'Inde du Sud. Bon
choix de currys, *dahls*, galettes de pain et *raitas* rafraîchissants. 📖 🍷

PATTAYA : *Bahay Philipino* ⒷⒷ MC V
485/3 Pattaya 2nd Rd. 📞 *(038) 426191.*
Les clients du Bahay savourent en musique des spécialités des
Philippines : cochon de lait, *gambas al ajillo* (crevettes crues à l'ail et à
l'huile d'olive), *gambas rebosado* (crevettes cuites au beurre)… 📖 🍷

PATTAYA : *Nang Loi* ⒷⒷ AE MC V
214/10 South Pattaya Beach Road. 📞 *(038) 428487.*
Situé sur la fameuse promenade de Pattaya, ceci est l'endroit parfait pour les
fruits de mer. Choisissez votre poisson et votre mode de cuisson préféré. Les
steaks sont délicieux aussi. Si vous aimez dîner dehors, la cour surplombe la mer.

PATTAYA : *Russkii* ⒷⒷ
205/8 -9 Pattaya 2nd Rd. 📞 *(038) 429662.*
Sur la carte du meilleur restaurant russe de Pattaya figurent de
nombreux plats traditionnels comme le *bortsch* (soupe de betterave),
le poulet à la Kiev et les *pelmeni* (petites boulettes de pâte). 📖 🍷

Légende des symboles, voir rabat de couverture

Prix moyens par personne pour un dîner, service compris mais sans alcool.

- Ⓑ Moins de 100 B
- ⒷⒷ 100 B-200 B
- ⒷⒷⒷ 200 B-500 B
- ⒷⒷⒷⒷ 500 B-1 000 B
- ⒷⒷⒷⒷⒷ Plus de 1 000 B

SPÉCIALITÉS THAÏS
Le restaurant sert des plats thaïlandais.

PLATS ASIATIQUES
Cuisine d'autres pays d'Asie que la Thaïlande, tels que la Chine, la Corée, le Japon ou l'Inde.

PLATS OCCIDENTAUX
Plats français, italien ou d'autres pays occidentaux.

TABLES À L'EXTÉRIEUR
Possibilité de manger dehors *(suan aban)*, en terrasse, dans un jardin ou une cour intérieure.

	Prix	CARTES BANCAIRES	SPÉCIALITÉS THAÏS	PLATS ASIATIQUES	PLATS OCCIDENTAUX	TABLES À L'EXTÉRIEUR
PATTAYA : *Vientiane* 485/18 Pattaya 2nd Rd. ☎ (038) 411298. Sur la carte de ce restaurant indochinois voisinent des spécialités lao, vietnamiennes, thaïes, chinoises et de fruits de mer. ▤	ⒷⒷ	AE V	●	■	●	■
PATTAYA : *La Brassero* Galerie marchande, Pattaya 2nd Rd. ☎ Pas de téléphone. Cet agréable bistrot français propose un menu à prix fixe des plus avantageux. Il comprend des plats comme le steak-frites et la salade de poulet fumé, et offre le choix entre plusieurs desserts. ▤ ♟ 🗒	ⒷⒷⒷ				●	■
PATTAYA : *Green Bottle* Diana Inn, 216/6 - 9 Pattaya 2nd Rd. ☎ (038) 429675. Cuisine recherchée dans un chaleureux pub de style anglais. Les spécialités comprennent le homard Thermidor, le canard rôti en sauce au vin et le filet de bœuf farci au pâté de foie gras. ▤ ♟	ⒷⒷⒷ	AE DC MC V	●		●	
PATTAYA : *La Gritta* Amari Orchid Resort, 240 Mu 5, Pattaya Beach Rd. ☎ (038) 428161. Cette bonne table italienne est spécialisé dans les produits de la mer. La carte comprend aussi pizzas et plats de pâtes, ainsi que les promotions du mois à base des ingrédients locaux. ▤ ♟ 🗒	ⒷⒷⒷ	AE MC V			●	
PATTAYA : *Lobster Pot* 228 Beach Rd, South Pattaya ☎ (038) 426083. Ce restaurant de poisson, renommé pour la fraîcheur de ses fruits de mer, réussit le meilleur homard Thermidor de Pattaya et propose une carte très variée. Atmosphère plaisante. ♟	ⒷⒷⒷ	AE MC V	●		●	
PATTAYA : *Mai Kai Supper Club* Hotel Tropicana, Pattaya Beach Rd. ☎ (038) 428645. Les clients du Mai Kai Supper Club viennent y apprécier des spécialités polynésiennes et des classiques occidentaux, tout en contemplant la baie et en écoutant, le soir, un orchestre haïtien. ▤ ♟	ⒷⒷⒷ	AE DC MC V		■	●	
PATTAYA : *Pan Pan San Domenico* Tappaya Rd. ☎ (038) 251874. De ses plats au décor, tout, dans ce restaurant italien est de haut niveau. Un large éventail de desserts et de pâtisseries compense une carte un peu limitée. ▤ ♟	ⒷⒷⒷ	AE MC V JCB			●	
PATTAYA : *Pattaya Park Tower* 345 Jomtien Beach Rd. ☎ (038) 251201. Au 52ᵉ étage du plus haut immeuble de Pattaya, ce restaurant de poisson tournant offre une vue exceptionnelle et de bons plats. Au buffet voisinent des mets japonais, thaïs, chinois et européens. ▤	ⒷⒷⒷ	AE MC V	●	■	●	
PATTAYA : *Delaney's* Pattaya 2 Rd. ☎ (038) 710641. Ce pub irlandais traditionnel attire une foule jeune et branchée, surtout quand il y a de la musique « live ». Ouvert à midi comme le soir, essayez leur fameux « curry irlandais ». ▤ ♟	ⒷⒷⒷ	AE DC MC V			●	
PATTAYA : *PIC Kitchen* Soi 5, Pattaya Beach Rd. ☎ (038) 428387. Occupant plusieurs maisons en tek, le PIC Kitchen sert une cuisine thaïe de qualité et propose de la danse classique chaque semaine. ▤ ♟	ⒷⒷⒷ	AE MC V	●		●	■
PATTAYA : *Red Baron* Amari Orchid Resort, 240 Mu 5, Pattaya Beach Rd. ☎ (038) 428161. Spécialités suisses et allemandes donnent le ton de cet établissement cossu, situé au calme près de la plage. ▤ ♟	ⒷⒷⒷ	AE DC MC V			●	

PATTAYA : *Ruen Thai*   ⒷⒷⒷ   AE
485/3 Pattaya 2nd Rd. ☎ *(038) 425911.*   MC
Les convives du Ruen Thai dégustent une cuisine thaïe de grande   V
qualité dans des pavillons en plein air. Jazz et danses classiques tous
les soirs. Terrain de jeu pour les enfants. 🗐 🍴

PATTAYA : *Sugar Hut*   ⒷⒷⒷ   AE
Tappaya Rd. ☎ *(038) 251686.*   DC
La carte du Sugar Hut met l'accent sur la cuisine de la Plaine centrale. MC
Servis dans le cadre de somptueuses maisons en tek, les plats, délicieux V
et bien présentés, sont d'un très bon rapport qualité-prix. 🗐 🍴

SI RACHA : *Chua Li*   ⒷⒷⒷ   MC
46/22 Sukhumvit Rd. ☎ *(038) 311244.*   V
Un excellent restaurant de fruits de mer aux plats principalement thaïs
et chinois. La spécialité locale, une sauce épicée appelée *nam phrik si
racha*, accompagne à merveille langouste ou homard grillé. 🗐

TRAT : *Sang Fah*   ⒷⒷ
157-159 Sukhumvit Rd. ☎ *(039) 511222.*
La carte etendue du *Sang Fah* comprend de nombreux mets de
poisson, tel le *tom yam pla chon* (ragoût de poisson épicé). 🗐

DE BANGKOK À SURAT THANI

CHA-AM : *Family Shop*   ⒷⒷ
Ruamchit Rd. ☎ *Pas de téléphone.*
En bord de mer, ce restaurant simple cuit au barbecue poissons et
crustacés. Essayez ses énormes crevettes.

CHA-AM : *Sorndaeng*   ⒷⒷ
Cha-am Methavali Hotel, 220 Ruamchit Rd. ☎ *(032) 433250.*
L'une des meilleures tables d'une station réputée pour ses fruits de
mer, apprêtés ici selon des recettes thaïes et occidentales. 🗐 🍴

HUA HIN : *Maria Ice Cream*   Ⓑ
54/2 Decha Nuchit Rd. ☎ *Pas de téléphone.*
De délicieuses crèmes glacées maison, proposées dans un large
éventail de parfums, offrent un moyen agréable de se rafraîchir.
Quelques snacks thaïs complètent la carte.

HUA HIN : *Museum*   ⒷⒷ   AE
Hotel Sofitel Central, 1 Damnoen Kasem Rd. ☎ *(032) 512031.*   DC
Pour rester dans le ton de l'ancien Railway Hotel (*p. 321*), le Museum MC
possède un décor dans le style des années 20, cadre idéal à un   V
traditionnel high tea (repas léger arrosé de thé) anglais. 🗐 🍴

HUA HIN : *Charlie's Seafood*   ⒷⒷⒷ
Naresdamri Rd. ☎ *Pas de téléphone.*
Des prix raisonnables pour un large choix de poissons et de coquillages frais
pêchés, comme la perche *(pla kapong)* et les moules *(hoi malaeng pu).*

HUA HIN : *Goya*   ⒷⒷⒷ   AE
Melia Hua Hin Hotel, 33 Naresdamri Rd. ☎ *(032) 512888.*   DC
L'un des rares restaurants espagnols de Thaïlande propose des   MC
classiques comme la paella, le *gazpacho* et diverses *tapas*. Les recettes V
utilisant des fruits de mer sont particulièrement réussies. 🗐 🍴 🍷

HUA HIN : *Railway*   ⒷⒷⒷ   AE
Hotel Sofitel Central, 1 Damnoen Kasem Rd. ☎ *(032) 512031.*   DC
Le restaurant de l'ancien Railway Hotel reste fidèle aux cuisines   MC
française, italienne et asiatique. Il dresse tous les jours un buffet italien V
ou thaï. Une gare des années 20 sert de toile de fond aux repas. 🗐 🍴

HUA HIN : *Saeng Thai*   ⒷⒷⒷ   MC
Près du quai de Naresdamri Rd. ☎ *(032) 512144.*   V
Ce grand établissement en plein air sur le front de mer, l'un des plus
anciens restaurants de poisson de la ville, demeure toujours aussi
populaire, tant auprès de la clientèle locale que des visiteurs.

HUA HIN : *Suan Luang*   ⒷⒷⒷ
Royal Garden Village, 43/1 Phetkasem Rd. ☎ *(032) 520250.*
Une excellente cuisine thaïe se savoure ici dans un décor ancien, tout
en écoutant un orchestre de musique classique thaïlandaise. 🗐 🍴

Légende des symboles, voir rabat de couverture

Prix moyens par personne pour un dîner, service compris mais sans alcool.

(B) Moins de 100 B
(B)(B) 100 B-200 B
(B)(B)(B) 200 B-500 B
(B)(B)(B)(B) 500 B-1 000 B
(B)(B)(B)(B)(B) Plus de 1 000 B

SPÉCIALITÉS THAIS
Le restaurant sert des plats thaïlandais.

PLATS ASIATIQUES
Cuisine d'autres pays d'Asie que la Thaïlande, tels que la Chine, la Corée, le Japon ou l'Inde.

PLATS OCCIDENTAUX
Plats français, italien ou d'autres pays occidentaux.

TABLES À L'EXTÉRIEUR
Possibilité de manger dehors *(suan aban)*, en terrasse, dans un jardin ou une cour intérieure.

	CARTES BANCAIRES	SPÉCIALITÉS THAIS	PLATS ASIATIQUES	PLATS OCCIDENTAUX	TABLES À L'EXTÉRIEUR
HUA HIN : *Palm Pavilion* (B)(B)(B)(B)(B) Hotel Sofitel Central, 1 Damnoen Kasem Rd. (032) 512031. Dans l'ancien Railway Hotel, encore un restaurant au décor des années 20. Sur la carte voisinent des plats de poisson inventifs et de beaux morceaux de bœuf et d'agneau importés. ▤ ♟ 🍴	AE DC MC V	●		●	◼
KO PHA NGAN : *Island View Cabana* (B) Mae Hat Beach. Pas de téléphone. Ce paisible restaurant en plein air propose une nourriture internationale à prix abordables. S'il y en a, ne manquez pas le steak de requin grillé *(pla chalam)*.		●		●	◼
KO SAMUI : *Brasserie* (B)(B) Beach Cumber Hotel, 3-5 Mu 2, Chaweng Beach. (077) 422041. Les superbes produits de la mer qui ont fondé la réputation de l'île sont ici apprêtés à l'italienne. ♟	MC V			●	◼
KO SAMUI : *Happy Elephant* (B)(B) 19/1 Mu 1, Tambon Bophut. (077) 245347. Plats thaïs et occidentaux à prix raisonnables. Parmi les meilleures spécialités figure le *kung pan oy*, gâteau de crevettes, grillé sur des morceaux de canne à sucre et trempé dans une sauce au tamarin. ♟		●		●	
KO SAMUI : *Osteria* (B)(B) Chaweng Arcade, Chaweng Beach Rd. (077) 230057. Un restaurant de pizzas et de pâtes, près de la plus longue et la plus jolie plage de Ko Samui. Essayez le *calzone* (pizza fourré). Tarifs extrêmement raisonnables. ♟	AE MC V			●	◼
KO SAMUI : *Captain's Choice* (B)(B)(B) Boathouse Hotel, Choeng Mon Beach. (077) 425041. L'une des meilleures tables de Ko Samui offre un large choix de produits de la mer : crevettes, poulpe, crabe, homard, langouste, et même requin. ▤ ♟	AE DC MC V JCB	●	◼	●	◼
KO SAMUI : *Coral Cove Chalet Restaurant* (B)(B)(B) Lamai Beach. (077) 422260. Dans un cadre magnifique, de succulentes spécialités comme le *tom kha kai* (poulet cuit dans du lait de coco) et le *kung phao* (crevettes grillées) et de bons petits déjeuners occidentaux. ♟	AE MC V	●		●	◼
KO SAMUI : *Island Restaurant* (B)(B)(B) North Chaweng Beach. Pas de téléphone. Réputé pour ses copieuses portions, ce restaurant propose des plats italiens et de fruits de mer, ainsi que des viandes importées, bœuf australien et agneau de Nouvelle-Zélande notamment. ♟	AE MC V	●		●	◼
KO SAMUI : *Kinaree* (B)(B)(B) 14/3 Mu 2, Tambon Bophut. (077) 422015. Dans cet établissement élégant se savourent des recettes élaborées, comme le homard Thermidor et le crabe farci. ▤ ♟ 🍴	AE DC MC V	●		●	
KO SAMUI : *Laguna Terrace* (B)(B)(B) Blue Lagoon Hotel, 99 Mu 2, Chaweng Beach. (077) 422037. Cuisines thaïe et européenne. Le buffet du déjeuner, les mardis, jeudis et samedis, est à la fois très copieux et abordable. Danses thaïes en soirée. ♟	AE MC V	●	◼	●	◼
KO TAO : *Ko Tao Cottage* (B)(B) Chalok Ban Khao Beach. Pas de téléphone. L'une des meilleures tables de cette petite île se trouve à l'écart de Ban Hat Sairee, le principal centre d'activités. Sur la carte voisinent fruits de mer et plats thaïs et occidentaux.	AE MC	●	◼	●	◼

PHETCHABURI : *Ban Khanom Thai*   Ⓑ
130 Petchkasem Rd. Ⓒ *(032) 428526/7.*
Le *khanom mo kaeng* (flan aux œufs, au *mungo* et à la noix de coco)
du Ban Khanom Thai (« maison des desserts thaïs ») est à la hauteur de
la renommée de Phetchaburi pour les douceurs.

PRACHUAP KHIRI KHAN : *Phloen Samut*   ⒷⒷⒷ
44 Beach Rd. Ⓒ *(032) 601866.*
Un bon endroit où goûter la spécialité locale : le *pla samit taet diaw*,
lamproie séchée au soleil et sautée, servie avec une salade de mangue. 🍴

SURAT THANI : *Suan Isaan*   ⒷⒷ
Près de Donnok Rd, 1 Damnoen Kasem Rd. Ⓒ *Pas de téléphone.*
Dans une maison traditionnelle, de savoureux mets de l'Isan, tels que
kai yang (poulet grillé) et *som tam* (salade de papaye).

CÔTE NORD DE LA MER D'ANDAMAN

KO LANTA : *La Crêperie*   ⒷⒷ
Ko Lanta Yai. Ⓒ *Pas de téléphone.*
Des produits de la mer accommodés à la française, notamment dans
de délicieuses crêpes fourrées.

KO PHI PHI : *Pizza House*   ⒷⒷ   AE
Ton Sai Village, Ko Phi Phi Don. Ⓒ *Pas de téléphone.*   MC
Quasiment la seule enseigne de Ko Phi Phi à ne pas être spécialisée   V
dans les produits de la mer, bien qu'ils figurent aussi à la carte.
Bonnes pizzas et spaghettis aux fruits de mer recommandés.

KO PHI PHI : *Patcharee Seafood*   ⒷⒷⒷⒷ
Ton Sai Village, Ko Phi Phi Don. Ⓒ *Pas de téléphone.*
D'excellents plats de poisson et de crustacés à prix relativement
élevés. Essayez le steak de requin au barbecue.

KRABI : *Panan Makanan Islam*   Ⓑ
À l'angle de Ruen Rudi Rd et de Maharat Rd. Ⓒ *Pas de téléphone.*
Suffisamment au sud pour subir l'influence malaise, Krabi offre la
possibilité de goûter *biryani* et *satay*, et le moins commun *kaeng
matsaman* (curry de bœuf et sauce aux arachides).

KRABI : *Kotung*   ⒷⒷ
36 Kongkha Rd. Ⓒ *(075) 611522.*
Propre, accueillant et fiable, ce restaurant de poisson propose des
plats de la Plaine centrale et du Sud, tel l'épicé *tom yam kung*
(crevettes et champignons en bouillon épicé). ⬤ *Dim.*

PHANGNGA : *Duang*   Ⓑ
122 Phetkasem Rd. Ⓒ *(076) 412216.*
Sur la carte de Duang voisinent des spécialités chinoises et du sud de
la Thaïlande, de fruits de mer, notamment le goûteux *tom yam thalay*
(ragoût de la mer épicé) et le *khung phao* (crevettes grillées).

PHUKET : *Somjit Noodles*   Ⓑ
214/6 Phuket Rd. Ⓒ *Pas de téléphone.*
Ce petit établissement propre prépare d'excellents nouilles thaïes et
hokkien. Essayez le *khanom chin nam ya phuket* : des nouilles
chinoises dans une sauce au poisson et au curry.

PHUKET : *Baam Rim Pa*   ⒷⒷ   AE
100/7 Kalim Beach Rd, Patong. Ⓒ *(076) 340789.*   MC
Situé sur la falaise du côté nord de la plage de Patong, la terrasse de   V
ce restaurant offre quelques très belles vues de l'île. La cuisine est
thaïe traditionnelle avec des menus pour vous faciliter la commande.

PHUKET : *Pop & Jazz*   ⒷⒷ   AE
43 Phuket Villa 1, Soi 1 Yaowarat Rd. Ⓒ *Pas de téléphone.*   MC
Au Pop & Jazz s'apprécient des recettes de la Plaine centrale et du   V
Nord peu communes à Phuket, comme le *khao soi* (bouillon épicé et
poulet ou bœuf) et le *nam phrik ong* (curry de porc pimenté). ▤

PHUKET : *Sundown Café*   ⒷⒷ   MC
Surin Beach. Ⓒ *(076) 270230.*   V
Classiques tex-mex tels que *burritos*, *nachos*, *tacos* et *fajitas*, ainsi que
de succulentes crèmes glacées maison. ▤ 🍴 ⬤ *Lun.*

Légende des symboles, voir rabat de couverture

Prix moyens par personne pour un dîner, service compris mais sans alcool. Ⓑ Moins de 100 B ⒷⒷ 100 B-200 B ⒷⒷⒷ 200 B-500 B ⒷⒷⒷⒷ 500 B-1 000 B ⒷⒷⒷⒷⒷ Plus de 1 000 B	**SPÉCIALITÉS THAIS** Le restaurant sert des plats thaïlandais. **PLATS ASIATIQUES** Cuisine d'autres pays d'Asie que la Thaïlande, tels que la Chine, la Corée, le Japon ou l'Inde. **PLATS OCCIDENTAUX** Plats français, italien ou d'autres pays occidentaux. **TABLES À L'EXTÉRIEUR** Possibilité de manger dehors *(suan ahan)*, en terrasse, dans un jardin ou une cour intérieure.	**CARTES BANCAIRES**	**SPÉCIALITÉS THAIS**	**PLATS ASIATIQUES**	**PLATS OCCIDENTAUX**	**TABLES À L'EXTÉRIEUR**
PHUKET : *Bluefin Tavern* ⒷⒷⒷ 111/17 Taina Rd, Kata Beach. 📞 *(076) 330856.* Le fin de fin de l'exotisme dans un petit coin d'Amérique servant des mets typiques : corned-beef, *pastrami* (bœuf fumé), sandwichs au rosbif et *fish chowder* (épais potage au poisson). 🍽 🍷				●	▩
PHUKET : *Giorgio's* ⒷⒷⒷ Beach Rd, Patong. 📞 *Pas de téléphone.* Dans un jardin tropical, le Giorgio's propose des spécialités principalement italiennes, telles que pâtes, pizzas et soupe aux fruits de mer. Bonnes pâtisseries suisses et riche carte des vins. 🍷	AE MC V			●	▩
PHUKET : *Kan Eang Seafood* ⒷⒷⒷ Chalong Bay. 📞 *(076) 381323.* Les clients établissent ici leur menu en choisissant parmi les produits de la mer exposés. Excellente cuisine thaïe avec des mets comme le *ho mok* (mousse de fruits de mer au curry). 🍷	AE DC MC V	●			▩
PHUKET : *Kiko* ⒷⒷⒷ Diamond Cliff Resort, 284 Kalim Beach, Patong. 📞 *(076) 340501.* En bord de plage, le Kiko sert des spécialités traditionnelles japonaises telles que *sushi*, *sashimi* et *teppanyaki*, préparées avec des ingrédients importés du pays du Soleil-Levant. 🍽 🍷	AE DC MC V JCB		▩		
PHUKET : *Pae Thip* ⒷⒷⒷ Pearl Village Hotel, plage et parc national de Nai Yang. 📞 *(076) 327006.* Au milieu d'un lac, ce restaurant entouré de jardins et spécialisé dans la cuisine japonaise et les barbecues coréens sert aussi des mets thaïs superbement préparés. 🍽 🍷	AE DC MC V JCB	●	▩		▩
PHUKET : *Saffron* ⒷⒷⒷ Banyan Tree Hotel, 393 Mu 2, Cherngtalay. 📞 *(076) 324374.* Parmi un assortiment de plats du Moyen-Orient et de l'Asie du Sud, sont particulièrement recommandés le *fukulmas peggadu badun* (foies de poulets sautés aux oignons) et le crabe au chili de Singapour. 🍷 🪑	AE DC MC V		▩		
PHUKET : *La Trattoria* ⒷⒷⒷ Dusit Laguna Resort, 390 Sri Sunthorn Rd, Cherngtalay. 📞 *(076) 324320.* Cet établissement en plein air est cher pour Phuket, mais aucun autre ne l'égale si vous cherchez une cuisine italienne de haut niveau. 🍷 🪑	AE DC MC V JCB			●	▩
PHUKET : *Lighthouse* ⒷⒷⒷⒷ Cape Panwa Hotel, Ao Makham. 📞 *(076) 391123.* Le Lighthouse apprête les fruits de mer avec raffinement et la carte propose homard Thermidor, huîtres et crabe farci. 🍽 🍷 🪑	AE DC MC V			●	
PHUKET : *Regatta Bar and Grill* ⒷⒷⒷⒷⒷ Phuket Yacht Club, Nai Harn Beach. 📞 *(076) 381156.* Le chef européen de Regatta prépare une nouvelle cuisine digne d'éloges, à savourer en profitant d'une superbe vue de la baie de Nai Harn. Excellente ambiance et musiciens tous les soirs. 🍽 🍷 🪑	AE DC MC V JCB			●	
RANONG : *Khun Nunt* ⒷⒷ 35/3 Luang Rd. 📞 *(077) 821910.* Malgré la simplicité de la salle à manger, c'est l'une des meilleures adresses sur la côte ouest pour goûter le crabe frit, la spécialité de Ranong. Pendant la saison, ne ratez pas le chevreuil grillé.		●			
RANONG : *Palm Court* ⒷⒷ Jansom Thara Hotel, 2/10 Phetkasem Rd. 📞 *(077) 811510.* Le meilleur restaurant de Ranong propose un large choix de mets thaïs et chinois et a pour spécialité le cochon de lait grillé. 🍷	AE MC V	●	▩	●	

FRONTIÈRE MALAISE

HAT YAI : *Ruby*   Ⓑ
Niyomrat Rd. **C** *Pas de téléphone.*
Un large choix de *dhals*, de currys et de plats *byriani* et *tandoori* de
l'Inde du Nord, tous halal dans un établissement musulman.

HAT YAI : *Sumatera*   ⒷⒷ
Cheevanusorn Rd. **C** *Pas de téléphone.*
Mettes-vous à la cuisine malaise avec le *mee goreng* (nouilles aux
œufs et aux crevettes), le *nasi goreng* (riz aux œufs et aux crevettes)
et le *rojak* (salade en sauce aux arachides).

HAT YAI : *Hua Lee*   ⒷⒷⒷ   AE
Niphat Uthit 3 Rd. **C** *Pas de téléphone.*   DC
Apprécié de la communauté chinoise locale pour des mets comme la   MC
soupe de nids d'hirondelles *(rang nok)* et celle d'aileron de requin V
(bu chalam), le Hua Lee reste ouvert tard le soir.

NAKHON SI THAMMARAT : *Hao Coffee*   Ⓑ
Bovorn Bazaar, Ratchadamnoen Rd. **C** *Pas de téléphone.*
Ce café joliment décoré d'antiquités propose de goûteux en-cas thaïs
et de bons petits déjeuners à l'occidentale.

NAKHON SI THAMMARAT : *Tamnak Thai*   ⒷⒷⒷ
378 Omkhai Rd. **C** *Pas de téléphone.*
Au milieu d'un lac agrémenté de fontaines, des passerelles relient une
charmante série de pavillons décorés dans le style du Nord. Bonne
cuisine principalement thaïe et orchestres. 🍽

NARATHIWAT : *Rim Nam*   ⒷⒷ
Jaturong Ratsami Rd. **C** *Pas de téléphone.*
Le meilleur restaurant de Narathiwat justifie de s'aventurer à 2 km hors
de la ville pour savourer des plats de fruits de mer et des currys thaïs
et malais comme le *kaeng matsaman* (curry de bœuf).

PATTANI : *Chong Ah*   ⒷⒷ
190 Prida Rd. **C** *Pas de téléphone.*
La popularité du Chong Ah auprès des habitants de Pattani vous
imposera peut-être d'attendre une table pour choisir dans une carte
riche en mets chinois, de la Plaine centrale et du Sud.

PHATTHALUNG : *Khrua Cook*   Ⓑ
Prachabamrung Rd. **C** *Pas de téléphone.*
Excellents produits de la mer. Essayez le *pla samli ta* et *diaw*
(lamproie sautée et salade à la mangue) ou les crevettes frites.

SONGKHLA : *Khunying*   Ⓑ
Srisuda Rd. **C** *Pas de téléphone.*
Plats de nouilles et currys comprennent ici le *khanom chin nam ya*
(nouilles et curry de poisson) et le *kaeng khiaw wan* (curry vert).

SONGKHLA : *Bua Kaew*   ⒷⒷ   MC
13 Ratchadamnoen Rd. **C** *(074) 314816.*   V
Au Bua Kaew, les prix restent raisonnables pour d'excellents fruits de
mer. Goûtez au *phat pla meuk* (poulpe sauté et épicé) ou au *phat kari
pu* (crabe au curry jaune). Vous pouvez aussi manger chinois. 🍽

SONGKHLA : *Ou-en*   ⒷⒷ
Srisuda Rd. **C** *Pas de téléphone.*
Ce restaurant chinois très prisé a pour spécialité le canard à la
pékinoise. Il sert également des plats thaïs du Sud.

TRANG : *Khao Tom Phui*   Ⓑ
111 Talat Rd. **C** *(075) 210127.*
Parmi les plats thaïs et chinois proposés, nous vous recommandons le
pumput kha na fai daeng (légumes sautés en sauce au soja) et le *pla
kaphong nam daeng* (loup en sauce douce et piquante).

TRANG : *Sin Jiew*   Ⓑ
152-154 Kantang Rd. **C** *(075) 218552.*
L'un des nombreux *kopii* permettant de boire un vrai café filtre à
Trang. La famille chinoise hokkien qui le tient prépare aussi de
délicieux en-cas comme le *mu yang* (porc grillé), une spécialité locale.

Légende des symboles, voir rabat de couverture

FAIRE DES ACHATS EN THAÏLANDE

La grande variété d'achats que l'on peut faire en Thaïlande constitue un des attraits touristiques du pays. Les objets artisanaux sont probablement les plus tentants, depuis les simples paniers servant à la cuisson à la vapeur jusqu'à de précieuses antiquités, en passant par des articles typiques comme les coussins triangulaires, les créations des tribus montagnardes et les bijoux en argent. On peut souvent acheter tous ces objets directement sur leurs lieux de production. La soie thaïlandaise, réputée, se pare de toutes sortes de motifs

Éventaire d'aromates

traditionnels ou modernes. Pour une somme raisonnable, vous pourrez demander à un tailleur de vous confectionner la tenue de votre choix dans ce tissu ou un autre. Bangkok est aussi un des grands centres mondiaux du négoce des pierres précieuses, mais mieux vaut s'y connaître pour éviter de faire de mauvaises affaires. La capitale thaïlandaise a conservé ses marchés et éventaires de rue séculaires, mais les visiteurs découvriront que les grands centres commerciaux modernes ne manquent pas.

Asia Books, l'une des meilleures chaînes de librairies du pays

LES HEURES D'OUVERTURE

La plupart des boutiques ouvrent de 8 h à 20 h ou 21 h et les grands magasins, les centres commerciaux et les établissements touristiques de 9 h 30 à 21 h ou 22 h. À Bangkok et dans les lieux touristiques, la majorité des enseignes ouvrent aussi le dimanche et les jours fériés, jours traditionnels de fermeture. De nombreux commerces baissent cependant leurs rideaux pour le nouvel an thaï et le nouvel an chinois (en février et avril). Les marchés de produits frais se tiennent normalement de l'aube jusqu'au milieu de l'après-midi. Les marchés de nuit commencent en début de soirée.

LES MODES DE PAIEMENT

Les cartes bancaires, en particulier les cartes Visa, Mastercard et American Express, sont des moyens de paiement de plus en plus acceptés. De nombreux commerçants majorent cependant le prix des achats

d'une commission (illégale mais quasi universelle) pouvant aller jusqu'à 5 %. Toutefois, l'argent liquide demeure la forme de paiement de très loin la plus répandue. Dans les petites villes et sur les marchés, mieux vaut avoir de petites coupures plus faciles à monnayer.

LES TAXES ET REMBOURSEMENTS

Si vous achetez un objet coûteux, demandez un reçu (*bai set*) portant l'adresse du magasin et son numéro d'enregistrement. Il est théoriquement possible d'obtenir le remboursement des 7 % de TVA en demandant un formulaire à remettre aux douaniers à l'aéroport mais la complexité du processus et l'importance des frais de traitement rendent l'opération sans intérêt, sauf cas exceptionnel. Les remboursements restent quasiment inconnus, mais dans les magasins ayant pignon sur rue, vous devriez pouvoir obtenir l'échange d'un article défectueux ou d'un vêtement ne vous allant pas (s'il n'était pas soldé). Dans les petites boutiques et sur les marchés, vous ne pourrez compter que sur votre persuasion.

MARCHANDER

Les prix fixes gagnent du terrain dans les grandes villes, mais il reste souvent indispensable de négocier dans les petites boutiques, les magasins spécialisés et, bien entendu, sur les marchés. Bien maîtriser les nombres en thaï (*p. 504*) vous aidera beaucoup à marchander avec art, ainsi que connaître les tarifs pratiqués, ce qui vous évitera de proposer une somme trop minime. Si le vendeur ne baisse pas assez son offre, mieux vaut feindre le désintérêt que de se laisser emporter par le plaisir du marchandage pour finalement ne pas acheter quand votre interlocuteur se rend à vos exigences.

Étal de bijoux sur Khao San Road, Bangkok

Fashion Island, l'un des nouveaux centres commerciaux de Bangkok

LES GRANDS MAGASINS ET GALERIES MARCHANDES

L es grands magasins à l'occidentale se sont multipliés à Bangkok, mais les habitudes des marchés s'y maintiennent par le biais d'éventaires de soldes. Les deux principales chaînes thaïlandaises sont **Robinson's** avec des succursales dans le quartier de Bang Rak et sur Silom et Sukhumvit, et **Central**, une enseigne plus chic installée au Silom Complex plus bas sur Silom, Chidlom et Lad Phrao. Les habitudes de consommation évoluent très vite à Bangkok, dont les habitants disposent déjà dans le centre de nombreuses galeries marchandes comme **Peninsula Plaza** ou les luxueux **Emporium** et **World Trade Center**. La tendance actuelle est à la construction, en périphérie, de vastes centres commerciaux tels que **Fashion Island** sur Raminda Road. Ils servent de pôle à des banlieues en pleine croissance et comprennent d'immenses lieux de restauration, parcs de loisir, cinémas, salles de concert, patinoires et bowlings. Deux des cinq plus grands centres commerciaux du monde font partie de ces créations récentes. Sur Srinakharin Road, au sud-est de la ville, **Seacon Square** s'étend sur plus d'un kilomètre et comprend une fête foraine. Le reste de la Thaïlande n'a

pas encore connu de tels excès, mais quelques galeries marchandes modernes apparaissent dans les villes et stations balnéaires les plus importantes, tels **Kad Suan Kaew** à Chiang Mai et **Mike Shopping Mall** à Pattaya.

LES LIBRAIRIES EN LANGUE ANGLAISE

T rois chaînes se sont spécialisées dans la vente de livres et de magazines en anglais, la langue des échanges internationaux : **Asia Books**, **DK Book House** et **Bookazine**. Elles ont toutes plusieurs succursales à Bangkok, DK en possède deux à Chiang Mai et Bookazine une à Pattaya.

LES MARCHÉS ET VENDEURS DE RUE

I l existe un marché au cœur de toute ville thaïlandaise, et même les plus petits offrent un bon choix de produits frais. Les étals des plus grands, tels le Chatuchak Market (*p. 131*) au nord de Bangkok et les marchés de nuit de Chiang Mai et de Chiang Rai, vendent aussi bien artisanat et ustensiles domestiques que fruits et légumes. Pour le centre de la capitale, voir *p. 436-437*. Des éventaires s'installent aussi partout dans la rue. Certains vendent des articles religieux comme les anneaux de jasmin (*p. 27*), et d'autres des souvenirs parfois intéressants. Ils sont nombreux à Chiang Mai, à Pattaya et à Patpong sur l'île de Phuket. À Bangkok, ils se trouvent sur Silom Road et Sukhumvit Road et dans les quartiers de Banglamphu et Patpong.

LES USINES ET CENTRES D'ARTISANAT

D e nombreux établissements, notamment dans le Nord et en Isan, permettent de voir des artisans au travail. Les prix y sont normalement fixes, mais guides et rabatteurs touchent une commission.

LES CONTREFAÇONS

Les contrefaçons thaïlandaises ont acquis une telle notoriété que de nombreux touristes achètent les plus insolites en souvenir. Toutefois, parmi les articles particulièrement recherchés figurent des objets d'une qualité tellement médiocre qu'ils n'auraient manifestement jamais dû porter la marque prestigieuse qu'ils arborent ou, à l'opposé, des répliques à l'identique aux appellations satiriques comme « Live's Jeans ». La défense des marques lésées, d'une part, et la pression exercée par les États-Unis pour faire respecter les droits de propriété intellectuelle, d'autre part, ont réduit ce commerce et même conduit certains contrefacteurs à devenir les agents officiels des entreprises qu'ils copiaient. Attention, la loi française prévoit de sévères amendes pour l'importation, même en petit nombre, de contrefaçons.

Imitations de montres de marque à Pattaya

LA SOIE THAÏLANDAISE

Relancée après la Seconde Guerre mondiale par l'Américain Jim Thompson *(p. 114-115)*, la soie thaïlandaise *(p. 256-257)*, la plus belle du monde de l'avis de maints connaisseurs, est devenue le support d'un commerce très actif. Elle peut posséder diverses trames et motifs, notamment dans sa version *mut mee*, tissée avec des fils noués avant d'être trempée dans la teinture. S'il existe de nombreux articles déjà manufacturés, tels cravates, chemises, robes ou coussins, vous aurez aussi la possibilité de faire faire des vêtements sur mesure. La soie provient principalement du Nord et de l'Isan, mais elle reste tissée dans la région de Bangkok. Dans la capitale, **Shinawatra,** sur Sukhumvit Road, et les boutiques de Surawong Road, notamment **Jim Thompson's** et **Khanitha,** offrent choix et qualité. À Chiang Mai, promenez-vous sur San Kamphaeng Road où **Shinawatra Thai Silk** a son siège. Chaque année, Khon Kaen s'emplit de vendeurs à l'occasion de la foire de la soie qui se tient fin novembre ou début décembre. Si vous manquez cette fête, **Prathamakant** propose toute l'année une superbe sélection.

Une riche sélection de coupons de soie thaïlandaise

LES VÊTEMENTS

Faire faire un costume ou une robe sur mesure reste très bon marché en Thaïlande et, à Bangkok, d'innombrables tailleurs chinois et indiens vantent leur travail dans les

Un costume sur mesure reste bon marché chez un tailleur

magazines touristiques et devant leurs boutiques le long de Sukhumvit Road, Charoen Krung Road et Khao San Road. Évitez toutefois les propositions promettant une livraison en 24 h. Mieux vaut se renseigner avant de choisir un tailleur, puis prendre le temps de bien convenir du modèle, du tissu et de la coupe. Insistez sur un ou deux essayages intermédiaires. Vous n'avez pas à payer d'avance plus qu'un acompte. En prêt-à-porter, les habits typiques comprennent les larges pantalons de pêcheurs, les sarongs en batik (en particulier dans le Sud comme à Ko Yo près de Songkhla) et les gilets et pantalons coupés dans des tissus des tribus montagnardes ou dans de la soie et des cotonnades de l'Isan.

L'ARTISANAT

Les grandes régions de production artisanale de Thaïlande sont le Nord et l'Isan, et c'est à Chiang Mai que les visiteurs trouveront le plus large choix, en particulier au Night Bazaar. Les boutiques de San Kamphaeng Road (route 1006) se révèlent souvent un peu chères. Prathamakant propose à Khon Kaen une belle sélection d'articles de l'Isan tels que les oreillers triangulaires. À Ayutthaya, essayez les alentours du Wat Phra Si Sanphet et Si Sanphet Road où **Arun-casem Antique** vend de remarquables sculptures sur pierre. Non loin, le **Bang Sai**

Folk Arts and Crafts Centre de la SUPPORT Foundation créée par la reine Sirikit permet à des villageois de gagner leur vie tout en préservant leurs traditions *(p. 101)*. Leurs créations s'achètent aussi dans la douzaine de magasins **Chitrlada** implantés dans tout le pays. À Bangkok, la plupart des hôtels de standing abritent des boutiques vendant de l'artisanat à prix fixes, à l'instar de **Silom Village** et de **River City.** Le grand magasin **Narayanaphand** est moins cher. Dans le Sud, **Thai Village** offre aussi un bon choix à Phuket.

L'ARTISANAT DES TRIBUS MONTAGNARDES

Coiffes akha ornées de pièces, couvertures et housses de coussins à motifs géométriques lahu, vestes noires ruchées de rouge hmong, tuniques lisu de couleurs vives, cloches à bétail en bois, vanneries en rotin, boîtes en bambou ou en bois sculpté... Les objets et parures fabriqués par les tribus montagnardes constituent d'attachants souvenirs. Parmi les meilleurs points de vente du Nord figurent la **Hill Tribe Products Foundation, Thai Tribal Crafts** et l'**Old Chiang Mai Cultural Center,** ainsi que le **Chiang Rai Handicraft Center.** À Bangkok, c'est le Chatuchak Market *(p. 131)* qui offre le plus de choix. Acheter à la boutique de **Cabbages and Condoms** garantit que l'argent va bien aux tribus.

Jeune Lisu vendant des objets tribaux à Chiang Rai

Un éventaire de paniers dans une rue du Nord

BOIS, BAMBOU ET ROTIN

Les articles en bois, en bambou et en rotin sont très bon marché en Thaïlande et, avant de renoncer à un paravent ou une panière trop encombrants, renseignez-vous sur les possibilités d'expédition *(p. 464)*. Vous trouverez le meilleur choix à Chiang Mai, notamment à **Beau Siam** pour les meubles en bois et à **Raeng Jai** pour le bambou et le rotin. Près de Lampang, Mae Tha et Ban Luk ont pour spécialité la sculpture sur bois, à l'instar du quartier de Bo Hang à Chiang Mai. Au sud de Chiang Mai, les vanneries ont établi la réputation de Hang Dong et de Saraphi.

Céramiques bleues et blanches et céladons à Bangkok

LA CÉRAMIQUE

La délicate poterie bencharong était à l'origine fabriquée en Chine et décorée en Thaïlande de motifs floraux utilisant cinq couleurs. Toute l'élaboration a désormais lieu en Thaïlande et vous trouverez des services complets à côté des pots sphériques plus typiques. À Bangkok, le Chatuchak Market offre un plus large choix et de meilleurs prix que les magasins du centre.

Les céladons, poteries au décor gravé en creux sous un épais vernis translucide vert pâle, sont également très appréciés.

Si vous ne pouvez les acquérir directement dans les usines de Chiang Mai comme **Mengrai Kilns, Thai Celadon House**, de nombreuses boutiques d'artisanat, entre autres celles de Silom Road et Charoen Krung Road, en proposent. Lampang est réputé pour ses belles céramiques bleues et blanches produites par des manufactures comme **Indra Ceramics.**

LA LAQUE

Spécialité traditionnelle du nord de la Thaïlande, la laque noire et or sur bambou ou bois est devenue plus rare que celle de style birman à fond rouge, sur bambou ou rotin, à décors figuratifs ou motifs floraux.

Les commerces d'artisanat de Bangkok et de Chiang Mai vendent un large éventail d'objets laqués, notamment des boîtes à bijoux.

NIELLE ET ÉTAIN

L'artisanat délicat du nielle, incrustation d'émail noir sur du métal gravé, souvent de l'argent, a pour centre Nakhon Si Thammarat. Parmi les objets les plus abordables figurent les boutons de manchettes, les boîtes à pilules et les bijoux.

Dans le Sud, de riches filons de minerai ont permis le développement d'une tradition du travail de l'étain. De grands magasins de Bangkok et des boutiques de la ville de Phuket proposent une bonne sélection d'objets tels que chopes, plats, vases et boîtes.

LES TAPISSERIES KALAGA

La tapisserie *kalaga,* où fils multicolores et métalliques, perles, morceaux de tissu et paillettes composent un décor sur un fond matelassé noir, est un art birman vieux de plus de deux cents ans mais qui vient à peine de connaître un nouvel élan.

Les pièces anciennes sont rares et très chères, tandis que les modernes se révèlent souvent criardes et bâclées. Les motifs traditionnels les plus soigneusement exécutés (et les plus onéreux) peuvent cependant faire de jolis coussins, tentures ou sacs. Les meilleures occasions se dénichent à Mae Sot et Mae Sai.

LES INSTRUMENTS DE MUSIQUE, MASQUES ET MARIONNETTES

Le Night Bazaar de Chiang Mai et, à Bangkok, Silom Village, Narayanaphand et les marchés de Chatuchak et de Nakorn Kasem permettent d'acheter des instruments de musique, des masques de *khon,* des marionnettes de *hun krabok* ou des marionnettes de théâtre d'ombre *nang talung* et *nang yai.* La ville de Nakhon Si Thammarat, dans le Sud, constitue toutefois le meilleur endroit où vous procurer ces dernières, entre autres au **Shadow Puppet Theatre** où leur créateur vous en expliquera la fabrication si vous téléphonez à l'avance.

Grand magasin Narayanaphand à Bangkok

LES ANTIQUITÉS

Tant d'objets anciens thaïlandais ont quitté le pays que ceux qui restent sont très onéreux quand il ne s'agit tout simplement pas de faux ou d'articles obtenus au mépris de la loi. La Thaïlande sert toutefois de point de vente d'antiquités de toute l'Asie du Sud-Est, et certains magasins ressemblent à des musées encombrés de tapisseries, de statues, de meubles, de cloches, de marionnettes, de céramiques, de paniers et de laques. Nul besoin d'acheter pour apprécier la visite. Même si les prix n'atteignent pas ceux pratiqués à Honk Kong ou Singapour, les affaires sont rares. Ta Phae Road et Loi Khro Road à Chiang Mai se révèlent moins chers que les autres quartiers de Bangkok : Charoen Krung Road, River City, le Chatuchak Market et, à Chinatown, Wang Burapha et le marché de Nakorn Kasem. Les boutiques recommandées comprennent **Amaravadee Antiques** et **Borisoothi Antiques** à Chiang Mai, ainsi que **The Fine Arts** et **NeOld** à Bangkok. Des ventes aux enchères ont lieu à River City le premier samedi de chaque mois. Une bonne copie fera souvent un achat plus raisonnable. Les autorisations d'exportation, nécessaires pour les antiquités et tous les bouddhas, s'obtiennent auprès du Department of Fine Arts par l'intermédiaire du **Musée national.** Comptez au moins une semaine (*p. 451*). Les douaniers se montrent très vigilants.

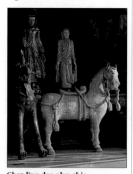

Chez l'un des plus chic antiquaires de Bangkok

Vente de bijoux en or dans le Chinatown de Bangkok

LA JOAILLERIE

Les Thaïlandais ont tendance à apprécier les gros bijoux, souvent très ouvragés. Le pays possède une longue tradition du travail de l'argent, en particulier dans le Nord, en Isan et dans les tribus montagnardes. Les boutiques de Wualai Road, à Chiang Mai, en proposent une belle sélection. L'usage de fil d'argent et de détails en filigrane donne un aspect caractéristique aux colliers, aux bracelets et aux boucles d'oreilles, ainsi qu'aux ceintures de style lao. Dans les grandes villes et les stations balnéaires, la joaillerie moderne connaît un succès grandissant. Des bijoux fantaisie et bon marché peuvent s'acheter à Bangkok à Siam Square et au Chatuchak Market où se vendent aussi des créations utilisant des matériaux tels que noix, graines et coquillages.

Pendentif incrusté de pierres précieuses

La **Peninsula Plaza** et de grands hôtels comme le Dusit Thani abritent certaines des meilleures bijouteries de Bangkok. Quelques-unes travaillent sur commande, notamment **Uthai's Gems** et **Shiraz**. Les dessins de Richard Brown ont personnalisé la joaillerie astrologique védique d'**Astral Gemstone Talismans**. L'or se présente le plus souvent sous sa forme très jaune, appréciée des Chinois qui tiennent dans toutes les villes d'importance des magasins spécialisés dans les bijoux en or. Les Thaïlandais ne considèrent pas les amulettes comme des ornements et il faut une autorisation pour les exporter.

LES PIERRES PRÉCIEUSES

Dans une région du monde où l'on extrait rubis, spinelle rouge et bleu, zircon orange et blanc et saphir jaune et bleu (*p. 300-301*), Bangkok est probablement devenu le grand centre international du commerce des pierres précieuses. Des marchés spécialisés se tiennent autour de Chanthaburi, Kanchanaburi et Mae Sai, ainsi qu'à Mae Sot, à la frontière birmane, où les pierres sont moins chères que dans la capitale. Il n'existe qu'un bon endroit où trouver des perles de qualité : Phuket (essayez **Pearl Center** à Phuket-ville).

Les escroqueries aux pierres précieuses ont fait de nombreuses victimes à Bangkok et à Chiang Mai, et mieux vaut fuir toute personne, aussi aimable qu'elle paraisse, vous assurant qu'il faut profiter de ce jour férié où l'État ne perçoit pas de taxe pour réaliser une merveilleuse affaire. Il s'agit toujours d'une arnaque. On peut à Bangkok s'initier à la gemmologie et faire estimer l'authenticité et la qualité d'une pierre (mais pas sa valeur) à l'**Asian Institute of Gemological Sciences**.

CARNET D'ADRESSES

GRANDS MAGASINS ET GALERIES MARCHANDES

Central Department Store
Silom Complex, 191 Silom Rd, Bangkok. **Plan** 7 A4.
((02) 231 3333.

Fashion Island
5/5 Ramindra Rd, Bangkok.
((02) 947 5000.

Gaysorn Plaza
Angle de Ploen Chit et Ratchadamri rds, Bangkok. **Plan** 8 D1.
((02) 656 1149.

Kad Suan Kaew
99/4 Mu 2, Huai Kaew Rd, Chiang Mai.
((053) 224444.

Mike Shopping Mall
262 Mu 10, Pattaya Beach Rd, Pattaya.
((038) 412000.

Peninsula Plaza
153 Ratchadamri Rd, Bangkok. **Plan** 8 D1.
((02) 253 9762.

Robinson's
2 Silom Rd, Bang Rak, Bangkok. **Plan** 8 D3.
((02) 266 3340.

Seacon Square
904 Srinakharin Rd, Bangkok.
((02) 721 8888.

World Trade Center
Ratchadamri Rd, Bangkok. **Plan** 8 D1.
((02) 255 9400.

LIBRAIRIES EN LANGUE ANGLAISE

Asia Books
221 Sukhumvit Rd, Bangkok.
((02) 651 0428.

Bookazine
1ᵉʳ ét., CP Tower, 313 Silom Rd, Bangkok. **Plan** 7 C4.
((02) 231 0016.

DK Book House
224-6 Soi 2, Rama I Rd, Siam Square, Bangkok. **Plan** 7 C1.
((02) 251 1467.

SOIE

Jim Thompson's
9 Surawong Rd, Bangkok. **Plan** 7 C3.
((02) 234 4900.

Khanitha
113-115 Surawong Rd, Bangkok. **Plan** 7 C3.
((02) 235 0464.

Prathamakant
79/2-3 Ruenrom Rd, Khon Kaen.
((043) 224080.

Shinawatra
94 Sukhumvit Rd, Soi 23, Bangkok.
((02) 258 0295.

Shinawatra Thai Silk
73 San Kamphaeng Rd, Chiang Mai.
((053) 331 187.

BOUTIQUES D'ARTISANAT

Arun-casem Antique
79/3 Sri San Phet Rd, Ayutthaya.
((035) 251193.

Bang Sai Folk Arts and Crafts Centre
Tambon, Bang Sai, province de Ayutthaya.
((035) 366092.

Chitrlada Shop
Chitrlada Palace, Bangkok. **Plan** 3 B2.
((02) 282 8435.

Narayanaphand Department Store
127 Ratchadamri Rd, Bangkok. **Plan** 8 D1.
((02) 252 4670.

River City
23 Trok Rongnamkaeng, Yotha Rd, Bangkok. **Plan** 6 F3.
((02) 237 0077.

Silom Village
286 Silom Rd, Bangkok. **Plan** 7 A4.
((02) 233 9447.

Thai Village
52/11 Thepkasattri Rd, Muang Phuket.
((076) 214860.

ARTISANAT DES TRIBUS MONTAGNARDES

Cabbages and Condoms
10 Sukhumvit, Soi 12, Bangkok. **Plan** 8 F1.
((02) 229 4611.

Chiang Rai Handicrafts Center
732 Mu 5 Rimkok, Phahon Yothin Rd, Chiang Rai.
((053) 713355.

Hill Tribe Products Foundation
21/17 Suthep Rd, Chiang Mai.
((053) 277743.

Old Chiang Mai Cultural Center
185/3 Wualai Rd, Chiang Mai.
((053) 275097.

Thai Tribal Crafts
208 Bamrung Rad Rd, Chiang Mai.
((053) 241043.

BOIS, BAMBOU ET ROTIN

Beau Siam
41 Loi Khro Rd, Chiang Mai.
((053) 209111.

Raeng Jai
46/2 Chiang Mai–San Kamphaeng Rd, Chiang Mai.
((053) 331213.

CÉRAMIQUE

Indra Ceramics
382 Lampang-Denchai Rd, Lampang.
((054) 221189.

Mengrai Kilns
79/2 Sam Laan Rd, Chiang Mai.
((053) 272063.

Thai Celadon House
8/6-8 Sukhumvit Soi 16, Bangkok.
((02) 229 4383.

MARIONNETTES

Shadow Puppet Theatre
110/18 Si Thammasok Soi 3, Nakhon Si Thammarat.
((075) 346394.

ANTIQUITÉS

Amaravadee Antiques
141 Chiang Mai-Hot Rd, Chiang Mai.
((053) 441628.

Borisoothi Antiques
15/2 San Kamphaeng Rd, Chiang Mai.
((053) 338462.

National Museum
Fine Arts Department, 1 Na Phra That Rd, Bangkok. **Plan** 1 C4.
((02) 224 1370.

NeOld
149/2–3 Surawong Rd, Bangkok. **Plan** 7 B4.
((02) 235 8352.

The Fine Arts
3/F Room 354 River City, Bangkok. **Plan** 6 F3.
((02) 237 0077.

JOAILLERIE

Astral Gemstone Talismans
3ᵉ ét., Lang Suan Balcony, 99/22 Soi Lang Suan, Bangkok. **Plan** 8 E2.
((02) 251 0577.

Shiraz
170 Thapae Rd, Chiang Mai.
((053) 252 382.

Thai Lapidary
1009-11 Silom Rd, Bangkok. **Plan** 7 C4.
((02) 236 2134.

Uthai's Gems
28/7 Soi Ruam Rudi, Phloen Chit Rd, Bangkok. **Plan** 8 F2.
((02) 253 8582.

PIERRES PRÉCIEUSES

Asian Institute of Gemological Sciences
6ᵉ ét., Jewellery Trade Center, 919/1 Silom Rd, Bangkok. **Plan** 7 A4.
((02) 267 4325.

Pearl Center
83 Ranong Rd, Soi Phutorn, Phuket town.
((076) 211707.

Les marchés de Bangkok

Généraux ou spécialisés, les marchés de Bangkok offrent un cadre pittoresque où se promener et faire des achats, que vous cherchiez de l'artisanat, des fleurs, un sarong ou des timbres. Ne fixez toutefois pas d'objectif trop ambitieux à votre première sortie, mieux vaut explorer en profondeur un quartier que s'éparpiller. *Market Map and Much More* de Nancy Chandler, qu'on peut se procurer aisément en ville, sera d'une grande aide aux anglophones.

Vendeur de fleurs sur un marché

Le Thewet Flower Market *(p. 100)* présente, dans un quartier paisible, le spectacle coloré de fleurs et de plantes de toute la Thaïlande.

Banglamphu Market est un marché de quartier typique avec ses étals de nourriture et d'articles courants.

Le marché de Khao San Road *n'occupe qu'une petite rue dans le quartier des routards, mais on y trouve aussi bien sacs à dos et chaussures de marche, entre autres équipements destinés aux visiteurs, que livres d'occasion, bijoux, vêtements et cassettes à bas prix.*

Le Bo Be Market, à l'angle de Krung Kasem et Lan Luang Rd, est un bon endroit où chercher de la soie chinoise.

Le Pak Khlong Market *(p. 94), le plus animé des marchés de gros de la capitale, reste ouvert 24 h/24. C'est entre 22 h et 5 h qu'il offre le spectacle et les prix les plus intéressants, avec ses bouquets de fleurs exotiques au milieu des fruits et légumes.*

Légende du plan

Banglamphu Market ②
Bangrak Market ⑬
Bo Be Market ④
Kao Market ⑩
Marché Khao San Road ③
Nakorn Kasem ⑤
Marché de Pak Khlong ⑧
Marché Patpong/Silom ⑫
Phahurat Market ⑦
Pratunam Market ⑪
Marché Sampeng Lane ⑨
Marché aux timbres ⑥
Thewet Flower Market ①

Le Phahurat Market *(p. 94) est le pôle commercial de la communauté indienne. Marchands de tissu et tailleurs y abondent, et des arômes épicés embaument l'air.*

Nakorn Kasem *(p. 94),
le «Marché aux voleurs» de
Chinatown, n'écoule plus
d'objets volés mais, pour
acheter céramiques, antiquités
ou meubles, mieux vaut savoir
reconnaître les imitations et
négocier âprement. Le
Banglamphu Market est un
marché de quartier typique,
avec ses étals de nourriture et
d'articles courants.*

0   500 m

Le marché aux timbres,
qui a lieu chaque dimanche
devant la poste principale sur
Charoen Krung Road, offre un
bon moyen de découvrir les
créations thaïlandaises.

**Le Pratunam
Market** *(p. 114-
115)* est un dédale
d'étals couverts,
emplis de tissus
indiens bon marché
et d'articles
domestiques.

Le Kao Market *(p. 92-93),
entre Yaowarat Road et
Sampeng Lane, fournit depuis
plus de deux cents ans la
communauté chinoise en
décorations rituelles comme les
lanternes en papier servant aux
crémations.*

**Le marché de
Sampeng Lane**
*propose, dans
un ancien
quartier chaud,
des produits
chinois
courants et des
textiles de
qualité à prix
bradés.*

Le marché de Patpong/Silom
(p. 111-112) expose sous les néons
souvenirs de pacotille et
contrefaçons. Les étals de Silom Road
ont des vêtements plus élégants.

Le Bangrak Market
*(p. 111), un petit marché local où
de nombreux hôtels de standing
se procurent fruits, légumes,
viande et fruits de mer, vend aussi
vêtements et textiles.*

Qu'acheter en Thaïlande ?

Tuk-tuk
miniature

Marchés et boutiques spécialisées offrent en Thaïlande, notamment dans les grandes villes comme Chiang Mai et Bangkok, un large choix de souvenirs et de cadeaux. Les objets artisanaux sont particulièrement intéressants et peu de régions ne possèdent pas leur spécialité. Le Sud produit ainsi nielles, étains et marionnettes de théâtre d'ombre, le Nord des laques, des pièces d'argenterie et les parures colorées des tribus montagnardes. L'Isan est réputé pour la soie et les coussins triangulaires.

Marionnette du *Nang talung*

MASQUES ET MARIONNETTES

Bien que les formes d'art dramatique traditionnelles (*p. 38-39*) ne donnent plus lieu en Thaïlande qu'à de rares représentations, masques et marionnettes de théâtre font de superbes souvenirs. Inspirées du Ramakien (*p. 36-37*), les marionnettes prennent des formes diverses : silhouettes découpées du *nang yai* et du *nang talung* et personnages en trois dimensions du *hun krabok* et du *hun lek*. Elles peuvent s'acheter dans le Sud.

**Statuette
de musicien**

**Masque de
théâtre *khon***

Rotin et vannerie n'offrent que l'embarras du choix, du simple panier de cuisson à la vapeur jusqu'aux ensembles complets de meubles. Des éventaires proposent partout à bas prix les articles les plus courants. Les magasins les mieux établis se chargent d'expédier à l'étranger les pièces volumineuses.

La niellure, technique déjà connue des Romains et pratiquée dans le Sud depuis des siècles, a pour centre de production Nakhon Si Thammarat et sa province. L'artisan utilise un émail noir, le nielle, pour orner des objets de métal (cuivre, argent, ou or) qu'il a préalablement gravés. Parmi les plus abordables figurent les bijoux et les petites boîtes.

La sculpture sur bois est une très ancienne tradition. Elle embellit des objets usuels allant de simples bols jusqu'à des paravents, des bibliothèques et des lits. Les pièces en bois dur proviennent parfois d'arbres abattus illégalement.

La laque, résine appliquée sur du bambou ou du bois, décore bracelets, boîtes diverses, bols et plateaux. Elle reste une spécialité du Nord et c'est Chiang Mai qui offre le plus de choix. Le style thaïlandais met en contraste fond noir et parement à la feuille d'or. Des motifs jaunes et verts sur fond rouge caractérisent les laques de style birman.

L'artisanat des tribus montagnardes est vendu dans tout le Nord, mais c'est Chiang Mai, encore une fois, qui offre le plus de choix. Les articles les plus séduisants comprennent des sacs en patchwork, des couvertures de couleurs vives, des parures en argent et des vestes et des chapeaux brodés à la main. Un trek vous donnera l'occasion de visiter au moins un village et, peut-être, d'assister à la fabrication des articles.

La céramique produite en Thaïlande depuis des siècles présente souvent une influence chinoise mais il existe plusieurs styles typiques : la poterie bencharong (« cinq couleurs »), qui prend surtout la forme de petits pots et de vases, et le céladon, reconnaissable à son délicat vernis vert pâle couvrant d'une patine craquelée des décors gravés en creux.

Céramique bleu et blanc

Pot
Bencharong

Vase
céladon

L'argent sert aux artisans du nord de la Thaïlande à créer des objets tels que bols, vases et boîtes ornés d'un décor en relief finement martelé. De gracieux bijoux aux dessins classiques ou modernes sont également disponibles dans toute la région et à Bangkok.

Oiseau en argent

Une orchidée de prix

Saphirs
jaunes et
bleus montés
en bague

Sélection de saphirs

Bol en argent

Couvercle
aux traits
d'Hanuman

Les joyaux et pierres précieuses se révèlent particulièrement tentants en Thaïlande. Grand producteur mondial de rubis et de saphirs, le pays est aussi réputé pour l'habileté de ses bijoutiers. Ceux qui tiennent boutique dans les grands hôtels proposent souvent des pièces de qualité à prix raisonnables. À moins d'être un expert, mieux vaut éviter d'acheter dans l'espoir de revendre à meilleur prix.

LES TEXTILES

Proposée dans un large éventail de qualités et de motifs, la soie est sans aucun doute le plus connu des tissus fabriqués en Thaïlande et probablement l'achat le plus populaire auprès des visiteurs (*p. 432*). Les cotonnades ne manquent pas non plus d'intérêt avec leurs motifs élaborés, qu'il s'agisse de *pha sin* (sarongs pour femme) ou de *mawn sam liam*, coussins typiques de l'Isan.
Les tribus montagnardes apprécient les formes géométriques et les couleurs vives, dans le Sud on peut acheter du batik.

Patchwork décoratif en soie

Coussin
Mawn sam liam

Cravate
en soie

Écharpe en
soie grège

Pantalon de pêcheur
en coton

Pha sin en coton

SE DISTRAIRE EN THAÏLANDE

Du cinéma hollywoodien au karaoké, les distractions étrangères gagnent du terrain en Thaïlande mais de nombreuses formes de distractions traditionnelles y restent partout florissantes.

Bien que les représentations de *khon*, le théâtre dansé jadis réservé à la cour royale, ne s'adressent plus guère qu'aux touristes, des manifestations plus populaires

Danseurs thaïs au Rose Garden, Bangkok

comme les combats de *muay thai*, la boxe thaïlandaise, rassemblent un public toujours aussi passionné. Un voyage dans un pays où la quête de *sanuk* (amusement) caractérise toutes les activités, jusqu'aux plus sérieuses comme les célébrations religieuses, ne saurait être complet sans partager les plaisirs de ses habitants, que ce soit à un concert classique, pendant une fête locale ou lors d'un match de *takraw*.

Le Thailand Cultural Center, première salle de concert du pays

LES SOURCES D'INFORMATIONS

Une brochure diffusée par les bureaux de la TAT recense les principales fêtes et manifestations. C'est dans *Metro* que les anglophones trouveront les programmes les plus détaillés des événements proposés à Bangkok mais aussi des informations concernant le reste du pays. Consultez également deux journaux en anglais, le *Bangkok Post* et *Nation*, ainsi que les nombreuses publications touristiques gratuites.

Magazines de programmes

LES RÉSERVATIONS

Les principaux hôtels et agences de voyages permettent de réserver des places pour les grandes manifestations culturelles et sportives. On peut aussi en acheter à **DK Bookhouse** (Siam Square), **Asia Books** (Sukhumvit Rd) et dans les grands magasins **Robinson's** (*p. 435*).

LA DANSE ET LE THÉÂTRE TRADITIONNELS

Assister à un spectacle de *khon* ou de *lakhon* (*p. 38-39*) donne l'impression de voir s'animer les peintures murales du Wat Phra Kaeo. Malheureusement, ces formes d'art dramatique, dont le Ramakien constitue l'essentiel du répertoire, perdent leur public et les représentations deviennent de plus en plus rares. La situation est encore plus grave pour le théâtre de marionnettes *hun lek* menacé de disparition. Sanam Luang, la place royale de Bangkok, offre lors de cérémonies comme l'anniversaire du roi ou des funérailles le contexte le plus intéressant où voir des danses traditionnelles. En de telles occasions, le spectacle, sur des douzaines de plateaux, se poursuit tard dans la nuit. Une représentation complète peut durer des jours et ce sont donc des scènes abrégées que présentent le **Théâtre national** (en salle les derniers samedis et dimanches du mois, en plein air tous les samedis et dimanches de décembre à mai) et le **Théâtre royal Chalermkrung** de Bangkok, ainsi que le **Old Chiang Mai Cultural Center**. Dans les grandes villes et stations balnéaires, des danses traditionnelles animent

d'innombrables repas pour touristes tels que les dîners *khantoke* (*p. 34*) de Chiang Mai que proposent le **Khantoke Palace**, le **Khum Kaew Khantoke Palace** et le **Lanna Khantoke**. À Bangkok, les établissements intéressants comprennent le **Rose Garden**, et le **Silom Village**. Le restaurant de l'Oriental, la **Sala Rim Nam** présente du *khon* authentique. Au Lak Muang et au sanctuaire Erawan de Bangkok, des dévots acquièrent des mérites en payant des danseurs de *lakhon* pour qu'ils rendent hommage à la divinité (*p.114*). Une forme de théâtre dansé reste toutefois largement appréciée des Thaïlandais, dans les fêtes comme à la télévision : le *likay* au contenu satirique et bouffon. Il a pour équivalent dans le Sud le *manora*. Encore répandu en Malaisie et en Indonésie, le théâtre d'ombres *nang talung* ne survit que dans le Sud, à Phatthalung et, surtout, à Nakhon Si Thammarat (*p. 373*). Les représentations peuvent durer toute la nuit. Avec ses grandes marionnettes en cuir exigeant plusieurs manipulateurs, le *nang yai* est devenu encore plus rare.

Représentation de *khon*

CONCERTS, EXPOSITIONS ET THÉÂTRE MODERNE

L es principaux lieux de spectacle et d'exposition se trouvent à Bangkok. Le **Thailand Cultural Center** attire des célébrités internationales, tandis que le **Centre d'arts Saeng Arun** propose surtout des manifestations en thaï. Le **Goethe Institut** allemand et l'**Alliance française** ont aussi un bon programme de concerts, d'expositions et de cinéma. Des têtes d'affiche se produisent dans les salles de bal d'hôtels tels que le **Dusit Thani** et le **Siam International** (*p. 389-390*). Le **Bangkok Playhouse** présente souvent des pièces en anglais et abrite la galerie **Art Corner. Tadu** est le meilleur endroit où voir de l'art contemporain thaïlandais. Le **Patravadi Theatre** produit des comédies musicales très visuelles et faciles à suivre pour les étrangers.

Les affiches de cinéma restent souvent peintes à la main

de Bangkok (comme **The Lido** et le **Siam Cinema**), de Chiang Mai, de Pattaya, de Phuket et de Hat Yai diffusent des films en version originale.

DISCOTHÈQUES, BARS, CABARETS ET MUSIQUES POPULAIRES

F ace au rock international et à la pop thaïe, les musiques traditionnelles ont conservé leur popularité et ont droit de cité aussi bien à la radio et à la télévision que dans les bars et les fêtes, en particulier hors de Bangkok. Cependant, ces concerts ne sont souvent annoncés qu'en thaï. La musique populaire reste également jouée dans les cafés, insalubres et peu accueillants avec les touristes, spécialisés dans le *talok* (comédie). Rythmé, le *lam wong* accompagne souvent une danse enjouée. Le *luk thung* (« enfant des champs ») associe grands orchestres, troupes de danse costumées et chansons. Les ballades du *luk krung* sont plus sirupeuses. Apprécié des chauffeurs de bus et de taxis, le *mo'lam* de l'Isan se distingue par des vocaux évoquant le rap. On peut découvrir le *kantrum* de

style khmer le week-end au **Petchkasem Hotel** de Surin. Engagées, les *phleng phua chiwit* (« chansons pour la vie ») apparurent pendant les révoltes étudiantes des années 70. Elles ont leurs hauts lieux, tel le **Raintree**. Le **Front Page** accueille des groupes de rock encore peu connus, tandis que les bars proposant des musiques plus classiques se trouvent souvent dans des hôtels, tels le **Riva's** (Sheraton Grande), le **Spasso** (Grand Hyatt Erawan) et l'**Angelini** (Shangri-La). L'Oriental abrite le **Bamboo Bar** (jazz) et le **Lord Jim's**. Les Thaïlandais à la page apprécient de se retrouver autour d'un verre pour écouter de la musique dans des rues comme Silom Soi 4 ou Sarasin où le **Blue's bar** attire une clientèle branchée. La scène gay a pour pôles Silom Soi 2 et l'**Utopia**. **Cyberia** est le café Internet le plus marquant. À Chiang Mai, **The Riverside** et d'autres cafés-restaurants au bord du Ping accueillent des musiciens. Toutes les grandes stations balnéaires possèdent leurs discothèques. À Bangkok, vous pourrez notamment choisir entre le populaire **Rome Club**, le **Discovery** clinquant, le **Taurus** haut de gamme et le **Narcissus** kitsch. Les « gogo's bar » de Pattaya, de Patong sur l'île de Phuket et, à Bangkok, de Patpong (*p. 112*), Nana Entertainment Plaza (Sukhumvit Soi 4) et Soi Cowboy (donnant sur Soi Asoke) attirent une partie de leur clientèle par leurs bizarres exhibitions gynécologiques. Les escroqueries sont fréquentes dans ces établissements. Ceux du King's Group font partie des plus « recommandables ». Les *katoeys* (« dames-garçons »)

Les spectacles de cabaret modernes sont très populaires dans les stations balnéaires et à Bangkok

LE CINÉMA

L es Thaïlandais adorent le cinéma et, à côté des complexes multisalles de Bangkok, il existe toujours 2 000 projectionnistes itinérants allant de village en village. Malgré quelques classiques plus ambitieux comme *Luk Isan* (1978), l'industrie cinématographique nationale ne produit guère que des mélodrames, des comédies et des films d'action stéréotypés. Depuis quelques années, la grosse cavalerie hollywoodienne tend à dominer le marché. Des salles

Bar « pour adultes » du King's Group

jouissent d'une grande popularité et les touristes se pressent aux spectacles de travestis du **Calypso Cabaret** de Bangkok, du **Blue Moon Cabaret** de Chiang Mai, du **Simon Cabaret** de Patong et de l'**Alcazar** de Pattaya.

FESTIVALS ET FÊTES RELIGIEUSES

Le calendrier thaï abonde en fêtes nationales et locales (*p.42-47*). Ces fêtes peuvent être religieuses, ou célébrer un héros local, ou servir à promouvoir un produit saisonnier ou encore être dédiées à des activités comme la régate ou les cerfs-volants. La plupart des *wats* sont également au centre d'au moins une célébration annuelle. En dehors des plus importantes, comme la fête de la Montagne d'Or à l'occasion de Loy Krathong à Bangkok (*p. 46*), se trouver au bon moment au bon endroit pour y assister relève plutôt de la chance. Les à-côtés se révèlent souvent aussi amusants que les cérémonies elles-mêmes, avec des stands vendant nourriture et babioles, des personnages pittoresques tels que bateleurs et *katoeys* (travestis), de la musique *likay* ou *lam wong*, des concours de beauté ou des concerts de musique populaire. Des combats de coqs ou de poissons sont aussi parfois organisés. Loy Krathong, dans les ruines de Sukhothai, et la Semaine du pont de la rivière Kwaï, à Kanchanaburi (*p. 46*), donnent lieu également à des spectacles son et lumière.

Défilé à Lampang pour la fête de Loy Krathong

MUAY THAI ET KRABI-KRABONG

La boxe thaïlandaise, *muay thaï*, entretient une véritable fièvre nationale (*p. 40-41*). Les deux plus grandes salles se trouvent à Bangkok. Le **Lumphini Stadium** accueille des rencontres les mardis, vendredis et samedis et le **Ratchadamnoen Boxing**

Combat de *muay thaï*, un sport soulevant des passions dans tout le pays

Stadium les autres jours de la semaine. Si assister aux matchs ne vous suffit pas et que vous voulez apprendre les bases de ce sport, l'**International Amateur Muay Thai Federation** devrait pouvoir vous recommander des instructeurs. Il existe un autre art martial séculaire en Thaïlande : le *krabi-krabong* («épée-bâton»), qui implique l'usage d'armes telles qu'épée, massue et hallebarde. L'enseignement reste très traditionnel et même si, lors des combats, c'est sur leur talent et leur courage que sont jugés les adversaires, les lames effilées provoquent encore des blessures. Les spectacles culturels destinés aux touristes incluent souvent des démonstrations de *krabi-krabong*. Vous pourrez vous y initier à la **Buddhai Sawan Fencing School of Thailand**.

LE TAKRAW

Le moindre espace libre semble en Thaïlande immédiatement attirer des jeunes gens adeptes de ce sport acrobatique pratiqué en Asie du Sud-Est. Le principe consiste à garder en l'air un ballon en rotang tressé sans jamais le toucher avec les mains. Les joueurs forment traditionnellement un cercle pour faire assaut d'habileté. Une autre manière de s'affronter consiste à lancer le ballon aussi souvent que possible dans un cercle évoquant un panier de basket. Une troisième, appelée *sepak takraw*, fait désormais partie des épreuves

des Jeux olympiques et des Jeux asiatiques. Elle suit les mêmes règles que le volley-ball et donne lieu à d'extraordinaires démonstrations d'agilité.

Rencontre de *takraw*

FOOTBALL, RUGBY ET SNOOKER

Ces dernières années ont vu les Thaïlandais s'enthousiasmer pour le football, et un championnat professionnel existe depuis 1996. Le rugby connaît aussi un grand engouement. Les matchs se déroulent principalement à Bangkok au **Pathumwan Stadium**, aux **Hua Mark Stadiums**, à l'**Army Stadium** et au **Royal Bangkok Sports Club**. La Thaïlande est en outre le pays non anglophone à avoir adopté le *snooker* (une forme de billard anglo-saxon) avec le plus de succès, et des tournois internationaux s'y déroulent en mars et en septembre. Des paris illicites entachent la réputation du *snooker*, mais il existe quelques clubs sûrs. La relève de champions comme James Wattana tarde cependant à venir.

CARNET D'ADRESSES

DANSE ET THÉÂTRE TRADITIONNELS

Khantoke Palace
174/7 Chang Khlan Rd,
Chiang Mai.
(053) 272757.

Khum Kaew Khantoke Palace
252 Phra Pok Klao Rd,
Chiang Mai.
(053) 214315.

Lanna Khantoke
33/10 Charoen Prathet Rd,
Chiang Mai.
(053) 270080.

Théâtre national
1 Na Phra That Rd,
Bangkok. **Plan** 1 C4.
(02) 224 1342.

Old Chiang Mai Cultural Center
285 Wualai Rd, Chiang Mai.
(053) 275097.

Rose Garden
Près de la route 4, 32 km
à l'ouest de Bangkok.
(02) 295 3261.

Théâtre royal Chalermkrung
66 Charoen Krung Rd,
Bangkok. **Plan** 6 D1.
(02) 222 0434.

Sala Rim Nam
Oriental Hotel, 48 Oriental
Ave, Bangkok.
Plan 6 F4.
(02) 236 0400.

Silom Village
286 Silom Rd, Bangkok.
Plan 7 A4.
(02) 234 4581.

CONCERTS, EXPOSITIONS ET THÉÂTRE MODERNE

Alliance française
29 Sathorn Tai Rd,
Yannawa, Bangkok.
Plan 8 D4.
(02) 213 2122.

Bangkok Playhouse/Art Corner
2884/2 New Phetchaburi
Rd, Bangkok.
(02) 319 7641.

Goethe Institut
18/1 Soi Atthakan Prasit,
Sathorn Tai Rd, Bangkok.
Plan 8 E4.
(02) 287 0942.

Saeng Arun Arts Centre
5e ét., Plan Bldg, 4 Soi
Suksa Witthaya, Bangkok.
Plan 7 B5.
(02) 237 0080
(poste 801–7).

Tadu
Pavilion Y Bldg, Royal City
Avenue, entre Rama IX et
New Petchaburi Rd,
Bangkok. **Plan** 8 D1.
(02) 203 0927.

Thailand Cultural Center
Ratchadaphisek Rd,
Bangkok.
(02) 247 0028.

Théâtre Patravadi
69/1 Soi Wat Rakhang,
Arun Amarin Rd, Thon
Buri, Bangkok. **Plan** 1 B5.
(02) 412 7287.

CINÉMA

The Lido
256 Rama I Rd, Siam
Square, Bangkok.
Plan 7 C1.
(02) 252 6498.

Siam Cinema
Siam Square, Rama I Rd,
Bangkok. **Plan** 7 C1.
(02) 251 1735.

DISCOTHÈQUES, BARS, CABARETS ET CLUBS POPULAIRES

Alcazar
Pattaya Second Rd, Pattaya.
(038) 428746.

Angelini
Shangri-La Hotel, 89 Soi
Wat Suan Phu, Bangkok.
Plan 6 F5.
(02) 236 7777.

Blue Moon Cabaret
5/3 Mun Muang Rd,
Chiang Mai.
(053) 206048.

Blue's Bar
231/16 Soi Sarasin,
Ratchadamri Rd, Bangkok.
Plan 8 E3.
(02) 252 7335.

Calypso Cabaret
Ambassador Hotel, Sukhumvit Soi 11, Bangkok.
(02) 261 6355.

Discovery
4 Sukhumvit Soi 12,
Bangkok.
(02) 653 0246.

Front Page
14/10 Soi Sala Daeng 1,
par Rama IV Rd, Bangkok.
Plan 8 D4.
(02) 233 6315.

Lord Jim's/ Bamboo Bar
Oriental Hotel, 48 Oriental
Ave, Bangkok. **Plan** 6 F4.
(02) 236 0400.

Narcissus
112 Sukhumvit Soi 23,
Bangkok.
(02) 258 4805.

Petchkasem Hotel
104 Chitbumrung Rd, Surin.
(044) 511274.

Raintree
116/64 Soi Rang Nam, par
Phaya Thai Rd, Bangkok.
(02) 245 7230.

Riva's
Sheraton Grande Hotel,
250 Sukhumvit Rd,
Bangkok.
(02) 653 0334.

The Riverside
9-11 Charoenraj Rd,
Chiang Mai.
(053) 243239.

Simon Cabaret
100/6-8 Mu 4, Karon Rd,
Patong, Phuket.
(076) 342011.

Spasso
Grand Hyatt Erawan
Hotel, 494 Ratchadamri
Rd, Bangkok. **Plan** 8 D1.
(02) 254 1234.

Sphinx
100 Silom Soi 4, Bangkok.
(02) 234 7249.

Taurus
Sukhumvit Soi 26,
Bangkok.
(02) 261 3991.

The Zest Bar
116/1 Sukhumvit Soi 23,
Bangkok.
(02) 259 9619.

MUAY THAI ET KRABI-KRABONG

Buddhai Sawan Fencing School
5/1 Phet Kasem Rd, Thon
Buri, Bangkok.
Plan 5 A4.
(02) 421 1906.

International Amateur Muay Thai Federation
Pathumwan Stadium,
54 Rama I Rd,
Bangkok.
Plan 7 B1.
(02) 214 0120.

Lumphini Stadium
Rama IV Rd, Bangkok.
Plan 8 E4.
(02) 252 8765.

Ratchadamnoen Boxing Stadium
1 Ratchadamnoen Nok Rd,
Bangkok.
Plan 2 F4.
(02) 281 4205.

FOOTBALL, RUGBY ET SNOOKER

Army Stadium
Wiphawadirangsit Rd,
Bangkok.
(02) 278 5095.

Hua Mark Indoor and Outdoor Stadiums
2088 Ramkhamhaeng Rd,
Bangkok.
(02) 318 0946.

Pathumwan Stadium
54 Rama I Rd,
Bangkok.
Plan 7 B1.
(02) 214 0120.

Royal Bangkok Sports Club
1 Henri Dunant Rd,
Pathumwan, Bangkok.
Plan 8 D2.
(02) 255 1420.

ACTIVITÉS CULTURELLES ET DE PLEIN AIR

Les richesses naturelles de la Thaïlande ouvrent un très large éventail d'activités aux visiteurs. Le magnifique littoral du Sud offre ainsi un cadre idéal à la navigation de plaisance, au ski nautique, à la planche à voile et à la pêche au gros. La plongée sous-marine permet de découvrir certains des plus beaux récifs de corail du monde. Le Nord est célèbre pour ses reliefs boisés, ses cascades et ses grottes. La faune de cette superbe région comprend oiseaux tropicaux, gibbons, éléphants et tigres. Les randonnées pédestres à la rencontre des tribus montagnardes ont soulevé des controverses ces dernières

Véliplanchiste en Thaïlande

années et mieux vaut choisir avec soin les organisations en proposant. Dans tout le pays, la beauté sauvage des zones les mieux préservées, souvent protégées par des parcs nationaux, peut entre autres se découvrir en canoë, sur des radeaux de bambou, lors de descentes de rapides en canoë pneumatique (raft) ou à dos d'éléphant.

La Thaïlande possède aussi un nombre grandissant d'excellents terrains de golf. Un séjour dans ce pays peut être aussi une occasion de s'initier à la méditation dans un centre bouddhiste ou au massage traditionnel.

Les plongeurs jouissent d'une eau limpide en Thaïlande

LA PLONGÉE SOUS-MARINE

D'innombrables compagnies permettent en Thaïlande d'explorer, avec le matériel et les instructeurs adéquats, de splendides fonds sousmarins dont le pays abonde. Le littoral et les îles de la mer d'Andaman (p. 338-363), en particulier, recèlent d'étonnants récifs côtiers, des fosses marines spectaculaires et des pitons submergés, à découvrir avec une visibilité dépassant souvent 30 m. La richesse d'une faune multicolore ajoute à l'émerveillement. Au large croisent même des requinsbaleines. Les plus beaux sites de plongée se trouvent pour beaucoup dans les parcs nationaux renfermant les

archipels de Surin, de Similan et de Tarutao dans la mer d'Andaman, Angthong près de Surrathani et Ko Chang dans la région de Pattaya. Jadis magnifique, Ko Phi Phi n'a pas joui de la protection garantie par le statut de réserve naturelle et ancrages malencontreux et plongeurs et pêcheurs inconscients ont causé au corail des dommages regrettables. Envasement et pollution créent en outre une menace grandissante.

Les conditions climatiques dues aux moussons (p. 22-23) n'autorisent la plongée en mer d'Andaman que de novembre à avril. Dans les eaux moins profondes de la côte ouest du golfe de Thaïlande, c'est entre janvier et octobre qu'elle est la plus agréable. La région de

Pattaya offre de bonnes conditions toute l'année. Les expéditions proposées varient en durée d'un à plusieurs jours. Beaucoup de visites organisées incluent la plongée au tuba. L'accès à de nombreux récifs préservés autour d'îles birmanes devient peu à peu possible depuis Phuket. Le carnet d'adresses (p.447) donne une liste d'agences de plongée sélectionnées. Deux livres en anglais fournissent des informations plus détaillées : *Asian Diver Scuba Guide : Thailand* (Asian Diver) et *Diving in Thailand* (Asia Books). De nombreux cours de plongée agréés par de grandes associations internationales comme la PADI et la NAUI sont également disponibles, notamment à Phuket, Pattaya, Ko Tao, Ko Samui, Ko Phi Phi et Krabi. Attention, surtout si vous êtes débutant, assurez-vous que votre groupe ne compte pas trop de membres pour que les moniteurs puissent les surveiller tous.

LA VOILE

Chaque année en décembre, la King's Club Regatta de Phuket est le grand rendez-vous des amateurs de voile en Thaïlande. Il est possible de louer un bateau ou de se joindre à un équipage depuis Hua Hin et, avec **Ocean Marina**, depuis Pattaya. Le plus large choix se trouve toutefois à Phuket avec des compagnies comme **Phuket Yacht Services, Southeast Asia Live-aboards, Thai Marine Leisure** et **Sunsail**.

Le canoë offre un excellent moyen d'explorer la côte

LES SPORTS NAUTIQUES

L'engouement pour les sports nautiques a pris une telle ampleur que, dans certains endroits comme Krabi, ils sont interdits. Dans la plupart des stations balnéaires, et même dans des parcs nationaux comme Ko Samet, des loueurs proposent toutefois planches à voile et jet-skis. La plage de Jomtien à Pattaya, celles de Patong et de Karon à Phuket, et Hua Hin et Cha-am offrent le plus de possibilités. On peut entre autres y louer des bateaux à moteur et pratiquer le ski nautique et le parachute ascensionnel. Pattaya et Phuket sont les centres de la pêche au gros. Le canoë n'est pas uniquement le moyen le plus paisible de découvrir les îlots karstiques de la baie de Phangnga et de l'archipel d'Angthong, il permet aussi de pénétrer dans certaines de leurs grottes. Cernés par la forêt, abritant souvent de minuscules plages, nombre de ces *bongs* spectaculaires furent découverts par **Sea Canoe Thailand**, l'agence proposant les visites les plus sérieuses de ces fragiles « mondes perdus ».

LA DESCENTE DE RIVIÈRES

Suivre paisiblement le courant sur des radeaux de bambou est un passe-temps touristique très populaire, en particulier sur les rivières du Nord. Dévaler des rapides en canot pneumatique (raft) provoquera cependant plus de sensations. Dans leur cours supérieur, le Pai et le Moï se prêtent bien à ce sport qui se pratique notamment dans la région d'Umphang près de Mae Sot. **Thai Adventure Rafting** et **The Wild Planet** font partie des agences les plus sérieuses.

LE GOLF

La Thaïlande compte de plus en plus de terrains de golf et, si ceux des alentours de Bangkok manquent d'intérêt en raison d'un terrain trop plat, certains clubs jouissent à Phuket, Khao Yai, Chiang Mai et Kanchanaburi d'un cadre spectaculaire. La plupart restent des endroits chic et chers, mais des agences proposent dans des villes comme Pattaya, Phuket, et Hua Hin des séjours organisés plus accessibles. Le répertoire gratuit de 75 meilleurs terrains de golf publié par la TAT, et des guides tels que *Thailand Golf Map* et *Thailand Golf Guide*, vous aideront à faire votre choix. Il existe une David Leadbetter Academy of Golf à l'excellent **Thana City Golf and Country Club**.

Promenade en forêt à dos d'éléphant

LES PROMENADES À DOS D'ÉLÉPHANT

La mécanisation de l'exploitation forestière puis l'interdiction officielle de l'abattage en 1989 ont ôté leur utilité aux éléphants domestiques. Leur survie était menacée, leur habitat naturel, des forêts de basse terre, ayant en grande partie disparu. Le tourisme leur a donné un nouvel emploi. Une promenade d'une heure suffit amplement pour apprécier la nouveauté de ce mode de locomotion, prendre des photos, bringuebaler dans la jungle et se faire asperger par la trompe de l'animal. La plupart des treks incluent de telles promenades. Les camps de dressage, tels le **centre de dressage d'éléphants Chiang Dao**, le **camp des éléphants Mae Sa** et le **Centre de dressage d'éléphanteaux**, en proposent également. Ils se trouvent pour la plupart à proximité de Chiang Mai. À Bangkok, le **zoo de Dusit** et **Safari World** offrent aussi cette distraction.

Le Natural Park Golf Club de Pattaya

LES TREKS

Des formations karstiques de Krabi et Khao Sok aux massifs montagneux entourant Mae Hong Son et Loei, les marcheurs traversent en Thaïlande des paysages exceptionnels. Plus que les beautés naturelles du pays, c'est cependant la possibilité de visiter les villages de tribus montagnardes qui a transformé dans le Nord la randonnée pédestre en une véritable industrie. Si la rencontre d'ethnies au mode de vie séculaire ne peut qu'être séduisante, le contact permanent avec des touristes menace en même temps ces traditions. De plus, il arrive souvent que les visiteurs se retrouvent dans la position de simples voyeurs, en particulier face à de cyniques exhibitions comme celles des femmes Padaung (p. 206). Un bon guide, parlant les langues des tribus vous accueillant, est nécessaire pour entrer en contact avec les montagnards. Demander l'autorisation avant de prendre une photo est une politesse élémentaire. Les villages proches de Chiang Mai et de Chiang Rai (et, de plus en plus, de Pai et de Mae Hong Son) donnent lieu à une exploitation déprimante. Restez prudents près de la frontière birmane pour ne pas vous retrouver mêlés à des affrontements armés. Le paludisme est une autre source de danger, comme à Kanchanaburi. En général, les risques sanitaires augmentent

Une pause lors d'une randonnée dans le parc national de Khao Yai

plus vous vous éloignez des villes. La plupart des treks durent de trois à quatre jours et comprennent la visite d'au moins un village. Les escroqueries sont fréquentes et la TAT fournit des listes d'agences agréées par la **Guide Association of Chiang Mai** ou le **Jungle Tour Club of Northern Thailand.** Le bouche à oreille reste souvent plus fiable. Tout trek devrait disposer de deux guides compétents pour un groupe n'excédant pas huit personnes. Parmi les précautions à prendre, songez à vous munir de sacs en plastique pour pouvoir y ranger des vêtements mouillés, d'un chapeau et de crème solaire, de pantalons longs, d'insectifuge et de chaussures solides et confortables. N'oubliez pas que les nuits sont froides en montagne. Dormez toujours dans des habits secs,

Légumes délicatement sculptés

quitte à les porter mouillés pendant la journée. La période de novembre à février et le début de la saison pluvieuse, en juin et juillet, sont les plus propices à la randonnée. A défaut de proposer un véritable écotourisme comme **Friends of Nature, Siam Safari, The Trekking Collective** et le **Phuket Trekking Club** jouissent d'une bonne réputation, à l'instar de **The Wild Planet** et **Bike and Travel** qui organisent avec professionnalisme des expéditions à vélo. Khao Yai *(p. 174-175)* et le Sud se prêtent bien à de strictes découvertes de la nature.

MÉDITATION, MASSAGE ET CUISINE

Pour suivre des classes de méditation en anglais, ou participer à des retraites, contactez le **World Fellowship of Buddhists**. Les étrangers sont aussi les bienvenus aux retraites d'un mois de **Northern Insight Meditation Centre**, au strict **Wat Pa Nanachat Beung Rai**, aux classes dominicales et aux retraites du **Wat Borvorniwet** et, les premiers dix jours du mois, à l'**International Dhamma Hermitage**. Ces deux derniers monastères acceptent les femmes auxquelles de nombreux *wats* sont fermés. Le massage traditionnel s'enseigne en anglais au **Wat Pho** *(p. 88-89)* et, dans sa forme plus subtile propre au Nord, dans des centres comme l'**Old Medicine Hospital** et l'**Institute of Thai Massage** de Chiang Mai. Les écoles spécialisées de deux hôtels, le **Dusit Thani** et l'**Oriental** *(p. 389-390)*, ainsi que l'**UFM Baking and Cooking School** et le **Community Services of Bangkok** dispensent des cours de cuisine thaïe, y compris de sculpture sur fruits et légumes.

Promenade en radeau sur la rivière Ping près de Chiang Mai

CARNET D'ADRESSES

LA PLONGÉE SOUS-MARINE

Andaman Divers
Hat Patong, Phuket.
(076) 341126.

Fantasea Divers
219 Rat U-thit Rd,
Patong, Phuket.
(076) 340088.
@ info@fantasea.net

Siam Diving
Palm Beach Resort,
Ko Phi Phi.
(076) 214654.

Marina Divers
120/2 Patak Rd, Karon
Beach, Phuket.
(076) 330272.
@ info@marinadivers.com

Planet Scuba
9 Thonglor Soi 25, Bangkok.
(02) 712 8188.

Samui International Diving School
Angthong Rd, Naton,
Ko Samui.
(077) 231242.

Samui International Diving School
Ko Tao.
(077) 231242.

LA VOILE

Ocean Marina
274 Sukhumvit Rd,
Jomtien, Pattaya.
(038) 237310.

Phuket Yacht Services
Laem Phrao Marina,
Laem Phrao, Phuket.
(076) 224999.

Southeast Asia Live-aboards
113/12 Song Roi Pi Rd,
Patong Beach, Phuket.
(076) 340406.
@ info@sealive-aboards.com

Sunsail
Boat Lagoon,
22/1 Thepkasattri Rd,
Ko Kaew, Phuket.
(076) 239057.
@ sunthai@loxinfo.co.th
w www.sunsail.com

Thai Marine Leisure
70/176 Paradise Complex,
Rat U-thit Rd, Patong,
Phuket.
(076) 391174.

LES SPORTS NAUTIQUES

Deutsches Haus
(pêche en haute mer)
Soi 4 Beach Rd, Pattaya.
(038) 428725.

Phuket Sport Fishing Center
PO Box 214, Phuket town.
(076) 214713.

Santana Canoeing
92/18 Sawatdirak Rd,
Patong, Phuket.
(076) 340360.
w www.santanaphuket.com

Sea Canoe Thailand
367/4 Yaowarat Rd,
Muang Phuket.
(076) 212172.
w www.seacanoe.com
@ metro@seacanoe.com

Sun & Sand Tour
Pearl Hotel, Montri Rd,
Phuket town.
(076) 211044.

LES DESCENTES DE RIVIÈRES

Thai Adventure Rafting
Rungsiyanon Rd, Pai.
(053) 699111.
w www.activethailand.com
@ rafting@active.thailand.com

The Wild Planet
9 Sukhumvit Soi 55,
Bangkok.
(02) 712 8407.
w www.wild-planet.co.th
@ info@wild-planet.co.th

LE GOLF

Natural Park Golf Club
Sur la route 3, km 83, près
de Pattaya.
(038) 393001.

Thana City Golf and Country Club
Bang Na Trat Rd,par la
route 34, km 14, près de
Bangkok.
(02) 336 1976.

LES PROMENADES À DOS D'ÉLÉPHANT

Centre de dressage d'éléphants Chiang Dao
Près de la route 107, 56 km
au nord de Chiang Mai.
(053) 298553.

Camp des éléphants Mae Sa
535 Mu 1 Mae Rim, 20 km
au nord de Chiang Mai.
(053) 297060.

Centre de dressage d'éléphanteaux
Thung Kwian, 37 km au
nord-ouest de Lampang.
(053) 248604 (TAT).

LES TREKS

Bike and Travel
802/756 River Park
Mu 12, Lam Lukka,
Pathum Thani.
(02) 990 0900.

Friends of Nature
133/21 Ratchaprarop Rd,
Bangkok. **Plan** 4 E4–5.
(02) 642 4426.

Guide Association of Chiang Mai
Sarika Tour Co, 1/1
Nimmanhamin Soi 4,
Chiang Mai.
(053) 212942.
@ tatami@samart.co.th

Jungle Tour Club of Northern Thailand
Gem Travel Company,
Charoen Prathet Rd,
Chiang Mai
(053) 271680.
w www.thaifocus.com

Phuket Trekking Club
58/5 Soi Patong Resort,
Bangla Rd, Patong, Phuket.
(076) 341453.
@ trekking@phuket.ksc.co.th

Siam Safari
PO Box 296, Phuket 3000.
(076) 280116.

The Trekking Collective
25/1 Ratchawithi Rd,
Chiang Mai.
(053) 419080.

MÉDITATION, MASSAGE ET CUISINE

Community Services of Bangkok
15/1 Sukhumvit Rd,
Soi 33, Bangkok.
(02) 258 5652.

Institute of Thai Massage
17/7 Morakot Rd,
Chiang Mai.
(053) 218632.

International Dhamma Hermitage
Wat Suan Mok, Chaiya,
Surat Thani.
(077) 431552.

Northern Insight Meditation Centre
Wat Ram Poeng, Canal
Rd, Chiang Mai.
(053) 278620.

Old Medicine Hospital
78/1 Soi Moh Shivagah
Komarapaj, Wualai Road,
Chiang Mai.
(053) 275085.

UFM Baking and Cooking School
593/29-39 Sukhumvit Soi
33/1, Bangkok.
(02) 259 0620 (poste 288).

Wat Borvorniwet
23/2 Mu 7 Khlong Sam,
Khlong Luang, Pathum
Thani.
(02) 524 0257.

Wat Pa Nanachat Beung Rai
Baan Bung Wai, Amphoe
Warinchamrab, Ubon
Ratchathani.

World Fellowship of Buddhists
33 Sukhumvit Rd,
Bangkok.
(02) 251 1188.

RENSEIGNEMENTS PRATIQUES

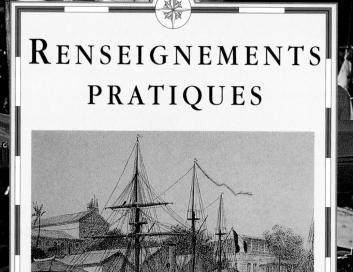

La Thaïlande mode d'emploi 450-465

Aller en Thaïlande et y circuler 466-473

MODE D'EMPLOI

La Thaïlande prend soin de ses touristes et les six millions de personnes qui s'y rendent chaque année y jouissent de structures d'accueil sans équivalent dans le reste de l'Asie. L'office de tourisme thaïlandais (Tourism Authority of Thailand, ou TAT) a son siège à Bangkok, mais il possède de nombreuses antennes dans tout le pays et à l'étranger. Ce guide indique ses adresses pour chaque localité ou site décrits. L'amélioration des infrastructures, publiques et privées, a rendu récemment l'ensemble des régions plus accessibles aux

Relève de la garde royale, Bangkok

étrangers, et ceux-ci n'ont plus autant besoin de se restreindre aux voyages organisés ou aux grandes destinations bien équipées comme Bangkok ou Phuket.

De nombreuses agences de voyages proposent sur place conseils, réservation d'hébergement et de billets de transport, ainsi que visites organisées. Beaucoup peuvent en outre répondre à des demandes particulières. Préparer son voyage permettra notamment au visiteur d'adapter le programme de son séjour aux conditions climatiques (*p. 44-47*).

QUAND PARTIR ?

Un climat tropical vaut à la Thaïlande son haut taux d'humidité toute l'année, des périodes de canicule et des averses diluviennes. Il n'est donc pas surprenant que la haute saison touristique coïncide avec les mois les plus frais et les plus secs, de novembre à février. La saison chaude, de mars à mai, se révèle pour certains insupportable. La saison pluvieuse, qui dure en général de juin à octobre, est celle qui échappe le plus aux prévisions. Elle peut se prêter à un agréable voyage bien que certaines pistes deviennent impraticables.

FAIRE SES BAGAGES

Ne vous encombrez pas, les vêtements sont vraiment bon marché en Thaïlande. Pour visiter temples et musées, il vous faudra une tenue couvrant épaules et jambes. Des chaussures faciles à enlever se révéleront fort utiles. En saison pluvieuse, un imperméable léger offre une protection peu encombrante contre les averses subites. Prévoyez aussi une pharmacie de base (*p. 458*).

LES RÉSERVATIONS

Bangkok sert de plaque tournante pour d'autres destinations en Asie du Sud-Est, et mieux vaut ne pas attendre la dernière minute

pour prendre son billet d'avion, en particulier pendant la haute saison touristique entre novembre et février. Si vous décidez de partir pendant cette période, prévoyez de réserver vol et hébergement de trois à six mois à l'avance.

VISAS ET PASSEPORT

Les ressortissants de l'Union européenne, du Canada et de la Confédération helvétique n'ont pas besoin de visa pour un séjour de moins de 30 jours en Thaïlande, mais la validité de leur passeport doit courir au moins trois mois après l'entrée dans le pays. Les citoyens de petits États européens comme la principauté d'Andorre doivent demander un visa. Si vous envisagez de rester plus d'un mois, vous pouvez obtenir auprès de l'ambassade

ou du consulat de Thaïlande un visa touristique de 60 jours, à condition de disposer d'un passeport valide 6 mois après votre arrivée. Comptez 2 ou 3 jours ouvrables de délai, parfois plus en période chargée. Il existe aussi un visa de 90 jours, mais il faut alors justifier des raisons d'un séjour aussi long. L'entrée en Thaïlande doit avoir lieu dans les 90 jours après l'obtention d'un visa. Les visas de tous types peuvent être prolongés, mais la décision dépend du bon vouloir du bureau de l'immigration de Bangkok ou de ses antennes provinciales. Le **bureau de l'immigration** de Bangkok peut aussi accorder des visas à double entrée, permettant de sortir du pays et d'y revenir dans un délai de 60 jours. Dépasser la durée de séjour autorisée est

Sur la plage de Patong, Phuket

◁ **Samlors** en attente au marché de Lopburi

puni d'une amende de
100 bahts par jour. Au passage
de la frontière, les autorités
peuvent demander aux
voyageurs de présenter un
billet de retour ou un titre de
transport vers un autre pays,
ainsi que de justifier de fonds
suffisants pour leur vie
quotidienne pendant leur
voyage. Avant votre départ,
mieux vaut vous renseigner
auprès de l'ambassade ou
d'un consulat de Thaïlande.
L'ouverture des frontières avec
les pays voisins dépend de la
situation politique du
moment (*p. 456*).
L'ambassade de
Birmanie (Myanmar)
de Bangkok octroie
des visas touristiques
de 4 semaines coûtant
250 bahts.
Les visas laotiens de
15 jours s'obtiennent
souvent plus rapidement en
passant par une agence de
voyages dans une grande ville
comme Chiang Mai ou
Bangkok qu'en s'adressant à
l'ambassade. Le Cambodge
accorde un visa touristique de
4 semaines à l'arrivée à
l'aéroport de Phnom Penh.

LES VACCINS

Aucun vaccin n'est exigé,
à moins de venir d'un pays
où sévit la fièvre jaune mais
mieux vaut, pour tout le
monde, être immunisé contre
la poliomyélite, le tétanos, la
typhoïde et l'hépatite A. Pour
les visiteurs se rendant dans des
zones reculées ou rurales, ou
ceux restant plus de deux ou
trois semaines, une vaccination
contre la tuberculose, l'hépatite B,
la rage, la diphtérie et
l'encéphalite japonaise est
également conseillée (*p. 458-
459*). En ce qui concerne le
paludisme, votre généraliste ou
le service spécialisé d'un hôpital
vous renseignera sur les
dernières prescriptions en
vigueur, elles changent
relativement souvent. Un
traitement préventif commence
avant le départ et doit être
poursuivi quelques semaines
après le retour. Si vous
prévoyez plusieurs vaccinations,
ne vous y prenez pas à la
dernière minute afin de pouvoir
les étaler dans le temps.

LES DOUANES

On vous remettra pendant
le vol un formulaire de
déclaration douanière à
rendre, rempli, après avoir
récupéré vos bagages. La
législation autorise par
personne l'importation de
200 cigarettes, d'un litre de
vin ou d'alcool, d'un appareil
électrique, d'une caméra
vidéo avec trois cassettes et
d'un appareil photo avec cinq
pellicules. Drogues (*p. 456*),
armes à feu et matériel
pornographique sont
strictement interdits.
La Thaïlande autorise
l'importation d'une
voiture ou d'une
moto pendant une
période maximale de
6 mois. Les formalités
se font avant le
départ. Il n'existe pas
de limite supérieure à la
quantité d'argent que vous
pouvez entrer dans le pays,
mais un minimum est en
revanche officiellement exigé.
Il dépend du type de visa.
Une autorisation est
nécessaire pour sortir du pays
plus de 50 000 bahts.
L'exportation d'antiquités ou
de bouddhas est également
soumise à autorisation.
Adressez-vous au
**département des Beaux-
Arts** du Musée national. Il
vous faudra deux photos de
face de l'objet en question.
Certains des magasins
d'antiquités les plus
huppés prennent en
charge ce genre de
démarche. Les
«œuvres d'art»
contemporaines,
comme les peintures
achetées sur les
marchés, ne
requièrent aucune
permission.

**Logo de duty
free**

CARNET D'ADRESSES

Bureau d'immigration
Soi Suanphlu, Sathorn Tai Rd,
Bangkok. 📞 *(02) 287 3101*.

Département des Beaux-Arts
Musée national, 1 Na Phra That
Rd, Phra Nakhon, Bangkok.
📞 *(02) 224 1370*.

AMBASSADES

Belgique
44 Soi Phiphat, Silom Rd,
Bangkok. 📞 *(02) 236 0150*.

Birmanie (Myanmar)
116 Sathorn Nua Rd, Bangkok.
📞 *(02) 234 2258*.

France
35 Soi Rong Phasi Ko, Charoen
Krung Rd.
📞 *(02) 266 8250, (02) 266 8255*

Laos
502/1-3 Soi 39, Ramkamhaeng
Rd, Bangkok.
📞 *(02) 539 6667*.

Malaisie
33-35 South Sathorn Rd,
Bangkok. 📞 *(02) 679 2190*.

LES TAXES D'AÉROPORT

Payable au comptoir
d'enregistrement de
l'aéroport, une taxe de
500 bahts par personne
s'applique aux vols
internationaux (*p. 466-467*).
Pour les vols domestiques,
elle est de 30 bahts.

Bouddhas prêts à la vente

LES INFORMATIONS TOURISTIQUES

L'office de tourisme thaïlandais (TAT) a son siège à Bangkok et possède des antennes dans la plupart des capitales provinciales, ainsi qu'à l'étranger. Il existe aussi un petit guichet de renseignements à l'aéroport de Don Muang. On y obtient des informations pratiques sur les sites et les manifestations, des plans, des brochures et des affiches ainsi qu'une liste d'agences de voyages et d'hôtels de bonne réputation.

Logo de la TAT

LES DROITS D'ENTRÉE

L es droits de visite demandés en Thaïlande restent très bon marché, allant de 10 à 50 bahts pour des établissements publics (y compris la majorité des parcs nationaux) à 100 bahts ou plus pour des musées privés. Les étrangers, paient parfois plus cher. Les *wats* très fréquentés par les touristes demandent un droit d'entrée. Dans les autres, il existe généralement une boîte destinée à recevoir les dons.

Tickets d'entrée de grands sites historiques

LES HEURES D'OUVERTURE

L es principaux sites et monuments ouvrent en majorité tous les jours de la semaine, mais certains musées nationaux ferment les jours fériés et les lundis et mardis. Presque tous les sites peuvent se visiter toute l'année, mais la saison pluvieuse voit se restreindre les liaisons en bateau vers certaines îles du Sud. Certains parcs nationaux ferment aussi à la même période. En général, les grandes attractions touristiques ouvrent à 8 h ou 9 h et ferment entre 15 h 30 et 18 h. Certaines pratiquent aussi une pause déjeuner d'une heure entre midi et 13 h. Les grands magasins ouvrent normalement tous les jours de 10 h à 21 h et les petites boutiques de 8 h à 21 h. Les petites villes possèdent le plus souvent un marché quotidien. Les horaires de bureau sont invariablement de 8 h à midi et de 13 h à 17 h du lundi au vendredi, ceux des services gouvernementaux de 8 h 30 à midi et de 13 h à 16 h 30 les mêmes jours.

LES AMÉNAGEMENTS POUR HANDICAPÉS

Il existe peu d'aménagements pour les handicapés en Thaïlande : seuls les hôtels de standing des grandes villes disposent d'un accès en fauteuil roulant. Le moyen le plus simple de visiter le pays consiste donc à s'inscrire à un voyage organisé (*p. 471*). Renseignez-vous aussi auprès de l'**Association of Physically Handicapped People**.

Phra Si Rattana Chedi, Wat Phra Kaeo, Bangkok

Brochures touristiques diffusées par la TAT

LES AMÉNAGEMENTS POUR ENFANTS

L es Thaïs adorent les enfants et se donneront beaucoup de mal pour vous aider à les satisfaire. Les grands hôtels proposent des services qui leur sont spécialement destinés, et la TAT vous renseignera sur les distractions, telle la visite d'un zoo, à même de les séduire. Dans la plupart des restaurants, le chef acceptera d'adapter un plat pour le rendre moins épicé. Pensez à prévoir chapeau et crème solaire.

LES LIEUX DE CULTE POUR VISITEURS

P lusieurs structures permettent d'approfondir sa connaissance du bouddhisme (*p. 446*). L'**International Buddhist Meditation Centre** tient une liste détaillée des classes disponibles en anglais dans les *wats* de Bangkok et de sa périphérie. La plupart des autres principales religions possèdent des lieux de culte en Thaïlande. Vous en trouverez les coordonnées dans les annuaires disponibles dans les hôtels et les pensions de Bangkok et des capitales provinciales. La **Christ Church** anglicane, la **Holy Redeemer Catholic Church**, le **Jewish Community Centre** et la **Haroon Mosque** (*p. 108*) proposent à Bangkok des offices en anglais.

Panneau invitant à laisser la plage propre à Ko Samet

LES LANGUES

Très peu de Thaïlandais parlent français mais, dans les zones touristiques, il est en général possible de se faire comprendre en anglais et les cartes de restaurant portent souvent le nom des plats dans cette langue. Il existe plusieurs systèmes de transcription de l'écriture thaïe en alphabet latin, et l'orthographe d'un nom de lieu peu terriblement varier entre divers guides, cartes ou panneaux indicateurs. Ses nuances tonales (*p. 500-504*) rendent la prononciation du thaï difficile à maîtriser, mais connaître quelques phrases fondamentales se révélera fort utile, et vos interlocuteurs se montreront enchantés de vous voir faire cet effort.

HEURE ET CALENDRIERS EN THAÏLANDE

Il existe entre la France et la Thaïlande un décalage horaire de six heures en hiver et de cinq heures en été. En décembre, quand il est midi à Paris, il est 18 h à Bangkok. S'ils utilisent les systèmes classiques de mesure du temps sur des bases de 12 et 24 heures, par exemple 5 h de l'après-midi (5 *pm* en anglais) et 17 h, les Thaïlandais divisent aussi la journée en quatre tranches de six heures. «7 h» devient ainsi 1 h du matin et «19 h» 1 h du soir. Cette forme traditionnelle d'indication de l'heure s'applique surtout à la période nocturne, de 18 h à 6 h. L'usage du calendrier grégorien (occidental) s'est largement répandu, mais le calendrier officiel thaïlandais prend pour point de départ le début de l'ère bouddhiste, soit l'an 543 av. J.-C. À l'an 2000 correspondra donc l'an 2543.

LES MESURES

À côté du système métrique en vigueur en Thaïlande subsistent des modes de mesure et de poids traditionnels qui restent parfois utilisés sur les marchés et en province. L'unité monétaire, le baht, est aussi une unité de poids (15 g) servant à évaluer l'or.

LE TABLEAU DES MESURES

De l'impérial au métrique
1 inch = 2,5 centimètres
1 foot = 30 centimètres
1 mile = 1,6 kilomètre
1 ounce = 28 grammes
1 pound = 454 grammes
1 pint = 0,6 litre
1 gallon = 4,5 litres

Du métrique à l'impérial
1 centimètre = *0.4 inch*
1 mètre = *3 feet 3 inches*
1 kilomètre = *0.6 mile*
1 gramme = *0.04 ounce*
1 kilogramme = *2.2 pounds*
1 litre = *1.8 pint*

L'ÉLECTRICITÉ

La Thaïlande est alimentée comme la France en courant alternatif de 220 V et 50 Hz. Les prises encastrées acceptent en général à la fois des fiches rondes et des fiches plates. Les magasins d'équipement électrique vendent des adaptateurs ainsi que des

prises protégées contre les surcharges, un accessoire indispensable à ceux qui se déplacent avec un ordinateur portable. Les coupures de courant deviennent de plus en plus rares. Dans certaines zones rurales, posséder une lampe de poche se révèle souvent pratique.

LA PHOTOGRAPHIE

Prévoyez de protéger vos films, ainsi que vos appareils, de la chaleur et de l'humidité. Comme dans tout pays, la politesse requiert de demander l'autorisation avant de photographier quelqu'un, en particulier s'il s'agit d'un moine ou d'un membre de tribu montagnarde dont les croyances peuvent s'y opposer.

Quelques prises électriques utilisables en Thaïlande

Savoir-vivre

Ce n'est pas un hasard si la Thaïlande est souvent appelée le «pays des sourires». Ses habitants se montrent extrêmement accueillants et serviables, et s'entendre avec eux n'a rien de difficile : il suffit de sourire et de rire beaucoup. Le bouddhisme les incite à une grande tolérance, et les situations conflictuelles peuvent aisément s'éviter avec de la courtoisie et du bon sens. Quelques tabous, principalement liés à la monarchie et, la religion, existent cependant. Les visiteurs se doivent en particulier de se comporter avec respect dans les *wats* et devant toute image du Bouddha. Maîtriser ses émotions est à la base de l'éducation thaïe. Perdre son sang-froid en public ou se mettre à crier ne peut que causer de l'embarras et ne dénouera jamais un problème.

Le roi Bhumibol en déplacement au Wat Benchamabophit

Le *wai* demeure
le salut traditionnel

SALUER

Les Thaïlandais se saluent en pressant les paumes l'une contre l'autre et en inclinant légèrement le buste. Ce geste, appelé *wai*, dérive d'une ancienne salutation destinée à montrer qu'aucune des deux parties ne portait d'arme. Des règles complexes régissent le *wai* en fonction du statut social, du sexe et de l'âge des personnes. Une personne de rang inférieur adresse un salut en premier et le marque de manière plus prononcée. Les Thaïs n'attendent toutefois pas des étrangers qu'ils maîtrisent de telles subtilités et l'attitude la plus simple consiste à reproduire à l'identique tout salut qui vous est fait. Normalement, un adulte ne rend toutefois pas un *wai* à un enfant ou à du personnel à son service tel que serveurs de restaurant et vendeurs de rue. Les Thaïlandais s'appellent par leur prénom. Pour les hommes comme pour les femmes, la forme d'adresse polie consiste à faire précéder ce prénom du titre honorifique « *khun* ».

LES ATTITUDES CORPORELLES

Considérée comme sacrée, la tête ne doit jamais être touchée. À l'inverse, les pieds sont la partie impure du corps. Les tourner vers quelqu'un, ou vers une image du Bouddha, est une forme d'affront. Quand vous vous asseyez sur le sol, repliez les jambes sur le côté, et si vous vous levez au milieu d'autres personnes assises, n'essayez pas de les enjamber mais laissez-leur le temps de se déplacer.

LA MONARCHIE

La famille royale jouit d'un profond respect en Thaïlande et le crime de lèse-majesté y reste passible de prison. Une critique ou une remarque désobligeante offensera toujours des Thaïs. De même, il ne faut pas traiter à la légère pièces de monnaie, billets ou timbres car ils portent l'effigie du roi. Il est également interdit de photographier certains lieux sacrés liés à la royauté comme le *bot* du Wat Phra Kaeo qui abrite le Bouddha d'Émeraude.

L'HYMNE NATIONAL

La radio et des haut-parleurs, dans de petites villes et certains lieux publics comme le parc Lumphini ou la gare Hua Lamphong à Bangkok,

Les pieds ne doivent jamais être tournés vers une image du Bouddha

Moines mendiant leur nourriture

diffusent l'hymne national deux fois par jour, à 8 h et à 18 h. La politesse requiert d'interrompre ses occupations et de rester debout. L'hymne ouvre aussi chaque séance de cinéma et le public se lève alors devant un portrait du roi projeté à l'écran.

LES MOINES

Le respect porté à la communauté monastique *(sangha)* ne vient qu'en second après celui dû à la monarchie. La majorité des tabous dans les rapports avec les moines tient au fait qu'ils ne doivent avoir aucun contact physique avec les femmes. Celles-ci éviteront donc de s'asseoir à côté d'eux dans les transports publics. Si une femme veut remettre un objet à un moine, elle doit soit le confier à un intermédiaire masculin, soit le poser à proximité du religieux pour qu'il le prenne. Ces règles ne s'appliquent pas aux nonnes. Rien n'interdit de parler aux moines et beaucoup d'entre eux ne demandent qu'à perfectionner leur anglais avec des visiteurs. Ils ne rendent cependant jamais les *wai*.

Panneau du Wat Phra Kaeo, Bangkok

L'ÉTIQUETTE DANS LES TEMPLES

Même si vos raisons de visiter un *wat* n'ont rien de religieux, n'oubliez pas en pénétrant dans l'enceinte d'un temple qu'il s'agit d'un lieu de culte et de recueillement, et votre comportement n'a pas à troubler la paix. Vous devrez porter une tenue correcte, des vêtements propres et ne révélant pas les épaules et les jambes au-dessus du mollet. Les chaussures s'enlèvent à l'entrée des édifices. Enjambez le seuil sans poser le pied dessus car, pour les Thaïlandais, l'un des neuf esprits habitant une construction y a sa résidence. Toute image du Bouddha est sacrée, aussi petite ou négligée soit-elle, et il ne faut jamais s'asseoir les pieds pointés dans sa direction. Si une partie d'un *wat* est interdite aux femmes, un panneau l'indique généralement.

SAVOIR S'HABILLER

Les Thaïlandais sont pudiques et une tenue décente, à la ville comme en campagne, évitera de les embarrasser. Les femmes, en particulier, devraient prendre soin de ne pas porter de shorts ou de minijupes, ni de hauts trop moulants ou décolletés. Vous ne verrez quasiment jamais au restaurant une Thaïlandaise vêtue d'une robe découvrant ses épaules. La loi interdit de se baigner nu et même dans les stations balnéaires où dominent les Occidentaux, le port du monokini reste considéré comme une attitude offensante envers les gens du pays.

COMMUNIQUER

Le marchandage fait partie des traditions thaïlandaises *(p.430)* et, bien que chacun développe sa propre technique, qu'elle utilise le sourire ou un visage de marbre, il est important de ne pas se montrer trop âpre ou trop agressif. De même, faites preuve de patience avec les réceptionnistes, les serveurs ou le personnel des hôtels. Élever la voix ou se mettre en colère est perçu comme un manque de savoir-vivre et un signe de faiblesse. Les étrangers habitués à obtenir des résultats en manifestant de l'irritation risquent fort de se retrouver face à des gens qui préféreront les ignorer que régler le différend.

Marchandage sur le quai de la gare de Hua Hin

LE POURBOIRE

L'habitude du pourboire se répand en Thaïlande, à l'exemple des établissements occidentalisés. En taxi, si vous n'avez pas négocié le prix de la course au préalable, le chauffeur s'attendra à ce que vous l'arrondissiez à la dizaine de bahts supérieure. Portiers, coiffeurs et barbiers attendent souvent aussi un pourboire.

FUMEURS, NON-FUMEURS

La plupart des restaurants possèdent des zones fumeurs à l'exception des fast-foods de chaînes occidentales qui bannissent généralement la cigarette. Il est également interdit de fumer dans les cinémas, les grands magasins et dans les transports publics de Bangkok. Fumer reste en revanche le plus souvent autorisé dans les bus de province et dans les trains.

Santé et sécurité

La Thaïlande n'est pas un pays dangereux et suivre quelques règles élémentaires de prudence permet à l'immense majorité de ses visiteurs de ne pas y rencontrer de problèmes. Méfiez-vous surtout des rabatteurs vous proposant de spectaculaires bénéfices en cas d'achat de pierres précieuses et ne perdez jamais votre carte bancaire des yeux. Les services sanitaires et de police se montrent efficaces dans tout Bangkok et dans les capitales provinciales. Toutefois, plus vous vous éloignerez des centres urbains et plus les risques sanitaires augmenteront. Les principaux hôpitaux des grandes villes disposent d'un matériel moderne et de médecins bien formés parlant souvent au moins l'anglais.

Agent de la police touristique (béret) et policier normal

EN CAS D'URGENCE

Il n'existe pas de numéro d'urgence national et les opérateurs de la compagnie de téléphone ne parlent pas anglais. En cas de problème, vous pouvez appeler entre 8 h et minuit le Tourist Assistance Centre qui contactera le service approprié, telle la police mobile métropolitaine pour les urgences générales à Bangkok. Pendant les heures d'ouverture, vous pouvez aussi vous adresser à la TAT (p. 452). À Bangkok, tous les hôpitaux possèdent un service d'urgences ouvert 24 h / 24.

Camion de pompiers

Ambulance

PRÉCAUTIONS GÉNÉRALES

Selon les statistiques officielles, les agressions sont beaucoup moins fréquentes en Thaïlande que dans nombre de pays européens. Mieux vaut toutefois rester vigilant dans les sites touristiques, les aéroports et les gares et les gares routières. Des pickpockets y opèrent et c'est là que des personnes extrêmement sympathiques viennent lier connaissance avec des visiteurs pour les conduire très habilement jusque chez un «cousin» ou un «oncle» qui a, comme par hasard, une affaire exceptionnelle à proposer. Une autre forme d'escroquerie consiste à imprimer plusieurs reçus lors d'un paiement avec une carte bancaire (p. 461). Si vous déposez des objets de valeur dans le coffre d'un hôtel ou d'une pension, exigez un reçu détaillé stipulant en particulier les numéros des chèques de voyage et gardez votre carte bancaire sur vous.

LA DROGUE

La détention de drogue, même en petite quantité et y compris la marijuana, est très sévèrement punie en Thaïlande. En passer à la frontière entraîne des sanctions encore plus lourdes pouvant aller jusqu'à la peine de mort. Surveillez vos bagages et ne prenez jamais en charge celui d'un inconnu, aussi «sympathique» soit-il.

LES ZONES DANGEREUSES

Même si la situation s'est considérément apaisée ces dernières années, des risques de troubles continuent d'exister dans certaines régions frontalières, et il est déconseillé de s'y risquer seul sur des routes écartées. S'il s'agit plutôt, près de la Birmanie et du Cambodge, de risques de «débordements» depuis l'étranger, dans le Sud, les troubles ont pour origine un mouvement musulman, le PULO, actif dans les provinces de Pattani, de Yala et de Narthiwat.

LES FEMMES VOYAGEANT SEULES

Une femme seule risque peu d'être importunée en Thaïlande, notamment à Bangkok. Les Thaïlandais trouvent cependant un voyageur solitaire bien à plaindre et ils chercheront parfois à lui tenir compagnie par compassion. Il reste néanmoins plus prudent de se

Voiture de la police touristique présente surtout dans les villes

joindre à un groupe lors de trajets en campagne ou de nuit et de trouver un contact fixe que vous pourrez tenir informé de vos déplacements. Dans les hôtels et les pensions, assurez-vous que la porte de votre chambre ferme à clé.

LA POLICE TOURISTIQUE

Créée en 1982, la police touristique dépend de la TAT et de ses antennes. Tous ses agents parlent au moins anglais et parfois français. C'est à eux que vous devez vous adresser pour un problème tel qu'escroquerie à la carte bancaire ou note de bar indûment augmentée. Ils peuvent aussi se montrer utiles en cas d'urgence et servir d'interprètes. À Bangkok, le siège de la police touristique se trouve en face de l'entrée sud-ouest du parc Lumphini. Le Tourist Assistance Centre est lui aussi habilité à traiter les plaintes concernant des fraudes envers des visiteurs.

Badge de la police touristique

LES PROBLÈMES JURIDIQUES

En cas d'accident avec une voiture de location, mieux vaut souvent rouler jusqu'au plus proche téléphone pour appeler la police touristique ou le Tourist Assistance Centre plutôt que rester sur place. Si vous avez un problème grave, contactez votre ambassade (p. 451). Un répondeur vous donnera la nuit le numéro du fonctionnaire de garde. Certaines assurances couvrent les frais juridiques.

Sigle de la Croix-Rouge thaïlandaise

L'ÉQUIPEMENT MÉDICAL

Si votre carte bancaire ou votre assurance voiture ne vous procurent pas déjà un service d'assistance à l'étranger, il est fortement recommandé de prendre avant le départ une assurance médicale, après en avoir lu attentivement les clauses. Les hôpitaux de Bangkok sont modernes, propres et efficaces. Certains médecins parlent bien l'anglais. L'ambassade de France (p. 451) tient une liste de médecins francophones. En province, ce sont les grandes villes qui disposent des meilleures infrastructures : Khon Kaen en Isan, Chiang Mai dans le Nord et Phuket dans le Sud. En cas d'urgence, vous pouvez vous adresser à un hôpital militaire. Si vous avez un problème oculaire ou dentaire, préférez un traitement à Bangkok. La Croix-Rouge thaïlandaise, sur Rama IV, n'assure pas de soins mais fait des vaccinations.

LES PHARMACIES

Les pharmacies possèdent la même enseigne dans tout le pays. Elles ouvrent normalement de 8 h à 21 h bien que dans le centre de Bangkok, autour de Silom Road et Sukhumvit Road, certaines ne ferment qu'à 22 h ou 23 h. Elles sont nombreuses dans la capitale et bien fournies en médicaments récents. Certains antibiotiques peuvent s'obtenir sans ordonnance. Les pharmacies sont nettement plus rares et moins approvisionnées en campagne. Dans des régions reculées, il peut ainsi s'avérer difficile de se procurer des serviettes hygiéniques.

NUMÉROS D'URGENCE

Tourist Assistance Centre
(02) 281 5051 (Bangkok).

Police mobile métropolitaine
191,123 (Bangkok).

POLICE TOURISTIQUE

Bangkok
1155.

Chiang Mai
(053) 248130.

Ko Phuket
(076) 225361.

Ko Samui
(077) 421360/421098.

Surat Thani
(077) 421281.

HÔPITAUX

Bangkok
Bangkok General Hospital,
Soi Soonvijai, New Petchaburi Rd.
(02) 310 3000.

Bumrungrad Hospital,
Sukhumvit, Soi 3.
(02) 667 1000.

Chiang Mai
McCormick Hospital,
Kaew Nawarat Rd.
(053) 240823.

CONSEILS SANITAIRES

Institut Pasteur
01 40 61 38 00.
www.institutpasteur.fr

LES TOILETTES PUBLIQUES

Tous les hôtels et beaucoup de pensions possèdent des toilettes à l'occidentale mais l'approvisionnement en papier est souvent aléatoire. Les Asiatiques trouvent son usage très peu hygiénique. Parfois, un jet sert à se laver. Dans certains restaurants et de nombreux sites, les toilettes seront à « la turque ». Un seau et une louche posés à côté permettent de se rincer. Le papier se jette dans une corbeille.

Enseigne de pharmacie

S'ADAPTER AU CLIMAT

S'habituer à la chaleur et à l'humidité qui règnent en Thaïlande peut souvent prendre plus de temps que prévu et mieux vaut se ménager pendant les premiers jours : buvez beaucoup, de l'eau en bouteille de préférence, reposez-vous et évitez de vous

Un bon moyen de se rafraîchir

activer en plein soleil aux heures chaudes. Même cette étape franchie, les risques de déshydratation ne doivent pas être négligés. Au besoin, salez un peu plus vos aliments. Des vêtements ou des chaussures trop serrés risquent de provoquer des irritations bénignes, portez plutôt des tenues amples et 100 % coton. Un défaut d'évacuation de la sueur peut provoquer la fièvre miliaire *(prickly heat)*, une désagréable éruption cutanée. Une médication locale à base de talc apaisera la démangeaison. Elle a aussi un usage préventif. N'oubliez pas la violence du soleil sous les tropiques et protégez-vous avec un chapeau et un écran solaire.

Traitement de la miliaire

LA TROUSSE À PHARMACIE

Vous trouverez tout ce dont vous avez besoin dans les grandes villes, mais mieux vaut emporter en zone rurale ou sur des îles reculées quelques produits médicaux de base : médicaments si vous suivez un traitement ; de l'aspirine ou du paracétamol pour les fièvres et douleurs ; un désinfectant ; des

Le baume du Tigre fait office de panacée en Asie

comprimés type Alka-Seltzer pour les digestions difficiles ; de l'insectifuge ; des pansements ; des ciseaux ; une pince à épiler et un thermomètre. Le baume du Tigre est en Asie le remède miracle pour les maux de tête, les courbatures et les piqûres d'insectes.

PETITS TROUBLES DIGESTIFS

La diarrhée est un mal dont souffrent les voyageurs dans le monde entier. Elle peut avoir simplement pour cause le changement de climat ou d'alimentation, mais aussi des bactéries présentes dans l'eau ou la nourriture. Au cas où vous seriez atteint, mangez non épicé pendant quelques jours et buvez beaucoup pour éviter de vous déshydrater. L'eau du robinet est à déconseiller, vous trouverez de l'eau en bouteille à peu près partout dans le pays. Les glaçons servis dans les hôtels et les restaurants ne devraient pas poser de problème, mais refusez la glace pilée des vendeurs de rue. Parmi ces derniers, choisissez ceux qui jouissent d'une importante clientèle locale. Une précaution simple contre les risques d'infection consiste à manger des fruits pelés et les viandes et les légumes bien cuits. Un estomac vide appréciera peu un mets épicé. Nouilles frites, plats de riz et soupes de nouilles sont généralement faciles à digérer. Si votre diarrhée persiste ou si vous remarquez des traces de sang dans les selles, n'hésitez pas à consulter un médecin. Une solution réhydratante, disponible dans les pharmacies, ou un traitement aux antibiotiques s'avère peut-être nécessaire.

LES PIQÛRES, COUPURES ET MORSURES

En zone rurale, portez des chaussures montantes et des pantalons pour marcher dans les étendues herbeuses ou en forêt, ne serait-ce que pour décourager les sangsues (en saison pluvieuse). Peu de

serpents sont dangereux. En cas de morsure, bandez fermement la plaie, gardez le membre immobile et cherchez immédiatement une assistance médicale. Du vinaigre apaisera une piqûre de méduse. Le venin léger que sécrète le corail rend les coupures qu'il cause longues à cicatriser. Nettoyez toute plaie avec un désinfectant et laissez-la autant que possible exposée à l'air pour lui permettre de sécher.

LES MALADIES TRANSMISES PAR LES INSECTES

On compte 410 espèces de moustiques en Thaïlande, dont 7 qui transmettent le paludisme (ou malaria), maladie dont les symptômes associent migraine, fièvre et frissons. Si vous les éprouvez, consultez immédiatement un médecin. Les grandes villes et stations balnéaires sont considérées comme sûres, et les zones les plus exposées se trouvent aux frontières avec la Birmanie et le Cambodge et, dans une moindre mesure, dans quelques secteurs ruraux au nord de Chiang Mai. Elles varient toutefois constamment. Pour vous renseigner sur les traitements préventifs les plus efficaces, adressez-vous à un centre régional spécialisé ou à l'**institut Pasteur** *(p. 457)*. La meilleure prévention consiste à ne pas se faire piquer. Les moustiques sont actifs du coucher au lever du soleil. Utilisez insectifuges, tortillons antimoustiques et moustiquaires pour les tenir à l'écart. Portez des vêtements clairs (les couleurs sombres les attirent). Assis à une table, il vaut mieux poser les pieds sur

Insectifuge et tortillons : deux armes contre les moustiques

Les currys épicés sont déconseillés aux estomacs délicats

des eaux douces (lac ou rivière) où vit un mollusque nécessaire à son cycle de développement provoque la bilharziose en pénétrant la peau. Les premiers symptômes, malaise général, douleurs abdominales et urines sanglantes, n'apparaissent en général que plusieurs semaines plus tard. La meilleure prévention consiste à ne pas se baigner dans des endroits à risque.

LES MALADIES TRANSMISES PAR LA NOURRITURE ET L'EAU

Parmi les diverses affections causées par l'ingestion d'eau ou d'aliments contaminés, la dysenterie, une grave infection intestinale, peut prendre deux formes. Bacillaire, elle se manifeste par une violente diarrhée souvent sanguinolente, des maux d'estomac, de la fièvre et des vomissements. Très contagieuse, elle dure cependant rarement plus d'une semaine. La dysenterie amibienne provoque moins de fièvre mais risque, non traitée, de devenir chronique. Si vous pensez être atteint, en particulier si vous remarquez du sang dans vos selles, consultez au plus vite un médecin. L'hépatite A, pour laquelle il existe un vaccin, provoque principalement une grande fatigue, des vomissements et une perte d'appétit. Jaunissement du blanc de l'œil, selles claires et urine foncée sont ses symptômes les plus caractéristiques. Repos et régime sans matière grasse ni alcool constituent le meilleur traitement. Le choléra déclenche des diarrhées et des vomissements à répétition qui deviennent vite aqueux. Le vaccin n'est pas fiable, tout comme celui de la typhoïde, la seule prévention efficace consiste à surveiller l'hygiène de son alimentation et à éviter les zones d'épidémie.

un tabouret (ou une caisse, etc.) que les laisser par terre, surtout en sandales ou les chevilles dénudées. Une précaution supplémentaire consiste à dormir dans le souffle d'un ventilateur. C'est un moustique diurne qui transmet la dengue, une maladie virale rarement fatale qui provoque fièvre, migraines, douleurs articulaires et musculaires et éruption cutanée. Très peu d'insectes sont toutefois infectés. Il n'existe pas de traitement préventif. Transmise par un moustique nocturne et des tiques, l'encéphalite japonaise sévit dans le Nord et dans certaines zones rurales, en particulier pendant la saison pluvieuse. Elle a pour symptômes poussée de fièvre, maux de tête, frissons et vomissements. Il existe un vaccin, recommandé pour un séjour prolongé dans une zone à risque.

LES MALADIES TRANSMISES PAR L'HOMME ET LES ANIMAUX

Le SIDA est un des risques sanitaires majeurs en Thaïlande. Il peut se transmettre par transfusion sanguine (préférez les grands hôpitaux) ou lors d'une injection (assurez-vous que les aiguilles soient neuves ou apportez les vôtres). Tatouage, perçage d'oreilles ou travaux dentaires avec du matériel non stérilisé risquent aussi de l'inoculer. Le principal mode de transmission reste cependant le rapport sexuel. Toute relation sans préservatif fait courir de sérieux risques dans un pays où la prostitution est devenue une industrie *(p.112)*, d'autant que d'autres maladies sexuellement transmissibles telles que la blennorragie et la syphilis sont courantes en Thaïlande. L'hépatite B a les mêmes modes de transmission que le SIDA et peut provoquer une grave détérioration du foie. Le vaccin est conseillé. Il suffit parfois d'un coup de langue sur une égratignure pour attraper la rage. Toute morsure par un chien, un chat ou un singe doit être immédiatement nettoyée et montrée à un médecin. Le traitement implique une longue série d'injections. Beaucoup plus répandu dans les pays en voie de développement qu'en Europe, le bacille du tétanos pénètre dans l'organisme par le biais d'une coupure ou d'une morsure. La maladie se manifeste tout d'abord par une contracture des muscles faciaux puis de l'ensemble du corps. Comme pour la rage, toute plaie doit être immédiatement nettoyée et montrée à un médecin. Le vaccin nécessite un rappel tous les dix ans pour rester efficace. Un ver minuscule présent dans

Bouteille d'eau

Banques et monnaie

Logo de la Siam Commercial Bank

Vous ne pourrez pas vous procurer d'argent thaïlandais avant votre départ, mais Bangkok et toutes les grandes villes de province renferment de nombreux établissements de change bien tenus et faciles d'accès. Les guichetiers parlent normalement l'anglais. Les banques offrent les meilleurs taux et les francs français sont partout acceptés. Une carte bancaire internationale vous permettra d'utiliser directement des distributeurs de billets (ATM). En zone rurale, hors des destinations touristiques, le change est parfois impossible et mieux vaut prévoir une somme suffisante en bahts, en évitant les trop grosses coupures.

Siège de la Hongkong and Shanghai Bank, à Bangkok

LES BANQUES ET LEURS HORAIRES D'OUVERTURE

Les trois principales banques sont la Bangkok Bank, la Thai Farmers Bank et la Siam Commercial Bank, mais la Bank of Ayudhya et la Thai Danu Bank ont aussi des succursales dans tout le pays. Parmi les établissements étrangers offrant des services commerciaux figurent la Bank of America, la Citibank, la Banque Indosuez, la Chase Manhattan Bank, la Deutsche Bank, la Standard Chartered Bank et la Hongkong and Shanghai Bank. Les agences bancaires sont généralement ouvertes de 8 h 30 à 15 h 30 du lundi au vendredi. Les bureaux de change ouvrent souvent tous les jours et ferment plus tard. Les grandes banques permettent d'effectuer des transferts financiers internationaux. Beaucoup, en particulier dans les villes, proposent un distributeur de billets.

LES DISTRIBUTEURS DE BILLETS

La plupart des distributeurs de billets fournissent des instructions à la fois en thaï et

Un distributeur automatique de billets (ATM)

en anglais. Un panonceau signale ceux qui acceptent les cartes VISA ou MasterCard internationales. Ils permettent

de retirer de l'argent en bahts avec son code confidentiel. De telles transactions donnent lieu à commission. Si vous devez séjourner plusieurs mois dans le pays, ouvrir un compte dans une banque thaïlandaise vous donnera accès à un plus vaste réseau et évitera ces frais supplémentaires. Même si toutes les banques ne disposent pas de formulaires en anglais, l'un des guichetiers devrait pouvoir vous aider.

LE CHANGE

Les banques offrent les meilleurs taux de change et ils diffèrent peu d'un établissement à l'autre. Ce sont les hôtels qui proposent les moins avantageux. Les taux peuvent varier grandement d'un bureau de change à un autre, mais vous trouverez ce type d'établissement partout à Bangkok, dans les grands magasins, les centres commerciaux, sur les principales artères et même, souvent, dans des véhicules

---

CARNET D'ADRESSES

BANQUES THAÏLANDAISES

Bangkok Bank
333 Silom Rd, Bangkok.
☎ (02) 231 4333.

Bank of Ayudhya
550 Phloen Chit, Bangkok.
☎ (02) 255 0022.

Siam Commercial Bank
1060 Petchaburi Rd, Bangkok.
☎ (02) 256 1234.

Thai Danu Bank
393 Silom Rd, Bangkok.
☎ (02) 230 5000.

Thai Farmers Bank
1 Thai Farmers Lane, Ratburana Rd, Bangkok.
☎ (02) 470 1122.

BANQUES ÉTRANGÈRES

Bank of America
2/2 Wireless Rd, Bangkok.
☎ (02) 251 6333.

Citibank
82 North Sathorn Rd, Bangkok.
☎ (02) 232 2000.

Credit Agricole Indosuez
152 Wireless Rd, Bangkok.
☎ (02) 651 4590.

Deutsche Bank
208 Wireless Rd, Bangkok.
☎ (02) 651 5000.

Hongkong and Shanghai Bank
Silom Rd, Bangkok.
☎ (02) 233 1904-17.

Standard Chartered Bank
990 Rama IV Rd, Abdul Rahim Building, Bangkok.
☎ (02) 636 1000.

CARTES

American Express
☎ (02) 273 0033 ;
(02) 273 0044 (urgences).

MasterCard
☎ (001800) 11887 0663.

VISA
☎ (02) 256 7326.

spécialement aménagés près des attractions et des marchés touristiques. Ils sont généralement ouverts tous les jours de 7 h à 21 h. Le *Bangkok Post* et le *Nation* publient quotidiennement les taux de change.

LES CARTES BANCAIRES

Beaucoup d'hôtels, les grands magasins et les boutiques et restaurants haut de gamme acceptent les règlements par carte bancaire. C'est un reçu signé qui valide le paiement. Ce système impose certaines précautions : gardez précieusement le carbone, ne laissez pas l'impression du reçu se faire hors de votre présence, ne vous séparez jamais de votre carte. Une escroquerie classique consiste en effet à imprimer d'autres reçus qui serviront à régler à vos frais d'importantes dépenses grâce à une signature imitée. Une carte bancaire permet aussi de retirer de l'argent dans les distributeurs, aux guichets des principales banques et auprès de certains bureaux de change. Les cartes les plus répandues sont la VISA et la MasterCard.

LA MONNAIE

L'unité monétaire thaïlandaise est le baht (B en abrégé), lui-même divisé en cent *satang* bien que le *satang* représente une somme si minime que son usage disparaît. Même le terme *saleng*, correspondant à 25 *satang*, devient superflu. Les billets ont les valeurs suivantes : 10 bahts (peu à peu retiré de la circulation), 20 bahts, 50 bahts, 100 bahts, 500 bahts et 1 000 bahts. Obtenir la

Logos de deux grandes banques thaïlandaises

monnaie de grosses coupures s'avère souvent difficile en campagne. Les pièces sont de 25 *satang* (1 *saleng*), 50 *satang*, 1 baht, 5 bahts et 10 bahts. Sur les plus récentes, la valeur apparaît aussi en chiffres arabes. Les vieilles pièces de 1 baht et 5 bahts, qui ne portent que des chiffres en thaï et peuvent prêter à confusion par leurs dimensions différentes des nouvelles, sont en voie de disparition.

LES CHÈQUES DE VOYAGE

Les chèques de voyage offrent le moyen le plus sûr de transporter de l'argent et les banques les échangent à un meilleur taux que le liquide. Elles prélèvent cependant une commission qui rend plus coûteux de changer plusieurs petits chèques qu'un gros.

LA TVA

L'État thaïlandais perçoit une taxe à la valeur ajoutée de 7 % sur les biens et les services. En pratique, seuls les hôtels, les restaurants et les magasins haut de gamme la prélèvent et il est rarement intéressant de la récupérer sur un achat *(p. 430)*.

20 bahts

100 bahts

50 bahts

500 bahts

1 000 bahts

Les pièces existent dans les valeurs suivantes :

25 *satang*   50 *satang*   1 baht   5 bahts   10 bahts

Communications et médias

Appels nationaux

Géré par la Telephone Organization of Thailand (TOT), sous la surveillance de la Communication Authorithy of Thailand (CAT), le réseau téléphonique est en constante modernisation. Il existe plusieurs sortes de téléphones publics, ceux servant aux appels internationaux ne permettent pas d'appeler à l'intérieur du pays et vice versa. Centres d'affaires et grands hôtels offrent un service de fax. Si la poste se révèle pratique pour expédier des paquets, mieux vaut passer par un service de messagerie pour un courrier urgent ou pour des objets précieux. Il est difficile de trouver des journaux français hors de Bangkok et des grandes stations balnéaires, mais plusieurs quotidiens et magazines thaïlandais en anglais ont une diffusion nationale.

Publiphone vert à carte pour les appels locaux et interurbains

APPELS INTERNATIONAUX

La plupart des hôtels et des pensions offrent la possibilité d'appeler l'étranger, mais ils prélèvent un supplément de 30 à 40 %. Des centres d'affaires permettent dans les petites villes de téléphoner et d'envoyer fax et télex. La poste centrale (GPO) de Bangkok sur Charoen Krung (New) Road et certaines grandes postes de province comprennent un bureau de la CAT permettant de régler des communications téléphoniques par carte bancaire et de demander un appel en PCV. Pour appeler directement à l'étranger d'une chambre d'hôtel, passez par la réception ou composez le 001 suivi de l'indicatif du pays et du numéro de votre correspondant. Le plein tarif s'applique de 7 h à 21 h, la réduction est de 30 % de minuit à 5 h et de 20% le reste du temps. Les publiphones bleus ou jaunes installés dans les rues, les centres commerciaux et les aéroports sont réservés aux appels internationaux. Ils acceptent certaines cartes bancaires et les cartes téléphoniques Lenso vendues dans les postes et les boutiques portant le logo.

APPELS LOCAUX

Il est possible d'effectuer des appels locaux depuis tous les publiphones sauf les jaunes et les bleus réservés aux appels internationaux. Les publiphones rouges à pièces ne permettent que les communications locales. Ils sont en voie de disparition. Les publiphones bleu et argent (à pièces) et verts (à carte) autorisent les appels interurbains. Ceux-ci incluent les communications entre régions thaïlandaises, mais aussi celles en direction de la Malaisie et du Laos, que l'on peut appeler directement avec le bon indicatif de zone. Les publiphones à pièces fonctionnent avec des pièces de 1 B, 5 B et 10 B, exception faite des publiphones rouges qui n'acceptent pas les pièces de 10 B. Les appareils installés dans les hôtels n'acceptent parfois que les pièces de 5 B. Les communications locales (à l'intérieur d'une zone de même indicatif) coûtent 1 B la minute. Des téléphones à cartes équipent centres commerciaux et aéroports dans tout le pays. Les cartes, de 25 B, 50 B, 100 B et 240 B, s'achètent dans les postes, les librairies et les hôtels. Il existe une version en anglais de l'annuaire publié par Shinawatra. Vous pourrez la consulter dans de nombreux hôtels et restaurants de Bangkok. Elle est beaucoup plus rare dans le reste du pays, surtout hors des capitales provinciales.

UTILISER UN PUBLIPHONE INTERNATIONAL

5 Attendez la tonalité et composez le 001 puis le numéro.

4 L'écran affiche votre crédit.

3 Pour un autre appel, appuyez sur le bouton « Next Call ».

2 Choisissez la langue des instructions avec ce bouton.

1 Décrochez puis insérez la carte ici. Appuyez sur le bouton pour la récupérer.

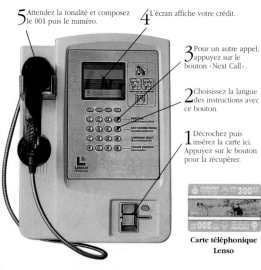

Carte téléphonique Lenso

TÉLÉVISION ET RADIO

La Thaïlande possède cinq chaînes de télévision qui diffusent pour certaines des émissions en anglais, notamment des bulletins d'information retransmis par la radio en FM. Beaucoup de villes de province ne reçoivent qu'une chaîne nationale et une chaîne locale. De plus en plus nombreux, les programmes musicaux, sportifs et d'information diffusés par satellite ou par câble augmentent considérablement le choix disponible. Beaucoup d'hôtels les proposent. Le *Bangkok Post* et le *Nation* ont une rubrique télévision.

Il existe plus de 400 radios en Thaïlande et, rien qu'à Bangkok, 41 émettent sur la bande FM et 35 en modulation d'amplitude (AM). La radio nationale propose des programmes en anglais de 6 h à 23 h sur 97 FM. La section *Outlook* du *Bangkok Post* signale des stations musicales animées en langue anglaise, tandis que *Focus*, dans le *Nation*, indique les fréquences en ondes courtes de stations étrangères comme Radio France International, Radio Canada, la BBC, Radio Australia et la Deutsche Welle.

QUOTIDIENS ET MAGAZINES

Quelques points de vente, tel The Bookseller au cœur de Patpong *(p. 112)* à Bangkok, diffusent de la presse française. Pour les anglophones, les deux meilleurs quotidiens en langue

Quotidiens en langue anglaise publiés à Bangkok

anglaise d'Asie, le *Bangkok Post* et *Nation*, fournissent des informations fiables aussi bien sur le plan local qu'au niveau national ou international. Tous les jours, des cahiers spéciaux, *Outlook* pour le *Post* et *Focus* pour *Nation*, donnent des adresses de restaurants et des programmes de cinémas, de concerts et d'expositions. Très dépendants des dépêches d'agence, *Business Day* et *Thailand Times* sont beaucoup moins complets. *Asia Times*,

NUMÉROS UTILES

- Pour un appel dans la même province, ne composez que le numéro (7 chiffres à Bangkok, 6 ailleurs).
- Un appel dans une autre province doit commencer par l'indicatif (qui débute par un 0). Celui de Bangkok est 02, ceux des autres provinces ont 3 chiffres.
- Pour appeler l'étranger, composez 001 puis l'indicatif du pays (33 pour la France, 32 pour la Belgique, 41 pour la Suisse, 1 pour le Canada). Il faut ensuite parfois omettre le premier 0 du numéro.
- Les renseignements se joignent par le 13 à Bangkok et le 183 ailleurs.
- Le 100 permet de joindre un opérateur international ou de signaler un défaut technique.
- L'opérateur des appels intérieurs se joint au 101.
- Pour un appel en PCV, passez par l'opérateur international au 100.
- Tous les services tels que l'horloge parlante ou les renseignements sont en thaï.
- Pour un réveil téléphonique, contactez la réception de votre hôtel.

TÉLÉPHONES UTILES

RENSEIGNEMENTS TÉLÉPHONIQUES

Agglomération urbaine de Bangkok
📞 13.

Provinces
📞 183.

OPÉRATEUR

Interurbain, y compris la Malaisie et le Laos
📞 101.

International
📞 100.

Dans les kiosques voisinent des journaux en thaï et en anglais

lancé en 1996, est un journal d'affaires centré sur l'Asie du Sud-Est. Les librairies anglaises des chaînes Asia Books et DK Books *(p. 435)* proposent les éditions singapouriennes de l'*International Herald Tribune* et de l'*Asian Wall Street Journal* ainsi qu'une sélection d'hebdomadaires et de mensuels internationaux, occidentaux mais aussi asiatiques comme le *Far Eastern Economic Review* (FEER) et *AsiaWeek* de Hong Kong. Parmi les publications mensuelles locales en anglais figurent le magazine de programmes *Metro (p. 440)*, *Manager*, un périodique d'informations économiques et générales, et le *Thailand Tatler* consacré aux potins mondains. *This Week Thailand, Bangkok Guide* et *Bangkok Dining and Entertainment* sont diffusés gratuitement, entre autres dans les bars et restaurants.

La poste de Phra Sing dans le centre de Chiang Mai

LA POSTE

Les lettres et les cartes postales mettent généralement au moins une semaine à atteindre l'Europe et l'Amérique du Nord. Les timbres, disponibles dans toutes les postes, peuvent aussi s'acheter dans de nombreux hôtels qui, pour les plus importants, s'occuperont aussi de poster votre courrier. La poste thaïlandaise propose deux services de transport de colis : par avion et par bateau. Le second est très intéressant mais impose un délai de livraison de deux à trois mois. Il est arrivé que des paquets disparaissent, pour de petits objets de valeur, préférez la messagerie express internationale (EMS). Vous pourrez faire empaqueter vos colis ou acheter des emballages normalisés dans la plupart des bureaux de poste. Toutes les postes centrales (GPO) du pays permettent de recevoir du courrier en poste restante. Elles le conservent habituellement pendant trois mois. Pour le retirer, il vous faudra présenter votre passeport et parfois verser une somme modique. Les lettres doivent porter votre nom écrit en majuscules et souligné et, comme adresse : poste restante, GPO, « adresse de la poste », « ville », Thailand.

Les plus grandes postes sont ouvertes de 8 h à 20 h en semaine et de 8 h à 13 h les week-ends. Les bureaux moins importants ouvrent de 8 h 30 à 16 h 30 en semaine et de 9 h à 12 h le samedi.

FAX, TÉLEX ET TÉLÉGRAMMES

Les grands hôtels mettent à disposition de leurs hôtes un service de fax et de télex mais, comme dans le cas du téléphone, ils perçoivent une importante commission. Il sera en général moins coûteux de passer par les bureaux d'Overseas Telegraph and Telephone existant dans de nombreuses villes et souvent ouverts 24 h / 24. Ils permettent également d'envoyer des télégrammes. Certaines antennes de la TAT et des agences indépendantes permettent également de recevoir et d'envoyer des fax.

LES SERVICES DE MESSAGERIES

Les principales compagnies internationales de messagerie telles que **DHL** et **FedEx** opèrent depuis la Thaïlande. Elles assurent un transport rapide de courrier et de colis par avion. Leur coût est toutefois prohibitif pour l'envoi de gros objets comme du mobilier pour lesquels il vaut mieux passer par la poste pour les expédier par bateau. De nombreux magasins se chargent aussi des expéditions

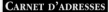

LES ADRESSES

Les adresses sont compliquées en Thaïlande. Le système de numérotation ne concerne pas uniquement des rues mais aussi des pâtés de maisons *(blocks)*. Par exemple, un établissement situé 349/2-3 Sukhumvit Road occupera les numéros 2 et 3 du *block* 349. Depuis la plupart des grandes artères rayonnent en outre de nombreux *sois* (ruelles). Le 123 Sukhumvit Soi 14, Khlong Toey, Bangkok se trouve ainsi au numéro 123 du *soi* 14 donnant dans Sukhumvit Road dans le district de Khlong Toey à Bangkok. Certains *sois* possèdent aussi un nom en plus d'un numéro. Une complication supplémentaire provient de la numérotation par *mu*, une petite aire administrative spécifique, à l'origine souvent un village, qui reste en vigueur dans les villes ayant absorbé des localités voisines. Hors des grandes cités, une adresse comporte en général plus simplement un numéro et les noms de la rue, du village, du groupe de villages *(tambon, voir ci-contre)*, du district et de la province.

Boîte aux lettres

Les timbres les plus répandus en Thaïlande portent l'effigie du roi Bhumibol

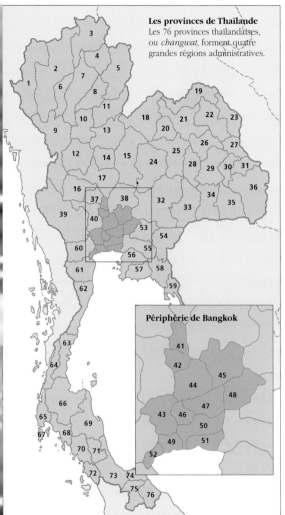

Les provinces de Thaïlande

Les 76 provinces thaïlandaises, ou *changwat*, forment quatre grandes régions administratives.

Périphérie de Bangkok

LES PROVINCES THAÏLANDAISES

PAK NUA

1 Mae Hong Son
2 Chiang Mai
3 Chiang Rai
4 Phayao
5 Nan
6 Lamphun
7 Lampang
8 Phrae
9 Tak
10 Sukhothai
11 Uttaradit
12 Kamphaeng Phet
13 Phitsanulok
14 Phichit
15 Phetchabun
16 Uthai Thani
17 Nakhon Sawan

ISAN

18 Loei
19 Nong Khai
20 Nong Bua Lum Phu
21 Udon Thani
22 Sakhon Nakhon
23 Nakhon Phanom
24 Chaiyaphum
25 Khon Kaen
26 Kalasin
27 Mukdahan
28 Maha Sarakham
29 Roi Et
30 Yasothon
31 Amnat Charoen
32 Khorat (Nakhon Ratchasima)
33 Buri Ram
34 Surin
35 Si Sa Ket
36 Ubon Ratchathani

PAK KLANG

37 Chai Nat
38 Lop Buri
39 Kanchanaburi
40 Suphan Buri
41 Sing Buri
42 Ang Thong
43 Nakhon Pathom
44 Phra Nakhon Si Ayutthaya
45 Saraburi
46 Nonthaburi
47 Pathum Thani
48 Nakhon Nayok
49 Samut Sakhon
50 Krung Thep Maha Nakhon (Bangkok)
51 Samut Prakan
52 Samut Songkhram
53 Prachin Buri
54 Sa Kaeo
55 Chachoengsao
56 Chon Buri
57 Rayong
58 Chanthaburi
59 Trat
60 Ratchaburi
61 Phetchaburi
62 Prachuap Khiri Khan

PAK TAI

63 Chumphon
64 Ranong
65 Phangnga
66 Surat Thani
67 Phuket
68 Krabi
69 Nakhon Si Thammarat
70 Trang
71 Phatthalung
72 Satun
73 Songkhla
74 Pattani
75 Yala
76 Narathiwat

LE DÉCOUPAGE ADMINISTRATIF

La Thaïlande possède un découpage administratif sophistiqué qu'il s'avère parfois utile de connaître pour effectuer certaines démarches ou se déplacer dans des zones situées hors des circuits touristiques. D'une superficie de 500 000 km², le territoire national est divisé en quatre grandes régions : Pak Nua (le Nord) ; Isan (le Nord-Est) ; Pak Klang (Bangkok, la Plaine centrale et le golfe de Thaïlande) et Pak Thai (le Sud). Ces régions réunissent en tout 76 provinces (*changwat*), administrées chacune par un gouverneur nommé par l'État. Leur capitale porte le titre d'*amphoe muang*. Au nombre de 722 au total, les districts (*amphoe*) qui forment ces provinces sont eux-mêmes divisés en sous-districts (*king amphoe*) puis en groupes de villages (*tambon*), 7 019 pour l'ensemble du pays. Ces derniers ont tous à leur tête un chef élu, le *kamnan*, à l'instar des 64 450 villages (*mu ban*) thaïlandais représentés par un *phuyaiban*.

ALLER EN THAÏLANDE ET Y CIRCULER

C'est par avion que la plupart des visiteurs arrivent en Thaïlande, et de nombreuses compagnies aériennes desservent Bangkok, avec ou sans escale, au départ des capitales occidentales. L'avion offre aussi un moyen rapide de circuler à l'intérieur d'un pays bien doté en aéroports nationaux. Un vol vers une autre nation de l'Asie du Sud-Est vous reviendra souvent moins cher si vous achetez votre billet en Thaïlande

Logo de la Thai Airways

plutôt qu'en Europe. Les trains sont confortables et ponctuels, bien qu'un peu lents. Il n'existe toutefois que peu de lignes. L'une d'elles rejoint Singapour via Kuala Lumpur. Des autocars climatisés assurent des liaisons entre toutes les grandes villes d'où des autobus desservent les localités environnantes. Taxis, *songthaews*, *tuk-tuks* et cyclo-pousses offrent un large éventail de possibilités pour les petits trajets locaux.

Boeing 747 aux couleurs de la Thai Airways

ARRIVER EN AVION

De nombreuses compagnies aériennes, asiatiques notamment, proposent des liaisons régulières entre Bangkok et les capitales européénnes et d'Amérique du Nord. Depuis Paris, un vol direct, sur un avion de la **Thai Airways**, d'**Air France** ou de **Garuda Indonesia**, durera environ douze heures. En haute saison, de décembre à mars, mieux vaut réserver sa place à l'avance.

TARIFS AÉRIENS

La concurrence qui règne entre compagnies aériennes ouvre aujourd'hui un très large éventail de tarifs pour une même destination. Les prix varient notamment en fonction de la date de départ. Réserver tôt permet souvent d'obtenir des réductions. Comparez les propositions des agences de voyages en étudiant attentivement les conditions, en particulier en cas d'annulation. Plus éprouvez que les liaisons directes, les vols avec escale sont en général moins chers.

L'AÉROPORT DE DON MUANG

L'aéroport international de Bangkok, appelé Don Muang, offre à la majorité des visiteurs leur premier contact avec la Thaïlande. Bien équipé et doté d'une signalisation efficace, c'est l'un des plus modernes d'Asie. Préparez-vous cependant à devoir patienter aux comptoirs d'immigration. Si vous n'avez rien à déclarer, empruntez la douane le couloir vert. L'aéroport comprend trois terminaux, un pour les lignes intérieures et deux pour les vols internationaux (1 et 2). Ces deux derniers sont situés à une courte distance à pied l'un de l'autre, et un tapis roulant les relie au terminal des lignes intérieures. Des navettes gratuites circulent aussi en permanence entre eux. Le hall d'arrivée du terminal 1 propose de loin le plus de services, y compris des guichets de change et un bureau de poste

ouverts 24 h/ 24, des distributeurs automatiques de billets, une clinique, un bureau d'informations touristiques et un comptoir de réservation hôtelière. Pour le prix d'une petite commission, vous pourrez y retenir une chambre dans l'un des établissements affiliés à la Thai Hotels Association *(p. 382)*. Le hall de départ abrite des restaurants, des bars et une consigne. L'aéroport se trouve à moins de 100 m d'un quartier urbain renfermant un marché, des boutiques, des restaurants et des stands de plats préparés. Des hôtels des environs louent aussi des chambres pendant la journée pour des périodes de trois heures.

LIAISONS ENTRE L'AÉROPORT ET BANGKOK

Par la route, le temps nécessaire pour parcourir les 25 km séparant Don Muang du centre peut durer de vingt minutes à plus de trois heures. Mieux vaut éviter les heures de pointe. Si vous avez déjà effectué une réservation dans un hôtel, vérifiez qu'il n'offre pas un service gratuit de navettes avec l'aéroport. Le comptoir de la Thai Hotels

Avions stationnés à Don Muang

Plaque verte d'une
limousine de l'aéroport

Plaque jaune d'un taxi
agréé par l'aéroport

Plaque blanche d'un
taxi urbain ordinaire

Association devrait pouvoir vous renseigner. Quelques palaces proposent une liaison payante par hélicoptère à leurs clients. La Thai Airways gère une flotte de limousines climatisées et de minibus desservant les principaux hôtels. Les taxis doivent avoir l'aval de l'aéroport (ils portent alors une plaque jaune). Ignorez tous les rabatteurs, aussi serviables ou «officiels» qu'ils puissent paraître. Ne vous fiez pas aux promesses de course très bon marché, ni aux remarques qu'ils pourraient formuler sur l'hôtel que vous avez choisi. Cherchez plutôt le comptoir des taxis installé dans le hall d'arrivée de chaque terminal. Vous pourrez y acheter un billet à prix fixe (autour de 300 bahts selon la destination en ville), autorisant à monter à plusieurs dans le véhicule. Une passerelle rejoint la gare située en face de l'aéroport. Des trains en partent toutes les quinze ou trente minutes pour la gare de Hua Lamphong d'où vous pourrez prendre des taxis à compteur pour atteindre votre destination. Les voyageurs aventureux sans trop de bagages peuvent essayer de prendre les autobus urbains dont l'arrêt se trouve à une centaine de mètres à droite de la sortie de l'aéroport. Tous les kiosques distribuent normalement une carte des bus. Le 59 conduit au Democracy Monument. Il est recommandé aux femmes seules de ne monter que dans un taxi agréé ou un minibus de la Thai Airways.

CARNET D'ADRESSES

COMPAGNIES AÉRIENNES

Air France
📞 (02) 635 1199.

Bangkok Airways
📞 (02) 229 3456.

Cathay Pacific Airways
📞 (02) 263 0606.

Garuda Airways
📞 (02) 285 6470.

Malaysia Airlines
📞 (02) 263 0565.

Air India
📞 (02) 235 0557.

Singapore Airlines
📞 (02) 236 0440.

Thai Airways International
📞 (02) 628 2000.

United Airlines
📞 (02) 253 0558.

VOLS INTÉRIEURS

La **Thai Airways** et la **Bangkok Airways** desservent les grandes capitales provinciales telles que Chiang Mai, Hat Yai et Phuket, ainsi que des villes comme Ranong, Mae Sot et Phrae. Pour certaines destinations comme Ko Samui et Sukhothai, il n'existe que des vols de la Bangkok Airways. La compagnie **Orient Airlines**, qui desservait les stations balnéaires comme Pattaya et Phuket, ne semble plus assurer de service régulier. Agences de voyages et hôtels vendent des billets. Si on a réservé directement auprès de la compagnie, les billets doivent être retirés à l'aéroport une heure avant le décollage. Il est difficile d'obtenir une place en période de vacances, les jours fériés et les week-ends.

Bus reliant l'aéroport de Don Muang au centre de Bangkok

AÉROPORT	📞 RENSEIGNEMENTS	DISTANCE JUSQU'EN VILLE	PRIX MOYEN EN TAXI	DURÉE MOYENNE DU TRAJET
Bangkok Vols intérieurs	(02) 535 1111 (02) 535 1253	Centre-ville 25 km	300 bahts	Train : 50 minutes Route : 1-2 heures
Chiang Mai	(053) 270222	Centre-ville 7 km	250 bahts	Route : 30 minutes
Phuket	(076) 3272307	Patong 50 km	400 bahts	Route : 45 minutes
Ko Samui	(077) 245601	Chaweng 26 km	150 bahts	Route : 30 minutes

Circuler en train, en autocar et en bateau

Gérés par le SRT (State Railway of Thailand), les chemins de fer thaïlandais comprennent quatre lignes principales reliant Bangkok au Nord, au Nord-Est, à l'Est et au Sud. Les trains sont confortables et sûrs, mais les temps de trajet s'avèrent parfois légèrement plus longs qu'en autocar et le réseau ne dessert pas certaines grandes villes comme Phuket et Chang Rai. Les autocars offrent un moyen économique de rejoindre toutes les principales cités d'où des bus locaux rayonnent vers les plus petites localités. Des liaisons maritimes régulières permettent de rejoindre les îles les plus importantes.

File d'attente à un guichet de la gare de Hua Lamphong, Bangkok

LE RÉSEAU FERROVIAIRE

Hua Lamphong, la principale gare de Bangkok, dessert les quatre grandes lignes. La première rejoint Chiang Mai par la Plaine centrale, la deuxième, qui se divise ensuite en deux, va jusqu'à Nong Khai et Ubon Ratchathani en Isan, la troisième dessert la région de Pattaya et le Cambodge. La quatrième traverse toute la péninsule jusqu'au Malaisie. Toutefois, la gare de Thonburi à Bangkok Noi est la gare principale de départ pour le Sud. Des trains en partent également vers Kanchanaburi et Suphan Buri.

Fenêtre d'un compartiment de première classe

LES TRAINS

Les trains sont classés en Special Express, Express, Rapid et Ordinary, selon leur vitesse. Même en Express, les temps de trajets sont parfois plus longs que par la route. Il faut par exemple de onze à treize heures pour rejoindre Chiang Mai depuis Bangkok. La première classe (réservée aux Express et Special Express) offre des cabines individuelles climatisées. Les voitures de seconde classe, ventilées ou climatisées, possèdent des sièges inclinables. Dans les trains de nuit, des banquettes se transforment en couchettes. Les toilettes (il devrait y en avoir au moins une à l'occidentale) se trouvent en queue de wagon. La plupart des visiteurs trouvent la seconde classe suffisamment confortable et bien plus agréable pour de longs parcours que le car. Les bancs en bois de deux ou trois places des troisièmes classes très bon marché les rendent peu adaptées à de longs déplacements. Dotés de wagons-restaurants sur les longues distances, les trains sont, sauf exception, propres et bien entretenus. Des vendeurs y circulent pour proposer des rafraîchissements.

LES BILLETS DE TRAIN ET TARIFS

Les visiteurs disposent à la gare de Hua Lamphong d'un horaire en anglais et d'un service de réservation dont le personnel parle anglais. En périodes de pointe (week-ends et vacances), certains trains affichent complets très à l'avance. Certaines agences de voyages assurent aussi des réservations ferroviaires. Les tarifs varient en fonction de la rapidité du train. Un voyage en deuxième classe entre Bangkok et Chiang Mai coûte environ 280 B, plus un supplément de 50 B à 80 B en Rapid ou en Express. Le prix d'un billet aller Bangkok-Ayutthaya ira de 15 B à 120 B. Il existe des cartes de réduction, mais il faut vraiment se déplacer beaucoup en train sur une période de vingt jours pour qu'elles présentent un intérêt. Vous pourrez vous renseigner à Hua Lamphong.

LES AUTOCARS

Depuis les gares routières est (Ekamai), nord (Morchit) et sud (Pin Klao) de Bangkok, des autocars climatisés et dotés de toilettes et de sièges inclinables rejoignent directement la

Gare de Hua Lamphong, Bangkok

EASTERN & ORIENTAL EXPRESS

L'Eastern & Oriental Express qui relie Bangkok à Singapour entretient la tradition mythique de l'Orient Express. Le voyage dure trois jours et deux nuits et comprend une étape à Butterworth (Penang) et à Kuala Lumpur en Malaisie. Les voitures présentent une somptueuse décoration Art déco et renferment des cabines simples ou doubles, ainsi que des suites présidentielles. Le train comprend deux wagons-restaurants, un salon, un bar et une plate-forme panoramique. Un tel luxe a un prix dispendieux.

Dîner dans l'Eastern & Oriental Express

plupart des capitales provinciales. De grandes villes comme Chiang Mai, Phitsanulok, Khorat et Surat Thani servent également de plaques tournantes, aussi bien pour des destinations lointaines que pour des dessertes locales. Un trajet Bangkok-Chiang Mai dure environ dix heures. Les autocars «VIP» renferment moins de places et sont donc plus confortables. Pour les trajets de nuit, mieux vaut prévoir de quoi se couvrir, même si des couvertures sont normalement fournies.

Tickets de bus

LES BILLETS D'AUTOCAR ET TARIFS

Un trajet en autocar coûte environ le même prix qu'en train en seconde classe. Les «VIP» sont plus chers. Réservez un jour ou deux à l'avance auprès d'une agence de voyages ou à la gare routière si vous vous déplacez un week-end ou en période de vacances. En temps normal, il suffit de se présenter une demi-heure avant le départ. Les billets sont toujours des allers simples.

BUS LOCAUX

Relativement fréquents et fiables, les autobus de la compagnie nationale (Bor Kor Sor ou BKS) offrent le mode de transport le meilleur marché de Thaïlande. Réserver est rarement nécessaire. Le ticket se paie fréquemment au conducteur ou au receveur. Presque toutes les villes ont un terminus BKS. Moins chers et plus lents, ceux qui ne sont pas climatisés *(rot thamadaa)* s'arrêtent presque partout en chemin. Les véhicules climatisés *(rot aer ou AC)* ne fournissent pas toujours de couverture et mieux vaut emporter de quoi se couvrir, surtout la nuit. Les bus locaux permettent de rejoindre de nombreux villages et sites et, souvent, de faire d'intéressantes rencontres. Ils se révéleront cependant presque toujours lents et bondés, parfois en mauvais état. Les moines ont priorité sur les sièges situés à l'arrière, tenez-vous prêts à leur céder la place. Les femmes ne doivent pas rester assises à côté d'eux *(p. 455)*.

CARNET D'ADRESSES

INFORMATIONS FERROVIAIRES

Gare de Hua Lamphong
Krung Kasem Rd, Bangkok.
(02) 223 3762.
Bureau des réservations ouvert de 7 h à 16 h.

Gare de Thonburi / Bangkok Noi
Arun Amarin Rd, Bangkok Noi.
(02) 411 3102.

Gare de Chiang Mai
Charoen Muang Rd, Chiang Mai.
(053) 242094.

Eastern & Oriental Express
(02) 216 8661 (Bangkok).
(65) 392 3500 (Singapour).

GARES ROUTIÈRES

Bangkok
Ekamai Bus Terminal (est)
Sukhumvit Rd, Bangkok.
(02) 391 2504.

Morchit Bus Terminal (nord et nord-ouest)
Kampheng Phet Rd, Morchit, Bangkok.
(02) 936 2852.

Pin Klao Bus Terminal (sud)
Nakhon Chai Si Rd, Phra Pin Klao, Bangkok.
(02) 435 1199.

Chiang Mai
Chiang Mai Arcade, Kaew Nawarat Rd, Chiang Mai.
(053) 242664.

REJOINDRE LES ÎLES

Il existe des liaisons régulières en bateau entre Surat Thani et les îles de Ko Samui, Ko Pha Ngan et Ko Tao, et entre Ko Phi Phi et Phuket et Krabi. Les îles plus petites sont moins bien desservies – parfois juste par des navettes improvisées par des pêcheurs. Les agences de voyages devraient pouvoir vous fournir un horaire approximatif. Il faut parfois attendre avant de partir un nombre suffisant de passagers. De nombreuses liaisons cessent en saison pluvieuse.

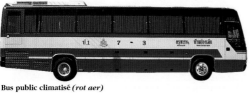

Bus public climatisé *(rot aer)*

Les transports locaux

Tuk-tuk à Bangkok

Bangkok est certainement une des capitales les plus encombrées du monde. Prendre les vedettes de la Chao Phraya Express vous évitera embouteillages et pollution. Moins de problèmes de circulation se posent en province et cyclo-pousses *(samlors)*, tuk-tuks et *songthaews* offrent des moyens de se déplacer à la fois pratiques et exotiques. Les visiteurs s'apercevront qu'ils ne peuvent parcourir de longues distances à pied sans se voir proposer un mode de transport. Les courses en *samlor* et en *tuk-tuk* se marchandent. Ne montez pas avant d'être d'accord sur un prix.

Un *songthaew*, moins cher et plus sûr qu'un *tuk-tuk*

SONGTHAEWS, SAMLORS ET TUK-TUKS

Les camionnettes découvertes, appelées *songthaews* («deux rangs») car elles sont équipées de deux banquettes à l'arrière, sont plus fréquentes que les bus urbains hors de Bangkok. Lorsqu'elles suivent des lignes régulières, parfois indiquées en anglais sur les côtés, le prix du trajet est fixe, généralement entre 20 et 40 bahts. Elles peuvent aussi se louer comme un taxi. Il arrive que les chauffeurs attendent d'avoir un nombre suffisant de passagers avant de démarrer. Les cyclo-pousses, ou *samlors* «trois-roues», ont disparu de Bangkok, mais restent répandus en province. Très appréciées des visiteurs bien que parfois instables, leurs versions motorisées ont pris le surnom de *tuk-tuk* à cause du vacarme produit par leurs moteurs à deux temps introduits par les Japonais pendant la Seconde Guerre mondiale. Tous les trajets en tricycle se négocient avant le départ. 30 à 60 bahts est un prix raisonnable pour un court trajet.

CIRCULER À BANGKOK

Vous disposerez pour vos déplacements dans la capitale Thaïlandaise aussi bien de bateaux que de taxis, de limousines, de bus ou de *tuk-tuks*. Entrepris dans les années 90, le Skytrain est un métro aérien unique dans le pays. Votre hôtel ou la TAT vous indiqueront quelle partie du réseau est entrée en service. Les vedettes de la Chao Phraya Express circulent toutes les dix ou vingt minutes et s'arrêtent à de nombreux embarcadères. Des bacs assurent des traversées entre les deux rives du fleuve et il est possible de louer un «longue-queue» (p. 70) à certains quais pour explorer les *khlongs*. Les arrêts de la Chao Phraya Express et du Skytrain apparaissent sur les plans de l'atlas de rues des pages 138-145. Les bus qui circulent sur des voies réservées sont parfois le mode de transport le plus rapide à Bangkok. La *Tourist Map Bangkok City* et la *Tour 'n' Guide Map Bangkok* indiquent les lignes de bus. Les bus bleus climatisés (signalés par les lettres «AC» dans les rubriques consacrées dans ce guide aux sites de la capitale) et les microbus roses et gris (signalés par un «M») sont confortables et desservent des itinéraires fréquentés. Les bus ordinaires sont bon marché et circulent dans toute la ville, y compris le soir.

LES TAXIS

Des taxis à compteur, reconnaissables à leur panneau «Taxi-meter», circulent à Bangkok, Chiang Mai et Hat Yai. Les taxis sans compteur (devenus rares et déconseillés à Bangkok) imposent de marchander la course avant de monter. Les chauffeurs tendent à ne connaître que les noms des principaux hôtels et sites.

TAXI-METER

Panneau sur le toit d'un taxi à compteur de Bangkok

L'idéal consiste à avoir un papier portant l'adresse de sa destination écrite en thaï. Près des marchés notamment, il existe aussi des motos taxis (prix à négocier). Les conducteurs portent un numéro sur la veste.

Cyclo-pousse, ou *samlor*, dans une station balnéaire

Les visites organisées

Des centaines d'agences de voyages installées à Bangkok, Chiang Mai et d'importantes destinations touristiques comme Phuket, ainsi que de nombreux hôtels et pensions proposent dans tout le pays des visites organisées très variées. Il existe des circuits urbains d'une journée offrant un aperçu des principaux monuments, jusqu'à des excursions de plusieurs jours permettant de découvrir des villes différentes. Ces prestations ont naturellement des coûts plus élevés que les transports publics mais simplifient parfois beaucoup les déplacements, par exemple dans la périphérie de Bangkok. Elles laissent toutefois rarement le temps de flâner à sa guise.

que des véhicules tout-terrain pour rejoindre des lieux reculés.

Les stations balnéaires offrent un large choix de promenades en bateau, mais elles suivent souvent les mêmes itinéraires. Des excursions jusque dans des îles isolées peuvent durer plusieurs jours. Elles incluent généralement la possibilité de pratiquer la plongée sous-marine *(p. 446)* et l'hébergement se fait parfois sur le bateau.

S'INSCRIRE À UNE VISITE ORGANISÉE

Participer à un voyage organisé depuis son pays d'origine offre le moyen le plus aisé d'avoir un premier contact avec la Thaïlande. Ces voyages durent le plus souvent une à deux semaines et incluent quelques nuits à Bangkok, avant un séjour dans une station balnéaire ou une excursion à Chiang Mai et le Triangle d'Or. Il existe aussi des formules plus spécialisées, centrées, par exemple, sur la randonnée dans le Nord *(p. 446)* ou la gastronomie. Parmi les grands organismes ayant leur siège à Bangkok figurent **Thai Overland Travel & Tour** et **NS Travel & Tours.** En province, la plupart des hôtels et des pensions proposent des excursions dans la région ou sont en contact avec une agence locale. Les bureaux de la TAT tiennent aussi des listes d'agences fiables. Les visites d'une journée peuvent en général se réserver la veille. Pour un voyage plus

long, renseignez-vous précisément sur les conditions d'hébergement et de transport. Dans la plupart des cas, on viendra vous chercher à votre hôtel ou à votre pension.

EN CAR ET EN BATEAU

De nombreuses agences utilisent des cars « VIP » climatisés et dotés de sièges inclinables et de toilettes. Des minibus climatisés sont également fréquents, ainsi

LES VISITES GUIDÉES

La qualité du personnel accompagnant les randonnées dans le Nord est des plus variables, or un guide compétent est indispensable pour se risquer dans la jungle et visiter les tribus montagnardes. La Professional Guide Association publie une liste, disponible dans les bureaux de la TAT, de guides à la réputation établie.

Promenade à dos d'éléphant, une activité populaire dans le Nord

---

CARNET D'ADRESSES

PRINCIPALES AGENCES DE VISITES ORGANISÉES

Arlymear Travel
6ᵉ ét., CCT Building, 109 Surawong Rd, Bangkok.
((02) 238 0890.

Diethelm Travel
Kian Gwan Building II, 140 Witthayu Rd, Bangkok.
((02) 255 9205.

Inthanon Tour
95/19 Huay Kaew Rd, Chiang Mai.
((053) 212373.

NS Travel & Tours
133/19-20 Ratchaprarop Rd, Bangkok.
((02) 246 5659.

Perfect Tour
1034/34 Soi Saphankhu, Rama IV Rd, Bangkok.
((02) 679 8501.

Silver Queen
291 Chaofa Rd, Phuket.
((076) 222623.

Songserm Travel
51-53 Satun Rd, Phuket.
((076) 222570.

STA Travel
14ᵉ ét., Wall Street Tower Building, Suriwong Rd, Bangkok.
((02) 233 2633.

Thai-Indochina Tour Co
753 Silom Rd, Bangkok.
((02) 635 0500.

Thai Overlander Travel & Tour
407 Sukhumvit Rd, Bangkok.
((02) 258 4778.

World Travel Service Ltd
1053 Charoen Krung, Rd, Bangkok.
((02) 233 5900.

Louer une voiture, une moto ou une bicyclette

Borne
kilomé-
trique

Conduire en Thaïlande requiert de s'habituer à rouler à gauche et d'affronter nids-de-poule, véhicules en mauvais état et conducteurs indisciplinés. Louer une voiture avec un chauffeur offre un moyen plus sûr de sortir des sentiers battus. La qualité des services proposés par les agences de location de véhicules varie énormément, mais de grandes sociétés internationales ont des succursales à Bangkok et dans les capitales provinciales.

Enseigne d'une compagnie
locale de location de voitures

LOUER UNE VOITURE

Hormis pour les ressortissants de l'Ansea (Association des nations du Sud-Est asiatique), il faut un permis international valide pour louer une voiture. Les grandes compagnies internationales comme **Avis** et **Hertz**, qui ont des agences dans certains aéroports et dans les principales villes, proposent les véhicules les plus sûrs et les meilleurs systèmes d'assurance et d'assistance. Les tarifs s'échelonnent d'environ 1 800 bahts pour une journée à 35 000 bahts le mois. Les contrats des autres compagnies doivent être épluchés avec soin. Exigez un document prouvant que le véhicule est assuré.

LOUER UNE VOITURE AVEC CHAUFFEUR

De nombreuses agences de location permettent de s'offrir la sécurité d'une voiture conduite par un chauffeur, habitué aux conditions de circulation en Thaïlande, pour un surcoût n'atteignant souvent pas 50 % du prix du véhicule loué seul. Certains chauffeurs se révèlent parfois des guides intéressants. **Siam Express** propose des forfaits incluant voiture, chauffeur et hébergement dans une large gamme d'hôtels.

LOUER UNE MOTOCYCLETTE

Pensions et agences spécialisées louent dans les grandes villes et les zones touristiques des vélomoteurs et des motos de tous types pour des prix modiques, de 200 à 300 bahts par jour en moyenne. Les véhicules demandent toutefois à être soigneusement inspectés avant le départ. Vérifiez au moins l'état des pneus, les

freins et d'éventuelles fuites d'huile. Et insistez pour avoir une assurance, quitte à la prendre à vos frais. Quelques précautions élémentaires s'imposent : porter un casque, des chaussures fermées, un pantalon et des manches longues, redoubler d'attention sur les pistes et éviter de rouler seul en campagne.

LES STATIONS-SERVICE

Hormis dans les régions les plus reculées, les stations-service sont modernes en Thaïlande, et la plupart vendent du carburant sans plomb. Les pompistes vous serviront, nettoieront votre pare-brise et vérifieront la pression des pneus. Certaines possèdent un mécanicien à demeure ou peuvent au moins vous en recommander un. La plupart ont une petite boutique et toutes proposent au moins des toilettes à l'asiatique. Beaucoup restent ouvertes 24 h / 24, les autres ferment vers 20 h.

La compagnie pétrolière PTT
a des stations dans tout le pays

STATIONNER

À Bangkok, les parkings à étages sont généralement liés à un hôtel ou à un grand magasin et offrent un stationnement gratuit permanent à leurs hôtes et de deux ou trois heures aux clients faisant tamponner leur ticket à la caisse. Le paiement s'effectue à la sortie. Se garer ailleurs en ville peut s'avérer difficile. En province, de nombreux hôtels et de grandes pensions possèdent un parking gratuit. Dans les villes les plus calmes, on peut généralement laisser sa voiture n'importe où, à condition de ne pas gêner la circulation. Dans tout le pays, des bandes rouges et blanches sur le trottoir signalent une interdiction de stationner.

Vélomoteurs en location dans la ville de Naton, Ko Samui

Agent de la circulation à un carrefour de Bangkok

ROUTES ET SIGNALISATION ROUTIÈRE

Les routes nationales à plusieurs voies existent principalement dans Bangkok et sa périphérie. Les autoroutes (*expressways*) sont à péage, y compris celle conduisant à l'aéroport de Bangkok. Il faut avoir la monnaie dans les guichets opérés manuellement. La somme est indiquée au-dessus. Nombre des rues de la capitale sont à sens unique, mais une voie est parfois réservée aux bus circulant en sens inverse. Les routes nationales (aussi appelées *highways*) possèdent de bons revêtements. L'état des routes provinciales est très variable. Les petites routes reliant les villages ne sont souvent rien de plus que des pistes en terre. Les artères principales dans les villes portent le nom de *thanon*, les ruelles numérotées qui en partent celui de *soi* ou *trok*. Aucune route n'est à l'abri d'une inondation en saison pluvieuse. Les noms des destinations apparaissent à la fois en caractères thaïs et latins. Les chiffres arabes sont toujours utilisés pour les distances. La signalisation ne pose pas de problèmes.

Carte de l'Auto Guide Company

SUR LA ROUTE

La vitesse est théoriquement limitée à 60 km/h en ville et à 80 km/h sur route, mais les Thaïlandais n'ont aucune considération envers la réglementation routière hormis, et encore, l'obligation de rouler à gauche. Une seule règle régit réellement les rapports entre conducteurs : le plus gros véhicule a priorité. Les clignotants ont des usages excentriques. À gauche, ils peuvent très bien signifier que la place est libre pour doubler, à droite qu'il vaut mieux attendre. Le sens d'un appel de phare est sans ambiguïté : Poussez-vous, j'arrive ! Les avertisseurs résonnent en permanence, en général plus pour signaler sa présence qu'un réel danger. Zigzaguer entre des files ou doubler dans un virage ou en haut d'une côte ne crée aucun problème de conscience à quiconque. À un croisement, une flèche blanche sur fond bleu donne le droit de tourner à gauche à un feu rouge. Sur les routes de campagne, méfiez-vous des troupeaux de buffles et des chiens errants. Vous risquez de vous voir confisquer votre passeport en cas de contravention. Vous le récupérerez au commissariat local en payant l'amende. Dans les régions frontalières, ralentissez à l'approche des contrôles militaires et tenez-vous prêt à vous arrêter.

Une scène d'embouteillage typique de Bangkok

LES CARTES ROUTIÈRES

Les cartes touristiques les plus répandues en Thaïlande n'indiquent que les routes principales. Le Prannok Witthaya Map Center diffuse d'excellentes cartes régionales représentant voies de circulation et reliefs, mais peu de points de vente les proposent. Sur les deux meilleurs atlas : le *Thailand Highways Map* de l'Auto Guide Company et le *Thailand Highway Map* de la Roads Association, les noms figurent en caractères thaïs et latins.

LOUER UNE BICYCLETTE

Hormis dans le Nord montagneux, des côtes peu marquées font du vélo un moyen agréable de se promener pendant la saison fraîche. Agences et pensions louent presque partout des bicyclettes à partir de 20 bahts la journée. Vérifiez leur état avant le départ. Des vélos tout-terrain flambant neufs commencent à apparaître, mais ils coûtent parfois plus cher qu'un vélomoteur.

Index général

Les numéros de page en **gras** renvoient au principal article

A

À la recherche des temples khmers 254-255
Abbé de Choisy 111
Accès en fauteuil roulant *voir* voyageurs handicapés
Achats **430-439**
  antiquités 434, 435
  artisanat des tribus montagnardes 432, 435
  artisanat 432, 435
  bijoux 434, 435
  bois, bambou et rotin 433, 435
  centres d'artisanat 431
  céramiques 433, 435
  contrefaçons 431
  droits et taxes 430
  étain 433
  grands magasins et galeries marchandes 431, 435
  heures d'ouverture 430, 452
  instruments de musique 433, 435
  laque 433
  libraires 435
  manufactures 431
  marchandage 430
  marchés de Bangkok 436-437
  marchés et vendeurs de rue 431
  marionnettes 433, 435
  masques 433, 435
  nielle 433
  paiement 430
  pierres précieuses 434, 435
  qu'acheter en Thaïlande ? 438-439
  soie thaïe 432, 435
  tapisseries *kalaga* 433
  vêtements 432
Achutarat, roi de Chiang Saen 233
Activités de plein air 444-447
Adaptateurs électriques 453
Adaptation au climat 458
Adresses 464
Aéroport de Don Muang 466-467
Âge du bronze 50-51
  Phayao 242
Agriculture 18
  riz 22-23
Air France 466, 467
Akha **196-197**, 229
  artisanats 198
  Mae Salong 233
  Mae Saruai 242
  Saam Yekh Akha 236
  Wiang Pa Pao 242
Alcazar Cabaret (Pattaya) 441, 443

Alcool
  autorisation d'importation 451
Aller en Thaïlande et y circuler **466-473**
  en avion 466-467
Alliance française (Bangkok) 441, 443
Amaravadee Antiques (Chiang Mai) 434, 435
Ambassade de Belgique 451
Ambassade de France (Bangkok) plan pas à pas 108, 451
Ambassade de Malaisie 451
Ambassades 451
  urgences 457
Ambulances 456
American Express 460
Amulettes 75, 434
Ananda Mahidol (Rama VIII), roi 64, 81
Ancienne douane (Bangkok) plan pas à pas 108
Ancient City (Bangkok) **133**
Andaman Divers (Phuket) 447
Ang Thong **162**
Angelini (Bangkok) 441, 443
Angkhan Kalyanaphong 277
Angkor Wat 254, 255
Anglican Christ Church (Bangkok) 111
Animaux *voir* faune
Animaux, maladies transmises par les 459
Animisme 197
Anniversaire de Sa Majesté la reine 45
Anniversaire de Sa Majesté le roi 47, 103
Antiquités
  législation douanière 451
  magasins 434, 435
Anuwong, prince de Vientiane 265
Ao Bang Bao 312
Ao Hin Khok 308
Ao Kui 308
Ao Nang **360**
Ao Nuan 308
Ao Phai 308
Ao Phrao 309
Ao Wong Duan 308
Apsonsi 77
Aquariums
  Butterfly Garden and Aquarium (Phuket) 349, 351
Arabes 336
Aranyik, ruines (Kamphaeng Phet) 183
Architecture
  à Bangkok 115
  de Srivijaya 337
  maisons thaïes traditionnelles **32-33**

religieuse **30-31**
Argent
  banques et monnaie **460-461**
  dans les magasins 430
  législation douanière 451
Arlymear Travel (Bangkok) 471
Armée nationaliste chinoise *voir* Kuomintang
Armée shan unie (ASU) 223
Army Stadium (Bangkok) 443
Art
  boutiques d'artisanat **432**, 435
  de Sukhothai 150-151
  postures du Bouddha 163
  voir aussi musées et galeries
Art Corner (Bangkok) 441, 443
Art gupta 53
Artisanat
  boutiques 432, 435
  centres spécialisés 431
  du Nord 198-199
  Hill Tribe Education Centre (Chiang Rai) 241
  SUPPORT Museum (Bangkok) 101
Arts et culture 21
Arts martiaux 442
Arun-casem Antique (Ayutthaya) 432, 435
Aruna 122
Asanha Bucha 45
ASEAN Barred Ground Dove Fair (Yala) 44
Asean (Association des nations du Sud-Est asiatique) 17, 65, carte 64
Asia Books (Bangkok) 431, 435, 440
Asian Institute of Gemological Sciences (Bangkok) 434, 435
Asie du Sud-Est
  carte 11
Assistance aux touristes 457
Assistance légale 457
Association des nations du Sud-Est asiatique *voir* Asean
Association of Physically Handicapped People (Nonthaburi) 452, 453
Assurance
  automobile 472
  médicale 457
Astral Gemstone Talismans (Bangkok) 434, 435
Athitayarai, roi d'Haripunchai 219
Attitudes corporelles 454
Autobus
  locaux 469
  transports locaux 470
  visites organisées 471
Autocars 468-469
Autoroutes 473

Avis 472, 473
Ayodhya 36
  voir aussi Ayutthaya
Ayutthaya 149, **167-171**
  architecture religieuse 31
  et le Ramakien 36
  centre-ville 167
  étrangers à 152-153
  hôtels 391
  plans 49
  restaurants 415
  Wat Phra Si Sanphet 168-169
  voir aussi Ayutthaya, royaume d'
Ayutthaya, royaume d' 49, **56-57**
  Lopburi 164
  Ubon Ratchathani 292

B

Bai semas (pierres de bornage)
  150
Baie de Phangnga
  restaurants 427
Bains de soleil 455
  sécurité 458
Baiyoke Tower I (Bangkok) 115
Baiyoke Tower II (Bangkok) 115
Balançoire géante (Bangkok) **86-87**
Bamboo Bar (Bangkok) 441
Ballade de Phu Kradung 277
Bambou 433, 435
Bamrung Muang Road (Bangkok) **86**
Ban Bat (Bangkok) 86
Ban Chiang **50-51**, 262, 289
  Musée national de 262
  poterie 50-51
Ban Kao 50, 160
Ban Kok *voir* Thonburi
Ban Ko Noi fours de l'époque
  de Sukhothai 151
Ban Muang, roi 54
  excursion des villages du
  Mékong 280
Ban Na Di 51
Ban Phe 307
Ban Phitsanulok (Bangkok) 102
Ban Prathup Chai (Phrae) 249
Ban Sao Nak (Lampang) 226, 227
Ban Ta Klang **269**
Ban Winai 280
Ban Yipun (Ayutthaya) 171
Bang Pa-in **171**
  hôtels 391
Bang Pa-in, palais de 171
Bang Phli
  festivités 43, 46
Bang Phra Reservoir 306
Bang Saen
  hôtels 399
Bang Sai Folk Arts and Crafts

Centre (Bang Sai) 432, 435
Bangkok **66-145**
  aéroport de Don Muang 466-467
  aéroport *voir* aéroport de Don
  Muang
  architecture moderne 115
  atlas des rues 134-145
  au fil de l'eau 70-71
  célébration des cinquante ans
  de règne de Bhumibol 64
  Chinatown 91-95
  Dusit 97-103
  écrivains occidentaux à 111
  faire des achats 430-439
  festivités 42, 44, 46, 47
  gares 468, 469
  gares routières 469
  hôpitaux 457
  hors du centre 127-133
  hôtels 388-391
  location de voitures 473
  marchés 436-437
  plan 12
  premiers Chakri 61
  quartier ancien 73-89
  quartier des affaires 107-117
  restaurants 412-415
  se distraire 440-443
  Thonburi 119-125
  Tourist Assistance Centre 457
  transports locaux 470
Bangkok Airways 467
Bangkok Bank (Bangkok) 460
Bangkok International Jewellery
  Fair 44
Bangkok Planetarium 132
Bangkok Playhouse (Bangkok)
  441, 443
Banglamphu Market (Bangkok)
  436
Bangrak 327
Bangrak Market (Bangkok) 111, 437
Banians 28, 163
Bank of America (Bangkok) 460
Bank of Ayudhya (Bangkok) 460
Banque mondiale 289
Banques **460-461**
Banthat, montagnes de **371**, 376
Barges royales 56-57, 120
Barot, prince 285
Barrage Sirindhorn **289**
Bars 441, 443
Bateaux
  de pêche *korlae* 335, 378
  canoë 445
  Chao Phraya Express
  (Bangkok) 470
  liaisons maritimes avec les îles
  469
  Musée des Barges royales
  (Bangkok) 120-121

navigation de plaisance **444-445,** 447
  raft 445, 447
  régates de Nan 46, 245
  sur le Chao Phraya 70
  visites organisées 471
Bayinnaung, roi de Birmanie 170
Beau Siam (Chiang Mai) 433, 435
Bétel 199
Betong **379**
Bhirasi, Silpa 124
Bhirasri, Silpa 83
Bhumibol Adulyadej (Rama IX),
  roi 20, 454
  Anniversaire de Sa Majesté le
  roi 47
  avènement 64
  barges royales 120
  cinquante ans de règne (1996)
  64
  et le trafic d'opium **223**
  fête du Couronnement 44
  Grand Palais (Bangkok) 81
  Khao Kho 191
  met fin à un coup d'État
  militaire (1992) 65
  palais Chitrlada (Bangkok) 102
  Phra That Napharethanidon
  (Doi Inthanon) 220
  retraite monastique **26**, 82
  salut au drapeau 42, 103
  timbres-poste 464
  Wat Bowonniwet (Bangkok) 82
Bhumibol Reservoir 222
Bibliothèque nationale (Bangkok)
  100
Bibliothèques *voir aussi bo trais*
  Bibliothèque nationale
  (Bangkok) 100
  Neilson-Hays Library
  (Bangkok) 111
Bicentenaire de Bangkok (1982) 64
Bicyclettes, location de 473
Bijoux
  boutiques 434, 435
  pierres précieuses 300-301
  qu'acheter en Thaïlande ? 439
Bike and Travel (Pathum Thani)
  446, 447
Bilharziose 459
Billets 461
Billets de l'enfer 95
Birmanie
  ambassade 451
  réfugiés à la frontière
  occidentale de la Thaïlande 181
  royaumes birmans **58-59**
  siège d'Ayutthaya 57
  Tachilek 236
  Triangle d'or 236
  Victoria Point 346
  visas 236, **451**

Birmanie-Siam, chemin de fer 158
  Burma-Thailand Railway
  Memorial Trail 159
  Kanchanaburi 160
  pont de la rivière Kwaï 161
  Sentier commémoratif du
  chemin de fer Birmanie-
  Thaïlande 159
Blue Moon Cabaret (Chiang Mai)
  441, 443
Blue's Bar (Bangkok) 441, 443
Bo Be Market (Bangkok) 436
Bo Rai **311**
Bo Sang 203, **218**
  artisanats 198
  festivités 42, 47
Boisselier, Jean 255
Boissons **409**
  eau 458
  glossaire **411**
  voir aussi nourriture et
  boissons
Bois
  industrie du tek en Thaïlande
  239
Boîtes de nuit *voir* discothèques
Bond, James 356, 357
Bookazine (Bangkok) 431, 435
Bophut 327
Bor Kor Sor (BKS) 469
Borisoothi Antiques (Chiang Mai)
  434, 435
Borommakot, roi
  Wat Na Phra Men (Ayutthaya)
  170
  Wat Phu Khao Tong
  (Ayutthaya) 170
Borommaracha Ier, roi 166
Borommaracha II, roi 56
  Wat Maheyong (Ayutthaya) 171
  Wat Ratchaburana (Ayutthaya)
  166
Borommaracha III, roi 169
Borommaracha IV, roi 168
Borommatrailokanat, roi 56
  Wang Luang (Ayutthaya) 166
  Wat Chulamani 191
  Wat Phra Ram (Ayutthaya) 167
  Wat Phra Si Rattana Mahathat
  (Phitsanulok) 191
  Wat Phra Si Sanphet
  (Ayutthaya) 168, 169
Bots 29
Bouddha
  couché, posture du 163
  Bouddha d'Or 94
  Bouddha Nak 79
  bouddha Luang Pho Phra Sai
  282
  bouddhas « en marche » 150
  de Phitsanulok (Phra Phuttha
  Chinarat) 150-151

empreintes de pied 162
festivités 42, 45, 46
Ho Phra Buddha Sing 369
illumination 27, 163
« ombre du Bouddha » 162
Phra Buddha Chinarat 191
postures du **163**
reliques du 29, 77, 100, 233,
  285, 287
Wat Indrawihan (Bangkok) 100
Bouddha d'Émeraude **79**
  à Chiang Mai 216
  à Chiang Rai 240
  à Lampang 226
  Haw Pha Kaew (Vientiane) 284
  Wat Arun (Bangkok) 122-123
  Wat Phra Kaeo 71, 76
  Wat Phra Kaeo 78
Bouddha d'Or 94
Bouddha Nak 79
Bouddhadhasa Bhikkhu 323
Bouddhisme 17, **26-27**
  au quotidien 125
  communauté monastique 20
  cours de méditation 446, 447, 452
  dormir dans un monastère 383
  éléphants dans le bouddhisme
  243
  et les arts 21
  festivités 45
  influence sri lankaise 188
  Mahayana 26
  méditation 27, 446
  monachisme 26
  nagas 218
  Phi Ta Khon 279
  retraite monastique du roi
  Bhumibol Adulyadej (Rama IX)
  26, 82
  secte Thammayut 293
  theravada **26-27**
  wats 28-29
Bovorn Bazaar (Nakhon Si
  Thammarat) 369
Bowring Treaty (1855) 60, 61
Bowring, Sir John 60, 81
Boxe thaïlandaise *voir muay thai*
Brahma 114
Buddhai Sawan Fencing School
  of Thailand (Bangkok) 442, 443
Bun Bang Fai (fête des Fusées)
  (Yasothon) 43, 44
Bung Phlan Chai 259
Bureau d'Immigration (Bangkok)
  450, 451
Buriram
  hôtels 396
  restaurants 421
Burney Treaty (1826) 61
Bus *voir* autocars
Butterfly Garden and Aquarium
  (Phuket) 349, 351

C

Cabbages and Condoms
  (Bangkok) 432, 435
Cafés 406
Calcaire
  baie de Phangnga 354-355
Calendrier 453
Calypso Cabaret (Bangkok) 441,
  443
Cambodge
  Prasat Khao Phra Wihan 292
  visas 451
Camping 384
Canoë 445
Carte *voir* nourriture et boissons
Cartes bancaires 460, 461
  dans les magasins 430
  sécurité 456
Cartes de téléphone 462
Cartes et plans
  agglomération de Bangkok 69
  Asie du Sud-Est, 11
  Ayutthaya 49, 152-153, 167
  Ayutthaya en 1540 56
  Bangkok : centre de
  Chinatown 92-93
  Bangkok : quartier ancien 73
  Bangkok 12, 68-69
  Bangkok : Chinatown 91
  Bangkok : atlas des rues 134-
  145
  Bangkok : autour de Sanam
  Luang pas à pas 74-75
  Bangkok : Dusit 97
  Bangkok : Dusit Park 98-99
  Bangkok : hors du centre 127
  Bangkok : Old Farang Quarter
  108-109
  Bangkok : quartier des affaires
  107
  cartes routières **473**
  Chiang Mai 13, 214-215, 217
  Chiang Rai 241
  côte nord de la mer
  d'Andaman 344-345
  de Bangkok à Suratthani 316-
  317
  Empire khmer 52, 254
  excursion dans le Triangle d'or
  236-237
  excursion des villages du
  Mékong 280-281
  frontière malaise 366-367
  golfe de Thaïlande 296-297
  Isan 252-253
  Kamphaeng Phet 183
  Khao Yai, Parc national de 174-
  175
  Khorat 264
  Ko Chang 312
  Ko Pha Ngan 329
  Ko Phi Phi 362

Ko Samet 308
Ko Samui 326-327
la péninsule et les routes
commerciales 336-337
le Lan Na en 1540 58
le Siam en 1809 60
les meilleurs hôtels de luxe
de Thaïlande 386-387
Lopburi 164-165
Mae Hong Son 206-207
marchés de Bangkok 436-437
mines de rubis et de saphirs
300
Nakhon Si Thammarat 369
Nong Khai 283
nord de la Thaïlande 12-13,
194-195
nord de la Plaine centrale 178-
179
parc historique de Si
Satchanalai-Chalieng 189
parc historique de Sukhothai
184
parc national de Phu Kradung
276-277
parc national marin d'Angthong
330
pays de l'Asean 64
Phetchaburi 318-319
Phrae 248-249
Phuket 348-349
Phuket Town 351
plages du golfe de Thaïlande
298-299
Plaine centrale 148-149
plans de Bangkok 470
plateau de Khorat 260-261
région de Chiang Mai 204-205
région de Pattaya 304-305
règne de Chulalongkorn 62
sites préhistoriques 50
Songkhla 374
sud de la Plaine centrale 156-
157
sud de la Thaïlande 14-15, 334-
335
Sukhothai en 1300 54
Thaïlande, 10-11
Thonburi 119
trekking autour de Chiang Dao
211
Triangle d'or 230-231
Ubon Ratchathani 293
vallée du Mékong 274-275
Vientiane 284
Cartland, Barbara 111
Cascades
du Tansadet 329
Erawan 159
Haeo Suwat 174
Hok Sai 309
Huai Khamin 159

Huay Sadeh 360
Huay To 360
Kaeng Kut Khu 280
Khao Chamao 309
Khlong Phlu 313
Krathin 310
Mae Ya 221
Namuang 328
parc forestier de Khao Phra
Taew 353
parc national de Phu Kradung
276
parc national de Phu Rua 278
Pha Charoen 180
Phliu 311
Phone Phop 277
Than Mayom 312-313
Than Thip 281
Thi Lo Su 181
Ton Nga Chang 375
Vachirathan 204
Cathay Pacific Airways 467
Cathédrale de l'Assomption
(Bangkok) **110**
plan pas à pas 109
Cathédrale Saint-Joseph
(Ayutthaya) 170
Cathédrales
cathédrale de l'Assomption
(Bangkok) 109, 110
église de l'Immaculée-
Conception (Chanthaburi) 310-
311
Central Department Store
(Bangkok) 431, 435
Centre de dressage
d'éléphanteaux (Lampang) 447
Centre d'études historiques
d'Ayutthaya 168
Centre historique (Bangkok)
hôtels 388
restaurants 412
Céramiques
Ban Chiang 50-51
boutiques **433**, 435
fours de l'époque de Sukhothai
151
qu'acheter en Thaïlande ? 439
Sangkhalok 55, 150, 151, 190
Cérémonie du Labour royal
(Bangkok) 42
Cerfs-volants 47
à Sanam Luang (Bangkok) 75
Cha-am 298, **320-321**
hôtels 401
plage 298
restaurants 425
Chaem, vallée du 222
Chaiya 322, **323**, 336
musée national de 323
Chaiyaphum
hôtels 396

restaurants 421
Chakri Day 44
Chakri, dynastie des 36, 49
bicentenaire de Bangkok
(1982) 64
Grand Palais (Bangkok) 80, 81
Grand Palais et Wat Phra Kaeo
(Bangkok) 76-79
musée de la Famille royale
(Bangkok) 98
premiers Chakri **60-61**
Chaleur 458
Chalieng voir Si Satchanalai-
Chalieng, parc historique de
Chaloem Rattanakosin, parc
national de **161**
Chaloklam 329
Chamadevi de Lopburi 52
Chan Kasem, palais (Ayutthaya)
166
Chang et Eng (frère siamois) 121
Change 460-461
Chanthaburi **310-311**
hôtels 399
pierres précieuses 300-301
restaurants 423
Chao Fa Mung Muang
(Mukdahan) 288
Chao Pho Kut Pong (Loei) 279
Chao Phraya 18, 46, 155
Chao Phraya Chakri (Rama Ier),
roi **60**, 119
Balançoire géante (Bangkok)
87
barges royales 120
bouddha Luang Pho Phra Sai
282
Chakri Day 44
Chiang Saen 238
et Chinatown 91
Grand Palais (Bangkok) 80, 81
Phra Buddha Sing 84
Wat Pho 88
Wat Phra Kaeo 78, 79
Wat Rakhang (Bangkok) 121
Wat Saket (Bangkok) 83, 86
Wat Suwan Dararam
(Ayutthaya) 168
Wat Suwannaram (Bangkok)
120
Chao Phraya
Bangkok au fil de l'eau 70-71
bateaux sur le 70
crise franco-siamoise (1893) 63
Chao Sam Phraya, musée national
(Ayutthaya) 168
Chapelle Buddhaisawan
(Bangkok) 84
Charoen Krung (New) Road
(Bangkok) **110-111**
Château royal Vimanmek
(Bangkok) 99, 100-101

Chats de Khorat 265
Chatuchak Market **131**
Chaumont, chevalier de 152
Chaweng, plage de 316, 326, 328
Chedis 29
Chemins de fer *voir* trains
Cheng Weng, princesse 286
Chèques de voyage 461
Chiang Dao
　Doi Chiang Dao **210**
　hôtels 393
　trekking aux alentours 211
Chiang Khan **280**
　excursion des villages du
　Mékong 280
　hôtels 397
　restaurants 422
Chiang Khong **239**
　excursion dans le Triangle d'or
　237
　hôtels 395
　restaurants 420
Chiang Mai 194, **214-217**
　aéroport 467
　festivités 42, 47
　gare 469
　gare routière 469
　hôpitaux 457
　hôtels 393-394
　location de voitures 473
　musée national de 217
　plan 13, 217
　plan pas à pas 214-215
　police touristique 457
　restaurants 417-419
　Songkran dans le Nord 226
　wats 215
Chiang Rai 195, **240-241**
　hôtels 395
　plan 241
　restaurants 420
Chiang Rai Handicraft Center
　(Chiang Rai) 432, 435
Chiang Saen **238-239**
　excursion dans le Triangle d'or
　237
　hôtels 395
　musée national de 239
　restaurants 420
China House (Bangkok)
　plan pas à pas 109
Chinatown (Bangkok) **91-95**
　hôtels 388
　plan général 91
　plan pas à pas 92-93
　restaurants 412
Chinois de Thaïlande 18, 95
Chinois hokkien 346
Chitrlada 432
Chitrlada Shop (Bangkok) 435
Chitrlada, palais (Bangkok) 76,
　102

Cho fas 29, 31
Choeng Mon 327
Choléra 459
Chom Thong 222
Chompupan 36
Chong Kai Cemetery 160, 161
Chong Kham, lac (Mae Hong
　Son) plan pas à pas 207
Chong Mek **289**
Christ Church (Bangkok) 452, 453
Christianisme 165
　églises chrétiennes de Dusit
　(Bangkok) 100
　voir aussi églises de Bangkok
Chui Tui, temple de (Phuket
　Town) 351
Chulachakrabongse, prince 321
Chulalongkorn (Rama V), roi 49,
　61
　avènement 61
　Chanthaburi 311
　chedi Phra Pathom (Nakhon
　Pathom) 130
　crémation 62-63
　Dusit 97
　Dusit Park (Bangkok) 98
　et les cerfs-volants 75
　festivités 46
　gare Hua Lamphong (Bangkok)
　94
　Grand Palais (Bangkok) 80, 81
　Grand Palais et Wat Phra Kaeo
　(Bangkok) 76
　Montagne d'Or (Bangkok) **83**
　palais d'été (Ko Sichang) 306-307
　palais de Bang Pa-in 171
　palais Vimanmek (Bangkok)
　100-101
　parc national de Khao Sabap
　311
　Phuket Town 350
　règne 62-63
　statues de 111
　Tak Bai 379
　Tansadet (Ko Pha Ngan) 329
　université Chulalongkorn
　Wang Luang (Ayutthaya) 166
　Wat Benchamabophit
　(Bangkok) 102-103
　Wat Phra Kaeo 78
　Wat Phra Si Rattana Mahathat
　(Phitsanulok) 191
　Wat Rachabophit (Bangkok) 87
　zoo de Dusit 101
Chulalongkorn Day (Bangkok) 46
Chumbhot, prince et princesse
　115
Chumphon **322**
　hôtels 401
Chumphon, prince 322
Cigarettes
　autorisation d'importation 451

　voir aussi fumer
Cimetières
　Chung Kai Cemetery 160, 161
　cimetière militaire de
　Kanchanaburi 156
　cimetière royal du Wat
　Rachabophit 87
　Kanchanaburi War Cemetery
　160, 161
Cinéma 441, 443
Circuler
　bus locaux 469
　côte nord de la mer
　d'Andaman 345
　de Bangkok à Surat Thani 316
　Eastern & Oriental Express 469
　en autocar 468-469
　en bicyclette 473
　en train 468, 469
　en vélomoteur 472
　en voiture 472
　frontière malaise 367
　nord de la Plaine centrale 179
　plateau de Khorat 261
　région de Chiang Mai 205
　région de Pattaya 305
　samlors 470
　songthaews 470
　sud de la Plaine centrale 157
　taxis 470
　transports locaux 470
　Triangle d'or 231
　tuk-tuks 470
　vallée du Mékong 275
　voyages organisés 471
Citibank (Bangkok) 460
Climat **44-47**
　mousson 22-23
　quand partir ? 450
　s'adapter à la chaleur 458
Code de la route 473
Coedès, George 255
Coffee bars 406
Collège de l'Assomption
　(Bangkok) 110
Comédies musicales 441, 443
Commercial Co of Siam
　(Bangkok)] plan pas à pas 109
Commonwealth War Graves
　Commission 160
Communications **462-465**
Communications Authority of
　Thailand (CAT) 462
Communiquer 455
Communistes
　Chiang Khong 239
　Doi Phu Kha 244
　et le Kuomintang 232
　Parti communiste de Malaisie
　379
　Parti communiste de Thaïlande
　(PCT) 65, 278

Phu Hin Rong Kla 278
Community Services of Bangkok
(Bangkok) 446, 447
Compagnie anglaise des Indes
orientales 153
Compagnie néerlandaise des
Indes orientales (VOC) 153, 337
Complexes hôteliers 382-383
Concerts 441, 443
Confucianisme
temple Neng Noi Yee
(Bangkok) 93, 95
Congdon Museum of Anatomy
(Bangkok) 121
Conrad, Joseph 111
Conservateurs 62
Contenant les eaux, en tant que
posture du Bouddha 163
Contrefaçons 431
Corail *voir* récifs coralliens
Côte nord de la mer d'Andaman
343-363
carte 344-345
hôtels 403-404
peintures rupestres 363
restaurants 427-428
Coupures 458
Courses
de chevaux 113
régates 442
Couvent carmélite (Bangkok) 111
Coward, Noël 111
Crawfurd, John 81
Credit Agricole Indosuez
(Bangkok) 460
Crémation 27
Crime *voir* Sécurité
Crise du Palais de devant (1875)
62
Crise franco-siamoise (1893) 63
Croix rouge thaïlandaise 112
Croyances spirituelles
tribus montagnardes 197
voir aussi religion
Cuisine royale thaïe 34
Cuisine thaïe **34-35**
voir aussi nourriture et
boissons
Culte, lieux de *voir* religion
Curiosités géologiques
Phrae Muang Phi 249
Sao Din 245
Currys 411
Cyberia (Bangkok) 441, 443
Cyclo-pousses 470

D

Damnoen Saduak Floating Market
19, 127, **128**
Dan Kwian **265**
Dan Sai

festivités 43
Phi Ta Khon 279
Dan Sun, royaume de 51
Dangers 456
Danse
danses traditionnelles 440, 443
théâtre dansé *voir khon,
lakhon, likay*
De Bangkok à Surat Thani **315-
331**
carte 316-317
hôtels 401-403
restaurants 425-427
Découpage administratif 465
Delaporte, Louis 255
Democracy Monument (Bangkok)
64, **83**, 103
Dengue 459
Département des Beaux-Arts
(Bangkok) 168, 434, 451
Department of Fine Arts *voir*
Département des Beaux-Arts
Déshydratation 458
Desserts 411
Deutsche Bank (Bangkok) 460
Deutsches Haus (Pattaya) 447
Devawongse, prince 62
Développement économique 18-
19
DHL 464
Diarrhée 458
Diethelm Travel (Bangkok) 471
Diphtérie 451
Discothèques 441, 443
Discovery (Bangkok) 441, 443
Diseurs de bonne aventure
Sanam Luang (Bangkok) 75
Distances entre les villes 15
Distractions *440-443*
bars 441
cinéma 441
comédies musicales 441
concerts 441
discothèques 441
expositions 441
fêtes de temple 442
football 442
krabi-krabong 442
muay thai 442
musiques populaires 441
régates 442
réservations 440
rugby 442
sources d'information 440
takraw 442
théâtre et danse traditionnels
440
théâtre moderne 441
voir aussi khon, lakhon, likay
Distributeurs automatiques de
billets (ATM) 460

Divelink Thailand (Bangkok) 447
DK Books (Bangkok) 431, 435,
440
Doi Ang Khang 232
Doi Chiang Dao **210**
Doi Inthanon, parc national de
205, **220-221**
Doi Mae Salong 233
excursion dans le Triangle d'or
236
voir aussi Mae Salong
Doi Phu Kha, parc national de
244
Doi Saket 218
Doi Suthep 212-213
Doi Suthep-Doi Pui, parc national
de 212
Doi Tung 195, **233**
excursion dans le Triangle d'or
237
Doi Tung Royal Villa 233
Don Chedi 162
Don Muang *voir* aéroport de Don
Muang
Don Tha Phet
objets préhistoriques 50, 51
Dong Sak Ngan, forêt de 242
Dong Son 336
Dong Son, peuple 368
Dongrek, massif montagneux de
292
Douane
législation douanière 451
Drapeau de la Thaïlande 17
Drogues 456
histoire de l'opium en
Thaïlande 223
région de Fang 232
région du Doi Tung 233
Triangle d'or 236
Droits d'entrée 452
Droits, dans les magasins 430
Dugongs 371
Dusit (Bangkok) **97-103**
églises chrétiennes **100**
hôtels 388-389
plan général 97
restaurants 412
Dusit Park (Bangkok) **98-99**
Dusit Thani Hotel (Bangkok) 441,
443, 446
Dvaravati, royaume de 49, 52
architecture 31
Dysenterie 459
amibienne 459
bacillaire 459

E

East Asiatic Company (Bangkok)
plan pas à pas 109
Eastern & Oriental Express 469

Eau
à boire 458
transmission des maladies 459
École du Lan Na
Bouddha d'Émeraude 78
Écrivains occidentaux à Bangkok
111
Église catholique romaine 170
Église de l'Immaculée-
Conception (Chanthaburi) 310-
311
Église Saint-François-Xavier
(Bangkok) 100
Église Saint-Joseph (Ayutthaya)
152
Églises de Bangkok 452
Anglican Christ Church 111
cathédrale de l'Assomption 109,
110
église de l'Immaculée-
Conception 100
église Saint-François-Xavier 100
église Santa Cruz 124
églises chrétiennes de Dusit
100
Holy Redeemer Catholic
Church 452, 453
International Church 453
Électricité 453
Éléphants **243**
Ban Ta Klang 269
blancs royaux **102**
Centre de dressage
d'éléphanteaux 205, 227
Centre de dressage d'éléphants
Chiang Dao 210, 445
howdah royal 198-199
kraal des éléphants (Ayutthaya)
170
Mae Taman Rafting and
Elephant Camp 211
monument à l'éléphant blanc
(Doi Suthep) 212
promenades 445, 447
rassemblement des éléphants
de Surin 46, 261, 268, 269
Samphran Elephant Ground
and Zoo 130
Empire khmer 49, **52-53**
architecture religieuse 30
Kamphaeng Phet 182
Lopburi 164
parc historique de Si
Satchanalai-Chalieng 188, 189
Prasat Hin Khao Phnom Rung
270-271
Prasat Hin Phimai 266-267
Prasat Khao Phra Wihan 292
Prasat Muang Sing 160
Prasat Prang Ku 292
Prasat Ta Muen et Prasat Ta
Muen Tot 268

temples 254-255
Ubon Ratchathani 292
vallée du Mékong 273
Empreintes de pied du Bouddha
162
En-cas 410
Encéphalite japonaise 459
Enfants 452
à l'hôtel 385
Enseignement, en tant que
posture du Bouddha 163
Ensoleillement 45
Erawan, cascades d' **159**
Erawan, parc national d' 159
Escalade
Krabi 361
Espèces menacées 209
Étain 433
Étrangers à Ayutthaya **152-153**
Excursions en voiture
dans le Triangle d'or 236-237
les villages du Mékong 280-281
Expositions 441, 443
Expressways 473

F

Fang **232**
restaurants 420
Fantasea Divers (Phuket) 447
Fashion Island (Bangkok) 431,
435
Faune **24-25**
Bang Phra Reservoir 306
Butterfly Garden and Aquarium
(Phuket) 349, 351
Centre de recherches marines
(Phuket) 349, 353
dugongs 371
espèces menacées **209**
Ferme des Crocodiles
(Bangkok) 133
Gibbon Rehabilitation Centre
(Phuket) 349, 353
Huai Kha Khaeng 158-159
Ko Chang 312
Ko Surin et Ko Similan 347
mangroves 340-341
montagnes de Banthat 371
observation des oiseaux 201
oiseaux du nord de la
Thaïlande 200-201
orchidées 210
parc national de Doi Inthanon
220-221
parc national de Kaeng
Krachan 320
parc national de Khao Phanom
Bencha 360
parc national de Khao Sabap 311
parc national de Khao Sam Roi
Yot 322

parc national de Khao Sok 346
parc national de Khao Yai 174-
175
parc national de Khlong Lan
182
parc national de Mae Wong 182
parc national de Mae Yom 242
parc national de Phu Kradung
276-277
parc national de Phu Rua 278
parc national de Thale Ban 376
parc national marin d'Angthong
330
parc national marin de Tarutao
376
récifs coralliens 338-339
réserve naturelle d'Umphang
181
réserve naturelle de Khao Soi
Dao 310
réserve ornithologique de
Thale Noi 373
Snake Farm (Bangkok) 112
Thung Yai Naresuan 158-159
Wat Doi Suthep 212-213
voir aussi zoos
Fax 464
Federal Express 464
« Femmes girafes » 206
Femmes voyageant seules 456-
457
Fériés 47
Ferme des Crocodiles
(Bangkok) **133**
Feroci, Corrado 83
Festival de Pattaya 44
Festival végétarien (Phuket) 43,
46, 350
Festivités **42-47**
fêtes de temple 442
fêtes des Fruits 311
Loy Krathong à Sukhothai 185
Phi Ta Khon 279
Songkran dans le Nord 226
tribus montagnardes
Fête de la Montagne d'Or
(Bangkok) 46
Fête de la Réception du lotus
(Bang Phli) 43, 46
Fête des Bateaux illuminés
(Nakhon Phanom) 43, 46
Fête des Bougies (Ubon
Ratchathani) 43, 45
Fête des Fusées (Yasothon) 43,
261, 264
Fête du Couronnement 44
Fête du mémorial Don Chedi 47
Feuille d'or 26
Fièvre jaune 451
Fièvre miliaire 458
Films *voir* cinéma
Fisheries Department (Si

Chiangmai) 281
Fleurs
  festival des Fleurs (Chiang Mai)
  47
  orchidées 210
  Pak Khlong Market (Bangkok)
  94
  paysages de Thaïlande **24-25**
  rafflesia kerri 347
Foire de Nakhon Pathom 46
Folklore Museum (Ko Yo) 375
Fonderie de bouddhas
  (Phitsanulok) 191
Football 442, 443
Forestry Department 384, 385
Forêt aérée 24
Forêt côtière 25
Forêt tropicale d'altitude 24
Forêts
  industrie du tek en Thaïlande
  239
  mangroves 340-341
  parc forestier de Khao Phra
  Taew 353
  paysages de Thaïlande **24-25**
  réserve forestière de Tham Pha
  Tup 245
  voir aussi parcs nationaux
Fours
  de l'époque de Sukhothai 151
France 152-153
Frères siamois 121
Friends of Nature (Bangkok) 446,
  447
Front Page (Bangkok) 441, 443
Frontière malaise **365-379**
  carte 366-367
  hôtels 405
  restaurants 429
Fruits 129
  fêtes des Fruits 311
  sculpture 34
Fruits de mer 411
  spécialités de fruits de mer du
  Sud 377
Funan 51

G

Galeries *voir* musées et galeries
Galeries marchandes 431, 435
Galerie nationale (Bangkok) **82**
Ganesh 243, 374
Garages 472
Gare Hua Lamphong (Bangkok)
  94
Garuda Indonesia 466, 467
Gay Sorn Plaza (Bangkok) 431,
  435
Geysers
  San Kamphaeng Hot Springs 219

voir aussi sources
Gibbon à mains blanches 209
Gibbon Rehabilitation Centre
  (Phuket) 349, 353
Gitans de la mer 353
  Ko Lanta 363
  Ko Lipey 376
  Ko Phi Phi 362
Glace 458
Glass Sand Beach (Hat Sai Kaeo)
  298
Goethe Institut (Bangkok) 441,
  443
Golf 445, 447
Golf Bangpra (Pattaya) 298
Golfe de Thaïlande **295-331**
  carte 296-297
  de Bangkok à Suratthani 315-
  331
  festivités 43
  pierres précieuses 300-301
  plages 298-299
  région de Pattaya 303-313
Government House (Bangkok)
  102
Grand Palais (Bangkok) 21, **80-
  81**
  bâtiments du Phra Maha
  Monthien 80-81
  Chakri Maha Prasat 80
  Dusit Maha Prasat 80
  jardins Siwalai 81
  palais Boromphiman 81
  palais intérieur 81
  pavillon Aphonphimok 80
  peintures du Wat Rakhang
  (Bangkok) 121
  plan 76-77
  salle d'audience 81
  voir aussi Wat Phra Kaeo
Grands magasins 431, 435
  heures d'ouverture 452
Greene, Graham 111
Grottes
  baie de Phangnga 354, 357
  Khao Ngu 128
  Khao Wong 309
  parc historique de Phu Phrabat
  285
  réserve forestière de Tham Pha
  Tup 245
  Sai Yok, parc national de 159
  Tan Muang On 219
  Tham Chang Hai 371
  Tham Chiang Dao 210
  Tham Khao Luang 320
  Tham Lot 209
  Tham Luang 236
  Tham Morakhot (Ko Muk) 370
  Tham Phraya Nakon 322
  Tham Pla (province de Chiang
  Rai) 236

Tham Pla (province de Mae
  Hong Son) 208
Tham Pum 236
Tham Sai 322
Tham Tup Tao 210
Tham Wang Badan 159
Wat Tham Sua (Krabi) 361
Groupes ethniques 18
  *voir aussi par nom individuel
  d'ethnies*
Guerre mondiale (Seconde) 64
  Burma-Thailand Railway
  Memorial Trail 159
  JEATH War Museum
  (Kanchanaburi) 160-161
  Kanchanaburi 160
  Pathet Lao 285
  pont de la rivière Kwaï 161
Guerre du Vietnam **64,** 65, 232
  Khorat 265
  Pattaya 299, 307
  Ubon Ratchathani 292
  Udon Thani 262
Guide Association of Chiang Mai
  446, 447

H

Habitudes alimentaires 407
Haeo Suwat, cascade d' 174
Hall Chanthara Phisan (Lopburi)
  157
Hamsa 120
Handicapés *voir* voyageurs
  handicapés
Hanuman 36-37
Haripunchai, empire d' **52,** 58
  Lampang 226
  Lamphun 219
Harmonique (Bangkok)
  plan pas à pas 108
Haroon Mosque (Bangkok) 452,
  453
  plan pas à pas 108
Hat Chao Mai, parc national de
  370
Hat Karon 352
Hat Kata 352
Hat Khlong Phrao 312
Hat Lek 313
Hat Patong 352
Hat Phra Nang 360
Hat Rin 329
Hat Sai Kaeo (Glass Sand Beach)
  298, 308, 298
Hat Sai Khao (White Sand Beach)
  306, 312
Hat Sai Tai Muang 286
Hat Samila 374
Hat Tha Wang 307
Hat Tham 306
Hat Yai 366, **375**

hôtels 405
restaurants 429
Haw Pha Kaew (Vientiane) 284
Hébergement *voir* hôtels
Hellfire Pass 159
Hépatite A 451, 459
Hépatite B 451, 459
Héroïne
histoire de l'opium en
Thaïlande 223
Triangle d'or 236
Hertz 472, 473
Heures d'ouverture 452
banques 460
magasins 430
restaurants 406
Hia Kui Market (Damnoen
Saduak) 128
Highways 473
Hill Tribe Education Centre
(Chiang Rai) 241
Hill Tribe Products Foundation
(Chiang Mai) 432, 435
Hindouisme **26**
éléphants dans l'hindouisme
243
temple de Maha Uma Devi
(Bangkok) 111
Hippisme
Royal Bangkok Sports Club
(Bangkok) 113
Histoire 49-65
Hmong (Méo) **196-197**
Ban Winai 280
Fang 232
Khao Kho 191
musée national de Nan 245
parc national de Doi Inthanon
221
parc national de Doi Phu Kha
244
parc national de Mae Wong 182
Phra 210
vallée de Mae Teng 211
Ho Chi Minh 285
Ho Phra Bouddha Sihing
(Nakhon Si Thammarat) 369
·Ho Phra-isuan (Shiva) (Nakhon Si
Thammarat) 369
Ho Phra Narai (Nakhon Si
Thammarat) 369
Ho rakangs 29
Ho trais 28
Hok Sai, cascade de 309
Holy Redeemer Catholic Church
(Bangkok) 452, 453
Hongkong and Shanghai Bank
(Bangkok) 460
Hôpitaux 456, 457
McCormick Hospital (Chiang
Mai) 217
Overbrook Hospital (Chiang

Rai) 241
Horlogerie
musée de l'Horlogerie ancienne
(Bangkok) 98
Hot 222
Hotel Sofitel Central (Hua Hin)
298, 321
Hôtels **382-405**
Bangkok 388-391
chinois et thaïs 383
classement et services 382
complexes hôteliers 382-383
côte nord de la mer
d'Andaman 403-404
de Bangkok à Surat Thani 401-
403
de luxe 382, **386-387**
dormir dans un monastère 383
équipements pour enfants 385
frontière malaise 405
marchandage 385
nord de la Plaine centrale 392-
393
pensions 383
plateau de Khorat 396-397
pourboires 385
prix 384
région de Chiang Mai 393-395
région de Pattaya 399-401
réservation 385
sud de la Plaine centrale 391-
392
taxes 385
Triangle d'or 395-396
vallée du Mékong 397-399
voyageurs handicapés 385
Htin
parc national de Doi Phu Kha
244
Hua Hin **321**
hôtels 401-402
plage 298
restaurants 425-426
Hua Lamphong, gare de
(Bangkok) 468, 469
Hua Mark Stadiums (Bangkok)
443
Huai Kha Khaeng **158-159**
Huai Khamin, cascades de 159
Huay Sadeh, cascade de 360
Huay To, cascade de 360
Huay Xai 239
Human Imagery Museum 130
Hun krabok (théâtre de
marionnettes) 39
Hymne national 454-455

I

I Chinga 322
Îles *voir à* Ko
Illumination du Bouddha 27, 163
Imaging Technology Museum

(Bangkok) 113
Imitations *voir* contrefaçons
Immigration chinoise 95
Indicatifs téléphoniques 463
Indochine 239, 284
Indra 247, 276
Indra Ceramics (Lampang) 433,
435
Indravarman II, roi 53
Information touristique 452
Institut de massage (Bangkok) 88
Institut Pasteur 457, 458
Institute of Thai Massage (Chiang
Mai) 446, 447
International Amateur Muay Thai
Federation (Bangkok) 442, 443
International Buddhist Meditation
Centre (Bangkok) 452, 453
International Church (Bangkok)
453
International Dhamma Hermitage
(Surat Thani) 446, 447
Inthanon Tour (Chiang Mai) 471
Intharacha Ier, roi 56, 166
Intharacha II, roi 170
Isan **251-293**
carte 252-253
districts administratifs 465
fabrication de la soie 256-257
plateau de Khorat 259-271
temples khmers 254-255
vallée du Mékong 273-293
Islam **336**
frontière malaise 365
Haroon Mosque (Bangkok)
108, 452
mosquée de Nakhon Si
Thammarat 366
mosquée Matsayit Klang
(Pattani) 378
mosquée Nurul Islam (Mae Sot)
180
Pattani 378

J

James Bond Island 356
Japan Bridge Company 161
Jardins Siwalai (Bangkok) 81
Jardins *voir* parcs et jardins
Jataka de Khatta Kumara 246-247
Jatakas **26**
dans le théâtre et la musique
38-39
et les *nagas* 218
panneaux peints du Wat Chong
Klang (Mae Hong Son) 207
peintures de la maison de Jim
Thompson (Bangkok) 116
peintures du Wat Suwannaram
(Bangkok) 120
Wat Nong Bua (Nong Bua) 244

Wat Phra That Lampang Luang (Lampang) 225
Wat Phra That Nong Bua (Ubon Ratchathani) 293
Wat Phumin (Nan) 246-247
Wat Thung Si Muang (Ubon Ratchathani) 293
wihan du Wat Chedi Luang (Chang Mai) 215
Jayavarman VII, roi 53
  parc historique de Si Satchanalai-Chalieng 188
  Prasat Ta Muen et Prasat Ta Muen Tot 268
JEATH War Museum (Kanchanaburi) 160-161
Jésuites 152-153
Jet-skis 445
Jewish Community Centre (Bangkok) 452, 453
Jim Thompson **117**, 256
  maison de (Bangkok) **116-117**
Jim Thompson's Silk Shop (Bangkok) 432, 435
Jomtien Beach 298, 307
Jours fériés 47
Jumsai, Sumet 115
Jungle Tour Club of Northern Thailand (Chiang Mai) 446, 447

K

Kad Suan Kaew (Bangkok) 435
Kad Suan Kaew (Chiang Mai) 431
Kaeng Krachan, parc national de **320**
Kaeng Kut Khu, cascade de 280
Kalaga, tapisseries 433
Kamin Lertchaiprasert 132
Kamphaeng Phet 148, **182-183**
  hôtels 392
  musée national de 182
  plan 183
  restaurants 416
Kanap Nam 361
Kanchanaburi 148, **160-161**
  festivités 42, 46
  hôtels 391
  restaurants 415-416
Kanchanaburi War Cemetery 160, 161
Kao Market (Bangkok) 437
  plan pas à pas 92
Karen **196-197**
  Fang 232
  Mae Hong Son 206
  Mae Sariang 222
  réfugiés à la frontière occidentale de la Thaïlande 181
  Ruamit 241
  Sangkhla Buri 158
  Umphang 181

vallée de Mae Teng 211
Karon, Hat 352
Kata, Hat 352
Kawila de Lampang 59
Kayan 206
Kedah 63
Kelantan 63
Khaen 263
Khaen Nakhon, lac de 263
Kham Fu, roi 215
Khanitha (Bangkok) 432, 435
Khantoke Palace (Chiang Mai) 440, 443
Khantoke voir dîners *khantoke*
Khao Chamao, cascade de 309
Khao Chamao-Khao Wong, parc national de 303, **309**
Khao Hua Taek 372
Khao Khieo, zoo de **306**
Khao Kho 191
Khao Kitchakut, parc national de **310**
Khao Kong 379
Khao Lak 344
Khao Lak, côte de **346**
Khao Lak, parc national de 346
Khao Ngu 128
Khao Noi (Songkhla) 374
Khao Ok Talu 372
Khao Phanom Bencha, parc national de **360**
Khao Phansa 43, 45
Khao Phra Taew, parc forestier de 353
Khao Ron 174
Khao Sabap, parc national de **311**
Khao Sam Roi Yot, parc national de **322**
Khao San Road, marché de (Bangkok) 436
Khao Soi Dao, réserve naturelle de 310
Khao Sok, parc national de 345, **346**
Khao Tung Kuan 374
Khao Wong, grottes du 309
Khao Yai, parc national de 149, **174-175**, 446
Khatta Kumara 246, 247
Khaw Sim Bee Na-Ranong 350, 370
Khlong Lan, parc national de **182**
Khlong Phlu, cascade de 313
Khlong Thom **361**
Khlong Yai **313**
Khlongs 121
Khmers rouges 269
Khon (théâtre dansé) 21, 38-39
Khon Kaen **262-263**
  hôtels 396-397
  musée national de 263

restaurants 421
Khong Chiam **289**
Khorat **264-265**
  hôtels 397
  plan 264
  restaurants 421
Khorat, plateau de 18
Khrua In Khong 82
Khrubaa Siwichai 219
Khum Kaew Khantoke Palace (Chiang Mai) 440, 443
Khun Patpongpanit 112
Khun Phitak Market (Damnoen Saduak) 128
Khun Sa 232, 238
Khunlum Phraphat Road (Mae Hong Son)
  plan pas à pas 207
Khunying Mo 265
Khwae Noi, rivière 158
Kick boxing *voir muay thai*
King's Royal Park (Bangkok) 132
Kitti Thonglongya 159
Kiu Wong In 351
Klai Klangwon (Hua Hin) 321
Klong, fleuve 128
KMT *voir* Kuomintang
Ko Adang 376
Ko Chang 297, 303, 305, **312-313**
  hôtels 399
  plages 298, 299
  restaurants 423
Ko Hai 370
Ko Hong 356, 360
Ko Hua Khwan 360
Ko Khai 376
Ko Khao Phing Kan 356, 357
Ko Kra 376
Ko Kradan 370
Ko Kradat 313
Ko Kut 313
Ko Lanta **363**
  hôtels 403
  restaurants 427
Ko Lanta Yai 363
Ko Libong 370
Ko Lipey 376
Ko Loi 306
Ko Mae Ko 331
Ko Mak 313
Ko Man Klang 307
Ko Man Nok 307
Ko Mattra 322
Ko Muk 370
Ko Nang Yuan 331
Ko Ngai *(voir Ko Hai)*
Ko Ngam Noi 322
Ko Ngam Yai 322
Ko Pha Ngan **329**
  hôtels 402
  plan 329
  restaurants 426

Ko Phanak 356
Ko Phangan
    restaurants 426
Ko Phi Phi 344, **362-363**
    carte 362
    hôtels 403
    restaurants 427
Ko Phuket *voir* Phuket
Ko Poda 345, 360
Ko Rang 313
Ko Saket 307
Ko Sam Sao 330
Ko Samet 297, **308**
    hôtels 399
    plages 298, 304
    plan 308
Ko Samui 24, 296, 316, **326-328**
    aéroport 467
    hôtels 402-403
    plan 326-327
    restaurants 426
Ko Sichang **306-307**
Ko Similan 344, **347**
Ko Surin 344, **347**
Ko Tao **331**
    hôtels 403
    restaurants 426
Ko Tapu 356, 357
Ko Tarutao 376
    hôtels 405
Ko Tarutao, parc national marin
    de 335
Ko Wai 313
Ko Wua Talab 330, 331
Ko Yang 376
Ko Yo 375
Kok, rivière 232, 241
Kra, isthme de 18, 336
Krabi 344, **361**
    escalade 361
    hôtels 403-404
    restaurants 427
Krabi-krabong 442
Krailasa, mont 270
Krathin, cascade de 310
Kru Se 378
Krung Thep *voir* Bangkok
Ku Na, roi 58
Kuang, rivière 219
Kuomintang (KMT) 223
    Chiang Khong 239
    Mae Aw 208
    Mae Salong 232

L

Lacs
    Barrage Sirindhorn 289
    Sirikit Reservoir 249
Lahu **196-197**
    Fang 232
    Pai 209

Lak Muang (Mukdahan) 288
Lakhon (théâtre dansé) 21, 38
Lakshman 36-37, 266
Lam Pam 372
Lam Takhong, rivière, 174, 175,
    265
Lamai 328
Lampang 194, **226**
    hôtels 394
    restaurants 419
Lamphun **219**
    hôtels 394
    musée national de, 219
    restaurants 419
Lan Na, royaume du 49 **58-59**
    architecture religieuse 31
    Chiang Rai 240
Lan Sang, parc national de, 181
Lan Xang, royaume du 284, 285
Laneau, père Louis 100
Lanna Khantoke (Chiang Mai)
    440, 443
Lao Revolutionary Museum
    (Vientiane) 284
Laos
    ambassade 451
    Chong Mek 289
    Huay Xai 239
    Pathet Lao 285
    pont de l'Amitié 282, 283
    Triangle d'or 236
    Vientiane 284-285
    visas 239, **451**
Laque 433
    qu'acheter en Thaïlande ? 438
Lean, David 161
Lee, Christopher 357
Légende du Bouddha
    d'Émeraude **79**
Légumes 129
    sculpture 34
Leng Noi Yee (Bangkok) 93, 95
    plan pas à pas 93
Leonowens, Anna 111
Li Thi Miew (Bangkok)] plan pas
    à pas 93
Librairies en langue anglaise 431,
    435
Lido, The (Bangkok) 441, 443
Likay (théâtre dansé) 39
Lim Ko Niaw 378
Lim To Khieng 378
Limitations de vitesse 473
Lisu **196-197**, 229, 230
    Doi Chiang Dao 210
    Fang 232
    Pai 209
    Phra 210
    de Mae Teng 211
    Wiang Pa Pao 242
Littérature 21
    écrivains occidentaux à

    Bangkok 111
    poésie Sunthorn Phu 309
Lo Thai, roi 55, 186
Location
    de logements 384
    de voiture avec chauffeur 472
    de voitures, de motos et de
        vélomoteurs 472, 473
Loei **279**
    festivités 43, 45, 274
    hôtels 397
    restaurants 422
Loei, rivière 279
Lom Sak (parc national de Phu
    Kradung) 276
Longka 36
Lopburi 53, 149, **164-165**
    hôtels 391
    plan pas à pas 164-165
    restaurants 416
Lord Jim's Bamboo Bar
    (Bangkok) 441, 443
Louis XIV, roi de France 152, 153,
    165
Loy Krathong 17, 42, **46**
    à Sukhothai 185
Luang Pho Phra Sai (bouddha)
    282
Luang Pho Somchai 309
Luang Pu Bunleua Surirat 283
Luang Vichit Chetsada 120
Lue (peuple) *voir* Thaï Lue
Lumphini Stadium (Bangkok)
    442, 443
Lumphini, parc (Bangkok) 113

M

McCormick Hospital (Chiang Mai)
    217
Mae Aw **208**
Mae Chaem 222
Mae Hong Son 194, **206-207**
    festivités 43, 44
    hôtels 394-395
    plan pas à pas 206-207
    restaurants 419
Mae Khongkha 42, 46
Mae Sa Elephant Camp (Chiang
    Mai) 445, 447
Mae Sai **236**
    excursion dans le Triangle d'or
        237
    hôtels 396
    restaurants 421
Mae Salong (Santikhiree) **232-
    233**
    hôtels 395
    restaurants 420
Mae Sam Laep 222
Mae Sariang **222**
    restaurants 419

Mae Saruai **242**
Mae Sot **180**
  hôtels 392
  restaurants 416
Mae Surin, parc national de **208**
Mae Taeng, vallée de **211**
Mae Taman Rafting and Elephant
  Camp 211
Mae Wong, parc national de 182
Mae Ya, cascade de 221
Mae Yom, parc national de 242
Maenam 326-327
Magazines 463
  de programmes 440
Mah Boon Krong Centre
  (Bangkok) 114
Maha Thammaracha Iᵉ, roi 55,
  166
Maha Weerawong, Musée
  national (Khorat) 265
Maha Weerawong, prince 265
Mahayana *voir* bouddhisme
Mai Market (Bangkok)] plan pas à
  pas 93
Maison de l'opium (Sop Ruak)
  223, 238
Maisons
  chinoises (Phuket Town) 350
  khlongs 121
  sur pilotis 121
  thaïes traditionnelles 32-33
Maisons des esprits 33
Maisons royales 33
Maisons sur l'eau 33
Maisons-boutiques chinoises 95
Makha Bucha 47
Malacca, détroit de 336-337
Maladies
  transmises par l'eau et les
    aliments 459
  transmises par les humains et
    les animaux 459
  transmises par les insectes 458-
    459
Malaria *voir* paludisme
Malaysia Airways 467
Manfredi, Hercules 102-103
Mangroves **340-341**
  baie de Phangnga 354, 357
Mao Tsé-Toung 232
Mara 163
Marchandage 455
  à l'hôtel 385
  dans les magasins 430
Marche
  randonnée 447
  trekking 446
Marche à pied *voir aussi*
  trekking, randonnée
Marché aux voleurs (Bangkok)
  voir Nakorn Kasem
Marché de produits frais (Phuket

Town) 350
Marché indochinois (Nong Khai)
  282
Marchés 431
  aux timbres (Bangkok) 437
  Banglamphu Market (Bangkok)
    436
  Bangrak Market (Bangkok)
    111, 437
  Bo Be Market (Bangkok) 436
  Chatuchak Market 131
  Damnoen Saduak (marché
    flottant) 127, 128
  de Bangkok **436-437**
  de Khao San Road (Bangkok)
    436
  de Patpong/Silom (Bangkok)
    437
  de Sampeng Lane (Bangkok)
    437
  Kao Market (Bangkok) 92, 437
  Mae Hong Son 206
  Mai Market (Bangkok) 93
  marché de produits frais de
    Phuket Town 350
  marché indochinois (Nong
    Khai) 282
  Nakorn Kasem (Bangkok)
    94,437
  Night Bazaar (Chiang Mai) 216
  Pak Khlong Market (Bangkok)
    94, 436
  Phahurat Market (Bangkok) 94,
    436
  Pratunam Market (Bangkok)
    114-115, 437
  Saphan Han Market (Bangkok)
    94
  Siam Square (Bangkok) 114
  stands de plats préparés 406-
    407
  Thewet Flower Market
    (Bangkok) 100, 436
  Thung Kwian Forest Market
    227
  Warorot Market (Chiang Mai)
    216
Marécages 25
Mareukathayawan, palais **321**
Marijuana 456
Marina Divers (Phuket) 447
Marionnettes 440
  boutiques 433, 435
  hun krabok 39
  nang yai 37
  Phatthalung 372
  qu'acheter en Thaïlande ? 438
  Shadow Puppet Theatre
    (Nakhon Si Thammarat) 433,
    435
  théâtre d'ombres *nang talung*
    373

théâtre d'ombres *nang talung*
  (Nakhon Si Thammarat) 368
Masques
  boutiques 433, 435
  qu'acheter en Thaïlande ? 438
Massage **89**
  Institut de massage (Bangkok)
    88
  Institute of Thai Massage
    (Chiang Mai) 446, 447
MasterCard 460
Mattra, île de 322
Maugham, Somerset 110
Maux d'estomac 458
Maya, reine 102
Médecins 457
Médiation, en tant que posture
  du Bouddha 163
Méditation 27, 446
  en tant que posture du
    Bouddha 163
Méduses (piqûres de) 458
Mékong 18
Mengrai Kilns (Chiang Mai) 433,
  435
Mengrai, roi **58**
  Chiang Mai 214
  Chiang Rai 240
  Fang 232
  mort 216
  Wat Chiang Man (Chiang Mai)
    216
Menus 410
Mer d'Andaman
  côte nord de la mer
    d'Andaman 343-363
  dugongs 371
  gitans de la mer 353
  îles de la province de Trang
    370
  récifs coralliens 338
Mérites, acquisition de 26, 125
Meru, mont **122-123,** 188
Messageries 464
Mesure du temps 453
Mesures 453
Mien **196-197,** 229
  Fang 232
  Mae Salong 233
  musée national de Nan 245
  parc national de Doi Phu Kha
    244
  Pha Dua 236
Mike Shopping Mall (Pattaya)
  431, 435
Missionnaires 152-153
Mit Jai La 132
Modernisme thaï 115
Mon
  Sangkhla Buri 158
  Dan Kwian 265
  Monachisme 20, 26

bouddhisme au quotidien **125**
et savoir-vivre 455
pendant la retraite des pluies
bouddhiste 45, 46
Monarchie 20, 454
Monastères *voir* wats
Mondops 28
Mongkut (Rama IV), roi **49**
chedi Phra Pathom (Nakhon
Pathom) 130
Grand Palais (Bangkok) 80, 81
Le Roi et moi 111
modernisation de la Thaïlande
60, 61
mort 61
palais Chan Kasem (Ayutthaya)
166
palais de Bang Pa-in 171
Parc historique de Phra
Nakhon Khiri (Phetchaburi)
319, 320
Phuket Town 350
portrait 61
Ratchadamnoen Avenue
(Bangkok) 103
Tak Bai 379
tour Pisai Sayalak (Ayutthaya)
166
Wat Arun (Bangkok) 122-123
Wat Bowonniwet (Bangkok) 82
Wat Chalerm Phrakiet
(Nonthaburi) 131
Wat Indrawihan (Bangkok) 100
Wat Phra Kaeo (Bangkok) 78,
79
Wat Rachapradit (Bangkok) 87
Wat Supattanaram Worawihan
(Ubon Ratchathani) 293
Montagnards *voir* Tribus
montagnardes
Montagne d'Or (Bangkok) 83,
103
Montien Boonma 132
Monument à l'éléphant blanc
(Doi Suthep) 212
Monument à Thao Suranari
(Khorat) 265
Monument des Héroïnes (Phuket)
349
Moore, Roger 357
Morsures
de mammifères 459
de serpent 458
Mosquées
Haroon Mosque (Bangkok)
108, 452
Matsayit Klang (Pattani) 378
Nakhon Si Thammarat 366
Nurul Islam (Mae Sot) 180
Motocyclettes
location 472
motos taxis 470

Mouhot, Henri 168, 255
Mousson **22-23**, 44
Moustiques 458-459
Muang Tam *voir* Prasat Hin
Muang Tam
Muay thai 40-41, 442
Mukdahan **288**
hôtels 398
restaurants 422
Mun, rivière 289
Musées
musée de l'Étoffe et de la Soie
(Bangkok) 98
musée de la Noblesse et
du Portrait (Bangkok) 98
musée des Barges royales
(Bangkok) 120-121
musée des Voitures royales
(Bangkok) 99
Musée national (Bangkok) **84-85**
exportation d'antiquités et de
bouddhas 434, 435, 451
plan 84-85
plan pas à pas 75
Musée national de Ratchaburi 128
Musée national du *chedi* Phra
Pathom (Nakhon Pathom) 130
Musées et galeries
Ban Kao Museum 160
Ban Sao Nak (Lampang) 226, 227
Congdon Museum of Anatomy
(Bangkok) 121
droits d'entrée 452
exposition du Thavorn Hotel
(Phuket Town) 350
Folklore Museum (Ko Yo) 375
Galerie nationale (Bangkok) 82
Hill Tribe Education Centre
(Chiang Rai) 241
Human Imagery Museum 130
Imaging Technology Museum
(Bangkok) 113
JEATH War Museum
(Kanchanaburi) 160-161
Lao Revolutionary Museum
(Vientiane) 284
Maison de l'opium (Sop Ruak)
223, 238
maison de Jim Thompson
(Bangkok) 116-117
musée de l'Horlogerie ancienne
(Bangkok) 98
musée de la Famille royale
(Bangkok) 98, 120-121
Musée des Voitures royales
(Bangkok) 99
Musée national (Bangkok) 75,
84-85, 434, 435
musée national Chao Sam
Phraya (Ayutthaya) 168
musée national d'Ubon (Ubon

Ratchathani) 292-293
musée national de Ban Chiang
262
musée national de Chaiya 323
musée national de Chiang Mai
217
musée national de Chiang Saen
239
musée national de Kamphaeng
Phet 182
musée national de Khon Kaen
263
musée national de Lamphun
219
musée national de Nakhon Si
Thammarat 368
musée national de Nan 244-245
musée national de Ratchaburi
128
musée national de Songkhla
335, 374, 375
musée national de U Thong
162
musée national du *chedi* Phra
Pathom (Nakhon Pathom) 130
musée national Maha
Weerawong (Khorat) 265
musée national Narai (Lopburi)
164
musée national Ramkamhaeng
(Parc historique de Sukhothai)
184-185
musée national Sawankha
Woranayok (Sawankhalok) 190
musée du Lan Na (Lampang)
226, 227
musées photographiques du roi
Bhumibol (Bangkok) 98
musées du Siriraj Hospital
(Bangkok) **121**
Museum of Forensic Medicine
(Bangkok) 121
palais Suan Pakkad (Bangkok)
115
parc historique de Phra
Nakhon Khiri (Phetchaburi)
319, 320
Patrvoir Museum (Songkhla)
374
Prasart Museum (Bangkok)
Rubber Museum (Trang) 370
Sergeant Major Thawee's Folk
Museum (Phitsanulok) 191
SUPPORT Museum (Bangkok)
97, 99, 101
Surin Museum (Surin) 269
Thalang Museum (Phuket) 353
Tribal Research Institute
(Chiang Mai) 217
Visual Dhamma Art Gallery
(Bangkok) 132
Wat Mae Phrae Museum

(Bangkok) 100
Musées photographiques du roi
  Bhumibol (Bangkok) 98
Musique **38-39**, 441, 443
  boutiques 433, 435
  concerts 441, 443
  khaen 263
  orchestres *phiphat* 40
Musiques populaires 441, 443
Musulmans *voir* islam

N

Na Dan 308
Naga Pearl Farm 353
Nagas 218
Nai Khanom Dtom 40
Nakhon Pathom **130**
  festivités 46
  hôtels 392
  restaurants 416
Nakhon Phanom 273, **286**
  festivités 46
  hôtels 398
  restaurants 422
Nakhon Ratchasima *voir* Khorat
Nakhon Sawan 70
Nakhon Si Thammarat 335, 336,
  365, **368-369**
  hôtels 405
  musée national de 368
  plan 369
  restaurants 429
Naklua, baie de 307
Nakorn Kasem (Bangkok) **94**, 437
Namuang, cascade de 328
Nan 195, **244-245**
  hôtels 396
  musée national de 244-245
  régates 245
  régates traditionnelles 46
  restaurants 421
  Wat Phumin 246-247
Nan, rivière 70, 191, 244, 249
Nandin (bœuf de Shiva) 271
Nang talung, théâtre d'ombres
  368, 373
Nang yai (théâtre d'ombres) 37
Narai, musée national (Lopburi)
  plan pas à pas 164
Narai, roi 57
  et les étrangers à Ayutthaya 153
  Khorat 265
  Lopburi 164
  palais de Bang Pa-in 171
  résidence de Phaulkon
    (Lopburi) 165
  Wat Phra Si Rattana Mahathat
    (Lopburi) 165
  Wat Sao Thong Thong
    (Lopburi) 164
Narathiwat **379**

hôtels 405
restaurants 429
Narathiwat Fair 46
Narathiwat, fête de 43
Narathiwat, province de 366, 367
Narayanaphand (Bangkok) 432,
  435
Narcissus (Bangkok) 441, 443
Naresuan, roi d'Ayutthaya 57
  bataille de Nong Sarai (1593)
    58-59, 162
  fête du mémorial Don *Chedi*
    (province de Suphan Buri) 47
  palais Chan Kasem (Ayutthaya)
    166
  rassemblement des éléphants
    de Surin 268
  Wat Yai Chai Mongkhon
    (Ayutthaya) 171
Naris, prince 102-103
Nat, esprit 116
Natation
  plongée sous-marine 444, 447
  voir aussi plages
National Stadium (Bangkok) 114
Naton 326
Natural Park Golf Club (Pattaya)
  445, 447
Navigation de plaisance 444-445
Neilson-Hays Library (Bangkok)
  111
Neilson-Hays, Jennie 111
NeOld (Bangkok) 434, 435
New Road (Bangkok) *voir*
  Charoen Krung Road
Ngam Noi, île de 322
Ngam Yai, île de 322
Ngao **242**
Ngua Nam Thom, roi 55
Nielle **433**
  qu'acheter en Thaïlande ? 438
Night Bazaar (Chiang Mai) 216
Nomades de la mer *voir* Gitans
  de la mer
Noms de rues *voir* adresses
Nong Bua **244**
Nong Khai 253, **282-283**
  hôtels 398
  plan 283
  restaurants 423
Nong Prachak, parc de (Udon
  Thani) 262
Nong Sarai, bataille de (1593) 57,
  58-59, 162
Nonthaburi **131**
Nord de la Plaine centrale **177-
  191**
  carte 178-179
  hôtels 392-393
  restaurants 416-417
Nord de la Thaïlande **193-249**
  carte 12-13

artisanats 198-199
carte 194-195
  42-43
  traditionnelles 32
  oiseaux 200-201
  tribus montagnardes 196-197
Nord-Est (Isan) 418
  festivités 43
Nord-Est *voir* Isan
Northern Insight Meditation
  Centre (Chiang Mai) 446, 447
Nouilles 410
  voir aussi nourriture et
    boissons
Nourriture et boissons
  boissons 409
  cafés 406
  cuisine thaïe **34-35**
  fruits et légumes 129
  glossaire de plats thaïs **410-411**
  que manger en Thaïlande ?
    408-409
  sculpture sur fruits et légumes
    34
  sécurité 458
  soupe aux nids d'hirondelles
    331
  spécialités de fruits de mer du
    Sud 377
  stands de plats préparés **406-
    407**
  transmission de maladies 459
  voir aussi marchés, restaurants
Nouvel An 20
Nouvel An chinois 47
  Songkran dans le Nord 226
NS Travel & Tours (Bangkok) 471

O

Ocean Marina (Jomtien) 444-445,
  447
Oiseaux
  Bang Phra Reservoir 306
  Nord de la Thaïlande **200-201**
  observation des oiseaux 201
  parc national de Khao Phanom
    Bencha 360
  parc national de Khao Sam Roi
    Yot 322
  réserve ornithologique de
    Thale Noi 373
  voir aussi faune
Ok Phansa 43, 46
Old Chiang Mai Cultural Center
  (Chiang Mai) 432, 435, 440, 443
Old Farang Quarter (Bangkok)
  plan pas à pas 108-109
Old Medicine Hospital (Chiang
  Mai) 446, 447
Ombrelles
  Bo Sang 218

fête des Ombrelles (Bo Sang) 42, 47
Opéra chinois 95
Opium **223**
　　région du Doi Tung 233
　　Triangle d'or 236
Or 434
Orchestres *phiphat* 40
Orchidées **210**
　　Thai Village and Orchid Garden (Phuket) 349, 351
Orfèvrerie Tang To Kang (Bangkok) plan pas à pas 92
Oriental Hotel (Bangkok) **110,** 446
　　plan pas à pas 109
Oriental Plaza (Bangkok) 434
Overbrook Hospital (Chiang Rai) 241

P

PCT *voir* Parti communiste de Thaïlande
Pack of Cards Bridge 159
Padaung 206
Pai **209**
　　hôtels 395
　　restaurants 419
Pak Chom **280**
　　excursion des villages du Mékong 280
Pak Khlong Market (Bangkok) 94, 436
Pak Klang 465
Pak Nua 465
Pak Tai 465
Palais
　　Chan Kasem (Ayutthaya) 166
　　Chitrlada (Bangkok) 76, 102
　　de Bang Pa-in 171
　　du gouverneur (Phatthalung) 372
　　du roi Narai (Lopburi) 164
　　Klai Klangwon (Hua Hin) 321
　　Mareukathayawan 321
　　palais d'été de Rama V (Ko Sichang) 306-307
　　parc historique de Phra Nakhon Khiri (Phetchaburi) 320
　　Sanam Chan (Nakhon Pathom) 130
　　Suan Pakkad (Bangkok) 115
　　Taksin (Narathiwat) 379
Palais Boromphiman 81
Palais du gouverneur (Phatthalung) 372
Palais du prince de Lampang 33
Pallegoix, évêque 124
Paludisme 451, 458
Panyi, village de pêcheurs de 356

Papillon 222
Parachute ascensionnel 445
Parc national marin d'Angthong 296, **330-331**
　　plan 330
Parcs à thème
　　Ancient City (Bangkok) 133
Parcs et jardins
　　Ancient City (Bangkok) 133
　　Doi Tung Royal Villa 233
　　Fisheries Department (Si Chiangmai) 281
　　jardins Siwalai (Bangkok) 81
　　Khao Noi (Songkhla) 374
　　King's Royal Park (Bangkok) 132
　　parc de Dusit (Bangkok) 98-99
　　parc de Nong Prachak (Udon Thani) 262
　　parc du palais Sanam Chan (Nakhon Pathom) 130
　　parc Lumphini (Bangkok) 113
　　Phrae 249
　　Queen's Park (Bangkok) 132
　　Rose Garden (Bangkok) 130
　　Siam Park (Bangkok) 132-133
　　village thaï et Orchid Garden (Phuket) 349, 351
　　zoo de Dusit (Bangkok) 101
　　voir aussi parc nationaux
Parcs nationaux
　　Chaloem Rattanakosin 161
　　Doi Inthanon 205, 220-221
　　Doi Phu Kha 244
　　Doi Suthep-Doi Pui 212
　　Erawan 159
　　Hat Chao Mai 370
　　hébergement 384
　　Kaeng Krachan 320
　　Kao Yai 446
　　Khao Chamao-Khao Wong 303, 309
　　Khao Kitchakut 310
　　Khao Lak 346
　　Khao Phanom Bencha 360
　　Khao Sabap 311
　　Khao Sam Roi Yot 322
　　Khao Sok 345, 346
　　Khao Yai 149, 174-175
　　Khlong Lan 182
　　Lan Sang 181
　　Mae Surin 208
　　Mae Wong 182
　　Mae Yom 242
　　Phu Hin Rong Kla 278
　　Phu Kradung 252, 276-277
　　Phu Rua 278
　　Ramkhamhaeng
　　Si Nakharin 159
　　Si Satchanalai 190
　　Taksin Maharat 181
　　Tanboke Koranee 357

　　Thale Ban 376
　　Thung Salaeng Luang 191
Parcs nationaux marins
　　Angthong 330-331
　　Ko Lanta 363
　　Phi Phi-Hat Nopparat Thara 360, 362
　　Tarutao 335, 365, 376
Parmentier, Henri 255
Pasang 219
Passeports 450-451
Pathet Lao 278, 280, 285
Pathumwan Stadium (Bangkok) 442, 443
Patong, Hat 352
Patpong (Bangkok) **112**
Patpong/Silom, marché de (Bangkok) 437
Patravadi théâtre (Bangkok) 441, 443
Patrimoine mondial de l'Unesco 158
　　vieux Sukhothai 184
Patsree Museum (Songkhla) 374
Pattani 337, **378**
　　hôtels 405
　　restaurants 429
Pattani, province de 366
Pattaya 297, **307**
　　festivités 43
　　hôtels 399-400
　　plages 298, 299, 307
　　restaurants 423-425
Pavillon au bord du lac du parc de Dusit (Bangkok) 99
Pavillon Rouge 33
Paysages de Thaïlande **24-25**
Pêche au gros 445
Pêche
　　bateaux de pêche *korlae* 335, 378
Peinture murales
　　Ayutthaya 56
Peintures rupestres 51
　　côte nord de la mer d'Andaman 363
Pellicules photo 453
Peninsula Plaza (Bangkok) 431, 434, 435
Péninsule, histoire de **336-337**
Pensions 383
　　voir aussi hôtels
Perfect Tour (Bangkok) 471
Perles
　　Naga Pearl Farm 353
　　Pearl Center (Phuket Town) 434, 435
Permis de conduire 472
Petchkasem Hotel (Surin) 441, 443
Peuple môn 52
Peuple thaï 49, 52-53

Pha Baen
  excursion des villages du
    Mékong 280
Pha Charoen, cascade de 180
Pha Dua
  excursion dans le Triangle d'or
    236
Phae Muang Phi 249
Pha Non An (parc national de
  Phu Kradung) 277
Pha Taem 50, 51
Pha Taem **288-289**
Pha That Luang (Vientiane) 285
Phahurat Market (Bangkok) **94,**
  436
Phangnga, baie de 334, **354-359**
  hôtels 404
  mangroves 340
  peintures préhistoriques 336
Pharmacies 457
Phatthalung **372**
  hôtels 405
  restaurants 429
Phaulkon, Constantin 153, 165
  résidence de (Lopburi)
    plan pas à pas 165
Phayao **242**
Phet, rivière 316, 320
Phetchaburi 296, 316, **318-320**
  hôtels 403
  plan pas à pas 318-319
  restaurants 427
Phi Phi Don 362
  voir aussi Ko Phi Phi
Phi Phi Ley 363
  voir aussi Ko Phi Phi
Phi Phi-Hat Nopparat Thara, parc
  national marin de 360, 362
Phi Ta Khon (Loei) 45, 274
Phi Ta Khon, fête de (Loei) 279
Phibun Songkram 18, 64
Phimai *voir* Prasat Hin Phimai
Phitsanulok **191**
  hôtels 392
  restaurants 416-417
Phitsanulok Road (Bangkok) **102**
Phliu, cascade de 311
Phnom Rung Fair 44
Phone Kingphet 40, 277
Phone Phop, cascade de 277
Photographie 453
  Imaging Technology Museum
    (Bangkok) 113
  musées photographiques du roi
    Bhumibol (Bangkok) 98
Phra Anon 264
Phra Boromathat Chaiya (Chaiya)
  323
Phra Buddha Chinarat 191
Phra Buddha Sing 84
Phra Chaiya Wiwat 323
Phra Nakhon Khiri, parc

historique de (Phetchaburi) 320
  plan pas à pas 319
Phra Nang, princesse 360
Phra Pathom, *chedi* (Nakhon
  Pathom) 130
  festivités 46
Phra Phuttha Chinara 150-151
Phra Phutthabat **162**
Phra Phutthabat Fair (Saraburi) 44
Phra Phutthabat, fête de
  (Saraburi) 42
Phra Phutthachai 162
Phra That Naphamataneedon
  (Doi Inthanon) 220
Phra That Nong Khai (Nong
  Khai) 283
Phra That Renu (Renu Nakhon)
  283
Phra Wanawatwichit 121
Phrae
  hôtels 396
  plan pas à pas **248-249**
  restaurants 421
Phrao **210**
Phraya Anirutheva, général 102
Phraya Surin Phakdi Si Narong
  Wang 269
Phu Hin Rong Kla, parc national
  de 278
Phu Kradung 273, 277
  hôtels 398
Phu Kradung, parc national de
  252, **276-277**
Phu Man Khao 278
Phu Manorom 288
Phu Phrabat, parc historique de
  285
Phu Rua, parc national de **278**
Phuket 334, 343, 348-353
  aéroport 467
  carte **348-349**
  festivités 43
  histoire 337
  hôtels 404
  location de voitures 473
  police touristique 457
  restaurants 427-428
  voir aussi Phuket ville
Phuket, province de
  festivités 46
Phuket Sport Fishing Center
  (Phuket ville) 447
Phuket ville 349, **350-351**
  festival végétarien 350
  plan 351
Phuket Trekking Club (Phuket)
  446, 447
Phuket Yacht Services
  (Phuket) 447
Phum Duang, rivière 323
Phumintharacha, roi 170
Pièces 461
Pierres précieuses **300-301**

Bo Rai 311
  boutiques 434 , 435
  Chanthaburi 311
  qu'acheter en Thaïlande ? **439**
Pilotis, maisons sur 121
Ping, rivière 70
Ping, vallée du **222**
Piphek 36
Piqûres 458
Pisai Sayalak, tour (Ayutthaya)
  166
Piya Mit 379
Plages
  Cha-am 320-321
  côte nord de la mer
    d'Andaman 344
  golfe de Thaïlande 298-299
  Hua Hin 321
  Ko Chang 312
  Ko Pha Ngan 329
  Ko Samui 326-328
  Pattaya 307
  Phuket 348, 352
  Rayong 307
Plaine centrale 18, **147-191**
  carte 148-149
  festivités 42
  hôtels 391-393
  maisons thaïes traditionnelles
    32-33
  nord de la Plaine centrale 177-
    191
  restaurants 415-417
  sud de la Plaine centrale 155-175
Plan
  Architecture 115
Planche à voile 445
Planet Scuba (Bangkok) 447
Planétariums
  Bangkok Planetarium 132
Plantations d'hévéas
  baie de Phangnga 357
  province de Trang 371
Plantes
  orchidées 210
  pavot 223
  paysages de Thaïlande 24-25
  rafflesia kerri 347
Plateau de Khorat **259-271**
  carte 260-261
  hôtels 396-397
  restaurants 421-422
Plongée sous-marine 299, **444,**
  447
  au tuba 338
  avec bouteilles 339
  Chumphon 322
  Ko Surin et Ko Similan 347
  Ko Tao 331
  parc national marin de Tarutao
    376
Poésie de Sunthorn Phu 309

Poi Sang Long (Mae Hong Son) 44

Poi Sang Long, fête de (Mae Hong Son) 42-43

Poissons
récifs coralliens 338-339
spécialités de fruits de mer du Sud 377

Police
mobile métropolitaine 457
de la route 473
police touristique 456, **457**

Poliomyélite 451

Politique *voir* société et politique

Pont de l'Amitié (Nong Khai) 282, 283

Pont de la rivière Kwaï 155, 161

Population and Community Development Association (PDA) 241

Porte nord (Nakhon Si Thammarat) 369

Porte Suan Dok (Chiang Mai) 216

Porte Thae Phae (Chiang Mai) 216

Poste 464-465

Poste centrale (Bangkok) 110

Poste restante 464

Postures du Bouddha 163

Poterie *voir* céramique

Pourboires 455
à l'hôtel 385
au restaurant 407

Prachuap Khiri Khan 315, **322**
hôtels 403
restaurants 427

Prajadiphok (Rama VII), roi 64
Grand Palais (Bangkok) 81
palais Chitrlada (Bangkok) 76
Wat Suwan Dararam (Ayutthaya) 168

Prajak Road (Nong Khai) 282

Prang Khaek (Lopburi)
plan pas à pas 165

Prang Sam Yot (Lopburi)
plan pas à pas 165

Prap Ho Monument (Nong Khai) 282

Prasart Museum (Bangkok) **133**

Prasart Vongsakul 133

Prasat Hin Khao Phnom Rung 30, 252, **270-271**

Prasat Hin Muang Tam 259, **268-269**

Prasat Hin Phimai 53, 252, 254, 260, **266-267**
hôtels 397
restaurants 421

Prasat Khao Phra Wihan 253, **292**

Prasat Muang Sing **160**

Prasat Prang Ku **292**

Prasat Ta Muen **268**

Prasat Ta Muen Tot **268**

Prasat Thong, roi 57
palais de Bang Pa-in 171
Wat Chai Watthanaram (Ayutthaya) 170
Wat Na Phra Men (Ayutthaya) 170

Prathamakant (Khon Kaen) 432, 435

Prathet Thai 17

Pratunam Market (Bangkok) **114-115,** 437

Prayun Bunnag 124

Précipitations 46

Prem Tinsulanonda, pont de 375

Premiers États 52-53

Premiers secours *voir* santé

Pridi Phanomyong 64

Princesse mère 114

Promenades à dos d'éléphant 445, 447

Promthep, cap 348, 352, 353

Prostitution 112
maladies sexuellement transmissibles 459
SIDA 459

Provinces 465

PULO (Pattani United Liberation Organization) 456

Q

Quartier ancien (Bangkok) **73-89**
Musée national (Bangkok) **84-85**
plan général 73
Sanam Luang 74-75
Wat Pho 88-89

Quartier des affaires de Bangkok **107-117**
hôtels 389-390
maison de Jim Thompson 116-117
Old Farang Quarter 108-109
plan général 107
restaurants 412-414

Queen's Park (Bangkok) 132

Quotidiens 463

R

Rachabrapha, barrage de 346

Radio 463

Raeng Jai (Chiang Mai) 433, 435

Rafflesia kerri 347

Rafting 447
Mae Taman Rafting and Elephant Camp 211
sur les rivières du Nord **445,** 447

Rage 459

Rahu 283

Railae-Phra Nang, promontoire de 360

Raintree (Bangkok) 441, 443

Rama
Prasat Hin Phimai 266, 267
Ramakien 36-37

Rama Iᵉʳ, roi *voir* Chao Phraya Chakri

Rama II, roi **60**
et la poésie de Sunthorn Phu 309
Grand Palais (Bangkok) 81
Grand Palais et Wat Phra Kaeo (Bangkok) 76
Wat Arun (Bangkok) 122
Wat Phra Kaeo (Bangkok) 79
Wat Suthat (Bangkok) 87

Rama III, roi **60,** 61
et la poésie de Sunthorn Phu 309
et les postures du Bouddha 163
Grand Palais (Bangkok) 81
Montagne d'Or (Bangkok) 83
Phatthalung 372
Wat Arun (Bangkok) 122-123
Wat Bowonniwet (Bangkok) **82**
Wat Chalerm Phraket (Nonthaburi) 131
Wat Kalayanimit (Bangkok) 124
Wat Pho (Bangkok) 88
Wat Phra Kaeo (Bangkok) 78, 79
Wat Prayun (Bangkok) 124
Wat Suthat (Bangkok) 86
Wat Suwannaram (Bangkok) 120
Wat Thung Si Muang (Ubon Ratchathani) 293

Rama IV, roi *voir* Mongkut

Rama V, roi *voir* Chulalongkorn

Rama VI, roi *voir* Vajiravudh

Rama VII, roi *voir* Prajadiphok

Rama VIII, roi *voir* Ananda Mahidol

Rama IX, roi *voir* Bhumibol Adulyadej

Ramakien 21, **36-37,** 60
Grand Palais et Wat Phra Kaeo (Bangkok) 76, 79
khon (théâtre dansé) 38
panneaux en laque du palais Suan Pakkad (Bangkok) 115
peintures du Wat Rakhang (Bangkok) 121
peintures du Wat Ratchaburana (Phitsanulok) 191

Ramathibodi Iᵉʳ, roi 56
Ayutthaya 166
Wat Phra Ram (Ayutthaya) 167

Ramathibodi II, roi 56
Wat Phra Si Sanphet (Ayutthaya) 168

Ramayana 255
Ramesuan, roi 56
  Wat Mahathat (Ayutthaya) 166
  Wat Phra Ram (Ayutthaya) 167
Ramkamhaeng, monument à
  (parc historique de Sukhothai)
  185
Ramkamhaeng, musée national
  (parc historique de Sukhothai)
  184-185
Ramkamhaeng, roi 49, 406
  éléphants blancs royaux 102
  monument au roi
  Ramkamhaeng (parc historique
  de Sukhothai) 185
  Tak 180-181
  vieux Sukhothai 54-55, 184
  Wat Chang Lom 190
Randonnée 446, 447
  voir aussi trekking
Randonnées organisées voir
  trekking, randonnée
Rang Hill (Phuket Ville) 350
Ranong 346
  restaurants 428
Rare Stone Museum (Bangkok)
  plan pas à pas 108
Ratchaburi 128
Ratchadamnoen Avenue
  (Bangkok) 103
Ratchadamnoen Stadium
  (Bangkok) 103, 442, 443
Rattanakosin, style de 86
  architecture religieuse 31
  Wat Suwannaram (Bangkok)
  120
Rayong 307
  hôtels 400-401
Récifs coralliens 338-339
  coupures 458
  plongée sous-marine 444, 447
Réfugiés à la frontière entre
  Thaïlande et Birmanie 181
Régates internationales de
  Thaïlande (Bangkok) 46
Région de Chiang Mai 203-227
  carte 204-205
  hôtels 393-395
  restaurants 417-419
Région de Pattaya 303-313
  carte 304-305
  hôtels 399-401
  restaurants 423-425
Règles de politesse 20
Religion
  architecture religieuse 30-31
  lieux de culte 452, 453
  tribus montagnardes 197
  voir aussi bouddhisme
Remboursements dans les
  magasins 430
Renu Nakhon 286

Réservations
  billets d'avion 450
  hôtels 385
  places de spectacle 440
Réserves naturelles
  Huai Kha Khaeng 158-159
  Thung Yai Naresuan 158-159
Restaurants 406-429
  Bangkok 412-415
  boissons 409
  cafés 406
  côte nord de la mer
  d'Andaman 427-428
  de Bangkok à Surat Thani 425-
  427
  dîners khantoke 407
  frontière malaise 429
  glossaire de plats thaïs 410-411
  habitudes alimentaires 407
  nord de la Plaine centrale 416-
  417
  plateau de Khorat 421-422
  pourboires 407
  prix 407
  que manger en Thaïlande ?
  408-411
  région de Chiang Mai 417-419
  région de Pattaya 423-425
  sud de la Plaine centrale 415-
  416
  Triangle d'or 420-421
  vallée du Mékong 422-423
  voir aussi nourriture et
  boissons
Retraite des pluies bouddhiste
  45, 46
Riboud, Marc 255
Riva's (Bangkok) 441, 443
River City (Bangkok) 432, 435
Riverside, The (Chiang Mai) 441,
  443
Rivière Kwaï, pont de la 161
Riz
  et la mousson 22-23
  et la religion 35
  plats de 411
Rizière 22-23
Robinson's (Bangkok) 431, 435,
  440
Robot Building (Bangkok) 65,115
Roi Et 259, 263
  hôtels 397
  restaurants 422
Roi et moi, Le 111
Roi Narai, palais du (Lopburi)
  plan pas à pas 164
Rome Club (Bangkok) 441, 443
Rose Garden (Bangkok) 130,
  440, 443
Rotin 433, 435
  qu'acheter en Thaïlande ? 438
Routes 473

Routes commerciales historiques
  détroit de Malacca 336-337
Royal Bangkok Sports Club
  (Bangkok) 113, 442, 443
Royal Turf Club (Bangkok) 102
Royaumes birmans 58-59
Ruamit 241
Rubber Museum (Trang) 370
Rubis 300-301
Rugby 442, 443

S
Sa Anodat, étang de 277
Sa Phra Nang 360
Saam Yekh Akha
  excursion dans le Triangle d'or
  236
Saeng Arun Arts Centre
  (Bangkok) 441, 443
Saenphu 238
Safari World (Bangkok) 132, 445
Sai Yok, parc national de 159
Sai, rivière 236
Saison chaude 44-45
Saison fraîche 46-47
Saison pluvieuse 45-46
Sakai 371, 379
Sakhon Nakhon 286
Sala Rim Nam (Bangkok) 440,
  443
Salawin, rivière 222
Salle du trône Abhisek Dusit
  (Bangkok) 99
Salle du trône Ananta Samakorn
  (Bangkok) 101, 103
Salut au drapeau (Bangkok) 42,
  47, 103
Salutations 454
Samai pattana 65
Samet voir Ko Samet
Samlors 470
Sampeng Lane, marché de
  (Bangkok) 437
Samphran Elephant Ground et
  Zoo 130
Samui International Diving
  School (Ko Samui) 447
Samui voir Ko Samui
San Kamphaeng 218-219
San Kamphaeng Hot Springs 219
Sanam Chan, palais (Nakhon
  Pathom) 130
Sanam Luang (Bangkok) 103
  Bangkok au fil de l'eau 71
  festivités 42
  plan pas à pas 74-75
Sanchao Dtai Hong Kong
  (Bangkok)
  plan pas à pas 93
Sanchao Kuan Oo (Bangkok)
  plan pas à pas 92

Sanctuaire Erawan (Bangkok) **114**

Sangaroon Ratagasikorn 132

Sangkhalok (poterie) 55

Sangkhalok, céramique 150, 151, 190

Sangkhla Buri 33, **158**
hôtels 392

Sangkhom **281**
excursion des villages du Mékong 281

Sangsues 458

Sanphet Maha Prasat 80

Santana Canoeing (Phuket) 447

Santé **456-459**

Santikhiree *voir* Mae Salong

Sanuk 21

Sao Din 245

Saowapha Phongsi, reine 87

Saphan Han Market (Bangkok) 94

Saphirs 300-301

Saraburi
festivités 44

Sarit Thanarat 65

Sathing Phra 336

Satun 376

Savoir-vivre **454-455**
habitudes alimentaires 407

Sawankha Woranayok, musée national (Sawankhalok) 190

Sawankhalok 190
hôtels 392

Sculpture sur bois **433,** 435
qu'acheter en Thaïlande ? 438

Sculpture sur pierre
Dvaravati 52

Sea Canoe Thailand (Muang Phuket) 445, 447

Seacon Square (Bangkok) 431,435

SEAWrite Award 111

Secte monastique Mahanikai 82

Sécurité **456-459**

Semaine du pont de la rivière Kwaï (Kanchanaburi) 42, 46

Sergeant Major Thawee's Folk Museum (Phitsanulok) 191

Serpents
morsures de 458
nagas 218

Service affaires *voir* communications

Sexe 112

Shadow Puppet Theatre (Nakhon Si Thammarat) 433, 435

Shan (Tai Yai)
festivités 43
Mae Hong Son **206**
Pai 209
Tham Chiang Dao 210

Shangri-La Hotel (Bangkok) 71
plan pas à pas 109

Shinawatra (Bangkok) 432, 435

Shinawatra Thai Silk (Chiang Mai) 432,435

Shiraz (Chiang Mai) 434, 435

Shiva 286
Balançoire géante (Bangkok) 87
Ho Phra-isuan (Shiva) (Nakhon Si Thammarat) 369
Prasat Hin Khao Phnom Rung 270, 271
Prasat Hin Phimai 266
Prasat Khao Phra Wihan 292
Shivalinga 255

Siam Cinema (Bangkok) 441, 443

Siam Commercial Bank (Bangkok) 460

Siam Diving (Ko Phi Phi) 447

Siam Express 472, 473

Siam Inter-Continental (Bangkok) 441, 443

Siam Park (Bangkok) **132-133**

Siam Safari (Phuket) 446, 447

Siam Society 132

Siam Square (Bangkok) **114**

Siam, abandon du nom 18

Siam, devient la Thaïlande (Prathet Thai) 64

Si Chiangmai **281**
excursion des villages du Mékong 281

SIDA 459

Siddhartha Gautama *voir* Bouddha

Signalisation routière 473

Si Intharathit, roi de Sukhothai 54
Wat Phra Boromathat (Kamphaeng Phet) 183
Wat Mahathat (Sukhothai) 186

Silom Road (Bangkok) **111**

Silom Village (Bangkok) 432, 435, 440, 443

Silver Queen (Phuket) 471

Similan, îles *voir* Ko Similan

Simon Cabaret (Phuket) 441, 443

Si Nakharin, parc national de, 159

Singapore Airlines 467

Singapour
destination de l'Eastern & Oriental Express 469

Si Racha **306**
restaurants 425

Si-oui **121**

Sirikit Reservoir **249**

Sirikit, reine
Anniversaire de sa Majesté la reine 45
palais Vimanmek (Bangkok) 101
SUPPORT Museum (Bangkok) 101

Siriraj Hospital (Bangkok) 121

Si Satchanalai
architecture religieuse 30
reconstruction de 54-55

Si Satchanalai, parc national de, 190

Si Satchanalai-Chalieng, parc historique de, 148, **188-189**
plan 189

Sita 36-37

Ski nautique 445

Skytrain (Bangkok) 470

Snake Farm (Bangkok) 112

Société et politique 19-21

Soie **432,** 435
et Jim Thompson 116-117
fabrication de la soie 256-257
qu'acheter en Thaïlande ? 439
San Kamphaeng 219

Song Tham, roi d'Ayutthaya 162

Songkhla 366, **374-375**
hôtels 405
Musée national de 335, 374, 375
plan 374
restaurants 429

Songkran (Nouvel An thaï) 42, **44**
dans le Nord 226

Songserm Travel (Phuket) 471

Songthaews 470

Songwat Road (Bangkok)
plan pas à pas 92

Sop Ruak 238
excursion dans le Triangle d'or 237
restaurants 420
voir aussi Triangle d'or

Soppong **208-209**

Soupe aux nids d'hirondelles 331

Soupes 411

Sources
Khlong Thom 361
Ranong 346
région de Fang 232
San Kamphaeng Hot Springs 219

Southeast Asia Live-aboards (Phuket) 445, 447

Spasso (Bangkok) 441, 443

Sports **21**
boxe thaïlandaise 40-41
football 442, 443
golf 445, 447
krabi-krabong 442, 443
muay thai 442, 443
nautiques 445, 447
régates 442
rugby 442, 443
takraw 442

Sri Lanka, influence du 188

Srivijaya, royaume de 49, **52-53,** 336
architecture 337

Nakhon Si Thammarat 368
rôle de Chaiya 322
SRT (State Railway of Thailand) 468
STA Travel (Bangkok) 471
Standard Chartered Bank
(Bangkok) 460
Standard Chartered Bank
(Phuket) 350
Stands de plats préparés 406-407
Stationnement 472
Stations-service 472
Stèle de Ramkhamhaeng 84
Suan Pakkad, palais (Bangkok)
115
Suan Son 307
Suay
Ban Ta Klang 269
Surin 269
Suchart House (Nakhon Si
Thammarat) 368
Suchinda, général 21
Sud de la Plaine centrale **155-175**
carte 156-157
hôtels 391-392
restaurants 415-416
Sud de la Thaïlande 19, **333-379**
cartes 14-15, 334-335
côte nord de la mer
d'Andaman 343-363
frontière malaise 365-379
histoire 336-337
mangroves 340-341
récifs coralliens 338-339
Sud
festivités 43
Sukhothai **184-187**
architecture religieuse 30
festivités 17, 42, 46
hôtels 392
Loy Krathong 185
restaurants 417
Wat Mahathat 186-187
Sukhothai, école de 150
Sukhothai, parc historique de,
149, **184-185**
plan 184
Sukhothai, royaume de 17, 49,
54-55
art 150-151
Kamphaeng Phet 182
musique 38
Nan 244
Wat Chang Lom 190
Sukhumvit Road **132**
Sukrip 36
Sumet Jumsai 65
Sun & Sand Tour (Phuket) 447
Sunantha, reine 311
Sunsail (Phuket) 445, 447
Sunthorn Phu 21, 309
Phra Aphaimani 308, 309
statues of 307

Suphan Buri **162**
festivités 47
restaurants 416
SUPPORT Museum (Bangkok) 97,
99, **101**
Surat Thani 323
hôtels 403
police touristique 457
restaurants 427
Surin **269**
festivités 46
hôtels 397
rassemblement des éléphants
261,268, 269
restaurants 422
Surin Museum 269
Surin, îles *voir* Ko Surin
Suryavarman Iᵉʳ, roi 266
Suryavarman II, roi 53
Suwannakhet 288
Système métrique 453

T

TVA 461
Tabac 455
Tachilek 236
Tadu (Bangkok) 441, 443
Taeng, rivière 211
Tai Yai *voir* shan
Tak 55, **180-181**
hôtels 392
restaurants 417
Tak Bai 379
Takraw 442
Taksin Maharat, parc national de,
181
Taksin Monument (Bangkok) **124**
Taksin, palais (Narathiwat) 379
Taksin, roi 59, 60
Chanthaburi 310
statue de 181
Taksin Monument (Bangkok)
124
Uttaradit 227
Wat Arun (Bangkok) 122
Takua Pa 336
Tambralinga 368
Tam Muang On 219
Tamouls
temple de Maha Uma Devi
(Bangkok) 111
Tanboke Koranee, parc national
de, 357
Tansadet 329
Tantrisme 26
Taoïsme
temple Neng Noi Yee
(Bangkok) 93
temple Neng Noi Yee
(Bangkok) 95
Tapi, rivière 323

Tapisseries *kalaga* 433
Tarutao, parc national marin de,
365, 366, **376**
TAT *voir* Tourism Authority of
Thailand
Tatouages 27
Taurus (Bangkok) 441, 443
Taux de change 460-461
Taxes
d'aéroport 451
hôtels 385
remboursement 430
TVA 461
Taxis 470
aéroport de Don Muang 467
pourboires 455
Tek 239
Lampang 226
maisons de tek (Phrae) 249
Télégrammes 464
Telephone Organization of
Thailand (TOT) 462
Téléphones 462-463
appels internationaux 462
appels locaux 462
cartes téléphoniques 462
Télévision 463
Télex 464
Températures 47
s'adapter à la chaleur 458
Temple de Bang Niew (Phuket
Ville) 350
Temple de la Sainte Empreinte du
Pied, fête du, 42
Temple de Maha Uma Devi
(Bangkok) **111**
Temple de marbre *voir* Wat
Benchamabophit
Temples
festivités 442
khmers 30, 254-255
temple de Maha Uma Devi
(Bangkok) 111
*voir aussi par nom individuel
à prasat et à wat*
Tenasserim, monts du 315, 344
baie de Phangnga 354
Terengganu 63
Tétanos 459
Textiles *voir* tissages
Tha Bon 306
Tha Chang Road (Nakhon Si
Thammarat) 369
Thaï (langue) 453
Thaï (peuple) 17
Thai Adventure Rafting (Pai) 445,
447
Thai Airways 466, 467
Thai Celadon House (Bangkok)
433, 435
Thai Danu Bank (Bangkok) 460
Thai Farmers Bank (Bangkok) 460

Thai Hôtels Association 382, 385
Thai-Indochina Tour Co
   (Bangkok) 471
Thailand Cultural Center
   (Bangkok) 441, 443
Thaïlande préhistorique **50-51**
   baie de Phangnga 336
   Ban Kao 160
   côte nord de la mer
      d'Andaman 363
   Pha Taem 289
Thai Lapidary (Bangkok) 435
Thaï Lue 229
   Chiang Khong 239
   Nong Bua **244**
   parc national de Doi Phu Kha
      244
Thai Marine Leisure (Phuket) 445,
   447
Thai Overlander Travel & Tour
   (Bangkok) 471
Thai Silk Company 117
Thai Tribal Crafts (Chiang Mai)
   432, 435
Thalang 349, 353
Thalang Museum
Thalang, bataille de (1785) 349
Thale Ban, parc national de, **376**
Thale Noi, réserve
   ornithologique de, **373**
Tham Chang Hai 371
Tham Chiang Dao 210
Tham Fa Tho 128
Tham Hua Gralok 357
Tham Khao Luang 320
Tham Lot 209, 356
Tham Luang 236
Tham Morakhot (Ko Muk), grotte
   de, 370
Tham Pha Tup, réserve forestière
   de, 245
Tham Phra Nang Nok 360
Tham Phraya Nakon 322
Tham Pla (province de Chiang
   Rai) 236
Tham Pla (province de Mae Hong
   Son) 208
Tham Pum 236
Tham Rusi 128
Tham Sai 322
Tham Suwan Kuha (Wat Tham)
   356
Tham Tup Tao 210
Thammayut, secte bouddhiste
   293
Thana City Golf and Country
   Club (Bangkok) 445, 447
Than Mayom, cascade de, 312-
   313
Than Thip, cascade de, 281
   excursion des villages du
      Mékong 281

Tha Ton 232, 241
   excursion dans le Triangle d'or
      236
   hôtels 395
That Phanom
   hôtels 398
   restaurants 423
Thavorn Hotel, exposition du
   (Phuket Town) 350
Théâtre **38-39**
   moderne 441, 443
   traditionnel 440, 443
   voir aussi khon, lakhon, likay
Théâtre d'ombre *voir aussi*
   marionnettes
Théâtre d'ombres *nang talung*
   (Nakhon Si Thammarat) 368
Théâtre national (Bangkok) 440,
   443
Théâtre royal Chalernkrung
   (Bangkok) 440, 443
The Fine Arts (Bangkok) 434, 435
Theravada *voir* bouddhisme
Thermes *voir* sources
Thewet Flower Market (Bangkok)
   100, 436
Thi Lo Su, cascade de 181
Thip, général 59
Thompson, Jim 116, **117**
   fabrication de la soie 256, 432
   Jim Thompson's Silk Shop
      (Bangkok) 432, 435
   maison de Jim Thompson
      (Bangkok) **116-117**
Thonburi (Bangkok) 57, 61
Thonburi (Bangkok) **119-125**
   hôtels 390
   plan général 119
   restaurants 414
   Wat Arun 122-123
Thonburi, gare de (Bangkok) 469
Thong Son 327
Thung Kwian Forest Market 227
Thung Salaeng Luang, parc
   national de, **191**
Thung Setthi, fort (Kamphaeng
   Phet) 183
Thung Yai Naresuan **158-159**
Tigres 209
Tigres sauvages 64
Tilok, roi 58, 214
Timbres, marché aux (Bangkok)
   437
Timbres-poste 464
Tip Chang 224
Tissages *voir aussi* vêtements
   du Nord 199
   qu'acheter en Thaïlande ? 439
   soie thaïe 256-257, **432**, 435
   tapisseries *kalaga* **433**
Toilettes publiques 457
Ton Khem Market (Damnoen

Saduak) 128
Ton Nga Chang, cascade de 375
Tong Nai Pan 329
Tong Sala 329
Tosakan 36-37, 267
Toucher de la terre, en tant que
   posture du Bouddha 163
Tourism Authority of Thailand
   (TAT) 450
   antennes 452
   bureaux de la TAT 385
   logo 122
   siège (Bangkok) 453
Trains 468, 469
   aéroport de Don Muang 467
   Eastern & Oriental Express 469
Trang **370-371**
   festivités 46
   hôtels 405
   îles de la province de Trang
      370
   restaurants 429
Trang, côte de la province de 366
Transfusions sanguines 459
Transport aérien 466-467
   aéroports **466-467**
   réservations 450
Transports locaux 470
Trat **313**
   hôtels 401
   restaurants 425
Trekking 446, 447
   autour de Chiang Dao 211
Trekking Collective, The (Chiang
   Mai) 446, 447
Trekking *voir aussi* randonnée
Triangle d'or **229-249**
   carte 230-231
   excursion dans le Triangle d'or
      236, 237
   histoire de l'opium en
      Thaïlande 223
   hôtels 395-396
   pointe du Triangle d'or (Sop
      Ruak) **238**
   restaurants 420-421
Tribal Research Institute
   (Chiang Mai) 217
Tribus montagnardes 18, **196-197**
   artisanat 432, 435, 438
   randonnées pédestres (trek)
      446
   voir aussi Akha, Hmong (Méo),
      Karen, Lahu, Lisu, Mien,
      Padaung
Trois Pagodes, col des 158
Tropique du Cancer 25
Trousse à pharmacie 458
Tuk-tuks 470
Tung Tieo, sentier forestier de
   361
Typhoïde 459

U

Ubon Ratchathani **292-293**
  festivités 43, 45
  hôtels 398-399
  Musée national 292-293
  plan 293
  restaurants 423
Ubon, Udayadityavarman 53
Udon Thani **262**
  hôtels 397
  restaurants 422
UFM Baking and Cooking School
  (Bangkok) 446, 447
Umphang **181**
  hôtels 393
Umphang, réserve naturelle d', 181
Unesco 183
United Airlines 467
Université Chulalongkorn
  (Bangkok) **113**
Université de Thammasat
  (Bangkok)
  plan pas à pas 75
Université des Beaux-Arts de
  Silpakorn (Bangkok)
  plan pas à pas 74
Urgences 456, 457
  voir aussi hôpitaux
Ussa, princesse 285
Uthai's Gems (Bangkok) 434, 436
U Thong, musée national de, 162
Utopia (Bangkok) 441, 443
Uttaradit **227**

V

Vaccinations 451
Vaccins 451
Vachirathan, cascade de 204
Vajiravudh (Rama VI), roi 63, **64**
  Ban Phitsanulok (Bangkok) 102
  fouilles de Sukhothai 151
  Grand Palais (Bangkok) 81
  Hua Hin 321
  palais Mareukathayawan 321
  Siam Society 132
  statue de 113
  Ubon Ratchathani 293
Vallée du Mékong **273-293**
  carte 274-275
  excursion des villages du
  Mékong **280-281**
  festivités 46
  hôtels 397-399
  pointe du Triangle d'or (Sop
  Ruak) 238
  restaurants 422-423
Vallée du Ping
  Kamphaeng Phet 181
  Tak 181
Van Heekeren 160
Vannerie

qu'acheter en Thaïlande ? 438
Varappe voir escalade
Vasan Sitthiket 132
Vélomoteurs, location de 472
Vendeurs de rue 431
Vessandorn, prince 45, 279
Vessantara, prince 116
Vêtements
  boutiques 432
  qu'acheter en Thaïlande ? 439
  qu'emporter ? 450
  s'adapter à la chaleur 458
  savoir-vivre 455
  voir aussi tissages
Victoria Point 346
Victoria, reine d'Angleterre 62, 80
Vidal, Gore 111
Vientiane **284-285**
  plan 284
Vieux Sukhothai voir Sukhothai
Viking Cave (Phi Phi Ley) 363
Village du bol d'aumône (Ban
  Bat, Bangkok) 86
Village thaï et Orchid Garden
  (Phuket) 349, 351, 435
Vimanmek, palais (Bangkok) 99,
  100-101
Vin
  autorisation d'importation 451
VISA (carte) 460
Visakha Bucha 42, 45
Visas 450-451
Vishnou 27, 286, 378
  art de Sukhothai 150
  Prasat Hin Phimai 267
  Prasat Prang Ku 292
  statues de 51, 265, 368
Visites d'une journée 471
Visites guidées 471
Visites organisées 471
  voir aussi voyages organisés
Visual Dhamma Art Gallery 132
Voile 447
Voitures
  code de la route 473
  législation douanière 451
  location **472**, 473
  location avec chauffeur 472
  routes 473
  signalisation routière 473
  stationnement 472
  stations-service 472
  voir aussi excursions en voiture
Voyages organisés 471
  voir aussi visites organisées
Voyageurs handicapés 452
  à l'hôtel 385

W

Wai (salut) 454
Wang Luang (Ayutthaya) 166

Wang, rivière 226
Warorot Market (Chiang Mai) 216
Wat 28-29
Wat Arun (Bangkok) 71, **122-123**
Wat Atsadangnimit (Ko Sichang)
  307
Wat Benchamabophit (Bangkok)
  31, 39, **102-103**
Wat Borvorniwet
  (Pathum Thani) 446, 447
Wat Bot Mani Sibunruang (Tak)
  180, 181
Wat Bouddhaisawan (Bangkok)
  Bangkok au fil de l'eau 70
Wat Bowonniwet (Bangkok) 82
Wat Bun Thawi (Phetchaburi) 320
Wat Bupharam (Trat) 313
Wat Buraphaphiram (Roi Et) 263
Wat Chai Mongkhon (Songkhla)
  374
Wat Chai Watthanaram
  (Ayutthaya) 57, 170
Wat Chaiyo Wora Wihan
  (province d'Ang Thong) 162
Wat Chalerm Phrakiet
  (Nonthaburi) 131
Wat Chama Thewi (Lamphun)
  219
Wat Chan Khao Manirat (Huay
  Xai) 239
Wat Chang Kham Wora Wihara
  (Nan) 245
Wat Chang Lom (parc historique
  de Si Satchanalai-Chalieng) 188,
  190
Wat Chang Rop (Aranyik) 183
Wat Chao Chan (parc historique
  de Si Satchanalai-Chalieng) 189
Wat Chedi Chet Thaeo (parc
  historique de Si Satchalanai-
  Chalieng) 188
Wat Chedi Luang (Chiang Mai)
  216
  plan pas à pas 215
Wat Chedi Si Hong (Sukhothai)
Wat Cheng (Ubon Ratchathani)
  293
Wat Chet Yot (Chiang Mai) 217
Wat Chet Yot (Chiang Rai) 240
Wat Chetuphon (Sukhothai)
Wat Chiang Man (Chiang Mai) 31,
  205, 216
Wat Chom Sawan (Phrae) 249
Wat Chong Kham (Mae Hong
  Son)
  plan pas à pas 207
Wat Chong Klang (Mae Hong
  Son)
  plan pas à pas 207
Wat Chong Kra Chok (Prachuap
  Khiri Khan) 322
Wat Chong Sung (Mae Sariang) 222

Wat Chulamani (province de
Phitsanulok) 191
Wat Chumphon Khiri (Mae Sot)
178, 180
Wat Doi Chom Tong (Chiang Rai)
240
Wat Doi Kong Mu (Mae Hong
Son)
plan pas à pas 207
Wat Doi Saket (province de
Chiang Mai) 218
Wat Dok Ban (Ngao) 242
Wat Hai Sok (Vientiane) 285
Wat Haisoke (Nong Khai) 283
Wat Hin Mak Peng
excursion des villages du
Mékong 281
Wat Hua Khon (parc historique
de Si Satchanalai-Chalieng) 189
Wat Hua Wiang (Mae Hong Son)
plan pas à pas 206
Wat Indrawihan (Bangkok) **100**
Wat Jong Paen (Fang) 232
Wat Kaek (Nong Khai) 253
Wat Kalayanimit (Bangkok) **124**
Wat Kalothai (Kamphaeng Phet) 183
Wat Kamphaeng Laeng
(Phetchaburi)
plan pas à pas 319
Wat Khaek (Nong Khai) 283
Wat Khao Chan Ngam (Khorat) 265
Wat Khao Lad (Hua Hin) 321
Wat Khao Phnom Phloeng (parc
historique de Si Satchanalai-
Chalieng) 189
Wat Khao Sukim (province de
Chanthaburi) 305, **309**
Wat Khao Yai Bon (parc
historique de Si Satchanalai-
Chalieng) 189
Wat Khian (Nonthaburi) 131
Wat Khlong Thom (Khlong
Thom) 361
Wat Khong Chiam (Khong
Chiam) 289
Wat Khuha Phimuk (Yala) 378
Wat Khun In Pramun (province
d'Ang Thong) 162
Wat Klang (Pai) 209
Wat Kuti Dao (Ayutthaya) 170
Wat Kuti Rai (parc historique de
Si Satchanalai-Chalieng) 189
Wat Lak Muang (parc historique
de Si Satchanalai-Chalieng) 189
Wat Lamduan (Nong Khai) 283
Wat Lokaya Sutharam (Ayutthaya)
167
Wat Luang (Chiang Khong) 239
Wat Luang (Phrae)
plan pas à pas 248
Wat Mae Phrae Museum
(Bangkok) 100

Wat Maha Wanaram (Ubon
Ratchathani) 293
Wat Mahathat (Bangkok) **82**
plan pas à pas 74
Wat Mahathat (parc historique de
Sukhothai) 30, 185, 186-187
Wat Mahathat (Phetchaburi) 315
plan pas à pas 318
Wat Mahathat Yasothon
(Yasothon) 264
Wat Maheyong (Ayutthaya) 171
Wat Mixai (Vientiane) 285
Wat Mongkol Nimit (Phuket
Ville) 351
Wat Muen Ngon Kong (Chiang
Mai) 214
plan pas à pas 214
Wat Mungmuang (Chiang Rai) 240
Wat Na Phra Men (Ayutthaya) 170
Wat Nang Phaya (parc historique
de Si Satchanalai-Chalieng) 188
Wat Nong Bua (Nong Bua) 231, 244
Wat Ong Theu (Vientiane) 285
Wat Pa Daet (Mae Chaem) 222
Wat Pa Mamuang (Sukhothai)
Wat Pa Mok (province d'Ang
Thong) 162
Wat Pa Nanachat Beung Rai
(Ubon Ratchathani) 446, 447
Wat Pa Sak (Chiang Saen) 239
Wat Pan Tao (Chiang Mai) 31
Wat Pathum Wanaram (Bangkok)
114
Wat Pha Non (Phrae)
plan pas à pas 248
Wat Phan Tao (Chiang Mai)
plan pas à pas 215
Wat Phan Waen (Chiang Mai)
plan pas à pas 214
Wat Phanan Choeng (Ayutthaya) 171
Wat Phaphutthabat Bok (parc
historique de Phu Phrabat) 285
Wat Pho (Bangkok) 71, **88-89**
cours de massage 446
Wat Pho Chai (Nong Khai) 282
Wat Pho Si Nai (Ban Chiang) 262
Wat Phonchaï (Loei) 279
Wat Phra Bat (Phrae) 231
plan pas à pas 248
Wat Phra Boromathat (Chaiya) 337
Wat Phra Boromathat
(Kamphaeng Phet) 183
Wat Phra Boromathat (Uttaradit) 227
Wat Phra Chetuphon (Bangkok)
voir Wat Pho
Wat Phra Kaeo (Bangkok) 71,
76-79
bot et bâtiments périphériques 78
festivités 44
galerie du Ramakien 79
peintures murales du Ramakien
36-37

prangs 79
terrasse nord 79
terrasse supérieure 78-79
yakshas 79
Wat Phra Kaeo (Chiang Rai) 240
Wat Phra Kaeo (Kamphaeng
Phet) 177, 182-183
Wat Phra Kaeo Don Tao
(Lampang) 226
Wat Phra Mahathat (Ayutthaya)
155, 166
Wat Phra Mahathat (Nakhon Si
Thammarat) 365, 368
Wat Phra Narai Maharat (Khorat)
265
Wat Phra Phai Luang (Sukhothai)
150
Wat Phra Ram (Ayutthaya) 167
Wat Phra Ruang (Phrae)
plan pas à pas 248
Wat Phra Si Rattanamahathat
(Lopburi)
plan pas à pas 165
Wat Phra Si Rattana Mahathat
(parc historique de Si
Satchanalai-Chalieng) 189
Wat Phra Si Rattana Mahathat
(Phitsanulok) 179, 191
bouddha de Phitsanulok 150-151
Wat Phra Si Sanphet (Ayutthaya)
168-169
Wat Phra Sing (Chiang Mai) 31,
59, 216
plan pas à pas 215
Wat Phra Sing (Chiang Rai) 240
Wat Phra That (Kamphaeng Phet)
183
Wat Phra That Chae Haeng (Nan)
245
Wat Phra That Chaw Hae (Phrae)
249
Wat Phra That Chedi Luang
(Chiang Saen) 218, 238
Wat Phra That Choeng Chum
(Sakhon Nakhon) 286
Wat Phra That Chom Kitti
(Chiang Saen) 239
Wat Phra That Doi Suthep
(province de Chiang Mai) 212-
213
Wat Phra That Doi Tung
(province de Chiang Rai) 233
Wat Phra That Doi Wao (Mae Sai)
236
Wat Phra That Haripunchai
(Haripunchai) 219
Wat Phra That Lampang Luang
(Lampang) 58, 203, **224-225**, 226
Wat Phra That Mae Yen (Pai) 209
Wat Phra That Narai Cheng Weng
(Sakhon Nakhon) 286
Wat Phra That Nong Bua (Ubon

Ratchathani) 293
Wat Phra That Pha Ngao (Chiang Saen) 239
Wat Phra That Phanom (That Phanom) 253, 275, **287**
Wat Phra That Si Chom Thong (Chom Thong) 222
Wat Phu Khao Tong (Ayutthaya) 170
Wat Phumin (Nan) 244, **246-247**
Wat Phuttha Tiwat (Betong) 379
Wat Phutthaisawan (Ayutthaya) 170
Wat Pongsanuk Tai (Lampang) 226-227
Wat Pradu Songtham (Ayutthaya) 171
Wat Prayun (Bangkok) **124**
Wat Rachabophit (Bangkok) 62, 63, **87**
Wat Rachanadda (Bangkok) **83**
Wat Rachapradit (Bangkok) **87**
Wat Rakhang (Bangkok) 29, 70, 121
Wat Ram Poeng (Chiang Mai) 217
Wat Ratchaburana (Ayutthaya) 166
Wat Ratchaburana (Phitsanulok) 191
Wat Sa Si (parc historique de Sukhothai) 55
Wat Saket (Bangkok) 30, **83**
fête de la Montagne d'Or 42
Wat Sala Loi (Khorat) 265
Wat Sao Thong (Nakhon Si Thammarat) 369
Wat Sao Thong Thong (Lopburi) plan pas à pas 164
Wat Saphan Hin (Sukhothai)
Wat Si Bunruang (Mae Sariang) 222
Wat Si Chum (Lampang) 227
Wat Si Chum (Phrae) plan pas à pas 249
Wat Si Chum (Sukhothai) 30, 55
Wat Si Komkan (Phayao) 242
Wat Si Mongkol Tai (Mukdahan) 288
Wat Si Muang (Vientiane) 285
Wat Si Suthawat (Wiang Pa Pao) 242
Wat Si Ubon Tattanaram (Ubon Ratchathani) 293
Wat Sisaket (Vientiane) 284
Wat Sok Pa Luang (Vientiane) 285

Wat Sorasak (Sukhothai) 150
Wat Sri Khun Muang (Nong Khai) 283
Wat Sri Sumang (Nong Khai) 283, 282
Wat Suan Dok (Chiang Mai) 217
Wat Suan Mok (Chaiya) 323
Wat Suan Phu (Bangkok) plan pas à pas 109
Wat Suan Tan (Nan) 245
Wat Supattanaram Worawihan (Ubon Ratchathani) 293
Wat Suthat (Bangkok) 31, 61, **86-87**
Wat Suwan Dararam (Ayutthaya) 168
Wat Suwan Khiri (parc historique de Si Satchanalai-Chalieng) 189
Wat Suwannaram (Bangkok) **120**
Wat Tapotaram (Ranong) 346
Wat Tha Khaek (Chiang Khan) 280
Wat Tha Thanon (Uttaradit) 227
Wat Tha Ton (Tha Ton) 232
Wat Thai Watthanaram (province de Tak) 180
Wat Tham Chiang Dao (Doi Chiang Dao) 210
Wat Tham Khao Pun (Kanchanaburi) 160
Wat Tham Kuha Sawan (Phatthalung) 372
Wat Tham Sua (Krabi) 361
Wat Thammikarat (Ayutthaya) 166
Wat Thep Phitak Punnaram (Khorat) 265
Wat Thung Sawang (Yasothon) 264
Wat Thung Si Muang (Ubon Ratchathani) 293
Wat Traimit (Bangkok) **94**
Wat Traphang Pong (Sukhothai) 178, 184
Wat U Mong (Chiang Mai) 217
Wat Wang (Phatthalung) 372
Wat Wangwiwekaram (Sangkhla Buri) 158
Wat Yai Chai Mongkhon (Ayutthaya) 157, 171
Wat Yai Suwannaram (Phetchaburi) plan pas à pas 319
Wat Yot Kaew Siwichai

(Mukdahan) 288
Wats 21
bouddhisme au quotidien 125
dormir dans un monastère bouddhique 383
savoir-vivre 455
White Sand Beach (Hat Sai Khao) 298
Wiang Pa Pao **242**
Wichai Prasit, forteresse (Bangkok) 124
Wihan Lai Kham (Chiang Mai) 215, 216
Wihan Phra Mongkhon (Ayutthaya) 167
Wihans 29
Wild Planet, The (Bangkok) 445, 446, 447
World Fellowship of Buddhists (Bangkok) 446, 447
World Trade Center (Bangkok) 431, 435
World Trade Service Ltd (Bangkok) 471

XYZ

Yala **378**
festivités 44
Yala, province de 366
Yaowarat Road (Bangkok) plan pas à pas 93
Yasothon **264**
Fête des Fusées 43, 44, 261, 264
Yawi 365
Yom, rivière 54
parc national de Mae Yom 242
Phrae 248
Si Satchanalai 188, 189
Yot Fa, roi 170
Yuam, rivière 222
Zoos
Dusit (Bangkok) **101,** 445
de Khao Khieo 306
Safari World (Bangkok) 132
Samphran Elephant Ground and Zoo 130
voir aussi aquariums, faune

Remerciements

L'éditeur remercie les organismes, les institutions et les particuliers suivants dont la contribution a permis la préparation de cet ouvrage.

AUTEURS

PHILIP CORNWEL-SMITH, journaliste spécialisé dans les loisirs et les questions de société, a participé à la rédaction de guides sur Londres. Il vit en Thaïlande depuis 1994 et est un des fondateurs de *Metro*, le magazine de programmes de Bangkok.

ANDREW FORBES étudie l'histoire et la culture thaïe depuis plus de vingt ans et vit par période dans le pays depuis 1984. Il écrit entre autres pour l'*Asian Wall Street Journal* et le *Far Eastern Economic Review*.

TIM FORSYTH est écrivain et enseigne à la London School of Economics. Il a beaucoup voyagé en Asie du Sud-Est, en particulier en Thaïlande du Nord.

RACHEL HARRISON, enseignante à la School of Oriental and African Studies de Londres, a contribué au lexique de ce guide. Elle porte un intérêt particulier à l'Isan.

DAVID HENLEY, directeur du bureau thaïlandais de la Crescent Press Agency, vit dans le pays depuis plus de dix ans. Il fait autorité en matière de cuisine thaïe et écrit régulièrement dans le *Bangkok Post* et *The Australian*.

JOHN HOSKIN habite Bangkok depuis 1980. Il a publié plusieurs ouvrages sur les voyages, l'art et la culture en Thaïlande et en Indochine.

GAVIN PATTISON, auteur résidant à Londres, a contribué à la rédaction du *Blue Guide to Thailand*, entre autres titres. Il a beaucoup voyagé en Thaïlande, en Indonésie et dans d'autres parties de l'Asie du Sud-Est.

JONATHAN RIGG, maître assistant en géographie humaine à la Durham University, porte un intérêt particulier à l'Asie du Sud-Est. Il a vécu en Thaïlande, parle le thaï et le lao et continue à parcourir la région.

SARAH ROONEY est une journaliste installée à Bangkok qui contribue à des publications asiatiques comme *Art and Asia Pacific*, *Metro*, *Thailand Tatler* et *The Nation*, quotidien thaïlandais en langue anglaise de grande renommée.

KEN SCOTT, journaliste habitant Krabi, en Thaïlande du Sud, est spécialisé dans la culture et l'histoire de la péninsule thaïlando-malaise. Ses articles paraissent régulièrement dans diverses publications dont le *Bangkok Post*.

AUTRES COLLABORATEURS

Paul Dennison, Paul Lees, James Mahon, Tim Redford, Francis Silkstone, Tym Srisawat

CONSEILLER EN TRANSCRIPTION

David Smyth (London School of Oriental and African Studies)

AIDE À LA TRANSCRIPTION

AThaiS (Bristol), Vantana Cornwell, Dutjapun Williams.

ILLUSTRATIONS D'APPOINT

Robert Ashby, Graham Bell, Peter Bull, Joanna Cameron, Chris Forsey, Paul Guest, Stephen Gyapay, Ruth Lindsay, Maltings Partnership, Mel Pickering, Robbie Polley, Sally Anne Reisen, Mike Taylor, Pat Thorne, Paul Weston.

PHOTOGRAPHIES D'APPOINT

Alberto Cassio, Peter Chadwick, Crescent Press Agency, Philip Dowell, Neil Fletcher, Dave King, Alan Newnham, Harry Taylor.

CARTOGRAPHIE D'APPOINT

Christine Purcell et Gary Bowes (ERA-Maptec Ltd).

COLLABORATION ARTISTIQUE ET ÉDITORIALE

Alexander Allan, Vicky Barber, Tessa Bindloss, Louise Boulton, Catherine Day, Jonathan Fiber, Silvia Gaillard, Leanne Hogbin, Nancy Jones, Esther Labi, Lee Redmond, Julian Sheather, Veronica Wood.

DOCUMENTATION D'APPOINT

Parita Boonyoo, Debbie Guthrie Haer, Elizabeth Lu, Sathorn Leelakachornjit, Pharadee Narkkarphunchiwan, Wanee Tipchindachaikul, Somchai Worasart.

LECTEUR-CORRECTEUR

Denise Heywood.

RESPONSABLE DE L'INDEX

Hilary Bird.

AVEC LE CONCOURS SPÉCIAL DE :

L'éditeur remercie tous les offices régionaux de la Tourism Authority of Thailand (TAT). Il tient également à remercier l'Ayutthaya Historical Studies Centre (Thaïlande), le Dr Peter Barrett (Medical Advisory Service for Travellers Abroad, Londres), William Booth (Maison de Jim Thompson, Bangkok), Alberto Cassio (Photobank, Bangkok), Crescent Press Agency (Chiang Mai), Gerald Cubitt, John Dransfield (Kew Gardens Herbarium, Londres), Michael Freeman, Helen Goldie (Durham University), Philip Harris (Bahn Thai Restaurant, Londres), Kietisak Itchayanan (National Culture Commission, Bangkok), Elizabeth Moore (London School of Oriental and African Studies), Tony Moore (British Thai Boxing Council), Phra Maha Pradit Panyatulo (Wat Buddhapadipa, Londres), Paisarn Piammattawat, Rattika Rhienpanish (Mai Thai Restaurant, Londres), Vidhisha Nayanthara Samarasekara, Philip Stott (London School of Oriental and African Studies), Dusadee Swangviboonpong (London School of Oriental and African Studies), Thai Airways (Londres), William Warren (Bangkok), Terri S Yamaka (TAT, Londres).

AUTORISATION DE PHOTOGRAPHIE

L'éditeur remercie les responsables qui ont autorisé des prises de vues dans leur établissement : Ancient City, parc historique d'Ayutthaya, musée national de Ban Chiang, Ban Phin (Maison de l'opium), Chakra Bongse House, musée national de Chan Kasem, musée national de Chao Sam Phraya, musée national de Chiang Mai, musée national d'In Buri, Jim Thompson's Thai Silk Shop, parc historique de Kamphaeng Phet, musée national de Khon Kaen, musée national de Khorat (Nakhon Ratchasima), musée national de Lampang, musée national de Lamphun, musée national de Lop Buri, parc historique de Muang Tam, musée national de Nakhon Pathom, musée national de Nakhon Si Thammarat, musée national de Nan, Palais Narai Ratchaniwet, Galerie nationale, musée national (Bangkok), Oriental Hotel, Pha Taem, musée national de Phimai, parc historique de Phnom Rung, Prasart Museum, musée national Ramkamhaeng, musée national de Ratchaburi, musée des Barges royales, musée national Sawankha Woranayok, Siriraj Hospital, parc historique de Si Satchanalai-Chalieng, musée national de Songkhla, parc historique de Sukhothai, musée national de Surin, musée national d'Ubon Ratchathani, musée national d'U Thong et tous les autres temples, musées, hôtels, restaurants, magasins, galeries et sites trop nombreux pour être tous cités.

CRÉDITS PHOTOGRAPHIQUES

h = en haut ; hg = en haut à gauche ; hgc = en haut à gauche au centre ; hc = en haut au centre ; hdc = en haut à droite au centre ; hd = en haut à droite ; cgh = au centre à gauche en haut ; ch = au centreen haut ; cdh = au centre à droite en haut ; cg = au centre à gauche ; c = au centre ; cd = au centre à droite ; cgb = au centre à gauche en bas ; cb= au centre en bas ; cdb = au centre à droite en bas ; bg = en bas à gauche ; bc = en bas au centre ; bcg = en bas au centre à gauche ; bd = en bas à droite ; (d) = détail.

L'éditeur remercie également les particuliers, sociétés et bibliothèques qui ont autorisé la reproduction de leurs photographies :

THE NATIONAL MUSEUM (BANGKOK) : 50hg, 51cg, hc, 58hg, 58–59c, 84hg, hd, cg, 85hcb, cd, cdb, 75cd.

ARDEA LONDON : Francois Gohier 201hg ; Wardene Weisser 201cgb ; ASIA ACCESS : Jeffrey Alford 370h ; Naomi Duguid 18bg, 228, 370b ; ASIA IMAGES : © 1988 38–39c, 42b ; © 1993 Matthew Burns 43cd, 257bd, 342, 471cdb ; © 1995 Matthew Burns 34bd ; © 1990 Allen W Hopkins 273b, 298hd ; © 1991 Allen W Hopkins 445b ; © 1995 Allen W Hopkins 83bd, 431h ; AUSCAPES INTERNATIONAL/ Kevin Deacon 339c ; AXIOM : © 1995 Jim Holmes 292cg, bg.

BAN PHIN (HOUSE OF OPIUM) : 223cgb, 238b ; CHACRIT BOONSOM : 446h ; BFI STILLS POSTERS & DESIGNS : © 1974 Danjaq, LLC and United Artists Corporation Inc. tous droits réservés 357bd ; THE BOWERS MUSEUM OF CULTURAL ART : 50cg, cgb ; ASHLEY J. BOYD : 307cdb, 313cg, 331cg, cd, 335bg, 338bg, cgh, cgb, bgh, bd, 339cd, bd, bc, bg, 347cd, 349bc, 376c, bg ; SUR AUTORISATION DE LA BRITISH LIBRARY Manuscript Or. 14025 : 26–27c.

DEMETRIO CARRASCO : 21bd, 28cgh, 42hg, 43bg, 274cb, 290–291 ; JEAN-LOUP CHARMET 223cdh, 254–255c, 255bd ; BRUCE COLEMAN LTD : © Werner Layer 201cdh ; © J Zwaenepoel 201hd ; CRESCENT PRESS AGENCY : 383hg ; Joe Cummings 285bg ; Ron Emmons 299cb ; David Henley 21c, 22hd, 26hd, 34hg, 35cdb, 36bg, bdh, 37bdh, bd, 40cgb, 47cdh, 49b, 57bd, 59ch, 60hg, bd, 61hg, ch, b, 62hg, ch, 63hc, 64b, 65b, 77cdh, 87b, 95h, bch, 116hg, cgb, 117cdh, bd, 121hg, 129h, cdh, cd, cgb, cb, cbd, bd, bg, bc, bd, 130b, 152hg, 153hg, bd, bg, 165hg, 196hg, hd, cgb, bd, 197hg, bd, 198hd, 214hg, 215bd, 216hg, b, 243h, 244hd, 265bd, 272, 337hg, bd, bg, 366cg, 367hd, 381c, 382c, 386cg, 387bgh, 442cd, 432bd, 454hd, 464bd ; John Hobday 24bgh, 209cdb ; Daniel Kestenholz 98ch ; Rainer Krack 26hg, 345bd, 355cdh, 386bg, 407hg, 450bd ; GERALD CUBITT : 18hc, 24hg, hd, cg, cd, cgb, cdb, bgb, bcb, bdb, 25cgh, hc, hdc, cdh, cg, cd, cgb, bc, bch, bd, 51hg, 77hg, 79hg, 101bd, 127h, 129cgh, 149hc, cdh, 174hg, hd, bg, 175h, ch, cdb, bd, 181h, 195bd, 197bg, 200cgh, c, cgb, 204bg, 209cgb, bg, 211hg, 213bg, 220hg, cb, bg, 221hg, cdh, cdb, 223bg, 239bg, 244cb, 245hd, 246bc, 270cgh, 276bch, 279hg, 287cgh, 296c, cgb, 297bd, 300–301cg, 302, 305bd, 313b, 316c, 317cdb, 336hd, 339hg, 340hg, cg, cgb, bg, bc, 341hgc, hd, cd, 344bg, 345hd, 346cdb, 360ch, bg, 363cgb, 371hd, cg, 375cdb, 385bg, 433hg, 434bg, 446bg, 459hg ; MICHAEL CUTHBERT : 360hd, 361cb, 366bd.

JAMES DAVIS TRAVEL PHOTOGRAPHY : 149bd, 298cgb, 334cg ; JEAN-LEO DUGAST : 116cg, 26cg, 441hc.

JOHN EVERINGHAM : 4cdh, cd, 5hg, 22bg, 23hg, 26bd, 34cg, 35hc, 36–37c, 37cdh, cd, cdb, bg, 41cdh, 44bg, 47bd, 75bg, 128hg, 210bg, 211cdh, 230bg, 257cgb, 299bdh, 326b, 327cdh, bd, 328bg, 338hd, 341hc, 344cg, 348cg, 352hd, 353ch, 354cg, 356cgh, 442hd, 444hc, 445cgh.

FEATURE MAGAZINE : 21hg, 22hg, 34hd, 38cgh, ch, 45cgh, 52–53c, 53hg, 54cgb, bgh, 57hg, ch, cdb, 59hg, bgh, 60cb, 65hc, cgh, 79hd, 80bg, 81bd, 101hd, 103bd, 116bc, 150cgh, cb, bd, bdb, 151cb, bg, 168hgc, 169hcb, 170hg, 177b, 181b, 190cgb, 194hd, 196ch, 197hd, cdh, 198bg, 199hc, bgh, hd, 202, 203b, 215cdh, 250-251, 253bd, 254cgh, 255hg, 260bg, 300cgh, 301cd, 320hg, 321b, 132bg, 347hg, 407cd, 434cdb, 439cg.
GRAMMY ENTERTAINMENT PUBLIC COMPANY LTD : 441cg.

ROBERT HARDING PICTURE LIBRARY : 44hc, 68bgh, 70cgh, 78cg, 226bd, 256hd, 257hg, 279bg, bd, 339hd, 442cgb ; © Alain Evrard 16, 22cb, 43h, 45cdb, 112bg ; © Robert McCleod 45bd ; © Luca Tettoni 261hd, 268bg ; © Ken Wilson 171b ; CHRISTINE HEMMET : 27bg, 373bdh ;

THE HUTCHISON LIBRARY : 3c, © Robert Francis 470hg.

THE IMAGE BANK : 111hd ; © Peter Hendrie 76hd ; © Andrea Pistolesi 126.

JEWELRY REALTY LTD, BANGKOK : 300hg, 301hd. DR OY KANCHAVANIT : 347bc ; SUTHEP KRITSANAVARIN : 125cg.

FRANK LANE PICTURE AGENCY : © D Fleetham/Silvestris 25bdh ; © T & P Garner 340bdh ; © David Hosking 158b ; © E & D Hosking 174cb, 200bg, 353cgb ; © L. Lee Rue 25bg ; © T. Whittaker 276hd ; © De Zylva 331bg.

MAGNUM : © Marc Riboud 255bc ; STUART MILLER : 361bg ; TONY MOORE British Thai Boxing Council : 40hg.

THE ORIENTAL BANGKOK : 108br.

PHOTOBANK (BANGKOK) : 1c, 8–9, 18c, 19hg, 22–23c, 23hd, cdh, 27hg, cdh, 34–35c, 35bg, 36hd, cgh, 37h, 38hg, hd, cgb, bd, 39hg, hd, ch, bd, bc, bg, 42c, 49h, 50ch, cd, 51cdh, bdh, 52hg, ch, cg, 53ch, cdb, 54cgh, 55cdb, 56cgb, 58cb, cgb, 60cgh, 62-63c, 63cdb, 64-65c, 65cdh, 68hd, 71hc, 76bgh, 84bg, 85hg, 95cdb, bg, bd, 125cd, cb, bg, 146–147, 148cgh, bg, 149cdh, 150-151c, 151ch, 152cg, 153cd, 155h, 160b, 166hg, 172-173, 174cg, 185bd, 194cg, 206bc, 220cg, 223bd, 239bdh, 245bd, 253cdh, 254bg, 284ch, 294-295, 297cgb, 298hg, 299cgh, 300bd, 307bg, 314, 315h, 318cg, 320b, 322bg, bd, 336bgh, bc, 340hd, 349c, 350b, 355hc, 357hg, hd, 362b, 363hg, cdh, bd, 374cd, 406c, 407b, 410hd, bg, 436cgh, 437cb, 439cdh, 440h, cgh, bd, 444cg, 466bd, 472b ; PHOTO EFFEO : 255hd ; PHOTOBANK (Singapour) : 20h, 26bgh, 35cd, 38bg, 39cdh, bdh, 40cgh, 40-41c, 41hc, 48, 50–51c, 51c, 52bch, 54hg, 55hc, ch, 56cgh, cdh, 59bch, 60ch, cd, 60-61c, 61bd, 62bgh, bc, 64cdh, 69cdh, bg, 81h, 82bg, 88cdh, 91hc, 102b, 116hd, cg, 117hc, cd, 120bg, 121bc, 151hg, cdb, 152bg, 152-153c, 154, 168bd, 169hg, 170cg, 176, 196bg, 196-197c, 198cg, 198-199c, 199hd, cd, cb, bdh, 214cgh, 215hc, 216cg, 231hd, 243cgh, cdb, cgb, bg, bd, 246hd, 247hg, cdh, bdh, bg, 252cgb, bc, 255cd, 257bg, bc, 258, 337cd, 373bd, 434hd ; PICTOR INTERNATIONAL : 2–3, 4bd, 47bg, 66–67, 194bd, 334b, 343b, 356bgh, 358-359 ; PICTURES COLOUR LIBRARY : 65cd, 237hd, 296bg ; POPPERFOTO : 111b.

RIVER BOOKS (BANGKOK) : 27cd, 64cg, 98cgb, 151hd.

SEACO PICTURE LIBRARY : 455cd, 469ch ; CNE, 1988 Distribution Spot Image/SCIENCE PHOTO LIBRARY 10bg ; TONY STONE IMAGES : Glen Allison 44c, 324-325 ; Marcus Brooke 387bdh ; David Hanson 20b ; Hideo Kurihara 104–105 ; Ed Pritchard 473b ; SUPERSTOCK LTD : 122cg, 328cgh.

THAI AIRWAYS INTERNATIONAL PUBLIC COMPANY LTD : 466h, cg ; JIM THOMPSON'S THAI SILK COMPANY : 256cg, c, b ; TOURISM AUTHORITY OF THAILAND : 19cd, 46b, 263cd, bg ; TRAVEL INK : Alan Hartley 68cg, 121hc, 297cdh, 298cg, 304bg, 316bg, 386cb ; Pauline Thornton 17ch, 122bgh.

WELLCOME INSTITUTE LIBRARY (Londres) : 223cgh.

Couverture : photos de commande à l'exception de GERALD CUBITT : 1re de couverture ch, bdh ; IMAGE BANK : © Andrea Pistolesi cdh ; PHOTOBANK (BANGKOK) cb.

Première page de garde : photos de commande à l'exception de Asia Access/ Naomi Duguid hgc ; Asia Images © 1993 Matthew Burns bg ; CRESCENT PRESS AGENCY : Photo David Henley hd ; GERALD CUBITT cd ; JAMES DAVIS TRAVEL PHOTOGRAPHY bc ; MICHAEL FREEMAN hg ; PHOTOBANK BANGKOK r ; PHOTOBANK (SINGAPOUR) g, cg, hdc.

Garde de dernière page: toutes photos de commande.

Lexique

Le thaï est une langue tonale considérée par de nombreux spécialistes comme la principale représentant d'un groupe linguistique distinct bien qu'elle comprenne de nombreux mots sanskrit de l'Inde ancienne et des mots de l'anglais moderne. Il existe cinq tons : médian, aigu, grave, ascendant et descendant. Le ton d'une syllabe décide de sa signification. Par exemple, «mâi» (ton descendant) signifie «ne pas» et «mäi» (ton ascendant) «soie». L'écriture est d'un abord encore plus difficile. Elle se lit de gauche à droite, mais l'alphabet comprend plus de 80 lettres. Ce lexique donne pour quelques mots et phrases simples une traduction phonétique adaptée aux francophones. Elle ne suit pas le système de romanisation des noms propres, qui applique les recommandations du Thai Royal Institute, utilisé dans le reste du guide.

PRONONCIATION

Le système de transcription phonétique s'efforce de rester proche du français.

e	se prononce comme dans «le»
ei	comme dans «peine»
i	comme dans «fil»
ii	comme dans «gîte»
o	comme dans «bonne»
eu	comme dans «jeu»
a	comme dans «rare»
ail	comme dans «thaï»
ai	comme dans «paître»
ao	comme dans «Mao Tse Toung»
eil	comme dans «éveil»
eur	comme dans «fleur»
iou	comme dans «biniou»
o	comme dans «lot»
ou	comme dans «pou»
OO	comme dans «goût»
oy	comme dans «boy»
g	comme dans «gai»,
	y compris devant un e ou un i
ng	comme dans «bing»

Ces sons n'ont pas d'équivalent en français :

eua	peut être comparé à une marque de dégoût proche de «peuah»
bp	est un son entre «b» et «p»
dt	est un son entre «d» et «t»

Les consonnes «p», «t» et «k» «s'avalent» à la fin d'un mot . De nombreux Thaïlandais prononcent un «l» plutôt que «r».

LES CINQ TONS

Les accents n'ont pas dans les transcriptions phonétiques de ce lexique le même usage qu'en français. Ils servent juste à différencier les tons.

Ton médian, voix normale.

á é í ó ú	Le **ton aigu** est légèrement plus haut que le médian.
à è ì ò ù	Le **ton grave** est légèrement plus bas que le médian.
ǎ ě ǐ ǒ ǔ	Le **ton ascendant** évoque une inflexion interrogative comme dans «Tiens donc ?».
â ê î ô û	Le **ton descendant** évoque une marque d'insistance comme sur la dernière syllabe de «Voilà!».

FORMES DE POLITESSE MASCULINE ET FÉMININE

En parlant, utilisez de préférence la forme de politesse : les hommes ajoutent «**kréu**» à la fin de chaque phrase ; les femmes «**kéh**» à la fin des questions et «**kê**» à la fin des affirmations. «Je» se dit «**pöm**» pour les hommes et «**dii-chéun**» pour les femmes.

EN CAS D'URGENCE

Au secours!	ช่วยด้วย	chôu-eil dôu-eil!
Au feu!	ไฟไหม้	fail mâil!
Où est l'hôpital le plus proche ?	แถวนี้มีโรงพยาบาล อยู่ที่ไหน	täi-o nii mii rong pe--ya-ban yòu tii-näil ?
Appelez une ambulance!	เรียกรถพยาบาล ให้หน่อย	rii-euk rót pe-ya-ban hâil nòy!
Appelez la police!	เรียกตำรวจให้หน่อย	rii-euk dteum ròu-eut hâil nòy!
Appelez un docteur!	เรียกหมอให้หน่อย	rii-euk mòr hâil nòy!

L'ESSENTIEL

Oui	ใช่ or ครับ/ค่ะ	châil ou kréup/kê
Non.	ไม่ใช่	mâil châil ou mâil kréup/ mâil kê
Puis-je avoir..?	or ไม่ครับ/ไม่ค่ะ	kör ...
Pouvez-vous, s'il vous plaît..?	ขอ ... ช่วย ...	chôu-eil ...
Merci..	ขอบคุณ	kòrp-kOOn
Non, merci.	ไม่เอา ขอบคุณ	mâil ao kòrp-kOOn
Excusez-moi/désolé.	ขอโทษ(ครับ/ค่ะ)	kör-tôt (kréup/kè)
Ce n'est rien.	ไม่เป็นไร	mâil bpein rail
Bonjour.	สวัสดี(ครับ/ค่ะ)	se-wèut dii (kréup/kê)
Au revoir.	ลาก่อนนะ	la gòrn né
Ici.	ที่นี่	tíi-nîi
Là.	ที่โน่น	tíi-nêun
Quoi ?	อะไร	e-rai ?
Pourquoi?	ทำไม	teum-mai?
Où ?	ที่ไหน	tîi näi ?
Comment ?	ยังไง	yeung ngai ?

QUELQUES PHRASES UTILES

Comment allez-vous ?	คุณสบายดีหรือ (ครับ/คะ)	kOOn se-bail dii reua (kréup/kè)?
Très bien, merci. Et vous ?	สบายดี(ครับ/คะ) แล้วคุณล่ะ	se-bail dii (kréup/kê) – lâi-o kOOn lê ?
Comment vous appelez-vous ?	คุณชื่ออะไร (ครับ/คะ)	kOOn chêua e-rail (kréup/kê) ?
Je m'appelle...	(ผม/ดิฉัน) ชื่อ ...	(pöm/dii-chéun) chêua ....
Où est/sont...?	... อยู่ที่ไหน	... yòu tîi-näi ?
Comment vais-je à...?	... ไปยังไง	... bpail yeung- ngail ?
Parlez-vous anglais ?	คุณพูดภาษาอังกฤษ เป็นไหม	kOOn pôut pa-sä eung-grit bpein mäil ?
Je comprends.	เข้าใจ	kâo-jail
Je ne comprends pas.	ไม่เข้าใจ	mâil kâo-jail
Pourriez-vous parler lentement ?	ช่วยพูดช้าๆหน่อย ได้ไหม	chôu-eil pôut chá chá nòy dâil mäil ?
Je ne parle pas thaï.	พูดภาษาไทย ไม่เป็น	pôut pa-sä tail mâil bpein
Je ne sais pas.	ไม่ทราบ or ไม่รู้	mâil sâp ou mâil rôu

Quelques mots utiles

épouse	ภรรยา	peun-re-ya
mari	สามี	sã-mii
fille(s)	ลูกสาว	lôuk sǎo
fils	ลูกชาย	lôuk chail
femme(s)	ผู้หญิง	pôu-yǐng
homme(s)	ผู้ชาย	pôu-chail
enfant(s)	เด็ก	dèik
grand	ใหญ่	yàil
petit	เล็ก	léik
chaud	ร้อน	rórn
froid	เย็น or หนาว	yein ou nǎo
bon	ดี	dii
mauvais	ไม่ดี	mâil dii
assez	พอ	por
bien	สบายดี	se-bail dii
ouvert	เปิด	bpèurt
fermé	ปิด	bpìt
gauche	ซ้าย	sáil
droite	ขวา	kwǎ
tout droit	อยู่ตรงหน้า	yòu dtrong nâ
entre	ระหว่าง	re-wàng
à l'angle de	ตรงหัวมุม	dtrong hǒu-e mOOm
près	ใกล้	glâil
loin	ไกล	glail
en haut	ขึ้น	kêuan
en bas	ลง	long
tôt	เช้า	cháo
tard	ช้า or สาย	chá ou sǎil
entrée	ทางเข้า	tang kâo
sortie	ทางออก	tang òrk
toilettes	ห้องน้ำ	hôrng náhm
gratuit	ฟรี	frii

Au téléphone

Où est le plus proche publiphone?	แถวนี้มีโทรศัพท์ อยู่ที่ไหน	tãi-o ní mii to-re-sèup yòu tîi-nǎil ?
Puis-je appeler à l'étranger d'ici?	จะโทรศัพท์ไปต่าง ประเทศจาก ที่นี่ได้ไหม	je to bpail dtàng bpre-tèilt jàk tii nîi dãil máil ?
J'aimerais appeler en PCV.	ขอให้เก็บเงิน ปลายทาง	kör hâil gèip ngeuarn bplail tang
Allô, ici...	ฮันโล (ผม/ดิฉัน) ... พูด (ครับ/ค่ะ)	heillo (pöm/dii-chéun) ... pôut (kréup/kê)
J'aimerais parler à...	ขอพูดกับคุณ ... หน่อย(ครับ/ค่ะ)	kör pôut gèup kheun ... nòy (kréup/kê)
Puis-je laisser un message?	ขอฝากสั่งอะไร หน่อยได้ไหม	kör fàk sèung e-rail nòy dâil máil ?
Pourriez-vous parler un peu plus fort, S.V.P?	ช่วยพูดดังๆหน่อย ได้ไหม	chôu-eil pôut deung deung nòy dâil máil ?
Ne quittez pas!	รอสักครู่	ror sèuk krôu
Je rappellerai plus tard.	เดี๋ยวจะโทรมาใหม่	dǐi-o je to ma màil
Appel local	โทรศัพท์ภายใน ท้องถิ่น	to-re-sèup pail nail tórng tìn
Publiphone	ตู้โทรศัพท์	dtôu to-re-sèup
Carte téléphonique	บัตรโทรศัพท์	beut to-re-sèup

Les achats

Combien cela coûte-t-il?	นี่ราคาเท่าไร	nîi ra-ka tâo-ràil ?
Je voudrais...	ต้องการ ...	dtôrng-gan ...
Avez-vous...?	มี ... ไหม	mii ... máil ?
Je ne fais que regarder.	ชมดูเท่านั้น	chom dou tâo-néun
Acceptez-vous les cartes de crédit / chèques de voyage?	รับบัตรเครดิต/เช็คเดิน ทางไหม	reub beut creil-dit/ chéik deuarn teng máil ?
À quelle heure ouvrez- fermez-vous?	เปิด/ปิดกี่โมง	bpèurt/bpìt gìi mong ?
Pouvez-vous l'expédier?	ส่งของนี้ไปต่าง ประเทศได้ไหม	sòngkhöng nii bpail dtàng bpre-tèilt dâil máil ?
Y a-t-il d'autres couleurs?	มีสีอื่นอีกไหม	mii sǐi èieun iik máil ?
noir	สีดำ	sǐi deum
bleu	สีน้ำเงิน	sǐi néum ngeuarn
vert	สีเขียว	sǐi kǐi-o
rouge	สีแดง	sǐi daing
blanc	สีขาว	sǐi kǎo
jaune	สีเหลือง	sǐi lěieu-cung
bon marché	ถูก	tòuk
cher	แพง	paing
or	ทอง	torng
artisanat des tribus montagnardes	หัตถกรรมชาวเขา	hèut-te-geum chao kǎo
vêtements féminins	เสื้อผ้าสตรี	sêieu-pâ se-dtrii
argent	เงิน	ngeuarn
soie thaïe	ผ้าไหมไทย	pâ-mǎil tail
librairie	ร้านขายหนังสือ	rán käil néung-sěua
pharmacien	ร้านขายยา	rán käil ya
grand magasin	ห้าง	hâng
marché	ตลาด	dte-làt
vendeur de journaux	ร้านขายหนังสือพิมพ์	rán käil néung-sěua pim
magasin de chaussures	ร้านขายรองเท้า	rán käil rorng táo
supermarché	ซุปเปอร์มาเก็ต	ÓOp-bpêuar-ma-gêit
tailleur	ร้านตัดเสื้อ	rán dtèut sêieu-e

Le tourisme

agent de voyages	บริษัทนำเที่ยว	bor-ri-sèut neum tîi-o
office du tourisme	สำนักงานการ ท่องเที่ยว	sěum-néuk ngan gan tôrng tîi-o
police touristique	ตำรวจท่องเที่ยว	dteum-ròu-eut tôrng tîi-o
fermé les jours fériés	ปิดวันหยุดราชการ	bpit weun yŌOt rât-che-gan
plage	หาด or ชายหาด	hàt ou chail-hàt
grotte	ถ้ำ	thêum
falaise	หน้าผา	nâ pǎ
corail	หินปะการัง	hǐn bpe-ga-reung
camp d'éléphants	ค่ายช้าง	kâil cháng
fête	งานออกร้าน	ngan òrk rán
colline/montagne	เขา	kǎo
village montagnard	หมู่บ้านชาวเขา	mòu bân chao kǎo
Parc historique	อุทยานประวัติศาสตร์	ÔO-te-yan bpre wèut sàt
île (ko)	เกาะ	gòr

lac	ทะเลสาบ	te-leil sàp
temple (wat)	วัด	wéut
musée	พิพิธภัณฑ์	pí-pít-te-peun
parc national	อุทยานแห่งชาติ	ÒO-te yan hàing chât
vieille ville	เมืองเก่า	meieu-eung gòw
palais	วัง	weng
parc/jardin	สวน	sòu-eun
rivière	แม่น้ำ	mâi nám
ruines	โบราณสถาน	bo-ran se-tân
boxe thaïlandaise	มวยไทย	mou-eil tail
massage thaïlandais	นวด	nôu-eut
randonnée (trekking)	การเดินทางเท้า	gan deuarn tang tão
cascade	น้ำตก	nám dtòk
zoo	สวนสัตว์	sòu-eun sèt

LES TRANSPORTS

Quand part le train pour...?	รถไฟไป ... ออกเมื่อไร	rót fail bpail ... òrk meieu-râil ?
Combien de temps faut-il pour aller à ?	ใช้เวลานาน เท่าไรไปถึงที่ ...	cháil weil-la nan tâo-râil bpail
Un billet pour... S.V.P.	ขอตั๋วไป ... หน่อย (ครับ/ค่ะ)	tёuang tĭi ...? kòr dtòu-e bpail ... nòy (kréup/kê)
Dois-je changer ?	ต้องเปลี่ยนรถ หรือเปล่า	dtôrng bplìi-eun rót réua bplào ?
J'aimerais réserver une place, S.V.P.	ขอจองที่นั่ง	kòr jorng tĭi nêung
Quel quai pour le train...?	รถไฟไป ... อยู่ ชานชาลาไหน	rót fail bpail ... yòu chan che-la nǎil ?
Quelle gare est-ce ?	ที่นี่สถานีอะไร	tĭi nĭi se-tân-nii e-rail ?
Où est l'arrêt de bus ?	ป้ายรถเมล์อยู่ที่ไหน	bpâil rót meil yòu tĭi-nǎil ?
Où est la gare routière ?	สถานีรถเมล์อยู่ที่ไหน	se-tân-nii rót meil yòu tĭi-nǎil ?
Quel bus va à...?	รถเมล์สายไหนไป ...	rót meil sǎil nǎil bpail ...?
À quelle heure part le bus pour...?	รถเมล์ไป ... ออกกี่โมง	rót meil bpail ... òrk gìi mong ?
Quand nous arrivons à..., pouvez-vous me prévenir ?	ถึง ... แล้ว ช่วยบอกด้วย	tёuang ... lái-o chôu-eil bòrk dôu-eil ?
Connaissez-vous... Road ?	รู้จักถนน ... ไหม	róu-jèuk te-nôn ... mǎil ?
Est-ce loin ?	ไกลไหม	glail mǎil ?
Tournez à gauche.	เลี้ยวซ้าย	lii-o sáil
Tournez à droite.	เลี้ยวขวา	lii-o kwǎ
Allez tout droit.	เลยไปอีก	leuar-ii bpail iik
Garez-vous là-bas.	จอดที่โน่น	jòrt tĭi-nôn
Garez-vous juste ici.	จอดตรงนี้	jòrt dtrong níi
bus climatisé	รถปรับอากาศ	rót bprèup a-gàt
arrivées	ถึง	tёuang
bureau de réservation	ที่จองตั๋ว	tĭi jorng dtòu-e
gare routière	สถานีรถเมล์	se-tân-nii rót meil
départs	ออก	òrk
consigne	ที่ฝากของ	tĭi fàk kòrng
bus ordinaire	รถธรรมดา	rót teum-me-da
bus d'excursion	รถทัวร์	rót tou-e

ticket	ตั๋ว	dtòu-e
bateau	เรือข้ามฟาก	reieu-e kâm fàk
train	รถไฟ	rót fail
gare	สถานีรถไฟ	se-tân-nii rót fail
vélomoteur	รถมอเตอร์ไซค์	rót mor-dteuar-sail
bicyclette	รถจักรยานต์	rót jèuk-gre-yan
taxi	แท็กซี่	táik-sîi
aéroport	สนามบิน	se-nǎm bin

LE MARCHANDAGE

Combien cela coûte-t-il ?	นี่ราคาเท่าไร	nîi ra-ka tâo-rail ?
Combien pour aller à...?	ไป ... เท่าไร	bpail ... tâo-râil ?
C'est un peu cher.	แพงไปหน่อย	paing bpail nòy
Pourriez-vous baisser un peu le prix?	ลดราคาหน่อยได้ไหม	lót ra-ka nòy dâil mǎil ?
Que diriez-vous de... bahts ?	... บาทได้ไหม	... bàt dâil mǎil ?
Acceptez-vous... bahts ?	... บาทไปไหม	... bàt bpail mǎil ?
D'accord pour... bahts ?	... บาทก็แล้วกัน	... bàt gôr lái-o geun

À L'HÔTEL

Avez-vous une chambre libre ?	มีห้องว่างไหม	mii hôrng wâng mǎil ?
chambre double	ห้องคู่	hôrng kôu
chambre simple	ห้องเดี่ยว	hôrng dìi-o
chambre climatisée	ห้องแอร์	hôrng ai
J'ai une réservation.	จองห้องไว้แล้ว	jorng hôrng wâil lái-o
J'aimerais une chambre pour une nuit/trois nuits	(ผม/ดิฉัน)จะพักอยู่ คืนหนึ่ง/สามคืน	(pǒm/dii-chéun) je pèuk yòu keuan nèieung/sǎm keuan
Combien coûte une nuit ?	ค่าห้องวันละเท่าไร	kâ hôrng weun le tâo-râil ?
Je ne sais pas encore combien de temps je resterai.	ไม่ทราบว่าจะอยู่นาน เท่าไร	mǎil sâp wâ je yòu nan tâo-râil
Puis-je voir la chambre d'abord, S.V.P?	ขอดูห้องก่อนได้ไหม	kòr dou hôrng gòrn dâil mǎil ?
Puis-je laisser quelque chose dans le coffre ?	ขอฝากของไว้ในตู้เซฟ ได้ไหม	kòr fàk kòrng wâil nail dtòu sêilf dâil mǎil ?
Pourriez-vous diffuser de l'insectifuge, S.V.P?	ช่วยฉีดยากันยุงให้ หน่อยได้ไหม	chôu-eil chìit ya geun yOOng hǎil nòy dâil mǎil ?
climatiseur	เครื่องปรับอากาศ	krêieu-eung bprèup a-gàt
chambre	ห้องนอน	hôrng norn
note	บิล	bin
ventilateur	พัดลม	pèut lom
hôtel	โรงแรม	rong-raim
clé	กุญแจ	gOOn-jai
directeur	ผู้จัดการ	pôu-jèut-gan
moustiquaire	มุ้งลวด	mÓOng lôu-eut
douche	ฝักบัว	fèuk bou-e
piscine	สระว่ายน้ำ	sè wâil nám
toilettes/salle de bains	ห้องน้ำ	hôrng nám

AU RESTAURANT

Une table pour	ขอโต๊ะสำหรับ	kör dtó sĕum-rèup
deux, S.V.P?	สองคน	sörng kon
Puis-je voir la carte ?	ขอดูเมนูหน่อย	kör dou meil-nou nòy
Avez-vous... ?	มี ... ไหม	mii ... máil ?
J'aimerais...	ขอ	kör ...
Pas trop pimenté,	ไม่เอาเผ็ดมากนะ	mái ao pèit mâk ne
d'accord ?	เผ็ดไหม	
Est-ce pimenté ?	ทานอาหารไทยเป็น	pèit máil ?
Je peux manger thaï.	ทาน อาหาร ไทย เป็น	tan a-hän tail bpein
Puis-je avoir un	ขอน้ำแข็งเปล่า	kör néum käing
verre d'eau, S.V.P.	แก้วน้ำนึ่ง	bplào gâi-o nèieung
Je n'ai pas	น้ำนี้ไม่ได้สั่ง	nii máil däil sèung
commandé ça.	(ครับ/ค่ะ)	(kréup/kê)
Serveur/serveuse !	คุณ (ครับ/คะ)	kOOn (kréup/kê)
J'ai très bien	อร่อยมาก (ครับ/ค่ะ)	e-ròy mâk
mangé.		(kréup/kê)
La note, s.v.p.	ขอบิลหน่อย	kör bin nòy
	(ครับ/ค่ะ)	(kréup/kê)
cendrier	ที่เขี่ยบุหรี่	tii-kii-e bOO-rii
pousses de bambou	หน่อไม้	nòr máil
banane	กล้วย	glôu-eil
bœuf	เนื้อวัว	néieu-e wou-e
bière	เบียร์	bii-e
bouilli	ต้ม	dtôm
bouteille	ขวด	kòu-eut
bol	ชาม	cham
grillé au charbon	ย่าง	yâng
de bois		
poulet	ไก่	gàil
piment	พริก	prik
pâte de piment	น้ำพริก	néum prik
baguettes	ตะเกียบ	dte-gii-eup
noix de coco	มะพร้าว	me-práo
café	กาแฟ	ga-fai
crabe	ปู	bpou
nouilles croquantes	หมี่กรอบ	mii gròrp
anone	น้อยหน่า	nóy-nà
frit	ทอด	tôrt
boisson(s)	เครื่องดื่ม	krèieu-eung dèieum
nouilles sèches	ก๋วยเตี๋ยวแห้ง	gôu-eil dtii-o hâing
canard	เป็ด	bpèit
durian	ทุเรียน	tOO-rii-eun
œuf	ไข่	käil
nouilles aux œufs	บะหมี่	be-mii
poisson	ปลา	bpla
sauce au poisson	น้ำปลา	néum bpla
fourchette	ส้อม	sôrm
fruit	ผลไม้	pön-le-máil
jus de fruits	น้ำผลไม้	néum pön-le-máil
gingembre	ขิง	king
verre	แก้ว	gâi-o
café glacé	กาแฟเย็น	ge-fai yein
eau glacée	น้ำแข็งเปล่า	néum käing bplào
jaque	ขนุน	ke-nOOn
mangue	มะม่วง	me-môu-eung
Whisky Mékong	แม่โขง	mâi-köng
menu	เมนู	may-noo
volubilis	ผักบุ้ง	pèuk bÔOng

champignon	เห็ด	hèit
soupe aux nouilles	ก๋วยเตี๋ยวน้ำ	gôu-eil dtii-o nám
carte	อบ	meil-nou
papaye	มะละกอ	me-le-gor
ananas	สับปะรด	sèup-bpe-rót
assiette	จาน	jan
pomelo	ส้มโอ	sôm o
porc	เนื้อหมู	néu-a mŏo
crevettes	กุ้ง	gÔOng
rambutan	เงาะ	ngór
restaurant	ร้านอาหาร	rán a-hän
riz	ข้าว	kâo
nouilles de riz	ก๋วยเตี๋ยว	gôu-eil dtii-o
snack	อาหารว่าง	a-hän wâng
soja	น้ำซีอิ๊ว	néum sii íou
cuillère	ช้อน	chórn
légumes verts	ผักคะน้า	pèuk ke-ná
calmar	ปลาหมึก	bpla-mèieuk
riz gluant	ข้าวเหนียว	kâo-nii-o
sauté	ผัด	pèut
maïs doux	ข้าวโพด	kâo pôt
thé	น้ำชา	néum cha
légumes	ผัก	pèuk
vinaigre	น้ำส้ม	néum sôm
serveur	คนเสริฟ	kon sèurp
serveuse	คนเสริฟหญิง	kon sèurp yïng
eau	น้ำ	nám

LA SANTÉ

Je ne me sens pas	รู้สึกไม่สบาย	róu-sèieuk máil se-
bien.		bail
J'ai mal à...	เจ็บที่ ...	jèip tïi ...
Ça fait mal ici.	เจ็บตรงนี้	jèip dtrong nii
Ça fait mal tout le	เจ็บตลอดเวลา	jèip dte-lòrt weil-la
temps.		
Ça fait mal de	เจ็บเป็นบางครั้ง	jèip bpein bang
temps en temps.	บางคราว	kréung bang krao
J'ai de la	ตัวร้อนเป็นไข้	dtou-e rórn bpein
température.		kâil
Je suis allergique à...	(ผม/ดิฉัน)แพ้ ...	(pöm/dii-chéun) pái
Combien est-ce que	ต้องกินยาที่เม็ด	dtôrng gin ya gìi
je prends de cachets	ต่อครั้ง	méit dtòr kréung
accident	อุบัติเหตุ	OO-bèut-dti-hèilt
acupuncture	ฝังเข็ม	fèung këm
ambulance	รถพยาบาล	rót pe-ya-ban
aspirine	แอสไพริน	ai-se-bprin ou ya-
	ou ยาแก้ไข้	gâi-käil
asthme	โรคหืด	rôk hèieut
morsure	หมากัด	mä gèut
piqûre (d'insecte)	แมลงกัด	me-laing gèut
sang	เลือด	lêieu-eut
brûlure	ไหม้	máil
choléra	อหิวาต์	e-hi-wa
toux	ไอ	ail
dentiste	ทันตแพทย์	teun-dte-pâit ou
	or หมอฟัน	mör feun
diabète	โรคเบาหวาน	rôk bao wän
diarrhée	ท้องเสีย	tórng sïi-e
vertiges	เวียนหัว	wii-eun höu-e
docteur	หมอ	mör
dysenterie	โรคบิด	rôk bìt

mal d'oreille	ปวดหู	bpòu-eut hòu
fièvre	ไข้	kâil
plombage	อุดฟัน	ÒOt feun
rhume des foins	ไข้จาม	kâil jam
migraine	ปวดหัว	bpòu-eut hòu-e
attaque cardiaque	หัวใจวาย	hòu-e jail wail
hépatite	ตับอักเสบ	dtèup èuk-sèilp
hôpital	โรงพยาบาล	rong pe-ya-ban
injection	ฉีดยา	chìit ya
malaria	มาเลเรีย	ma-leil-rii-e
médicament	ยา	ya
pénicilline	ยาเพนนิซิลลิน	ya pein-ní-siin-lin
ordonnance	ใบสั่งยา	bail sèung ya
fièvre miliaire	ผด	pòt
rage	โรคสุนัขบ้า	rôk sÒO-nèuk bâ
mal de gorge	เจ็บคอ	jèip kor
mal d'estomac	ปวดท้อง	bpòu-eut tórng
température	ตัววัอน	dtou-a rórn
rage de dent	ปวดฟัน	bou-eut feun
remède traditionnel	ยาแผนโบราณ	ya päin bo-ran
vomi	อาเจียน	a-jii-eun

LES NOMBRES

0	๐ *ou* ศูนย์	sŏun
1	๑ *ou* หนึ่ง	nèieung
2	๒ *ou* สอง	sŏrng
3	๓ *ou* สาม	säm
4	๔ *ou* สี่	sìi
5	๕ *ou* ห้า	hâ
6	๖ *ou* หก	hòk
7	๗ *ou* เจ็ด	jèit
8	๘ *ou* แปด	bpàit
9	๙ *ou* เก้า	gâo
10	๑๐ *ou* สิบ	sìp
11	๑๑ *ou* สิบเอ็ด	sìp-èit
12	๑๒ *ou* สิบสอง	sìp-sŏrng
13	๑๓ *ou* สิบสาม	sìp-säm
14	๑๔ *ou* สิบสี่	sìp-sìi
15	๑๕ *ou* สิบห้า	sìp-hâ
16	๑๖ *ou* สิบหก	sìp-hòk
17	๑๗ *ou* สิบเจ็ด	sìp-jèit
18	๑๘ *ou* สิบแปด	sìp-bpàit
19	๑๙ *ou* สิบเก้า	sìp-gâo
20	๒๐ *ou* ยี่สิบ	yîi-sìp
21	๒๑ *ou* ยี่สิบเอ็ด	yîi-sìp-èit
22	๒๒ *ou* ยี่สิบสอง	yîi-sìp-sŏrng
30	๓๐ *ou* สามสิบ	säm-sìp
40	๔๐ *ou* สี่สิบ	sìi-sìp
50	๕๐ *ou* ห้าสิบ	hâ-sìp
60	๖๐ *ou* หกสิบ	hòk-sìp
70	๗๐ *ou* เจ็ดสิบ	jèit-sìp
80	๘๐ *ou* แปดสิบ	bpàit-sìp
90	๙๐ *ou* เก้าสิบ	gâo-sìp
100	๑๐๐ *ou* หนึ่งร้อย	nèieung róy
101	๑๐๑ *ou* ร้อยเอ็ด	róy-èit
200	๒๐๐ *ou* สองร้อย	sŏrng róy
1 000	๑๐๐๐ *ou* หนึ่งพัน	nèieung peun
1 001	๑๐๐๑ *ou* หนึ่งพันหนึ่ง	nèieung peun nèieung
10 000	๑๐,๐๐๐ *ou* หนึ่งหมื่น	nèieung mèieun
100 000	๑๐๐,๐๐๐ *ou* หนึ่งแสน	nèieung säin

LE TEMPS ET LES SAISONS

une minute	หนึ่งนาที	nèieung na-tii
une heure	หนึ่งชั่วโมง	nèieung chôu-e mong
une demi-heure	ครึ่งชั่วโมง	krêuang chôu-e mong
un quart d'heure	สิบห้านาที	sìp-hâ na-tii
minuit	เที่ยงคืน	tîi-eung keuan
1 h	ตีหนึ่ง	dtii nèieung
2 h	ตีสอง	dtii sŏrng
3 h	ตีสาม	dtii säm
4 h	ตีสี่	dtii sìi
5 h	ตีห้า	dtii hâ
6 h	หกโมงเช้า	hòk mong cháo
7 h	เจ็ดโมงเช้า	jèit mong cháo
	ou โมงเช้า	*ou* mong cháo
8 h	สองโมงเช้า	sŏrng mong cháo
9 h	สามโมงเช้า	säm mong cháo
10 h	สี่โมงเช้า	sìi mong cháo
11 h	ห้าโมงเช้า	hâh mohng cháo
12 h	เที่ยงวัน	hä mong cháo
13 h	บ่ายโมง	tîi-eung weun
14 h	บ่ายสองโมง	bàil mong
15 h	บ่ายสามโมง	bàil sŏrng mong
16 h	บ่ายสี่โมง	bàil säm mong
17 h	ห้าโมงเย็น	bàil sìi mong
18 h	หกโมงเย็น	hâ mong yein
19 h	ทุ่มหนึ่ง	hòk mong yein
20 h	สองทุ่ม	tÔOm nèieung
21 h	สามทุ่ม	sŏrng tÔOm
22 h	สี่ทุ่ม	säm tÔOm
23 h	ห้าทุ่ม	sìi tÔOm
1 heure et demie (13 h 30)	บ่ายโมงครึ่ง	bàil mong krêuang
1 heure et quart (13 h 15)	บ่ายโมงสิบห้านาที	bàil mong sìp-hâ na-tii
2 heures moins le quart (13 h 45)	อีกสิบห้านาทีบ่าย สองโมง	iik sìp-hâ na-tii bàil sŏrng mong
un jour	หนึ่งวัน	neuang weun
un week-end	สุดสัปดาห์	sÔOt sèup-pa-da
une semaine	หนึ่งอาทิตย์	nèieung a-tit
un mois	หนึ่งเดือน	nèieung deieu-eun
un an	หนึ่งปี	nèieung bpii
lundi	วันจันทร์	weun jeun
mardi	วันอังคาร	wun ung-kahn
mercredi	วันพุธ	weun eung-kan
jeudi	วันพฤหัส	weun pe-réieu-hèut
vendredi	วันศุกร์	weun sÒOk
samedi	วันเสาร์	weun säo
dimanche	วันอาทิตย์	weun a-tít
saison fraîche	หน้าหนาว	nä näo
saison chaude	หน้าร้อน	nä rórn
saison pluvieuse	หน้าฝน	nä fŏn
vacances	วันหยุด	weun yÔOt
jour férié	วันหยุดประจำปี	weun yÔOt bpre-jeum-bpii
Noël	คริสต์มาส	krít-se-mat
Nouvel an	ปีใหม่	bpii mâil
Nouvel an thaï	สงกรานต์	sŏng-gran
Nouvel an chinois	ตรุษจีน	dtrÒOt jiin

Pays

Afrique du Sud • Australie • Canada • Égypte • Espagne
France • Grande-Bretagne • Irlande • Italie • Japon
Maroc • Mexique • Nouvelle-Zélande
Portugal, Madère et Açores • Singapour • Thaïlande

Régions

Bali et Lombock • Barcelone et la Catalogne
Bretagne • Californie
Châteaux de la Loire et vallée de la Loire
Écosse • Florence et la Toscane • Floride
Grèce continentale • Guadeloupe • Hawaii
Îles grecques • Jérusalem et la Terre sainte
Martinique • Naples, Pompéi et la côte amalfitaine
Nouvelle-Angleterre • Provence et Côte d'Azur
Sardaigne • Séville et l'Andalousie • Sicile
Venise et la Vénétie

Villes

Amsterdam • Berlin • Bruxelles, Bruges, Gand et Anvers
Budapest • Delhi, Agra et Jaipur • Istanbul • Londres
Madrid • Moscou • New York • Paris • Prague • Rome
Saint-Pétersbourg • Vienne

À paraître en 2003

Allemagne • Cuba • Nouvelle-Orléans • Stockholm

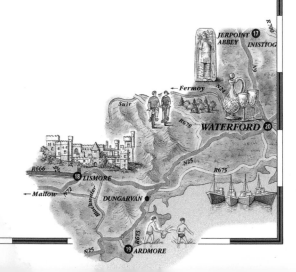

Bangkok : le centre-ville

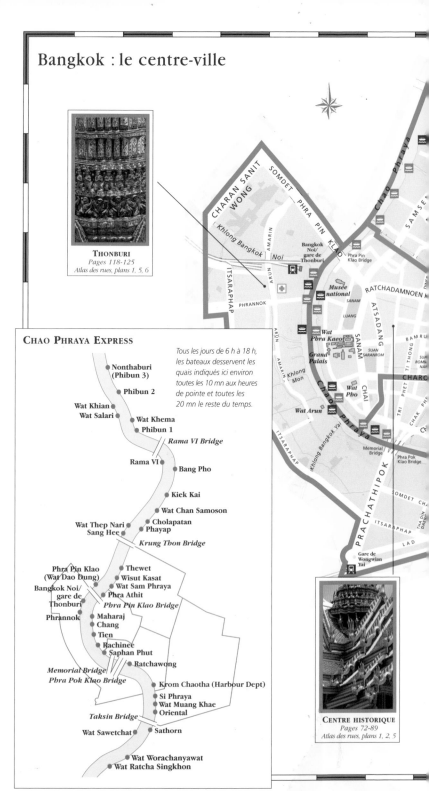

THONBURI
Pages 118-125
Atlas des rues, plans 1, 5, 6

CHAO PHRAYA EXPRESS

Tous les jours de 6 h à 18 h, les bateaux desservent les quais indiqués ici environ toutes les 10 mn aux heures de pointe et toutes les 20 mn le reste du temps.

- Nonthaburi (Phibun 3)
- Phibun 2
- Wat Khian
- Wat Salari
- Wat Khema
- Phibun 1
- *Rama VI Bridge*
- Rama VI
- Bang Pho
- Kiek Kai
- Wat Chan Samoson
- Wat Thep Nari
- Cholapatan
- Phayap
- Sang Hee
- *Krung Thon Bridge*
- Phra Pin Klao (Wat Dao Dung)
- Thewet
- Wisut Kasat
- Bangkok Noi/ gare de Thonburi
- Wat Sam Phraya
- Phra Athit
- Phrannok
- *Phra Pin Klao Bridge*
- Maharaj
- Chang
- Tien
- Rachinee
- Saphan Phut
- Ratchawong
- *Memorial Bridge*
- *Phra Pok Klao Bridge*
- Krom Chaotha (Harbour Dept)
- Si Phraya
- Wat Muang Khae
- Oriental
- *Taksin Bridge*
- Wat Sawetchat
- Sathorn
- Wat Worachanyawat
- Wat Ratcha Singkhon

CENTRE HISTORIQUE
Pages 72-89
Atlas des rues, plans 1, 2, 5